World as a Perspective

世界作為一種視野

# The Lives of Michel Foucault

# 傅柯的多重人生

David Macey 大衛・梅西——著

陳信宏 譯

# 目次

# 致謝

我要感謝以下這些人和我分享他們對於傅柯的回憶，並且為我提供資訊以及聯絡對象，也要感謝幾個機構，還有每一位負責聆聽與閱讀的人：

Maurice Agulhon、Michel Almaric、Jacques Almira、Claire Ambroselli、Didier Anzieu、Sylvie-Claire d'Arvisenet、Association pour le Centre Michel Foucault、Margaret Atack、Robert Badinter、Etienne Balibar、Jean-Pierre Barou、Zygmunt Bauman、Neil Belton、Bibliothèque du Saulchoir、Pierre Bourdieu、Roy Boyne、Brotherton Library (University of Leeds)、Catherine von Bülow、Georges Canguilhem、Robert Castel、Hélène Cixous、Jeannette Colombel、Jurandir Freire Costa、Regis Debray、Daniel Defert、Frédéric Deneuville、Laurent Dispot、Jean-Marie Domenach、Bernard Doray、Jean Duvignaud、Gregory Elliott、Didier Eribon、

François Ewald、Arlette Farge、Serge Fauchereau、Alain Finkielkraut、John Forrester、Denys Foucault、Gérard Fromanger、Francine Fruchaud、Henri Fruchaud、Mike Gane、Carl Gardner、Philippe Gavi、Célio Garcia、Colin Gordon、André Green、Félix Guattari、Malcolm Imrie、Douglas Johnson、Chaim Katz、Georges Kiejman、Denise Klossowski、Pierre Klossowski、Bernard Kouchner、Jean Laplanche、Annette Lavers、Antoine Lazarus、Jacques Lebas、Dominique Lecourt、Serge Livrozet、Jean-François Lyotard、Roberto Machado、Pierre Macherey、Edmond Maire、Claude Mauriac、Philippe Meyer、Jean-François Miguel、Françoise-Edmonde Morin、Jean-Pierre Mignard、Modern Languages Library (University of Leeds)、Liane Mozère、Toni Negri、Michelle Perrot、Jean-Pierre Peter、Jean Piel、Danièle Rancière、Jacques Rancière、Jonathan Rée、Christian Revon、François Roustang、Yves Roussel、René Schérer、Dominique Seglard、Lucien Sève、Anne Thalamy、Georges Verdeaux、Jacqueline Verdeaux、Marie-Thérèse Vernet、Paul Veyne、Pierre Vidal-Naquet、Simon Watney、Jeffrey Weeks.

# 引言：「我，米歇爾．傅柯……」

何洛伊德（Michael Holroyd）在他為蕭伯納寫的那部精湛傳記裡指出：「作家的傳記是與已故的傳記主角合作寫成的結果。」[1]每位已故傳記主角的合作程度不一，而傅柯因為和尼采一樣對於「傳記的所有那些零碎資訊」嗤之以鼻，[2]所以比蕭伯納又更加冥頑不靈。他在生前必然會排拒任何傳記作者接近；即便到了死後，他也還是奮力要逃離他們。

一九八四年六月二十五日，米歇爾．傅柯因為感染人類免疫缺乏病毒所導致的併發症而去世，享年五十七歲。他的最後兩本著作才剛出版，並且在新聞媒體當中受到廣泛討論。在他去世之時，他無疑是法國最著名的哲學家，還達成了以《詞與物》（*Les Mots et les choses*）這本書登上暢銷榜的不尋常成就，儘管這是一部深奧難懂的著作，而且他也說自己寫這本書的目標讀者是一小群專業人士。他成功跨越了把純學術界和廣泛文化圈隔開來的分界線。在將近十四年的時間裡，他一直任教於法蘭西公學院（Collège de France）這所法國學術界裡聲望最崇高的教育機構。他在美國備受讚揚，他的著作譯本也令他享譽國際，聲名遠播到巴西乃至日本。實際上，他的國際聲譽幾乎超越了他在法國的名望。在巴黎的書店裡，研究傅柯的著作有許多都是從英文翻譯而來，甚至可說大多數都是如此。[3]

傅柯的人生有許多不同面向——身為學者、身為政治運動人士、身為小孩，以及身為男同性戀者。他的人生有非常公開的一面，也有極為私密的一面。在相當程度上，傅柯的人生也是法國的智識生活。法國智識生活的各項改變幾乎都反映在他的著作裡，各項發展也幾乎都受到他的影響。此外，他的傳記也必然是他那個時代的智識史。在一段大方得出人意料的頌詞當中，對傅柯有過嚴厲批判的德國哲學家哈伯瑪斯（Jürgen Habermas）寫道：「在我這個世代針對我們這個時代提出診斷的哲學家當中，傅柯對於時代精神造成了最為長久的影響。」[4]傅柯在學生時期目睹並且抗拒沙特式存在主義的主導地位，他所屬的那個世代也發現或者重新發現了黑格爾、尼采與海德格（Martin Heidegger）。他師從阿圖塞（Louis Althusser）與梅洛龐蒂（Maurice Merleau-Ponty）。在一九六〇年代期間，他廣被視為結構主義「四人幫」的一員，另外三人則是拉岡（Jacques Lacan）、羅蘭・巴特（Roland Barthes）與李維史陀（Claude Lévi-Strauss）。十年後，他又被歸為所謂的新哲學家，以倏然間揚棄馬克思主義與毛澤東主義著稱。在人生晚年，他又再度轉向，開始對斯多噶哲學進行平靜的沉思，並且探索一種可能的新倫理學。

傅柯一生的多重面向，令人難以對他的著作做出令人滿意的分期。在德雷弗斯（Hubert L. Dreyfus）與拉比諾（Paul Rabinow）那部深富影響力的傅柯研究著作當中，他們提出一套四階段的架構：海德格階段、考古學或者類結構主義階段、系譜學階段，以及最後的倫理學階段。[5]這套架構不是完全不令人滿意，但壞處是把一個複雜的人生與一套複雜的著作化約至單純的哲學層面。這套架構不理會傅柯在政治方面的發展軌跡，也就是從法國共產黨黨員轉而進入一段政治沉寂的時期，接著是一段熱血沸騰並且極為好鬥的左派時期，然後再轉為對於人權的關注。此外，這套架構也沒有把傅柯職業生涯裡那段重要的文學階段納入考慮。

一九七一年十一月，傅柯在荷蘭的電視上和美國語言學家喬姆斯基（Noam Chomsky）進行了一場辯論。在這場辯論之前，本來應該先播出一段介紹傅柯的短片，但他斷然拒絕提供一切傳記資訊，於是那部短片也就沒有拍成。[6]然而，他在一九八一年五月卻明白指出：「就某種意義上而言，我向來都希望自己的書是一部自傳當中的片段。我的書所探討的向來都是我自己的個人問題，包括在瘋狂、監獄以及性方面。」[7]一年後，他又在佛蒙特以更強烈的語氣表達了同樣的觀點：「我的每一部作品都是我個人傳記的一部分。」[8]若說傅柯著作的歷史在相當程度上即是他的傳記，就某個層面上而言幾乎可說是不言而喻。也就是說，他的傳記是一項思想的故事，是一部書寫中的作品。在這類陳述當中，傅柯似乎暗示了作者與文本之間某種更深層的關係。在針對他最喜歡的一位作者所進行的討論當中，他說得稍微比較直白，甚至也可以視為是為他自己的傳記提供了一項公式。他針對胡瑟勒（Raymond Roussel）這位小說家暨詩人指出：

身為作家的人，撰寫以及出版書籍並不只是在從事工作而已……他的主要作品終究是寫書過程中的自己。一個個體的私人生活、性偏好以及著作都互有關連，不是因為他的著作翻譯了他的性生活，而是因為那部著作不只包含文本，也包含了整個人生。那部著作不僅只是那部著作，從事書寫的那名主體也是著作的一部分。[9]

傅柯極少詳細談論自己的人生，尤其是他早年的人生。在一九八三年一場異常私密的訪談當中，他在結尾說道：

無論如何，我的私人生活一點都不有趣。如果有人認為不參照我人生中的某個部分，就沒辦法瞭解我的著作，那麼我願意考慮這個問題。〔笑〕我已經準備好在我同意的情況下回答這種問題。由於我的私人生活並不有趣，所以也就不值得保密。〔笑〕同理來說，可能也不值得張揚。[10]

這種吊人胃口的語氣帶有一股強烈的自戀色彩，這點不需要受過精神分析訓練也看得出來；但這不是他一向的表現。更為典型的是他在《知識考古學》（*L'Archéologie du savoir*）一個著名段落裡所呈現出來的那種防衛性攻擊態度。一名想像中的對話者埋怨道：「你是不是又要說你從來都不是別人所指責的那種人？你已經在準備脫身的藉口，以便在下一本書從別的地方冒出來，而像現在這樣嘲笑我們：『沒有，沒有，我不在你們埋伏等待著我的地方，而是在那邊，笑著你們。』」

傅柯回應指出：「我無疑不是唯一一個為了隱藏面貌而寫作的人。不要問我是誰，也不要叫我保持不變：那是état civil所遵循的倫理；那個機構管理我們的身分文件，但在寫作方面，那個機構也許會讓我們自由行事。」[11]所謂的「état civil」，是法國相當於戶政總署的機構。在其他地方，傅柯稱之為「那個把個人存在轉變為一種制度的古怪機構」，並且將其中的公務員描述為「法律的原始型態」，因為他們「把每一個人的出生都轉變為一份檔案」。[12]

《知識考古學》所諧擬的那種真實對話，經常發生在傅柯主持的研討課與講座上，而他總是慣常婉拒說明自己究竟是誰或是什麼樣的人。一九七三年，他在巴西的美景市被人問到自己的智識身分，他終於把自己單純界定為「讀者」。[13]一九八一年，比利時魯汶的一群聽眾受到告誡不要太堅持逼問他究竟是哲學家還是史學家。[14]

傅柯拒絕陳述自己的身分或是回顧自己的歷史，有時也會以頗為風趣的方式表達。他曾對卡魯索（Paolo Caruso）說：「要我描述令我達到當前這些地位的行程會有點困難，而且我有很充分的原因，就是我希望自己還沒抵達目的地。」另一名訪問者責怪他從不交代自己的背景或童年，結果他的回應是：「我親愛的朋友，哲學家不是誕生而來……他們存在，就是這樣。」[15]這類機智妙語不是一種油滑的表現，而是表達了根深柢固的信念。傅柯在一九八二年十月向佛蒙特的一名自由撰稿作家說：

我不覺得有必要知道我究竟是誰。人生與工作最主要的吸引人之處就是成為你原本不是的人。你如果剛動筆寫一本書，就知道自己最後會寫出哪些內容，那麼你認為你還會有勇氣寫下那本書嗎？寫作與愛情關係都是如此，人生也是一樣。這場遊戲之所以值得參與其中，原因就是我們不知道最後會怎麼樣。[16]

他這種著名的保留態度，有時也會延伸到他的著作。在一九七〇年代中期一次造訪倫敦法國協會的罕見行程當中，傅柯拒絕發表預定的講座，宣稱自己將會回答聽眾提出的問題，不限主題……除了關於他作品的問題以外。接著，他在舞臺通往聽眾席的階梯上坐了下來，確保講桌上的麥克風接收不到他說的話。現場的許多聽眾都不以為然。此外，傅柯為了趕搭飛機返回巴黎，很早就離開為他舉行的歡迎會，也令獲邀的賓客深感不悅。[17]

「為了隱藏面貌而寫作」是他聲稱自己懷有的抱負，但他卻是個有許多面貌的人，而且他的人生也有許多深切區隔開來的不同面向。如果真有人能夠認識傅柯的所有不同面向，那麼這樣的人也是少之又少。傅柯去世之後，與他相伴超過二十年的丹尼爾・德費（Daniel Defert）才訝異地發現自己的伴侶向冰川街（rue de la Glacière）的道明會捐贈了大筆金錢，答謝他們在索爾舒爾圖書館（Bibliothèque du Saulchoir）對他的接待。[18] 傅柯也從不讓家人與朋友互相認識。他對於自己人生中的不同面向區隔得極為徹底，因而有些男性友人都真心誤以為自己在某一段時間是他「唯一的異性戀朋友」。以男性為主的許多人，都談及傅柯對於女性的深切厭惡；然而，在不同時期與他密切合作過的女性，包括凱特琳・馮畢羅（Catherine von Bülow）、艾蓮・西蘇（Hélène Cixous）

與阿蕾特・法居（Arlette Farge），卻否認這項指控。

對於傅柯的主觀印象，實在是多樣得令人眼花撩亂。他有充滿誘惑力的一面，而且就像拉岡一樣，能夠讓他當下的對話者以為自己和他具有勝過別人的緊密關係。對於那些無心之間針對他的著作向他提問的人，他也有可能表現出刻薄而且凶暴輕蔑的態度。他接待賓客有可能非常大方，毫不吝惜自己的威士忌，儘管他本身很少喝。[19]他的大方也有可能同時結合了怠慢客人的行為。一九七〇年代晚期，一群年輕的德國「自治論者」來到他的公寓拜訪他，傅柯熱情接待他們，聆聽他們的發言，也和他們開玩笑，同時不斷撫摸他的貓。他為他們準備了餐點，然後就消失得無影無蹤，表示自己不和他們一同進餐，因為他還有些關於歐洲經濟共同體牛奶配額的重要工作要做。受到傅柯邀請加入這場聚會的迪斯蒲（Laurent Dispot），這時候才頗不自在地突然意識到自己在場的功能是為了扮演代理東道主的角色。[20]許多人見到的傅柯，都是充滿魅力又熱情親切；但在一九六〇年代初期的一場晚宴上，精神分析學家安德烈・葛林（André Green）見到的傅柯卻以近乎殘酷的諷刺話語駁斥另一名來賓的論點。[21]同樣是精神分析學家的拉普朗虛（Jean Laplanche）在學生時期首度結識傅柯，他提出了一項近乎完美的折衷式評語，指稱傅柯為人「疏離而熱情」。[22]有些人只認識身為法蘭西公學院教授的傅柯；有些人認識（或者聲稱自己認識）的，則是身穿黑色皮衣、上面裝飾著鏈子，會從他在沃吉哈赫街（rue de Vaugirard）的公寓溜出去找尋陌生人性交的傅柯。巴黎金滴區（Goutte d'Or）的外來移民認識的傅柯，則是一名為了對抗種族歧視而不惜遭受警察逮捕以及毆打的白人知識分子，儘管有些人以為他是沙特。

傅柯在智識生活與私人生活方面，對於匿名性都有一股模稜兩可的渴望。一九八二年參與多倫多同志遊行的傅柯，也是那個走進酒吧或俱樂部裡痛恨被人認出來的傅柯：儘管他的光頭、藍得令人驚奇的眼睛以及慣穿的白色高領毛衣，實在讓人很難不一眼就認出他來。他深深喜愛三溫暖和澡堂帶給人的那種匿名性，可以讓人「不再囚禁於自己的面貌、過往，以及身分（identity）當中」。在那些地方，「重要的不是宣揚身分，而是宣揚無身分。」[23]作家暨藝術家克洛索夫斯基（Pierre Klossowski）認定傅柯追求的目標就像他們共同的朋友德勒茲（Gilles Deleuze）一樣，是「同一性（identity）原則的消解」。[24]

一九八〇年，傅柯接受《世界報》（*Le Monde*）採訪，條件是必須讓他保持匿名：

> 我為什麼建議說我們應該要匿名？因為我懷念以前的時光。當時沒沒無聞的我，說的話還有機會被人聽到……選擇匿名……是要以更直接的方式告訴潛在讀者，也就是我唯一感興趣的對象：「由於你不知道我是誰，你就不會想要找尋原因，解釋我為什麼寫下你正在閱讀的這些文字：你唯一需要做的就是放鬆，一面閱讀一面這麼評論：『這裡說得對；那裡說得不對。我喜歡這個；我不喜歡那個。』」[25]

在不少領域當中，匿名性都必須經過爭取才能夠得到：「我們必須贏得匿名性……對於任何一名寫作者而言，過去的問題是怎麼讓自己擺脫所有人都身處其中的匿名性；但在我們的時代，問題則是怎麼抹除自己的名字，成功把自己的聲音安插在無數喃喃低語的匿名論述當中。」[26]

傅柯偶爾達成匿名性的其中一種方法，是以第三人稱發言，或是藉著採用客觀中立的語調而讓自己置身於自己的論述之外。他在討論一部關於精神病院的電影之時，提到一場每年都會在明斯特林根（Münsterlingen）這座瑞士村莊舉行的狂歡節。他描述了那裡一間診所的病患如何列隊遊行在街道上，全都戴著面具，然後再焚燒一個代表狂歡節的巨大人偶。[27]單從傅柯的描述看來，實在無法知道他曾看過那種遊行，甚至還嘗試加以拍攝，儘管並不成功。在一九八〇年代期間，傅柯接受過幾次訪談，談論同性戀的文化與性。這些訪談原本可以是一幅私密的自畫像，但他卻從來不曾說過：「我，米歇爾．傅柯……。」在這些訪談裡，他以明顯不帶個人色彩的方式陳述與不知名伴侶發生的性邂逅，再度複製了那種匿名性。

布朗修（Maurice Blanchot）是個匿名程度比起傅柯企望達到的境界更高的人物。他的著作總是附上這樣的生平簡介：「布朗修，小說家暨評論家，一生完全投注於文學以及適合文學的靜默。」他的這段文字略微呈現了傅柯的難以捉摸：

> 首先，且讓我表明我和傅柯沒有個人交情。我不認識他，唯一只見過他一面，在索邦大學的中庭廣場。那是在一九六八年的五月運動期間，也許是六月或七月（但是他們對我說他當時不在那裡），我雖然對他說了幾句話，他卻不知道對他說話的人是誰……在那場非比尋常的運動期間，我確實經常說：「可是傅柯為什麼不在這裡？」從而把他的吸引力歸還給他，並

且尊重他應當占據的那個空位。不過，我得到的都不是令我滿意的答案：「他有點拘謹」，或者「他在國外」。[28]

傅柯確實人在國外，在突尼西亞，但五月底他曾經短暫身在巴黎。他住在國外的時間相當長，也經常有離開巴黎到其他地方定居的念頭，或者說是幻想。然而，傅柯仍然保有深厚的法國人色彩，或者該說是巴黎人色彩。許多訪客都提及他整體而言無意討論英美文化生活，智識參照內容都是以法國為主。傅柯的態度也許模稜兩可，但就某些意義上而言他確實需要巴黎智識生活。

傅柯因為巡迴講座而走遍世界；他的度假地點以北非為主，有時也到西班牙。傅柯不常前往英國，而且他也「不太喜歡英格蘭，因為他傾向於認為英格蘭早已半死不活」。[29]在一次的英國之旅當中，他堅稱自己唯一想看的東西是位於倫敦東部襯裙巷（Petticoat Lane）的市場。德費有一次好不容易才說服他前往天空島。[30]

他在海外發表的講座極少提及自己的地理位移。他很少會以那種老掉牙的禮貌性言詞開場，說自己很高興來到當地，而是習於直接切入主題。傅柯雖然對於「異托邦」（heterotopias）以及他異性（otherness）懷有理論上的興趣，但他在廣泛的旅行當中卻是大體上都保持不變。在突尼西亞，他對阿拉伯語言表現出興趣，但他當時主要的智識計畫卻是研究馬內（Manet），而不是他自己對於伊斯蘭藝術的入門。在幾乎所有的巡迴講座旅程中，他都會留下時間與當地人士談話，包括政治運動人士、學者、心理健康專業人士，甚至是禪宗佛教僧侶；不過，這些談話內容極少出現在傅柯實際上的論述裡。在訪談當中，他偶爾會隨口提及自己的旅行，但通常就只有如此而已。傅柯在旅程上從不揮霍。他位於沃吉哈赫街的公寓沒有太多個人特色，也沒有堆滿各地的紀念品；在他兩度走訪日本之後，屋內的牆上也沒有懸掛日本面具，儘管他偶爾會穿上和服，並且在一九八二年由葉維·吉伯（Hervé Guibert）拍下他身穿和服的照片。[31] 傅柯在柏克萊的學生於一九八三年十月送給他的牛仔帽令他開心不已，但沒有紀錄顯示他在巴黎戴過這頂帽子。隱藏了面貌卻又極為醒目，足跡廣闊卻又顯然沒怎麼受到自己對於他異性的經歷所影響，傅柯一直是個謎樣的人物，無法歸類。

《詞與物》在一開頭提及傅柯自己被波赫士（Jorge Luis Borges）的一段陳述逗得大笑不已。波赫士指出，中國的一部百科全書裡有一套分類系統，把動物分為以下幾種類別：

> (a)屬於皇帝所有，(b)經過防腐處理，(c)受到馴養，(d)乳豬，(e)以歌聲迷惑人的海妖，(f)傳說中的，(g)流浪狗，(h)包含於本分類法當中，(i)發狂的，(j)多不勝數，(k)以上好的駱駝毛筆畫成，(l)其他，(m)剛打破水壺，(n)遠看像是蒼蠅。[32]

一如往常，傅柯沒有為自己的引文提供原始出處，只提到這段文字引自〈約翰·威爾金的分析語言〉（*El Idioma de John Wilkins*）：波赫士在這篇文章裡描述了一部《天朝仁學廣覽》（*Celestial Emporium of Benevolent Knowledge*）。[33]

傅柯的著作本身也造成分類上的問題，原因是他的作品跨越許多不同學科的界線，包括歷史、哲學、社會學、醫療史與文學批評。所謂有個倒楣的圖書館員把《知識考古學》歸類在「古代史與考古學」裡，大概是杜撰的故事，就像另外一則故事說這名圖書館員的同事把奧古斯丁的《上帝之城》歸在「都市計畫」的書架上。不過，這則故事確實彰顯了想要把傅柯歸入特定文類所不免遭遇的問題。不管是他這個人還是他的著作（這樣的傳統二分法必然會激怒他），都充滿了謎樣的色彩，難以捉摸又變化不定。

傅柯去世之時，基耶茲曼（Georges Kiejman）律師在《世界報》指出，法國喪失的不只是一位哲學家，也是一位街頭抗爭者。這點在傅柯的主要著作當中雖然不總是明顯可見，但他確實偶爾是個政治運動人士以及激進分子。在一九五〇年代期間，他曾有很短一段時間是法國共產黨的黨員，但此後就不曾再加入過政黨。他的政治活動有許多不同型態，諸如在一九七〇年代初始成立監獄訊息小組（Groupe d'Information sur les Prisons）、為蘇聯異議分子與越南船民號召支持，還有短暫參與墮胎合法化運動，乃至與法國的外來移工團結抗爭。

經常有人譴責指出，這一切的活動並沒有形成一套真正一貫的政治思想，巴黎的媒體也不時以惡意嘲諷「傅柯的一時興起」（les foucades de Foucault）為樂。他的政治活動不是理論的實踐，而且在這些活動背後也不一定都易於找出一致的態度。遭到別人指控自己前後不一或者行動都是一時興起，令傅柯頗感莞爾：

在政治棋盤上，我想我的確是在大多數的格子都立足過，有時是一個接著一個，有時是同時橫跨多個格子：我扮演過的角色包括無政府主義者、左派分子、高調醒目或掩藏面貌的馬克思主義者、直率或隱密的反馬克思主義者、支持戴高樂主義的技術官僚、新自由主義者等等。……我確實寧可不為自己貼上標籤，也對於自己受到評判與歸類的各種不同方式感到有趣。[34]

馬勒侯（Georges André Malraux）與沙特都指稱死亡會把一個人的人生轉變為命運，把偶然轉變為必然。因為一個人死了之後，我們就確切知道結局。一個人的人生若是成為敘事主題，看起來又會更加像是命運，但傅柯的人生就和所有人一樣混亂。只有在敘事當中，才會讓人覺得他對尼采以及普瓦圖（Poitou）的乳酪這兩者所懷有的喜好之間有所關連。沒有任何東西注定了出身自普瓦提耶（Poitiers）的保羅米歇爾．傅柯（Paul-Michel Foucault）會在法蘭西公學院結束他的職業生涯；在他自己的認知當中，他在那裡獲得的讚譽也不是某種人生計畫甚至是經過規劃的職業生涯所造成的結果：「我不認為我有過成為哲學家的計畫。」[35] 傅柯的職業生涯在出人意料的程度上乃是偶然邂逅與突然做出的決定所帶來的結果。如同他對巴盧（Jean-Pierre Barou）說的，這一切都有可能出現非常不同的發展。他大有可能參與法國抵抗運動，但卻沒有。[36] 他有可能成為駐羅馬的文化專員、法國公共廣播系統的主管、在巴黎擔任國家圖書館的館長，也有可能成為臨床心理師。他的人生沒有任何的命運或必然。

傅柯的著作當中所帶有的「自傳」成分極度零散，原因之一是他現存的作品有許多缺漏。他在一九七七年對一名朋友說：「我死後絕不留下手稿。」[37]他差點就實現了這項承諾。他指示好友葉維・吉伯（有些人說他是傅柯的最後一個愛人）銷毀《性史》最後幾冊的草稿以及所有的準備材料。對於布洛德（Max Brod）這個人，以及他不顧卡夫卡生前的明確願望，而在自己這位朋友死後將其手稿付諸出版的決定，傅柯都深感不以為然，也決意要防止任何人跟進這個著名的例子。[38]他死時沒有留下正式遺囑，但在他的公寓裡發現的一封信明白表達了他的心意：「我把我的公寓和其中的一切都遺留給丹尼爾・德費。不得從事任何死後出版。」[39]

他的希望受到家人與朋友的尊重。如果確實有任何手稿存留下來，學者與傳記作家也無法取得。有許多未出版的材料確實保存在索爾舒爾圖書館，但只供查閱而不得翻印。絕不會有所謂的「傅柯作品全集」。同理，我們也不太可能會見到他的書信集，儘管他必然寫過相當多的信件，對象包括朋友、愛人，乃至日本出版商。《性史》第四冊雖在一九八四年六月已經近乎完成，卻恐怕永遠不會印刷出版，對此產生了許多爭論。[40]傅柯製造的這種狀況雖然令人感到挫折，卻預先阻止了圍繞著沙特與西蒙・波娃而興起的那種多產得近乎令人難堪的死後出版產業，只見愈來愈多「不為人知」的手稿被人從各個壁櫥裡翻找出來。傅柯曾經主張尼采的「作品全集」也許應該包含他的筆記本，其中除了有箴言的構思大綱之外，還交雜著日常雜務清單。[41]不過，他認為同樣的論點並不適用於自己的日常雜務清單。

這位宣告作者已死的作家，在死後仍然持續行使作者的權利與特權。他在生前雖然經常主張作者沒有權利規範自己的著作應當如何解讀，卻也曾與自己在法蘭西公學院的助理共同為一部《哲學家辭典》寫下「傅柯」的條目內容，並且署名「莫希斯・佛羅宏斯」（Maurice Florence），從而在不只一層意義上提供了一個作者授權版本：「如果真的要將傅柯列在哲學傳統當中，那麼他是屬於康德的那種**批判**傳統，因此他的作品也許可以稱為**批判的思想史**……」[42]傅柯的死後作者身分所帶有的矛盾性，又因為他自己要求不得有死後出版品的遺願而更為嚴重；這項遺願如果持續受到尊重，那麼他就只會是已完成書籍的作者，而不是一個產出眾多草稿文本的勤奮書寫者，在這些草稿受到的解讀下得以再度成為另一個人。

傅柯對於自己的書寫構成一個「全套作品」（oeuvre）這樣的概念有強烈的抗拒：「我不談論自己的全套作品，有一項很充分的理由，就是我不認為自己孕育著一份尚待完成的全套作品。」[43]在法蘭西公學院擔任傅柯的助理、從一九七五年開始即與他密切合作的埃瓦爾德（François Ewald），指稱傅柯堅持自己的各個文本是可以由任何人使用或者丟棄的一組工具，而不是一份理論思想的目錄，隱含著某種概念上的完整性。[44]不過，他對於自己的出版著作，卻又出奇地注重所有權：他實際上拒絕承認自己最早期的作品，不肯重印再版，將那些作品移出那組工具。他生前並沒有把許多零散文章集結成冊，而且他對於把那些文章集合起來的想法也不以為然。在傅柯眼中，零散的文章是特定的干預手段，在事後就不再有其用處，也不再值得注意，因此他針對這類作品可以提出這樣的說法：「只有在寫作能夠成為一件工具、一項策略、一種闡釋手段而納入一場戰鬥的現實當中，才會令我感興趣……我確實不把自己的產出視為全套作品，對於有人竟然把我稱為作家也深感震驚……我賣的是工具。」[45] 傅柯從來沒有以法文出版的「文集」，但他對於自己的作品在其他語言當中被編纂為選集卻沒有意見，也相當樂於認可像是科林．戈登（Colin Gordon）所編輯的實用選集。[46] 直到最近之前，圖隆巴多利（Duccio Trombadori）在一九七八年進行的一系列珍貴訪談都只見於義大利文；現在已有一個英文版本，但還是沒有法文版本。[47] 傅柯針對伊朗革命而為《晚郵報》（*Corriere della sera*）撰寫的爭議文章，倒是有法文版本。其他文本只能夠見於葡萄牙文、英文或德文當中。在去世之前不久，傅柯確實曾經回心轉意，認為出版一本訪談集「也許不是個壞主意」，但是沒有活著見到這個想法實現。[48] 現在，德費與埃瓦爾德正在籌備一部文集，將會收錄傅柯生前出版過的所有零散文章，由伽利瑪出版社（Gallimard）出版。

傅柯這種姿態所造成的一項影響，就是要彙編他的書目乃是一件艱困至極的工作。目前最佳的書目是由伯納爾（James W. Bernauer）與拉格朗日（Jacques Lagrange）彙編的那兩份，取代了麥克．克拉克（Michael Clark）的注釋書目（至今仍是相關二手文獻不可或缺的參考），但這兩部書目都不盡完全。[49] 傅柯在參與政治運動的時期為左派媒體所寫的稿件，不是全都有署名，而且我們也遠遠無法確定所有這類稿件都已經辨識出來。有一本引人入勝的重要書籍，就沒有任何元素可以讓人得知傅柯是貢獻者之一。《二十歲及之後》（*Vingt Ans et après*）的內容由對話錄音的文字稿構成，對話的其中一方是傅柯，另一方是在一九七五年搭上傅柯車子的年輕便車客，名叫渥爾澤勒（Thierry Voeltzel）。書中的對話圍繞在渥爾澤勒身上，針對這名年輕男同性戀者在當時的青年文化當中的生活提供了一項非凡的記述，但是對於在這本書裡真正匿名的傅柯，也讓人得以一窺他的生活。這是「渥爾澤勒的書」，也只以他的名字出版。因此，這本書沒有出現在伯納爾那部頗為全面的書目裡。不僅如此，那些對話的錄音也沒有全部轉成文字稿，其中沒有出版的材料至今仍由克洛德・莫里亞克（Claude Mauriac）持有，他是這本書所屬的「挑戰」叢書（Enjeux）的主編。[50]那些材料的命運也受制於死後不得出版的禁令。

傅柯在法蘭西公學院的講座是他研究工作的一大部分，也為他在一九七〇年之後所寫的書提供了起點。大部分的講座內容都沒有出版，也不太可能會付印。儘管許多持有者都極為珍視自己那些有如圖騰聖物的錄音，但確實有些未經授權的錄音文字稿流傳於外，盜拷的錄音版本也不時會出現，無視於傅柯遺產委員會可能會採取的法律行動。這種現象造成了某些荒謬的情形。一九七六年一場講座課程的摘要在一九九〇年以義大利文出版，接著又以法文刊登於《現代》（*Les Temps Modernes*）雜誌。[51]此處有一項明白可見的反諷，原因是這部期刊當初忽略了他的《古典時代瘋狂史》（*Histoire de la folie*），對於《詞與物》的評價也相當苛刻，因此從來不曾得到傅柯的原諒，也只供稿過一次而已。[52]後來出現的荒謬情形，是遺產委員會與伽利瑪出版社對《現代》採取法律行動，結果由伽利瑪所出版的一部期刊獲得象徵性損害賠償。[53]在義大利，佛羅倫斯出版商恩澤橋（Ponte alle grazie）因為遭到法律訴訟而不得繼續出版那門課程的內容。這類事件涉及的法律爭議，影響也及於羅蘭・巴特與拉岡，其重點在於公開講座或研討課是否在定義上屬於公有領域的作品。根據當前對智慧財產相關法律的解讀，答案是否定的。

傅柯中心（Centre Michel Foucault）的檔案收藏在索爾舒爾圖書館，因此在那裡可以查閱部分講座的文字稿，也可以聆聽其他部分講座的錄音。不過，如同其他未出版的材料，這些收藏也不能翻印或複製。那些錄音的品質非常不一致，其中有許多的內容也不完整。一九八九年，門檻出版社（Seuil）出版了兩場講座的錄音帶：一九七八與一九七九年的「安全、領土與人口」以及「生命政治的誕生」這兩門課程的前導介紹。[54]這些講座最佳的整體記述，仍是傅柯每年為法蘭西公學院的《年刊》所提供的課程摘要，現已出版成書。[55]

傅柯的沉默，以及他著作裡的「自傳」內容充滿缺漏的本質，對傳記作家造成很大的問題。沒有日誌可供參考，而有些人聲稱傅柯日常會寫的日記，似乎也只有他針對自己閱讀的書所記下的筆記。沒有一所美國大學收藏有信件與手稿。有些謠言指稱他留下了一些未出版的神祕文本，也有揮之不去的傳言指稱傅柯寫過一部色情小說，至今仍然流落在巴黎某處的一個檔案櫃或者抽屜裡。可以取得的文件非常不平均，他的人生中有些時期仍然籠罩在迷霧當中，但另外有些領域則是因為材料太多而造成問題。舉例而言，我們對於傅柯待在漢堡的那一年所知極少；至於他在政治上極為活躍的一九七〇年代初期，則是受到新聞媒體以及莫里亞克的好幾冊日記詳盡記錄。傅柯的童年時光尤其幾乎不為人知。

本書透過對傅柯的許多朋友與同事進行訪問與談話，以補充書面紀錄的不足。《傅柯的多重人生》不論有什麼缺陷，畢竟深深蒙受了許多陌生人的慷慨協助。傅柯的第一位傳記作者艾希邦（Didier Eribon）也令我受益良多。[56]我要特別感謝德尼．傅柯（Denys Foucault）與芙蘭欣．福赫休

（Francine Fruchaud，娘家姓傅柯）。尤其更要感謝丹尼爾．德費，儘管我幾乎可以確定他對於我寫的大部分內容必定會感到不以為然。

# 1 保羅米歇爾

安・馬拉佩（Anne Malapert）的家族備受敬重、聲譽卓著，而且交遊廣闊。[1]她的父親是普霍斯柏・馬拉佩醫師（Prosper Malapert），在普瓦提耶這座位於巴黎西南方三百公里處的鄉下城市執業。普霍斯柏・馬拉佩是外科醫生，不但自己開設的診所獲利豐厚，也在當地大學的醫學院裡教導解剖學。他擁有傲人的財富，得以在世紀之交於火車站附近興建一棟白色大宅，距離市鎮中心只有一小段的步行距離。這棟住宅位於阿圖宏克街（rue Arthur Ranc）與凡爾登大道（boulevard de Verdun）上，屋後有個小花園，但在米歇爾・傅柯小時候，這座小花園大半都是水泥地，沒有什麼綠意。

普霍斯柏・馬拉佩有兩個兄弟：侯杰與波朗。侯杰選擇從軍，後來晉升至上校，並且在第一次世界大戰當中戰功彪炳；當時他率領的軍團，據說兵員是他親自在蒙馬特的「阿帕契」幫派分子當中招募而來。波朗研究哲學，但從來不曾取得大學職務。他認為自己選擇的專長，是對職業生涯的進一步阻礙；他是性格學家，因為柏格森主義（Bergsonism）這種在當時居於主流的哲學思想所享有的聲望而飽受其苦，因為這種思想強調的是「成為」的流動性，而不是性格的穩定不變。波朗．馬拉佩的職業生涯在一所巴黎中學度過，但他出版著作的範圍相當廣泛，寫過一部探討性格理論的專著，還有心理學與哲學方面的教科書，以及一部斯賓諾莎的研究著作。[2]他沒有創立學派，也沒有達成傑出的學術成就。獲得學術榮譽的是他的女婿尚恩．普拉塔（Jean Plattard），除了為拉伯雷（François Rabelais）與蒙田的著作編輯了標準版本之外，也先後在普瓦提耶大學與索邦大學講過課。[3]

安．馬拉佩嫁給一個名叫保羅．傅柯（Paul Foucault）的年輕醫生，原本出身於楓丹白露，後來移居普瓦提耶。他出生於一八九三年，父親與祖父都是醫生，而且也都名叫保羅。他的祖父是此一醫學家族裡一個異於常人的成員。這位保羅．傅柯看病的對象不是鄉下的中產階級，而是選擇治療楠泰爾（Nanterre）的窮人，尤其當時楠泰爾還只是距離巴黎幾英里遠的一座鄉下村莊。我們對他所知極少，只知道他確實不愧是個治病不收錢的窮人醫師，死時口袋裡只有五法郎，但大概也擁有全世界。他唯一的遺產是心懷感激的病人致贈的一枝銀筆，後來在他的曾孫德尼的家裡遭竊。不過，他確實獲得了一定程度的地方肯定：現在楠泰爾有一條傅柯醫師路（rue du Dr Foucault）。

保羅．傅柯醫生和自己的岳父一樣，也在普瓦提耶的醫學院授課，而且除了自己的診所以外，最後也繼承馬拉佩的診所。身為外科醫生，保羅．傅柯身處醫學界的最高階級，比尋常的醫生享有更高的聲望。他是**顯要人士**，社會地位相當於銀行家或公證人。他是那座城市裡的少數幾個外科醫生之一，也身兼婦產科醫生，病患主要來自都市中產階級。他的看診範圍及於鄉下地區，普瓦提耶南方八公里處利居熱（Ligugé）的著名修道院的本篤會修士，還有農民與地主，也會向他諮詢。對於外科醫師而言，從許多不同來源累積而來的收入以及竭力把持的地位乃是成功的關鍵，而保羅．傅柯確實相當成功。他的工作時間很長，而且由於當時的外科與醫學技術有限，所以他的職業活動涉及許多體力活，尤其是到鄉間看病的時候。此外，他的工作也需要一定程度的即興天分。在他使用的兩輛車裡，他在其中一輛的後車廂放了一張折疊手術臺，而且在必要的時候，傅柯醫生的司機也可以擔任助理麻醉師。外科醫師習於行使權威，不論在工作上還是家裡都是如此，所以並不總是容易一起生活的對象。

安．傅柯在許多方面都與他旗鼓相當。身為一個有主見而且習於依照自身想法行事的女人，她對於一整屋的僕人管理得極有效率，也在一名祕書的協助下掌管了丈夫診所大部分的經營工作。安．傅柯不是家庭主婦。不同於當時大部分的鄉下女性，她不但會開車，而且開得相當好。她本身就相當富有，也擁有土地。馬拉佩的家是一幢名為「庇樺」（Le Piroir）的大宅邸，建造於十九世紀中葉，坐落於旺德弗赫杜普瓦圖（Vendeuvre-du-Poitou）一片自有的土地上，距離普瓦提耶十五公里左右。庇樺前方有一條車道，兩旁種著兩株巨杉與兩排截頂的椴樹，但這幢宅邸算不上什麼建築傑作，而且由於是用當地的石灰岩砌成，所以易於潮溼。庇樺雖是一棟大房子，卻不像有些人說的那樣被當地人稱為「城堡」。[4] 旺德弗赫確實有一座城堡，也就是高塔上設有槍眼的十六世紀羅什古堡（Château des Roches），但這座城堡從來不曾屬於馬拉佩家族所有。有一點能夠看出那個時代以及鄉下資產階級的價值觀：儘管庇樺沒有留下建築藍圖（這棟宅邸可能是由當地的石匠蓋成），卻有土地買賣以及地界的紀錄。

傅柯家族是一個欣欣向榮的資產階級當中的成員，在普瓦提耶擁有相當高的聲望，這座小鎮於二次大戰爆發時的人口不滿四萬。他們與殘存的貴族沒有多少接觸，但透過庇樺及其土地而保有鄉下人脈。土地所有權與農業，是普瓦提耶的財富基礎。這個相對富裕的牲畜養殖區域沒有什麼工業，但生產葡萄酒、蘆筍與大蒜。這座城鎮本身相當寧靜，最為人知的是其中的教堂，尤其是普瓦提耶聖母大教堂，其華麗的正面是法國數一數二出色的羅馬式雕塑作品。創立於文藝復興時期的大學，其輝煌時期已然過去，現在最著名的是其中的法律系。醫學院規模很小，而且只教導前三年的學位課程，後續必須轉往其他學校才能獲得進一步的學習。在政治方面，這座城市的立場激進，意思是說在這裡居於主導地位的政黨是激進社會黨，但這個黨既不激進也不追求社會主義，而是屬於溫和保守派。一股與之抗衡的政治勢力，則是來自於神職人員相當強大的影響力。在外人眼中看來，這座城鎮頗為乏味，居民也顯得自滿、內向，而且不是特別好客。

保羅米歇爾·傅柯就是在一九二六年十月十五日誕生於這個家庭與這個環境當中。他在三名子女當中排行第二，姐姐芙蘭欣比他大十五個月，弟弟德尼則是比他小了五歲。這三個孩子的長相極為相似，全都有著一頭金髮、高高聳起的鼻子以及一雙湛藍的眼睛。在許多照片當中，都可以看到傅柯在那雙炯炯有神的藍眼睛前面戴著一副無框眼鏡。

傅柯家族的傳統是長子一律取名為「保羅」，所以他是在母親的堅持下才取名為保羅米歇爾，而他則是一向自稱為米歇爾。在行政事務與學校當中，他都使用保羅這個名字；鍾愛他的母親總是叫他保羅米歇爾。家族裡的其他成員也使用同樣的稱呼，因此有時會造成混淆，甚至到了晚期也是如此。舉例而言，在他的外甥女安娜・薩拉米（Anne Thalamy）的認知當中，他是「保羅米歇爾」，而且對他的稱呼是用「您」；但是對安娜的先生來說，他則是「米歇爾」，交談時以同儕間的「你」稱呼。

保羅米歇爾接受傳統的中產階級撫養方式長大。他的家庭是名義上的天主教徒，但天主教對於他們生活的影響僅在於跨越人生階段的儀式，諸如洗禮、第一次聖餐禮、婚禮與葬禮。孩子們雖然會到聖波樹赫教堂（Church of Saint-Porchair）參加彌撒，但帶他們去的經常是他們的外祖母，而不是母親。這種對於天主教的名義上信奉，再加上一定程度的反教權主義，就法國資產階級來說並非不尋常的情形，因為他們承繼的就是伏爾泰的不可知論與正統天主教這兩種相互矛盾的思想。至少偶爾出席彌撒是一種社會義務，但第三共和的醫生與外科醫師這個社會群體卻不以信仰虔誠聞名。儘管如此，保羅米歇爾還是領受了他的第一次聖餐禮，而且雖然缺乏音樂能力，也還是短暫參加了唱詩班。沒有紀錄顯示保羅米歇爾遭遇了造成創傷的信仰喪失，他看起來只是單純慢慢疏離了兒時的宗教信仰而已。另一方面，他也對組織性宗教當中較為裝腔作勢的面向保有一定程度的情感，曾把天主教會描述為「一項高超的權力工具……完全由想像性、情慾性、肉體性與感官性的元素交織而成。真的很了不起」。[5]

傅柯一家不曾經歷過貧窮，在保羅米歇爾人生初年更是愈來愈發達。在一九三〇年代初始，保羅與安．傅柯在拉博勒（La Baule）以低價買下土地，在那裡蓋了一棟別墅。拉博勒位於一片美麗的沙灘，距離聖納澤爾（Saint-Nazaire）的港口十七公里，在當時才剛開始發展成度假勝地，絲毫沒有像是諾曼第的多維爾（Deauville）與卡布爾（Cabourg）那種貴族式的優雅氣息：卡布爾就是普魯斯特筆下的巴爾貝（Balbec）那座虛構城鎮的原型。拉博勒主要是南特與聖納澤爾這兩座工業城鎮的中產階級居民前去度假的地方。大小足以容納一個五口之家及其僕人的傅柯別墅，不是位在賭場附近比較熱鬧的街道上，而是在這座城鎮南方一個名為拉博勒松林（La-Baule-des-Pins）的地區，因為松林是那個區域的一大美景。拉博勒成了傅柯一家人夏季度假的傳統地點，而復活節假期則通常在庇樺度過。

傅柯很少談及自己的童年，就算提到也通常是以非常負面的語氣。舉例而言，他曾說自己出身於「思想極度狹隘」的鄉下背景，[6]但這類話語中所帶有的階級元素，可能是受到一種心態影響的結果，也就是許多巴黎人，尤其是像傅柯這種後天移居巴黎的人士，在傳統上對於所謂的「法國沙漠」所懷有的鄙夷。他後來憶述了自己那種思想狹隘的出身背景如何在他身上強加了「與陌生人談話以及沒話找話聊的義務……我經常納悶人為什麼一定要交談」。[7]此處所謂的陌生人，指的是他父母晚宴上的賓客。招待賓客是傅柯醫生人生裡的一個重要部分，因為他的社交興趣和職業利益早已融合成一體，所以他為同事與當地顯要舉行的晚宴實際上就是商業聚會。孩子們雖然必須和賓客禮貌談話，卻也必須在用餐時保持安靜。這種必須禮貌交談又必須保持靜默的矛盾要求，自然造成了孩子們的緊張與懊惱。在保羅米歇爾與他的姊弟經過深思熟慮的觀點當中，他們比較偏好非常正式的晚宴，因為小孩不能參與這種場合，所以他們可以在輕鬆許多的氣氛下獨自用餐，不必配合成人社交的要求與談話。

傅柯的家庭背景在許多方面確實有可能思想狹隘，但同時也極度優渥。位於普瓦提耶的住宅不但養了貓和狗，而且還有足夠的空間可讓每個孩子都有自己的臥房。保羅米歇爾與他的姊姊和弟弟自然把這一切都視為理所當然，但在戰前的法國其實很少有孩子能夠在夏季到海邊的家庭別墅度假。拉博勒提供了各種傳統樂趣，包括在海灘上放鬆一整天、打網球以及騎自行車。自行車與網球是保羅米歇爾唯二喜歡的運動，但他卻因為近視而難以充分享受打網球的樂趣。另一方面，他的自行車騎得相當好，在青少年時期經常騎車到庇樺去探望祖母。

他姊姊對於一次假期記得特別清楚。在戰爭爆發前不久，他們家和表親普拉塔一家人到庇里牛斯山共度滑雪假期。孩子們不是特別熱中，保羅米歇爾尤其對於低溫多所埋怨。不過，他的母親卻非常享受那一週待在飯店的時光；就算是到拉博勒度假，她也還是家中的女主人，必須負責安排家裡的一切。除此之外，在飯店住宿又是家境富裕的進一步表徵。即便在中產階級專業人士當中，比較常見的度假住宿地點也都是親戚家或者私人租用的住所，而不會是飯店。

在普瓦提耶的家庭生活通常相當平靜。普拉塔家的孩子不是合適的玩伴，因為他們的年紀稍微大了一點，而且傅柯家又相當自給自足。孩子們很少接觸長輩，主要的例外是他們的祖母。那些擔任軍人以及在巴黎教書的叔公、舅公都是遙遠疏離的人物，在他們的人生裡沒有真實的存在感。娛樂大部分都是自製而成。在阿圖宏克街十號，打發夜晚時光的方式都是打牌、玩字謎遊戲以及聽收音機。對於孩子們而言，商業性的娛樂極為罕見。普瓦提耶確實有電影院，但儘管一九三〇年代是法國電影的黃金時期，卻極少有電影是專為兒童拍攝。因此他們很少上電影院，而在戰爭爆發前夕去看《白雪公主》（一九三七），就成了他們多年難忘的一件大事。另一方面，去戲院看戲則相當尋常。保羅米歇爾並沒有因此獲得頂尖的戲劇體驗，因為他看到的表演大部分都是由巡迴劇團演出莫里哀（Molière）、高乃依（Pierre Corneille）與拉辛（Jean Racine）的標準劇目，臺下的觀眾則是一群不懂得欣賞而且經常喧鬧不已的學童。

當然，普瓦提耶並非自給自足，也會受到世界舞臺上發生的事件所影響。傅柯在訪談裡極少數幾次提到的兒時記憶，都意外深富政治色彩。他記得奧地利總理陶爾斐斯（Engelbert Dollfuss）在一九三四年遭到刺殺的事件，還有在一九三六年為了逃避內戰而來到法國的西班牙與巴斯克難民。他記得自己在遊樂場上為了衣索比亞的戰爭而與同學爭論吵架。傅柯從小就感到自己的個人存在與私領域所遭受的威脅。在十歲或十一歲的時候，他不確定自己究竟會保有法國人的身分，還是會變成德國人。學校與家庭有時提供了令人麻木的安全感，但外面的世界卻在保羅米歇爾進入青春期之際變得愈來愈危險。他深深意識到自己有可能死在空襲當中。[8]

一九三九年九月一日，傅柯一家人最後一次從拉博勒開車返回普瓦提耶。在後續的五、六年間，將不會再有海邊的夏日假期，因為法國與英國已對德國宣戰。一九四〇年五月，馬奇諾防線遭到包抄。隨著法國淪陷，其軍隊於是在混亂中往南撤退。緊急醫療隊於普瓦提耶成立以便照料傷者。保羅．傅柯醫生積極參與了這些醫療隊的籌備工作，而他太太的組織與管理技能也是這些醫療隊能夠成功運作的一大因素。

在成千上萬驚慌逃離巴黎的人口當中，有一位是即將完成醫學訓練的年輕女子。賈克琳．維鐸（Jacqueline Verdeaux）的父母是馬拉佩家的朋友，她很小的時候還曾經被臉有傷疤的馬拉佩上校抱在大腿上逗弄。一九四〇年春季，她在一所由耶穌會學校迅速改裝而成的軍醫院裡工作，為馬拉佩上校的姪女婿擔任麻醉師。她不覺得傅柯醫生是易於合作的對象。傅柯醫生完全是習於帶領一群屬下的外科醫師，對待人總是一副頤指氣使的態度，在手術室裡更是有如暴君。維鐸沒有在普瓦提耶待太久，隨著德軍進逼而繼續南逃。不過，她倒是有時間和曾有一面之緣的保羅米歇爾重新搭起友誼的橋梁。她第一次見到保羅米歇爾是在他姊姊的生日派對上：他是個看起來頗為古怪的小子，當時就已經戴上眼鏡，仍然穿著短褲，在那個兒童派對上顯得格格不入。[9]

到了五月與六月期間，英國從敦克爾克的海灘撤離遠征部隊。法國政府已撤出巴黎遷至波爾多。六月十七日，貝當元帥（Philippe Pétain）請求停戰，並且向法國殘敗不已的軍隊宣告現在該是停止作戰的時候。在停戰協議下，普瓦提耶被劃入占領區內三十公里處，就連旺德弗赫杜普瓦圖這座小村莊也有德軍進駐。拉博勒的那棟房子被徵用為軍官宿舍。貝當的官方肖像出現在公共建築與學校當中，而保羅米歇爾也像同年齡的其他所有男孩女孩一樣，每天一早都必須在學校高唱〈元帥，我們來了〉（Maréchal, nous voilà）。在接下來的四年裡，他的童年充斥著官方口號，包括「祖國、勞動、家庭」，以及團結與犧牲的新世界即將取代「自我中心、個人主義而且又資產階級的文化世界」。[10]更加令人感到擔憂的，則是出現在普瓦提耶街道上的武裝部隊。傅柯曾有一次極為難得地提及這段時期，回憶了當時的許多逮捕行為，以及群眾默默看著人們被帶走。[11]

傅柯一家人在納粹占領期間仍然留在普瓦提耶。如同絕大多數的法國家庭，他們也不公開表達自己的政治偏好，並且遵循維琪政權的要求，例如傅柯醫生就加入貝當為了對全國灌輸「社團主義」價值觀而成立的醫學公會。傅柯一家當中沒有人是維琪政權的支持者，但也沒有人直接涉入反抗運動。安．傅柯尤其親英，所以全家人都聆聽英國廣播公司對遭到納粹占領的法國所播送的廣播，儘管這樣的行為被逮到可能會有非常嚴重的後果，包括遭到處死或是驅逐出境。這個家庭最大的擔憂是在食物方面。為兩名正值青春期以及一名處於前青春期的孩子提供足夠的食物，是一件愈來愈困難的事情。普瓦提耶的居民雖然不像巴黎那麼困苦，但物資短缺仍是真實存在的情形，而且逐漸變得愈來愈嚴重。由於普瓦提耶擁有一片豐饒的農業腹地，因此這裡極少出現真正有人挨餓的狀況，而且傅柯家又有庇樺的資源可以仰賴。儘管如此，他們必要的時候還是得偷偷前往鄉下，在黑市購買食物。覓食工作的主要負責人是安．傅柯，她必須倚賴腳踏車作為交通工具，原因是配給制度的實施導致開車不再是可能的事情。

在戰爭爆發與法國遭到占領的同時，年輕的保羅米歇爾也遭遇到一項比較個人層面的危機，也就是在學校方面遭遇困難。他四歲開始上學，但卻與大多數的法國兒童不一樣，不是從幼兒園讀起。他在一九三〇年註冊了亨利四世中學的基礎班。正常的註冊年齡是六歲，但他卻獲得例外對待，原因是他在姊姊開始上學的時候堅決不肯和她分開。基礎班的教室位於這所中學的長方形中庭的右側角落，保羅米歇爾就與芙蘭欣一起到這裡上課。剛開始，保羅米歇爾在課堂裡大致上受到放任不管，但還是在小小年紀就學會了讀寫。這所學校原本由耶穌會成立於亨利四世在位期間，入口處懸掛著亨利四世與路易十四的畫像，學校建築採取古典風格，鄰接的禮拜堂則是有些耶穌會風格的巴洛克式裝飾。這所學校的內部走廊矗立著「偉人的石膏像」，[12]對於兩個年紀幼小的孩童而言必定是令人畏懼的地方。

他們進入了一個嚴肅而且紀律嚴明的世界。在他們的出身環境裡，接受教育是一項基本美德，兒童也必須勤奮用功。孩子從很小的年紀就必須開始從事閱讀與拼字練習等功課。傅柯家相當支持孩子的學業，不但懷有與教育體系相同的價值觀，而且也積極予以強化。套用布迪厄（Pierre Bourdieu）與帕瑟宏（Jean-Claude Passeron）的社會學術語，保羅米歇爾與他的姊弟乃是「繼承人」，其社會特權轉換成為個人天賦與才華，或是以這種方式取得正當性。繼承人的創造是家庭與學校合力造成的結果。[13]財富雖然可以繼承，但成功的事業卻是奠基於專業技能與資歷的取得。保羅米歇爾深深學到了這一課：對於成年的他而言，以嚴謹的紀律投入智識工作幾乎可說是一種道德。

保羅米歇爾與姊姊進入亨利四世中學就讀，同時也踏入了一個菁英世界。第三共和初年施行的立法雖然保證全民都可享有免費而且與教派無關的義務教育，[14]教育體系實際上卻有所區隔。「初等」與「中等」教育指的是相互平行的體系，而不是單一體系當中的時序劃分。絕大多數兒童都是在免費的小學開始就學，在十三歲畢業。大多數人都可取得教育證書，但少數天分出眾者則可接著進入師範學院受訓成為小學教師，從而複製那個當初造就了他們的部門。至於中等教育體系的中學（lycée），在一九三〇年代以前都必須付費就讀，而且在極大程度上專屬於中產階級與專門職業者的子女。保羅米歇爾年僅四歲就踏上了通往高中文憑（baccalauréat）的道路，甚至還有可能進一步登上高等教育。如同他在三十多年後向一名電臺訪問者說的，他進入了

> 一個完整的環境，其中的存在法則與晉升法則都憑藉於知識，憑藉於比別人懂的多一點點，在教室裡的表現稍微勝過別人，而且我猜甚至也憑藉於喝奶的能力勝過別人，踏出第一步的時間比別人更早等等。競爭性的考試、比賽、比別人多做一點、身為第一名……像我這樣的人向來都生活在那樣的環境裡。[15]

保羅米歇爾在基礎班就讀了兩年，然後在一九三二年進入那所中學本身的初等班，在那裡待到一九三六年，也就是他看到西班牙難民抵達法國的那一年。他也在同一所學校接受了頭四年的中等教育。截至這個時候，他一直是個好學生，雖然數學不是特別出色，但在法文、歷史、拉丁文與希臘文方面的優異表現完全彌補了這一點。他看起來不是特別用功，但成績通常是班上第一名，不然也是非常接近第一名。一九四〇年初夏，他的學業出了問題：他的期末考成績很差，學校告知他必須在秋季重考。

關於這項突如其來的危機，有兩種可能的解釋提出過。一是教育體系本身陷入混亂。由於害

怕巴黎會遭到攻擊，許多學校因此把教職人員與學生撤往鄉下地區，所以亨利四世中學接收了鍾松高中（Lycée Janson-de-Sailly）這所巴黎名校的師生。突然湧入這群背景更加高雅的學生，有可能對保羅米歇爾造成嚴重的信心危機；這個與鄉下同學競爭總是表現傑出的男孩，現在卻必須與另一個更優越體系的產物同場競爭。與保羅米歇爾同齡的一些人還有他弟弟提出的第二種解釋，則是法文教師突然變得不喜歡他。紀佑老師（Guyot）是個相當激進的教師，對於傅柯出身其中的那種鄉下顯要沒什麼好感，所以保羅米歇爾有可能因為面對如此明顯的敵意而喪失了信心。

不論一九四〇年那次考試失常是出於什麼原因，他的母親立刻就採取了行動，在秋季把兒子轉到一所新學校。這所學校是聖史塔尼斯拉斯書院（Collège Saint-Stanislas），由基督學校修士會（Frères des Ecoles Chrétiennes）這個教職修會所經營。這所學校不是普瓦提耶唯一的宗教學校，也不是最好的一所。耶穌會經營的聖若瑟書院（Collège Saint-Joseph）聲譽要好上許多，但是對學生的紀律要求更加嚴格，在宗教方面的要求也比較高。就讀聖史塔尼斯拉斯書院是介於不信神的中學與過度虔誠的耶穌會書院之間的折衷方案。經營聖史塔尼斯拉斯書院的修士不是神父，因此保羅米歇爾也就不必每天向老師告解。根據另一個曾在基督學校修士會（又稱為無知會〔Ignorantines〕）接受教育的學生所言，其學校的教職人員非常擅長把孩子拉拔長大，但是卻沒有什麼天分能夠實際上給予他們更廣泛的教育。[16]

轉學產生了預期的效果。保羅米歇爾的學業表現迅速恢復水準，接下來的三年裡再度獲得出色的成績，在法文、歷史、希臘文和英文等科目經常拿下全班第一。到了這個時候，他已開始探索學校課程以外的領域，原因之一是他和一個朋友獲得艾格漢神父（Abbé Aigrain）這位任教於昂杰天主教大學（Catholic University of Angers）的普瓦提耶知名人物准許使用他的圖書室，得以借取他的哲學與歷史藏書。[17] 聖史塔尼斯拉斯書院本身不受保羅米歇爾喜愛，他後來把自己待在那裡的那些年形容為一場「煎熬」。[18]

一九四二年，保羅米歇爾進入結業班（terminale；相當於英國的第六學級，即中學教育的最高年級），開始正式修習哲學。他的老師原本應該是深受同僚敬重的杜黑司鐸（Canon Duret）。不過，杜黑因為積極參與一個被蓋世太保發現的反抗網絡，結果在學期第一天就遭到逮捕，從此消失無蹤。學校提議的暫時替代人選是個文學專家。這項提議令傅柯夫人大感光火，因為她認為哲學課就該由哲學家來教，而不該找文學人。後來，她代替學校找到了來自利圭杰（Ligugé）的皮耶侯修士（Dom Pierrot）這名顯然可以接受的替代人選。不過，皮耶侯修士只算得上是合格而已；他在課堂上的教學內容僅限於對課程範圍提出頗為平庸的講解，但他在下課之後倒是會撥空與自己喜歡的學生從事廣泛的討論，其中也包括保羅米歇爾。

由於聖史塔尼斯拉斯書院的教學明顯可見極度雜亂無章，保羅米歇爾的母親因此再度出手干預，僱用了一名年輕學生在家中為她的長子提供額外的教導。這是典型的問題解決方法：不是現成可得的東西，就花錢去買。吉哈（Louis Girard）才二十幾歲，對於自己應當要教的哲學並沒有廣博的知識。整體而言，他只是單純把自己剛在大學裡學到的康德主義現學現賣一番而已。在他後來的回憶裡，年輕的傅柯是個深富挑戰性的學生，也許不是他教過最有天分的孩子，但理解概念的速度無疑是數一數二的快，也極度善於把自己的想法組織成一個條理清晰的整體。[19]學校與私人家教雙管齊下的做法獲得了成功。一九四三年六月，傅柯以高於平均的成績通過高中畢業會考。

完成中等教育之後，保羅米歇爾此刻面臨重要的選擇。他擁有上大學的資格，也可以在那年秋天開始攻讀學位。不過，他沒有選擇這麼做。在這個階段，他似乎沒有特定的抱負，更絕對沒有打算要成為職業哲學家。他如果有談到未來，也只是籠統提及自己想要從事政治或新聞方面的工作。然而，傅柯醫生對他卻有明確的計畫：他的長子當然必須學醫，先是在普瓦提耶，接著再去巴黎，以備日後能夠接下他的診所。

這項計畫主要來自於傅柯醫生自己的期望，而不是與兒子討論出來的結果。傅柯醫生與子女的交集不多；家庭生活主要是屬於他太太的領域。他似乎完全沒有注意到保羅米歇爾從來不曾對自然科學展現過多大的興趣，而且天賦也比較傾向於人文方面。保羅米歇爾根本拒絕考慮學醫，他對自己未來的學業乃至職業生涯另有不同的計畫。父子之間的討論難以取得共識，甚至演變成猛烈爭執，但傅柯夫人終於說服先生不要強迫兒子做他不想做的事。滿懷失望的父親終於心不甘情不願地同意了。成為家裡下一個醫生暨外科醫師的任務於是留給德尼。

關於傅柯與他父親關係不佳的陳述無疑有被誇大。在人生後期，傅柯據說經常向朋友談及自己以前有多麼怨恨父親，跟父親爭吵有多麼激烈。現存的家庭成員指稱這對父子之間的關係有時確實相當緊繃，在職業生涯的議題上也意見分歧，但認為他們之間存在強烈恨意的說法過於誇大。另一方面，任何人都非常難以說服傅柯去看醫生的這種情形，可能也頗富象徵意義。傅柯有一次難得提及自己少年時的這段時期，晦澀不明地談到「那些關係當中有因為特定議題而產生的衝突，但這些衝突也代表雙方都聚焦於難以割捨的共同利益」。[20] 可能為傅柯憎恨父親的傳言賦予可信度的一項因素，就是傅柯拒絕使用保羅米歇爾這個名字，堅持自稱為「米歇爾」。這點有可能被視為他拒絕認同父親的證據，但另外兩項可能的解釋應該可以降低這種心理臆測的誘惑。傅柯經常開玩笑說自己之所以不喜歡「保羅米歇爾．傅柯」這個名字，原因是這個名字的縮寫和資深政治人物孟戴斯．弗朗斯（Pierre Mendès France）一樣都是「PMF」。他的姊姊有另一項解釋：在學校裡，「保羅米歇爾」很容易被人以諧音叫成「波奇尼拉」（Polichinelle）。她的弟弟不喜歡被人和這個木偶戲裡的丑角人物畫上等號，更厭惡別人藉此暗示他是個外形怪異而惹人取笑的對象。

保羅米歇爾為自己想像的未來，是要到巴黎的高等師範學院（Ecole Normale Supérieure）就讀。這所學校是當時全法國名望最高的教育機構，必須通過入學考才能成為那裡的學生，而每年錄取的藝術與人文學生不到四十名。如同其他高等學院（grande école），高等師範學院也越過一般大學體系，為人提供了取得最高學歷的捷徑。一名二十歲的學生一旦獲得錄取，即可合理期望在三年後畢業，前提是必須通過教師資格考（agrégation），那是法國教育體系裡等級最高的競爭性考試。進入高等師範的學生會在第一年取得學位，並且在第二年取得高等專業學習文憑（Diplôme d'Etudes Supérieures，大概相當於英國的碩士學位，學位候選人必須提出論文〔mémoire〕）。接著，這名資格考及格者（agrégé）可以從事高等學術研究最後獲取博士學位，或者到中學教書一段時間之後再到大學任教。高等師範學院入學考試（concours）的考生都已擁有高中文憑，並且在預備班歷經兩年的密集研讀。不過，在極為關鍵的口試裡，課程大綱本身的重要性並不高，因為範圍廣泛的各種主題都可能在口試當中出現。

聖史塔尼斯拉斯書院的教學無法達到所需的程度，因此保羅米歇爾在接下來的兩年又回到亨利四世中學就讀。在正常情況下，他應該要先花兩年的時間修習文科預備班的一年級（稱為hypokhâgne）與二年級（稱為khâgne），但戰時的狀況造成這兩個班級合而為一，形成一個共有三十人左右的大班級。[21]在一所鄉下中學準備高等師範學院的入學考試，幾乎不可能成功。絕大多數的高師人（normaliens）都是出身於路易大帝中學與亨利四世中學這類巴黎頂尖中學的文科預備班，儘管有少數人的確是來自巴黎以外的傑出學校，例如里昂的公園中學。這些學校的學生毫無例外是由剛從高等師範學院畢業的年輕教師教導，因此這套體系就像師範學院部門一樣自我延續和自我繁殖。一個來自普瓦提耶的考生，實在沒有什麼成功的機會。儘管如此，在一九四三年實在不太可能把一個十七歲的孩子獨自送到巴黎念書，於是保羅米歇爾回到原本就讀的那所中學。

他主要的興趣是歷史與哲學。畢業於高等師範學院、曾在克雷蒙費弘（Clermont-Ferrand）任教的莫侯赫貝（Jean Moreau-Reibel）對於哲學的教導似乎不是以課程設計完善著稱，但他近乎聊天式的教學方法卻成功促使保羅米歇爾對柏格森、柏拉圖、笛卡兒、康德與斯賓諾莎產生興趣。年輕的傅柯也很喜歡歷史老師戴茲（Gaston Dez）。戴茲採取的教學方法，是要求學生把他的講課內容聽寫下來。因此，他的課進展得極為緩慢，前幾年的課程抄本也形成一個活躍的交易市場。保羅米歇爾是個認真又有些獨來獨往的學生，除了睡覺以外的時間似乎全都投注在課業上。不過，他也廣受同學喜歡，原因之一是全班學生在哲學課被帶去觀賞古典戲劇演出的時候，他常會說笑話打斷表演。[22]

課業雖然占據了傅柯大部分的時間，他仍然有廣泛的閱讀。他談到自己相當喜愛斯湯達爾（Stendhal）、巴爾札克（Balzac）與紀德（Gide）的作品。在他看來，這些作者處於受到核可的課程與「所謂文學」之間的那條界線上面。[23]葉維．吉伯的證詞如果可信，那麼紀德的一部著作必然對傅柯帶有特殊意義，就是《遭監禁的普瓦提耶女子》（*La Séquestrée de Poitiers*）。根據吉伯所言，年少的保羅米歇爾經常懷著興奮和恐懼交織的情緒走過顯靈街（rue de la Visitation）的一座庭院。[24]那座庭院跟普瓦提耶一件隱密的醜聞有關。在世紀之交，一名年輕女子因為懷了私生子而遭到自己的母親與哥哥監禁在這裡的一個房間。這個名叫布蘭琪．蒙尼爾（Blanche Monnier）的女子被關在房間長達二十五年，不但極度消瘦而且還置身於自己的糞便之中，最後才終於偶然獲救。[25]

保羅米歇爾的夢境深受閱讀影響。他在一九六七年向一名訪問者透露自己從小就經常會做同一個惡夢：「我面前擺著一本我看不懂的書，或者只看得懂很小一部分；我假裝在讀那本書，但我知道自己只是裝模作樣。接著，那本書徹底受到遮蔽，我也就無法繼續讀，連假裝都沒辦法。我覺得喉嚨一緊，然後就醒了過來。」[26]這是傅柯對於他早期的主觀生命極難得提出的其中一項評析。

從這些關於童年的少數評論拼湊出來的圖像，保羅米歇爾是個非常嚴肅的男孩，幾乎完全只關注學業。有些跡象顯示這個圖像並不完整。舉例而言，他很喜歡惡作劇，其中許多次的對象都是他父親的祕書。他很早就對於荒謬的事物發展出敏銳的知覺，也善於看穿周遭眾人的矯飾造作，後面這項天賦無疑獲益於他對父親舉辦的晚宴的觀察。所以，賈克琳．維鐸可能就是因為這樣才會在他姊姊的派對上看到他那副充滿好奇的表情。他在某些方面相當早熟，而且經常向德尼解說一九三八年《慕尼黑協定》的相關議題，所用的高深詞語足以把弟弟唬得一愣一愣。他也有勇敢的一面，有時更是勇敢得近乎莽撞。在戰爭期間的一年寒冬當中，亨利四世中學的一群住宿生從協助敵人的民兵部隊總部偷了些木柴。後來，傅柯和一個名叫露榭特．哈巴特（Lucette Rabatté）的女孩簽署了一份文件，聲稱那些木柴是他們兩人提供的。學校當局選擇相信他們的說詞，於是這起原本可能會有非常嚴重後果的事件就這麼畫下句點。[27]

青少年時期的保羅米歇爾喜歡寫詩，但他母親在他死後找不到任何這些早期創作的殘跡，所以只能假定是被他銷毀了。在傅柯的葬禮上，他的母親流著眼淚向他的朋友還有為他下葬的教士述說了一個想要變成金魚的小男孩。她雖然向傅柯指出他很怕冷水，但他還是堅稱自己想要變成一條魚……只要一下子就好，為的只是要知道那是什麼感覺。[29][28]

對於傅柯早期的性生活，我們所知又更少。他在一九八一年指出，自己自從有記憶以來就受到同性吸引，而且向來都想要和別的男孩或男人發生性關係。自從很早以前開始，他的心上就一直縈繞著這個問題：「男人如何可能住在一起，共同分享彼此的時間、餐點、房間、情愛、悲傷、知識與信任？」他接著指出，這是一種廣泛的「慾望，一種擔憂，或是一種帶有擔憂的慾望」。[30] 我們不知道他在青少年時期有沒有依據自己那種「帶有擔憂的慾望」採取行動，但他曾經公開表示自己在二十歲那年認識了他的第一位「朋友」，這表示他最早建立的一段關係是在巴黎就讀高等師範學院之時。[31] 在傅柯的青少年時期，同性戀受到維琪政府追隨者以驚恐的眼光看待，因為他們執迷於捍衛父權家庭的價值觀。普瓦提耶是一座小鎮，保羅米歇爾的家人關係相當緊密，他早期人生大部分的時間都是在母親和藹但密切關注的照料下度過。他置身其中的那個時代、地點以及家庭都不利於肉體享樂的實驗，所以傅柯看起來不太可能在移居巴黎之前有過任何重大的性經驗。

傅柯針對高等師範學院入學考試進行的準備終究不免遭到戰爭打斷。在同盟國軍隊開始登陸諾曼第的幾天之後，包括阿圖宏克街在內的普瓦提耶部分地區就因為預期當地的車站與設施可能會遭受空襲而疏散居民：普瓦提耶是大西洋壁壘的德國駐軍獲取補給的一個重要中途站。傅柯一家人在夏季躲到庇樺，但後來返回普瓦提耶租了一個住處，因為他們的住宅遭到炸彈損傷。隨著戰鬥愈來愈接近城鎮，日常生活的正常結構因此瓦解，所有的學校也都跟著關閉。

混亂的狀況持續到次年一整年，但不完全是軍事行動造成的結果。行政管理方面的無能也是因素之一。一九四五年春，傅柯與另外十三名來自普瓦提耶的考生前往法律系報到，以便參加高等師範學院入學考試的筆試部分；一旦通過筆試，即可進一步參加口試。然而，他們前前後後卻考了三次。在第一次考試當中，他們寫完的考卷不能算數，原因是謠傳巴黎有一名老師向自己的學生洩漏了考試題目；第二次則是來自巴黎的必要正式文件沒有送達。入學考試最後終於行禮如儀地完成，結果也在七月發表。普瓦提耶有兩名考生通過筆試，但保羅米歇爾·傅柯不是其中之一。總共有一百名考生獲得參加口試的資格；他正好排名第一百零一。[32]

一九四五年十月，傅柯到一所非常不一樣的亨利四世中學註冊就讀。這棟看似修道院的建築，位在巴黎拉丁區的先賢祠（Panthéon）後方，是法國數一數二有名的學校。沙特曾經就讀這所學校，後來轉學到其死對頭路易大帝中學（lycée Louis-le-Grand）。原名埃米爾・沙爾捷（Emile Chartier）的阿蘭（Alain）還有柏格森都曾在這裡教書。我們不知道保羅米歇爾到底是怎麼進入亨利四世中學就讀，但來自普瓦提耶的學生通常無法轉學至巴黎的中學，因為所有中學照理說只能在周圍有限的招生地區內招收學生。動用各種影響力把孩子送進一所良好中學的做法並非不曾聽聞，傅柯的父母也有可能動用了他們的影響力。更有可能的是這次轉學與他母親有關。

即將啟程前往巴黎之前，傅柯結識了一個對他後來的職業生涯影響極大的朋友。普瓦提耶受到解放之時，皮業勒（Jean Piel）被派到那裡擔任助理，是協助負責建立新共和秩序的共和國專員。他與傅柯家稍有交情，又曾陰錯陽差在學校裡研讀過波朗・馬拉佩的哲學教科書。皮業勒在不久之前因為一場嚴重車禍受傷，由傅柯的父親動刀救治；但手術不是完全成功，因為他在術後留下了嚴重跛足的問題。然而，他對傅柯家的感情沒有因此減少，對於年輕的保羅米歇爾還是一樣深感興趣。一九六二年，皮業勒邀請傅柯和他一起加入由巴代伊（Georges Bataille）創辦的文學哲學期刊《評論》（*Critique*）的編輯委員會，他不僅對《古典時代瘋狂史》頗感驚豔，也回想起自己在十五年前遇見的這個聰穎的年輕人，他一直遠遠看著這個年輕人的職業生涯。[33]

另外有一名病患，也許是透過皮業勒而在戰爭剛結束後找上了傅柯醫生。皮業勒是畫家馬松

（André Masson）的連襟，並且身處於一組複雜的姻親關係當中。馬松娶了麥克利（Maklés）四姊妹的其中一人為妻，另外有兩人分別嫁給巴代伊與皮業勒。席薇雅．巴代伊的第二任丈夫是拉岡。如同皮業勒，馬松也受傅柯醫生診治，傅柯醫生則以一種令人毛骨悚然的方式表達友好，向他展示了一具死產的嬰屍，屍體上有個罕見的傷口，使得腦膜局部暴露出來。後來這位畫家就以這具屍體為主題，繪製了一幅線條流轉的怪異畫作，送給傅柯醫生。米歇爾．傅柯在父親死後繼承了這幅畫作，多年來都矗立在他寫作的書桌上。這幅畫現在由他弟弟持有。

保羅米歇爾在巴黎頭一年的處境頗為奇特。他和亨利四世中學大部分的非首都圈學生不一樣，並沒有在學校寄宿，當然他也不是每天晚上都能回家的通學生。他的母親有一名女性友人，在哈斯拜大道（boulevard Raspail）與雷恩街（rue de Rennes）的轉角處經營一所私立學校，傅柯就在那裡租住了一個房間。這項奇特的安排令他得以逃過引介新學生熟悉集體生活常規的那些儀式（他向來厭惡集體生活），但他也因此陷入頗為孤獨的處境。保羅米歇爾在亨利四世中學沒有交到幾個要好的朋友。而且，他的住處雖然安靜又安全，卻算不上豪華。房間裡沒有暖氣，所以傅柯用功的時候必須縮在床罩下保暖。運輸系統的破敗情況使得他在假日或週末幾乎不可能返回普瓦提耶。家裡寄來的食物包裹讓他的生活狀況稍微比較可以忍受，但這實在不是對巴黎生活最好的初體驗。

實際上，傅柯抵達巴黎的第一年裡，根本沒怎麼遊歷這座首都。為了準備入學考試，他沒有什麼時間可以從事休閒活動，生活就只有一連串的念書以及模擬考。亨利四世中學的文科預備班二年級的編制為五十名學生，相互之間的智識競爭極為激烈。這裡的教學水準非常高。歷史教師是阿爾巴（André Alba），以其博學與「反教權共和主義」的立場著稱。根據一名與傅柯近乎同齡的人士所言，阿爾巴「把我們整個丟進以事實為依歸（événementielle）、時而又具有結構性的歷史學當中」。[34]更重要的是，傅柯的哲學課程由戰後最偉大的法國黑格爾主義者伊波利特（Jean Hyppolite）負責教授，儘管只有很短的一段時間。他與伊波利特的初次邂逅只持續了兩個月，原因是這位哲學家在傅柯進入亨利四世中學之後不久就前往史特拉斯堡大學任教。他們後來在索邦大學與高等師範學院又再度相遇，但傅柯一直都記得伊波利特向亨利四世中學的文科預備班二年級學生講解黑格爾《精神現象學》的聲音。[35]接替伊波利特的教師，是平庸的德雷弗斯勒法耶（Dreyfus-Lefoyer），他因為膽敢引用布特胡（Emile Boutroux）與拉舍利耶（Jules Lachelier）這類無名小卒（這兩人都是先前世代的人物，到了這時已幾乎完全被人遺忘）的話語而遭到學生鄙夷。[36]

雖然換了老師，傅柯在哲學上的進步速度卻相當快，還有歷史、希臘文與拉丁文也是。第一個學期結束時，他的哲學考試成績排名第二十二；在學年結束的時候，他排名第一，被評為「出類拔萃的學生」。[37]他已經準備好再次參加高等師範學院入學考試。

在第二次的應試當中，傅柯在筆試沒有遭遇任何困難，順利晉級到口試階段。他在口試當中首度見到康紀言（Georges Canguilhem）。在入學考試的考生眼中，康紀言因為嚴格而名聲不佳。他是擁有醫師資格的科學史學家，當時任教於史特拉斯堡大學。他不但是高等師範學院的畢業生，也擁有反抗納粹的傑出紀錄。不過，對於有心成為高師人的學生而言，他卻是以態度粗魯甚至嚴酷而著稱。尚保羅・艾宏（Jean-Paul Aron）後來形容他是農夫與普魯斯特筆下的夏呂斯男爵的綜合體。[38]在土魯斯的中學被他教過的學生，憶述康紀言如何刻意用他的「語義虛無主義」以及「永無止盡的『我不知道那是什麼意思』」造成他們的不自在。如果有人傻得在論文當中提到「常理」，就會在批注當中看到那句評語；如果是邏輯有缺陷的推理，則必然會引來一句尖銳的「我看不出為什麼」。[39]這種名聲在學生的次文化當中很快就廣泛傳播開來。他迷人的南方口音與粗魯的態度形成強烈對比；他還會因為自己的反教權立場，而在精心算計之下以表面上禮貌的姿態稱呼他遇到的修女為「mademoiselle」（小姐），而不是「ma soeur」（姐妹）。[40]康紀言後來擔任督學，也常批評得哲學老師委屈落淚。阿圖塞指稱他是刻意在中等教育體系當中散播恐懼，「抱持著一種幻想，以為惹哭教師即可矯正他們的哲學理解。」[41]

在口試當下，傅柯必須面對兩名令人望而生畏的口試老師，其中一個是他，另一個則是來自土魯斯大學文學院的舒勒（Pierre-Maxime Schuhl）。康紀言完全不記得自己與傅柯的首度會面，[42]但是對於傅柯而言，這次經歷顯然沒有太不愉快或是造成很大創傷。才幾天之後，保羅米歇爾就得知自己通過了口試，在高等師範學院的入學考成績當中排名第四。

傅柯前往巴黎之後，並沒有就此完全斷絕與普瓦提耶的連結。在高等師範學院就讀期間，他會利用夏日假期返回普瓦提耶，一九四六或一九四七年他就是在那裡學會開車。通過駕照考試並沒有立刻讓他獲得想要的移動自由。他原本規劃了一場義大利之旅，後來發現自己的開車技術仍然遠遠不足，還必須接受母親的額外教導，因此不得不取消。儘管一開始遇到這樣的挫折，傅柯還是成為少數善於開車的法國哲學家。沙特不開車，而德勒茲對於機器的能力顯然僅限於他與瓜達希（Félix Guattari）合著的《反伊底帕斯》（*Anti-Oedipe*）書裡描述的「慾望機器」，搭乘他開的車據說是令人坐立不安的體驗。[43]

只要母親來到巴黎，傅柯就會和她一同用餐；他主要也是透過母親維繫他與普瓦提耶的連結。這樣的連結在他父親於一九五九年去世之後變得更為堅實；自此以後，傅柯每年八月總是會在旺德弗赫杜普瓦圖度過。丈夫去世之後，安・傅柯搬離普瓦提耶，遷居至庇樺；普瓦提耶那棟住宅後來改建成郵局辦公室，安入住庇樺之後安裝了中央暖氣系統，潮溼問題終於獲得解決。傅柯在夏季回來造訪不只是純粹為了放鬆，他在老房子原本的僕人廂房當中裝設的書房裡持續進行研究。書房裡面滿是書籍，隔壁的臥房簡樸得近乎修道院。

在庇樺度過的日子總是依循一套儀式般的模式。白天大部分的時間都投注於工作，天氣好的時候會短暫休息享受日光浴。傍晚時分則是儀式性地為花園澆水。提起沉重的灑水壺和水桶，是一種簡單型態的舉重，傅柯深深樂在其中。只有一九八三年那個夏季他沒能為庇樺的花園澆水。傅柯待在旺德弗赫的時間，正值小黃瓜收成的時節，而他最喜歡的一項消遣，就是醃製家中的冬季存糧：這是一種耗費大量時間的緩慢工作，必須調製一缸缸的鹽水，並且仔細刷淨這些體積小巧的蔬菜。

在一九五〇和一九六〇年代，待在庇樺的那個月因為他的五個外甥與外甥女而變得充滿活力。他的外甥女安娜與席薇克萊兒都非常喜歡他，認為他是個理想的舅舅，總是樂於買她們不該吃的甜食給她們，後來也會買菸給她們抽，而且還會以各種惡作劇逗得她們笑個不停，包括到村裡的熟食店說他想買三公里長的血腸，也以嘲諷擁有城堡的那個男爵為樂。席薇克萊兒也記得自己經常與傅柯共享一種樂趣，就是針對他們在路上看到的男人品頭論足。傅柯的這一面也可見於另外一則軼事當中：曾經有個甥孫問他為什麼沒有頭髮，他回答說自己的頭殼裡面有一叢濃密的捲髮。

傅柯的人生雖然有過許多變化，他也聲稱對自己的出身背景滿懷厭惡，但他總是保有自己過去的一些元素，也一直都喜歡吃當地的某些乳酪。他持續騎自行車，經常不顧危險從自己的公寓騎車到法蘭西公學院。[44]他是在普瓦提耶學會做菜，而且手藝相當好。他對於賓客的精心款待正是法國資產階級的典型表現。即便在他的政治立場最傾向極左派的時期，他的晚宴賓客也還是會看到他忙著計算座位數目以及他所需要的餐巾數量。傅柯對於自己可觀的財富所抱持的態度，在某些面向也充分顯示了他出身於首都圈外的中產階級。他先後住過的地方都相當舒適而且陳設得當，但也刻意避免炫耀財富與奢華享受。他對政治及其他理念的捐款也相當低調，幾乎是祕密為之。就某些方面而言，在法蘭西公學院擔任教授的他，一直都是那個在一九四五年離開普瓦提耶的資產階級家庭之子。

# 2 狐狸、高師、共產黨

高等師範學院坐落於梧爾木街（rue d'Ulm），一條位於先賢祠廣場南側的靜謐街道。高等師範學院距離亨利四世中學不遠，但這兩所學校之間短短的步行路程卻充滿了象徵意義。從傅柯為了準備入學考而在亨利四世中學就讀的文科預備班二年級教室，他可以步行經過先賢祠這座專供法國「偉人」的安息之處，前往那所將會把他栽培成為下一代菁英的學校。高等師範學院在一九四六年慶祝創校一百五十週年，校方在索邦大學的演講大廳舉行了莊嚴的紀念典禮。兩年前，一個教育制度改革委員會向政府提出報告，對於各個高等學院當中充斥的那種「種姓」精神表達了不以為然的態度。委員會甚至考慮廢止高等學院，但終究沒有實行這項令人不敢想像的措施。擁有如此「輝煌過去」的機構，其存續時間絕對能夠輕易超越政府委員會。[1] 而在所有的高等學院當中，就屬高等師範學院最是念茲在茲自己過往的榮耀。

師範學院的任務在於訓練學生成為教學專業人士；原則上，高等師範學院訓練學生成為大學教師，但實務上有許多校友進入其他職業，其中許多人是在國家部門當中工作。這是一所寄宿男子學校，在塞夫爾（Sèvres）另有一所專供女學生就讀的姐妹校。高師人由國家發給生活津貼，相較之下，索邦大學的學生必須自行籌措學費，只有少數例外。高等師範學院在一九四六年於梧爾木街提供的宿舍以實用導向，並不豪華，這所學校也不以餐點美味著稱。學生睡在由簾幕遮蔽的隔間裡，讀書室則是眾人共用。在一九四六年秋季，傅柯和另外五名亨利四世中學的校友一同盤據了一樓的一間讀書室。在高師那一年錄取的人文學生當中，他們這六人就占了六分之一。[2]

高師人都不免意識到自己是未來菁英階層的一分子，也深深意識到自己不是就讀水準低落的索邦大學（儘管他們可以自由到那裡去上課），通常也懷有強烈的位階觀念。由於入學必須經過考試的競爭，所以梧爾木街的住宿生從一開始就會以成績區分高下，在入學考當中排名墊底的學生有可能每天都會遭到提醒自己低微的地位。高師人只要被問到自己在這所學校度過的時光，幾乎都會立刻拿出畢業紀念冊查看入學考試以及教師資格考是誰拿下第一名，當然，有些人光憑記憶就能說出這項資訊。高等師範學院以強烈的團隊精神為特色，所以在那裡建立的友誼與競爭敵意都可能長久存續。畢業生經常會組成一套強而有力的老男孩網絡，就算是像傅柯這樣沒有正式參加校友會的人也不例外。如同所有這類網絡，這種群體很可能具有排他性。舉例而言，哲學家李歐塔（Jean-François Lyotard）就認為自己之所以和傅柯不熟，原因是他自己並不是高師人。[3]

進入高師就讀，不但是加入菁英階層，也是加入了一套傳承世系。傅柯在一九七〇年於法蘭西公學院發表的就職演說當中，向杜梅齊勒（Georges Dumézil）、康紀言與伊波利特這三位「模範與支柱人物」致敬，而這三人就都是畢業於高等師範學院。在一九四〇年代晚期與一九五〇年代期間，一個學生還是有可能透過一連串的老師而把自己的智識源頭追溯到一八四八年。傅柯實際上雖然不曾受過康紀言教導，卻還是把他視為自己的智識導師之一。康紀言是阿蘭的學生，而體現了某種激進主義的阿蘭則是拉尼歐（Jules Lagneau）的學生。[4] 智識世系的重點不只在於承繼過往，也在於把個人納入一條傳承鏈裡，藉此將這個人連結於過去和未來。在高等師範學院，傅柯成了包含阿圖塞在內的一條傳承鏈當中的一分子，後來又藉由他，而將後續世代的理論家納入這條傳承鏈，諸如德希達（Jacques Derrida）、巴里巴（Etienne Balibar）、馬舍雷（Pierre Macherey）與洪席耶（Jacques Rancière）。

高等師範學院雖是學術體系當中不可或缺的一部分，也是這套體系持續繁衍的關鍵元素，長久以來卻也一直是個避風港，庇護了那些表面靜默但影響力遠遠超出其有形存在的顛覆性人物。伊波利特在一九二五年就讀於索邦大學的時候，埃爾（Lucien Herr）就是這麼一個人物。這位幾乎可說是傳奇性的高師圖書館員發表了一份研究黑格爾的殘篇作品（在法國學者當中是最早發表這種作品的其中一人），並且暗中促使許多人投入社會主義陣營。如同伊波利特所言：「身在師範學院圖書館裡的他，影響了許多人的思想，不只在科學領域如此，在行動領域也是如此。」[5] 傅柯進入高師就讀之時，學院裡則有另一個外表溫和的顛覆性人物。

阿圖塞在一九三九年通過入學考，但他的學術生涯卻因為戰爭爆發以及受到徵召入伍而立刻中斷。他在戰爭開頭的戰役當中遭到俘虜，在德國的戰俘營裡待了五年，直到一九四五年才返回梧爾木街。他在一九四七年參加教師資格考，一九四九年獲得任命為哲學講師，又稱為教練（répétiteur；在高師俗稱為凱門鱷〔caïman〕，但哲學講師為什麼會被冠上這種鱷魚名稱，乃是巴黎的眾多謎團之一），取代轉往史特拉斯堡任教的古斯朵夫（Georges Gusdorf）。一年後，他被任命為巴黎高師人文學門的祕書。這項職位的工作內容定義模糊，但他卻因此成了「他的」學校不可或缺的人物。阿圖塞在梧爾木街總共待了三十四年。他在自傳裡如此設問：

這所學校變成什麼呢？我必須說，這所學校從一開始很快就變成一個真實的母體之繭，讓我在其中感到溫暖而自在，不受外界傷害，我不需要為了和別人見面而離開這裡，因為他們都會路過這裡或者來到這裡，尤其是在我成名之後；簡言之，這所學校取代了母體環境，取代了羊水。[6]

阿圖塞身形削瘦，具有一種脆弱、近乎憂鬱的美貌，很快就成了這所教育機構裡的一個教育機構，尤其他高傲冷漠的姿態又大幅強化了環繞著他的神祕色彩。他的職務是教導學生應對哲學教師資格考，但除了教授一年級的柏拉圖課程之外，他其實沒有從事多少教學工作。這個沉默寡言態度溫和的男子，在當時就已經罹患抑鬱症，並且因此在三十年後造成可怕的後果。阿圖塞定居在這所學校的療養區，他的伴侶艾蓮·希特曼（Hélène Ritman）每天都會來探視。希特曼曾以艾蓮·勒果提恩（Hélène Legotien）的化名在反抗陣營當中獲得非常傑出的紀錄。阿圖塞住在療養區的第一個房間，很接近走廊盡頭的鋼琴。[7] 他鋼琴彈得相當好。瑪勒（Pierre Male）診斷阿圖塞罹患了早發性癡呆（dementia praecox，這是思覺失調症〔schizophrenia〕的早期名稱），亞朱利亞格拉（Julian de Ajuriaguerra）診斷他罹患了躁鬱症，因此多年來斷斷續續住進醫院，接受電痙攣療法與麻醉療法。[8] 所謂的麻醉療法，就是注射硫噴妥鈉造成昏睡狀態，據說這樣能夠消除一切的心理抑制。從一九五〇年開始，他也接受史蒂夫納（Laurent Stévenin）的分析。[9] 極少有人知道阿圖塞真正的狀況；他經常入住醫院的情形，都被說成是去度假。

他對學生的影響基本上是由於要找他很容易，而且對於走進那間小辦公室的任何對象，他也總是以客氣的態度積極提供建議。針對教師資格考在答卷時應當遵循的慣例，他所提供的技巧建議尤其深受喜愛。在每個學年開頭，阿圖塞會要求他的一年級學生寫一篇短論。他會把自己的評語和批改內容寫在另一張紙上，再一同交還給學生。他認為評語如果直接寫在原本的短論上面，會帶來羞辱的感覺。會談時，他會針對學生該修哪些課程，以及修讀深入研究文憑（DEA）第二年的學生如何選擇適當主題提出建議。學生如果沒有和他預約見面或是自行走進他的辦公室，那麼大概要到他們在三年級開始準備教師資格考的時候才會再見到他。[10]

一九四六年的時候，阿圖塞還不是馬克思主義者，當時他仍然深受少年時期在阿爾及利亞、馬賽與里昂接觸的「社會天主教」（social Catholicism）思想所影響，也活躍於天主教政治當中。還要再過兩年他才加入法國共產黨，而他的影響力則在將近二十年後才開始擴散到高師之外。直到一九五二年，他才終於放棄天主教信仰。[11] 他在當時幾乎完全沒有出版任何作品，他以十八世紀法國的政治與哲學為主題的博士論文（連同一篇探討盧梭的補充性小論文）也半途而廢，儘管其中有部分元素可見於他一九五九年研究孟德斯鳩的作品。直到一九七五年，阿圖塞才終於以他出版的著作獲頒博士學位。[12]

即便在阿圖塞成為共產黨員之後，他在政治上也算不上活躍。根據一名目擊證人所言，有幾場重要會議他都沒有參加，其中特別引人注意的一場，就是學校當局暫時禁止所有的學生政治活動，原因是戴高樂主義者與共產主義者分別邀請了蘇斯戴爾（Jacques Soustelle）與馬爾蒂（André Marty）在同一天晚上到校演講，校方擔心雙方會發生肢體衝突。[13]布唐（Yann Moulier Boutang）的傳記所揭露的阿圖塞，在政治上的活躍程度比先前的記述顯示的高出許多，但他的活動確實完全局限於高等師範學院的微小世界裡。不過，他已悄悄開始編織那套在一九六〇與一九七〇年代影響了許許多多人的細膩理論。後代的一名學生如此描述他的魅力：「這位哲學老師引導我們的研究與閱讀。他以巧妙的方式給予我們和他一起工作的機會，而且讓我們完全沒有意識到實際上做了所有工作的人是他，是他在為我們工作。」[14]

傅柯與阿圖塞在一九四〇年代晚期成為好友，前者深深受益於年紀較大的阿圖塞所提供的忠告。傅柯就是因為阿圖塞的建議而拒絕以住院方式治療自己的憂鬱問題，他早期的職業生涯也深受「老阿」影響：這是阿圖塞在巴黎高師的暱稱。他們發展出來的這段極為真實的友誼，不但不因各種政治差異與歧見所減損，也在痛苦的個人悲劇之後存續了下來。此外，這段友誼也不受阿圖塞經常對身邊的人拋出的挖苦諷刺所損傷。阿圖塞對傅柯的評語不全都是好話。當他得知傅柯正在研究瘋狂，還在聖安娜精神病院待了不少時間，於是在年輕的英國史學家約翰生（Douglas Johnson）：他在一九四七至一九四九年間待在高等師範學院）面前說，傅柯應該要被關在那裡。[15]

阿圖塞與傅柯有個共同的朋友，名叫雅克・馬當（Jacques Martin）：他是「一個苦惱的同性戀者，儘管他因為潛在的思覺失調症而與人有所隔閡，卻還是個親切的人……米歇爾・傅柯和我一樣愛他」。[16] 馬當比阿圖塞小四歲，比傅柯大四歲，是一九四一年那屆的學生。他是出色的德意志語言學家，對康德尤其感興趣。他在一九四三年中斷學業前往德國工作。身為學生，他原本可以免除義務勞動服務（這是一套徵召法國工人到德國工作的制度），但他的智識好奇心比起保有舒適生活的需求更加強烈。他在一九四五年回到高師之後，已無法理解在奧許維茲集中營這樣的事情之後一個人怎麼還有可能研究德國哲學。但他雖然心懷這項困惑，卻還是持續研究這個主題，只是研究焦點先後由黑格爾與馬克思取代了康德。

馬當是傑出的學生，梅洛龐蒂稱他為「心智之王」。阿圖塞後來憶及自己閱讀他的深入研究文憑論文：「儘管經過他的解釋，我對他探討的問題還是似懂非懂。一切都圍繞著問題意識（problematic）這個概念。」[17] 阿圖塞後來在一九六〇年代打造出一種高度智識性的馬克思主義理論，「問題意識」概念是其中的基本元素，意指一種意識形態或理論架構，任何概念都必須要有這種架構才能夠存在，也才能夠受到研究。阿圖塞在《保衛馬克思》（*Pour Marx*）書中向自己的這名學生致敬：「謹以本書紀念雅克・馬當，這位朋友在最可怕的苦難當中發現了通往馬克思哲學的道路，並且引導我走上那條道路。」[18]

如同阿圖塞，馬當也患有嚴重的憂鬱症；他雖然才氣橫溢，卻沒有寫出任何作品，或者至少沒有任何作品留存下來。在傅柯與阿圖塞眼中，他是個「沒有作品的哲學家」（philosophe sans oeuvre）。這句話一次又一次出現在布唐為了籌備阿圖塞的傳記而與他進行的許多談話當中；布唐認為這句話最早出自馬當之口。在一九四八與一九五〇年，馬當兩度參加教師資格考都沒有通過。他規劃的學術生涯成了一場空，因此逐漸陷入貧窮與抑鬱當中。偶爾從事翻譯工作（他翻譯過的其中一部作品是赫曼・赫塞的小說《玻璃珠遊戲》〔*Das Glasperlenspiel*〕）並不足以支應他的生計。馬當獲得不少朋友給予慷慨的財務支持，包括阿圖塞與傅柯在內，但他還是在一九六三年自殺身亡。根據布唐所言，在阿圖塞與傅柯心目中，這個幾乎帶有神話色彩的沒有作品的哲學家乃是「失敗的鬼魂」，映照出了他們自己可能的下場。[19] 傅柯在出版作品中從來不曾提到雅克・馬當，但他也可能像阿圖塞一樣向他借取了一些東西。自從一九六一年開始，傅柯就把瘋狂定義為「作品的缺席」（l'absence d'oeuvre）。

傅柯待在高師的那幾年不完全都過得輕鬆愉快。他雖然大體上不在意自己周遭的環境以及身體上的舒適，卻難以適應集體生活。他也必須生活在激烈智識競爭與較勁的氣氛裡，而這種情形又因為他身處其中的社群如此之小而更加惡化。在這個封閉環境當中，意為「發光發熱」、「表現出色」的動詞「briller」因此被賦予極大的重要性。必須表現出色的強烈渴望受到教師資格考這項最終目標的結構所強化。由於資格考的三張考卷當中的問題涉及的是整體的哲學史，因此高師人的學習目標乃是精通一項文化，而不只是熟悉一套課程大綱。

高等師範學院不只重視位階高低，也在其他方面有區隔現象。人文與科學的劃分尤其顯著，前者的學生認為自己遠遠優越於相對野蠻的科學家。在人文圈子裡，哲學更是被視為高尚學科當中最高尚的一門。年級之間的垂直劃分十分重要。就連生活環境的安排也具有促成區隔的傾向。學生用餐都是在餐廳裡，一張桌子可以圍坐八個人。依照慣例，學生在整整三年的修業期間會在同一張桌子用餐。因此，即便身處在一間比較小型的學校，仍然很有可能讀了三年書之後卻沒有真正認識許多同儕。身為一九四五年那一屆入學的學生，塞夫（Lucien Sève）有兩年的時間都使用同一間讀書室，與傅柯的房間幾乎正對面，而傅柯房間所在的那條布滿灰塵的三樓走廊上，也住著修讀深入研究文憑以及準備教師資格考的學生。塞夫與傅柯經常擦身而過，卻不曾真正互相認識。[20]高等師範學院是兩種元素的古怪結合，一方面是強迫集體性，另一方面是強迫區隔。

政治區隔也很重要。天主教仍然是一股不可小覷的力量，但由於反教權共和主義傳統的勢力相當大，因此許多學生都鄙夷天主教徒（俗稱「talas」，衍生自「ceux qui vonT A LA messe」〔參加彌撒的人〕這句話）。傳統右派日趨衰微，法國共產黨則開始壯大，影響力在一九五〇年代期間逐漸提高；一名現代史學家估計認為，在這個時候，約有一五%的高師人是法國共產黨員。[21]不久之後就出現比法國共產黨更左傾的人，包括拉普朗虛以及其他幾個和他屬於同一個團體的成員。這個團體稱為「社會主義或野蠻」（Socialisme ou barbarie），是由卡斯托里亞迪斯（Cornelius Castoriadis）創立於一九四八至一九四九年的新托洛斯基主義團體。政治區隔可能造成激烈爭吵，但也能夠被酒精溶解。在有些夜晚，可以聽到眾人一首接一首嘈雜合唱著〈馬賽曲〉、〈黨派頌歌〉

（Le Chant du partisan），以及維琪政權的〈元帥，我們來了〉。[22]

在一九四六年，傅柯對政治大體上無動於衷，儘管他確實對法國共產黨展現了些微的同情。直到一九五〇年，他看待政治的態度才從無動於衷轉變為認真投入。傅柯在早年對於組織性政治展現出一種奇特的態度。根據時任法國共產黨基層組織祕書的阿居隆（Maurice Agulhon）所言，傅柯雖然願意加入他們的組織，卻拒絕在學生會裡扮演活躍的角色，理由是學生政治活動是一種可悲的行為，距離革命共產主義理想極為遙遠。[23]這類細膩的區分與心理保留對於法國共產黨而言是不可接受的，所以傅柯一直處於邊緣。

並沒有任何記述是在傅柯就讀巴黎高師那段期間就留下的。他的同學提出的個人見證都不免受到事後回憶的影響，無疑摻雜了後來對於年紀較大而且重要性大為提高的傅柯所懷有的印象。不過，這些人的陳述都相對一致。所有人都一致認為年輕的傅柯具有傑出的工作能力，他不論對什麼事物都會記下筆記，並且整整齊齊地收藏在盒子裡。他不時會遭受憂鬱症嚴重發作所折磨，也是眾所周知。憂鬱症在高等師範學院絕不是一種沒人知道的疾病，有時高師甚至顯得彷彿每個人都精心培養著精神官能症。不過，傅柯的狀況確實非常嚴重。憑藉獎學金在哈佛待了一年，而後在一九四五年進入高師的精神分析師拉普朗虛，把傅柯的這些發作歸因於學校裡充滿壓迫性與競爭性的氛圍。其他人則提出不同的解釋。翁基厄（Didier Anzieu）與賈克琳・維鐸都記得傅柯偶爾會從高師消失幾天之久，回來的時候一副筋疲力竭而且非常沮喪的模樣，猜測是他外出從事某種孤獨的性冒險。[24]把傅柯的同性性傾向視為他罹患憂鬱症的唯一原因，是一種相當危險的猜測。

才幾年之後，他與弟弟德尼同住在一間公寓，他們兩人常會輕鬆自在地針對彼此的女友和男友開玩笑，絲毫看不出他有什麼沉重的罪惡感或自我壓抑。[25]傅柯在就讀高師期間雖然不常喝酒，但一喝起來就會喝得相當凶，不過無法確定這究竟是憂鬱症的症狀還是肇因。謠傳他會用藥，但就算有，也不太可能會是比大麻或者鴉片更強烈的東西。有些持續不斷但未經證實的傳言，指稱他在一九四八年自殺未遂，甚至還有他的一名愛人上吊自殺。我們很難斷定傅柯憂鬱的確切原因。沒有任何現存紀錄顯示他先前有過憂鬱症發作的情形；一九四〇年的危機以及他起初未能通過高師入學考的經歷雖然帶來了失望，但沒有造成真正的憂鬱。後來他的寫作與憂鬱發作之間雖有密切關係，但這些發作的持續時間都相對短暫。就讀高師那幾年間的憂鬱，可能是幾項因素共同造成的結果：競爭性的氛圍、神經質的文化、對性向可能感到的憂慮、認定自己相貌醜陋，[26]以及對於失敗的害怕，都可能有所影響。

傅柯憂鬱症發作的消息也傳回了普瓦提耶。在謠傳他自殺未遂的那一年，他的父親安排他到聖安娜精神病院就診於著名的精神醫師德雷（Jean Delay）。由於德雷的聲望不完全來自於他的臨床技術，也有一大部分是來自他的行政與文學專長，所以他也許不是最理想的人選。不過，這次就診確實帶來了一項有益的結果。在高師的校醫艾堤彥（Pierre Etienne）同意之下，傅柯在三年級這一年住在學校療養區的一間單人房裡，得以享有相對豪華且又隱私的居住環境，達成了他許多同儕的渴望。德雷與傅柯也因為這次就診而建立了長久的友誼以及相互的敬重，後來他們只要在國家圖書館相遇，總是會熱情地與對方打招呼。這項友誼促使他們互贈自己出版的著作，其中包括德雷針對紀德所寫的經典心理傳記。[27]

在此同時，已經取得完整醫學資格的賈克琳・維鐸在傅柯母親的要求下密切監看著傅柯。她後來認為傅柯這些憂鬱發作的情形應當開立精神藥物加以治療，但在一九四八年還沒有這類藥物。[28]傅柯可能就是在這個時候開始接受精神分析，並且依循阿圖塞的建議拒絕了住院的選項。我們不知道他找了哪一位精神分析師，而且這整起事件都帶著一股謎樣的色彩。根據傅柯的朋友龐格（Maurice Pinguet）的說法，他接受了幾個星期的精神分析，在療程中提到自己做了一個夢，看到一把外科醫生的手術刀漂浮在液體當中；分析師毫不費力就將其解讀為一個閹割之夢。這場療程後來戛然而止，原因是分析師說自己要去度假；傅柯無法容忍這樣的中斷，於是徹底取消療程作為報復。[29]傅柯在許多年後回應一名巴西記者的提問，對於這起事件的描述比較沒那麼色彩豐富。他只說自己接受了非常傳統的佛洛伊德式精神分析，過了幾個星期就不再繼續，原因是他感到厭煩：這樣的解釋大概沒有任何一個精神分析師能夠接受。[30]

傅柯對於自己的憂鬱症一直保持低調。父母雖然無疑對他的心理狀態略有所知，但已經結婚而且住在巴黎的姊姊通常見到的是一個非常開朗的弟弟，她偕同丈夫福赫休（Henri Fruchaud）參加高師的年度舞會時，也沒看到傅柯有任何憂鬱症的徵象。[31]傅柯也許希望向她隱瞞自己的憂鬱症，但由此即可看出他過著多重人生的能力，能夠在不同的人面前展現出不同的面貌。

在高等師範學院，不是每個認識傅柯的人都會看到他憂鬱的一面。龐格雖然在事後得知傅柯就讀高師的那幾年痛苦得幾乎無法忍受，但他在一九五〇年見到的那個傅柯卻是非常不一樣的人。當時傅柯穿著短褲，笑著以近乎咄咄逼人的大嗓門對朋友說話。「Dasein」（此在）這個字眼一再出現於龐格無意間聽到的對話當中。當時傅柯正要走出餐廳，帶著一把叉子、一把刀子和一把湯匙。[32]那個時候，校方會發給每個學生一套餐具，學生必須帶這套餐具到餐廳用餐。此外，他們也必須清洗自己的餐具，所以校方也向他們提供了茶巾。傅柯經常參與胡鬧行為，包括偷走毛巾和手帕，拿來當成武器在走廊裡和同學打鬧。以前在普瓦提耶熱愛惡作劇的那個男孩並沒有消失。不是每個人都欣賞傅柯熱愛喧鬧的這一面，有些人對於他在智識上的傲慢以及在論述與爭辯當中毫不留情地使用反諷與挖苦的做法也深感不滿。

傅柯雖是喧鬧的學生，卻似乎無意參與高師人的兩項傳統。沒有人記得他爬到屋頂上過：這是一種危險的消遣，有可能造成致命的後果，也確實有少數人遭遇這樣的下場。此外，他只參與過一次偷書這項傳統活動，事後頗感懊悔。在這種活動當中，高師學生偏好的偷書地點是聖米歇爾大道上的吉貝書店。他在一九七〇年代向克洛德．莫里亞克透露自己偷過一次東西，接著又說：「我當時必須強迫自己這麼做，而且還怕得發抖。」一捲沒有標注日期的傅柯談話錄音帶（可能是在一九七二年）揭露了他所偷的東西是聖瓊．佩斯（Saint-Jean Perse）的詩集。[33]

他的外貌讓所有人都留下深刻印象。頂著一頭已經開始有點稀疏的短髮，有一雙銳利的湛藍眼睛，戴著一副無框眼鏡，他絕對不是容易被人忽略的人物。正如維鐸當初在那場兒童派對上第一眼見到傅柯就不禁注意到他格格不入的樣貌與性格，翁基厄也一再對傅柯這個人感到訝異，覺得他有個強健的青少年身體，臉看起來卻像是年紀大上許多的學者。傅柯的身體活力與聰明才智令他被人暱稱為「Fuchs」，就是德文的「狐狸」。一名高師同學解釋道，狐狸就像傅柯一樣，也是精明狡猾又有一張尖尖的臉。[34]這不是最後一次有人以動物的意象描述傅柯。一九七一年初識傅柯的莫里亞克，經常在日記裡提到他有「肉食性」的微笑。這頭狐狸很聰明，但也可能會咬人。

如果說傅柯對於自己的憂鬱症相當低調，那麼他對於自己的性傾向更是低調至極。極少有人知道他的性傾向，他也確實有充分的理由保持沉默。廣泛的智識與文學界在這方面雖然頗為寬容，但學術圈卻不是如此。馬黑（Jean Marais）與考克多（Jean Cocteau）的關係雖然眾所周知，但同性戀的傳言卻有可能斷送學術生涯，而且這樣的情形也確實發生過。偏見還受到立法的支持。一九四六年通過的一項法案，規定只有「道德良好」的人可以受到國家僱用。這項法案後來成為《公務員一般身分法》的第十六條。[35]在法國，包括大學教師在內的所有老師都是公務員。這條法律雖然極少動用，但重點是這條法律的存在本身就促成了充滿恐懼和自我壓抑的氛圍。至於當時整體環境的氣氛，則可由這一點加以估量：巴黎大區行政長官在一九四九年二月頒布一項命令，禁止男性在任何公共場所或者對大眾公開的機構當中共舞。因此，尋求同性的性邂逅乃是頗為孤獨而且可能帶有危險性的活動。

在哲學方面，傅柯年輕時期的法國智識界自然是受到現象學支配，而法國存在主義的兩大支柱則是沙特的《存在與虛無》（*L'Etre et le néant*, 1943）以及梅洛龐蒂的《知覺現象學》（*Phénoménologie de la perception*, 1945）。不過，聲稱沙特徹底支配了文化界的說法並不精確。他在哲學、文學、戲劇、新聞等眾多領域當中的各種活動，通常掩蓋了一項事實，也就是對於許多人而言，戰後那些年的主要發展是重新對黑格爾感到興趣。一九三〇年，夸黑（Alexandre Koyré）針對黑格爾研究在法國的狀態草擬了一份研討會報告，結果尷尬地發現自己幾乎無話可說：法國根本沒有黑格爾學派。[36]但在一九四六年，梅洛龐蒂卻得以寫道：

> 過去這個世紀當中所有的偉大哲學思想，包括馬克思與尼采的哲學理論、現象學、德國存在主義與精神分析，都是始自黑格爾；他展開了探索非理性以及將其納入擴展後的理性這種嘗試，這仍是我們這個世紀的任務。[37]

他的話看來也許顯得誇大，尤其黑格爾與尼采的傳承脈絡絕非不證自明，但梅洛龐蒂表達的是一項在當時受到公認的真理。康紀言就呼應指出：「黑格爾主義主導了當代哲學思想。相較於此，許多學說都可以視為是文學。」[38]一九四八年，黑格爾似乎是一切現代事物的來源與起源；他的《精神現象學》已成為「法國所有哲學圈子都會參閱的基本著作」。[39]

在戰前的法國哲學家眼中，黑格爾是德意志主義與泛德意志主義的發言人，不但引人疑慮，還可能具有危險性。直到一九三〇年，即便是「辯證」一詞都帶有貶義，在新康德主義者眼中代表「表象的邏輯」，在柏格森主義者眼中則代表「純粹的廢話」；在一九三〇年之後，這個詞語開始受到比較正面的看待，代表超越「分析理性」（這又是一種康德主義的概念）。[40]在一九四〇年代中期，這個詞語才取得其黑格爾式馬克思主義的意義。戰前那些實際上否認黑格爾在哲學史上占有一席之地的大師，例如布蘭希維克（Léon Brunschwicg），到了傅柯的世代卻變成遭人嘲笑的對象。柏格森自己也成為一個名譽蒙塵的人物，儘管他在一九五一年仍然受到足夠的重視，得以出現在傅柯參加教師資格考的考卷上。[41]

在傅柯就讀高師期間極具支配地位的黑格爾，大體上是法國的創造物，而且他的第一個創造者是科耶夫（Alexandre Kojève）。科耶夫在一九三三至一九三九年間於高等研究應用學院（Ecole Pratique des Hautes Etudes）教導《精神現象學》的課程，對於巴代伊與布賀東（André Breton）乃至克洛索夫斯基與拉岡都具有形成性的影響。以格諾（Raymond Queneau）的筆記為基礎整理而成的課程概要（獲得科耶夫本人的認同）出現於一九四七年，由此將這種對黑格爾的傳奇性解讀帶入公眾領域。[42] 科耶夫的解讀方式呈現出一個暴力的黑格爾，這樣一個黑格爾是德貢布（Vincent Descombes）所謂「恐怖主義」史觀的開創者。這個黑格爾提出的理論包括苦惱意識、主奴辯證法、為了爭取承認而不惜鬥爭至死，他同時也是慾望的人類學家。

在科耶夫教導那些課程乃至課程內容出版的這段期間，讓世人對黑格爾重新燃起興趣的還有另一個重大事件。伊波利特翻譯的《精神現象學》在一九三九年出版第一冊，一九四一年出版第二冊。經常有人提起這項帶有諷刺性的歷史對稱現象：這本書在一八〇七年寫成之時，法國的大炮正轟擊耶拿（Jena）的城門；而這本書受到翻譯之時，卻是法國遭到德軍攻陷之際。

傅柯初遇伊波利特是在亨利四世中學，當時立刻就對他的嗓音留下深刻印象，只見這個矮壯的男子引導著學生探索《精神現象學》這座迷宮：「那個嗓音說起話一直不斷重來，彷彿在自己的活動裡進行沉思。在那個嗓音裡，我們察覺到的不只是一位老師的聲音；我們聽到了黑格爾的聲音，甚至也許是哲學本身的聲音。」[43]他後來在索邦大學與高等師範學院又再度聽到伊波利特的嗓音，或者是黑格爾透過伊波利特說話的聲音。伊波利特在亨利四世中學教書的時候，他實際上是在演練後來於一九四六年提交的那篇影響力龐大的論文。[44]

黑格爾對於二戰剛結束便進入高師就讀的那個世代具有多大的重要性，可以從三篇深入研究文憑的論文標題看得出來。這三篇論文分別由三名高師人寫於一九四七至一九四九年間：阿圖塞，〈黑格爾哲學中的內容概念〉（La Notion de contenu dans la philosophie de G. W. F. Hegel）；馬當，〈黑格爾的個人概念〉（La Notion d'individu chez Hegel）；傅柯，〈黑格爾《精神現象學》裡的歷史超越性的建構〉（La Constitution d'un transcendental historique dans la Phénoménologie de l'esprit de Hegel）。[45]可嘆的是，傅柯的深入研究文憑論文似乎沒有存留下來，我們對其內容也一無所知。在這部作品缺席的情況下，我們只能細細品味這項弔詭：傅柯的許多著作都是在對抗全體化或造就絕對知識的企圖，但他的哲學生涯實際上是從撰文探討全體化的大師開始，當時他深深渴望成為黑格爾所代表的那種「現代性」的一部分。傅柯是在閱讀了黑格爾之後，才接著閱讀馬克思、海德格，最後再到尼采。[46]

對於一九四六至一九五〇年間就讀高師的學生而言，黑格爾的重要性遠遠超過沙特。沙特在一九四五年於聖傑曼（Saint-Germain）的時代俱樂部（Club Maintenant）以「存在主義是一種人文主義」為題發表演說，結果現場聽眾爆滿，有人因此昏倒，講者的聲音也淹沒在人群之中。他如果是去梧爾木街，得到的迴響就會冷淡多了。在那裡，梅洛龐蒂比他更受歡迎，因為他們認為梅洛龐蒂嚴格說起來是比迎合大眾的沙特更令人感興趣的哲學家：「當時的流行，就是對廣為流行的沙特擺出鄙視的姿態。」[47]一九七三年傅柯與克洛德．莫里亞克談話時也講過一模一樣的論點：「我們年輕的時候，受重視的是梅洛龐蒂，不是沙特。我們深深著迷於他。」[48]傅柯經常出席梅洛龐蒂在索邦大學開的課，他在許多年後表示：「我記得很清楚，梅洛龐蒂有幾堂課開始說起索緒爾（Ferdinand de Saussure）。他雖然已經過世十五年，卻還是沒多少人知道他，法國的語言學家和語文學家比較曉得，但是有文化修養的大眾並不認識他。」[49]不過，黑格爾只是德貢布指稱在這個時期居於主導地位的「三個H」之一，另外兩人是胡塞爾（Edmund Husserl）與海德格。偏好胡塞爾而鄙視沙特，無疑是高師人智識勢利眼的一個典型例子。如同維納（Paul Veyne）所言：「胡塞爾很艱澀，所以高師人一定會閱讀胡塞爾。」[50]傅柯也不例外。

裝出厭惡沙特的姿態，不只是勢利眼的表現而已。回顧自己的職業生涯，傅柯經常談到意識哲學與概念哲學這兩者的二分。舉例而言，在他為康紀言一部作品的美國譯本所寫的前言當中，他提及一條分界線，在這條線的一側是「經驗、意義、主體的哲學，另一側則是知識、理性與概念的哲學」。在這條分界線的一側是沙特與梅洛龐蒂，另一側是卡瓦耶斯（Jean Cavaillès）、巴舍拉（Gaston Bachelard）、夸黑與康紀言。[51]這當然是事後回顧的觀點，但社會學家布迪厄也抱持這項觀點。根據他的說法，反對存在主義（尤其是其通俗版本）這種立場背後的其中一項支持力量，就是一種與科學史還有巴舍拉、康紀言與夸黑的認識論密切相關的哲學，注重「嚴肅與嚴謹」的事物。[52]傅柯雖然著迷於概念哲學，卻也著迷於另一個頗為不同的東西，就是馬勒侯的小說，沙特也從這些小說當中得出《存在與虛無》許多最引人注目的表述。實際上，傅柯聲稱自己能夠背出馬勒侯小說整頁的內容。[53]我們不知道他究竟是對哪幾本小說這麼熟，但如果他和大部分的讀者一樣，那麼他最喜歡的大概是《人的命運》（*La Condition humaine*, 1933）與《希望》（*L'Espoir*, 1937）。

在「三個H」當中，海德格對這個階段的傅柯最具意義。傅柯針對他累積了「大量」筆記（「遠比黑格爾或馬克思都還要多」），[54]海德格也顯然是他第一件重要作品的主要參考對象：那件作品是針對心理治療師賓斯萬格（Ludwig Binswanger）在一九五四年發表的一篇論文所寫的導論。在一九四〇年代晚期與一九五〇年代初期閱讀海德格，不是一件很容易的事情。沙特的《存在與虛無》雖然造成了重大影響，但即便是基本的海德格式術語也都還不為人熟知。《何謂形上學？》這部文本雖然有些零碎的內容早在一九二九年就以英譯形式出現在《比弗》（*Bifur*）雜誌，但法文卻沒有什麼資源。《人文主義書簡》（*Letter on Humanism*）的部分內容出現於一九四七年，博弗黑（Jean Beaufret）所寫的推介也是流傳中少數可靠的海德格介紹文章。[55]《評論》雜誌在一九四六年開始發行後不久，就開始刊登夸黑和其他人所寫的文章，儘管如此，海德格卻仍然相對不為人知。在缺乏譯本的情況下，傅柯只能挑戰海德格的原文。他沒有說明自己看的究竟是哪一部文本，但為賓斯萬格那篇論文所寫的導論顯示他至少對《存在與時間》有些熟悉，而這本書還要再過許多年才會翻譯成法文。

對於法國大多數的學院哲學家而言，尼采也幾乎和海德格一樣不為人知。在戰後年間，巴代伊與克洛索夫斯基等人雖然對他的著作愈來愈感興趣，但尼采與納粹主義的關連仍是一項障礙。尼采的著作如果為人所知，主要乃是透過一套文學傳統，此一傳統追溯至梵樂希（Paul Valéry）、撰寫《地糧》（*Les Nourritures terrestres*, 1897）與《背德者》（*L'Immoraliste*, 1902）的紀德，有些解讀認為也可以追溯到撰寫《薛西弗斯的神話》（*Le Mythe de Sisyphe*, 1943）的卡繆。[56] 在馬勒侯的著作當中，有可能辨識出一縷尼采思想的脈絡。閱讀海德格與尼采是一件孤獨的事情。

傅柯後來談到自己的智識形成，他說那是奠基在為了「抵抗」沙特與黑格爾而閱讀的眾多作者之上：包括尼采、布朗修與巴代伊。[57] 實際上，他看起來不太可能在求學時代讀過尼采；龐格認為他接觸《不合時宜的考察》（*Unzeitgemäßen Betrachtungen*）這項關鍵經歷是發生在一九五三年夏季，也就是在參加教師資格考之後，[58] 而傅柯早期的書寫當中完全沒有提到尼采，強烈顯示龐格在這一點上的記憶應該正確無誤。此外，傅柯實際上也在一九八〇年代的一場訪談裡證實了他的說法。[59] 傅柯聲稱自己在一九五〇年懷著想要成為「尼采式共產主義者」的抱負而加入法國共產黨，比較是事後回顧所投射的想法，而不是準確的回憶。[60]

年輕的傅柯也閱讀關於科學史的文本，這在他後來的著作留下鮮明的印記。舉例而言，巴舍拉對於「科學理論的不連續性」所提出的思索令他頗感興趣，但巴舍拉對他比較是一般性而不是特定具體的影響。[61] 明顯可見，到了一九五一年傅柯參加教師資格考之時，他已經對那個即將屬於他的領域感到興趣，那個由科學史、海德格式（以及後續的尼采式）哲學論述以及某種文學視野所劃定的領域。他這個跨學科領域又進一步受到他對心理科學日益成長的興趣所影響。

傅柯就讀高師期間所感到的不安，不只是來自於他的性孤立。這股不安，同時也因為他不確定自己的未來方向而加重。他不覺得自己有從事高等教育教職的使命感，對於到中學擔任哲學教師也絲毫不感興趣。這樣的不確定感可見於他選擇的學習領域。高師的環境雖然充滿壓力，教師資格考的陰影也揮之不去，但這所學校還是為學生提供了很大的智識自由空間，因此傅柯在很大程度上得以追求自己的興趣。他修習的當然是哲學，但也相當喜歡心理學。

這兩門學科之間的關係相當複雜。傳統上，不同於精神病學這門醫學專科，心理學乃是一門哲學性的學科；對各學科的制度性定義具有重要影響的高中畢業會考，其大綱總是包含「普通心理學」。心理學沒有教師資格考，因為心理學本身不是一門學校科目，所以有意成為心理學家的學生通常會主修哲學。許多後來與拉岡有關連的精神分析師，都是出身自這項哲學—心理學傳統。不意外，在學生時期聆聽伊波利特講解黑格爾的法國精神分析師，比他們的英國或美國同行來得更加哲學導向。

直到一九四七年，拉葛許（Daniel Lagache）才創立了第一個心理學的學位。他剛從任教數年的史特拉斯堡大學轉到索邦大學，接替紀堯姆（Paul Guillaume）成為社會心理學教授。[62]拉葛許是一九二四年入學的那屆光芒耀眼的巴黎高師學生，同學包括康紀言、沙特、尼贊（Paul Nizan）與雷蒙．艾宏（Raymond Aron）。他率先提倡把精神分析納入大學課程，但如同他在索邦大學的就職演說當中概述的，他的宏大目標是把各種心理學（行為心理學、臨床心理學與精神分析心理學）整合成一門統合的學科。[63]

傅柯熱切聆聽拉葛許的課，並且在一九四九年取得心理學學位，就在他取得哲學學位的次年。阿圖塞的前任凱門鱷古斯朵夫，曾經邀請自己的朋友竇梅宗（Georges Daumézon；他是具有獨特法國風格的「制度性精神治療」的創立者之一）開設一系列的每月公開講座，向高師人介紹這個正處於迅速變化的學科當中的主要趨勢。傅柯與他的同輩因此得以聽到一連串傑出的演說者講課，包括竇梅宗自己，還有艾伊（Henri Ey）與拉岡。拉岡在當時身為臨床醫生與診斷師的聲譽極高，但還不是他在一九五三年之後所成為的那個驚世駭俗的人物：他在那一年與拉葛許雙雙被逐出巴黎精神分析學會與國際精神分析學會。

與傅柯一起到拉岡的課堂上聽講的翁基厄，記得拉岡有一次為了舉例說明認同作用（identification）而拿出玻璃試管，裡面裝著兩種不同的蟋蟀。其中一種因為認同群體而改變了自己的形態，另一種則沒有。拉岡在一九五〇年代的重大論文裡利用蝗蟲與刺魚的行為來闡釋認同的過程，顯示出他早期的理論有多麼受到動物行為學乃至心理生物學所影響，和語言學的關係又是多麼小。[64]

傅柯在心理學與精神病學方面的知識不只是來自於聽課。竇梅宗也鼓勵學生前往聖安娜精神病院這家服務巴黎中心地區的大型精神病院從事觀察。在這裡，他們親眼見識了德雷與艾伊從事的病患展示。不論在當時還是現在，這種展示結合了診斷與教學，讓病患在一群學生與實習生面前接受初步評估。後來阿圖塞接替古斯朵夫成為凱門鱷之後，也延續了造訪聖安娜精神病院的慣例，而傅柯即是該院的常客。

傅柯採行的這條道路，是他的部分同儕走上精神醫學甚至精神分析這種職業的道路。翁基厄在一九四九年開始接受拉岡的分析，後來也成為一位非常著名的精神分析師。他原本認定與自己交好但算不上知己的傅柯也會踏上一樣的途徑，現在他認為自己當初這樣認定乃是把自己的抱負投射在傅柯身上。[65]拉普朗虛也接受拉岡的分析，接著取得醫學學位（出於拉岡的建議），然後接受精神分析訓練。他後來踏上傑出的雙重職業生涯，不但是精神分析師，也利用他家族位於波瑪（Pommard）的葡萄園而成為富有的勃艮第紅酒生產商。有些跡象顯示傅柯也曾經考慮從事心理學或精神醫學方面的職業。他還是學生的時候，曾經問過拉葛許從事心理學方面的職業是否必須接受醫學訓練，得到的是拉葛許面對這個問題經常給出的否定答案。傅柯據說也曾經詢問過接受拉葛許進行分析治療的可能性，並得到否定的答案。[66]他對心理學的興趣在不久之後就把他帶往一個相當不同的方向。

傅柯在一九五〇年春季進入教師資格考的最後關頭。他也在這一年終於加入法國共產黨。法國共產黨在二戰時崛起，成為法國最重要的政治團體，並在一九四五年贏得五百萬張選票。到了一九四七年中，黨員人數達到九十萬人的高峰。威權、高度中央集權而且紀律嚴明，這個黨是典型的史達林式政黨，對於總書記多列士（Maurice Thorez）也有一種頗為荒謬的個人崇拜。這個黨同時也深富愛國精神，仍然享有並且相當懂得利用他們在戰時反抗運動當中贏得的名聲；法國共產黨稱自己是「犧牲的政黨」（le parti des fusillés），也就是說這個黨遭受德國壓迫而喪失的黨員，比其他任何政黨都還要多。在一九四四至一九四七年間，法國共產黨直接參與政府，並且與工人國際法國支部（Section Française de l'Internationale Ouvrière，現代法國社會黨的前身）以及標舉社會民主理念的人民共和運動黨（Mouvement Républicain Populaire）合作組成一個不穩定的聯盟。這樣的三黨執政持續到一九四七年五月，總理拉馬迪埃（Paul Ramadier）把剩下的共產黨大臣全部撤換掉為止。三月，美國採行「共產圍堵」的杜魯門主義。那年稍晚，史達林主義的頭號意識形態舵手日丹諾夫（Andrei Zhdanov）提出完全對反的原則，把世界劃分為帝國主義與反帝國主義陣營，冷戰就此展開。法國共產黨採行堅決的親蘇聯政策，逐漸退入一種四面受敵的心態。黨員人數開始下滑，在接下來的二十年除了稍有起伏以外，下滑的趨勢都沒有改變。

這就是傅柯在一九五〇年選擇加入的政黨。他在阿圖塞的敦促下取得黨證，而阿圖塞則是在兩年前做了相同的決定。[67] 就主觀上而言，傅柯之所以投入共產黨，主要是對於他在青少年時期經歷一場災難性戰爭而帶來的末世絕望感所產生的反應。政治實在沒有什麼意義，因為只有杜魯門的美國與史達林的俄國這兩種選項。在法國，工人國際法國支部這個老政黨與社會民主主義這兩種選擇也同樣缺乏吸引力。包括傅柯在內的許多年輕知識分子都認為擔任教師或記者這類「資產階級」職業令人無法忍受，他們追尋著一種社會，

> 與我們當前生活在其中的這個社會極為不同：我們當前的這個社會任由納粹主義出現，把自己出賣給納粹主義，然後又全體轉向戴高樂。面對這一切，法國一大部分年輕人的反應乃是徹底抗拒。他們想要的不只是一個不同的世界與社會；他們想要更進一步，想要改變自己，

徹底改革人際關係，成為全然「別種的」事物。[68]

傅柯後來曾說，眾人對於馬克思主義廣泛感到興趣，是「一種手段，藉此延長那種對於另一個世界的青少年夢想」。[69]如同許多的青少年夢想，父母也不認同傅柯的新願景。傅柯的姊姊略帶莞爾地回憶指出，傅柯拒絕學醫可能是、也可能不是造成父子關係緊張的原因，但他加入法國共產黨的決定卻絕對激怒了傅柯醫生。[70]

傅柯不是法國共產黨特別活躍的成員，而在高師那個相對小型的基層黨組織當中，他對於法共活動的參與更是少之又少。他對馬克思主義的投入大致上僅限於一種一般性的信念，認為物質或經濟條件對於社會與政治生活具有主導性甚至是決定性的影響。[71]幾乎不曾有人見過他從事真正的激進分子一定會做的那種基本工作，也就是兜售《人道報》（*L'Humanité*）這份法國共產黨發行的日報，而且也沒有人想得起自己看過他參與政治示威活動。龐格記得傅柯雖然很少出席每週聚會（從高師校園往上坡走，在康特斯卡普廣場〔place de la Contrescarpe〕的一家小咖啡廳舉行），有一次卻發言痛加撻伐煤鋼協定。[72]帕瑟宏也記得傅柯曾以精神醫學為題向一群共產黨學生發表演說。這場演說似乎源自於後來構成《精神疾病與人格》（*Maladie mentale et personnalité*）第二部分的主題，他在其中以肯定的語氣提及巴夫洛夫與史達林這兩人的名字。[73]不過，他相對而言還是很少參加在康特斯卡普廣場以及後來在蓋呂薩克路（rue Gay-Lussac）舉行的那些充斥啤酒的聚會。[74]

傅柯雖然甚少參加黨的聚會，但沒有人提到他因此遭受任何嚴厲的批評。根據當時也是法國共產黨員的史學家勒華拉杜里（Le Roy Ladurie）所言，傅柯的黨內同志對他頗為放任，原因是他們知道他忙於精神醫學的研究。但儘管如此，以學術理由免除黨員義務，就算只是免除一部分，無論如何是相當不尋常的情形。比較有可能的解釋是，傅柯在高師兼職教書期間，與一群所謂的「groupe folklorique」（可以非常粗略地翻譯為「怪咖幫」）經常廝混在一起。這是一群年紀較輕的黨員，包括維納、哲內特（Gérard Genette）、帕瑟宏與龐格在內。又稱為「聖傑曼德普雷（Saint-Germain-des-Près）馬克思主義者」的這群人並不以嚴肅著稱，而且根據維納的說法，其成員又被黨高層視為「未來的異端」。或許這些未來的異端早就被認為無可救藥，所以乾脆任由他們自行其是，這群人後來確實全都脫離了共產黨。

有許多與傅柯差不多同時間加入法國共產黨的人，都在短短幾年後就退黨而去。赫魯雪夫在一九五六年的蘇聯共產黨第二十次代表大會提出的「祕密報告」揭露了史達林俄國的真相，結果造成大規模的退黨潮，而蘇聯在同年干預匈牙利的行動又促使更多人退黨。至於傅柯本身，他的不滿出現於更早之前。一九五三年初，蘇聯共產黨的《真理報》（*Pravda*）報導有九名醫生因為非常嚴重的罪名被捕。他們遭到指控謀害日丹諾夫，還打算殺害數名蘇聯元帥，甚至密謀刺殺史達林。在史達林於三月三日自然死亡之後，《真理報》隨即報導指稱這九人已經獲釋並且恢復了正常生活；他們是一項詭計的受害者。這九人當中有七人是猶太人。在法國，法國共產黨的黨報以盲從的親蘇姿態報導這項「醫生的陰謀」，指稱蘇聯的國安機構「逮捕了這些白袍謀殺犯，這些從錫安主義者與猶太民族主義者當中招募來的祕密間諜」，還暗示這整項陰謀是在特拉維夫策劃的。[75]

當時傅柯出席了一場會議，沃姆塞（André Wurmser）在會中試圖為逮捕那九個人辯解。沃姆塞說明黨的立場，而會中的高師人聽眾也盡力相信那難以置信的說詞。在傅柯看來，相信難以置信之事乃是在黨內立足的一種方式：保有黨員身分造成了這樣的拉扯，以致必須「消解自我」。史達林死後，法國共產黨又宣揚指稱根本沒有陰謀，所謂的陰謀完全是編造出來的。該黨在高師的基層組織寫信要求沃姆塞提出解釋，但沒有獲得回應。不久之後，傅柯就悄悄退出法國共產黨。[76]這起事件令他留下「不愉快」的回憶，[77]導致他終其一生對法國共產黨極為厭惡，對於蘇聯也深懷成見。

這項「醫生的陰謀」揭露了蘇聯內部存在一股醜陋的反猶太情緒。法國共產黨的黨報在反猶太主義方面也不落人後。安妮．貝斯（Annie Besse）在《共產主義筆記》（*Cahiers du communisme*）寫道：「希特勒……避免傷害大資產階級的猶太人……誰能忘記布魯姆（Léon Blum）在妻子陪伴下，站在他的別墅窗邊望著火葬場的火爐冒出的黑煙！」錫安主義是「一張面具，用於遮掩對付蘇聯的間諜行動」。[78]我們不知道傅柯有沒有看過這些文字，但他在一九五三年已經針對兩大超級強權對待以色列的「可憎」態度提出譴責。[79]他的親以色列觀點就如他對法國共產黨的厭惡一樣堅定不搖，很難相信這兩者之間沒有關連。

醫生的陰謀與反猶太浪潮雖是造成傅柯退出法國共產黨的最後一根稻草，但他的性取向也表示他在黨內總是無法感到自在：「我從來不曾真正融入共產黨，因為我是同性戀，而那個黨強化了資產階級生活當中所有最傳統的價值觀。」[80]如同勒華拉杜里提到一名學校男教師因為被人發現對一個男學生調情而被迫退黨：「他們認為，這樣的事件一旦遭到資產階級媒體披露，那麼一名黨員的同性戀汙點將會影響共產主義全體。」那名教師也被迫辭去教職。結果教育當局的思想反倒比法國共產黨更進步，那名教師於是得以在巴黎的一所學校任職，不受一九四六年的立法影響。[81]這類態度的改變速度慢得極其糟糕。遲至一九七二年，資深黨員杜克洛斯（Jacques Duclos）面對一名同性戀激進人士質問法國共產黨對於「所謂的性變態」所抱持的觀點是否已經有所改變，他的回答是：「你們這些變態怎麼有臉問我們問題？去看醫生吧。法國女人很健康，法國共產黨很健康；男人天生就是要愛女人的。」一名高階黨發言人則向一名記者表示：「同性戀和毒品從來不曾和勞工運動有過任何關連。」[82]對傅柯而言，待在法國共產黨想必不會比生活於戰前的普瓦提耶自在到哪裡去。

傅柯的文化興趣也與共產黨的正統觀念嚴重衝突。在美學方面，共產黨重視的是社會寫實主義，但傅柯當時卻在閱讀小說家暨批評家布朗修的作品，並且熱切仰慕貝克特的《等待果陀》：[83]這齣戲在一九五三年一月五日於巴比倫劇院開演。過了三十年，他還是稱之為「一場令人屏息的演出」。[84]傅柯在一九五三年四月出席了想必是他參加的最後一場法國共產黨聚會。這場聚會在里爾的一家畫廊暨書店舉行，發表演說的同樣是沃姆塞，他不但曾為逮捕白袍罪犯的事件辯解，也對於阿哈貢（Louis Aragon）主編的《法國信箋》（*Les Lettres françaises*）在三月十五日刊登畢卡索的史達林肖像表達關切。那份報紙雖然由法國共產黨控制，領導階層卻明確譴責那幅畫作。同樣也出席了里爾這場聚會的尚保羅・艾宏指出，傅柯在當時已開始受到這類爭議的「影響」。[85]性傾向、美學偏好，以及無法容忍不誠實，這些特質使他不可能成為聽話的激進分子。退出共產黨可以有許多不同方式；傅柯沒有發表公開聲明，大概只是單純沒有展延自己的黨員身分而已。自此以後，他再也沒有加入過其他組織性政黨。

有一個跟傅柯的法國共產黨員身分有關的大謎團，源自於他在一九七一年十二月與帕瑟宏的對話。傅柯在巴黎金滴區和一群年輕的毛派分子發生短暫爭吵之後，突然對帕瑟宏說：「你還記得我們為《新批評》（*La Nouvelle Critique*）擔任代筆寫手嗎……？還有討論了很久的那篇關於梅洛龐蒂的著名文章。『我們必須搞定梅洛龐蒂的那團混亂。』那是我們設定的方向……我認為那篇文章從來沒有寫成。可是《新批評》裡面確實有很多內容是我們寫的然後由別人署名。」帕瑟宏還來不及回答，把這段對話記錄在日記裡的克洛德・莫里亞克就插口問道：「那些文章的署名該不會是『尚・卡納帕』（Jean Kanapa）吧？」[86]創辦於一九四八年十二月的《新批評》是法國共產黨的理論期刊之一，由卡納帕這個胸懷抱負又帶有哲學背景的年輕人擔任總編輯。根據莫里亞克記錄的這段不完整的對話，一項傳說就此誕生：傅柯曾經擔任卡納帕的影子寫手。一九七七年，傅柯自己又把這點搞得更加混亂，原因是當時莫里亞克顯然打算在他的一部日記剪輯裡提及傅柯與帕瑟宏的這段對話，傅柯則對他說：「卡納帕的『那些』文章不是我寫的。就算有，頂多也只是兩、三篇而已。所以，你如果要說得合乎真實，就應該說……」[87]對話內容就在這裡斷了。

這兩段對話都沒有可信的解釋。雖然經過大量研究，艾希邦還是找不到任何人能夠證實這段往事。帕瑟宏否認自己曾為那本期刊寫過文章。卡納帕的兒子尚恩在一九七〇年代遇到傅柯，討論了對方與他父親的會面；傅柯與卡納帕都沒有提到代筆的事情。《新批評》的主要供稿者都不記得看過傅柯與卡納帕在一起，卡納帕的祕書更是聲稱自己在當時根本沒聽過傅柯的名字。期刊編輯委員會成員戴克斯（Pierre Daix）告知艾希邦，卡納帕的文章全是自己寫的，從來不曾使用過代筆；而一名經常供稿者則聲稱只有公務員會使用假名，因為他們若是在法國共產黨的黨媒公開發表文章會面臨遭到開除或懲罰的風險。[88]艾希邦出版了他的傅柯傳記之後，戴克斯稱許他沒有納入「代筆」的傳言。[89]然而，必定還是有些微的疑慮揮之不去；羅丁森（Maxime Rodinson）在一九三七至一九五八年間是法國共產黨員，也在一九五〇年代初期為黨媒供過稿，他明白指稱自己署名的文章裡曾經出現過一些卡納帕的文句，原因是供稿文章都會受到趨向特定立場的大量編輯。[90]卡納帕如果實際上會重寫別人的文章，那麼他使用代筆寫手也就不是完全不可能的事情。

在沒有任何證據能夠證明（或是反證）傅柯代寫過卡納帕的文章或是為《新批評》寫過匿名文章的情況下，這個謎仍然無可消解。鑒於他不曾有過激進的過往，也沒有展現任何想要在黨內往上爬的野心，所以他看來不太可能會被託付這樣的工作。第二個謎涉及他在莫里亞克面前說那些話背後的原因，莫里亞克對此也無法解釋。傅柯有可能只是單純在開玩笑，但那段對話的情境並不是特別輕鬆打趣。他也有可能是藉著略過不提的方法，暗示自己必須為創造出卡納帕這種人物的意識形態氛圍負起部分責任。不論真正的解釋是什麼，他絕不可能不知道自己在莫里亞克面前說的任何話都有可能出現在他的日記裡，而那些日記本來就是抱著出版的意圖而寫的。因此，我們無法排除他可能想要故弄玄虛，尤其是傅柯閱讀《希望如此強烈》（*Et comme l'Espérance est violente*）的手稿之時，顯然沒有針對其中涉及卡納帕的內容提出任何評論。[91]

事後回顧起來，傅柯發現自己在法國共產黨內相對短暫的經驗頗為有用。他親眼目睹了許多學生如何懷著苦修與自我鞭笞的精神試圖改變自己，以便成為共產黨員並維持黨員身分，[92]從而對於這種堅決態度抱持健康的懷疑眼光。他也可能從中學到一項較為哲學性的教訓。世界在冷戰之下的分割帶來理論面的必然結果，也就是「兩種科學」的信條：資產階級的科學與無產階級的科學。除了像生物學家普勒南（Marcel Prenant）這樣的少數例外，法國共產黨內的科學家都支持這項信條，也支持與此相關的李森科主義，並且相信生物界存在著後天性狀的遺傳。李森科主義在蘇聯農業科學院的一九四八年會議當中成為蘇聯奉行的正式原則，並且在傅柯身為法國共產黨員期間受到該黨出版品的大力提倡。在此同時，孟德爾遺傳學則被譴責為「資產階級科學」。[93]

傅柯的早期寫作完全沒有提及李森科（Trofim Lysenko），但要說他對這些議題毫無所知，實在是無法想像的事情。根據龐格的說法，傅柯在一九五三年仍然努力要遵從馬克思主義的正統觀念，但對於日丹諾夫與李森科的「智識干預」愈來愈無法容忍。[94]在傅柯退出法國共產黨二十年之後的一場談話裡，他間接提到自己的學生時期。他認為一九五〇至一九五五年間浮現的一項議題，就是科學的政治地位以及科學所能夠發揮的意識形態功能。這項議題的典型例子就是李森科事件，可以用兩個詞語加以概括：權力與知識。在同一場談話當中，傅柯提到像精神醫學這種「地位曖昧」的科學可以提供一個很好的例子，讓人看到權力與知識如何纏結在一起。[95]

教師資格考是一項競爭極為激烈的國家考試，也絕對是世界各國設計過最嚴厲的智識考驗之一。由於是國家考試，因此這項資格考由法國最高的學術當局舉行，所有考生都必須在同一個時間應試答卷。在口試當中，考生必須面對層級非常高的學者；傅柯在一九五〇年面對的口試委員包括總督學與達維（Georges Davy）。達維是社會學教授以及索邦大學的院長，也似乎是口試委員當中的固定成員。在傅柯的時代，教師資格考的第一部分是為期三天的筆試，考生必須在這三天當中分別寫出三篇文章。通過第一輪考試之後，考生接著必須面對兩場口試。第一場口試是「leçon」，也就是針對現場抽籤的主題即席發表演說。一如筆試，這場口試的功能也在於淘汰不合格的考生。第二場口試則是針對既定主題發表另一場即席演說，並針對法文、拉丁文、希臘文或另一種現代語言寫就的三份文本發表評論。難怪高師的次文化向來極度重視出色的口才。

傅柯在筆試所寫的文章探討了人在自然界中的地位，以及孔德的著作。這些都是標準的學術主題，對於熱愛海德格與另外兩個「H」的他而言實在沒有什麼趣味。他寫起這些主題毫無困難，於是成為進入口試階段的七十四名考生之一。他在第一場口試當中敗下陣來，因為他未能針對「假說」這個主題成功發表即席演說。根據達維所言，他的錯誤在於只想展現自己的博學，卻沒有真正討論到主題本身。[96] 他要是通過第一場口試，接下來就必須在第二場口試探討「人的概念」。[97]

傅柯對於自己的失敗深感震驚與憤怒。阿圖塞也氣憤不已，因為這是他擔任凱門鱷的第一年，傅柯又是他最喜歡的其中一名學生，而且他還針對這項考試親自提供輔導，結果卻遭遇這樣則沉重地的結局。[98]許多人也都和他們一樣大感震驚，而傅柯的許多朋友，包括拉普朗虛在內，則沉重地暗示了政治偏見，聲稱傅柯之所以沒有通過考試，是因為他共產黨員的身分。[99]這種解釋反映的大概比較是法國共產黨本身那種四面受敵的心態，而不是任何客觀現實。傅柯當初考了兩次入學考才錄取，參加教師資格考也是兩次才告成功。這似乎是一種典型的狀況，也就是高度期望與緊張膽怯的結合導致成果低落或者發揮不佳。

他的朋友雖然擔心考試失敗可能會引發重度憂鬱或是更糟糕的後果，傅柯卻滿懷毅力地重新投入準備考試的工作，針對所有可能出現於口試的主題寫下無數張小紙卡。這時候，許多人認為他是最有可能拿下榜首的考生。[100]他的讀書夥伴是尚保羅．艾宏，同樣也是教師資格考的重考生。艾宏不是高師人，但經常到高師旁聽課程。艾宏也是同性戀者，他們兩人在一九五一年建立的密切關係，衍生出了長期的互相較勁，智識與性方面的元素在其中交纏不清。[101]

傅柯的密集準備做法證明有效，他在筆試中成功針對「經驗與理論」還有柏格森與斯賓諾莎之間的一段想像對話撰寫了文章。[102]接下來他必須面對的口試委員包括達維、伊波利特與康紀言。康紀言不記得自己在一九四五年見過傅柯，但對於他們在一九五一年口試當中的會面懷有鮮明的回憶。輪到傅柯發表即席演說的時候，他把手伸進充當籤筒的垃圾桶，其中裝滿了一張張寫有個別主題的紙籤。他抽中的主題是「性」（sexuality），於是他對於性的自然、歷史與文化面向所提出的流利討論，讓口試委員信服了他的能力。

傅柯深感憤慨；在他經過思慮的看法當中，性不是一個適合出現在教師資格考當中的主題。

這個主題出自康紀言的提議，達維雖然表示反對，卻沒有效果。康紀言的理由是，自從他在一九二七年參加教師資格考的口試以來，這些主題就沒有改變過，所以該是換點新東西的時候了。此外，他也主張參加資格考的考生全都讀過佛洛伊德，也經常討論性的問題。傅柯認同達維比較保守的觀點，並向康紀言提出正式抗議。[103] 傅柯雖然對口試主題感到惱怒，但他與康紀言的第二次會面的結果相當圓滿，他在資格考的哲學類別當中獲得並列第三的排名。一九五一年的教師資格考是一場「馬爾薩斯式」的淘汰過程：共有十四名考生通過考試，其中五人為高師人。[104]

資格考及格的年輕教師通常的命運，是要先去中學教書，而比起不具資格考資格的同事，資格考及格教師不但薪資比較高，上課時數也比較少。在中學教過一段時間之後，即可尋求高等教育的教職。法國教育制度的一個特點，就是中小學與大學都同受教育部的直接管轄。因此，在中等教育和高等教育這兩個領域之間移動，理論上應該會比較容易。法國有些最傑出的思想家其實從來不曾在大學任教，沙特與阿蘭就是兩個明顯可見的例子。傅柯最早見到伊波利特也是在亨利四世中學。即便是像阿居隆這麼傑出的史學家，與傅柯同期就讀巴黎高師而且後來在法蘭西公學院擔任教授的他也曾經在中學擔任實習教師。不過，進入大學教書絕非必然，而許多資格考及格教師也對於被派往中學教書感到沮喪。更糟的是，他們有可能被派往全國各地，所以離開巴黎一直是很有可能發生的事情。

被放逐到中學不只是畢業生唯一面臨的磨難，至少對於男性畢業生而言是如此。年輕男子可以藉由在學身分推遲服兵役的時間，但到了一九五一年秋，傅柯已別無選擇，只能面對軍事選拔委員會。結果，他因為健康因素得以豁免兵役。他的紀錄雖然確實有著憂鬱症的病史，但幾乎可以確定這是他父親動用醫學和軍事人脈的結果，尤其是他的弟弟雖然健康無虞，卻也基於類似的理由被宣告不適合服役。[105]教師被派往中學任教之前，必須先由掌管該學科的總督學進行面試，而哲學方面的督學自然是康紀言。傅柯表示自己並不熱中於教書，希望能夠加入提耶赫基金會（Fondation Thiers），以便準備博士論文。

提耶赫基金會原本由去世於一八七七年的政治家暨史學家提耶赫（Louis Adolphe Thiers）的家族所成立，但這時則是由國家科學研究中心（Centre National de Recherche Scientifique）掌管。嚴格說起來，這個基金會的受益人都是隸屬於國家科學研究中心的研究者，領有每月的津貼。加入基金會不是透過考試，申請者只需由畢業學校的校長推薦，再經過面試即可，面試委員包括基金會主管瑪宗（Paul Mazon）這位古典學者，還有法蘭西學術院（Académie Française）與構成法蘭西學會（Institut de France）的五所學院（文學院、科學院、藝術院、道德學院與政治學院）所派遣的代表。傅柯因為持有康紀言的推薦函，而且可能也有伊波利特的推薦，因此輕易便獲得錄取。這個基金會在當時位於高雅的巴黎十六區一幢龐大的十九世紀建築。

如同高等師範學院，提耶赫基金會也是一個男子專屬的住宿機構，但房間是相對豪華的單人房，提供的物質享受也比梧爾木街來得多。傅柯又再度必須在公共餐廳用餐，並且適應和另外二十人左右同住的生活。不過，這個基金會不像高師那麼寬容，於是傅柯的喧鬧氣盛、挖苦嘲諷以及優越感很快就導致他遭到幾乎所有人的厭惡。還有傳言指稱他與一名舍友有過一段結局不幸的感情。傅柯獲得三年的獎學金，但只在提耶赫基金會待了一年。他之所以能夠脫身，原因是北方的里爾大學出現一個助教的空缺。

# 3 明斯特林根的嘉年華會

傅柯的資歷對於里爾的那個職務而言綽綽有餘，因為那個規模不大的哲學系想要找人向主修哲學的學生教導心理學，而不是要找臨床專業人士。一九五二年夏，他修完了心理學學院的精神病理學文憑課程。這是該院提供的四門文憑課程之一（另外三門分別是實驗、教育以及應用心理學），內容結合了理論與實務。傅柯受到德雷教導，他參與了聖安娜精神病院的臨床活動與病患展示，也去上本納西（Maurice Benassy）開的精神分析理論課程，當時他在剛成立的精神分析學會擔任科學祕書。傅柯對於自己選擇的這門學科懷抱的觀感並不正面。他說，眾所周知心理學畢業生什麼都不懂，也什麼都做不了，原因是這麼一名畢業生為了取得所有證書而必須進行的複習，只需要一個夏季午後坐在花園裡就可以輕易完成。此外，他也瞧不起首都圈外的大學教導的心理學課程；在他眼中，那些課程唯一值得注意之處就是它們的催眠效果。[1]

傅柯之所以能去里爾教書，倚賴的是他在巴黎高師建立的非正式人脈網。哲學系主任波朗

（Raymond Polin）正在尋找一名合適的人選填補那個職務空缺，一次閒聊當中對方提起傅柯這個名字，當時波朗的聊天對象是克雷蒙費弘大學的哲學教授維耶曼（Jules Vuillemin），他也是阿圖塞的朋友。維耶曼曾在梧爾木街見過傅柯一面。於是傅柯在一九五二年十月前往這座北部的城市，加入波朗、拉孔布（Olivier Lacombe）與貝拉瓦（Yvon Belaval）的行列。他是系上年紀最輕的成員，看起來也沒有和同事形成特別親密的友情。實際上，這段期間為後來的某些結盟與較勁奠定了基礎。不久之前剛出版一本狄德羅研究著作的貝拉瓦，[2]後來成為傅柯競逐法蘭西公學院教職的對手之一，而維耶曼則是他的主要支持者之一。

教書工作不是特別繁重。傅柯享有相當大的自由空間，他大部分的課程也都是基於自己剛習得的知識。他教書非常稱職，一九五四年四月獲得文學院院長的稱許：「一名年輕助教，很有活力。對於科學心理學的課程編排富有才華。確實應受晉升。」[3]傅柯在里爾的生活沒有不愉快，也不會感到孤立，因為他有不少熟人同樣在那個地區工作，包括尚保羅・艾宏在內。

艾宏這時已是資格考及格的哲學教師，並且擁有心理學與自然科學的學位，在圖爾寬（Tourcoing）的法伊德貝中學（Lycée Faidherbe）任教。他在這裡待了幾年之後，才回到巴黎進入國家科學研究中心任職，一九六〇年之後任教於社會科學高等學院（Ecole des Hautes Etudes en Sciences Sociales）。他以自己在圖爾寬的經歷為基礎，寫成《壓抑》（*La Retenue*）這本小說，於一九六二年出版。艾宏與傅柯常常見面，也經常一起用餐。我們應該可以認定傅柯就和艾宏的其他朋友一樣，也參與過他最喜歡的一項消遣：設計想像菜單。艾宏對美食的興趣，最後發展成他最迷人的一本著作，主題是分析十九世紀法國的飲食文化。不過，那是許久以後的事情了。[4]

他們兩人的關係很快就開始變得緊張起來。艾宏的一名年輕愛人與他激烈爭吵之後，逃到傅柯那裡去避難。由於一項奇特的巧合，這名年輕人後來成為普隆出版社（Plon）的員工，在《瘋狂史》的出版當中起了作用。這起事件引發艾宏的盛怒，如同他在傅柯死後坦承的，他原本就對跟他一起準備教師資格考而分享筆記給他的傅柯懷有智識上的嫉妒，現在這件事又添加了性方面的妒意。這樣的妒意也在某種程度上解釋了他在《現代》（*Les Temps Modernes*）期刊談到傅柯所流露出的怨恨之意，這篇文章也顯示他在惡言批評方面有非常明確的天分。

里爾位於巴黎以北三百公里，幾乎就在比利時邊界，真的搬去住在那裡對傅柯而言並不具吸引力。里爾、圖爾寬與魯貝（Roubaix）這三座城鎮，構成了以棉織廠與黃麻廠為主而蔓延極廣的工業複合城市，並且在戰爭期間深受打擊。這座城市最主要的缺點，純粹就是這裡不是巴黎。傅柯解決這個問題的方法，是一週在里爾的旅館住上兩、三夜，把所有的課都排在這幾天。除此之外，他其他的時間都待在巴黎，接下來的三年裡他就這麼來回通勤。德尼·傅柯此時在巴黎修習醫學，父母的大方資助使這對兄弟能夠在蒙日路（rue Monge）共住一間兩房公寓。傅柯絕不是唯一通勤的學術人。法語甚至有個詞叫「渦輪教師」（turbo-prof），意思大概是說他們匆匆到來又匆匆離開。

不論在當時還是現在，渦輪教師的存在都是多項因素共同造成的結果。在法國大學裡，教師對於學生所負的生活輔導責任極輕，幾乎可說是沒有，師生關係也通常是相敬如賓，甚至頗為疏遠。因此，除了上課時間之外，根本沒有什麼必要待在校園裡。雖然一再有去中心化的嘗試，教育體系的結構仍然把大部分的資源集中在巴黎。研究機構更是如此。就連巴黎的學院也沒有充足的圖書館，首都圈外更是不利於需要仰賴圖書館的研究工作。博士與博士後研究通常必須使用國家圖書館。這是一種持續不斷循環的狀況：學者聲稱只要首都圈外各個地方有比較好的研究機構，他們會比較願意去那邊工作；教育部則聲稱只要學者願意待在首都圈外那些地方，他們就會提供比較好的設施。

傅柯因為幾個原因必須去巴黎，其中一個原因是他也在高師兼職教書。據說他在提耶赫基金會開始寫作的論文（此時他向波朗指稱論文內容是關於心理學哲學），使得他必須到國家圖書館查閱書籍，而他本來就已經是那裡的常客。在接下來的三十年裡，拉布魯斯特（Henri Labrouste）在黎希留街建造的這棟有著高雅的柱子與鑄鐵拱門的宏大建築，就是傅柯主要的工作地點。他最喜歡的座位在半圓廳裡，這是正對著入口的一個架高小廳，與主閱覽室隔開。主閱覽室有一條中央走道，兩側是一排排的長桌，每張長桌都隔出一個個的個人閱讀座位。半圓廳提供了稍微比較安靜也比較隱私的空間。長達三十年間，傅柯幾乎每天都在這裡從事研究，偶爾才會前往手稿部門以及其他圖書館，他也必須面對錯綜複雜的編目系統：兩份老舊又不完整的印刷目錄，輔以一櫃櫃無可計數的索引卡，其中許多都以書法字體寫就。圖書館成了傅柯的自然棲地：「那些綠意盎然的機構，裡面積聚了大量圖書，並且長滿濃密的知識植被。」[5]

巴黎也是智識權力的中心，首都圈外的大學則不太可能讓人據以開創出卓越傑出的職業生涯，唯一可能的例外是史特拉斯堡與土魯斯大學。在高師教書，使得傅柯在巴黎有了一個基地，而蒙日路的公寓則是歇腳處。他與阿圖塞、伊波利特、康紀言、德雷及其他人的持續聯繫，更為他提供了一套支持網絡的必要元素。住在巴黎也大為強化他發表作品的能力，因為法國的出版業向來比教育體系更加集中。他不離開巴黎，無疑也有較為個人的理由。朋友，以及音樂、戲劇和畫廊等娛樂，全都對他具有重大的吸引力。最重要的是，巴拉凱（Jean Barraqué）也在巴黎。

阿圖塞的慣例是帶領一小群高師人到華攸蒙修道院（Royaumont Abbey），在那個令人放鬆的環境為教師資格考做準備。那是巴黎附近一座由熙篤會的修道院改裝而成的國際文化中心。傅柯與艾宏在一九五一年都在那裡待過，次年又伴隨一群學生回到那裡。他們走進休息室的時候，聽到一個年輕人正熱烈討論文學，並對前一年去世的紀德的作品嚴加譴責。到了晚上，這名年輕人在文化中心裡面那架華麗的貝希斯坦鋼琴前面坐了下來，開始演奏一首莫札特的奏鳴曲。後來他們才知道他的名字叫作布列茲（Pierre Boulez）。[6]

當時二十七歲的布列茲已經是法國音樂界的重要人物。他是管風琴大師梅湘（Olivier Messiaen）的學生，創作了兩首鋼琴奏鳴曲（一九五〇與一九五二年），其中仍可明白看出魏本（Anton von Webern）和荀白克（Schoenberg）對他的影響。除此之外，還有《結構》（*Structures*）這部為雙鋼琴而寫的作品，其中的每個面向，包括音高、長度、強度與起音，全都依循數學序列寫成。傅柯與布列茲沒有成為特別交好的朋友，但一度活躍於相同的圈子裡，連同范諾（Michel Fano）與艾米（Gilbert Amy）。不過，他們兩人確實有一些共通處，尤其是對於夏赫（René Char）的詩作懷有的喜好。傅柯對於夏赫的熱愛從來不曾消失，而布列茲在一九五五年創作的《無主之槌》（*Le Marteau sans maître*；一套為女低音與六重奏而寫的組曲，共由九首曲子構成）則發想自夏赫在一九三四年出版的同名詩集。

傅柯就是在圍繞著布列茲的那群年輕音樂家與作曲家當中結識了巴拉凱，認為他是「當前這個世代最傑出也最被低估的作曲家之一」。[7] 巴拉凱也是梅湘在國立高等音樂學院的學生，但沒有獲得像布列茲那樣的成功。他剛完成一首鋼琴奏鳴曲，但還沒完整演出過。這首作品的片段曾在一個名為「年輕作曲家論壇」的廣播節目當中演奏過，但錄音計畫卻沒有實現，結果這首作品直到一九五八年才錄成唱片，連同一九五六年三月首演的《序列》（*Séquence*）一起收錄。一九五二年那時候，巴拉凱靠著教學、為音樂媒體撰稿以及偶爾演出謀生。他比傅柯小兩歲。[8]

根據朋友所言，近視的巴拉凱不是特別容易相處，而且嫉妒心很強。[9] 他雖然以極為嚴肅的態度面對自己的音樂，卻不是禁慾者。不僅如此，他還算得上是美食家。那群年輕音樂家與作曲家在音樂學院上完梅湘的分析課之後，經常會在他的建議下一同去品嚐他最喜歡的白酒。傅柯經常加入他們的行列，但由於他在音樂技巧方面一無所知，所以在他們的談話當中常常插不上嘴。這個群體交談時都刻意帶著輕鬆的語氣；嚴肅的議題總是用輕浮逗趣的方式討論。

我們對傅柯與巴拉凱的關係所知不多，但很清楚的是他們的友誼很快發展成一段狂暴的戀情，持續了兩、三年，然後傅柯身在瑞典的時候由巴拉凱提出分手。巴拉凱沒有完整的傳記，所以傅柯對於自己私生活典型的沉默也就使這段關係籠罩於隱晦之中。傅柯在一九六七年接受卡魯索的訪談當中短暫提及巴拉凱，是他唯一一次提到他的名字。在後來的另一場訪談裡，他只單純談到一個「作曲家朋友，現在已經去世了」，並且提到「與一名音樂家共同生活幾個月所造成的影響」；他在那場訪談當中也極為含糊地提及更早的一段關係：「我二十歲交的第一個朋友是個音樂家。」[10] 從來不曾有人指出傅柯的「第一個朋友」究竟是誰。

這段關係的私人面向雖然還是帶有若干神祕性，其智識面向卻能夠明確追溯。他們兩人都崇拜貝多芬，也愈來愈著迷於海德格與尼采。尼采啟發了巴拉凱對於作曲家所抱持的願景：「作曲家不可能謙遜，因為音樂就是**創造**……從尼采的觀點來看，詩代表了人從來不是自己，而是發出超越自己的話語，是自我的轉換，也許是狂喜。」[11] 卡夫卡與杜斯妥也夫斯基是他們最喜歡的作家，他們兩人也都喜歡貝克特，儘管巴拉凱對他的喜愛不是毫無保留。他們兩人都很欣賞惹內（Jean Genet），其劇本《嚴密監視》（*Haute Surveillance*）在一九四九年首演，他拍的電影《情歌愛曲》（*Un Chant d'amour*）則在一九五〇年開始祕密流傳。巴拉凱向來盼望惹內會願意為他寫一部歌劇劇本，但從來不曾直接向他提出這項構想。[12]

他們雙方都互相蒙受對方的幫助；巴拉凱獲得的幫助非常明確，傅柯獲得的則是比較一般性的幫助。他們兩人剛認識的時候，巴拉凱正在創作一件為人聲、打擊樂器與樂團所寫的作品，名為《序列》，其主題受到聖經〈雅歌〉、波特萊爾的散文詩以及韓波（Arthur Rimbaud）啟發而來。在接下來的三年裡，他一再改寫這件作品的片段，最後終於把原本的文字內容取代為尼采的〈阿里阿德涅的輓歌〉（Ariadne's Lament）當中的部分片段，這首詩的其中一個版本可見於《查拉圖斯特拉如是說》：

誰仍然為我保暖，誰仍然愛我？
給我溫熱的雙手！
給我溫暖心窩的煤爐！
四肢展開，顫慄不停，
像是個雙腳受到溫暖的半死之人——
唉！因為不知名的熱病而發抖
由於尖銳的冰霜箭而慄慄發顫，
受到你所追逐，而你就是我的思緒！
不可言說，面目不顯而又可怕的你！
藏身在雲端的獵人！
被你的閃電擊落，
你充滿譏嘲的眼神在黑暗中
緊盯著我——我就這麼躺臥不起，
彎折、扭曲自己的身體，深受
每一項恆久酷刑所折磨，

深深著迷
於你，殘酷的獵人，
你這不知名的——上帝！
……
他消失了！
他本身已經逃走了，
……
我的大敵
……
別這樣，快回來！
……
我最後的——幸福！[13]

採用尼采的文字是傅柯的貢獻。《序列》在一九五六年三月於巴黎的小馬希尼劇院（Théâtre du Petit-Marigny）首演以及錄音；令巴拉凱感到難過的是，傅柯並不在場。

一九五六年三月二十四日星期六，巴拉凱為一件標題暫定為〈維吉爾之死〉（La Mort de Virgile）的作品草擬了兩頁大綱。這件作品發想自赫曼・布洛赫（Hermann Broch）的哲學小說《維吉爾之死》（*Der Tod des Virgil*, 1945），其法文譯本出現於一九五四年。[14]巴拉凱在傅柯的建議下讀了這本小說，在其中發現了「死亡之詩」；可惜的是，傅柯沒有把自己對這部小說的感想寫下來。傅柯不是現代奧地利文學的專家，他之所以會發現布洛赫的作品，幾乎可以確定是因為《評論》裡的一篇文章。[15]《維吉爾之死》是一部篇幅極長又晦澀難懂的小說，內容是關於詩人維吉爾最後的日子，傳說他當時深受想要摧毀《伊尼亞斯紀》（*Aeneid*）手稿的衝動所苦。這部小說深深著迷於死亡、全知的不可能性，以及所有人類造物的虛榮，採取交響曲式的結構，由四個樂章組成（水、火、土、氣），所以非常適合轉譯為音樂作品。布朗修對這部小說極為欣賞，在《新法蘭西評論》（*Nouvelle Revue Française*）的八月與十月號當中將其與普魯斯特、喬伊斯與湯瑪斯・曼的作品相提並論。[16]

傅柯為這位朋友提供了一個豐富的著迷對象。現在名為《拾回的時光》（*Le Temps restitué*）的這部作品至少歷經了三個版本，最終版的樂譜在一九六八年才總算完成，距離在魯瓦揚音樂節（Royan Festival）首演只有兩個月而已。不久之後，巴拉凱開始創作一首標題暫定為《沉睡之人》（*L'homme couché*）的抒情作品；這件作品同樣也是他閱讀布洛赫著作所衍生出來的作品，但一直到巴拉凱於一九七三年去世之時都還未完成。《拾回的時光》與一九六二年的單簧管《協奏曲》是他最知名的作品。

一九六七年，傅柯以頗具神祕色彩的言詞對卡魯索說，布列茲與巴拉凱的序列音樂及十二音音樂讓他首度得以逃脫自己仍然身處其中的那個辯證宇宙，這種音樂對他的衝擊不下於尼采。

十五年後，在一篇表面上談論布列茲但無疑受到巴拉凱的回憶（但沒有提到他的名字）所影響的文章裡，傅柯再度提起這個話題：「在我們受到教導要特別強調意義、親身經驗、有形物質、原初經驗、主觀內容或社會意義的重要性之時邂逅布列茲與音樂，即是從一種不熟悉的角度看待二十世紀：也就是一場關於形式的漫長戰役。」布列茲與巴拉凱向傅柯介紹了一種相當於概念哲學的音樂，一種貫穿俄國形式主義乃至結構主義的思潮，並且為他上了一課，使他懂得要對「共相的範疇」保持戒心。[17]

傅柯接受的基本音樂教養是和諧音樂，因此邂逅布列茲與巴拉凱必然令他感受到新事物帶來的那種典型衝擊。不過，傅柯的回憶並不完全準確。巴拉凱似乎不認為自己是反傳統主義者；他崇拜貝多芬，也深受德布西與魏本影響，並且把自己唯一出版過的一本書題獻給德布西。[18]他不是數學家，一名瞭解音樂知識的觀察者認為他的作品表達了一種矛盾，一方面是序列音樂的組合基礎所帶來的限制，另一方面是聲音帶來的生理絕爽（jouissance）。[19]

儘管不是全然甘願但主要是在學術圈內度過的生活當中，熱烈的情愛與探索當代音樂乃是平淡中的華麗。傅柯在高師擔任低階教師的職務，讓他得以擁有一間自己的辦公室。這間辦公室實際上是先前的唱片儲藏室，裡面堆滿了積著厚厚一層灰塵的七十八轉唱片。傅柯不但在這裡工作，也在這裡接待訪客。他這個時候被視為怪咖幫的「領袖」，那群人經常到這間新辦公室來找他。

另一名常客是龐格，他是同性戀者，比傅柯小了三歲，也是一九五三年教師資格考的考生。一九九一年去世的龐格，其職業生涯大半都在日本，在那裡成為法國學院（Institut Français）的院長，他的主要著作探討的是日本文化裡的自殺。[20]他後來憶述了在傅柯的辦公室度過的那些午後時光，天南地北什麼都聊。他也提到一項典型的特徵。每當他問起傅柯的研究進行得如何（當時傅柯正在寫他的第一本書：《精神疾病與人格》），得到的回應總是只有一道微笑，頂多也只是述說一段趣聞。他們從來沒有針對這點進行過認真的討論。[21]傅柯極少公開談論自己正在進行的研究；如果有人在國家圖書館遇見他，他總是會微笑著問候一句：「最近好嗎？」但也隨即就會表明他無意仔細討論自己的研究。另一方面，他也不會詢問對方的研究工作。[22]

龐格的印象是，傅柯不但才智過人，也極為敏感，而他一針見血的幽默與挖苦的笑聲更是一種自我防衛。相對之下，他的微笑既溫柔又充滿自信。當時正在修習歷史的怪咖幫成員維納，也提及傅柯的自信。他有一段時間與傅柯的交情很緊密，所以曾經聽過傅柯坦承一些心裡話。傅柯對於自己未來的偉大成就充滿自信，但承認自己懷有一股奇怪的志向。他不想成為老師，而是想要寫出像布朗修那樣的著作。

布朗修在一九五三年開始為《新法蘭西評論》撰寫標題為「研究」的文章。這些都是依循純文學傳統寫成的文章，而不是評論，結果迅速奠定了布朗修的名聲，使他成為法國最具影響力的評論家之一，同時《死刑判決》（*L'Arrêt de mort*）與《至高者》（*Le Très-haut*）等嚴肅小說（雙雙於一九四八年出版）則為他帶來文學上的高度讚譽。對於在職業生涯中似乎踏上了心理學道路的傅柯而言，想要寫出像布朗修那樣的著作的確是個奇特的志向，同時也進一步顯示傅柯並不確定自己未來的方向。傅柯也許知道布朗修深深認定投注於文學的人生也必須投注於靜默，所以沒有試圖與他會面，就像他也不曾試圖與夏赫見面一樣。但儘管懷有這樣的志向，傅柯在這個時期並沒有寫出任何像是布朗修那種艱澀古典散文的作品；一直到一九六三與一九六四年間，他才寫出了那種風格的文章。值得注意的是，其中一篇探討的即是布朗修本身。

傅柯與維納的友誼沒有持續太久，實際上可以說是毀於他們兩人非常不同的性取向。維納覺得傅柯極度厭女，傅柯則覺得維納近乎浮誇賣弄的異性戀取向令人深感厭煩。維納參加完教師資格考離開高師之後，他們就沒有再聯繫，直到一九七〇年代才因為兩人都任教於法蘭西公學院才恢復往來。[23] 相較之下，傅柯對於龐格的友情則是穩定不變，持續終生。一九五三年八月，他們共同開著傅柯那輛綠色的雷諾 4CV 到羅馬待了兩個星期，探索那座城市。他們不在觀光的時候，傅柯就閱讀尼采的著作。每當他們在咖啡廳裡坐下來，傅柯就會掏出一本雙語版的《不合時宜的考察》；在奇維塔韋基亞（Civitavecchia）的海灘上也是如此。[24] 序列音樂不是他暫時逃離辯證宇宙的唯一管道。尼采在《考察》的第二篇文章提出反對黑格爾的論點，這項論點對傅柯深具意義：「無論如何，認定自己是時代的遲到者不免令人感到無力而沮喪：但這樣的信念一旦有一天因為一項巨大的反轉而把這名遲到者轉變為神，成為先前一切事件的真實意義與目標，看起來必定會更加可怕並且令人震驚。」[25] 我們不確定傅柯有沒有在這個時候讀到這段文字，但《快樂的科學》（*Die fröhliche Wissenschaft*）當中的一個段落似乎勾劃了傅柯未來職業生涯的整體面貌。在這個段落裡，尼采描述了勤奮之人的任務：「截至目前為止，為存在賦予色彩的一切事物仍然缺乏歷史。不論是愛、貪婪、嫉妒、良心、對於傳統的虔心敬重，還是殘酷，這些東西的歷史卻到哪裡找去？即便是法律的比較史，或至少是懲罰的比較史，截至目前為止也是全然欠缺。」[26]

傅柯在高師的教學，實際上和他在里爾的一樣。嚴格說來，他受聘是要教導心理學，實際上卻也教導一般哲學。舉例而言，維納記得傅柯曾經針對笛卡兒講過一堂非常精采的課，只可惜他已經不記得那堂課的內容。不過，他教導的科目還是以心理學為主。格式塔理論（Gestalt theory）、羅夏克墨跡測驗（Rorschach tests）、學術心理學以及精神分析理論，全都出現在內容精采又扎實的講課裡，所有人都大感驚豔，包括維納、帕瑟宏、龐格、布迪厄，以及當時還非常年輕的德希達。舉例而言，龐格記得帕瑟宏聽完傅柯以「超越享樂原則」為主題的講課之後驚嘆著說：「狐狸實在是了不起。」[27]憂鬱症的不時發作以及偶爾的宿醉，並無礙於傅柯在課堂上的優異表現。他在平常的談話當中雖然可能會對精神分析表現出不屑一顧的態度，卻也從一九五三年開始出席拉岡在聖安娜精神病院舉行的講座，藉此增進自己對這項主題的知識。因此他也率先為梧爾木街帶來了「回歸佛洛伊德」的消息，也就是拉岡借鑑現代語言學、人類學與哲學來重新表述精神分析原理，以及他對「自我心理學」的摒棄，聲稱這種學說導致精神分析淪為陳腐的心理社交工程。

傅柯在心理學與精神醫學方面的經驗不僅限於教室與圖書館裡。不過，他本身對於這段時期的陳述相當含糊，甚至具有誤導性，如果不是因為他自己的記憶模糊不清，就是他不想提供太明確的資訊，致使自己在任何一個特定時刻的身分受到太精準的推知。他在一九八三年指稱自己曾在聖安娜精神病院工作過「兩到三年」，並且用下面這段話說明自己在那裡的地位，或者該說是缺乏地位：

> 心理學家在精神病院裡沒有明確的職業地位。所以，身為主修心理學的學生……我在那裡的地位非常奇怪。「服務主管」〔德雷〕對我很好，任由我想做什麼就做什麼，但是沒有人關注我該做些什麼；我要做什麼都可以。我其實處在一種介於員工和病人之間的地位。[28]

他在一年前曾經這麼描述自己到聖安娜精神病院工作的動機：「修習過哲學之後，我想要看看瘋狂是怎麼一回事：我有足夠的瘋狂而能研究理性，也有足夠的理性能夠研究瘋狂。」[29]先前一項以義大利文發表的訪談，明白顯示他在一九五〇年代初期曾經考慮以精神醫師作為職業。與一個名叫「侯杰」的病患相遇的經歷，似乎對這項計畫造成負面影響，在傅柯的腦海中留下一幅無可磨滅的苦難圖像。侯杰之所以被送進精神病院，原因是他的家人與朋友擔心他會在憂鬱症發作的情況下自殘甚至自殺。傅柯與侯杰成了朋友，但侯杰認定自己永遠不可能獲准離院，這項認知又引發嚴重的焦慮狀態。由於藥物未能產生效果，最後他接受了前額葉切除術，傅柯認為這種干預手段繞過了病患與疾病本身。額葉切除術雖然可以消除「情感超載」，卻明顯未能穿透「疾病的內部機制」。[30]

鑒於傅柯本身的憂鬱傾向，這項經歷必然對他造成重大衝擊，使得有意成為精神醫師的他不禁納悶，比起侯杰這種空洞的存在狀態，死亡會不會反而是比較好的選擇。最後，他認定「即便是最糟的痛苦，也勝過植物人狀態，因為心智確實擁有創造與美化的能力，就算起點是最悲慘的存在狀態也不例外」。[31]

傅柯涉入醫院內部生活的密切程度，在某些面向比他聲稱的更高，在其他某些面向則是更低。他的確不是支薪員工，但也不只是一名外部觀察者。他當然是受到院方勉強同意才得以待在那裡；要不是受到德雷的關照，他恐怕連醫院都進不去。另一方面，他又以非正式的身分直接涉入臨床工作。這點同樣也是透過私人關係造成的結果。喬治與賈克琳．維鐸在不久之前剛應德雷的要求成立了一個腦電圖的小單位，而傅柯偶爾會參與這個單位的工作。

喬治．維鐸於一九四四年在拉岡的指導下完成論文，目前正與他的太太共同從事神經生理學與易感性的研究。聖安娜精神病院那個單位的工作，有一部分也是他們興趣的延伸。針對腦波、呼吸，以及其他生理指標進行量測與對照，傅柯偶爾擔任實驗對象或實驗者。他們使用測謊機，也針對音樂引起的反應從事實驗。這個單位不只是純粹在做實驗，它整合在醫院的臨床工作當中，負責建構病患的心理神經檔案。傅柯也是在這裡學會怎麼執行羅夏克投射測驗，後來還把這項測驗施行在許多友人身上。他不認為聖安娜精神病院是令人不舒服的地方；這間醫院比他後來走訪過的許多首都圈外的醫院都好上許多，也沒有讓人對精神醫學留下特別負面的印象。[32]他的印象與當時那個時代相符合。二戰剛結束的那些年，刑罰體系與精神醫療都處於改革時期。許多教導過傅柯的人物（尤其是賓梅宗與艾伊）都與精神醫學策進會（Evolution Psychiatrique）這個在精神醫學界代表自由派傾向的團體有關。傅柯後來雖然對心理健康領域當中的進步概念懷有疑慮，但他最初接觸這個領域正是在改革推行之際。

傅柯接觸的臨床事務不僅限於聖安娜精神病院。一九五〇年，監獄總署在弗雷訥（Fresnes）

成立了國家矯正中心，刑罰體系的主要醫療設施就設在這座監獄。[33]這座中心成立的目的，是為了滿足法律上規定所有囚犯都必須接受醫學心理檢驗的要求。送到弗雷訥的囚犯，他們的檔案當中包含犯罪紀錄、社會報告，以及醫療與精神報告。在國家矯正中心，這些檔案還會再補上額外資料，包括案主過去和現在的心理狀態，以及任何相關的個人或遺傳因素。這些蒐集而來的資訊用於判定自殺風險以及確認個別囚犯是否能夠受益於參與特定的監獄工場或者專門單位。弗雷訥也設有一個腦電圖單位，目的主要在於辨別真實與假性的精神病理疾病，尤其是癲癇症。

這個單位由維鐸夫婦主持，傅柯提供了些許協助。賈克琳·維鐸每週會有兩次開車到高師，把傅柯接送到弗雷訥，他在那裡偶爾也會套上專業人員的白袍。如同在聖安娜精神病院，傅柯在這裡一樣沒有正式地位，也必須要有人幫他取得許可才能進入監獄。許可並不難取得；維鐸頗為莞爾地回憶道，由於她的兒子和典獄長都打橄欖球，所以大幅降低了依循正式手續的必要。弗雷訥的管理方式較為自由開明，允許維鐸與傅柯接觸所有的囚犯。他們因此得以和各種類別的囚犯合作，包括殺人凶手乃至少年犯。

從傅柯在聖安娜與弗雷訥的經驗，可以得出兩項結論。儘管他很少提及自己在這兩地的經驗，卻可明白看出這些經驗讓他在早期就洞悉了精神醫學與犯罪學的相互作用，他後來對這項主題的興趣是植根於經驗，不只是植根於純粹的歷史或哲學理論思考。同樣也明白可見的是，這時已年近三十的傅柯對於自己未來的職業生涯仍然沒有確切的想法。就一方面而言，傅柯受困於他在早期一篇文章所描述的兩難：「一名頭腦敏銳的白袍心理學從業人員……向一個新手詢問他是想從事像布拉丁（Maurice Pradines）與梅洛龐蒂那樣的『心理學』，還是像比奈（Alfred Binet）那樣的『科學』心理學。」[34]

賈克琳．維鐸不但是醫生與精神醫師，同時還是專門翻譯精神醫學文本的譯者。她的第一件翻譯作品是博赫納（Ruth Bochner）與哈爾彭（Florence Halpern）針對羅夏克墨跡測驗的臨床解讀所寫的一部專著（這是她在職業上相當關注的主題），接著是沃施（Jakob Wyrsch）對於思覺失調症的研究。[35]一九五〇年代初期，工作上的友人介紹她接觸庫恩（Roland Kuhn）的著作，後來在一九五七年翻譯了他的《面具現象學》（*Phénoménologie du masque*）。她一度前往庫恩在明斯特林根開設的診所拜訪，庫恩在談話中提及自己的同行賓斯萬格的著作可能也會令她感興趣。

維鐸於是接著來到瑞士與德國交界的克羅伊茨林根（Kreuzlingen），因為賓斯萬格從一九一一年以來就在那裡主持由他祖父創立的美景療養院（Bellevue Sanatorium），一直到一九五六年為止。賓斯萬格是榮格與佛洛伊德的朋友（他與佛洛伊德經常通信），也是「此在分析」（Dasein-Analyse）的創始人以及主要推廣者：這是存在主義心理治療的一種版本，深受海德格的現象學影響。經過一陣討論之後，賓斯萬格自己提議維鐸應該翻譯他的論文〈夢與存在〉（Traum und Existenz）；他認為自己的作品如果要譯成法文出版，就應該以這篇論文打頭陣。[36]維鐸隨即同意，並且立刻著手翻譯，儘管他們還沒為這項計畫找到出版商。臨床詞彙不是問題，但維鐸發現自己面對賓斯萬格晦澀難懂的哲學用語需要一些幫助。她向傅柯諮詢，從而讓傅柯對海德格的深入研讀有了非常實際的用處。就翻譯實務上而言，這份文本最引人注意的特色就是他們經過漫長的討論之後，共同決定把「Dasein」譯為「在這個世界的存有」。這個詞極難處理，曾經被人譯為「人類實在」以及「在此存在」；後來的法文與英文譯本往往選擇保留「Dasein」原文。

他們兩人在傅柯的高師辦公室一起工作，通常是在傍晚或晚上，也就是維鐸在聖安娜完成一天的工作之後。也許該說他們是並肩工作。這間辦公室由一塊薄薄的隔板把室內空間隔成兩半，隔板的高度甚至沒有與天花板相連，但傅柯堅持維鐸應該在隔板彼端工作，維鐸的解釋是他不想在師範學院的男子區域被人看到和女人在一起。跟傅柯一起工作並不是特別容易，他習於對精神醫學提出頗為獨斷的負面評語，就像他與朋友（例如龐格）進行討論的時候，也習於以嗤之以鼻的態度對精神分析隨口提出論斷。他甚至會以不全然是開玩笑的語氣對維鐸說，他和朋友們對於她還有她的工作說了些「不堪入耳的話」。他的負面評論也可能外溢到對外發表的文字當中。在一篇發表於一九五七年有關心理學研究的文章裡，傅柯以尖酸刻薄的語氣提到「對《詩篇交響曲》的聆聽者測量皮膚電阻、血壓與呼吸節律的研究」，指的就是維鐸在聖安娜的研究工作。[37]

傅柯在其他方面也可能會有不近人情的表現。在一次拜訪了賓斯萬格之後，他與維鐸到義大利度了一小段假期，傅柯在那裡對於文藝復興畫作展現出見地高深的欣賞能力。不過，激動宣稱自己厭惡「自然」，並以誇大的姿態背對夕陽的行為，並沒有那麼討人喜歡。這類言行也許只是反映了高師人著名的高傲，但總之不討人喜歡。

傅柯看待精神醫學的態度雖然矛盾，卻對賓斯萬格的論文深感著迷。他在差不多三十年後說道：「我當時正在找尋某種與醫學凝視（medical gaze）的傳統架構不同的東西，一種與之抗衡的東西。」[38]他的熱中程度引得維鐸提議他為譯文撰寫一篇前言。幾個月後，她與先生在普羅旺斯度假時收到一份短箋，上面寫著：「你會得到你的復活節彩蛋。」所謂的「復活節彩蛋」是一份厚重的手稿；印在書裡的文章長達一百二十八頁（大約二萬五千字），比它要引介的那篇論文還長了一倍。儘管篇幅如此龐大，維鐸卻很喜歡這篇前言；賓斯萬格也是如此，對於自己的著作受到一名至少擁有若干臨床知識的哲學家所閱讀而頗感得意。出版商的態度則沒有那麼熱中。譯本的本文與導論的篇幅實在不成比例。傅柯沒沒無聞，賓斯萬格本身在巴黎也沒什麼名氣。維鐸費了一番力氣，終於說服僕威出版社（Desclée de Brouwer）接下這本書（她後來翻譯庫恩的作品也是由這家出版社出版），在一九五四年出版上市。結果並不成功。這本書印量三千本，三年後總共只賣出三、四百本，剩下的全部回收打成紙漿。[39]

賈克琳．維鐸在另一個面向對傅柯的職業生涯具有重大影響。她認定工作（更精確來說是寫作）具有類似於治療的效果，因此有助於化解傅柯一再發作的憂鬱症。她為此介紹傅柯認識自己的老同學柯蕾特．杜亞梅勒（Colette Duhamel），杜亞梅勒此時在圓桌出版社（La Table Ronde）擔任編輯，那是由勞登巴赫（Roland Laudenbach）經營的一家小型獨立出版商。他們討論過後商定了兩項出版計畫。其中之一是要出版一本「死亡史」，似乎會是一部與人合寫的著作，另一本則是「精神醫學史」。這兩本書後來都沒有寫成，儘管他們已經擬定也簽署了合約。不過，根據傅柯自己的說法，其中第二本書的點子後來發展成為《瘋狂史》。他對於書寫精神醫學的歷史這個構想不是很滿意，於是提議研究醫生與瘋子之間的關係，也就是理性與非理性之間的「永恆辯論」。[40]

值得注意的是，這項提議原本來自其他人。在撰寫《瘋狂史》之前，傅柯只出版過五份文字，而且全都是接受委託的作品。[41]他雖然胸懷抱負，也對自己未來的傑出成就充滿自信，卻顯然沒有強烈的書寫衝動。

這個時期還發生了另外一起相當重要的事件。一九五二年，傅柯偕同喬治與賈克琳．維鐸前去拜訪庫恩。他們在懺悔星期二抵達庫恩主持的精神病院，位於康士坦茲湖畔的明斯特林根，他們在那裡目睹了古老的嘉年華會儀式存留下來的一種較古怪的表現。這所精神病院有個習俗，就是由住院病人利用春季大部分的時間製作華麗的大型面具，以便在一場遊行活動當中佩戴。醫生、護士與病人都會戴上面具，無法區分各自的身分。遊行隊伍由嘉年華本身的巨大人偶領頭，先走出院區之後，再蜿蜒穿越村莊。隊伍返回醫院之後，嘉年華人偶就會隆重燒毀，面具也紛紛丟棄。這個夜晚最後以一場舞會作結。喬治．維鐸私自拍攝的一部非常簡短的影片，可以看見遊行隊伍以及焚燒嘉年華的儀式；一如嘉年華的許多具體呈現，這場遊行活動中的人偶同樣帶有些微邪惡的樣貌。傅柯也試圖拍攝這場活動，卻未能正確操作他借來的相機。[42]

這個場面讓傅柯留下深刻印象，但他在出版作品中只提過一次。傅柯抽離的敘述方式完全看不出他曾在現場：

> 在嘉年華日，瘋人盛裝打扮走入鎮上；明顯可見，其中不包含病況嚴重者。他們演出一場嘉年華會，鎮上居民在遠處觀看，但心裡頗感害怕。歸根結柢，這實在是一件頗為可怕的事情，

因為他們在唯一能夠全體外出的日子，卻必須盛裝打扮並且裝出發瘋的樣子。[43]

《古典時代瘋狂史》的開頭是相當著名但現在頗具爭議性的段落，描述愚人船在歐洲北部的運河與河流上緩慢漂行。如果說傅柯寫下這段文字之時，腦中沒有回憶起一場真實舉行於一座平靜瑞士村莊裡的嘉年華會，未免令人難以置信。

傅柯收到寫作委託案，顯示了他在別人眼中的智識地位。第一件委託案是針對一部重量級哲學史著作的修訂與更新。這本書在一八八六年已推出第四版，在一九一四年來到第八版。一九五二年接受于斯蒙（Denis Huisman）委託，傅柯於次年寫就的〈一八五〇至一九五〇年的心理學〉（La Psychologie de 1850 à 1950）直到一九五七年才出版。[44]此文就許多方面來說純粹是針對彌爾（John Stuart Mill）以來的心理學趨勢的一項學術性評述，並附上參考文獻而已。這篇文章也反映了傅柯在里爾與巴黎的教學內容。這篇文章帶給人的整體印象，是作者在其中展現了自己已經習得並且經過消化的知識，而不是呈現具有高度原創性的研究結果。傅柯對於法文、英文與德文的相關文獻展現了令人讚賞的學識，但最引人注意的是簡短的引言。他迅速把心理學史描述為一段矛盾的歷史，一方面承襲了啟蒙時代想要把這門學科納入自然科學的渴望，同時又愈來愈體認到「人類現實」不單純是個「自然客觀」的領域，要加以研究就必須採用自然科學以外的方法。當代心理學面對的問題，就在於有沒有能力捨棄本身的「自然主義客觀性」而掌控那種矛盾。心理學史將會評判這項能力是否存在。[45]這篇文章最後以一段警示性的宣言作結：心理學如果要成為一門可行的學科，就必須回歸人的存在狀況以及人當中最具人性的東西，也就是人的歷史。[46]

傅柯的詞彙選擇不只揭示他的主題，也揭示了他的關注重點。對於「人類實在」的指涉，顯示他對海德格現象學以及庫恩與賓斯萬格的「此在分析」懷有愈來愈高的興趣。對於賓斯萬格而言，心理學是「對人類存在呈現於這個世界上的方式所進行的經驗分析」，並且奠基於一項「存在分析，分析人類實在如何受到時間化與空間化，從而投射出一個世界」。[47]另一方面，由一項論述的歷史來評判其有效性這種概念，則把傅柯的心理學史確切定位於科學史內的認識論傳統當中。

這項傳統的其中一名最佳代表，自然就是康紀言。在一篇依據一九六六年的一場講座內容寫成的晚期文章當中，康紀言使用了一則法院的比喻，藉此說明科學史如何致力於理解以及證明過時的概念與方法本身其實也接替了先前的方法，而且「過時的過往（le passé dépassé）仍然是一項我們必須稱之為科學的活動曾經有過的過往」。[48]這句話雖然提出於一九六六年，卻是衍生自巴舍拉，而且這種觀點已多少可見於康紀言一九四三年出版的醫學博士論文《論正常與病態的若干問題》（*Essai sur quelques problèmes concernant le normal et le pathologique*）。[49]從傅柯指稱心理學以前是「對於不正常與病態的分析」，現在則變成「以正常為研究對象的心理學」這項論點來看，他顯然對這篇論文相當熟悉。[50]潛藏於其中的反諷是，他基於現象學而主張心理學不可能採用自然科學的方法之後，現在卻援引了一套基於生物科學與醫學科學建構而成的認識論模型。

如果著眼於傅柯在文中宣告的那項超越既有的學院心理學甚至創立一門心理學的計畫，那麼〈一八五〇至一九五〇年的心理學〉即可視為一篇序言，引導出傅柯探討賓斯萬格的文章以及他的第一本書：《精神疾病與人格》。這兩者都出版於一九五四年，但我們並不確知何者先寫成。傳統的書目學觀點認為《精神疾病》較早寫成，但內在證據顯示實際上可能不是如此。《精神疾病》雖然提及賓斯萬格，傅柯卻沒有使用維鐸的譯文，也沒有提到自己為〈夢與存在〉所寫的導論。身為一名年輕的作者，對於自己的出版作品要是絲毫不提，那也未免謙遜過頭了。所以，在傅柯寫作自己的第一本書之時，探討賓斯萬格的那篇文章很有可能還沒寫或是尚未寫完。在缺乏直接的紀錄文件或手稿證據的情況下，這個問題不可能有確切的解答。但明顯可見的是，這兩份文本都為〈心理學〉結尾提出的問題提供了答案。

《精神疾病》是拉夸（Jean Lacroix）委託的作品，他是法國大學出版社「哲學入門」叢書的主編。身為天主教哲學家的拉夸在戰前曾在里昂教過阿圖塞，因此透過他知道了傅柯這號人物。傅柯的第一本書是那套叢書當中的第十二冊，而那套叢書在出版之時包括了拉夸自己寫的《情感與道德生活》（*Les Sentiments et la vie morale*）、貝傑（Gaston Berger）的《個性與人格》（*Caractère et personnalité*）、古斯朵夫的《話語》（*La Parole*）以及比杜（André Bidoux）的《記憶》（*Le Souvenir*）。當時年方二十八歲的傅柯因此加入一群傑出人物的行列；這套叢書的贊助委員會包含聲明顯赫的哲學家，諸如阿奇耶（Ferdinand Alquié）、巴舍拉與呂格爾（Paul Ricoeur）。他與他的其中一位老師變成同一套叢書當中的作者。如同這套叢書平淡無奇的名稱所顯示的，「哲學入門」叢書乃是由介紹哲學主題的短篇書籍構成，主要以學生讀者為對象。不過，正如傅柯利用自己替一部哲學史增補的內容提出一份實際上的宣言，他也利用自己介紹精神疾病的著作發揚一項論點並提倡自己關注的問題。

《精神疾病與人格》這本書的歷程頗為奇特。傅柯為了一九六二年的第二版進行修訂，結果完全重寫了最後一部分，成為《古典時代瘋狂史》的摘要。一九六二年的版本絲毫沒有向讀者提及這是一部修訂版。[51] 第二版在一九六六年再刷，但傅柯不允許再印。此外，他也試圖阻止英文譯本出版，但沒有成功。[52]《臨床的誕生》(*Naissance de la clinique*) 初版（一九六三）仍然把《精神疾病與人格》列為「傅柯作品」，但這部較早出現的著作後來就不再列入他的作品當中；《古典時代瘋狂史》變成傅柯的第一本書，後來也一直都是如此。

《精神疾病與人格》由一個介紹精神疾病與器質性疾病的段落開場，主文由兩個部分構成，分別探討疾病的心理層面以及其實際的存在條件。傅柯主張不能採用器質性病理學的模型，因為由此得出的結論將會認為精神疾病是一種由特定症狀所體現的自然疾病。[53] 他認為要分析精神疾病，必須檢視這種疾病在個人的心理生活當中所能夠形成的具體型態，檢視其心理層面與實際上的存在條件：「我想要闡明，要尋求精神病理學的根源，不能在某種對『後設病理學』的臆測當中尋找，而是單純要在人對於人的思索當中尋找。」[54] 他在書中一再主張不能對精神疾病賦予純粹負面或否定的定義；舉例而言，思覺失調症雖然表面上看來一片混亂，卻能在病患的個人結構當中找到一致點，因為病患保證了自己的意識及其範圍在生活中的整體性。一名病患（un malade）

不論病得（malade）多麼嚴重，那個一致點都必然存在。精神病理學的科學只能夠是病患人格的科學。[55]

只有現象學心理學能夠帶人進入精神疾病的體驗：「唯有從內部加以理解，才有可能在病態宇宙當中建立起自然結構，其組成元素則是演化以及受到心理史所個人化的機制。」[56]主文的第二部分探究了由馬克思的《一八四四年經濟學哲學手稿》（傅柯取得的版本是柯斯特斯〔Alfred Costès〕編輯的《哲學文集》〔*Oeuvres philosophiques*〕第六冊）以及相關的異化（alienation）理論所劃出的領域。傅柯運用這個字眼的多重意義，既可以指財產的法律讓渡，也可以指人類本質的異化或疏離，還可以指精神錯亂，最後這個意義在法文比在英文當中更為明確。站在社會人類學的基礎上，並且援引涂爾幹與瑪格麗特・米德（Margaret Mead）以說明疾病的概念具有文化上的相對性，傅柯提出了這項結論：「當代世界使得思覺失調成為可能，不是因為當代世界的技術導致這個世界變得缺乏人性而且抽象，而是因為人對於自己的技術所採取的使用方式，導致人再也認不出那些技術當中的自己。唯有存在條件的真實衝突能夠解釋思覺失調世界的矛盾結構。」[57]更廣泛來說：「在人本身所構成的存在條件當中，病人認不出自己是人。在這種新內容之下，精神錯亂不再是心理異常，而是由一個歷史時刻所界定。」[58]

《精神疾病與人格》是一部高度混合性的文本，傅柯在其中探究了心理學的幾種不同路數，但終究無法加以調和。最令人意外的部分是第六章「衝突心理學」，他在其中突然轉而討論巴夫洛夫，聲稱他的生理學含有對於衝突的實驗性研究。提及蘇聯醫學科學院的副院長拉贊科夫（I.P.

Razenkov）也許更加令人吃驚。一九五四年那時候，傅柯短暫加入法國共產黨的經歷早已結束，但他的第一本書卻可說是他為自己的黨員身分留下的一座紀念碑。巴夫洛夫雖然不認為自己是唯物論者或馬克思主義者，他的生理學以及奠基其上的心理學卻成為蘇聯的正統信條。諷刺的是，巴夫洛夫理論最早受到托洛斯基提倡，卻在一九三〇年的蘇聯人類行為研究大會當中被納入一種史達林版本的唯物論裡。冷戰期間，巴夫洛夫與李森科的研究成果一同成為「資產階級科學／無產階級科學」辯論的一部分，被用來替唯物論心理學奠定基礎。這個模型受到法國共產黨的大力推廣，主要是用於攻擊精神分析。該黨對於巴夫洛夫理論的興趣，主要在於這種理論提供了能夠反駁潛意識的存在以及性（sexuality）相當重要的論點。[59]

如果說傅柯把巴夫洛夫納入書中令人想起他的黨員身分，那麼他對現象學的指涉則顯示了他與任何接近於正統意識形態的東西有多麼疏遠；海德格與賓斯萬格絕非法國共產黨尊奉的人物。一九七八年與圖隆巴多利的對話當中，傅柯提到在一九五〇年代有「許多精神醫師」為了進一步發展唯物論心理學而對巴夫洛夫與反射療法感到興趣，但他們的研究沒有獲得多少進展。[60]至於傅柯自己對那項不可能實現的計畫所做的微薄貢獻，他則沒有提及。

引用巴夫洛夫不是傅柯曾加入法國共產黨所留下的唯一紀念。如同一名觀察細微的評論家指出的，傅柯談到精神病理學必須去除「後設病理學的抽象概念」，並且主張只有「真實的人」才能夠支持「不同疾病型態」實際上的一致性，他的論點其實非常類似於波利查爾（Georges Politzer）為了尋求具體心理學所提出的論點。[61]波利查爾（一九〇三－一九四二）曾經撰文猛烈抨擊柏格森，他打造的具體心理學有一部分乃是奠基於對精神分析的批評。根據波利查爾所言，精神分析就像古典心理學一樣，大力提倡像是超我這類動力源所扮演的角色，掩蔽了個人的具體社會現實。[62]傅柯在他的〈心理學〉當中主張，精神分析雖然有助於從「演化」過渡至「歷史」的轉變，其負面特徵卻是持續仰賴其自然主義源頭所產生的「形上或道德偏見」。[63]傅柯閱讀過波利查爾的著作並且受到他影響，這點並不令人意外，因為他是法國共產黨的一大英雄人物；他遭到蓋世太保處死，死前高喊：「德國共產黨萬歲。」他是兩次大戰之間極少數對心理學理論有所貢獻的法國共產黨理論家。一九四〇年代晚期與一九五〇年代初期身在法國共產黨或是接近該黨的人士，都必然會接觸到他的著作。

雖然委託編輯認為傅柯的第一本書「非常出色」，[64]卻幾乎完全沒有吸引到太大的興趣。當時唯一一篇出版的評論裡，羅蘭．凱瓦（Roland Caillois）認為這本書「寫得不錯」，但認為書中提及「唯物論」的部分頗為膚淺，談到形上學考量的部分更是毫無必要。[65]

在很長一段時間裡，傅柯為賓斯萬格所寫的前言一直是他所有作品當中備受忽略的一部，原因之一是這本書只有在極少數的幾間圖書館才找得到。如同他的其他早期作品，這篇前言也經常被《古典時代瘋狂史》的光芒蓋過；但一部英文譯本的出現，終於促使這篇前言在近期的傅柯研究裡獲得比較多討論。[66]不過，這篇前言最能讓人看出傅柯在一九五〇年代初期至中期的智識興趣落在何處。這篇前言同時也是一項計畫的起點，儘管這項計畫如果不是在後來遭到捨棄，就是根本沒有開始過：「後續的另一部著作將會嘗試把存在主義分析放置在當代對於人的思考的發展當中；透過追蹤現象學逐漸趨向人類學的發展，我們將嘗試說明那些為了具體思考人的問題而提出的基礎架構。」[67]

〈夢與存在〉聚焦於一項討論，討論主題是墜落的夢境，還有「aus allen Himmeln fallen」（「從雲端墜落」，意思是「極度失望」）這類話語。墜落的感覺或夢境以及墜落的隱喻這兩者之間的連結，可見於這項海德格式的命題：「在任何一名個人把語言用於為自己的創意與智識能力服務之前，是語言為我們所有人進行『想像與思考』。」[68] 墜落的隱喻必須當成實質看待：

> 當「我們從雲端墜落」，亦即極度失望之下，我們就會墜落：**真實的**墜落……我們與這個世界還有周遭的人所擁有的和諧關係突然遭到重擊，源自於嚴重失望的本質以及伴隨失望而來的震驚。在這樣的時刻裡，我們的存在實際上會遭受打擊，被扯離原本在世界當中的位置，陷入孤立無援的狀態。[69]

墜落的夢境不是代表一種願望的實現，而是揭露了一項基本的存在論結構。在賓斯萬格眼中，夢境「只不過是人類整體存在的一個特定模式」。飛升與墜落都是基本現象，是「人類存在的收縮與舒張」。[70]

從一開始，傅柯就明白表示自己無意在真實的意義上「介紹」賓斯萬格的這份文本：他不會依循「序言裡常見的那種矛盾現象」，追溯作者走過的道路。[71] 他把這份文本當成跳板，用來提出自己的現象學思索，用來提出對其他心理學與精神醫學論述的批評。傅柯也明白表示自己對賓斯萬格的擁護是暫時性的：

且讓我們暫時認定人的存有（Menschsein）只不過是某個東西的有效具體內容，那個東西就是存在論分析為**此在**的先驗結構，也就是在世界當中的存在……在我看來，我們值得**暫時**追隨這項思緒的軌跡，藉此看看人的實在是否只能在心理學與哲學的區分之外加以理解，看看是不是只有透過身處於各種存在型態當中的人，才能夠接觸到人。[72]

對於傅柯而言，〈夢與存在〉引人之處有兩個層面。一方面，是把夢境置於優先地位

界定了這項分析朝向存在的基本型態所出現的具體移動；對於夢境的分析不僅限於符號解釋的層次；在外部詮釋的基礎上，這項分析不必求助於哲學即可對存在結構得到一種理解。[73]

更普遍來說，這項分析提供了「想像力的人類學」這個可能性。[74]

賓斯萬格也為傅柯提供了批評佛洛伊德的基礎，這篇導言標記了傅柯與精神分析之間充滿緊張的漫長關係的起點。[75]傅柯雖然承認《夢的解析》把夢帶入了「人類意指的領域」，但他主要的批評是這部著作對於夢境語言的理解「僅限於其語義功能」，而忽略了構詞和句法結構。這部著

作只探究了夢境世界的一個版本，對於象徵的理解也不足。相較之下，賓斯萬格則是嘗試處理具體的個人（這個詞語呼應了波利查爾），並且揭示型態與存在條件之間的連接。[76]

對精神分析的批評主要是基於閱讀《夢的解析》以及佛洛伊德的主要案例分析，尤其是「朵拉」這個案例。不過，傅柯對於這項主題的理解不僅限於這些文本，也不只限於佛洛伊德。他在較為晚近的精神分析史當中發現了兩個主要趨勢：梅蘭妮・克萊恩（Melanie Klein）與拉岡。在他的觀點中，克萊恩試圖單純在幻想當中追尋意義的起源，而拉岡則是竭盡全力在自我影像（imago）當中找出「語言的意指辯證變為僵固的點，而自我影像也在這個點上開始對其為自己構成的對話者感到著迷」。[77]

傅柯對拉岡與克萊恩的理解究竟從何而來並不清楚，尤其是他未能替特定文本提供書目資料。他聽過拉岡在高師舉行的講座，也出席過拉岡自從一九五三年開始在聖安娜精神病院舉行的部分研討課，所以他大部分的知識有可能是來自這些口語發表，而不是出版著作。根據賈克琳・維鐸所言，傅柯對於拉岡的整體計畫不以為然，對於他的哲學抱負更是嗤之以鼻。拉岡在一九五〇年前往弗萊堡拜訪海德格的旅程令傅柯忍俊不禁，也在他寫給維鐸的未出版信件裡大大貶損拉岡的哲學能力。[78]至於傅柯對克萊恩的理解究竟來自何處，則無法確知。她的著作極少譯入法文，但梅洛龐蒂在索邦大學發表的心理學講座倒是多多少少傳播了她的觀念。[79]

為賓斯萬格寫的這篇前言也對沙特提出了一些批評，是傅柯少數正面提到沙特的作品之一。他的大多數著作對沙特若非迴避就是置之不理。針對沙特假設意象不真實而提出意象否定其客體的理論，傅柯予以駁斥的論點是，「想像」並非一種不真實的形式，而是一種存有的間接方式，揭露了存有的「原始層面」。傅柯此處指的是一九四〇年一篇探討「想像」的文章。傅柯對沙特的現象學雖然不以為然，卻相當欣賞這篇文章；他談及先前一件陳述情緒理論大綱的作品，也是語帶敬重。[80]傅柯在對沙特的批評當中，以有條件的贊同姿態引用了巴舍拉探討想像「動態」的著作。在傅柯看來，巴舍拉在一定程度上捕捉到了想像力在生活中的現實(因此也及於夢)，但卻是以純粹主觀的方式這麼做，而未能理解其社會或歷史層次。[81]巴舍拉有兩個不同的面向。一個面向的他以理論闡釋了認識論斷裂（epistemological break），他的著作也像康紀言一樣深深影響了傅柯的科學史觀；但另一個面向的他，卻針對想像寫出了半精神分析式的研究。傅柯也仰慕巴舍拉的這個面向，認為他釋放出認識論當中一個令人意外的層次。如同他在二十年後所寫的：

> 對於巴舍拉而言，研究流動性的概念不表示研究流體力學的公式。任何一個通過認識論高中程度考試（son bachot d'épistémologue）的認識論學者都可以做到這一點！所以研究流動性的概念對他而言乃是非常不一樣的東西，同時也代表展現出流體所能夠成為的一切，在一般人的想像、在大眾的想像中所代表的一切。[82]

傅柯為賓斯萬格寫的這篇前言，以高超的手法展現了他作為哲學資格考及格教師的博學。柏拉圖、亞里斯多德、赫拉克利特、萊布尼茲與斯賓諾莎全都受到援引運用。這是學院哲學家的拿手領域。另一方面，傅柯對胡塞爾與海德格的精熟，則顯示他屬於新興世代的一員。除此之外，他的博學也有一個較為個人化的面向。這本書裡的不少部分都充滿文學指涉與典故，其中大部分的目的是要證明賓斯萬格屬於一套「古典」傳統。那些典故最醒目之處，在於其中絕大多數都出自傅柯後來在《古典時代瘋狂史》所稱的古典時代。此外，那些典故也因其冷僻而引人注意。傅柯能夠引用《馬克白》或拉辛的《阿塔莉》（*Athalie*）並不令人意外；但他竟然熟知邦斯拉德（Benserade, 1613-1691）與勒爾米特（Tristan l'Hermite, 1601-1655）等十七世紀的宮廷詩人，以及德維奧（Théophile de Viau）的《皮拉莫斯與提斯柏》（*Pyrame et Thisbé*），至少可以說是相當令人好奇。這些作者不太可能會出現在傅柯年輕時所修習的任何課程裡；通常只有對十七世紀乏人問津的角落有所關注的人，才會閱讀他們的作品。所以，我們只能假設傅柯是自己主動閱讀這些作者的作品，並且猜測他早在著手撰寫《古典時代瘋狂史》之前就對古典時代懷有興趣。在這篇前言裡，還有兩則引文取自夏赫的《形式的分割》（*Partage formel*），這部作品最早在一九四五年收錄於《唯留》（*Seuls demeurent*）當中出版。[83] 其中第二則引文顯現出傅柯後來常犯的一項錯誤：夏赫的散文序列的第十七號片段被誤指為第五十五號片段。這是很早期的例子，顯示了傅柯對於引文與參考文獻極為漫不經心的態度。

賓斯萬格那篇論文的譯本出版之後不到一年，傅柯就離開法國前往瑞典。在最早的幾部作品出版之後，他沉寂了一段時間，一直持續到一九六一年。他接下來沒有發表文章，也沒有根據他最早那些作品的提議撰寫後續著作，這也許表示他意識到那些提議沒有什麼確切的發展前景。他決定離開法國前往瑞典，接下一項文化外交官的職務，也從此告別了對精神醫學的實際參與。

最後，這些早期作品還有兩項特徵值得一提。這些作品全都非常內容導向，絲毫沒有後來傅柯招牌特色的那種華麗風格。他在當時尚未發現自己後來慣用的那種修辭手法，也就是以一個特別誘人的段落為自己的書籍開場：包括《古典時代瘋狂史》開頭的愚人船意象、《詞與物》當中對維拉斯奎茲（Velázquez）的畫作《侍女》所進行的分析，以及《監視與懲罰》（*Surveiller et punir*）當中描述達米安（Damiens）遭到處死的行刑過程。那些年的沉寂所帶來的其中一個結果，就是發現了一種寫作風格。就內容而言，早期作品的特點在於一項欠缺：也就是沒有尼采的蹤影。從許多方面來說，傅柯在當時還處於成為傅柯的過程中。

# 4 北方

如同傅柯職業生涯中的許多事件，他在一九五五年八月出發前往瑞典也是一項偶然邂逅造成的結果，或者應該說是一項實際上沒有發生的邂逅。精通印歐宗教與神話的大專家杜梅齊勒在一九三〇年代於烏普薩拉大學（University of Uppsala）待了一段時間，從此習於每年夏天回去那裡從事一、兩個月的研究工作。一九五四年，他在那所大學的朋友問他知不知道有什麼合適人選，能夠擔任羅曼學系的「法文助理教授」。杜梅齊勒想不出來，因為他和年輕一代沒有什麼來往，但是向剛從阿富汗回來的考古學家朋友居希耶勒（Raoul Curiel）提起這件事。居希耶勒恰好剛認識了一個名叫傅柯的年輕人，他是高師校友，也是哲學資格考及格教師，但還不確定自己的職業生涯方向。居希耶勒說他是自己見過才智最傑出的人。杜梅齊勒聽得頗為動容，於是主動寫信給傅柯，向他描述了住在烏普薩拉的迷人之處，並且問他對那項職務有沒有興趣。傅柯隨即提出應徵。[1]

他不是唯一的應徵者。他的競爭對手是名叫格雷馬斯（Algirdas Julien Greimas）的立陶宛人，二戰前於格勒諾布爾（Grenoble）讀書，後來成為一位傑出的符號學家。[2]他這時在埃及的亞歷山大港教書，一心想要返回歐洲。不過，他的計畫卻遭到打亂，原因是傅柯應徵上了烏普薩拉那項職務。[3]傅柯還沒與杜梅齊勒見過面，因為杜梅齊勒在威爾斯度過一九五五年的夏天，直到次年春天才返回瑞典。不過，傅柯得以打敗格雷馬斯獲得錄取，絕對很有可能是杜梅齊勒在瑞典的影響力造成的結果。

傅柯雖然具備勝任這項工作的條件，也已經出版過著作，卻尚未達成任何可觀的學術成就。他在里爾擔任教職以及在高師兼職教書，看起來並不是什麼前途光明的起步工作，可望開創出一番傑出的事業，而且他的學位論文也沒有接近完成的徵象。涉入精神醫學的經歷使他對這門專長產生了矛盾的態度，而且在這個方向進一步發展大概也必須取得醫學資歷。烏普薩拉這項職務至少可以讓他暫時不必煩惱這件事情。此外，接下這項職務也代表方向的轉變。傅柯被任命為法文教授，也就是說他必須教導對所有人開放的入門語言課，也必須教導法國文學課程。語言教學在這時還不是一門非常專業化的職業，所以傅柯在這方面唯一真正具備的資格雖然只有他的國籍，卻無礙於他獲得這項任命，成為學術階級體系裡最低階的成員。他同時也獲得任命為法國文化中心的主任，這是法國外交部的「文化關係」部門在瑞典設置的分支機構。至少，他因此開啟了在文化外交領域當中發展的可能性。這時候的傅柯，距離弗雷訥那個當初令他深感著迷的精神醫學單位已經非常遙遠。

職業生涯的考量，不是傅柯心頭上唯一盤繞的事情。在晚期的一場訪談裡，傅柯表示他離開法國是因為「我在法國社交與文化生活當中吃了很多苦頭，至今也還是如此⋯⋯我認為我離開法國的那個時候，個人生活的自由在那裡受到非常嚴格的限制。在那個時期，瑞典應該是個自由許多的國家」。[4]這段話聽起來顯然是以極度隱晦的方式暗指法國同性戀者在一九五〇年代中期所面臨的艱困社會狀況。瑞典在性方面以自由開明著稱；在生活於戰後法國的人眼中，瑞典看起來必定也是一項時髦的現代主義盛放的起源地。在其他地方，傅柯解釋自己之所以會前往瑞典，原因是他已經「受夠法國大學的文化」。[5]不過，如果傅柯預期自己能夠在瑞典找到一個性烏托邦，那麼他必然失望不已。烏普薩拉大學的階級秩序極為僵固，整體來說也非常拘謹保守。至於大學所在的這座斯德哥爾摩以北車程一小時的小鎮，雖然相當宜人但也非常靜謐。

傅柯後來對自己在瑞典的生活所說的評論，有許多都深帶譏諷。他說自己發現「一種特定的自由」有可能和「一個直接壓迫性的社會帶有同樣多的限制效果」，[6]而且瑞典讓他預見了「在五十年或一百年後，我們所有人都富裕、快樂又潔淨無菌的情況下，將會是什麼模樣」。[7]他又在其他地方表示，瑞典社會「過度醫療化」，所有的「社會危險都以某種方式受到細膩而繁複的機制所壓制」。[8]傅柯也發現在瑞典生活還有其他的困難。他經常提及「瑞典的夜晚」，覺得那裡漫長而陰暗的冬天令人深感壓抑。此外，他也不喜歡寒冷。由於戰前曾在庇里牛斯山度過一場寒冷的假期，因此他也不願從事越野滑雪這項廣受喜愛的休閒活動。他向法國親友描述的，都是一幅愁悶陰鬱的北歐圖像。他的弟弟記得傅柯說過自己當初詢問學生大概會有多少人。他得到的答覆是人數不會太多，而且冬季一旦來臨，無可避免的自殺潮又會造成學生人數進一步減少。[9]

這類敘述無疑帶有一定程度的黑色幽默，前述這段話也是懷著後見之明說出來的。不過，這種挖苦口吻不只單純反映了追尋烏托邦不成所感到的挫折，而且也反映了在學術與智識上感到非常真實的失望。傅柯說的話總是傾向於迎合他心目中渴望的自我形象，而不是合乎他日常生活中的現實。如同他與賈克琳·維鐸在義大利的時候，他也堅稱自己厭惡自然，堅稱自己的天然棲地乃是圖書館。但他在烏普薩拉雖然有很多時間都待在圖書館內，卻也喜歡在樹林裡長途漫步，甚至還會頂著他不喜歡的寒冷，走在冬季鄉間的冰凍湖泊上。[10]

傅柯在八月底抵達烏普薩拉就任教職，並且搬進法國文化中心為主任保留的兩個房間。不過，法國文化中心本身也只是聖約翰街（Sankt Johannes Street）一棟建築物四樓的一間大公寓而已。幾天後，他在大學裡多了一位名叫米格勒（Jean-François Miquel）的法國同伴，這位年輕的生物化學家前來就任一項博士後研究職務。他們一見如故，決定經常在法國文化中心一同用餐。不久之後，這對法國雙人組就因為帕培列頻（Jacques Papet-Lépine）的來到而成為三人組。帕培列頻是研究打雷與閃電的物理學家，當時正在撰寫一篇學位論文，標題是略帶機鋒的〈對於雷聲理論的數學貢獻〉（法文「雷聲」〔coup de foudre〕也有一見鍾情之意）。[11] 他們三人很快就成了一個情感緊密的團體，不但輪流下廚（傅柯的專長是義大利麵食，對此他還有一整套烹飪理論），大部分休閒時間也相互為伴。[12] 經常加入他們行列的，還有義大利文教授寇絲坦莎·帕斯夸利（Costanza Pasquali）以及英文教授斐森（Peter Fyson）。斐森的專長是詩，能夠背誦但丁與其他歐洲詩人的長篇詩作，而且也是歌劇愛好者。他與健力士（Guinness）家族有血緣關係，因此他的社交人脈使這個群體至少比一般低階學術人士接觸到更高的瑞典社會階層。

除了斐森與帕斯夸利之外，傅柯在烏普薩拉工作關係最緊密的同事是科學家。他在這時雖然似乎已經對臨床精神醫學（不是精神醫學史）失去興趣，卻對其他科學頗感熱中，經常跟著米格勒走訪生物化學與生物學實驗室。他沒有自然或生命科學的背景，但很快就獲得足夠的理解，能夠與朋友概略討論他們的研究，有時也對自己在學生時代不攻讀科學的決定表示後悔。他不只對生物學產生了業餘興趣。烏普薩拉設有一部粒子加速器，很快就令他這個年輕的哲學家深感著迷。針對這部機器的基本運作原理和目的向他提出說明的人，是化學家斯維德貝格（Theodor Svedberg）這位一九二六年的諾貝爾獎得主。

這群法國人很快就在那座城鎮與大學當中獲得一項不盡正面的名聲，其中一大原因是他們喧鬧的飲酒派對。傅柯在這段時期尤其喝酒喝得頗凶。他後來又因為買了一輛大馬力的米色積架跑車而更加聲名狼藉：資淺的教員通常不會開這種車。他買的雖是二手車，但還是相當昂貴。傅柯當時仍然獲得家裡提供零用金，不是只靠自己的薪水過活。那輛積架令他引以為傲，儘管車況不太理想，給他帶來很多困擾；而且他飲酒缺乏節制，不只一次把車開進水溝裡。[13]

傅柯後來談到瑞典雖然沒什麼好話，但他在那裡的社交生活其實比在巴黎要活躍放鬆許多。米格勒回憶說自己在烏普薩拉交了不只一個女友，傅柯也隨時都不只有一個男友，並且暗示他們會互換部分伴侶。如果傅柯真的與異性交往過，那麼就是在這個時期。其中一名女子尤其受到傅柯喜愛，儘管他們兩人之間只有純粹的友情。達妮（Dani）是年輕的法國祕書，在歐貝里（Jean-Christophe Öberg）的提議下來到瑞典工作。歐貝里是一名駐巴黎外交官的兒子，後來回到瑞典攻讀法律，成為外交界的重要人物。達妮在法國文化中心擔任傅柯的祕書，也為米格勒處理祕書工作。她成為這個法國小群體當中的一員，得到傅柯更勝於父兄的關愛。達妮與傅柯一直保持非常親近的關係；傅柯剛認識丹尼爾．德費的時候，傅柯的這名前祕書還曾經仔細調查他是不是適合交往的對象。[14]

傅柯經常因為遊樂或者工作上的需求而前往斯德哥爾摩，結果其中一次帶來了一項意料之外的邂逅。米格勒與傅柯由於一時興起而到那裡欣賞歌手雪佛萊（Maurice Chevalier）的表演。演出結束後，傅柯提議應該邀請雪佛萊一起喝一杯，於是就到後臺去。雪佛萊立刻接受了他們的邀請，接著又同意與他們一起搭傅柯的車到烏普薩拉去。在沒有事先安排的情況下，這位歌星私下在法國文化中心待了一個週末，述說他漫長職業生涯中的軼事給這群新認識的朋友當消遣。傅柯頗有說服別人說故事的天分，雪佛萊在他的誘導之下也表現得相當好。傅柯竟然會對雪佛萊感興趣實在是有點出人意料。他通常偏好古典音樂，在房間裡工作也總是聆聽巴哈與莫札特，儘管他也聲稱自己對於巴拉凱介紹他接觸的序列音樂頗感興趣。他收藏同一件作品的許多不同錄音版本（尤其是巴哈），顯示他培養了極高的音樂鑑賞力。

傅柯在瑞典的生活雖然就某些面向而言算是頗為輕浮，但他看待自己的教學工作卻非常認真，還達成一項困難的任務，就是吸引並維持住以女性為主的一群入門學生對課程內容的興趣。

其中一名學生後來還跟米格勒結為夫妻。他的文學課在一九五六年春季開始，首先教導的是一門頗為傳統的課程，以當代法國戲劇為主題，但他在下一個學期就開了這麼一門課：「法國文學裡的愛情概念，從薩德侯爵到惹內」。這些都是對所有人開放的公開課程，在大學的主校區上課，但顯然不是所有人都欣賞這些課程。法國文化中心的使節通常不會推廣法國文化當中由薩德侯爵與惹內所代表的那個面向。傅柯不是根據既有的教學大綱授課，因此他選擇的主題明確反映他的個人偏好。事實證明薩德侯爵與惹內都是他長久不變的興趣。傅柯也會舉行像是古典法國戲劇這類標準主題的研討課。他在瑞典的講課或研討課內容都沒有留存下來，但《古典時代瘋狂史》對拉辛的《安德洛瑪克》（*Andromaque*）當中的瘋狂形象所進行的討論，有可能是源自一門供法文主修學生選修的研討課。[15]

在法國文化中心，傅柯負責各種文化活動，包括舉行讀劇以及戲劇演出，也主持對作品的討論，包括超現實主義詩作與夏赫的作品，還有馬內與印象派畫家的作品。他展現了籌辦活動與即席演說的高度天分。有一次，他在極為倉促的情況下收到里佛斯（Fernand Rivers）在一九五一年根據沙特的劇本《汙穢之手》（*Les Mains sales*）改編成的電影。在沒有看過這部片的情況下，他只利用兩個小時左右的時間就為這部電影準備了一份非常成功的引言。他的職務還包括邀請演講人：莒哈絲（Marguerite Duras）、羅蘭・巴特、小說家克洛德・西蒙（Claude Simon），以及伊波利特都曾應傅柯之邀而來到烏普薩拉。[16] 為了確保能有熱烈的討論，傅柯不但要求他的朋友閱讀講者的著作，也預演自己對講者的介紹。他會把這些朋友安插在聽眾裡，負責提出事先準備好的問題。[17]

傅柯是稱職又有效率的活動籌辦者。一九五六年一月，總督察松特利（Santelli）寫信向巴黎的外交部指稱傅柯盡心負責地「忠實執行他繁重的任務，他極糟的氣色就見證了這一點。我認為傅柯先生工作過於勤奮，沒有獲得足夠的休息」。[18]

一九五六年春季，杜梅齊勒依照慣例返回烏普薩拉待兩個月，住在大學出借給他的小公寓裡。他與傅柯的第一次會面有一項奇特的儀式：兩人各自列出自己的學術頭銜，毫無意外提到杜梅齊勒參加高中畢業會考的時間遠早於傅柯。確認這一點之後，杜梅齊勒提議他們應該以平輩之間的「tu」（你）相稱。傅柯用不太流利的瑞典語向他表達感謝：「Tack ska' du ha」，然後以烈酒互敬。[19]

杜梅齊勒出生於一八九八年，他參加高中畢業會考的時間就在第一次世界大戰前夕。他的出版生涯開始於傅柯出生的兩年前，第一部作品是比較神話學的研究，後來又出版了許多這方面的著作。[20]在波蘭、土耳其與瑞典待了許久之後，他在一九三三年獲得高等研究學院任命為講師，兩年後當上教務主任。他在一九四八年獲選為法蘭西公學院院士，並且在退休之後於一九七八年成為法蘭西學術院院士。他的創新研究聚焦於各種印歐神話以及神明之間關係的比較，而不只是個別元素的比較，所以能合理視為結構主義發展過程的其中一個形成階段。他的研究也深深影響了史學家，例如喬治．杜比（Georges Duby）。[21]對於年輕的傅柯而言，杜梅齊勒單純就是「老師」。

在《瘋狂史》原本的序言裡，傅柯向杜梅齊勒表達感謝：「如果沒有他，我就不可能開始撰寫這本著作：不會在瑞典的夜裡動手寫作，也不會在波蘭自由明亮而頑強的光輝下完成本書。」[22]他後來接受《世界報》的尚保羅・韋伯（Jean-Paul Weber）訪問，對方問及這本書受到哪些人的影響，傅柯隨即提出「老師」。韋伯頗感吃驚，問他一位宗教史學家怎麼會對一部探討瘋狂史的著作有所啟發，傅柯的回答是：「因為他對結構的概念。我試圖發現經驗的結構形式，這種模式在不同層級都可以找到略有差異的版本，就像杜梅齊勒在神話當中發現的狀況。」[23]沒有文字證據顯示傅柯在前往瑞典之前曾經讀過杜梅齊勒的作品。

對於傅柯而言，杜梅齊勒不只是智識上的導師。他深具影響力，又因其學術成就與博學而廣受敬重，所以憑著他的名字即可打通門道。如同伊波利特，他後來也成為傅柯的支持網絡裡的重要成員。傅柯後來將會需要這套支持網絡，畢竟他沒有在法國的大學裡任職過，所以不像許多人那樣靠著較為直接的師徒網絡作為學術生涯的基礎。

在杜梅齊勒眼中，烏普薩拉的一大吸引人之處，乃是巨大的新卡洛琳娜圖書館（Carolina Rediviva），他曾在寫給傅柯的第一封信裡提到過。這座圖書館的一大珍寶是「渥勒典藏」（Bibliotheca Walleriana），收藏內容包含醫學史與相關主題的大量書籍。這套收藏剛在不久之前完成編目，傅柯因此得以充分利用。如果說《古典時代瘋狂史》有個單一的誕生地，那麼這個誕生地就是烏普薩拉的這座圖書館，儘管明顯可以看出書中的許多研究仍是在巴黎的圖書館裡進行的。舉例而言，他就是在渥勒典藏當中看到勃蘭特（Sebastian Brandt）出版於一四九四年的《愚人船》（*Das Narrenschiff*）；這就是傅柯在他的第一本主要著作的開頭章節裡提及的那本書，其中收錄了描述各種人類愚行的寓言詩與木刻版畫。

在教學與行政工作允許的情況下，傅柯每天都會在圖書館裡從早工作到晚，除非是輪到他下廚的日子，這樣他就會提早離開。手稿筆記累積得愈來愈多，運用在他的寫作當中，最後也跟著他去到波蘭與德國。傅柯在一九六八年向一名瑞典記者表示，他當初離開法國並沒有打算撰寫任何著作。「是在瑞典的時候，在漫長的瑞典夜晚當中，我才染上這項狂熱，這種一天寫作五、六個小時的壞習慣。」[24] 這句話有一定程度的誇大，因為傅柯其實已經簽約要為圓桌出版社撰寫一本精神醫學史的著作，而且他對艱苦的智識工作也早就不陌生。不過，他的計畫頗為含糊不清，那本精神醫學史也完全沒有寫。他寫成的著作是《古典時代瘋狂史》。

一九五七年十二月，傅柯似乎仍然思考著要在巴黎出版。在一封寫給賈克琳．維鐸的信裡，他針對「來自聖安娜的書」向她致謝，接著寫道：

> 我可能必須向你提出兩、三項請求，但那裡有一座絕佳的圖書館。我已經寫了一百七十五頁左右。我會寫到三百頁為止……何不這麼看待這個問題：瘋狂與非理性的經驗，在希臘思想開啟的空間裡……像這樣的一本書，書末還附上二十五到三十頁的拉丁文艱澀注解，你認為出版商會接受嗎？我很想把已經寫成的部分寄給你看，可是我的字跡實在太過潦草，必須要由打字員重新謄過。還是用錄音機？如果在明年六月或九月準備好，有可能在十二月或五八年一月出版嗎？[25]

傅柯放棄了在巴黎出版的計畫，而且可能是寫下這封信之前的事情。傅柯不理會圓桌出版社的寫作計畫，也無視於自己的合約義務，決定把自己正在撰寫的這部著作提交為一份瑞典博士論文。他在烏普薩拉享有的研究設施極為出色，因此他雖然連大學假期都不願在那裡度過，卻忍不住考慮要在那裡長住（這是他第一次想像永久離開法國）。瑞典的博士學位不必然能夠獲得法國學術體系承認，這點必然令他對於自己一旦返回法國可能會有什麼結果產生了疑慮。除此之外，還有語言的問題，因為傅柯只會非常基本的瑞典語會話，所以絕對不可能教導法文以外的科目。不消說，他也絕對不可能以瑞典文撰寫論文。

沒有紀錄可以得知他究竟有沒有認真考慮過這些問題，但傅柯確實曾帶著他的博士論文計畫書找上林卓斯教授（Stirn Lindroth）。林卓斯是科學史與觀念史的專家，也是大學裡極為重要的人物。他會說法語，曾經研究過文藝復興時期的哲學與醫學，對傅柯也頗有好感，數度邀請他共進晚餐。不過，他不覺得自己在一九五七年看到的那份手稿是很出色的作品。他尤其反對其中臆測性的概括論點，認為此舉違反了烏普薩拉的經驗主義與實證主義傳統。傅柯對這份手稿雖然至少修改了四次，林卓斯卻還是不考慮接受。他想必會對一篇依據渥勒典藏的藏書所寫的醫學史論文感到興趣，但對於傅柯的這項寫作計畫卻毫不認同。傅柯為自己的作品欠佳致歉，並且試圖說服林卓斯回心轉意：

> 沒有清楚說明這項寫作計畫是我的錯。我的計畫不是要書寫精神醫學**科學**的發展史，而是要

寫精神醫學科學在其中發展的那個**想像中的道德與社會**環境。在我看來，就算不能說直到現在，那麼至少直到十九世紀之前都沒有對於瘋狂的客觀知識，而是以科學的類比來說，只有對於非理性的某種特定經驗（道德、社會等等）的表述。因此，我對這個問題才會採取非常不客觀、不科學而且不帶歷史性的探討方式。不過，也許這是一項荒謬的嘗試，從一開始就注定無法成功。[26]

林卓斯對傅柯的懇求無動於衷，明白表示傅柯的博士論文計畫在烏普薩拉不會有未來。根據米格勒所言，傅柯之所以會突然離開瑞典，就是因為林卓斯對這項計畫的敵意。在校方公布的一九五八年秋季課表裡，有一場由傅柯發表的講座，主題是「法國文學裡的宗教經驗，從夏多布里昂到貝爾納諾思」。這場講座後來沒有舉行，一九五八年十月那時候，傅柯已經身在華沙。自尊受損相當有助於解釋他後來談起瑞典為何總是沒什麼好話。寂寞也有可能是一大問題。到一九五七年學年結束之時，米格勒、達妮與帕培列頻都已經離開烏普薩拉。傅柯雖有不少瑞典好友（包括艾瑞克米歇爾．尼爾森〔Erik-Michel Nilsson〕這個後來成為電影人的年輕朋友，同時也是《古典時代瘋狂史》的題獻對象），但他的社交世界核心大體上已經瓦解了。

傅柯迅速建立起他待在國外的那些年所採行的模式。在法國的生活雖然對他造成不少「痛苦」，他卻經常在放假的時候返回巴黎，從來不曾在瑞典待滿一整個夏天，只要教學工作告一段落就開著那輛著名的積架出發前往法國。這點也許在一定程度上可以解釋他為什麼會提到瑞典的黑夜，因為他沒有真正體驗過白夜。在太陽從不下山的夏季，斯德哥爾摩的居民也都紛紛離開這座城市，前往位於城市東方的那些小島。一九五五年十二月，傅柯抵達烏普薩拉雖然才四個月，就在聖誕節假期返回巴黎。這次造訪巴黎帶來兩項重要的後果：一場分手與一場會面。

在這個時候，他與巴拉凱的關係已經非常糟糕。傅柯和他共度了這段假期的一部分，剩下的時間則待在庇樺。在《序列》首演之後不久，傅柯收到一封信：「我再也不要更多的『十二月』，再也不想經歷或目睹那樣的『屈辱』。我已經逃脫了那種瘋狂的暈頭轉向。」一個朋友接著建議巴拉凱不要再與傅柯往來：「這個人摧毀自己之後，也會跟著摧毀你。」一九五六年五月，傅柯試圖與他和好，但遭到拒絕。[27]他與巴拉凱的關係就此結束。巴拉凱提到的「屈辱」難以理解，但事後回顧起來，實在不禁讓人認為這個詞影射的是那段關係當中的某種施虐受虐成分。

傅柯透過穆希（Robert Mausi）這位高師的同學牽線，在一九五五年十二月首度與羅蘭・巴特會面。[28]當時四十歲的巴特還不是知名人物。他年輕時期大部分的時間都待在一家肺結核療養院裡，因此沒有機會參加教師資格考：這是每個想要開創學術事業的人都必須通過的關卡。在一九五五年，巴特主要仰賴自由工作為生，但也擔任《民眾劇場》（*Théâtre Populaire*）的編輯，這本評論雜誌對於布萊希特在法國受到的喜愛居功厥偉。巴特在一九五三年出版《寫作的零度》（*Le Degré zéro de l'écriture*）獲得不少好評，至於他斷斷續續寫了好幾年的《米舍萊自述》（*Michelet par lui-même*）則在一九五四年出版。後來在一九五七年集結成《神話學》（*Mythologies*）的那些文章，都定期發表於《新文學》（*Les Lettres nouvelles*）、《精神》（*Esprit*）與《法蘭西觀察家》（*France Observateur*）。巴特已經開始建立起文化評論家的名聲，但他還不是後來眾所周知的那個重量級文學人物。

巴特與傅柯擁有相同的興趣，但他們也非常不一樣。舉例而言，他們的政治觀點彼此不同，諷刺的是兩人的立場後來在一九七〇年代互相對調。在這個階段，巴特仍然依循一套準馬克思主義的架構，而傅柯則對政治漠不關心。他們雖然都是同性戀者，看待同性戀的態度卻也極為不同。巴特把傅柯在一九五〇年代的表現稱為「出櫃」雖有時代錯置之嫌，但他的性傾向對於他的朋友與弟弟而言確實都不是祕密。他的母親大概也知道。相較之下，巴特對於同住的母親極力隱瞞自己的性向，並且成功瞞到她在一九七七年去世為止。儘管如此，他們兩人還是成為密友，也是偶爾的愛人。每當傅柯來到巴黎，他們就會一同進餐，夜裡則在聖傑曼德普雷的咖啡廳及俱樂部裡度過。巴特也是傅柯邀請至烏普薩拉的演講人之一，他們也曾數度一起到北非度假。這項關係一直持續到一九六〇年。

一九五七年夏天，一場頗為不同的邂逅在巴黎發生。傅柯為了找尋「我記不得是什麼書」而走進「盧森堡公園對面的那間大書店」；換句話說，就是走進廓堤（José Corti）這位令人望而生畏的書商暨出版商開在美第奇路（rue de Medicis）的書店。當時廓堤正忙著和一個朋友談話，傅柯在等待之餘開始瀏覽起一套老舊的黃皮封面叢書，出版社是勒梅赫書店（Librairie Lemelle），以出版高蹈派詩人的作品最為知名。他因為一時好奇而開始翻看其中一本。這本書是黑蒙・胡瑟勒的《視野》（*La Vue*），一首二千行的詩作，描述刻在筆筒上的一幅海濱風景畫。傅柯立即注意到《視野》

與霍格里耶（Alain Robbe-Grillet）的《窺視者》（*Le Voyeur*, 1955）之間的相似性。他沒有聽過胡瑟勒這個人。等到廓堤談話結束之後，傅柯怯生生地問他胡瑟勒是誰。「廓堤以一種寬容的憐憫眼神看著我，說：『這個嘛，胡瑟勒……』我立刻明白我應該要知道黑蒙．胡瑟勒是什麼人，於是我又以同樣膽怯的姿態問道我能不能買這本書，畢竟這是他店裡販售的商品。結果，這本書的昂貴價格讓我吃了一驚，或者該說是頗感失望。」[29] 接著，廓堤建議傅柯看《我的某些書是如何寫的》（*Comment j'ai écrit certains de mes livres*）。在後續幾年裡，傅柯陸續取得胡瑟勒的完整作品；他找到一個新的熱中對象，幾乎可說是一項癡迷，但沒有向別人透露自己的這項祕密愛好：「我有幾年對他深深喜愛……而且完全沒有人知道。」[30]

當初廓堤雖然露出那抹紆尊俯就的微笑，但傅柯其實不需要對自己不認識胡瑟勒感到慚愧。胡瑟勒誕生於一八七七年，在一九三三年於不盡光彩的情況下死於巴勒摩（Palermo），他的作品雖然吸引了超現實主義者與雷希斯（Michel Leiris），但大體上已遭人遺忘。到了這個時候，探討胡瑟勒的書只有一本。[31] 第二本出現於一九六三年，正值這位不該遭到忽略的作者重新受到注意之際，書的作者就是米歇爾．傅柯。

傅柯在瑞典的時候，隨著阿爾及利亞戰爭持續進行以及第四共和垮臺，法國開始出現迅速的變化。傅柯對這些發展絲毫沒有興趣。法國共產黨的不愉快回憶仍然殘留在他的腦海裡，因此他在這時對政治處於徹底幻滅的狀態。他和朋友們經常閱讀《世界報》與《費加洛報》（*Le Figaro*），但對於法國發生的事件都抱持旅外僑民那種疏離而且憤世嫉俗的態度。烏普薩拉大學有少數阿爾及利亞學生，他們也舉行聚會支持民族解放陣線所領導的獨立運動。傅柯和這些學生有些接觸，也邀請了其中一些人到他的房間共進晚餐。他對阿爾及利亞人追求的目標依稀懷有一些同情，但不是激進的支持者。[32]

儘管有這樣的同情，他對於卡繆獲頒一九五七年諾貝爾獎所發表的演說卻也深感驚豔。傅柯身為法國文化中心主任，因此參與了卡繆來訪的準備工作，在十二月十日當天也在場聆聽卡繆發表得獎演說。諾貝爾獎頒獎典禮過後兩天，卡繆參與了舉行於斯德哥爾摩大學的一場辯論，一名阿爾及利亞學生質問他為什麼沒有採取支持獨立的立場。隨著討論愈來愈激烈，卡繆在憤怒之下說出了這段惡名昭彰的話語：「我向來譴責恐怖行動，我也必須譴責受到盲目運用的恐怖主義，例如阿爾及爾街頭上的那種恐怖主義，尤其是那種恐怖主義有一天可能會傷及我的母親或者我的家人。我信奉正義，但要我在母親和正義之間抉擇，我一定先捍衛我母親。」[33]

卡繆接著在十二月十四日於烏普薩拉舉行講座，主題是「藝術家及其時代」。這場由傅柯參與籌備工作的講座進行得相當平順，也沒有人提出政治議題。針對卡繆在斯德哥爾摩發表的言論，傅柯沒有正式表達過任何疑慮或保留。當然，法國文化中心的主任本來就沒有立場公開發表支持民族解放陣線的言論；但令人意外的是，就算是米格勒這樣的密友也不記得傅柯在私下表達過意見。多年後，傅柯確實聲稱自己當初反對那場戰爭，但幾乎是帶著懊悔的口吻指出，由於他當時身在國外，所以未能參與現代法國的一項決定性經驗。他也指稱「在很長一段時間裡，左派都廣泛認為法國共產黨、正確的抗爭與『正當理念』乃是同義詞」，而那場戰爭就為這段時期畫下了句點。[34]

傅柯雖然聲稱自己對政治漠不關心，卻無法忽略一九五八年五月的事件，也就是戴高樂在阿爾及利亞看似即將發起全面軍事叛亂的情況下重掌權力。傅柯在月底和歐貝里駕車從烏普薩拉前往巴黎，兩人一同走入聚集在香榭麗舍大道、揮舞著法國國旗的激動群眾當中。[35]傅柯在巴黎待了至少一個月，住在他弟弟位於蒙日路的住處，後來返回烏普薩拉只是為了打包行李而已。他對五月事件的觀點沒有留下紀錄，但許多友人都記得傅柯並沒有不認同戴高樂，而且認為他當時懷有戴高樂主義的傾向。可以確定的是，他不支持這項當時在左派頗為普及而且在法國共產黨內幾乎被奉為信條的觀點：亦即戴高樂的回歸是一項政變，將會帶來「一個傾向個人獨裁的總統制政權，從而開啟通往法西斯主義的道路」。此外，他大體上也是抱著正面的態度看待戴高樂處理阿爾及利亞狀況的方式，以及後續的去殖民化過程。[36]

一九五八年十月，傅柯抵達華沙主持華沙大學的法國中心。這項任命安排得極為倉促，杜梅齊勒同樣有插手其中。法國外交部的「法語教學組」組長是與杜梅齊勒同時就讀高師的何貝侯（Philippe Rebeyrol）。成立法國中心是與波蘭進行外交協商的結果，何貝侯正在找人主持這個中心。杜梅齊勒向他提議了傅柯。何貝侯認為杜梅齊勒擁有良好的判斷力，傅柯也在烏普薩拉建立了行事充滿效率的響亮名聲。他獲得的推薦相當扎實。一九五八年五月，一份關於法國文化中心主任的報告送到法國外交部：「傅柯先生是法國文化的一位傑出外國代表。他在烏普薩拉成就斐然，贏得了老師與學生的一致信賴。在這個職位上，他是一位不可或缺的人物，也不禁讓人納悶有誰能夠接替他。畢竟，說來雖然可嘆，他想必終究會厭倦北歐的氣候。」[37]傅柯實際上是不是有向杜梅齊勒表達自己不想繼續待在瑞典（如果有的話，又是在什麼時候），至今仍然沒有明確的答案。就算有朋友幫忙關說，安排外交文化職務任命也需要時間，而且法國外交部也從來不以行事迅速著稱。如果真如看起來至少有可能的那樣，在一九五八年五月波蘭是一個提議中的選項，那麼傅柯到底有多認真看待在烏普薩拉提交博士論文這個計畫也就讓人疑惑。

根據傅柯所言，從瑞典遷往波蘭乃是從一個「運作『良好』的社會民主國家」搬到「一個運作『不良』的人民民主國家」。[38]當時華沙有部分地區仍是一片廢墟，物資短缺情形相當普遍；傅柯抵達之後，隨即在大學附近住進破舊的布里斯托旅館（Bristol Hotel），只能憑著燭光撰寫《瘋狂史》手稿。在政治方面，這也是一座陰鬱的城市。所謂的「波蘭十月」，也就是哥穆爾卡（Wladyslaw Gomulka）反抗蘇聯干預、大學裡舉行著「長久持續且充滿歡騰的前衛主義慶典」的那段時期，[39]雖仍存留在眾人的記憶裡，但已逐漸淡去。隨著哥穆爾卡開始重新伸張他的權威，黨與知識分子之間的結盟於是開始崩解。一九五七年底，學生發起暴動反抗「修正主義」媒體的壓抑，黨員人數也因此驟減。[40]

有兩件事情特別引起傅柯注意。一方面，波蘭人認為這個政權是第二次世界大戰的結果以及占領行動強加在他們身上的東西。黨與政府是他們被迫與之共存的外來集團。另一方面，悲慘的經濟狀況則被視為戰爭的痛苦續章。一切事物都帶有一種應急和臨時的意味。[41]對於他大多數的學生而言，馬克思主義是令人作嘔的東西，是一項根本無用但他們又不能不學的理論，就像法國學童可能必須學習天主教的教義問答一樣。[42]不過，天主教在他們眼中代表一種消極反抗的形式：「許多人都去望彌撒，但他們這麼做純粹只是為了表現自己反對政權的態度。」[43]華沙大學本身是頗為自由開放的飛地；那裡的一名前講師指出，走在大學校園，很有可能看不出波蘭社會受到緊密的意識形態束縛。[44]

傅柯在華沙的職責，起初和他在烏普薩拉的工作頗為相似，差別在於他現在有一部分必須向大學校方負責，而且必須自己採購桌椅和書籍報紙來創造這所「中心」。除了教導法語課以外，他也發表講座，主題與他先前講過的相似，還會特別談及當代戲劇。他成功使得自己在大學裡廣受喜愛，而且很快就贏得寇塔賓斯基教授（Kotarbinski）的友誼。寇塔賓斯基是波蘭科學院的傑出院長，在學術圈是權高勢大的人物。簡言之，法國中心立刻就大獲成功。

傅柯的活動不僅限於他剛成立的法國中心。戴高樂為法國駐華沙的大使館賦予高度重要性，因為他認為此一使館提供了一扇理解東方的窗戶，他的大使侯吉耶（Etienne Burin des Roziers）也認同這項觀點。傅柯在一九五八年秋天現身於大使館的時候，侯吉耶對他一無所知，但很快就對他的活力與效率留下深刻印象。法國文化參贊在不久之前剛為了完成博士論文而請假獲准，於是傅柯成為他的非正式接替者。現在，他實際上已是大使館人員的一分子。

他的新職務讓他對於外交人員生活的各種儀式獲得了若干洞見，令他頗感莞爾；此外，這項職務也為他提供了走訪其他城市以及在那些城市發表講座的機會。侯吉耶在一九八六年還記得傅柯在格但斯克針對阿波里奈爾（Guillaume Apollinaire）所發表的那場「令人驚豔」的講座。這位大使對傅柯留下的印象極佳，於是提議由他正式接任文化參贊。傅柯雖不排斥這項提議，但必須滿足他提出的條件才願意接任。他認為法國外交部的觀點是錯的，不該把文化參贊視為可以適應任何氣候與地點的人員而任意將他們四處調動，例如從南非調到波蘭。他希望召集一群年輕的波蘭專業人士，由他們在波蘭全國各地建立法國中心，從而形成一套網絡。侯吉耶對這個想法不是不同意，但出乎意料的狀況卻導致這項計畫還來不及確立就無疾而終。[45]

身為法國中心主任的他，並沒有他創立的中心那麼成功，原因是他不幸捲入一場重大的性醜聞。波蘭普遍的天主教氛圍，表示許多人對於同性戀都不以為然，但這種性傾向實際上在波蘭並沒有遭到法律禁止，所以波蘭也從來不曾發生過王爾德因同性戀行為受審這樣的狀況。[46]在傅柯活躍於其中的藝術與智識圈裡，更是有可能公開同性戀身分。不過，這對外國人而言是個危險的選項，尤其是他又身為大使館的文化參贊。結果，與傅柯往來的其中一名年輕人是警方的線民。他的父親是在卡廷（Katyn）遭到殺害的警官，所以在當時的意識形態下不免被人懷疑他是出身於資產階級民族主義背景。同意擔任警方的線民，是他為自己的大學教育所付出的代價。政治理念的灌輸也使他認定法國共產黨在暗中運作，而他的臥底行動終將對法國無產階級的目標有所貢獻。傅柯遇到典型的誘捕策略，也就是許許多多間諜驚悚故事裡的那種「美人計」，目的在於造成受害者的難堪，可能也打算藉此勒索對方。他的情事遭到揭露之後，大使建議他最好盡快離開華沙。[47]這不是傅柯的性傾向第一次對他的職業生涯造成影響。先前的另一次影響可能也對他後來在法國的職業生涯有所衝擊。

在一次造訪克拉科夫（Cracow）的行程中，伴隨傅柯同行的是巴黎來的一名教育部督學。當時在法國已頗有勢力的她，後來成為女子高等師範學院的院長。一天早上，她找不到擔任代理文化參贊的傅柯，於是在不耐之餘闖進他的旅館房間，結果驚恐地發現傅柯躺在他前一晚結識的一名年輕人懷裡。傅柯後來談起這件往事總是津津有味，指稱這起鬧劇般的事件導致他未能向戴高樂提出一項高等教育改革計畫，那項計畫原本應可預防一九六八年五月的風暴。[48] 克拉科夫這起事件對他的職業生涯實際上有沒有造成影響，並不清楚；不過，可以確知的是傅柯在一九六二年確實在侯吉耶的幫助下得以和職掌大學業務的公務員會面，也的確向他提出了改革高等教育部門的計畫大綱。

傅柯過了二十年以後才返回波蘭。他對於「共產黨的限制性與壓迫性力量」懷有長久的印象，[49] 但是對於波蘭人民也懷有長久的情感。後來令他頗感欣慰的一點是，在波蘭仍然受到莫斯科的傀儡統治之時，天主教會是由一名波蘭人主持。[50]

華沙的事件導致傅柯失業，但他到法國外交部拜訪何貝侯之後很快就扭轉情況。儘管發生了那件事情，他的信譽還是相當良好，並且獲得布希儀（Jean Bourilly）的大力推薦，也就是當初由他暫時代理其職務的那位文化參贊。位於德國的法國文化機構有不少職位出缺，結果傅柯選擇了漢堡這座同樣仍帶有第二次世界大戰傷痕的城市。

他住在海德默街（Heidmer Strasse）的法國協會主任宿舍，教導小群的語言學生，也針對他在烏普薩拉與華沙演講過的主題發表講座。他邀請客座講者來到協會，包括他讀過作品但不曾見過面的霍格里耶。他們的談話不純粹只限於文學；傅柯似乎向這位小說家介紹了漢堡的脫衣舞俱樂部，還有露天遊樂場以及「室內鏡子迷宮」。根據傅柯所言，那個鏡子迷宮成了霍格里耶的小說《在迷宮裡》（*Dans le labyrinthe*, 1959）的起點。[51]

傅柯對於漢堡這座城市裡較不明亮齊整的一面並非毫無接觸。他與一名變裝者交往過，對於聖保利（Sankt Pauli）紅燈區也頗為熟悉。[52]傅柯必須迎接的正式來賓當中，有一人是小說家加斯卡（Pierre Gascar），他對自己在漢堡度過的那一年留下了罕見的記述。[53]加斯卡從漢諾威搭火車來到漢堡，只知道會有帶著「法國協會」標示牌的人到火車站迎接自己。他下車踏上月臺之後，看見一個動也不動的人，把一塊寫著這幾個字的厚紙板舉在下巴前方。傅柯雖然看起來像是被綁在木柱上的受刑人，卻還是上前向這位來賓自我介紹，並且露出一道微笑。原本以為只會由低階官員或是司機前來迎接自己的加斯卡頗感意外，他認為傅柯的笑容帶有諷刺與挑釁的意味：

> 那正是暴露狂的標準態度，也就是以全然平靜的樣貌向別人展現自己帶有邀請價值的部位。他性格的那副形象就此深深印在我的記憶裡，永遠界定了他，把他囚禁在熙來攘往的人群裡，在那帶著微笑的「反潮流」淡漠當中。他後來在當代的哲學或政治運動裡總是不斷展現出這樣的姿態。[54]

加斯卡以前沒有造訪過漢堡，儘管他當初身為戰俘的時候曾經看到漢堡在遠方的地平線上燃燒。事實證明傅柯是這座城市的稱職嚮導，不但熟知其歷史，對於街道也相當熟悉。他們兩人走訪了漢堡美術館，傅柯對於那裡的德國浪漫主義畫作收藏提出負面的評價，最後他們又走入聖保利紅燈區，見識了那裡的女性泥漿摔角選手、妓女，以及其他各種吸引遊客的商家。在加斯卡眼中，這個區域是頗為汙穢的觀光景點，他曾聽過這個地方不少駭人聽聞的傳說。傅柯對這個地區比較熟悉，還在部分酒吧與脫衣舞俱樂部裡被人稱為「博士先生」。

聖保利只是傅柯在漢堡的生活當中的一部分。他與加斯卡有過不少討論的《古典時代瘋狂史》，最後就是在這裡完成。到了這個時候，傅柯已經決意要在法國提交這部作品為博士論文，並向人在巴黎的伊波利特告知這項意圖。《瘋狂史》將會是他的主要論文；而依照索邦大學的規定，還必須要有另一部同樣是探討哲學主題的「補充論文」。傅柯選擇翻譯康德在一七九八年出版的《實用觀點的人類學》(*Anthropologie in pragmatischer Hinsicht*)並撰寫一篇導論。[55]於是他把身在漢堡那一年的大部分時間都投注於這項一絲不苟的工作，重新啟用他原本為了閱讀海德格與尼采而學習的德文。他終於決心追逐學術職業生涯，而克雷蒙費弘正有一個職務空缺。

構成「補充論文」第一冊的《實用觀點的人類學》導論（第二冊即是譯文本身），就許多方面而言都是傅柯從來不曾嘗試出版過的典型學術著作。這份共有一百二十七頁的打字稿，其中許多內容都在探討文本寫作時間與編輯方面的問題，但也確實代表傅柯的智識發展過程中的一個重要階段。他最早提及「文本考古學」，就是在這篇導論裡，傅柯也在這裡開始提及「人文科學」的出現（這是個總稱性的詞彙，自從十九世紀以來就通行於法國，指的是社會學、心理學和語言學等學科），並且問道：「如果有可能的話，文本考古學難道不會讓我們看見『批判人』（homo criticus）的誕生？這種人的結構在本質上將不同於先前的人。」[56]更廣泛來說，康德把人視為世界公民的論述，應該要從當時的醫學與法律文本的背景中來看待，也就是構成人類學領域的「那一整套經驗主義知識網絡」。[57]

最令人震驚的是這部論文的結尾。傅柯突然終止他對於康德的討論，而以預言式的用語召喚了尼采：

尼采的探究，也許可以理解為終於對關於人的問題畫下了句點。上帝之死難道實際上不是彰顯於一項雙重殺害的姿勢裡？藉著終結絕對，這項姿勢同時也殺害了人本身。因為，處於有限狀態中的人，無法與他同時身為其否定者與宣告者的無限狀態分隔開來。我們難道不可能想像一種對於有限的批判，能夠為人與無限帶來解放，也能夠證明有限不是終點，而是時間的彎曲和纏結，在其中終點即是起點？

「何謂人？」這個問題的軌跡穿越了哲學領域，終結於這個對其提出挑戰而且也卸除其武裝的答案：人就是超人。[58]

這段文字和《詞與物》結尾的那個著名段落具有驚人的相似性：「尼采的思想所宣告的其實

不是上帝之死……而是他的殺害者的終結；那是以歡笑粉碎人的臉，並且帶來面具的回歸。」[59]更令人震驚的是這段文字也相當近似於阿圖塞在一九四六年十二月起草的一篇沒有發表的手稿：「我們全都把馬勒侯的這段話銘記於心：『老尼采在世紀末宣告了上帝之死。現在，輪到我們向自己詢問關於我們自己的事情，向自己詢問人會不會從此以後也已然死亡。』我憑記憶引述這段話，所以未必字字相符。」[60]阿圖塞在此處指的是馬勒侯在一九四六年十一月四日向聯合國教科文組織的首次大會發表的演說。[61]他在馬勒侯的話裡看出了一項一貫性的主題，而傅柯對馬勒侯的著作也很熟悉。馬勒侯有一部非常早期的小說，寫於一九二一至一九二五年間，內容採取的形式是兩名人物互相寫給對方的史賓格勒（Spengler）式信件，其中一人名叫「A.D.」，是個住在中國的歐洲人，另一人名叫「Ling」，是在歐洲旅行的中國人。馬勒侯寫道：「為了摧毀上帝，以及在摧毀他之後，歐洲人的心智摧毀了一切能夠反抗人的事物；而在達成這項企圖之後，其所得到的唯一結果只有死亡。」[62]

我們可能永遠不會知道傅柯到底有沒有讀過阿圖塞的手稿。不過，應該記住的是，讓人之死的概念以及這個詞組本身在一九四〇年代晚期進入公眾領域中的是科耶夫。[63]鑒於科耶夫的黑格爾在這個時期的重要性，阿圖塞會透過馬勒侯援引這項概念，也許並不令人意外。這項概念會出現在傅柯討論康德的論文，接著又再次出現於《詞與物》裡，雖然比較奇特，卻提醒了我們：他日後所盤據的那塊哲學領域，乃是由康德與尼采劃定而成，以及，人之死並不是結構主義的發現。明顯可見，馬勒侯、科耶夫與傅柯使用「人之死」這項概念的方式並非完全相同。對馬勒侯而言，人之死是一項悲劇性願景的一部分。在這項願景當中，上帝的缺席以及對於荒謬的邂逅消除了人性的概念，也可能代表一種虛無野蠻狀態的出現。對科耶夫而言，黑格爾的人類學哲學只有在人這種個體意識到死亡，並且對於死亡的無可避免予以安然接受的情況下，才會談到人之死。對於在一九六六年寫作的傅柯而言，人之死代表了不可能再繼續以人的抽象概念進行思考；自主人類主體的這種高尚概念已因為精神分析、語言學與馬克思主義的發現而不再成立。在一九六一年的博士論文裡，他挪用了一種荒涼慘澹的尼采式觀點，認為在這個後神學世界裡，由神明保障的人這種概念已經問題重重。《詞與物》的著名公式實際上有一套完整的歷史或者史前史。

# 5 瘋狂的歷史

傅柯在一九六〇年秋天返回的那個法國正在改變。第五共和取代了第四共和，戴高樂也已經掌權兩年。法國正開始現代化。這個國家在二月試爆了自己的第一枚原子彈，並且在夏季提出法案，允許開始建造收費高速公路。新的法郎開始流通。高達的《斷了氣》（*A Bout de souffle*）正在電影院上映，到了年底已有二十五萬人看過。卡繆在一月死於車禍；一本名為《原樣》（*Tel Quel*）的文學期刊在三月創刊。沙特在五月出版了篇幅巨大的《辯證理性批判》（*Critique de la raison dialectique*），宣稱二十世紀晚期是馬克思的時刻，就像先前的世紀曾經分別是笛卡兒、康德或黑格爾的時刻，而且馬克思主義是唯一可供個人思想生長的腐植土，是把所有文化綁縛在一起的地平線。[1] 九月，一百二十一名知識分子與藝術家簽署了一份宣言，對愈來愈多拒絕到阿爾及利亞參戰或是從法國軍隊當中叛逃的年輕人表達支持。沒有一份全國性報紙膽敢刊登這份宣言。阿爾及利亞的戰爭已近乎結束，但巴黎本身卻在不到一年後爆發猛烈鬥爭，原因是祕密軍事組織

（Organisation Armée Secrète）鋌而走險，試圖抗拒無可避免的阿爾及利亞獨立。

邁向現代化的發展趨勢並未擴及法國文化的所有領域。一九六〇年七月十八日，國民議會開會針對一項法案進行辯論，這項法案授權政府採取措施對抗賣淫和酗酒這類社會禍害，還有結核病這類疾病。接著，一個名叫米爾蓋（Mirguet）的人物提出了一項修正案。他是莫瑟爾省（Moselle）選區選出的代表，極力要求採行反同性戀的措施，聲稱同性戀是一種必須不計代價保護兒童免於其荼毒的禍害。這項法案與修正案都獲得表決通過，於是到了一九六〇年七月三十日，法國政府正式致力於減少酗酒案例、降低無酒精飲料的售價……以及對抗同性戀。[2]在法規匯編當中存續至一九八一年的米爾蓋修正案，雖然對一般人的日常生活沒有造成什麼影響，卻帶有極大的象徵重要性，尤其是一九四六年的那條法律也仍然有效。

傅柯的人生也出現改變。他的父親在前一年去世。他的反應雖然沒有留下紀錄，但他顯然是因此而開始更常與這時已搬到庇榫的母親同住。父親留下的遺產，讓傅柯得以在芳雷醫師街（rue du Dr Finlay）買下他的第一間公寓，位於格勒內爾碼頭（quai de Grenelle）附近。此處的公寓大廈採取功能性與現代式的設計，是巴黎最現代化的一個區，隔著河流與法國廣播電臺會堂幾乎正面相對。這間公寓的採光與通風都相當好，又可眺望塞納河對岸的景色。傅柯對於自己的住處不是特別在意，但屋裡的家具陳設無疑反映出一種明確的品味，在一定程度上受到瑞典現代主義影響。其中以深色的現代柚木家具為主，再由迷人的木書架提供點綴，架上擺放了一套超現實主義藏書。在傅柯工作的書桌上，立著父親留給他的馬松（André Masson）畫作。丹尼爾·德費形容傅柯的新家是一間科學家的公寓，或是一名瑞典新教牧師的住處。[3]

一九六〇年九月，德費正要開始就讀聖克盧師範學院（Ecole Normale de Saint-Cloud），因為他沒有通過高師入學考試的口試。德費出生於勃艮第的弗澤萊（Vézelay），這時年方二十幾歲，在母親的默許下自從青少年時期就以歡快的姿態對自己的同性性傾向毫不隱瞞。他在里昂的老師是穆希，而穆希在高師與傅柯相識。穆希對於自己的學生在口試中出乎意料地表現欠佳頗感失望，於是提議介紹他認識「這個世代最傑出的哲學家」，接著又說對方會在次年擔任高師的口試委員，並認為德費應該重考一次入學考試。德費沒有依照穆希的建議重考，因為聖克盧已經錄取他入學。不過，他倒是與傅柯見了面。

這個勃艮第年輕人很快就被傅柯接納進入他的社交圈，與羅蘭．巴特和傅柯的其他朋友都很處得來。兩人接著發展出緊密的友誼，最後終於進一步發展成性關係。他們的關係不具獨占性；德費熱切探索巴黎的樂趣，他認為傅柯也同樣熱切地重新發現了這些樂趣。傅柯扮演朋友與導師的角色，為德費的哲學學業提供忠告，也在他經歷攻讀學位、獲取深入研究文憑，以及參與教師資格考的這段路程上向他提供諮詢。

德費有一個領域不需要忠告。不同於傅柯大多數的朋友，德費是政治活躍人士，深深涉入反對阿爾及利亞戰事持續進行的運動。勢力龐大的法國全國學生聯合會，在復活節決定與阿爾及利亞穆斯林學生聯合會（實際上可說是民族解放陣線學生分部）建立連繫，利用自己的影響力支持獨立運動。對於許多年輕人而言，這是他們對法國共產黨愈來愈感幻滅的開端，因為一般認為該黨對於阿爾及利亞獨立的支持相當冷淡。德費在反戰運動中非常活躍，他就是在這時開始習得十年之後極為有用的那種政治技能以及對於半祕密活動的喜愛。他也對楠泰爾市郊的阿拉伯人聚集區獲得一定程度的熟悉，並在過程中恰好路過傅柯醫師路，不禁深感莞爾。傅柯對於政治激進活動沒有過真正的經驗；德費對他而言是全新的物種。[4]

儘管有德費，傅柯卻絲毫沒有涉入政治，持續過著典型的文學與智識生活。他與巴特的關係仍然持續著，兩人經常與一群朋友共同進餐（這群朋友以同性戀者為主，但不完全都是），一週多達三次。巴特的運勢以及在知識界的能見度這時已有所改善。他在一九六〇年獲得任命為高等研究應用學院的研究工作主持人（這所學院後來成為學術體制中的結構主義重鎮），對行政工作展現了出人意料的長才與喜好。他的文集《神話學》在一九五七年出版，他這時正在撰寫的文章，後來集結成《流行體系》（*Système de la mode*, 1967）。

傅柯自己首要的關注重點是出版他的第一部重大著作。這部著作後來讓他取得博士學位以及一所法國大學的終身教職。他從漢堡返回法國之時，不但帶著自己的康德譯本，還有一份厚達九百四十三頁的手稿（另外還有四十頁的注釋與書目），是他耗時五年左右的研究與寫作成果。原本打算為圓桌出版社撰寫的精神醫學史，後來一度轉變為有意在瑞典提交的博士論文，到最後終於成為傅柯的第一部重大著作：《瘋狂與非理性：古典時代瘋狂史》（*Folie et déraison: Histoire de la folie à l'âge classique*）。

標明「一九六〇年二月五日寫於漢堡」的原始序言裡，傅柯指稱這本書開始書寫於「瑞典的夜裡」，完成於「波蘭自由明亮而頑強的光輝」，他也經常聲稱這本書大部分的研究工作完成於烏普薩拉。不過，書中的腳注卻呈現出一幅不太一樣的圖像。這部文本實際上是在國外寫成，但大部分的研究工作卻顯然是在巴黎進行，一部分在國家圖書館的手稿與善本收藏部門，一部分在國家檔案局，還有一部分是在敘利路（rue de Sully）的阿瑟納爾圖書館（Bibliothèque de l'Arsenal）。傅柯在一定程度上也仰賴聖安娜精神病院的圖書設施，如同他在應徵法蘭西公學院教席而印製的手冊當中所證實的：

> 在《古典時代瘋狂史》裡，我希望確認我們對一個特定時代的精神疾病可以獲得哪些理解……一項目標因此成形：對於複雜機構體系的知識。一項方法也因此變得不可或缺：與其單純瀏覽……科學書籍，更有必要查閱一套由法令、規定、醫院與監獄登記冊以及司法行動所構成的檔案。我在阿瑟納爾或者國家檔案局針對一項知識進行分析，這項知識的可見主體不是科學論述，不是理論論述，也不是文學，而是一種受到規範的日常實踐。[5]

他對於檔案的長久熱愛就此展開，其開端乃是長時間逗留於「積了不少灰塵的痛苦檔案」之間。[6] 最能讓人清楚洞悉傅柯在他的「第一本書」想要追求的目標，也許就是《瘋狂史》第一版的序言，只可惜這篇序言在一九六四年的精簡版當中遭到刪節，又在後來的版本當中由一篇新的序言取代。[7] 原始序言在一開頭引用了一句巴斯卡的話：「人皆不免瘋狂，因此若有人不瘋狂，即是給予瘋狂一個瘋狂的轉折。」[8] 傅柯撰寫的歷史，就是那個「瘋狂轉折」的歷史，「人在此一轉折中以至高理性的行為監禁他們的鄰居，並以不帶瘋狂的無情語言相互溝通以及認知彼此」，試圖「重新找回那個驅魔時刻，在那個時刻確立於真實領域之前，在那個時刻受到抗議的抒情性重新喚起之前」。精神病理學的概念無助於找尋「瘋狂史的零度」：這個詞句不禁讓人覺得是以俏皮的手法影射巴特的《寫作的零度》，其中所謂的「寫作的零度」乃是指涉卡繆的《異鄉人》那種徹底自然的風格。引導傅柯的不是病情學的類別。相反的，我們必須理解某種更加原始的東西：「一種具有建構性的東西，也就是劃分瘋狂的動作，而不是在那種動作做出之後、在平靜回歸之後所確立的科學。一種原始的東西，也就是在理性與非理性之間確立其距離的那種停頓。」[9]

這篇序言接著寫道：

> 在精神疾病的寧靜世界裡，現代人不再與瘋子溝通；一方面是理性之人，把瘋狂交給醫生，從而單純透過疾病的抽象普世性授權一項關係；另一方面是瘋狂之人，只有在透過同樣抽象的理性中介之下才能與對方溝通，而這種抽象的理性就是秩序、生理與道德限制、團體的匿名性壓力、合群從眾的要求。根本沒有共同的語言這種東西，或者應該說是已不再有這種東西；瘋狂在十八世紀末被建構成精神疾病的情形，正式注意到一種對話已經中斷，假設那種分離已經達成，並且將所有那些不完美的言語投入遺忘的深淵裡。那些言語多少有些結巴，也沒有固定的句法，是瘋狂與理性一度用於交流的媒介。精神醫學的語言，也就是理性對於

瘋狂提出的獨白，只能夠建立在這種靜默的基礎之上。[10]

傅柯的抱負不是要書寫一種語言的歷史，而是要書寫一種靜默的考古。他的歷史將會是一項關於限制的歷史，「關於那種鮮為人知而且一旦做出就必然會遭到遺忘的動作，文化就是以這種動作排拒將會成為其**外部**的事物」。[11]這也是一種想要捕捉別種東西的嘗試：

> 一個一方面空無一物但同時又充盈滿溢的空間，這個空間屬於所有那些沒有語言的詞語，可讓願意聆聽的人聽到歷史底下一股細微的聲音，是一種語言的頑固低語；這種語言似乎自行發話，沒有說話的主體，也沒有對話者，而是自己蜷縮成一團，哽住自己的喉嚨，還沒有達成任何形構就已瓦解，並且毫無困難地退回自己從來不曾與之分離的靜默當中。[12]

在海德格式的語氣底下，也許能夠聽到另一股細微的聲音，令人回想起一個男孩夢到「一本我看不懂的書，或者只看得懂很小一部分；我假裝看著那本書，但我知道自己只是裝模作樣。接著，那本書徹底受到遮蔽，因此我再也無法閱讀，連假裝都沒辦法」。[13]如同在兒時夢境裡，傅柯在此處也試圖聆聽某種幾乎聽不見的東西，捕捉某種仍然捉摸不定到令人沮喪的東西：也就是瘋狂的經驗本身。

《瘋狂史》不是一部容易閱讀的文本，其內容也難以簡要概括。傅柯提及的資料來源多樣得令人眼花撩亂，包括伊拉斯謨與莫里哀等著名作家，乃至檔案文件以及醫學與精神醫學史當中早已為人遺忘的人物。套用愛倫坡所言，他的博學來自於多年思索「許許多多為人遺忘的古老奇特傳說」，而且他的學問不總是以輕鬆的方式呈現。他不總是遵循歷史的時序，而是以對比的手法展現古典時代的非理性經驗當中的顯著特徵。從檔案當中採集而來的片段穿插於哲學的論證當中；經驗論點與理論主張相互混合。對於矛盾的喜好有可能造成令人望之生畏的深奧陳述。因此，瘋狂岌岌可危的勝利對於古典秩序所造成的威脅，據說「揭露了歸屬關係無可補救的脆弱性，揭露了理性的立即崩塌，而必須在其中尋求其存有：**理性就在占據非理性的行為當中受到異化**」。[14] 讀者一再受到提醒這是一本高師人撰寫的著作。書中展現的博學，就是其最佳的辯護。傅柯善加運用檔案資料與遭到遺忘的傳說，使他難以受到批評。舉例而言，他的潛在讀者極少可能有人能夠質疑他提及帕拉塞蘇斯（Paracelsus）的內容。至於能夠針對其中提及帕拉塞蘇斯的內容以及傅柯對於薩德與亞陶（Antonin Artaud）的解讀同時提出質疑的人，更是少之又少。

然而，即便是最隨興的讀者也能夠從這本書得到許多樂趣。這本書的整體論點與結構都具有誘人的說服力，而且確實博得讀者的認同，正如後來傅柯的博士學位評審委員也受到說服一樣。隨著讀者漫遊穿越包含失智、狂躁、歇斯底里與憂鬱等「物種」的植物園，或者看到奇特的指涉，提及「一個變成低能兒的瘋子」，以及「一個曾經發瘋的人，現在則是變得弱智而低能」，[15] 不免體驗到一種愉悅的困惑感受，就像波赫士的中國百科全書帶給人的那種感覺。在那困惑的感受底下，我們又會察覺到一種愈來愈強烈的相對主義，因為我們對關於瘋狂的判斷所具備的有效性原本懷有智識上的信念，但現在這種信念卻紛紛遭到動搖。

這部歷史基本上是一幅三聯畫，或者一齣三幕悲劇，後來他在《詞與物》裡也使用了類似的歷史分期。第一幅畫或是第一幕描繪了中世紀晚期與文藝復興時期的瘋狂經驗；第二幅畫或是第二幕所描繪的時期是古典時代，傅柯指稱其起點與終點分別是一六五七與一七九四年，前者是慈善救濟所（Hôpital Général）成立的那一年，巴黎的窮人因此成為「大禁閉」的受害者，而後者則是比塞特醫院（Bicêtre Hospital）的病人獲得匹奈（Philippe Pinel）釋放的那一年，此舉也開展了瘋人院時代。最後一幕探究的是現代的瘋狂經驗。這項歷史還有另一個潛在主題：「在重建這種瘋狂經驗的過程中，一項心理學可能性條件的歷史幾乎可說是自行浮現了出來。」[16] 這篇序言有兩段摘自夏赫的《形式的分割》（一九四八）但沒有說明出處的引文，其中第二段就出現在這篇序言的結尾：「連喃喃低語都幾乎做不到的可悲同伴，去吧，帶著你們熄滅的提燈，把珠寶還回去。一個新的謎在你們的骨頭裡歌唱，發展你們正當的怪異吧。」[17]

一方面，《瘋狂史》講述了從「folie」轉變為「精神疾病」的實證歷史。「Folie」是個難以翻譯的字眼，因為其中涵蓋了「愚蠢」和「瘋狂」這兩種意思。在法文裡，伊拉斯謨頌揚「愚蠢」，而馬克白夫人與李爾王則身受其害。另一方面，《瘋狂史》是一項嘗試，試圖以感同身受的態度聆聽「我們在內瓦爾（Gérard de Nerval）與亞陶以來的詩作裡所發現的那種抒情抗議……試圖為瘋狂的經驗恢復其深度與揭示的力量。這些特質都在監禁之下消失無蹤」。[18] 在《古典時代瘋狂史》出版之後的幾年裡，傅柯投注了大量心力追蹤與解讀那種經驗及其文學表現，彷彿他在寫作與瘋狂之間發現了某種原始的關係。

書的本文以富有戲劇性的方式開場，揭示傅柯在這時發展出的一種風格，其特色是在開頭採用引人注意的意象或宣告：「在中世紀結束之時，痲瘋病已從西方世界消失。」[19]在一段內容密集濃縮的簡短概述裡，其中指涉的資料來源多樣得令人吃驚，甚至難以置信，傅柯描述了痲瘋病從歐洲消失，於是過去由痲瘋病人所引發的恐懼和幻想也就轉移到新的對象。隨著痲瘋病院逐漸清空，一種新對象開始出現於文藝復興時代的想像當中：也就是在萊茵蘭的河流以及法蘭德斯的運河上緩慢漂移的愚人船，船上載運著一群象徵性的瘋人。中世紀瀰漫的是死於疫病或戰爭的恐懼，文藝復興時代則是試圖驅除一種新的恐懼：對於瘋狂的恐懼。此時瘋狂不再被視為一種外來的威脅，而是一種先天存在於人類經驗當中的可能性。愚蠢盤旋在人的工作上，把思考轉變為可笑的事物，把所有的人類努力化為徒勞。恐懼的整體結構維持不變；人仍然害怕「存在的虛無，但那種虛無不再被視為一種外部的最終時期，不再被視為一種威脅以及一種結局，而是一種內部的體驗，是持續不變的存在形式」。[20]在伊拉斯謨的作品裡，愚蠢勝過智慧，他否認理性與非理性之間有任何分界線，愚蠢也在許多繪畫裡嘲笑理性。愚蠢甚至可以是一種更高形式的智慧：李爾王陷入瘋狂之後，比他處於神智莊嚴清醒之時明白得更多，他身邊的弄臣也總是比他更有智慧。愚蠢尚未完全被排除於世界之外；在莎士比亞與塞萬提斯的作品當中都可以看到愚蠢發言，所說的經常是真理。愚蠢的細微聲音尚未受到消音。可見於中世紀日常生活中的個別瘋人雖然與世隔絕，但其地位尚未受到醫學定義；瘋人是一種特定關懷的對象，甚至是殷勤款待的對象。

愚蠢遭到十七世紀的「大禁閉」消音及驅逐。在這個時候，監禁為瘋狂的經驗提供了最明白可見的結構。一六五六年的一項法令讓巴黎成立了慈善救濟所，其使命是把窮人、困苦者、有藥可治以及無藥可治的病人、瘋癲與神智正常的人、流浪漢、乞丐以及「放蕩者」收容在一間瘋人院裡。任何人只要讀過普雷沃斯特（Abbé Prévost）的《瑪儂・雷斯考》（*Manon Lescaut*），必定都相當熟悉這種瘋人院。大禁閉並非以瘋癲作為主要關注對象。慈善救濟所以及英國的濟貧院、感化院與矯正院，都是一套警察制度的一部分，而傅柯聲稱「警察」一詞的原本意義乃是指一套特定的措施，使得工作對於那些不工作就活不下去的人變得必要而且可能。[21] 這些機構與大型工場成立於同一個時間，紀律如同軍營，[22] 在某種程度上乃是對十七世紀的經濟危機做出的回應，是一種編制勞動力的方式。此外，這些機構也是一種認識論轉變造成的結果，此一轉變的典範即是笛卡兒的《形上學沉思》（*Méditations métaphysiques*），這部著作的拉丁文版於一六四一年出版，法文版於一六四七年出版：「**人**雖然還是有可能瘋狂，但**思考**作為一名以察知真理為己任的主體對其自主性的行使，則不可能不帶理性。一條分界線就此畫出，並且將在不久之後把文藝復興時代深深為人熟悉的不理智之理性以及理智之非理性這種經驗變得不再可能出現。」[23] 認識論與警察的結合，確保了「瘋狂被視為一種對於懶惰的道德譴責」。[24]

西方的理性就是在慈善救濟所這類機構當中遇見甚至創造了其所認為的瘋狂人物。這些機構收容了形形色色的人，包括放蕩者、梅毒病患、雞姦者、煉金術士、褻瀆神明者，以及其他各種非理性的代表，各種違反古典理性準則的人。自從古典時代以來，精神失常者就以其「罪惡光環」

受到區分。[25]監禁並不是對瘋狂施以住院治療的一種剛起步的粗糙手段，而是在理性統治下，瘋人和其他各類人都同樣被認定為非理性而全部遭到監禁。[26]監禁特定人的決定也許是基於醫學理由做成，但非理性的實務定義卻是由法律、社會甚至神學的論述建構而成。瘋狂不是一種只要一旦界定就永久適用的自然現象，而是一種不斷變動的組合，可以受到取代。不過，瘋狂向來都是意識的客體，此一意識總是標舉一種假定的理性以譴責瘋狂。

傅柯區分出此一意識的四種型態：批判、實踐、發言與分析。[27]對於瘋狂的批判知覺或意識，基本上是一種譴責，這種譴責對於自身的理性充滿自信，認定自己沒有發瘋；而實踐意識則主要是察覺到個人偏離了群體或社會的常態。後者涉及劃定分界線，並對踰越此一界線的人提出譴責。發言意識的存在仰賴於「他瘋了」這項陳述，但不對瘋狂的成立或不成立做出判定，因此有可能逆轉成為相反的認知，從而能夠造成無盡的反諷，就像狄德羅的《拉謨的姪子》（*Le Neveu de Rameau*）這部文本所出現的那種狀況。後來傅柯曾經頗為詳盡地加以分析，認為這部文本彰顯了「任何一種判斷形式只要把非理性譴責為來自外部而且不屬於其本質，就必然會有不穩定以及諷刺性反轉的情形」，[28]原因是這部文本引介了「這就是你的故事」（de te fabula narratur）這種主題。分析意識檢視其對象的形式、現象與顯現方式。對於意識的這種型態而言，瘋狂不具神祕性，只是其各種現象加總而成的整體而已。分析意識提供了客觀理解瘋狂的基礎，也終將支配瘋人院時代，就像實踐意識支配了古典時期一樣。

在十八世紀期間，瘋狂被迫進入傅柯所謂的「物種園」。在一項預示了《詞與物》重要段落的分析裡，他把啟蒙時代歸納為一段分類時期，瘋狂的現象在這個時期進入醫學的邏輯與自然範圍裡，而醫學這個理性領域的典型表現即是試圖把林奈分類法套用在一度無法分類的東西上。這時候疾病已經遵循一種排列方式受到整理，這種排列方式企圖援引自然史的規範以及植物標本收藏的理想。一種推論知識在這時開始成為可能。原本由威利斯（Thomas Willis, 1621-1673）種滿了狂亂、譫妄、狂躁、憂鬱和愚笨等物種的花園，逐漸變成一座我們比較熟悉的花園，受到匹奈（1745-1826）及其追隨者艾斯奎羅（Esquirol, 1772-1840）所照料，其中的失智、狂躁與憂鬱等物種變異為歇斯底里、慮病症與神經疾病。

不過，出現了對於瘋狂的實證知識或推論知識，卻不代表從此就有一項最終通往清晰明白的直線性進展，也不必然代表一種解放。這種知識的出現背景，是突然產生於十八世紀中葉的那股強烈恐懼：害怕可能會有什麼神祕的傳染病從慈善救濟所或比塞特醫院這類機構散播出來。[29] 感覺彷彿是對瘋瘋病的古老恐懼以新的形式回歸。在革命時期展開的改革，其起源就是為了回應這種不理性的恐懼：「減少感染狀況，做法是消除髒汙與惡氣……預防疾病（les maux）與邪惡（le mal）汙染空氣並且在城鎮裡散播疫病。醫院、強制拘留所以及所有監禁場所都必須加強隔離，使其周圍環繞著比較純淨的空氣。」[30]

瘋人院的誕生起自一座機構的成立以及一項看似解放的行為：約克避靜院（York Retreat）在一七九六年開張，以及匹奈在一七九四年為比塞特醫院的精神失常病患解開鏈條。約克避靜院是圖克（Samuel Tuke）成立的一間貴格會機構，目的在於為精神失常者提供比較開明的管理方式。

這個機構因為《濟貧法》的修改而得以成立，是一座原本只收容貴格會信徒的慈善機構，但不久之後便開始接收來自社會各個部門的病患，不論他們的信仰為何。這個機構位於約克城外宜人的鄉村環境當中，期盼透過運動、散步與勞動，還有家庭般的平靜氛圍，可以協助病患恢復理智。在此同時，匹奈走訪了比塞特醫院，發現他在那裡目睹的野蠻獸行不是來自那些瘋狂但無辜的病患，而是來自於把他們與罪犯關在一起的管理者不經思考的殘忍無情。

在傅柯眼中，瘋人院的誕生代表一種新式的監禁，也顯示了醫生前所未有的重要性。監禁把瘋狂醫療化，但醫生的權威不只限於醫學方面：醫學專業所扮演的角色，是為監禁的正當性提供道德與法律上的保證。約克避靜院試圖重現貴格會社群的結構：簡約樸素，注重自我檢視，也注重與自己的良心對話，並且隨時知覺到律法與罪惡的存在。在這種風氣之下，瘋狂既然可以醫治，就不會再引起恐懼。相反的，是瘋人心中受到灌輸恐懼和內疚，因為他們被交付給一套教育法，其中結合了良好判斷、真理、道德，以及約束的內化，並且生活在無時無刻的監視之下，而監視他們的管理人員則真正可以說是守護著自己的兄弟。[31]

匹奈解放比塞特醫院病患的行為，起初至少某程度上是一項政治手段。據傳這間老監獄關押了罪犯、精神失常者、遭到舊政權送進牢裡的政治犯，而且最可惡的是，還有被謊稱為瘋子的法國大革命之敵。要讓他們獲得更人道的對待，就必須先辨識出真正的瘋人。在監禁的邏輯之下，瘋人都靜默不語，但現在他們卻必須表達自己的瘋狂才能夠被視為瘋人。說服對方認為自己實際上是個瘋人，因此成為治療的必要前提。匹奈建立了一套治療法，自白在其中具有不可或缺的地位：瘋人必須在施行於他身上的瘋狂判斷當中認出自己，這種判斷也建構了環繞著病人的那套監視、裁判與定罪的結構。由此得出的結論悲觀得令人不寒而慄：

受到匹奈「解放」的瘋人，以及隨之而來的受到現代監禁的瘋人，都是受審的人物；他們雖然得以不再被拋入罪犯當中或者被視同罪犯，卻無時無刻注定必須面對一項指控，而且從來不會被告知指控內容，因為那些內容乃是由他們在瘋人院裡的完整生活所構成。實證主義時代的瘋人院……不是一個從事觀察、診斷與治療的自由領域；而是一個審判空間，個人在其中會受到指控、裁判與定罪，只有藉著這項審判在心理深處當中的版本，也就是藉由悔改，才有可能從這個空間解脫出來。瘋狂將會在瘋人院裡受到懲罰，就算在瘋人院以外被發現是清白無辜也不例外。自此以後的很長一段時間，至少到我們當今這個時代也仍是如此，瘋狂都被監禁在一個道德的世界裡。[32]

在《瘋狂史》當中，傅柯一再暗示提及一股細微的聲音，抗拒著監禁加以消音的嘗試。這股聲音可以在許多地方聽見，在內瓦爾與亞陶等詩人的作品中，在哥雅的《荒誕》（*Disparates*）與《狂想曲》（*Caprichos*）以及梵谷最後的幾幅畫作裡，在尼采宣稱自己是基督也是酒神狄奧尼索斯的瘋狂當中，還有在薩德的書寫裡，其中概述了一項放蕩理論，也可以說是關於「在心的非理性當中運用精神錯亂的理性」。[33] 非理性幾不可聞的話聲透過這些文本與畫作喃喃低語，放大成為瘋狂的吶喊，最後成為一九四七年在老鴿舍劇院（Vieux Colombier theatre）的舞臺發生於亞陶身上的那種語言解體現象。傅柯在此處的思考，雖然無疑受到他認為雅克・馬當是「沒有作品的哲學家」（philosophe sans oeuvre）這項觀感所影響，但他對瘋狂的定義卻可能是來自亞陶：瘋狂是「oeuvre」的缺乏，而所謂的「oeuvre」乃是指文學意義的作品。因此，「亞陶的瘋狂不是存在於作品的隙縫中；而正是**作品的缺乏**，是那種缺乏受到重申的存在狀態，是其中心的空無，以其所有的無盡象限受到體驗與衡量。」[34]傅柯沒有提示他此處所指涉的是亞陶的哪一部文本，但他心中想的可能是〈神經儀器〉（Le Pèse-Nerfs）當中的一個段落。那是一篇零碎而近乎迷幻的作品，出版於一九二五年：「我已經告訴過你了：沒有作品（oeuvres），沒有語言，沒有話語，沒有心智（esprit），什麼都沒有。什麼都沒有，只有一個精緻的神經儀器。一種無法理解而且完全直立的姿態，矗立於心智裡的所有事物當中。」[35]

傅柯在一九六四年發表的一篇文章，標題為〈瘋狂，作品的缺席〉（La Folie, l'absence d'oeuvre），也無助於釐清問題。他在這篇文章猜測認為，我們有一天將不再會知道瘋狂曾經是什麼模樣，他還夢想這麼一個烏托邦：「亞陶將會屬於我們語言的地面，而不屬於其斷裂；精神官能症在其中將會屬於我們社會的構成形式（而不是屬於偏差部分）。」[36]傅柯主張「folie」與精神疾病（「兩種不同的結構，自從十七世紀以來卻合而為一」）在這時已開始受到區分，[37]他再度以極為神祕費解的用詞談及瘋狂與文學之間的關係。「folie」與「oeuvre」存在於一種「雙雙不相容」的關係裡：「folie不展現也不述說oeuvre的誕生……而是指定其本身從來不會缺席於其中的那種空洞形式，我們在那裡永遠不會找到folie，因為folie本來就無法在那裡找到。在那裡，在那蒼白的區域裡，在那不可或缺的面具（cache）之下，oeuvre與folie的雙雙不相容性受到揭露。」[38]

對於「作品的缺席」究竟是什麼意思，有一項比較明白的解釋可見於一篇探討內瓦爾的文章，發表於一九六四年：

> 對於我們而言，內瓦爾不是一件oeuvre，甚至不是嘗試要轉譯成一件消失中的oeuvre，一種看似朦朧晦澀、陌生或沉默的經驗。在現代人的眼中，內瓦爾代表一種和語言的特定關係，持續不斷又崎嶇不平。從一開始，他就被一項空洞的書寫義務拉著前進。內瓦爾的文本留給我們的不是一件oeuvre的殘缺片段，而是一項再度重申的觀察（constat），主張我們必須書寫，主張我們唯有透過書寫才能夠生，也才能夠死。[39]

傅柯的「作品的缺席」與亞陶之間的關係隱晦不清，但他們兩人頌讚的作家之間卻有顯著的平行。亞陶無疑認為自己和內瓦爾、尼采與賀德林（Friedrich Hölderlin）屬於同一項傳承。一九四六年，亞陶觀看了舉行於橘園美術館（Orangerie）的梵谷大展，在心神激盪之下寫了〈梵谷或者社會的自殺〉（Van Gogh le suicidé de la société）一文，在其中援引梵谷的畫作以及自己在幾間瘋人院裡遭到監禁九年的經驗，而對「真正精神錯亂的人」提出他自己的定義：「這麼一個人寧可發瘋（此處所謂的發瘋，指的是這個字眼在社會上受到理解的意思），也不願失去某種較為崇高的人類榮譽信念……社會不願聆聽這個人所說的話，也希望阻止這個人說出令人難以忍受的真相。」[40]

在這個階段，傅柯實際上沒有探索他在這項瘋狂史當中一再提及的那種書寫與繪畫傳統。他提供的引據極少，而且內瓦爾、尼采與亞陶這些名字的用處也比較像是一種象徵或者守護神，在這裡受到召喚只是為了與瘋狂受到醫療化的發展形成對比。不過，後來他在《瘋狂史》之後乃至《詞與物》出版之前的那幾年間，以一系列的論文與文章詳細探究了那種傳統。

為了提交《瘋狂史》與他的康德譯文以獲取博士學位，傅柯必須找到一位學術贊助人願意針對他的作品提出報告，並且擔任論文審查委員。此處沒有一般意義下的論文指導的問題，因為這兩部文本都是傅柯居住於瑞典、波蘭與德國的那幾年間獨力寫成。在那個時候，學位論文必須出版才能夠被接受為博士論文，因此傅柯必須取得索邦大學的出版許可。他首先找上在一九五四年當上高師院長的伊波利特；身為德國學專家，伊波利特相當願意為那篇關於康德的小論文擔任指導教授，但他對於《瘋狂史》雖然頗為讚賞，卻認為這部作品超出他的專業範圍。他向傅柯推薦另一個人選，也就是一九五五年接替巴舍拉在索邦大學職位的康紀言。[41]

傅柯在《瘋狂史》的原始序言當中的說法，多多少少模糊了康紀言所扮演的角色。在這篇序言裡，傅柯感謝了杜梅齊勒與伊波利特，「尤其是康紀言先生，他在這部作品還未成形的時候加以閱讀，在並非一切都輕鬆容易的情況下為我提供意見，也幫助我避免許多錯誤，還讓我得知了要讓人聽見自己的聲音可能需要付出多少代價。」[42]康紀言極力否認自己有向傅柯提供過任何意見。他回憶說，自己收到的是一部完整的作品，而且傅柯也不曾針對這部作品諮詢過他。他只有針對修辭方面提供了少數建議，也不確定那些建議是否受到採納。在他看來，傅柯對他的致謝只是學術上的禮貌而已。[43]另一種解釋也許可以說傅柯是把這部作品放在自己仰慕的一位「老師」的象徵性權威之下，而不是真的要針對自己獲得的任何特定幫助而表達感謝。

如果說康紀言在《瘋狂史》的誕生當中所扮演的角色並不清楚，那麼我們也難以明確得知伊波利特為什麼建議傅柯找他擔任「報告人」（rapporteur）。康紀言大部分的研究都是關於醫學史與生命科學，而且在傅柯觸及的各種主題裡，他對於其中許多主題的歷史也並不精通。他本身認為，伊波利特之所以會推薦他，原因是他在不久之前剛寫了一篇關於心理學的文章。〈何謂心理學？〉（Qu'est-ce que la psychologie?）是一九五六年十二月發表於哲學公學院（Collège Philosophique）的講座內容，後來在一九五八年刊登於《形上學與道德期刊》（*Revue de Métaphysique et de morale*）。[44]這篇文章實際上是對心理學概念的猛烈攻擊，理由是心理學家根本無法為自己的研究對象提出前後一致的定義，而在康紀言判定科學性的標準當中，定義理論對象即是相當關鍵的一部分。[45]當前的心理學只不過是一種「合成經驗主義」，為了教學目的而以文學方式編纂成典。不僅如此，心理學也易於成為警察學科。康紀言在文末講述了一則寓言。哲學家這麼向心理學家指路：你如果在聖雅克路（rue Saint-Jacques）走出索邦大學，可以往上坡或者下坡走。如果往上坡，可以走到奉祀少數偉人的先賢祠；往下坡則必然會走到警察總局。[46]

一九六〇年四月十九日，康紀言把他針對傅柯學位論文的報告打字稿提交給索邦大學的院長，他建議出版這部學位論文並且提交給一個由文學與人文科學院的教師組成的委員會進行審查。[47]這份報告充滿讚頌之詞：「我們面前的這部學位論文確實深富新意，不只是在觀念方面有新意，其理解與呈現精神醫學歷史事實的技術也具有新意。」康紀言後來把傅柯提交的論文比擬為雷蒙．艾宏的《哲學史入門》（*Introduction à la philosophie de l'histoire*, 1938），這是兩次大戰之間那段時期最令人難忘的學位論文之一。[48]他的報告有一大部分內容是對傅柯文本的客觀摘要，但其主旨和語調也鮮明呈現出康紀言本身的關注重點：

> 傅柯先生以「古典時代」一詞指涉歐洲史上的十七與十八世紀，說得更精確一點，則是從十六世紀末到十九世紀的頭三分之一，也就是自命要達到科學地位與理論應用功效的精神病學與精神醫學實踐形成之時……傅柯先生基本上試圖要證明瘋狂是在歷史上由各種不同方式建構而成的「社會空間」當中的知覺對象，這種知覺對象是由社會實踐造成的結果，而不是受到集體感受的察知；更重要的是，這種知覺對象也不受到推理性理解的分析拆解。

康紀言認為這部論文證實了他自己認為精神醫學與心理學欠缺科學性的觀點：

> 傅柯先生的作品所要探討的，乃是……在佛洛伊德革命之前，實證精神醫學的起源所代表的意義。若把範圍擴大到精神醫學以外，則是實證心理學的出現所代表的意義受到重新檢視。

這項研究的一項出人意料之處，就是對心理學的「科學」地位提出質疑……至於文獻，傅柯先生一方面重新閱讀並重新檢視了為數可觀的檔案資料，另一方面也首度閱讀並利用了為數同樣可觀的其他檔案資料。對於這名年輕哲學家為了取得第一手資料所付出的努力，專業史學家絕對不可能不動容。另一方面，沒有哲學家可以批評傅柯先生依從歷史資訊的來源而疏離哲學判斷的主體性。這部論文雖然使用了大量文獻，傅柯先生的思考卻從頭到尾都保有辯證上的活力，這種活力有一部分源自他對黑格爾的歷史觀所抱持的認同，以及他對《精神現象學》的熟悉。

最後這項評論深具諷刺性，因為傅柯自己認定尼采和序列音樂終於讓他擺脫了黑格爾主義的牢籠。不過，這項評論可讓我們看出黑格爾在一九六〇年仍然具有多大的影響力。如同近期一名評論家所言，康紀言提及黑格爾是對的，因為《瘋狂史》確實展現了傅柯如何「從現象學當中（早期黑格爾的現象學，透過伊波利特的引介）學到了如何把歷史時刻凍結在由抽象範疇和具體例子構成的組合裡，那些例子受到的呈現都沒有經過詮釋，也沒有指涉任何學術研究與爭論的傳統」。49

康紀言的報告獲得學術當局認可，於是傅柯獲准出版他的學位論文。然而，找尋出版商卻是出乎意料的困難。傅柯的第一個選擇是伽利瑪出版社。這家出版社從《新法蘭西評論》發展而出，一九一九年開始以本身的「伽利瑪書店」（Librairie Gallimard）品牌出版書籍，是法國聲望最崇高的出版商。著作能夠套上伽利瑪樸素的白色書封出版，是所有年輕作家的志向；紀德、普魯斯特、沙特、卡繆、馬勒侯與布朗修都是伽利瑪的作者。伽利瑪接受或回絕一件作品的決定不是出自個人，而是由具有傳奇色彩的讀者委員會（comité de lecture）做出。這個委員會每週祕密聚會，握有極大的文學與智識權力。

在一九六一年，這個委員會裡最有威望的成員之一是帕杭（Brice Parain）。哲學家出身的帕杭撰寫過不少論文探討語言哲學以及柏拉圖的邏各斯（logos）。[50]他也是在一九三〇年代與加斯東．伽利瑪（Gaston Gallimard）聯手幫助沙特把一份題為「憂鬱」的手稿轉變為《嘔吐》（*La Nausée*）這本暢銷書的傳奇編輯。[51]他自從一九二七年以來即是讀者委員會的成員，也是杜梅齊勒的朋友，兩人在第一次世界大戰剛結束之時結識於高師。他在一九四〇年代出版了幾本杜梅齊勒的著作，包括《朱庇特，瑪爾斯，奎里納斯》（*Jupiter, Mars, Quirinus*）系列，納入一套名為「聖熱納維芙山」（La Montagne Sainte-Geneviève）的學術叢書。[52]這套叢書不是特別成功，所以他可能因此不願再出版學術作品。不論最後的原因是什麼，總之他回絕了《瘋狂史》。

不過，這本書倒是獲得讀者委員會部分成員的欣賞。德費認為黑蒙．格諾贊成出版這本書，侯杰．凱瓦（Roger Caillois）更無疑是這本書的支持者。凱瓦從一九四五年開始擔任讀者委員會的成員，也是「南十字」（La Croix du sud）這個拉丁美洲文學書系的主編（書系的第一本書是波赫士的《虛構集》〔*Ficciones*〕法文譯本）；他在戰前曾是社會學院（Collège de Sociologie）的成員，也是巴代伊的同事。[53]他為聯合國教科文組織工作，這項因素後來在一九六六年影響了《詞與物》的命運。他也認識杜梅齊勒，曾經師從於他。凱瓦對傅柯的這本書大為讚賞，但對其風格感到不解，認為書中那種輝煌與精確的結合令人感到不安。[54]不過，他無法化解帕杭的反對。他把這本書拿給布朗修，於是布朗修至少閱讀了部分的手稿。布朗修與凱瓦都是評論人獎（Prix des Critiques）這個年度獎項的評審團成員，兩人認為傅柯也許會是夠格的得獎人。不過，他們的盤算最後無疾而終。[55]

遭到伽利瑪出版社回絕算是某種光榮傳統。普魯斯特的《追憶似水年華》第一冊也曾遭回絕，後來作者自掏腰包出版；據傳紀德之所以回絕這本書，是因為書中有「太多公爵夫人」。更晚近的另一個例子，則是帕杭犯下了回絕李維史陀的《結構人類學》（*Anthropologie structurale*）這項錯誤。不過，知道其他傑出的先輩也經歷過這種遭遇並沒有為傅柯帶來慰藉，他仍然深感失望。他一心只想由伽利瑪出版自己的著作，甚至拒絕德雷的提議，不願把這部論文納入他為法國大學出版社編輯的一套叢書當中出版。想來大概是因為傅柯想要跳脫封閉的學術出版圈。[56]《結構人類學》最後由普隆出版社出版，傅柯也依循一名朋友的建議，把自己的手稿交給這家出版社。（那個朋友是貝勒弗瓦〔Jacques Bellefroid〕，就是在里爾與尚保羅・艾宏交往的那個年輕人。）出版社收到這份稿件之後卻沒有任何回音。傅柯自己描述了這件事情的過程：

> 我……把我的手稿交給普隆。沒有回音。過了幾個月，我去取回我的手稿，但他們說他們必須先找出那份手稿，才有辦法還給我。後來有一天，他們在一個抽屜裡發現了這份手稿，還注意到這是一本關於歷史的書，於是拿給阿希業斯（Philippe Ariès）看。[57]

當時巴黎流傳一項謠言，指稱有一名香蕉進口商剛針對童年與家庭的歷史寫了一部革命性的研究著作：那部研究著作是《舊制度下的孩童與家庭生活》（*L'Enfant et la vie familiale sous l'ancien régime*），作者是阿希業斯。[58]阿希業斯實際上不是香蕉進口商，而是一個熱帶農業學院的新聞官。他自稱「週日歷史學家」，從來不曾擔任過任何學術職位。他不認識傅柯，但傅柯確實知道《舊制度》這本書，在《瘋狂史》附的參考書目裡就列有這部著作。

阿希業斯是集各種矛盾於一身的人。他在青年時期支持君主主義的法蘭西運動（Action Française），卻在傅柯以極為左傾的立場涉入政治圈之時與他結為朋友。在一九七〇年代熟識阿希業斯的播音員梅耶（Philippe Meyer），指稱他對一切象徵性的權威都敬重不已，對於真正的權威卻是不屑一顧。[59]此外，阿希業斯是虔誠的天主教徒，但晚年卻經常戴著耳塞望彌撒，以免受到梵蒂岡第二屆大公會議提出的所有那些「胡說八道」所攪擾。[60]史學家阿蕾特．法居認為阿希業斯與他太太的關係是夫妻「瘋狂之愛」（amour fou）的罕見例子，但他太太卻總是走在他身後，提著他的雨傘。[61]這就是後來出版《瘋狂史》的人：「在一個風和日麗的日子，一部肥厚的手稿落到我的手上：一部哲學論文，探討古典時代的瘋狂與非理性之間的關係，作者是我不認識的人。我一讀之下，只覺得讚嘆不已。」[62]阿希業斯指稱，說服普隆出版社出版傅柯的這部著作「難如登天」。套用他的話，那家公司在不久之前剛由一名「花花公子協助下的銀行家」收購，實際上對於出版書籍並不感興趣，尤其是學術聲望崇高但缺乏市場潛力的作品。他堅持不懈，結果《瘋狂與非理性》終於在他的「今昔文明」叢書（Civilisations d'aujourd'hui et d'hier）當中出版，與《舊制度下的孩童與家庭生活》以及舍瓦利耶（Louis Chevalier）的《勞動階級——危險的階級》（*Classes laborieuses, classes dangereuses*）並列。

康紀言的報告為傅柯帶來的不只是出版機會。傅柯還在漢堡的時候，維耶曼寫信問他是否願意接下克雷蒙費弘大學的一項職務。傅柯表達了意願，但首先必須完成一些學術手續。為了受到任命，傅柯必須先被列入能力認證名單，如此即等於獲得正式承認為一名能力足夠的合格講師。巴斯提德（Georges Bastide）在一九六〇年六月接受委託撰寫必要的報告：「米歇爾・傅柯已經寫過幾部重要性較低的著作，也翻譯了一些德文作品，主要是關於歷史與心理學方法的著作，都是大眾化的著作。這一切都相當不錯，但這位候選人的學位論文無疑是他最佳的資格證明。」[63] 巴斯提德不確定該把傅柯歸類於哪個學科領域：他是心理學家，還是科學史學家？傅柯終於被有關當局歸類為哲學家。

巴斯提德的評論、康紀言針對他的論文所提出的報告，還有伊波利特寫的推薦函，對於傅柯在一九六〇年十月獲得任命至克雷蒙費弘任教已是綽綽有餘。他先是受到任命代理因病請假的瑟薩希教授（Cesari）；瑟薩希在一九六二年去世之後，傅柯即接替他成為正教授。他的正式身分是哲學家，但實務上必須教導心理學。

傅柯沒有在克雷蒙費弘居住過。他拒絕搬離巴黎，將自己的課盡可能集中於最短的時間裡。如果必須待在這座歐維涅大區（Auvergne）的首府，就住在伊麗莎白旅館（Hôtel Elisabeth）。一九六〇至一九六六年間，他每個學年都是每週搭乘來回各六個小時的火車通勤。

克雷蒙費弘是傅柯在法國制度裡首度獲得的真正學術任命。這項任命為他提供了一個基地，以及進入教育體制的可能性。如同在任何一套教育制度當中，要獲取權力就必須參與若干領域，而制度的中心化則表示必須在各個層級之間往上爬。在接下來的幾年裡，傅柯盡責擔任巴黎高師入學考試與國家行政學院畢業考的評審委員，也在比較低階的層級上擔任里爾的高中畢業會考評審委員。傅柯進入大學制度的時間雖然相對比較晚（他在一九六一年已經三十五歲），卻已經建立了一套極為有力的機構人脈。從此以後，他的權力基礎就在大學當中。不同於身為圖書館員而非大學教師的巴代伊或是沙特，傅柯在許多面向上都是制度的產物，從來不是自由職業知識分子。

在克雷蒙的生活，或是說傅柯願意委屈自己待在那裡的時間，在一開始還頗為宜人。維耶曼這位友伴相當討人喜歡，還有像塞荷（Michel Serres）這樣的同事也是。不過，維耶曼在一九六二年選擇到法蘭西公學院任職，接下梅洛龐蒂猝逝所留下的職位空缺。接替維耶曼在克雷蒙職位的提名人選是德勒茲。傅柯與德勒茲見過面，但還不是好友。德勒茲出版的作品不多，但他的《尼采與哲學》（*Nietzsche et la philosophie*）令傅柯深感驚豔。[64]哲學系以及系上的教職員都認為德勒茲是合格標準以上的人選，但他的任命卻一直沒有被批准。

後來受到任命的人選是葛侯迪（Roger Garaudy），他是法國共產黨的正式駐黨哲學家，也是該黨政治局的重要成員。沒有人確知他為什麼能夠勝過德勒茲得到任命，但有些傳言指稱背後有不正當的政治影響力。說得更精確一點，經常有人指稱他是在一九六二年當上總理的龐畢度堅持之下獲得任命。根據傳言，這兩人在高師建立的友誼超越了他們政黨的政治歧見，而龐畢度一心想要提振這位老朋友的職業生涯。至少，丹尼爾・德費直到今天都仍然堅稱葛侯迪是在高層的堅持下強塞給這個心不甘情不願的學系。[65]

根據一名英國評論者所言，葛侯迪「以前是獵巫將軍，現在則是臨終塗油禮的施行者，原本是史達林的擁護者，但一瞬之間即搖身變為赫魯雪夫信仰的捍衛者」。[66]葛侯迪在不久之前還是典型的史達林主義者，但現在卻鼓吹與基督徒對話，還倡導馬克思人文主義。[67]他似乎具有歸附各種不同理念的天賦。他在一九七〇年因為「黨派之爭」被逐出法國共產黨之後，便轉向基督教信仰，最後改信伊斯蘭教。

傅柯對他極為厭惡，一部分是因為他身為史達林主義者的過往，另一部分也是因為他的「軟性」人文主義。傅柯對他的哲學能力也評價極低。除此之外，他對這名新人的敵意還有另一個潛在原因。葛侯迪是阿圖塞的死對頭，而傅柯對阿圖塞懷有深厚的情感與仰慕。葛侯迪是在一九六五年阻擋社會出版社（Editions Sociales）出版《保衛馬克思》（*Pour Marx*）與《閱讀資本論》（*Lire le Capital*）的人士之一，導致阿圖塞不得不放棄這家法國共產黨的出版機構，另外找上馬斯佩羅出版社（Maspero）。傅柯與葛侯迪之間的敵意毫不遮掩，表達方式也相當激烈。傅柯對他挑剔不休，絕不放過任何一個批評與羞辱他的機會，尤其是在公開場合。有一次，據說葛侯迪要求一名女學生翻譯奧理略（Marcus Aurelius）的拉丁文，但那部文本是以希臘文寫成，傅柯也立刻指出這項錯誤。[68]社會學家杜維紐（Jean Duvignaud）聲稱自己無意間聽到以下這段對話：「葛侯迪：『你到底對我有什麼不滿？』傅柯：『我對你沒有任何不滿，我只是對愚蠢不滿而已。』」[69]有些人甚至說他們兩人也有過暴力衝突。[70]最後，葛侯迪在這場消耗戰中承認失敗，滿懷感激地接受調職，諷刺的是他被調到普瓦提耶。然而，克雷蒙費弘的連串醜聞卻沒有隨著葛侯迪離去而結束；傅柯自己也在體制內引起一波抗議浪潮，原因是他任命德費擔任一項助教職務，而非任命一名年紀較大也更合資格的女性人選。在粗暴行使權力這方面，傅柯並不遜於龐畢度。

一九六一年五月二十日星期六下午，傅柯在索邦大學的路易・里雅演講廳（Louis Liard lecture theatre）為自己的論文提出答辯。法國的論文答辯是一項繁複的儀式，對學位候選人而言更是一道艱困的關卡。這是一項公開活動，不但對所有人開放，消息也公布於新聞媒體。對於口試委員而言，論文答辯可以是一場血腥運動，也經常藉此機會對學位候選人一報宿怨。這一次，這座裝潢精美的演講廳裡擠滿了人。除了把論文答辯當成上劇院看戲的那群固定觀眾之外，現場還湧進一群高師人。包括年輕的馬舍雷在內的其他學生，都在康紀言的敦促下出席。至於剛看到《瘋狂史》的校樣送達芳雷醫師街那棟公寓的丹尼爾・德費，則坐在尚保羅・艾宏身邊。

由於傅柯這部著作的混合性質，口試委員的組成不免橫跨多個領域。一度同意為傅柯在提耶赫基金會打算撰寫的論文擔任指導老師的古義耶（Henri Gouhier），因為學術資歷最高而擔任口試委員會主席。關於康德的那份補充論文由伊波利特以及龔迪亞克（Maurice de Gandillac）這位中世紀與文藝復興研究的專家負責審查；《瘋狂史》的審查者則是古義耶、現任病理心理學教授的拉葛許，還有康紀言。這個口試委員會確實極富威望。

活動一開始，先由傅柯針對自己的康德翻譯以及他為《實用觀點的人類學》所寫的導論進行答辯。龔迪亞克認為譯文有些地方需要修正，並建議將導論進一步擴充以供出版，為這部遭到忽略的文本推出一個完整的評注考證版。伊波利特認為這部導論是一本人類學著作的大綱，並且指出，儘管有其表面上的主題，這部導論實際上受到尼采的影響多於康德。後來，這部譯本在一九六四年由弗杭出版社（Vrin）出版，附上一篇簡短的歷史性導言；傅柯從來沒有試圖出版那份一百三十頁的導論。

經過一段簡短的休息之後，就輪到審查《瘋狂史》。傅柯闡述了他對於理性與非理性的理論，同時雙手不停做出細微的手勢，讓德費聯想到交響樂團指揮。那些手勢顯然頗為引人注目，因為艾宏也出言提及這一點。[71] 傅柯闡述完畢之後，頗為哀傷地埋怨指出，大概要有詩人的天分，才能夠讓遭到監禁者的聲音被人聽到。康紀言對他這項故作謙遜的表現頗不以為然，立即回嘴說道：「先生，你有這樣的天分。」[72]

再一次，口試委員提出不少異議。拉葛許尤其質疑傅柯對醫學史與精神醫學史所提出的許多假設，古義耶則認為傅柯會不會為亞陶、尼采與梵谷描述的發瘋經驗賦予太多的價值。如同傅柯後來帶著一股寬容的微笑向《世界報》的尚保羅．韋伯所說的，「口試委員提出的其中一項異議，是說我試圖改寫《愚人頌》（*In Praise of Folly*）。」[73] 比較嚴重的是，古義耶質疑他對笛卡兒的詮釋，也就是認為「可是那些人瘋了」（Mais quoi, ce sont des fous）這句話帶有劃分理性與非理性的界線。最後，他更承認自己不太瞭解傅柯把瘋狂定義為「作品的缺席」是什麼意思。[74]

口試委員雖然對兩部論文都有所批評，但不是以凶惡的態度提出。古義耶後來解釋說，他只是單純盡一名受邀擔任口試委員的哲學史學家應當盡的義務；拉葛許的質疑更是表達得極為文雅，聽起來一點都不會讓人不快。馬舍雷就對傅柯受到的待遇大感意外：這個在法國基本上可以說是沒沒無聞的人物，竟然能夠獲得名聲如此響亮的伊波利特還有以脾氣暴躁著稱的康紀言以禮相待，甚至把他視為平輩。[75] 艾宏也深感驚奇，後來他把康紀言迎接傅柯進入索邦大學比擬為維吉爾迎接但丁登上帕納索斯山，「猶如一名老男爵把一個勇敢無畏的年輕人封為騎士那樣，懷著摻雜憂鬱的狂喜」。[76] 那個下午的答辯結束後，古義耶正式宣布傅柯以優異成績獲頒文學博士學位。此外，他也獲得國家科學研究中心的銅質獎章。這種獎章共有二十四面，頒給三年來最傑出的二十四份學位論文的作者。典禮最後以一杯酒作結，也就是傳統的「答辯酒」(pot de soutenance；其中「pot」是酒的俚稱)。

五天後，古義耶針對傅柯的論文答辯提出正式報告。他在報告裡讚揚傅柯學養淵博、性格堅強、智識豐厚：

> 比起注釋家或史學家，傅柯先生更是一位哲學家……這場論文答辯最令人難忘的一件事情，就是其中呈現出來的這項奇特對比：所有人都看得出這位學位候選人具有毋庸置疑的才華，卻又一再提出許多疑慮。傅柯先生無疑是一位作家，但康紀言先生卻談及若干段落的修辭問題，主席則認為他過於急切想要引人「注目」。他的博學毫無疑問，但主席指出了部分案例，

都是源自一種自發性的傾向，習於超越事實本身進行討論；感覺起來，口試委員會要是納入藝術史學家、文學史學家或制度史學家，必定還會有更多這類批評。傅柯先生在心理學方面擁有貨真價實的能力；不過，拉葛許先生認為他在精神醫學方面的資訊有點局限，談及佛洛伊德的部分也有點粗略。愈是加以思考，愈是令人意識到這兩份論文有許多應當受到嚴厲批評之處。但儘管如此，這仍然是一份真正具有原創性的論文，其作者的人格、智識活力與闡釋天分使得他具備在高等教育當中從事教職的資格。這就是為什麼儘管有若干疑慮，全體口試委員仍然一致通過授予這項榮譽。[77]

自從康紀言為《瘋狂史》賦予索邦大學出版許可的那一刻起，傅柯獲得博士學位就已成定局。不過，這部著作在論文答辯當中受到許多批評並不令人意外。畢竟，論文答辯原本就是一項爭辯或對抗的過程，提出異議即是從事這種活動的理由之一。口試委員雖然提出許多批評與疑慮，卻還是授予傅柯博士學位，即可見得這份論文的本質。這份論文的說服力在於其整體的傑出性，而不是其中的細節。古義耶假設的文學史學家如果真的在場，也許會指出這些小問題：傅柯在第一部第三章引用莫里哀之時，提供的引文出處並不正確；或是他對薩德侯爵的陳述，其實比文中所示更加受到布朗修的〈薩德的理性〉（La Raison de Sade）所影響（他所提供的出處頁碼也不正確）。[78]藝術史學家也許會指出，在杜勒（Albrecht Dürer）描繪世界末日的木刻版畫裡，其中的四騎士不是代表愚蠢的勝利，而是代表新的宇宙秩序建立之前降臨在世界上的災難。[79]其他專家無疑也會提出類似的細節問題。傅柯的論文不是以細節受到評判。那群口試委員著眼的是這份論文的整體品質，如何以驚人的新取徑探究其主題。

傅柯對於《瘋狂史》相當引以為傲，一直對此書「懷有深厚感情」。不過，他在這部著作於一九七二年第二次重印的時候承認指出，要是再重寫一次，他不會使用「那麼華麗的辭藻」。[80]他也對這部著作得到的評價感到失望。他在一九七八年接受一名義大利記者訪問時說，這部著作雖然獲得布朗修、克洛索夫斯基與巴特等人的欣賞，但整體而言卻沒有引起多少注意與討論。「我以為，對那些致力於分析社會與政治體系的知識分子來說，我的書裡一定有什麼東西能夠引起他們的注意……我認定〔這本書〕就算引不起別人的興趣，也一定能夠吸引馬克思主義者。可是，我得到的純粹只有一片靜默。」[81]他在其他訪談當中也表達了同樣的埋怨：「我必須說，不管是哲學界甚至是政治界都絲毫不感興趣。沒有一本能夠在哲學世界引起最細微動盪的期刊對這本書投以任何注意。」[82]

就更廣泛的層面而言，傅柯指稱自己探究權力與知識的早期嘗試受到左派知識分子沉默以對，也許是因為馬克思主義者拒絕太仔細檢視監禁的問題以及精神醫學在政治上受到的使用。[83]關於制度化的左派，傅柯說得確實沒錯；沒有一本法國共產黨的期刊討論《瘋狂史》，也許是因為他概述的那些理由。不過，他使用的是事後回顧的論點；他的書在一九六一年並沒有什麼特別理由要被視為一部政治文本，他自己在當時也沒有說過任何話表示這本書應該受到這樣的解讀。傅柯對自己的第一部重大著作得到的回應所感到的失望，有一部分來自於這部著作遭到心理健康專業人員的忽視，這是他經常在私底下埋怨的一點。[84]過了十年之後，傅柯的這部學位論文才在那個領域當中產生影響。

實際上，《瘋狂史》並沒有遭到評論忽視。這本書廣受評論，而且評價都頗為正面。此外，這本書也促成了一場刊登於《世界報》的訪談。這是一項不尋常的榮譽，因為他的著作畢竟是一部學位論文。訪問者韋伯指出，傅柯因為《瘋狂史》而成為一位「廣為人知甚至是著名的哲學家」；除此之外，他也是典型的年輕知識分子，絕對而雋永：「他有著辯證的笑容；他說話的語調似乎意在教導，也就是攪擾別人的心智並且加以安撫。他的眼睛帶有一股頗為心不在焉的迷濛神情，彷彿神思另有所繫。」後續帶出其他許多訪談的這第一場訪談，讓傅柯得以用相對簡單的方式重述他的論文。被問及自己受到的「影響來源」，他短暫提及布朗修、胡瑟勒與杜梅齊勒，然後接著說道：

> 瘋狂無法在蠻荒狀態當中找到。瘋狂只存在於社會裡，只存在將其隔離的感知形式當中，只存在排拒或者捕捉瘋狂的厭惡形式裡。因此，我們可以說在中世紀以及後續的文藝復興時期，瘋狂在社會界線當中乃是以一種美學或者日常事實的樣態存在；到了後來的十八世紀，由於監禁造成的結果，瘋狂因此經歷了一段沉默而且遭到排斥的過程。瘋狂失去了在莎士比亞與塞萬提斯的時代所具有的那種顯現與啟示功能（舉例而言，馬克白夫人發瘋之後即開始說實話），而變得虛偽又可笑。最後，二十世紀套住了瘋狂，將其化為一種與世界的真相綁

在一起的自然現象。這種實證式的挪用一方面促成了精神醫學對瘋子所展現出的那種充滿輕蔑的慈善態度，另一方面則促成了我們在內瓦爾乃至亞陶的詩作裡所見到的那種強烈的抒情式抗議，試圖為瘋狂的經驗恢復遭到監禁所摧毀的那種深度與啟示力量。[85]

《瘋狂史》出版於一九六一年五月，但大多數的評論文章卻直到秋季才出現。不過，八月倒是帶來一項意外，也就是巴舍拉寫的一封充滿讚譽之詞的信件。巴舍拉在八月一日讀完了傅柯針對「非理性的社會學」所寫的這部「傑出著作」。他不但讀得極為專注，也讀得樂趣無窮：「社會學家總是不遠千里前往研究陌生民族。你向他們證明了我們與野蠻人其實系出同源。你是一位如假包換的探險家。」巴舍拉接著解釋說，他原本想要把自己在很久以前寫的一項研究寄給傅柯，但是在「我生活於其間的那堆混亂筆記當中」找不到。最後，他邀請傅柯在暑假結束後到他家來找他。[86]巴舍拉住在聖熱納維芙山街，其住處的混亂程度確實令人難以想像。不過，傅柯根本來不及去拜訪：巴舍拉在十月去世，享壽八十六歲。

第一份書評在九月出現於《新法蘭西評論》，評價好壞參半。這篇書評的作者艾梅（Henri Amer）以讚許的態度指稱這是一部「非凡而迷人的論著」，但接著提及傅柯「缺乏歷史研究才華」，為了保住自己的「體系」而不惜扭曲時序。他對於傅柯草率「封聖」亞陶的觀點也深深不以為然，認為傅柯未能承認不是所有的瘋狂都值得藝術上的關注。最後，他認為所謂瘋狂只能存在於社會裡的說法，是屈服於一種無政府狀態的夢想，而這種夢想乃是由一項沒有明言的形上學所撐起。[87]

在下一期的《新法蘭西評論》裡，布朗修為傅柯提出辯護。一本期刊對同一本書兩度刊登評論文章，明顯可見是極不尋常的事情，由此即可看出深居簡出的布朗修握有多大的影響力。他的文章不是刊登在書評專欄裡，而是把他的「評論」納入一篇更一般性的文章當中，標題為〈遺忘即是非理性〉(L'Oubli, la Déraison)。在布朗修眼中，傅柯的著作內容豐富、立場堅定，而且「近乎不講理」；此外，一部博士論文帶來大學與非理性的衝突，則是一項額外的樂趣來源。他同意傅柯的看法，認為瘋狂的語言可以在哥雅、薩德、亞陶與梵谷的文學與藝術作品當中聽到，並且認為思想、不可能性與話語之間的神祕關係是一項基礎，唯有在這項基礎上才能夠理解同時受到拒絕、接受以及物化的作品。創作了這類作品的其中一名作者是巴代伊，[88]在《瘋狂史》當中沒有受到提及，但不久之後就引起傅柯的高度興趣。

巴特在《評論》寫道，傅柯撼動了法國的「智識習性」：「這本書……不是歷史書，就算這項歷史是大膽想像出來的結果，甚至就算這本書是由一名哲學家寫成。那麼，這本書是什麼呢？有點像是針對知識所提出的一個宣洩性問題。」[89]在十二月初，《世界報》也刊登了一篇對傅柯的著作大加讚譽的書評，作者拉夸在文中稱之為「一本令人震驚的著作，一部新類型的真實傑作，對於現代文化的內在最深處造成不安，而且雖然厚達七百頁，內容卻相當平易近人」。[90]一個星期後，精神分析師馬儂尼（Octave Mannoni）撰寫的一篇書評刊登於《現代》，儘管傅柯在後來的陳述裡總是習於堅稱沙特的這本期刊徹底忽略了他的著作。馬儂尼認為這本書有點混亂，而且難以閱讀，也提及其方法論有些模糊不清，有時認為歷史這個領域是抽象思考所使用的概念在其中形成的地方，有時卻又認為歷史是普遍性誤認的特有場域。[91]

直到次年夏季，《瘋狂史》的最後一批書評才終於出現，巴特曾說：「費夫爾（Lucien Febvre）一定會喜歡這本大膽的著作。」費夫爾是《年鑑》（*Annales*）的創刊編輯（連同布洛赫〔Marc Bloch〕），也是一門具有獨特法國色彩的史學學派的守護者。他的兩名繼承人確實喜歡這本大膽的著作。蒙德胡（Robert Mandrou）認為傅柯的這部論文「充滿熱情與果斷」，並且讚許這名「多才多藝的作家」能夠同時以哲學家、心理學家與史學家的身分從事寫作。[92]傅柯對歷史的省思挑戰了「整體西方文化」，這本著作也把他置於當代研究的最前線。[93]在蒙德胡的文章後面附加的一段短評裡，布勞岱爾提到「這部宏偉的著作」所帶有的開創性質。塞荷也在《法蘭西信使》（*Mercure de France*）提出進一步的讚揚，指稱這本書是一項里程碑，原因是其中使用的方法論、寫作技巧與廣博的學問，還有傅柯「奇蹟似」的文筆以及他的描述所帶有的「豐富簡樸性」。[94]他把這本書類比於巴舍拉的著作：

> 巴舍拉先生顯示了煉金術士真正重視的不是自然現象，而是他自己這個心理主體。那種古老知識的對象只不過是把文化宇宙本身投射在情緒和激情的無意識主體上。由此類推，傅柯也是如此：在古典時代，古老精神醫學知識的對象其實不是發瘋的人……而是把古典文化宇宙投射在監禁的空間上。[95]

這本書出版後的第一年裡，只出現了七篇書評（再加上布勞岱爾的「短評」），而且評價不全都特別正面。銷售量也反映了這本書所得到的評價；第一版印刷的三千本一直到一九六四年二月才賣完。[96] 傅柯感到的失望不難理解，但學位論文本來就很少受到廣泛評論。在提出好評的評論家當中，大多數都是傅柯認識的人。塞荷是他在克雷蒙費弘的同事；巴特當然是他的私人朋友，而且還不只是朋友。拉夸把《精神疾病與人格》收入他的「哲學入門」叢書當中出版，並且透過阿圖塞認識了傅柯。這些正面的書評也許多少帶有朋友義氣的成分在內，但如果說義氣考量超越了智識信念，那也太過荒謬。真正的重點在於個別作者是否與傅柯互相認為自己屬於人文科學裡的一項新興趨勢。另一方面，布朗修並不認識傅柯，但他在這本書出版之前就讀過至少一部分的內容。蒙德胡與布勞岱爾都與他毫無交情。

傅柯在《評論》、《新法蘭西評論》與《年鑑》當中獲得好評，是一件意義相當重大的事情。在這三者之中，只有《年鑑》隸屬於學術機構，《評論》與《新法蘭西評論》都是獨立期刊。這些期刊是學術界與廣泛的文學界及智識界的交會點。《世界報》的那項訪談，又進一步促成傅柯跳脫封閉的學術界。這份日報是聲名顯赫的大報，也是法國智識生活的氣壓計，但絕對不是學術出版品。《新法蘭西評論》仍然代表精緻寫作的傳統，但已不像當初在一九二〇與三〇年代那樣享有高度權威。《評論》在一九四〇年代因為把海德格這類作家介紹給法國讀者而極富影響力。在一九六〇年代，這本期刊成了新式的「結構主義」評論的首要期刊之一。在巴代伊於一九六二年去世之後接任總編輯的皮業勒，因為對《瘋狂史》甚為欣賞而邀請傅柯加入編輯委員會，於是傅柯就成為這本盛讚其著作的期刊的一員。《年鑑》的書評是最引人注意的一篇。這篇評論是蒙德胡與布勞岱爾罕有意見一致的時刻，似乎預示了傅柯的著作能夠獲得職業歷史學家接受。不過，實際上卻沒有如此。此一前景並未成真：一九六三至一九六九年間，《年鑑》裡的文章根本連傅柯的名字都沒提到。[97] 這篇書評雖然沒有表達全然的讚賞，卻為傅柯與這兩位史學家之間一段充滿緊張而又複雜的關係拉開了序幕。傅柯為《年鑑》所貢獻的唯一一份稿件，是針對希加（Jean-Pierre Richard）的《馬拉美的想像世界》（*L'Univers imaginaire de Mallarmé*）所寫的一篇評論文章。[98]

《瘋狂史》在法國以外也吸引了一些注意。兩本專門的法國研究學術期刊對這本書提出了相當正面的評價，耶魯大學的約翰．西蒙（John K. Simon）認為這本書帶有一股「令人頭暈目眩的破除舊習觀點」，令他聯想到赫伊津哈（Johan Huizinga）的著作，厄爾曼（Jacques Ehrmann）則認為此書在未來有關西方文明文化傳承的討論當中是不可或缺的參考著作。[99] 更重要的是《泰晤士報文學增刊》在一九六一年十月刊登的長篇書評，傅柯獲得頭版書評的殊榮。對於一名沒沒無聞的法國作者展現如此敬意，就這份英國首要的文學期刊而言是頗不尋常的現象。受到這樣的歡迎之後，這部著作譯入英文的可能性必定顯得相當高，但這麼一部譯本直到一九六五年才告出現。[100] 霍華德（Richard Howard）認為這本書「艱澀難懂，但論述細膩」，並且把這篇書評的大部分內容投注於闡釋傅柯「對於西方社會在試圖修正理性與非理性的劃分界線這個過程中，數百年來發生的那種對話……所抱持的高度個人化概念」。他把傅柯形容為「一名對醫生懷有若干敵意的哲學家暨史學家」，並且總結指出：「他這本傑出的著作展現了廣博的學問，雖然帶有過多的對比與艱深的概括性論述，卻是對於非理性在理性時代當中的悲慘故事所做出的最具原創性的貢獻。若是帶到後續時代閱讀，他的研究也許能夠闡明具有當代迫切性的問題。」[101]

霍華德提及「當代」問題的先見之明，預告了傅柯這部瘋狂史的接受歷程的一項重要元素。如同卡斯特（Robert Castel）指出的，《瘋狂史》可以用兩種不同的方式解讀，也確實被這兩種方式解讀。一開始，這本書被視為一部學術研究，屬於科學認識論的法國傳統；在一九六八年五月的動盪之後，這本書成了「反抗壓迫的感受」當中的一部分。[102]就當下這個時刻而言，這本書仍然是一部學術著作。

# 6 死亡與迷宮

傅柯很快就確立了自己身為法國重要智識人物的地位。他與巴特往來，與霍格里耶熟識，也一度與《原樣》的那群前衛小說家及評論家相當親近。他透過巴特結識了克洛索夫斯基這位作家、藝術家暨翻譯者，尤其是他翻譯過的著作包括賀德林、尼采與維根斯坦等人的作品。[1] 換句話說，傅柯身處一個令人興奮的世界當中，這個世界遠比一所即便相當良好的首都圈外大學的科系更加迷人也更加開明。這個世界也相當小，因此個人、社會與智識方面的興趣都能夠輕易融合，在這個世界不難與精神分析師安德烈．葛林共進晚餐，或是在一場《死在馬德里》（*Mourir à Madrid*）的私人播映會上與演員西蒙．仙諾（Simone Signoret）以及尤蒙頓（Yves Montand）見面。

傅柯非常忙碌，發表了各式各樣的作品。《瘋狂史》的出版為他開啟了一段非常多產的時期，他在這時也活躍於幾個不同領域當中。《精神疾病與人格》在一九六二年出了修訂版，書名改為《精神疾病與心理學》（*Maladie mentale et psychologie*）。他在同時撰寫《臨床的誕生》與《黑蒙．胡瑟勒》（*Raymond Roussel*）這兩本雙雙出版於一九六三年的著作之時，也開始向《評論》與《新法蘭西評論》等期刊供稿，主要是以文學為主題的評論與文章。他也發表了自己的第二件同時也是最後一件翻譯作品，翻譯的是斯皮則（Leo Spitzer）的一篇文章。[2]他不斷獲邀在研討會與座談會上發表演說，其中一個例子是一九六二年五月的華攸蒙研討會，主題是「前工業時代歐洲的異端與社會」，他向一群熱情的聽眾發表了一場以「宗教偏離與醫學知識」（Les Déviations religieuses et le savoir médical）為題的演說。[3]他在《評論》的編輯委員會裡相當活躍，他們通常會在皮業勒的家中聚餐開會。[4]一名年輕的評論家對傅柯的工作模式懷有美好的回憶。現在已是成功的藝評家暨史學家的福謝羅（Serge Fauchereau），曾經主動投稿一篇關於美國詩人康明斯（e. e. cummings）的文章。他沒有收到回覆，也沒有收到任何評語，後來才出乎意料地收到校樣。他的第一篇文章已獲得《評論》接受。[5]

傅柯也逐漸成為一名國際人物。一開始只是一些小發展，例如在一九六二年獲得法國文化參贊邀請到哥本哈根發表講座，題目是「瘋狂與非理性」，[6]以及在一九六四年到比利時的聖路易大學發表演說。[7]他也獲邀向法國以外的期刊供稿，他最早在國際上發表的文章，包括一篇刊登在瑞士醫學期刊的文章，內容是《瘋狂史》第一章提及的水與瘋狂之間連結的進一步討論，還有為福樓拜的《聖安東尼的誘惑》（*La Tentation de Saint Antoine*；「奇幻圖書館」叢書）德文版所寫的後記，以及為一本漢堡的展覽目錄撰寫的稿件。[8]

正如傅柯曾經看似有可能成為心理學家或精神醫師，他在這時看似即將成為一位重要的文學評論家，撰寫布朗修那樣的文章，甚至變得跟布朗修一樣。他對文學的興趣在一九六〇年代早期達到最高峰，當時他寫出一系列的文學評論與文章，也為盧梭的《對話錄》寫了一篇很長的序言，被一名學院評論者評為「不總是清楚明白」。[9] 不可避免的是，他在這段時期寫的部分文章沒有多大的重要性，只有在當下才值得注意。舉例而言，傅柯為哈利耶（Jean-Edern Hallier）的首部小說《一名年輕女子的冒險》（*Les Aventures d'une jeune fille*, 1963）寫了一篇評論。哈利耶是《原樣》的創辦人之一，曾有一段時間是傅柯的朋友，因此這篇書評主要是一項友誼的表現，而不是重大表述。[10]

整體來看，這個時期的文章其實構成一批可觀的作品，但直到非常晚近才真正開始受到傅柯的評論者所注意。[11] 這些文章如果編纂成冊，並與傅柯的其他作品分開閱讀，將難以看出這位作者是克雷蒙費弘的一名職業心理學與哲學教師。只有一篇簡短的書評顯示傅柯對科學史的興趣，評論對象是夸黑的《天文革命：哥白尼、克卜勒、波雷利》（*La Révolution astronomique: Copernic, Kepler, Borelli*）。[12] 只有一篇評論文章涉及心理學的主題，內容探討的是拉普朗虛針對賀德林所寫的心理傳記研究著作，傅柯在文中對這位詩人及其作品展現出高度的理解，不像在《瘋狂史》那樣，「賀德林」只是個象徵代碼。傅柯對於探討「藝術與瘋狂的關係」的大多數傳統書寫都深感不以為然；拉普朗虛的著作是少數應該從這個「沒有光榮」的朝代當中拯救出來的作品。[13] 對於臨床心理學，他以不亞於康紀言的鄙夷姿態摒斥為「一種沒有概念的折衷主義」；[14] 他說絕大多數的「心理學族群」都受到「盡可能使用陳腔濫調的定律」所吸引，對於他們持續認為「老鼠的非自願禁食」提供了「一項無比豐富的認識論模型」，他則嗤之以鼻。[15]

就主題而言，這些文章包括一篇書評，評論對象是小克雷畢雍（Crébillon fils）的《喪失心智》（*Les Egarements du coeur et de l'esprit, 1736-1738*）以及一個名叫雷韋羅尼（Reveroni de Saint-Cyr, 1767-1829）的作者寫的一部極少人知的小說；還有一篇針對《原樣》成員的作品進行探討的文章；以及對拉波特（Roger Laporte）的小說《監視》（*La Veille*）所寫的書評；乃至一篇針對希加的《馬拉美的想像世界》進行探討的文章。[16]就許多方面來說，這些文章都呈現了近似於《瘋狂史》所暗示的那種審美觀，進一步探究了瘋狂與作品之間的關係，還有「每一件文學作品都屬於書寫文字那模糊而未受界定（indéfini）的低語」這項主張。[17]類似的論述在這個時期的文章裡到處可見。因此，在他發表於《原樣》的那篇文章裡，傅柯堅決指出：

在我們這個時代，書寫已極度接近其源頭，也就是接近那令人不安的噪音，只要我們願意稍加聆聽，那股噪音就會從語言深處宣告指出，我們尋求躲避同時也聚焦於其上的那個東西……一套作品，其意義在於趨近自身以展現自身光榮的作品，已經不再有可能。[18]

文學一度是修辭的問題，是一項論述，其中的每個形態終究都指向某種原初話語，現在則進入了波赫士的巴別圖書館，一切能說的都早已說了……然而，在這一切話語之上並加以覆蓋的，是一種嚴謹而且至高無上的語言，這個語言不但述說那些話語，實際上也產生了那些話語；這個語言本身受到死亡的支持，因為說話最清晰明白（因此也是最後一位）的圖書館員正是在他落入無限六角形的深淵之際，揭露了即便是語言的無限性也無盡繁衍，在此一語言的雙重形態當中無窮無盡地自我重複。[19]

傅柯堅決奉行現代主義的審美觀，並且將福樓拜界定為第一位現代人物。福樓拜相當於文學界的馬內；馬內在畫中一再指涉博物館，福樓拜則是在寫作中一再指涉圖書館。[20] 換句話說，現代主義具有反身性與自我指涉性。此外，現代主義也是反現實主義以及反人文主義。

不過，這些文章也揭露了傅柯在文學方面的博學當中一些出人意料的面向。評論小克雷畢雍與雷韋羅尼的那篇文章就是一個例子。《喪失心智》是一部「放蕩」的小說，帶有微妙的情色語調，於一九六一年再版，這個高雅的版本由艾田蒲（Etiemble）撰寫序言，顯而易見會是評論對象。傅柯引用了雷韋羅尼《寶莉絲佳》（*Pauliska*）的初版，他只可能在某間圖書館發現這本恐怖小說，也許是在國家圖書館。談到恐怖小說在他這段時期的書寫當中相當常見，他的這項喜好無疑可由這類小說與薩德作品的相似性加以解釋。傅柯在這篇文章的開頭寫道：「這幕場景發生在波蘭，也就是每個地方。」[21] 他這句話諧擬了雅里（Alfred Jarry）在一八九六年為《愚比王》（*Ubu Roi*）第一場充滿躁動的演出所發表的致詞（「劇情發生在……波蘭，也就是沒有地方的地方」），文中也提及雅里的《超男》（*Le Surmâle*, 1902），這部小說完全投注於這項主張：「愛的舉動毫不重要，因為這種舉動可以無窮無盡一再施行。」[22]這項主張最終由一對人類愛侶和一部作愛機器分別加以示範。這部機器正可支持雅里與雷韋羅尼之間的關連性：在《寶莉絲佳》當中，女主角的愛人被一群亞馬遜人抓走，結果他們依據這個年輕人建造了一尊奇怪的機械雕像，然後在一段改編自畢馬龍（Pygmalion）神話的劇情當中，其中一名女子愛上了這尊雕像。[23]儘管如此，雅里在此處的出現仍然有些出人意料。傅柯探討的許多作品都以嚴肅態度看待本身充滿自覺的現代性，但雅里的筆調卻帶有荒謬喜劇的色彩。身為超現實主義的始祖之一，他也提醒了我們傅柯的文學關注對於布賀東及其盟友而言並非完全陌生，而且他對現代主義審美觀的闡述雖然嚴肅，卻無損於他的幽默感。

傅柯刊在《新法蘭西評論》的一篇短文提供了又一陣笑聲，儘管這本期刊通常不會讓人聯想到輕鬆逗趣的內容。這篇短文的主角是布里塞（Jean-Pierre Brisset），他在十九世紀晚期自掏腰包在亞仁（Agen）出版了幾部著作，並提出了兩項主要論點：拉丁文其實不存在（拉丁文只是一套人造代碼，由盜賊用來迷惑一般人），以及人是青蛙的後代。他還為後面這項論點提出語文學的證明。[24]傅柯沒有說明自己是在什麼時候或是怎麼發現布里塞這個人，但最有可能的解釋是他閱讀了布賀東出版於一九三九年的《黑色幽默選集》（*Anthologie de l'humour noir*），因為布里塞在其中被描述為一項重要聯繫，連結了雅里的「荒誕形上學」（虛構解決方式的科學）、達利的偏執狂批判法，以及黑蒙．胡瑟勒與杜象（Marcel Duchamp）的作品。[25]傅柯從布里塞的著作裡摘錄了簡短的內容，並在這些引文前面加上一些自己的評論：

> 布里塞屬於……一群鬼魂，他們承繼了語言學在形成期間遺留下來的東西。在他們虔誠而熱切的手中，早已被譴責為一派胡言的語言起源臆測成了文學言論的同義詞典……布里塞站在語言譫妄的極端，把武斷的主張認定為這個世界令人開心而且不可違反的法則；每個詞語都拆解成語音元素，把每個語音成分視同一個詞語；於是，那個詞語也就成了一個縮短的句子；一個接著一個詞語，言說的浪潮往外擴散成為一座原初的沼澤，擴散成為語言與世界的重大簡單元素：水、海洋（mer）、母親（mère）、性。[26]

傅柯對布里塞的簡短介紹，使得這名瘋狂語文學家或語源學家逐漸再度受到注意。他在一九七〇年為《邏輯文法》（*La Grammaire logique*）的新版本撰寫序言，我們現在還能夠讀到布里塞的作品，主要必須歸功於傅柯。[27] 儘管有前述這項滑稽的呼籲，拉岡學派的精神分析師卻一直對布里塞深感興趣，認為他的作品相當於史雷伯（Schreber）的《先驅》（*Ursprächer*）。傅柯也在布里塞的作品當中看出了一種原始的元素：也就是一種在人類以前即已存在的語言。

> 詞語是言說的碎片……是陳述的模態，受到冷凍而淪為中立。在詞語出現之前，就先出現了句子；在詞彙出現之前，就已出現了陳述；在音節以及聲音的基本排列出現之前，就已出現

了模糊的低語，其中包含一切受到述說的話語。早在語言出現之前，就已經有人在說話（on parlait）。但說的是什麼？如果不是關於人，因為人沒有語言而尚未存在；如果不是關於人的形成，也就是把人抽離獸性的那段緩慢過程；那麼難道是關於人有如蝌蚪一般從中艱難冒出的那片沼澤？如果是這樣的話，那麼在我們的語言所使用的詞語底下，我們即可聽見句子……由那些尚未存在的人所說出，而且他們也談及自己未來的出生。[28]

這是最典型的非理性語言，在夢中不斷低語著某種永遠捉摸不及但又永遠存在的東西。

這段時期的主要文學著作自然是《黑蒙．胡瑟勒》。這是傅柯唯一一本專門探討文學主題的著作。因此，這本書和他其他的作品有點區隔開來，這樣的區隔表示這本書比較沒有受到評論者的注意。[29]這本書受到忽略的情形，為傅柯帶來一股奇特的滿足感。他對自己的美國翻譯者魯阿斯（Charles Ruas）說：「沒有人特別注意這本書，我很高興；這是我的祕密。」[30]

黑蒙．胡瑟勒（一八七七—一九三三）是法國文學的一大怪胎。他極度富有，走遍世界，卻總是待在他的旅館房間或是木屋裡。他自掏腰包出版自己的著作，把自己的劇作搬上舞臺演出，但那些成本高昂的演出卻總是以失敗收場，伴隨著觀眾的鼓譟。他的著作在他生前沒有引起多少注意，但仍然受到部分超現實主義者的欣賞，布賀東在《黑色幽默選集》當中尤其展現了這樣的觀點。胡瑟勒大半生都飽受嚴重的神經官能疾病所苦，有人認為這些疾病是《替身》（*La Doublure*, 1897）遭遇巨大失敗所造成（至少也是引起）的結果。《替身》是一部以亞歷山大詩體寫成的長篇韻文小說，講述一名替身演員的故事。胡瑟勒受到賈內（Pierre Janet）治療，賈內在他身上看不出任何文學才華，稱他為「一個可憐的小病人」；胡瑟勒就是《從焦慮到狂喜》（*De l'Angoisse à l'extase*, 1926）第一冊所討論的「瑪席亞」（Martial）。胡瑟勒是同性戀者，但他在性方面的喜好或活動並不為人知，我們只知道他晚年深深依賴巴比妥類藥物。他後來死於巴勒摩，被人發現陳屍於旅館房間裡，躺在被他推到和旅伴的房間相通的那扇門前的床墊上（鑒於他當時的身體狀況，他這麼做想必費了很大一番力氣）。那扇門通常不會上鎖，但這時卻上了鎖。胡瑟勒究竟是他殺還是自殺，並沒有得出確切的答案。他在死前原本打算前往克羅伊茨林根，希望能夠找賓斯萬格諮商自己的狀況。

傅柯對胡瑟勒的著迷，起源自他在一九五七年於廊堤的書店偶然翻閱了他的作品。胡瑟勒的著作早已絕版，但傅柯陸陸續續取得他每一本書的初版。這些著作雖然賣得不好，卻也不是極為罕見，在一九六〇年代初期仍可輕易找到。[31]在那個時候，胡瑟勒受到的注意已經持續增長了幾年。關於他的第一本書出現於一九五三年，但雷希斯在一九五四年發表於《評論》的文章才真正代表胡瑟勒重新引起了眾人的興趣。[32]雷希斯的父親曾為胡瑟勒的父親擔任財務顧問；他們兩人因此互相稍有認識，所以雷希斯是胡瑟勒的傳記資訊最主要的來源。傅柯透過杜維紐結識了雷希斯，與先前的其他許多人一樣向雷希斯尋求資訊，但卻失望地發現「他針對胡瑟勒所說的一切都可以在他的文章裡看到」；[33]不過，雷希斯對於傅柯的研究不以為然，聲稱這項研究把哲學觀念強加在一個根本沒有這些觀念的人身上。[34]另一方面，霍格里耶提出的評論則添加了當代的興趣。

傅柯自己首度提及胡瑟勒是在《瘋狂史》，他在書裡就像狄德羅的「拉謨的姪子」以及亞陶一樣，也是「非理性經驗」的象徵之一。[35]

傅柯描述過《黑蒙．胡瑟勒》的出版背景。他原本打算在《評論》發表一篇探討胡瑟勒的短篇文章，但是卻對自己的這個研究對象深愛不已，因而閉關了兩個月，結果出乎自己意料地寫出一本書。

有一天，我接到一位編輯的電話，問我目前正在忙什麼。「哦，我在寫一本關於黑蒙．胡瑟勒的書。」「你寫好以後願意拿給我看嗎？你會花很長的時間嗎？」每次寫書總是得花上很長時間的我，總算有一次能夠傲然回答：「我很快就會寫完了。」「什麼時候？」他問。我回答：「再過十一或十二分鐘。」這個回答毫無誇大之處，因為我已經開始為最後一頁打字。這就是這本書的故事。[36]

傅柯的記述不完全精確；《黑蒙．胡瑟勒》的第一章有一個初期版本早在一九六二年夏季就刊登於一本文學期刊，所以他正在寫胡瑟勒的事情並不是祕密。[37]

傅柯沒有說打電話給他的那個編輯是誰，但幾乎可以確定是負責「道路」叢書（Le Chemin）的隆布希克斯（Georges Lambrichs）。因此，傅柯幾乎可以說是在意外的情況下成為伽利瑪出版社的作者。皮業勒一定會很樂於在自己為子夜出版社（Minuit）主編的「批評」叢書當中出版《黑蒙．

胡瑟勒》，可是來不及提出邀請。[38]伽利瑪出版社之所以熱切想要出版傅柯的這部研究著作，並非沒有利益考量。這本書正好與胡瑟勒的《幽居之地》（*Locus Solus*）同時推出，而在出版社的盤算裡，《幽居之地》將是一套重新印行的完整作品集當中的第一冊。傅柯隨即涉入了推廣胡瑟勒的活動：《黑蒙．胡瑟勒》的第五章發表於《新法蘭西評論》，他在一九六四年八月投稿《世界報》的短文則明顯可見用意是在宣傳《幽居之地》以及他自己的那本研究著作。[39]不過，伽利瑪出版社的計畫卻遇到意料之外的阻礙。胡瑟勒的外甥，身為埃爾欣根公爵（Duke of Enchingen）的內伊（Michel Ney），在不盡牢固的法律基礎上把胡瑟勒的作品版權賣給波維出版社（Pauvert），並且聲請扣押了伽利瑪出版社的版本。[40]因此，胡瑟勒的完整作品集後來是由波維出版社以鮮紅色的封面出版，這家出版社在當時規模不大，主要以出版薩德的著作還有各種情色作品聞名。

《黑蒙．胡瑟勒》在許多面向都是一本非常個人化的書，更是一場愛情造成的結果。傅柯對魯阿斯說，這是「我所有的書當中寫得最輕鬆、最開心，速度也最快的一本；我寫作的速度通常很慢，必須不斷重寫，最後還要從事無窮無盡的修改」。[41]這本書的寫作速度證明了他的說法；傅柯雖然早已閱讀過關於胡瑟勒的各種文獻，也引用了費希（Jean Ferry）、賈內與雷希斯等人的著作，卻沒有為讀者提供書目資訊。看這本書讓人覺得像是在閱讀一連串的個人探究，出於主觀目的寫成，而不是為了說服讀者。傅柯也完全明白這一點：「我猜這本書讀起來應該不容易懂，因為我屬於那一類人，就是一旦從事自發性的寫作，就會寫得晦澀難懂。」[42]

此外，如同德勒茲所言，這本書大概與傅柯本身對於身分與無身分的觀感很有關係。[43]傅柯指稱胡瑟勒的小說與雷希斯的《遊戲規則》（*La Règle du jeu*）有共通之處，也就是以極度私密的方式探究個人神話如何結合起來而創造出個人自我的整體性。[44]雷希斯從「許許多多微不足道的事物，許許多多的公民資料當中」把自己的身分緩慢聚集在一起，「彷彿絕對的記憶沉睡於詞語的皺摺當中，連同不曾真正死去的幻想怪物。」胡瑟勒展開那些皺摺，「以便在其中找尋一個無法呼吸的虛空，一個缺乏存有的嚴密空間，可讓他全權運用，在其中形塑出沒有親屬、沒有物種的人物。」[45]鑒於傅柯一再拒絕別人把特定身分強加在他身上，也對公民資料的官僚嗤之以鼻，所以胡瑟勒的「缺乏存有」必然對他具有相當大的吸引力。

在一個不那麼充滿臆測性的層面上，明顯可見超現實主義者乃至傅柯等人之所以會對胡瑟勒感到著迷，主要是因為他的寫作方式，描述於他死後出版的《我的某些書是如何寫的》（一九三五）。他的小說，以及由此改編而成的劇本，都是環繞著一項繁複的文字遊戲建構而成。以下是最知名的例子：「les lettres du blanc sur les bandes du vieux billard」（「那張老舊撞球檯邊緣的白色字母」）這句話可以非常輕易地轉變成「les lettres du blanc sur les bandes du vieux pillard」（「那個白人講述那些老盜夥的信件」）。如果不理會其中把「b」轉為「p」的改變，即可得到「一連串完全相同的詞語講述著兩件不同的事情」。[46]第一串詞語出自一則故事，講述一群朋友在一個下雨的午後找樂子打發時間，於是以隨機選取的字母構成了那個句子。這串詞語和第二串詞語的差別產生了一項敘事，講述一名白人男子遭遇船難，被一個黑人盜賊王擄獲，在寫給妻子的信裡描述自己的經歷。

原本的那則短篇故事名為〈在黑人之間〉（Parmi les noirs），後來成為《非洲印象》（*Impressions d'Afrique*, 1910）這部胡瑟勒最知名的著作。在這裡，又一個形式遊戲就此展開。這部小說含有二十四章，採取從事件中間開始講起的敘事方法，一開頭就描寫伊哲爾（Ejur）皇帝的盛大加冕典禮。一九三二年印行的小說第四版當中，一張貼在書上的紙條建議不熟悉胡瑟勒的讀者從第十章看起，那章的開頭是：「Le 15 mars precedent...」（「在前一年的三月十五日……」）。讀者只要依照這項建議，就會讀到一部時序上條理清晰的小說，內容講述一群遭遇船難並且被擄勒贖的樂師、藝匠、馬戲團表演者與銀行員的冒險故事。他們在等待使者攜帶贖金回來的那段期間，籌辦了小說一開頭描寫的那場盛大表演。另一方面，讀者如果遵循胡瑟勒的忠告，將會導致自己無法享有終於解開謎團的樂趣。傅柯簡潔描述了胡瑟勒的寫作方式：「從歌曲、海報，或者名片當中隨機拿取一個句子，將其拆解至基本的語音元素，再利用這些語音元素重新建構其他詞語，而且必須把這些詞語當成預先設定的主題使用。」[47]

胡瑟勒的著作充滿了語言遊戲以及富有巧妙創意的機器。舉例而言，在《非洲印象》裡，一名工程師精心打造了一臺織布機（métier），採用水車的原理透過踏板（aubes）舀水的方式運作。《我的某些書是如何寫的》解釋指出，這名工程師想要找一份職業（metier），而這份職業必須要求他黎明（aube）即起。[48]這臺織布機的打造過程具體而微地闡釋了胡瑟勒的「寫作方式」：兩個詞語之間的差異與相似之處（métier：織布機／職業；aubes：黎明／踏板）造就了敘事的一部分。

在傅柯眼中，這臺踏板織布機是這整部作品如何運作的比喻，具體展現現代作品的自我指涉性。河水造成動作，就像語言的流動造成寫作方法。踏板浸入水中，藉此驅動一套機構，使得絲線織出繁複的圖案。梭子自發性地移動，其功能就像是從語言的緻密結構當中冒出的引導性詞語，受到編織的絲線則像是連接線，把語言的河流與文本的寬廣畫布連結起來。漸漸的，織布機織出一幅圖像：先是洪水，接著是方舟，還有死亡的威脅以及重生。[49]深具象徵意義的是，那臺織布機由一個上鎖的盒子支撐，而那個盒子看起來有如棺材：死亡就位於這整個過程的核心。

這是一種「語言的再重複，原本始於一個簡單的核心，接著遠離自己，然後不斷產生其他事物（距離的增生、在雙重的腳底下開啟的一道虛空，以及一團生長得有如迷宮的廊道，看來相似卻又不同）」。[50]文本成為一道詞語的迷宮，而且如同傅柯所言，迷宮的中央潛伏著一隻牛頭人身獸。[51]

胡瑟勒的機器總是描寫得極度精確。舉例而言，那臺踏板織布機的描述有一部分是基於百科全書裡的技術圖解。這種近乎醫學般的精確性，讓人聯想起凡爾納（Jules Verne；胡瑟勒深深仰慕這位作者，傅柯則指稱他書寫過「知識的負熵」[52]）對於自己想像的發明所採取的描寫方式。此外，胡瑟勒與霍格里耶的客觀主義之間的連結，正是來自於他這種描寫上的精確性：在胡瑟勒與霍格里耶的著作裡，描述不是語言忠於描寫對象的表現，而是詞語和事物之間一項無盡的關係恆久不斷的重新誕生。[53]文字遊戲與巧妙的幽默都掩飾了某種普世性的東西。「如同任何文學語言」，胡瑟勒的語言也是「對於日常陳腔濫調的猛烈摧毀，卻又無限期地存留在那項謀殺的神職舉動中」。[54]這種語言也存在於「瘋狂與作品之間的空間，一個同時滿盈又空洞、無形又無可避免的地方，是這兩者相互排斥的地方」。[55]

《黑蒙．胡瑟勒》出版於一九六三年五月。傅柯在那個月還出版了另一本書：《臨床的誕生》。這兩本書同時推出是傅柯的堅持。為了達成這個目的，他與伽利瑪出版社還有法國大學出版社進行協商：《臨床的誕生》在封面上指稱《黑蒙．胡瑟勒》「即將出版」，出版日期也依照傅柯的期望稍微延後。堅持這兩本書要在同時推出，不只是要刻意展現博學；這個舉動強烈暗示《黑蒙．胡瑟勒》與《臨床的誕生》雖然表面上看來如此不同，卻有某種共通之處，同時也跟傅柯後來聲稱《黑蒙．胡瑟勒》「在我的書籍序列當中找不到位置」的說法正相牴觸。[56]

有些人指稱《臨床的誕生》是受到康紀言委託的作品，[57]但實際上並非如此。康紀言確實相當開心能夠把這本書放在他為法國大學出版社主編的「蓋倫」（Galien）叢書（針對「生物學與醫學的歷史與哲學」）當中出版，這套短命的叢書也包括他自己的《反射概念的形成》（*Formation du concept de réflexe*），以及貝爾納（Claude Bernard）的經典著作《實驗醫學原則》（*Principes de médecine expérimentale*）。不過，他極力否認自己和傅柯寫作《臨床的誕生》有任何關係。如同伽利瑪出版社的編輯，傅柯也是直接將一份完成的手稿交給他，之前不曾討論過書的內容。[58]

我們不知道傅柯究竟是在什麼地方以及什麼時候從事撰寫《臨床的誕生》所需的研究，但有可能與他為《瘋狂史》從事的研究重疊。傅柯聲稱自己讀過一七九〇至一八二〇年間出版的每一本「具有任何方法學重要性」的書籍，這句話非常難以驗證，甚至根本不可能。不過，他在參考書目中列出將近兩百個條目，其中許多是長達好幾冊的書籍，這點充分證明這位研究者的勤奮。

這點也見證了他的抱負有多麼龐大：「人應該什麼都讀，什麼都研究。換句話說，人應該要隨時都能夠掌握一個時代的整體檔案。」[59]就許多方面而言，《臨床的誕生》是傅柯最具專業技術性的書，大概不太可能會吸引一般讀者，尤其是這本書不但大量使用醫學術語，而且傅柯引用席登漢（Thomas Sydenham）的《醫學觀察》（*Observationes Medicae*）與莫爾加尼（Giovanni Morgagni）的《疾病的位置與病因》（*De Sedibus et Causis Morborum*）等著作之時，還毫不妥協地決定引用拉丁文原文。但這本書雖以醫學為主題，與傅柯較為文學性的著作所具有的相同之處卻是多得出人意料。

序言以一個嚴肅得極為優美的句子開頭，但這句話經過翻譯之後總是不免流失其帶有法律色彩的語調：「本書探討的是空間、語言與死亡；本書探討的是凝視」（Il est question dans ce livre de l'espace, du langage et de la mort: il est question du regard）。接著是兩段小故事。在十八世紀中葉，一個名叫龐姆（Pomme）的醫生治療一名歇斯底里病人，方法是強迫她「每天泡澡十到十二個小時，持續整整十個月」。經過這段針對神經系統的脫水以及維繫此一脫水狀態的熱度所從事的治療之後，他看見「形似溼羊皮紙的膜狀部位……在造成些許疼痛的情況下剝落，每日隨著尿液排出；右側輸尿管也以相同的狀況剝落以及排出」。同樣的情形也發生在腸道，只見腸子的內膜脫落而透過直腸排出。接下來，食道、動脈氣管與舌頭也跟著剝落，「病人則藉著嘔吐或咳痰排出這些部位」。不到一百年後，拜勒（Bayle）觀察一道大腦損傷，以及在罹患慢性腦膜炎的病患身上經常見到的「偽膜」：「這種偽膜的外部表面位於硬腦膜的蛛網膜層旁邊，就黏附在蛛網膜層上，有時黏附得很鬆，所以能夠輕易分開，但有時黏附得很緊，這時就很難將其取下。這種偽膜的內部表面只是鄰近於蛛網膜層，沒有黏附在一起……」[60]

這兩段小故事的差別極為徹底。龐姆是懷著神經病理學古老的錯誤觀點進行治療；拜勒則從事對於現代讀者而言不完全陌生的精確觀察。「改變的是語言在其中找尋支持的那種靜默結構，是說話者與受到談論的事物之間那種情境性或者姿態性的關係。」[61]說得更簡潔一點，「你有什麼不對勁？」這個一度為醫生與病人之間的對話拉開序幕的古老問題，讓位給了另一個我們在其中能夠看出臨床醫學原則的問題：「你哪裡感到疼痛？」[62]這兩者之間的轉換，就是傅柯的主題：

> 為了在言說發生變異的當下加以理解，我們無疑必須探究主題內容或邏輯模態以外的東西，並且聚焦於「詞語」和「事物」尚未受到區分的那個區域，言說方式與觀看方式在那裡仍然在語言的層次上黏附在一起。我們必須質疑可見與不可見的原初分布，因為它關連到陳述出來與仍未說出的事物之間的區分：如此一來，醫學語言的表達以及其對象就會呈現於單一個體當中。不過，不提出回顧性問題的人不具優先性；唯有被察覺的事物受到陳說的結構（也就是由其空洞語言獲取體積與大小的那個完整空間）才值得被帶到刻意冷漠的日光之下。我們必須把自己定位在患病者的基本**空間化**與**口語化**的層次上，並且永遠保持在那裡，而醫生落在事物的有毒核心上的那道多話的凝視就是在那裡誕生，並且進行沉思。[63]

這段文字有許多可以探討之處。在一項區分發生於其設立的當下予以理解的這種概念，令人聯想起《瘋狂史》的嘗試，也就是企圖理解「建立起理性與非理性之間那段距離」的原初休止；[64]至於其中提及的「詞語」和「事物」，則明顯可見預示了《詞與物》的書名。《黑蒙．胡瑟勒》的第一章有一個版本刊登於《公開信》（*Lettre ouverte*）當中，標題是〈黑蒙．胡瑟勒當中的言說與觀看〉，而所謂的「由其空洞語言獲取體積與大小的那個完整空間」乃是轉化自傅柯對於「太陽空洞」的討論，也就是「胡瑟勒的語言空間，亦即他從中發聲的那個虛空」。[65]在一本探討醫學史的書裡，對於「患病者」的指涉終究不免令人聯想到康紀言，而對可見與不可見的原初分布的指涉則令人聯想起梅洛龐蒂；可見與不可見之間的關係，是《知覺現象學》的主題之一。

「醫學凝視的考古學」這個副標題為此一文字迷宮帶來又一個層面。傅柯在哲學方面對於沙特確實沒有什麼認同，但任何一個法國作家只要使用了「凝視」（le regard）一詞，就必然暗中指涉《存在與虛無》當中探討「為他人的存有」（being-for-others）的核心章節：〈凝視〉。明白可見，這本書並不是一份直截了當的醫學史論文。

傅柯說《臨床的誕生》是「在極為混亂、極度缺乏結構而且結構也極為拙劣的觀念史領域中對於方法的嘗試」，[66]但他接著卻徹底摒棄了觀念史這項概念。傅柯在這個時候以「觀念史」一詞所指的究竟是什麼，在他提及十八世紀的「發燒概念」之後，才稍微顯得比較明朗。[67]在這裡使用「概念」一詞，代表了與康紀言的緊密關係，接著距離稍遠一點的，則是卡瓦耶斯這位邏輯學家、抵抗運動戰士以及蓋世太保的受害者，他認為「能夠提出科學學說的不是意識的哲學，而是概念的哲學」，並且主張「關於科學的理論是先驗的，並不是早於科學，而是科學的靈魂」。[68]把傅柯太過等同於卡瓦耶斯是錯誤的看法，因為卡瓦耶斯的著作是植基於胡塞爾的純粹現象學。不過，傅柯也同樣找尋著「醫學凝視的歷史先驗和具體先驗」。[69] 不同於卡瓦耶斯或康紀言，傅柯不從純粹的邏輯或概念角度界定他的先驗，他的歷史也至少有一部分是制度史與社會學式的歷史，但他使用的詞彙顯示他確切知覺到自己的研究屬於巴舍拉、康紀言與卡瓦耶斯的傳統當中。傅柯關注的是醫學在什麼樣的情境當中成為一門臨床科學。「這種情境，連同其歷史可能性，界定了其經驗領域以及其理性結構。此一領域和結構形成這種情境的具體先驗。」[70] 這類陳述不免帶有一股康德式的色彩，也提醒了我們，傅柯把自己銘刻於一項「批判」傳統當中。

因此，醫學凝視的考古學不是一種經驗主義式的歷史。此外，對於那些相信從亞里斯多德到比夏（*Marie François Xavier Bichat*, 1771-1802）的直線進展必不可免，啟蒙也一定會逐步漸進達成的人，這項歷史也不太可能為他們帶來任何撫慰。從龐姆到拜勒的轉變不必然是以「新知識與舊信念」之間的衝突為核心，而是「兩種知識形態」之間的衝突。[71] 同樣的，傅柯堅決主張自己的書寫不是對不同的醫學形式提出反對與支持：這是「一項結構性研究，試圖在歷史事物的稠密當中解譯歷史本身的情境」。[72]《臨床的誕生》沒有為價值的相對判斷提供基礎，也無意提供這樣的基礎。

如同《精神疾病與心理學》，《臨床的誕生》也經過修訂再版，但修改幅度沒有前者那麼大。大多數的修正都可以在傅柯與結構主義的關係這項脈絡中受到比較方便的討論，正如《詞與物》所示。在一九七二年的版本中，前引的那句話更改成：「一項研究，試圖將其歷史的情境從論述的稠密當中解脫出來。」傅柯最有洞察力的一名讀者以深具說服力的論點指出，這項更改是一項摧毀證據的舉動，而那個證據就是，把歷史與理性植基於歷史發展之中的這項黑格爾式主題，經過伊波利特的詮釋之後，在一九六三年仍然帶有「揮之不去的吸引力」。[73]伯納爾如果說得沒錯，那麼這部文本受到的修改就進一步證明了傅柯那項醒目的傾向，也就是抹除自己過往的元素，以便依據他當下的關注重新界定自己，從而透過利用身分與無身分的相互作用來阻撓以絕對的方式將他定位的嘗試。

回到一九六三年的文本，書名中的「clinique」一詞相當複雜，也造成翻譯上的問題：這個詞語一方面代表「臨床醫學」，同時也代表教學機構，這種教學機構取代了文藝復興時代以及先前其他時期的教師。在這兩種意義當中，這個詞語都與「hôpital」(醫院）不同，因為「hôpital」原本是一種慈善機構，不但收容病人，也收容窮人。臨床的誕生代表我們對疾病的理解，還有疾病的概念本身，都出現了重大改變。

傅柯首先指出，我們認為身體是「疾病的起源與散播的自然空間」，是受到「解剖圖譜」界定的空間，但這種看法只是醫學把疾病空間化的其中一種方法而已。[74]這種看法有一大部分是源自十九世紀的「clinique」以及病理解剖學的出現，而要理解「clinique」的誕生，最好的方法就是檢視在那之前的狀況。在疾病局部化於身體當中之前，原本是以階級化的方式整理成科、屬、種。因此，吉利貝（Gilibert）才會在一七七二年向內科醫師提出與此相關的這項建議：「治病之前一定要先確定疾病的物種。」[75]從索洼吉（François Boissier de Sauvages）出版於一七六一年的《疾病分類》

（*Nosologie*）到匹奈出版於一七九八年的《病情學》（*Nosographie*），醫學認知都是由一項物種理論所支配。這個理論銘刻於一份表格內，其中沒有記錄因果順序，沒有記錄事件時序，也沒有記錄疾病在身體內的可見歷程。這項認知受到一個空間所界定，傅柯指稱此一空間有橫軸與縱軸。縱軸代表時間順序，在個人案例中不一定實際上觀察得到：發燒可能只會發作一次，也可能陸續發作多次。橫軸代表類比與相似性：黏膜炎與喉嚨的關係就像是痢疾與腸子的關係。在這個空間以及這些認知軸線當中，「出現在凝視之前的疾病才會將自己的特性插入生物體內」。[76]分析與診斷的結構都極為抽象，因此個別病患實際上可能會對正式類別或物種的認知造成阻礙。

傅柯指出或者界定了兩個層次的空間化：一項首要空間化，把疾病定位於一個概念形構中，還有一項次要形構，把疾病與身體連結在一起。後者是一項嘗試，企圖回答這個問題：「類別這種扁平而且同質性的空間，怎麼能夠在一套依照數量和距離區分的質量地理系統當中變得可見？疾病既然是由其在科當中的**位置**所界定，那麼其特性怎麼可能來自於疾病在生物體內的**所在**？」[77]傅柯接著完成了他對於醫學認知空間的三角定位，做法是提出「三重空間化」，指的是「一個特定的社會所採取的一整套舉動，用於對疾病進行醫學投資、隔離，並且劃分成封閉而優先的區域，或者分配於各種治療環境」。[78]

這基本上就是疾病的分類式認知。臨床的出現需要建構一種新的先驗，形成一個「結構完全的病情學領域」。[79]現在，「把症狀定位於疾病當中，把疾病定位於特定的群組（ensemble）當中，並且把群組定位於病理世界的整體地圖裡」已經不再足夠。[80]這個新空間的出現隱含了這項體認：

知識形成的地方已不再是上帝散播物種的病理花園；那是一項廣泛的醫學意識，散布於空間與時間當中，開放而四處移動，與每個個別存在綁在一起，但也與民族的集體生活綁在一起，總是警覺於那個無盡的領域，疾病在其中透過本身的各個面向暴露出自己龐然巨大的形貌。[81]

疾病的本體與病人的身體就是在這個空間當中完全重合，疾病的形構疊加在身體上。醫學凝視在這個空間裡至高無上：可見的損傷與一貫的病理形式重合，能夠受到經驗豐富的眼睛解讀。臨床的誕生不是一項純粹認識論的事件；傅柯的三重空間化在臨床的出現當中扮演了決定性的角色。在革命期間，社會政治因素尤其會與醫學發展的認識論要求結合起來。老舊的分類式醫學，其核心是一群醫生一心一意要在花園裡發現病理本質，現在受到了要求享有自由研究領域的教學機構所挑戰；廢除舊制度的特權，是建立一個更開放的社會不可或缺的元素。革命軍的需求，以及軍醫的經常陣亡，使得改進以及加速醫生的訓練成為軍事與政治上的必要工作。

臨床的出現不純粹只是認知的問題，同時也是語言的問題。沒有任何病理本質存在於症狀之外；症狀成了疾病的能指，疾病不過就是症狀的集合。在這一點上，孔狄亞克（Étienne Bonnot de Condillac）是最重要的人物：症狀的意指結構把一種概念形構轉變為臨床實踐，一七四六年的《論人類知覺起源》（*Essai sur l'origine des connaissances humaines*）就以推論形式闡釋了這種概念形構。[82]在臨床思想當中，症狀扮演的角色類似於「行動的語言」，而根據孔狄亞克的說法，這種行動的語言就是語言溝通的原始形式。行動的語言是本能的直接表現，症狀是疾病的表現形式。如此一來，疾病的結構與辨識這種結構的語言之間就有一種同構或者形式同調：

在物種式的醫學裡，疾病的本質以及對疾病的描述不可能在沒有中介時刻的情況下重合，這個中介時刻就是所謂的「表格」，其中有兩個軸向；**受到述說**與**受到觀看的臨床**從一開始就以疾病的明確真相進行溝通，此一真相正是疾病的整個**存有**。疾病只存在於可見並且因此可以陳述（énonçable）的元素裡。[83]

這項形構受到純粹凝視的迷思所支配，這種凝視也是說話的眼睛所使用的純粹語言。不過，臨床案例是一種表面的凝視。因此，比夏對醫學職業提出的那句直率粗暴的忠告「切開幾具屍體吧」才會深具重要性。在病理解剖學逐漸獨立成為一門學科的發展下，因此有可能遵循這項忠告。如此一來，醫學凝視開始聚焦於死亡。死亡在這時開始受到要求必須對疾病提出解釋，由此進一步延伸，也必須對生命本身提出解釋。生命不再是生物的形式；生物是生命的可見形式，因為它抗拒一切不是生命的事物以及一切反對生命的事物：

比夏不只是把醫學從對於死亡的恐懼當中解放出來而已。他還把死亡納入一個技術與概念的

**整體**，在這個整體中取得其特定的性質以及其作為一項經驗的價值。因此，西方醫學史當中的大斷裂，就始於臨床經驗成為解剖臨床凝視的那個時刻。[84]

此一斷裂標記了一項新轉變的開始。疾病的空間由於解剖與分割而能夠被視為生物本身的空間之後，疾病的醫學即已過時，開始讓位給病理反應的醫學。現代醫學凝視的具體先驗就此出現。《臨床的誕生》雖然極為嚴肅，卻在語言和死亡方面帶有一些意料之外的情色意味主題。傅柯探討臨床解剖學的知覺與認識論結構，提及隱藏的元素採取了隱藏內容的形式與節奏，也就是說透明是**面紗**的本質，接著再加上一個腳注：「這項結構不是始自十九世紀初；遠非如此：在其整體輪廓（silhouette）當中，這種結構自從十八世紀中葉以來就支配了歐洲的知識型態與情色型態。我以後將會試圖加以研究。」[85]傅柯並未從事這樣的研究，但在他針對克雷畢雍與雷韋羅尼所寫的文章裡，確實短暫探究了這項主題：「面紗是一層單薄的表面，由偶然、倉促或端莊所戴上並且試圖保持不掉，但其施力線卻無可補救地受到掉落的垂直性所決定。面紗因為死亡而揭開；此一死亡包括其輕薄的布料以及其柔軟的形態。」[86]面紗的結構與異裝癖的結構相同：「如同面紗，異裝癖也隱藏並且背叛；如同鏡子，異裝癖以幻象呈現真實，而在提供真實的同時加以遮掩……這是一種受到模仿並且因此受到阻擋的反本質。」[87]一個對解剖學的討論所添加的腳注，帶領我們回到胡瑟勒的迷宮世界。

探討克雷畢雍的那篇文章，標題是〈如此殘忍的知識〉（Such a cruel knowledge），傅柯實際上曾以這句話描述比夏（一七七一－一八〇二）的創新。他指出，比夏與薩德（一七四〇－一八一四）幾乎是同時代的人物，而薩德「以最散漫的語言突然引介情色與死亡，是其無可避免的重點」。在比夏開啟的空間裡，「只有一種殘忍、簡化而且地獄般的知識能夠知曉生命，這種知識只有在生命死亡之後才會渴望生命。對於最個別的肉體加以包覆、撫摸、檢視與解剖並且列出其祕密啃咬的凝視，就是那種固定、專注、稍微放大的凝視，早已從死亡的高峰譴責了生命。」[88] 這項凝視不是來自一個活生生的眼睛，而是來自「一個看見過死亡的眼睛。一個拆解生命的白色大眼」。[89]

傅柯對醫學凝視的考古，同時也是一段眼睛的歷史，跟另一個關於眼睛的故事有關係。一九六三年秋天，傅柯在《評論》的一份特刊刊出一篇重量級論文，向一九六二年七月去世的巴代伊致敬。《致敬喬治．巴代伊》（*Hommage à Gerges Bataille*）是巴代伊獲得現代封聖的一個重要階段。雷希斯、布朗修與克洛索夫斯基全都有供稿，巴特也寫出他極為重要的〈眼睛的隱喻〉（La Métaphore de l'oeil）。[90] 傅柯的貢獻是〈踰越序言〉（Préface à la transgression）。[91]

〈踰越序言〉是一篇艱澀的文章，探究巴代伊的若干主要主題，也延續了傅柯本身的探索。傅柯對文中涉及的個別文本雖然沒有提供詳細的書目資料，但明顯可見他對於巴代伊大部分的著作都相當熟悉；主要的參考對象包括短篇小說《愛波寧》（*Eponine*, 1949）、《愛華妲夫人》（*Madame Edwarda*, 1937）、《天空的藍》（*Le Bleu du ciel*, 1957），以及散文《內在經驗》（*L'Expérience intérieure*, 1943）與《愛神之淚》（*Les Larmes d'Eros*, 1961）。不過，最重要的文本是惡名昭彰的《眼睛的故事》

（*Histoire de l'oeil*）。[92] 傅柯雖然對巴代伊有明顯的興趣，卻從來不曾嘗試過要與他見面；如同布朗修與夏赫，巴代伊也是傅柯默默仰慕的對象。傅柯的〈踰越序言〉是他首次向巴代伊致敬的舉動；第二次是在七年後，他為《全集》（*Oeuvres complètes*）第一冊所寫的序言包含以下文字：「我們現在已經知道：巴代伊是本世紀最重要的作家之一……我們存在於其中的這個時刻，有一大部分必須歸功於巴代伊；但我們尚未做、尚未思考也尚未說的，無疑也必須歸功於他，在往後許久都會是如此。他的作品將會變得更偉大。」[93]

在沒有任何暖身也沒有任何遲疑的情況下，傅柯直接就開始討論極限的問題。現代的性（傅柯所謂的「現代」，指的是薩德與佛洛伊德以來的性）尚未受到解放，而是被推到極限，或是被確立為極限：「性是我們意識的極限，因為性終究為我們的意識決定了對我們的無意識唯一可能的解讀方式；性是法律的極限，因為性顯然是唯一徹底普世性的禁忌內容；性也是我們語言的極限：性劃定了浪花的界線，在靜默的沙灘上只剛好可以觸及。」[94] 傅柯猜測認為，性的重要性也許和查拉圖斯特拉宣告的上帝已死有關：上帝的死廢除了無限的極限，然後把極限轉變成一種經驗。在這種經驗當中，在存有之外不可能有任何東西：這是一種內在經驗，是對於「有限的無限領域」以及虛空的發現。[95] 舉例而言，情色是「一種性的經驗，其本身把跨越極限連結於上帝的死」。[96] 極限的存在必然開啟了踰越的可能性，但踰越不是負面的事情，而是有限個體的自我伸張。在這樣的定義之下，極限的經驗於是提供了「非實證主張的一種可能哲學」的希望。[97] 接下來，傅柯開始期待「哲學主體性的瓦解，分散於一個雖然將其逐出卻也在其空白空間當中加以增殖的語言裡」，也期待「哲學不再是哲學語言的至高首要型態」。[98] 分散的迷宮是傅柯在他的文章還有《黑蒙．胡瑟勒》裡探究的文學現代主義語言，這個迷宮提供了一項前景，可望擺脫辯證法與人類學的「睡眠」，因為這兩者主要都透過康德來界定。對於極限的探究，將會取代對於整體性的哲學追尋；踰越將會取代矛盾的移動。在巴代伊這類作者身上，傅柯發現了他在拉波特的小說《監視》當中也瞥見過的東西，是一種他會與尼采聯想在一起的東西：也就是不能夠化約為哲學的思考。

他嘗試針對分散的語言所提出的描述，帶有一種奇特的詩意：

> 這個石頭的語言，這個無可避免，而且也不能缺少斷裂、斷崖與撕裂輪廓的語言，是一種環狀的語言，不但指涉自己，也質疑自己的極限：彷彿這個語言只不過是一團小小的黑暗，從中閃現出一道奇特的光芒，指出這團黑暗所來自的那道虛空，並且無可避免地將其所點亮及觸碰的一切都歸因於它。巴代伊為眼睛所賦予的頑強聲望，也許就是來自於這種奇特的形構。[99]

眼睛自然是在具有黑暗情色調性的《眼睛的故事》裡循環貫穿全書的那個物體，有時是一個從眼窩裡挖出的眼睛，有時採取的形態則是「相當於」蛋（在這一點上，「oeil」〔眼睛〕與「oeuf」〔蛋〕之間的語音遊戲比較接近胡瑟勒）、使用於情色遊戲裡的一碟牛奶，或是牛的睪丸（根據巴特的說法，睪丸在通俗用語中也稱為「oeil」。[100]

對傅柯而言，挖出眼睛就相當於把哲學家從至高無上的地位逐出。像《眼睛的故事》這類小說，最後都以極度帶有性的暴力場景作結：

在巴代伊的故事結尾所出現的那些精采場景，如果不是情色性死亡的奇景，只見眼睛上翻，露出眼白的極限，並且滾向巨大空洞的軌道，那麼還會是什麼呢？……上翻並且去除了核心的眼睛，就是巴代伊的哲學空間。他在這個虛空當中滔滔不絕而陷入迷失，但從不停止說話……歸屬於語言和死亡的空間，語言在那裡藉由跨越自己的極限而發現自己的存有：一種非辯證式哲學語言的形式。[101]

《臨床的誕生》沒有提及巴代伊，比夏也沒有出現在〈踰越序言〉裡。然而，這些相同的意象都套用在他們兩人身上。巴代伊的「極限」在靜默的沙灘上劃定浪花的界線，而病理解剖學也採取了異常類似的做法：

**發現**不再表示在混亂底下**讀出**一種基本的一致性，而是把語言的浪花界線稍微推遠一點，使其切入沙灘上的一個區域：那個區域仍然對清晰的認知開放，但已不再對通俗言語開放。把語言帶入那片凝視已不再有話可說的半影當中。[102]

關於這種對比的解釋是，傅柯把比夏在死亡當中對生命的認知比擬為哥雅、傑利柯（Théodore Géricault）、德拉克羅瓦（Eugène Delacroix）、拉馬丁（Alphonse de Lamartine）與波特萊爾等人的作品中揮之不去的死亡主題，以及此一主題所隱含的殘忍知識。對於比夏以及這項藝術傳統而言，「死亡已離開其悲劇天堂；現在已成為人的抒情核心：是人的無形真理，是人的無形祕密。」[103]《臨床的誕生》最後以一段出人意料的哲學與詩意色彩的文字作結。個人同時身為自身知識之主體與客體的可能性，反轉了有限性的作用：

這項翻轉為實證醫學的組成提供了一項哲學條件；相反的，在經驗層次上，實證醫學則是朝向把現代人與一種原初有限性綁在一起的關係所邁出的第一項突破……。這種醫學經驗……涉及一種抒情經驗，從賀德林乃至里爾克（Rainer Maria Rilke）的作品當中尋求其語言。始自十九世紀而我們至今尚未從中逃脫的這種經驗，與有限形式的揭露綁在一起，死亡無疑是其中最具威脅性的一項，但也是最充盈的一項。[104]

就出版後立即得到的評價而言，《黑蒙・胡瑟勒》與《臨床的誕生》都不是特別成功。值得注意的是，沒有任何一名評論者把這兩本書放在一起評論，也不曾試圖把這兩本書連結起來。霍格里耶在《評論》當中對待前者的方式尤其非常怪異。理論上，他評論的對象除了傅柯的這部研究著作以外，也包括波維出版社出版的胡瑟勒《全集》。他利用《評論》向來給予供稿者的自由空間，針對胡瑟勒寫了一篇短文，同時完全沒有提到《黑蒙．胡瑟勒》。[105] 貝德哈（Yves Bertherat）在《精神》當中撰文探討傅柯的這本書以及布鐸（Michel Butor）的《論現代人》（*Essais sur les modernes*），他提及評論文章已逐漸發展成為一種獨立於評論對象而存在的文類，並且指稱讀者有可能在從來不曾讀過拉辛的劇本也從來不曾看過其戲劇演出的情況下，仍然對巴特的《論拉辛》（*Sur Racine*）深感著迷。至於這篇文章實際上提到《黑蒙．胡瑟勒》的部分，貝德哈的這篇評論即是他提到的那種發展的絕佳例子。整篇文章只有最後兩句是針對傅柯而寫：

> 這位《古典時代瘋狂史》與《臨床的誕生》的作者對於潛藏在人類行為與作品背後的元素所懷有的熱情，以及他在我們通常不預期會發現意義的地方找出意義的技藝，我們都已相當熟悉。在這本書裡，他透過胡瑟勒進行一項個人沉思，其中最引人注目的貢獻，也許就是他試圖在語言、歷史與人類的著作當中找出理性與非理性的界線何在……如果真有這麼一條界線的話。[106]

另外還有幾篇比較不那麼值得注意也不那麼重要的評論，[107] 但索萊爾斯（Philippe Sollers）在《原樣》寫了一篇五頁的文章，真正盛讚了傅柯這部「令人欽佩的研究著作」。這篇文章大部分的內容都用於解說，最後的腳注才含有真正的讚頌之詞。在索萊爾斯眼中，《黑蒙．胡瑟勒》屬於一系列引人入勝的探究，始於《瘋狂史》。傅柯這些探究的深刻性、他的思考所帶有的細膩與深度，以及他優美的文筆，共同保證了他在作家當中必然會占有非常重要的地位。對於小他十歲的索萊爾斯以頗為高高在上的姿態提出的這句評論，可惜傅柯的想法沒有留下紀錄，但索萊爾斯的結論想必不會令他感到不悅：「他的《胡瑟勒》……與布朗修的《洛特雷阿蒙與薩德》（*Lautréamont et Sade*）同是近年來最耀眼的評論（詩意）書籍。我們幾乎忍不住要仿照《臨床的誕生》而稱之為《批評的誕生》。」[108]

《臨床的誕生》剛出版時受到的評論關注更少。奇怪的是，第一篇書評是出現在一本英國期刊。在這篇書評裡，惠康歷史醫學圖書館（Wellcome Historical Medical Library）的波因特（F. N. L. Poynter）把大部分的內容用在闡釋傅柯的論點，但在開頭與結尾都給予這本書高度正面的評價。他認為大多數關於醫學史的法國書籍雖然都附上豐富華麗的圖片，文字內容卻是膚淺又缺乏根據，但傅柯的這部研究著作則提供了「一種新精神的證據……也許是因為他與現代的法國科學史學家有所接觸，他們早就已經發表了許多傑出且深富學術性的作品」。他對於把里爾克與賀德林連結於十九世紀的思想家這種做法雖然表達保留的態度，卻認為這本書「充滿大量的想法與可供論辯的豐富種子，令人深感興奮」。「將來如果有哪位英國史學家打算書寫我們十九世紀初那群傑出的臨床醫師，或是我們這門職業從一八五八年以來的組成，甚至是鼓吹改變現今我們本身的醫療服務的醫學政治人物，都會在本書找到許多和他的書寫主題有所相關的內容。」[109]

在「現代的法國科學史學家」當中，唯一針對《臨床的誕生》提出評論的成員認為這本書的作者是「了不起的檔案收集者，一名細膩的考古學家」，但對於他的著作並不是特別熱中。達高涅（François Dagognet）強調這本書堪稱是《瘋狂史》的續集，並且在傅柯的筆下察覺到康德的思想，聲稱傅柯比較關注的不是精神醫學或醫學的現實，而是造就這些領域的假設與條件。舉例而言，非理性的本體實在注定只能存在於負面當中，不論是在未受闡述之事物的絕望當中，還是在猛烈抗議的悲劇裡。達高涅對於傅柯論點當中的部分細節也懷有疑慮，但他最主要的惋惜是傅柯沒有闡述得更加完整。他最後表達了這項希望：在傅柯「令人炫目的辯證」當中，歷史一旦取代考古，讀者剩餘的疑問即可受到消解。[110]

《臨床的誕生》雖然沒有大獲好評，卻很快就在特定圈子裡成為一部炙手可熱的作品。庫希內（Bernard Kouchner）在一九六三年是個年輕的醫生，是全國年輕醫生中心（Centre National des Jeunes Médicins）的成員，也是共產主義學生聯盟（Union des Etudiants Communistes）當中一名深富影響力的人物。傅柯對於他這門職業的傳承演變所從事的研究令他深感著迷；這本書為他提供了必要的智識工具，讓他得以看出醫學不只是一種機械化的實踐，同時也是一種隨著時間演變的語言。全國年輕醫生中心在一系列氣氛熱烈的會議中閱讀並討論了這本書的每一章，其中有許多場會議都在庫希內家裡舉行。這本書為他們在醫學院裡接觸的那種乏味而學術性的醫學史提供了一個充滿活力的對比。庫希內這時沒有試圖結識甚至聯絡傅柯，但他與那個群體對《臨床的誕生》所展現的深切興趣，乃是後來促使傅柯成為新左派偶像的因素之一。[111]

傅柯雖然獲得可觀的聲望，也贏得同儕的敬重，但也不免受到抨擊：巴黎知識圈並不是非戰區。最早的一項攻擊，而且就個人層面而言也對他傷得最重，就來自他的身邊。一九三〇年出生於阿爾及利亞的德希達，在一九五〇年進入高師就讀，一九五六年參加教師資格考。在高師期間，他與阿圖塞還有傅柯的關係相當親近，對於傅柯的課總是聽得津津有味；他後來自稱是對傅柯「深懷仰慕與感激的學徒」。[112] 德希達在一九六三年就已享有高度的哲學名聲，他出版的第一部重要作品是翻譯胡塞爾的《幾何學起源》（*Origin of Geometry*）並撰寫導論，結果贏得卡瓦耶斯獎，得獎原因是對現代認識論有傑出貢獻。一九六三年三月四日，在索邦大學任教的德希達發表了對哲學公學院的第一場講座，主題是「我思與瘋狂史」。

德希達的講座在一開始先對傅柯稱頌了一番，接著卻對《瘋狂史》提出極為嚴厲的批評。這本書「在許多面向都令人深感欽佩，其中的啟示與風格都非常強而有力」，德希達相當有幸能夠跟從傅柯學習。不過，他是一名學徒，而學徒與大師展開對話之後，他的意識是一種苦惱的意識：「學徒無盡的苦惱，也許是因為他還不知道或是尚未向自己揭露的事情：大師也許就像真實生活一樣總是缺席。因此，我們必須打破玻璃（glace），也許該說是打破鏡子，打破反射，打破學徒對大師無盡的猜測，而開始發言。」[113]

接下來，德希達開始向臺下那群包含傅柯在內的聽眾盡情發言。他針對兩個面向發動攻擊。首先，德希達質疑傅柯對《沉思錄》的第一個沉思所採取的解讀。在第一個沉思裡，笛卡兒思索自己有沒有可能否認自己的雙手和身體實際上屬於他所有。他斷定指出，這麼做就像是窮人自以為富有，像是一絲不掛卻自以為身穿華服。他對這樣的思索嗤之以鼻，認為這麼想的人根本就是瘋了，而他若是效法這種人的行為，就會變得和他們一樣瘋狂。在《瘋狂史》裡，傅柯認為這段文字代表古典理性充滿自信的確定姿態。[114]古義耶在論文答辯時曾對這項解讀略微提出異議，但傅柯對於自己解讀笛卡兒的觀點似乎沒有賦予高度的重要性。《瘋狂史》的節略版在一九六四年推出時，這個段落就是受到刪除的其中部分內容。對於傅柯在極為簡短的序言裡提及的「這本書的整體要旨」而言，這個段落大概不具關鍵地位。然而，德希達卻指出：「傅柯這整個研究計畫的意義，可以濃縮於這幾頁引經據典而且稍微帶有謎樣色彩的內容。」[115]對於傅柯的解讀（或者誤讀）所進行的重新檢視，是一種仔細閱讀的做法，這種做法後來就成為德希達的招牌特色之一。他對於傅柯與笛卡兒毫不留情而且有時鉅細靡遺的批判性解釋，不會在這裡仔細檢視，但會在後續和傅柯的回應一起提到。[116]

德希達首先針對傅柯引用巴斯卡的那句話的意涵進行解析：「人皆不免瘋狂，因此若有人不瘋狂，即是給予瘋狂一個瘋狂的轉折。」傅柯試圖書寫瘋狂本身的歷史，闡釋一項沉默的考古學。德希達認為這完全是不可能的事情：「對於這項沉默所進行的考古，難道不會是最有效也最細膩的一種重新開始，也就是**重複**打壓瘋狂的那種行為？」[117]要逃離遭放逐之瘋狂的總體語言，唯一的方法就是保持沉默，或者跟隨瘋子一起流亡。換句話說，傅柯使用的仍是理性的語言。德希達不禁「把傅柯的這部著作視為一項強而有力的保護與監禁之舉。一種二十世紀的笛卡兒式舉動。一種負面性的再生」。[118]

第二，德希達認為傅柯採用了結構主義的方法。「在這種方法當中，結構總體內的一切都以環形的方式綁在一起……結構主義的極權可能造成（opérait）一項限制了我思的行為，而這項行為可能（serait）與古典時代的暴力屬於同一類型。我不是說傅柯這本書是極權的……我是說這本書偶爾有成為極權的危險。」[119]德希達在此處謹慎使用了條件式的說法。這種影射式的時態可讓報紙指稱一名內閣閣員可能（serait）是謀害外遇情人的殺人犯，卻不必承擔惹上誹謗官司的風險，因為這麼說並沒有斷言對方的確就是（est）殺人犯。我們不需要是精神分析師，也可以知道「我不是說」這個否定句其實根本沒有效果，而且以「totality」（總體）與「totalitarian」（極權）這兩個形貌相似的詞語玩文字遊戲，也是一項粗糙的意識形態手法，就像法國共產黨在一九六六與一九六七年對《詞與物》所提出的批評一樣。

這種性質的批評通常具有兩種彼此相關的目的。一方面，這種批評依照定義就是負面的；另一方面，這種批評可在智識界的陣地戰當中劃出一個新的陣地。德希達的「我思」也不例外。在這場講座的最後，他主張指出：「理性、瘋狂與死亡之間的關係是一套系統，是一套差異結構，其不可化約的原創性必須受到尊重。」[120]其中暗示而非明示的含意，就是傅柯的概念分析必然會受到德希達的分析所取代。

「我思與瘋狂史」這場講座是德希達職業生涯的一個重要時刻，有助於確立他身為大師而不是學徒的地位。擺脫學徒身分經常隱含了對大師的象徵性殺害。傅柯與精神醫學還有教導他這個學科的那些老師之間的關係，曾被描述為一種凶殺性的關係，這種殺害在階級性的學術社群裡並不罕見。就傅柯與德希達而言，真正的凶殺受害者是他們的友誼。傅柯默默聽完整場講座，一九六四年〈我思與瘋狂史〉刊登於《形上學與道德期刊》之時也還是沒有打破沉默。三年後這篇文章再度收錄在《書寫與差異》（*L'Ecriture et la différence*）書中出版之時，他也一樣沒有回應。傅柯的沉默令人費解，因為他是出了名的無法容忍批評。一項局部的解釋，可能是德希達在一九六七年加入《評論》的編輯委員會，所以他們兩人也許因為在那裡共事而達成一種武裝休戰。後來傅柯終於在一九七〇年提出回應，對德希達做出猛烈抨擊，不僅針對一九六三年的那場講座，也針對他的解構主義整體。傅柯的書寫當中確實極少提及德希達，而只要提到就沒有好話。

這時候，傅柯與德費已在芳雷醫師街同居，決定共度終生。這項決定不表示雙方必須對彼此忠貞，但確實建立了一段延續至一九八四年傅柯去世為止的關係。整體而言，這是一項頗為放鬆的夥伴關係，德費也指稱傅柯在日常生活中非常容易相處。不過，他們確實遭遇了一些社交方面的困難以及一定程度的歧視。他們同居一事在他們的圈子裡不是祕密，但一九六三年的法國社會，尤其是法國學術界，對於同性伴侶的觀感並不是特別正面。[121]

與丹尼爾·德費的關係對傅柯的人生造成重大變化，原因是這項關係導致他與巴特疏遠。關於究竟發生了什麼事，至少流傳有三個不同版本。索萊爾斯指稱巴特與傅柯爭風吃醋，其他人則說巴特、傅柯與尚保羅·艾宏一起去丹吉爾（Tangier）度假的時候發生了一件事。傅柯一再抱怨自己沒有收到德費的消息，而他終於收到一封信之後，對於巴特挖苦他的一句話反應非常激烈。[122]根據德費的說法，是因為他占據了傅柯生活的一部分，再加上工作的壓力，所以才造成傅柯與巴特疏遠，他也否認傅柯與巴特之間有過任何嚴重爭吵。到了一九六三至一九六四年間，德費在準備教師資格考，傅柯已經開始撰寫《詞與物》。他們兩人經常忙到凌晨，所以傅柯只得放棄每週與巴特共進晚餐三次的習慣。他們的友情因此大幅降溫，但沒有突然中斷。直到一九七〇年代初期，他們的友誼才終於因為政治上的歧見而畫下句點。

德費的出現也對傅柯的文本造成了輕微影響。《瘋狂史》的節略版在一九六四年推出之時，原本題獻給艾瑞克米歇爾．尼爾森的文字消失不見，而且也沒有再出現在後續的其他版本當中。這項新關係甚至抹除了先前這段友誼的痕跡。現在，德費成為傅柯人生中最重要的人物，而且自此以後都是如此。他們兩人都有其他許多或多或少逢場作戲的性對象，傅柯身邊也經常環繞著一群仰慕他的年輕男子。傅柯從來不曾在他出版的作品當中公開提及德費，但倒是曾在一九八二年與德國電影導演雪洛特（Werner Schroeter）的對談裡描述了這項關係的重要性：

過去十八年來，我一直活在對一個人懷有熱情的狀態下。那道熱情也許在某個時刻展現為愛的型態。實際上，我們之間處於一種熱情的狀態，一種恆久的狀態……我完全投入於其中……我相信這世界上沒有一件東西，完全沒有任何東西，能夠阻止我回家找他，和他說話。123

他對德費的愛也許沒有立即造成他與巴特徹底斷絕關係，但確實導致傅柯無法實現過往的一項抱負。自從他離開漢堡之後，就一直著迷於前往日本的想法，甚至還有在那裡定居下來的念頭。這項著迷至少有一部分是一種觀點的表現，認為東方是西方理性的極限之一。如同他在《瘋狂史》

的原始序言當中所寫的：

東方被視為起源，被夢想為產生懷舊之情與回歸之承諾的那個令人頭昏眼花的點……是起始的夜，西方形成於其中，但其中又有一條分界線。對於西方而言，東方就是西方所不是的一切，儘管西方必須到那裡找尋其原始的真理。這項分界在西方漫長演化過程中的歷史應該受到書寫，以其連續性與交換受到追溯，但也必須獲准以其悲劇性的莊嚴姿態出現。124

前往日本的衝動來自於龐格提出的一項建議。一九六三年，東京的法國藝文協會（Institut Culturel Français）的主任職務出缺。由於傅柯在瑞典、波蘭與德國有豐富經驗，因此是充分合格的人選，他也對此相當熱中，部分原因是他對於在克雷蒙費弘工作愈來愈感到不滿。他與葛侯迪的爭吵向來都是一件惱人的事情，傅柯也對自己在沒有什麼祕書人力可以支援的情況下必須負擔的行政工作感到厭煩。此外，他仍然不認為在大學教書是他真正的志業。日本看起來似乎是個相當吸引人的替代選項。

不過，他面對了兩項障礙。第一是傅柯的院長不願失去他，尤其是大學裡的應用心理學院只有他一個人有能力能夠加以重整。在一九六三年九月二日寫給教育部長的一封正式信件裡，那名院長寫道：

在當前的情況下，傅柯先生一旦離去，將導致我們的全體教職人員嚴重失衡。我們在下個學年不但無法找到替代他的人選，而且克雷蒙的哲學組正處於危急狀態……所以主任明年必定要在職……鑒於這些情況，我因此決定極力敦促傅柯先生婉拒他所收到的邀請。他已經接受我向他提出的論點，我也對他這樣的無私表現深懷感激。[125]

傅柯的無私很可能只是表面上的客套，而不是真正改變了心意。他不是一個會甘於接受學術權威過度操弄的人，所以很有可能是為了拖延時間而請這位院長寫信給部長。導致他無法離開的第二項障礙，當然就是他與丹尼爾．德費的感情。傅柯不願拋下自己的新伴侶，甚至提議德費和他一起到日本去，轉換跑道攻讀日本研究。德費對現代日本社會的發展毫無概念，因此認為自己去日本只能研究扇子與陶瓷，而這樣的前景對他而言實在沒有什麼吸引力。除此之外，還有他的教師資格考；一旦去了東京，他就必須放棄自己的學業，也等於是放棄一切學術生涯的希望。最後，他做出了犧牲自己的資格考這項困難的決定。在此同時，法國外交部則要求傅柯必須立刻做出決定；總理龐畢度即將前往日本進行正式訪問，屆時法國藝文協會絕對不能沒有主任。在先前曾以大學方面的阻礙為由搪塞外交部的傅柯，終於提出否定的答案；他已決定為了德費的資格考而犧牲到日本居住的樂趣。這一整齣誤會是在他們兩人沒有任何開放討論的情況下所發生的結果。於是德費暗中下定決心，要寫出一部重大的智識著作來回報傅柯的犧牲。這個目標終究沒有實現，傅柯也從來不知道他的伴侶在心底藏有這項未能達成的抱負。[126]

德費在一九六四年夏季成功通過教師資格考，接著就必須立即入伍服十八個月的兵役。由於他曾參與反戰運動，也曾擔任代表出席法國全國學生聯合會的反殖民委員會，因此對軍隊的觀感極為負面，也不願服役當兵。他不像傅柯那樣有個能夠對軍隊的醫療小組發揮影響力的父親，但卻有另外一個選項，此一選項正顯示教育在一個公然的菁英主義體制裡能夠為人帶來的好處。不久之前剛成立的公民合作部（Service civil de coopération）所訂立的條款，可讓符合資格的年輕男子到開發中國家服務以取代兵役（那些國家通常是法國的前殖民地，但不以此為限）。德費原本的計畫是要去越南，但一九六四年八月二日的東京灣事件與美軍在後續對北越展開的攻擊，導致這項計畫變得充滿危險，於是他改而接受突尼西亞的一項教職。因此，他就在斯法克斯（Sfax）這座位於加貝斯灣（Gulf of Gabès）的南部城市教導哲學而度過役期。傅柯經常前去探望他，他們兩人也在一九六四至一九六五年的聖誕假期一同在突尼西亞四處旅遊。

傅柯在一九六三年九月並沒有置身在東京或京都的異國情境裡，而是處於他所熟悉的環境，出席《原樣》舉行的座談會。這份期刊由索萊爾斯、哈利耶及其他人創辦於一九六〇年，目的在於為文學前衛運動的理論與實踐提供一個平臺。創辦宣言指出：「當今必須要說的，就是寫作如果沒有明白界定其力量，沒有足夠的冷靜沉著能夠抗衡寫作從中甦醒過來的那團混亂，沒有一股決心為詩文在心智中賦予最高的地位，那麼寫作就不再是一件可以想像的事情。其他的一切都不是文學。」[127]在《原樣》於一九八三年停刊並立即以《無限》（*L'Infini*）之名重生之前，這份期刊每次只要一改變立場就會發布宣言與公告，而且這樣的改變都不是逐漸發展的結果，而是瞬間的突然轉向，先是從政治靜默轉向對法國共產黨的批判性支持（持續至一九七〇年左右），接著又在一九七〇年代中期至晚期從極端毛主義轉向高度大西洋主義。儘管方向一再改變，這份期刊卻因其信念而能保有一種潛在的連續性，那項信念就是文學前衛運動是社會與政治革命的先驅，甚至是其原動力。此一信念最崇高的表達，出現在茱莉亞·克莉斯蒂娃（Julia Kristeva）企圖證明洛特雷阿蒙與馬拉美的詩文革命代表了資產階級國家的危機這項重大嘗試當中。[128] 如同創辦宣言明白指出的，《原樣》也習於一定程度的賣弄學問；先前引述創辦宣言的最後一句話，即是刻意指涉魏倫（Paul Verlaine）的「其餘一切皆是文學」：這句格言把「文學」與輕浮畫上等號。

在一九六〇年，毛主義甚至還沒出現，而「文學」實際上就是指新小說（nouveau roman），「只有這種形式提供了處理文學的方法，不論是從形式觀點，還是從意識形態復原的觀點而言。」[129]《原樣》最初頌揚的作家群包括波赫士、賀德林、彭暑（Francis Ponge）與海德格，在很大的程度上與傅柯在《瘋狂史》當中開始探究的那項傳統重疊。因此，邀請他參加一九六三年九月舉行於瑟里西拉薩勒（Cérisy-la-Salle）的座談會，是很好理解的選擇，他也在會上主持了一項以小說為主題的重大辯論。這是一場重要的座談會；根據索萊爾斯的說法，自從這一天以後，

> 重點不再只是單純放在小說的正式研究上，而是放在闡述一個批評領域，可讓我們不必再去區分不同層級的文本，不論這些文本被稱為是批評性、詩文性還是虛構性。另一方面，這點

也釐清了我們對於文學系列被嵌入政治本身當中的方式所進行的研究。[130]

在這個階段，傅柯對於文學「嵌入」政治的現象不是特別感興趣，而且他對這項辯論的貢獻，主要只是因為揭露了他本身的思想而引人注意。

傅柯有些故作謙虛地承認自己其實沒有資格談論小說，並且把自己描述為一個「天真的人，哲學意圖明顯可見」，[131] 然後為辯論揭開序幕，指出《原樣》的興趣和超現實主義者有一項共通之處：也就是「一套」主題，諸如夢境、瘋狂、非理性、重複與分身。藉著引介「極限」和「踰越」的概念，巴代伊協助把這套主題移出純粹的心理學層面，而《原樣》則將其提升至更加知識性的層級。現在，文學本身問著這個問題：「思考代表什麼意思？這種稱為思考的非凡體驗是什麼東西？」[132] 傅柯迴避了桑吉內蒂（Eduardo Sanguineti）以馬克思主義術語表達的異議，接著主張難以接受精神主義或神祕主義的指控：「在當前這個時刻，即便是在哲學當中，也尤其是在哲學當中，我們正極為吃力地試圖理解思考有可能是什麼東西，同時又不套用過往的那些類別，特別是致力於要跳脫黑格爾一度界定的那種心智辯證。」[133] 傅柯在首度開始閱讀尼采的十年後，仍然努力想要擺脫黑格爾的影響。

從出版的發言文字稿看來，這場辯論的開頭並不是特別順利。隨著索萊爾斯吞吞吐吐地指稱自己憑直覺寫作，因此他的作品看在哲學家眼裡也許會顯得混亂難解，傅柯因此覺得必須從自己的「抽象論述」當中退卻，邀請尚皮耶・菲耶（Jean-Pierre Faye）發言。菲耶隨即接受這項邀請，主導了這場漫長的討論，詳述許多作家在作品當中捨棄現實主義的情形，包括亨利・詹姆斯與喬伊斯，乃至卡夫卡、沙特與胡瑟勒。

在這場辯論裡，傅柯大部分時間扮演的角色都是頗為膽怯的主席，幾乎每次發言都會加上一個禮貌性的「也許……」。他想要為這場辯論稍微帶入一些哲學色彩的嘗試並沒有成功。他提到法國在一九四五到一九五五年間曾有一種「意指文學」，對應於以梅洛龐蒂為代表的意指哲學，接著又提議現場的討論也許可以轉向兩個領域之間的關係這項問題：一方面是自從某種現象學的時代以來就被稱為意指的領域，另一方面是我們現在開始發現屬於能指與所指的領域，也就是符號的領域。不過，菲耶卻拒絕利用這個機會探究胡塞爾與後索緒爾語言理論之間的差異，並立刻回頭針對霍格里耶進行批判性討論。[134] 後來傅柯又試圖擴大辯論範圍，把當代音樂也納入其中，指稱音樂語言與小說家面對的問題也許可以互相類比，但這項嘗試也同樣沒有成功。自從一九五〇年代就認識傅柯的艾米拒絕捲入這場辯論，只貢獻了一些非常籠統的意見。

傅柯把辯論內容引導至純文學問題以外的嘗試雖然不成功，但在反對桑吉內蒂訴諸現實主義的做法上，他卻與《原樣》群體的意見完全一致。桑吉內蒂主張不是所有的事件都發生在語言裡，傅柯反駁指出：「現實不存在……唯一存在的只有語言，而我們談論的就是語言，我們在語言裡說話。」[135]

傅柯在瑟里西又參與了第二場辯論。對於詩的討論雖然聚焦有些鬆散，但卻讓他有機會解釋他在自己的作品與《原樣》的文章之間察覺到的同構性。他聲稱自己是在言談層次上書寫，並以頗為奇特的方式將其定義為「沒有天分」，接著承認《瘋狂史》當中的歷史分析與普萊內特（Marcelin Pleynet）的詩文實驗之間沒有直接關連。他們的共同點在於對**論爭**（contestation）概念的運用：「在一個微不足道的哲學思潮當中最有問題、最困難也最鮮為人知的一項概念……其源頭至少也許能夠見於布朗修與巴代伊這類人身上。」[136]

傅柯從未成為《原樣》的密切夥伴，這種情形背後也許存在著私人原因。《原樣》在很大程度上是索萊爾斯的私人王國，他並不是一個樂於分享智識權力的人。此外，傅柯可能也因為純粹主觀的原因而保持距離。明顯可見的是，他在這個階段對於這個團體較為政治性的關注並不感興趣；儘管他一心想要找出一種無法化約為哲學的思考形式，但他對辯證思考所懷有的敵意不僅及於黑格爾，也及於馬克思。傅柯後來成為政治活躍分子的時候，他的政治立場與《原樣》那種教條式但文學性的毛主義相差極遠，而且他與索萊爾斯之間也沒有任何共同點。

# 7 詞與物

在《原樣》的瑟里西座談會上，傅柯是稍微不太自在的哲學家，身處於一個幾乎可說是純文學的場域當中。在次年以尼采為主題的華攸蒙座談會上，他回到了比較自在的哲學環境裡。這場舉行於一九六四年七月四日至八日，由格胡（Martial Guéroult）主持的座談會，把許多卓越的專家齊聚於一堂，包括克洛索夫斯基、德勒茲、博弗黑與瓦勒（Jean Wahl），來自義大利的科利（Giorgio Colli）與蒙蒂納利（Mazzino Montinari）則報告了他們編纂尼采全集的進度。

傅柯發表的論文題獻給尼采、佛洛伊德與馬克思這三位「懷疑大師」，基本上是對於詮釋技巧的討論。實際上，他一開始先提及自己的「夢想」，也就是針對在西方文化中曾經使用過的所有詮釋技巧彙編一部整體語料庫或者百科全書。他闡述這麼一部百科全書可能會有的內容，方式是對文藝復興思想當中的相似類別進行討論。這段內容是《詞與物》第二章開頭的簡要版，顯示這本書已經進展得相當順利。他以《悲劇的誕生》、《資本論》第一卷以及《夢的解析》作為主要文本，主張尼采、馬克思與佛洛伊德並沒有對先前不具意義的事物賦予新意義：「實際上，他們改變了符號的本質，也修改了符號可以受到詮釋的方式。」[1]對於文藝復興思想而言，符號存在於一個同質性的空間裡，以地指涉天，而且反之亦然。自從十九世紀以來，符號通常是個深淺的問題。舉例而言，尼采提及「對一件事物的基礎徹底加以探究的仔細思想家」，並且描述自己「潛入了深淵……鑽入了基礎」。[2]不過，查拉圖斯特拉登上高山之後，發現深淵只不過是表面的皺摺而已。馬克思發現資產階級的價值概念完全沒有深度，而佛洛伊德對於夢的詮釋則揭露了一條說話鏈，平躺於分析師俯瞰的眼光之下。[3]

不過，符號的空間性及其詮釋不是傅柯的主題：他真正關注的是詮釋的無限本質。馬克思詮釋的不是生產關係的歷史，而是一種關係，那種關係把自己呈現為自然，呈現為一種詮釋。佛洛伊德詮釋的不是符號，而是幻想，或是病患對於身體經驗早已相當繁複的詮釋。在尼采眼中，哲學是語文學的無盡實踐。詞語不是代表所指，而是強制施加一項詮釋。詮釋無窮無盡，原因是被解釋項（interpretandum）早就已經是解釋項（interpretans）。

所有這些表述都涉及傅柯在其文學文章以及《黑蒙．胡瑟勒》裡對於迷宮的探索，但也涉及他認為存在於語言和死亡之間的關連。詮釋雖然有可能無限，卻終究不免停止。對佛洛伊德而言，移情代表了分析的無窮盡性以及一個危險區域的接近，這個區域會造成進一步的分析不再可能。對於尼采而言，「詮釋可能關乎存在的根本本質，因此對於詮釋的完整知識將會把人摧毀。」[4]對傅柯自己而言，「在詮釋崩解的那個點，在詮釋朝向一個造成詮釋不再可能的點而收斂的過程中，重點很可能是一種有如瘋狂經驗的東西。」[5]

在這整篇文章裡，明顯可見傅柯真正認同的對象是尼采，而不是馬克思或佛洛伊德，後續討論中的一句簡短評論即揭露了為何會是如此。尼采的詮釋理論極為不同，因此無法納入任何「構成群體」當中，但馬克思可以納入共產主義者構成的「群體」，佛洛伊德也可以納入精神分析師構成的群體。[6]吸引傅柯的就是尼采著作這種無法分類的本質，以及由此帶來的擺脫辯證思考的前景。

德勒茲總是不願談及自己究竟是在什麼時候認識傅柯，又是怎麼與他認識。舉例而言，他曾對《解放報》（*Libération*）的馬吉歐里（Robert Maggiori）說：「會讓人記得的是一個姿勢或是一道笑容，而不是日期。我認識他是在一九六二年左右的事情。」[7]他們兩人結識於克雷蒙費弘，但華攸蒙座談會無疑是他們友誼的重要時刻。傅柯在他的論文裡以肯定的語氣提及德勒茲的《尼采》，[8]德勒茲也在他以權力意志與永恆回歸為主題的閉幕致詞裡回報了傅柯的恭維。[9]德勒茲也提到一項後來更加拉近他們關係的計畫：為科利與蒙蒂納利編纂的尼采全集製作法文版。這項編纂計畫以威瑪檔案的原創研究為基礎，由法國、義大利與荷蘭聯手合作，奇特的是德國卻沒有參與其中。法國方面由傅柯與德勒茲共同主持，在一九六七年開始出版，首先推出的是第五冊，其中含有克洛索夫斯基翻譯的《快樂的科學》、一些尼采死後留下的文字，以及由兩位督導編輯所寫的一篇簡短緒論。[10]這套十四冊的作品全集終於在一九九〇年隨著《不合時宜的考察》的新譯本出版而宣告完成。

在一場訪談裡，傅柯解釋了這麼一套新版本的必要性，也提及必須「摧毀虛妄的架構，也就是一個過度狂熱的第三者所創造出來的結果，並且盡可能根據尼采本身的觀點重建這些文本」。[11]所謂的「第三者」，自然是尼采的妹妹伊麗莎白．福斯特（Elizabeth Förster），深受納粹主義理論家喜愛的《權力意志》（*Der Wille zur Macht*）版本，主要就是由她所促成：「尼采的妹妹（她的種族歧視傾向廣為人知，但尼采本身則在晚年極力譴責反猶太主義）所做的獨斷詮釋，不是支持納粹黨人試圖造成的意識形態兼併嗎？因此，一套嚴謹版本的尼采著作絕對有其必要，尤其是現在尼采又再度獲得了一群新讀者。」[12]

傅柯認識華攸蒙座談會大部分的出席者，其中有一人在這個時期與他特別親近。針對尼采的「永恆回歸」這項主題發表演說的克洛索夫斯基，[13]在巴特的介紹下結識了傅柯，也許是在一九六三年。他在一九〇五年出生於巴黎一個帶有貴族身分又充滿藝術氣息的波蘭移民家庭裡，是畫家巴爾蒂斯（Balthus，本名為Balthasar Klossowski de Rola）的哥哥。巴特自從一九四〇年代晚期就與克洛索夫斯基相識，當時他經常會到克洛索夫斯基位於卡尼維街（rue Canivet）的公寓和克洛索夫斯基夫人丹妮絲（Denise）一起彈奏四手聯彈的鋼琴曲。[14]克洛索夫斯基成長於法國與德國，從小就具備雙語能力，不但年輕的時候就認識里爾克，在漫長的職業生涯中接觸的人物範圍之廣更是驚人。他在不同時期往來的對象包括葛楚．史坦（Gertrude Stein）、巴代伊、馬松與班雅明（Walter Benjamin），也是極少數與紀德和傅柯都關係親近的人物（另外這麼一個人物是克洛德．莫里亞克）。

克洛索夫斯基的職業生涯相當奇特。在第二次世界大戰前夕，他因為追求宗教生活而先後進入本篤會與道明會擔任見習修道士，但只短短三個月就離開了修道社群。這項經驗成為他撰寫第一部小說《延宕的假期》（*La Vocation suspendue*, 1949）的基礎。這部小說採取對一本同名的稀有書籍進行討論的形式，其內容有可能精確記述了他喪失信仰的過程。一九四七年，在捨棄宗教追尋的情況下，他娶了丹妮絲・辛克萊爾（Denise Marie Roberte Morin Sinclaire）為妻：她是一名在戰爭中喪偶的寡婦，因為參與抵抗活動而被遣送到拉文斯布呂克集中營（Ravensbrück）。結婚之後，克洛索夫斯基所有的作品就都投注於她令人著迷的美貌。她就是出現在他的小說還有許多細膩畫作當中的「霍貝兒」（Roberte）。克洛索夫斯基原本是作家暨翻譯者，在結識丹妮絲之後不久開始嘗試繪畫，自此之後即不斷在這兩種媒介之間轉換。他的繪畫受到許多不同風格的畫家影響，包括安格爾（Jean Auguste Dominique Ingres）乃至福塞利（Henry Fuseli），而且他創作的全都是大幅的紙上作品，以色鉛筆繪製而成（除了極早期的石墨畫作以外）。這是一種需要長時間仔細付出心力的媒材。

克洛索夫斯基的小說與畫作構成一個帶有情色、宗教與哲學主題的想像世界，而自稱為偏執狂的他，也對這個世界以外的其他事物興趣缺缺。他的作品（尤其是名為《待客之道》〔*Les Lois de l'hospitalité*〕的三部曲）[15]雖然有時被人摒斥為厭女甚至色情，[16]他卻堅稱其中帶有神祕內容，屬於諾斯底主義的傳統。布朗修支持克洛索夫斯基的說法，形容他的書寫作品「揉雜了情色的苦行與神學的放蕩」。[17]他的小說與畫作都是一連串的場景，正如同戲劇當中的場景，並且是關於一種羞辱性的邂逅，一方是霍貝兒，另一方是來自具有威脅性的義大利即興喜劇當中的角色。霍貝兒成為交易物品，永無止盡地流通於一項情色經濟當中。她遭到強暴與攻擊，受到誘惑也誘惑別人，並且採用許多不同身分，卻又保持了不被占有也不可侵犯的狀態，因為作者認定最深層的個體性是一個無法溝通也無法交換的核心。如同薩德的放蕩分子所想像並演出的活人靜畫，克洛索夫斯基的文字與圖像也洩漏了一種對於再現（representation）本身的執迷：劇本的再現、圖畫的再現、劇本當中的場景圖畫的再現、關於書籍的書籍。這是一種擬像的戲劇，其中的一切都是再現的結果，而不是真實。構成那套三部曲的戲劇場景尤其是源自構思當中但沒有實際執行的圖畫。

擬像的概念不容易理解，因為克洛索夫斯基並不是最具概念能力的思想家。他自己聲稱這種概念衍生自頹廢羅馬的美學，當時街道旁都矗立著神明的擬像或雕像，一方面彰顯祂們的存在，同時也呼籲公民祭拜那些神明。克洛索夫斯基認為那些雕像最引人注目之處，在於它們「以性表現決定了自己所代表的神明。它們本質的不確定性受到一種具體化所取代，也就是性的具體化」。這項古典指涉逐漸與一項對偶像的本質所進行的沉思結合起來，於是擬像終於被界定為構成

一種瞬間狀態的徵象，無法建立一個心智與另一個心智的交流，也不允許一個思想傳送至另一個思想……擬像帶有一種優勢，也就是不聲稱能夠修正其所代表的事物或是對於一項經驗的說法；擬像完全沒有排除矛盾，而是包含了矛盾。[18]

根據克洛索夫斯基一篇探討尼采的文章當中的一個段落，傅柯把「惡魔」的擬像連結於尼采的《快樂的科學》。[19] 這個惡魔指稱「你人生中的一切……都會回歸於你，而且全部以相同的順序回歸」。尼采接著問道：「你難道不會詛咒那個說這種話的惡魔？還是說你經歷了一個絕妙的時刻，而會這麼回答他：『你是一位神明，我從來沒有聽過這麼神聖的話語』？」[20] 那個惡魔神明的曖昧性質，也是霍貝兒這個徵象暨擬像的曖昧性質。

對於克洛索夫斯基而言，語言是一種不穩定的媒介，在其中可能會發生令人震驚的轉變。此外，語言也與身體關係緊密：霍貝兒是由詞語變成的人，她的身體是由詞語構成的血肉。身體和語言的關係會產生文本，這點必然深深投合傅柯本身對於文字遊戲的愛好。舉例而言，在《霍貝兒，今夜》（*Roberte ce soir*）當中，情色邂逅可以用多瑪斯主義（Thomist）神學的語言表達，就像霍貝兒受到一個巨人的「反之」（sed contra）插入，同時又刺激自己的「何謂」（quid est）而達到高潮。[21]

傅柯與克洛索夫斯基有許多相同之處，尤其是對尼采與薩德的著迷。連同布朗修的《洛特雷阿蒙與薩德》，克洛索夫斯基的《我的鄰居薩德》（*Sade, mon voisin*）是最早針對薩德侯爵所寫的研究著作之一，儘管《瘋狂史》書中沒有任何跡象顯示傅柯當時讀過這本書。另一方面，克洛索夫斯基則是興味盎然而且熱中不已地閱讀了《瘋狂史》。也與克洛索夫斯基交好的德勒茲說的一句話，顯示其作品對於拒絕受到界定的傅柯可能帶有明確的主觀吸引力：在他看來，克洛索夫斯基所有的作品「都致力追求同一個目標：確保個人身分的喪失，消除自我；這就是克洛索夫斯基筆下的人物從一場前往瘋狂邊緣的旅程當中所帶回來的美妙戰利品」。[22] 另一方面，他們的共同興趣頗為有限，克洛索夫斯基也從來不曾真正成功讓傅柯對於在他眼中深具意義的諾斯底主義者產生興趣。不過，他們相處得很融洽，傅柯每次造訪卡尼維街，總是因為他的談話風格而度過一段充滿生氣的時光。丹妮絲·克洛索夫斯基把他的談話風格形容為「sautillant」，也就是不斷跳躍於不同的主題。[23]

這段友誼的私人面向與公共面向最終不免有所重疊，只見傅柯在公開發表的文字當中盛讚克洛索夫斯基，也為他辯護。一九六四年，克洛索夫斯基出版了一部《伊尼亞斯紀》(*Aeneid*)的譯本，開頭的譯文是：「Les armes je célèbre et l'homme」(「我頌揚戰鬥與這位人物」)。這句譯文依循原文拉丁文的詞語排列順序以及句法，沒有打算把維吉爾的文字轉換成法文的語法。克洛索夫斯基幾乎可以宣稱自己的母語是拉丁文：他小時候閱讀的第一本文法書不是法文也不是德文的文法書，而是拉丁文；[24]他筆下的散文也經常帶有拉丁文的色彩。他這部維吉爾的譯本沒有得到普遍的讚賞，但傅柯對其深為仰慕，稱之為一部「垂直翻譯」：「每個詞語都如同伊尼亞斯，帶有其本身的原生神明與神聖出生地。每個詞語都從拉丁文韻文裡落入法文詩句中，彷彿其意義不能脫離其所在位置，彷彿命運和這首詩的擲骰安排為每一個詞語所指定的確切位置，就能夠表達那個詞語所要表達的內容。」(這句話指涉了馬拉美的〈骰子一擲取消不了偶然〉〔Un coup de dés jamais n'abolira le hasard〕。)為了翻譯，「克洛索夫斯基不是安於法文與拉丁文之間的相似之處，而是在這兩者最大的差異當中找尋落腳處。」[25]

傅柯也相當欣賞《黛安娜的沐浴》(*Le Bain de Diane*, 1956)。克洛索夫斯基在其中探索了黛安娜與阿克泰翁（Actaeon）的神話，以此為基礎發展出高雅的變奏。這項神話是繪畫裡經常出現的主題，而黛安娜又與霍貝兒極為相似，原因是她的肉身雖然能夠變形，本質卻維持不變。阿克泰翁並未窺見這位女神真正的裸體，只是看見她的擬像而已；「真實」的黛安娜總是身在別處。傅柯認為《黛安娜的沐浴》足以和布朗修與巴代伊的著作相提並論：這的確是極高的讚譽。這部「文本致力於詮釋一則遙遠的傳說與一項距離的神話（一個男人因為試圖接近赤裸的神明而遭到懲罰）……黛安娜由於自己的慾望而再度複製，阿克泰翁則因為自己與黛安娜的慾望而變形」。[26] 如同他在其他地方所言，克洛索夫斯基捕捉了「分身的經驗、擬像外表的經驗、自我的戲劇性與瘋狂增殖的經驗」。[27]

克洛索夫斯基對傅柯（他稱傅柯為自己最大的讀者）做過最明確的友誼之舉，也許就是允許或者邀請他閱讀自己的小說《巴風特》（*Le Baphomet*, 1965）的手稿。這部小說是一件奇特的作品，採取中世紀主義，又探究雌雄同體的主題，而且書名乃是一道密碼，由「BAsileus philosoPHOrum METallicarum」（「冶金哲學家之王」）一語衍生而來。[28] 傅柯滿懷熱中地一章章閱讀這部作品，投注很長的時間與作者討論，後來這部小說也題獻給他。可惜的是，他沒有把自己的印象以任何恆久形式記錄下來。

他們的友誼持續至一九七〇年代初期，那時傅柯因為自己的政治興趣而逐漸與克洛索夫斯基疏遠，還有他在這段文學時期結交的其他朋友也是如此。這段友誼最後終於畫下句點，但畢竟留下了一些紀念。一九八〇年代晚期，克洛索夫斯基在巴爾蒂斯的別墅發現一塊腐朽的畫布，他利用上面的潮溼痕跡創作出兩個版本的〈大禁閉II〉(The Great Confinement II, 1988)畫作。這兩個版本都含有傅柯的肖像;在第二個版本當中,傅柯周遭圍繞著史特林堡(August Strindberg)、尼采、巴代伊與一位不知名教宗的畫像,而位於傅柯右側的佛洛伊德則盯著達文西的〈聖母子與聖安娜〉(Madonna and Child with St Anne)素描畫作。[29]

《古典時代瘋狂史》為傅柯贏得同儕的敬重與欽佩,但他尚未獲得公眾的肯定。他在一九六五年二月與三月現身於兩個教育性電視節目。第一個節目討論哲學與心理學,由巴迪烏(Alain Badiou)與他對談。巴迪烏當時在漢斯(Reims)的一所中學任教,剛出版他的第一部小說;[30]不到幾年後,他就在毛派的圈子成為著名人物。

傅柯對於巴迪烏的發問所提出的回答,主要是重述當時剛再版的《精神疾病與心理學》(此時已改成這個書名)當中探討的主題,而他首次上電視的引人注意之處,主要是他在節目尾聲那段異想天開的話語。被問到他會怎麼對中學的哲學班級教導心理學,他說他要做的第一件事是去買個面具。他會裝出不同的嗓音,「就像《驚魂記》(*Psycho*)裡的安東尼・柏金斯(Anthony Perkins)」,這樣「我的論述的一致性就完全不明顯可見」。接著,他會對心理學與精神分析的當前發展提出簡明的陳述,然後脫下面具,恢復自己原本的嗓音,並且教一堂哲學課,這堂課的內容將會證明心理學是「西方思想在十九世紀陷入其中的一種絕對無可避免又絕對致命的僵局」。[31]

傅柯第二次上電視,是與呂格爾針對多義性與存在論進行一場簡短而頗為針鋒相對的對談,然後又與呂格爾(他是詮釋學專家)、伊波利特、康紀言以及德雷弗斯夫人從事一項很短的討論。

這項討論聚焦於康紀言與伊波利特分別提出的兩個命題，一個是「根本沒有哲學真理」，以及「哲學當中沒有錯誤」。這個節目的目標觀眾是實習哲學家，而針對這類命題進行爭論即是他們習以為常的主要活動。明白可見，傅柯與康紀言一致認為沒有任何標準可以判斷哲學體系的真偽；換句話說，哲學論述沒有所謂的真理。不過，傅柯主張有「求真意志」存在。[32]

最後終於把傅柯帶入鎂光燈下的不是教育節目，也不是討論會，而是在一九六六年出版的《詞與物》。傅柯沒有提及這本書的研究與書寫工作花了多少時間。不過，從〈尼采、佛洛伊德、馬克思〉可以明顯看出這本書的一大部分在一九六四年中期早已寫成，而且據報這本書的主題在一九六五年於巴西發表的一系列不太成功的講座當中曾經概述過。[33] 他在訪談以及其他地方偶爾提出的說詞，明白顯示他認為撰寫這本書是一項艱難的工作。不過，如果說《詞與物》寫起來很難，那麼出版倒是很容易。

向伽利瑪出版社提交這份手稿，使他與羅蘭．凱瓦恢復了聯絡，他就是在一九六一年最早讀過《瘋狂史》的人士之一。傅柯與凱瓦通信了一陣子，但只有傅柯寫的信保存下來。從現有的零碎證據來看，我們可以猜測凱瓦以自己身為伽利瑪出版社讀者委員會成員的身分閱讀了這份手稿，並且在寫給傅柯的信裡大加讚賞。傅柯熱切向他表達感謝，使用的文字顯示受過教育的法國資產階級拿手的那種高雅禮貌言詞：「一個人一旦把一份又長又厚又艱澀而且連同大量注釋的文本寄給出版商，總是不免預先對於讀者的恐懼感到害怕。不過，幸運的是我的文本落入您的手中，而且沒有令您太感不悅。我覺得自己有幸獲得最理想的讀者。」[34]凱瓦提議書中第二章的一份摘錄文章可以刊登於《第歐根尼》（*Diogène/Diogenes*）這本由聯合國教科文組織以英文與法文出版的期刊當中。傅柯隨即表示同意，但對於進一步撰寫一篇「概要短文」表達了猶豫，指稱撰寫這本書的過程極為艱困，所以他還無法以客觀的眼光看待這本書。後來，那份摘錄就在沒有「概要短文」的情況下以英文和法文刊登，在傅柯的國際事業生涯當中構成了一個微小但具有重大意義的階段。[35]傅柯的英文事業已逐漸成形。他的名字最早在一九六三年因為蘇珊・桑塔格（Susan Sontag）探討莒哈絲的一篇文章而為美國大眾所知。[36]《瘋癲與文明》（*Madness and Civilization*）在兩年後出版。因此，這篇〈世界的散文〉（'The Prose of the World'）對於英文世界當中緩慢增加的傅柯作品是重要的生力軍。

《詞與物》在四月推出，立刻就成為暢銷書。傅柯認定自己寫了一本頂多會有兩千名觀念史專家閱讀的著作，並且稱之為他寫過最困難的一本書，「寫得痛苦不已」。[37]然而，這本書首印的三千本，卻在幾乎沒有廣告的情況下在一個星期內就銷售一空；第二刷的八百本單是在七月的最後一週就賣光。[38]再版的五千本在六個星期內全部賣完。八月，位於聖傑曼大道的拉雲霓（La Hune）這家貨量充足而且能夠可靠反映特定巴黎人品味的書店，指稱這本書「熱賣」不已。[39]在八月的頭兩個星期，《詞與物》進入《快訊》（*L'Express*）的非小說類暢銷榜，榜首是韓素音自傳的第一冊：《傷殘的樹》（*The Crippled Tree*）。[40]在他自己也意想不到的情況下，傅柯出版了那一年最暢銷的書籍之一。

《詞與物》是伽利瑪出版社的新叢書「人文科學圖書館」（Bibliothèque des sciences humaines）最早出版的書籍之一，另一本是卡內提（Elias Canetti）的《群眾與權力》（*Masse und Macht*）的譯本。這套叢書得到的反應相當正面，很快就成為一座智識重鎮。叢書總編輯是諾哈（Pierre Nora），他是專業史學家，不久之前剛從朱里亞出版社（Julliard）來到伽利瑪出版社。他後來成為傅柯的主要編輯，在很長一段時間都是傅柯的密切合作夥伴及朋友。這套叢書推出時的宣傳顯然令傅柯從中獲益，他也以自己的聲望為這套叢書加持。五月刊登於《新觀察家》（*Nouvel Observateur*）的一篇沒有署名的文章，表示《詞與物》是「出版界長久以來最引人入勝的一本書」。[41] 一個星期之前，這本雜誌報導了克洛索夫斯基在《原樣》舉行於聖傑曼德普雷的論壇上，對著一大群聽眾發表了一場以「薩德作品中的符號與變態」為題的講座，報導提到傅柯也在場聽講，並且把他與德勒茲還有托爾（Michel Tort）一同稱為「受到眾人談論的哲學家」。[42]

《詞與物》這個看似簡單的書名，有一段奇特的歷史。傅柯先前的許多文字作品都曾經提及「詞語和物品」，似乎預示了這本書的書名。不過，根據艾希邦的記述，諾哈指稱這並不是原本的書名。傅柯本來打算把書名取為《世界的散文》（*La Prose du monde*）。不過，這卻是一九六一年梅洛龐蒂死後在他的書桌裡找到的一篇文章的預定標題，最後也成為一九六九年勒福特（Claude Lefort）編纂的梅洛龐蒂未出版材料的書名。由於不願被人與梅洛龐蒂聯想在一起，傅柯於是決定把書名改為《事物的秩序》（*L'Ordre des choses*）或者《詞與物》，把「世界的散文」當成書中第二章的標題。經過諾哈的說服之後，他終於採取後來的書名。[43] 不過，根據馬里埃蒂（Angèle Kremer

Marietti）的說法，《事物的秩序》這個書名之所以不得不捨棄，原因是當時已有另一本書取了這個書名。[44] 一九七〇年推出的英文譯本書名為The Order of Things（事物的秩序），正是從L'Ordre des choses直譯而來。這部譯本的「出版說明」解釋道：「直譯本書法文版本的書名……將會導致與另外兩本名為《詞與物》（*Words and Things*）的著作混淆不清。因此，出版者同意作者的提議，改以The Order of Things為名，此一書名其實是傅柯先生原本偏好的書名。」[45] 幾年後，傅柯又把這一切變得更加混亂，對兩名巴西訪問者表示：「這個書名本身是從『Words and Things』翻譯而來，這句話在十八世紀初的英國是道德、政治、科學與宗教方面的一大口號。」[46] 猜測哪個版本的說法合乎真實沒有太大意義，所以我們也就只能面對這麼一則雖然無法判定但頗為討喜的問題。

這本書的副標題「人文科學的考古學」（une archéologie des csciences humaines），並沒有翻譯上的問題，但也同樣有一段頗為含糊不清的歷史。德雷弗斯與拉比諾都聽到傅柯說原本的副標題是「結構主義的考古學」。[47]《古典時代瘋狂史》是「沉默的考古學」，《臨床的誕生》是「醫學凝視的考古學」。傅柯在《精神疾病與人格》當中探討佛洛伊德之時，指稱精神官能症是「性慾的自發考古學」，[48] 這句話有可能是他從佛洛伊德本身經常使用的考古隱喻當中所得出的想法。不過，傅柯是在探討康德的論文當中首次使用這個用語：「如果有可能的話，文本考古學難道不會讓我們看見『批判人』的誕生？這種人的結構在本質上將不同於先前的人。」[49]

傅柯為自己對於這個詞語的使用提供了幾種不同解釋。在他與貝路（Raymond Bellour）的對談裡，他把「考古學」定義為對於特定時期的「歸檔科學」，[50] 在後來的訪談裡又暗示這兩者之間可能有語源方面的關連。實際上沒有這樣的關連：「archive」（檔案）源自「archia」，意為「權威職務」或者「公共職務」；「archaeology」（考古學）則是來自「archaeo-」（「古老」、「原始」）這個詞根。這種偽語源學，只不過是對布里塞作品中的那些語源奇觀愛好不已的傅柯所提出的戲謔說法而已。傅柯當然很清楚「archive」與「archaeology」沒有語源上的關連，但他主張自己對於詞語的用法乃是來自「和語文學家的律法並不相同的文字律法」所授權。[51] 這種戲謔的元素，在他於其他地方提出的那些稍微不同的解釋裡又更加明顯，只見他單純提及「語源學的搞笑權利」。[52]

在他與評論家暨學者喬治·史坦納（George Steiner）的一場對話裡，傅柯又提出一項更加可信並且具有說服力的解釋，指稱「考古學」一詞來自康德對於形上學進展的研究，並且駁斥了這個詞語和佛洛伊德有任何關係的說法。[53] 伯納爾找出了這個典故的來源，就是康德所使用的「哲學考古學」（philosophische Archäologie）一語，也許可以將其定義為「對於造成特定思考形式有其必要的事物所進行的研究」。[54]

為《詞與物》的英文譯本所寫的前言裡，有一個段落為傅柯在此時對於考古學的理解提供了最明確的定義：

> 我想做的事情……是揭露知識的一種實證無意識（positive unconscious）：這是科學家的意識捉摸不著的一個層次，但又是科學論述的一部分，我不爭論其有效性，也不試圖貶抑其科學本質。在古典時代的博物學、經濟學與文法當中普遍存在的東西，絕對不存在於科學家的意識

裡；或者說科學家意識到的那個部分乃是膚淺、有限，而且幾乎荒誕無稽；……不過，博物學家、經濟學家與文法學家在自己不知情的狀況下，採用了相同的規則界定他們自己研究的對象、形成他們的概念、建構他們的理論。我試圖揭露的，就是這些自己從來不曾形成過，只能在大為不同的理論、概念與研究對象當中找到的形成規則。我揭露的方式，是在其特定的所在地點當中分離出一個層次，我也許有些獨斷地稱之為考古層次。以本書涵蓋的時代為例，我試圖針對散布於古典時代的博物學、經濟學與哲學當中的一整個系列的科學「再現」或「產品」，斷定其共有的基礎或考古體系。[55]

考古學不是觀念史，這時傅柯已將觀念史這種類型貶抑為帶有目的論的色彩。他極力避免事後回顧式的解讀，例如在古典的財富分析當中只看到「一套政治經濟後來的統一性，正在試探性地自我形成」；[56]就像他在《瘋狂史》也極力揚棄特定的分析法，因為那些分析法可能會讓精神分析師鬆懈下來，認定自己懂得瘋狂醫生所沉思的那些晦澀迷思背後的真實現象。傅柯關注的是這項論點：「在文化以及一個特定的時刻，從來不會有一種以上的『知識型』（épistémè）界定所有知識的可能性條件。」[57]

考古學又進一步與傅柯所謂的「三一頌」（doxology，又譯「榮耀頌」）對比。這兩個用語指的是不同層次與形式的分析。舉例而言，三一頌研究十八世紀經濟思想的方法，就是檢視誰是而誰又不是重農主義者、分析其中牽涉的利益，以及檢視權力的爭奪如何進行。相較之下，考古學則是把個人以及他們的歷史擺在一旁，而是去界定人怎麼可能以重農主義或反重農主義知識的方法思考。[58]知識型相當於《臨床的誕生》當中的「歷史先驗」。在《詞與物》的序言裡，傅柯利用波赫士的中國百科全書以及其古怪的分類系統闡釋「**那樣子**思考的完全不可能性」。[59]要想像一種思考系統，藉著「如此等等」與「無數」等類別而運作，並且忽略西方哲學的古典類別，顯然是頗不可能的事情。考古學扮演的部分角色，就是證明這類思考模式的存在及運作不但可能，而且必要。

相較於《臨床的誕生》只聚焦一段相對短暫的歷史時期，傅柯在《詞與物》又回歸到《瘋狂史》的廣闊觀點，也以類似的方式劃分為文藝復興、古典時代、現代時期。就某些方面而言，這本書是先前著作的延續，有許多部分是從早已探究過的主題擴展而來。探討尼采、佛洛伊德與馬克思的華攸蒙論文簡明概述了第二章〈世界的散文〉對於文藝復興符號理論的討論，而對於古典時代的半植物學分類所從事的許多分析，也都曾經預示於《瘋狂史》與《臨床的誕生》當中的部分段落。《詞與物》最新奇也最引人注目的特徵，也許就在於那項考古學的龐大範圍，涵蓋了語文學、經濟學與博物學等差別極大的學科。這本書比一九六一年的論文更加充分展現了他的博學，而且傅柯並未僱用研究助理。

《詞與物》的第一章就是針對維拉斯奎茲的〈侍女〉（Las Meninas，這幅畫在法語中稱為〈Les Suivantes〉，展示於馬德里的普拉多美術館）所進行的著名審視。這是一篇誘人的文字，首先以平鋪直敘的方式描述那幅畫（「畫家在畫布前面微微往後站」），[60]然後隨著傅柯的目光陸續掃過這幅繁複畫作的每一個細節而變得情緒愈來愈激動。到了這一章結尾，這幅涵蓋菲利普四世夫婦、他們的宮廷與家庭成員還有維拉斯奎茲自己的畫作，已成為「古典再現的再現，也界定了其所開啟的空間」。[61] 探討維拉斯奎茲的開頭這幾頁誘使許多讀者踏入這本複雜而艱澀的著作，這幾頁的確是一大傑作。不過，傅柯原本為這本書設計的架構並不是如此。探討〈侍女〉的部分有一個稍短的版本，最早以文章的形式刊登於一九六五年七月／八月號的《法蘭西信使》，是傅柯首度以長篇文字討論視覺藝術。他是在諾哈的堅持下，才把這篇文章修訂之後納入《詞與物》裡；在傅柯自己看來，這篇文章「太文學性」了，不適合放進書裡。[62]

如果不是諾哈的編輯干預，讀者接觸這本書的第一印象將會是一段不那麼立即具有吸引力的討論，探討支配了文藝復興思想的「模似性」（similitude）型態。對於十六世紀的知識型而言，世界是一個巨大的句法系統，由於一系列的模似性與一致性，使得動物與植物溝通、大地與海洋溝通、人類與環境溝通。[63] 所以這一章的標題才會取為「世界的散文」。事物都有名稱，表示這件事物在此一散文當中扮演的角色：烏頭與眼睛具有近似性，但如果不是烏頭的種子所帶有的特徵，這種近似性將不會為人所知。烏頭的種子是黑色球體嵌入於白色外層，就像眼睛裡的眼珠一樣。[64]

這種思想系統看起來就像那部中國百科全書一樣具有「完全的不可能性」，卻被一套知識架構變得可能而且必要，而這套知識架構的例證則是「人為了理解自然而翻開、闡明並且閱讀的書籍這項重大隱喻」。[65] 書的隱喻是一套系統的對立面，這套系統迫使語言存在於烏頭種子這類自然物體當中。語言本身是模似性與特徵的大分布當中的一部分，所以也必須以相同的方式受到研究。因此，才會必須對詞語、字母或音節的祕密性質進行語源上的搜尋。因此，才會以詞彙表的形式累積知識，並且出現那部令偉大的博物學家布豐（Georges Buffon, 1707-1788）大感震驚的的彙編，其中對於蛇列出精確的描述，也對蛇的假設性質提出神話記述，還講述蛇在魔法中的用途，並且將這一切都歸在同一個標題之下。傅柯引用布豐對於阿爾德羅萬迪（Ulisse Aldrovandi）的《蛇和龍的自然史》（*Historia serpentum et draconum*）所提出的駁斥：「那一切全都是傳說，不是描述」，然後提出這項評論：「的確，對於阿爾德羅萬迪以及他同時代的人而言，那一切全都是傳說，也就是必須閱讀的事物。」[66]阿爾德羅萬迪並沒有比布豐更輕信易欺，對於自己的觀察的準確性也絲毫沒有比較不在乎：「他的凝視只是單純以不同的系統，以知識型的不同布置與事物綁在一起而已。」[67]

如同《瘋狂史》，此處針對文藝復興時代的陳述不過是主題的開場白而已。在序言當中，傅柯提及西方文化裡的兩大斷裂：一項斷裂開啟了古典時代，另一項在十九世紀初始開啟了我們的現代性，[68]但他主要關注的是古典與現代時期。文藝復興是要凸顯古典時代的對比背景。然而，就算傅柯的文藝復興時代令他先前著作的讀者感到熟悉，也不是所有人都對此感到熟悉。據說在伽利瑪出版社讀者委員會擔任委員時拒絕了《瘋狂史》的帕杭，在一九六九年評論《知識考古學》的時候回憶起自己當初對《詞與物》的第一個反應是：「老天，這本書真美。」不過，他熱切的情緒很快就轉為不安。這不是他認得的文藝復興：「其中有我不認識的人：格雷古瓦（Grégoire）、波爾盧（Porlu）、阿爾德羅萬迪、康帕內拉（Campanella）、克羅里烏斯（Crollius）、卡當（Cardan），甚至是帕拉塞蘇斯，但沒有布丹（Bodin），沒有伽利略，沒有古騰堡，沒有拉伯雷，沒有多比涅（Agrippa d'Aubigné），雖有一點蒙田……卻主要是告訴我們不要信任他，而且完全沒有提及科技發現或者建築。」帕杭也許說出了許多人的心聲。[69]

唐吉訶德的出現是文藝復興知識型瓦解的跡象，他在《瘋狂史》當中已經是一個重要的次級人物：「一個長長的抽象圖形（graphism），細瘦得如同字母，他剛從一本書攤開的頁面裡逃了出來。他的整體存在不過就是語言、文字、印刷頁面、一段早已寫下的歷史。」[70]唐吉訶德的人生是一場對模似性的追尋，其中的一切都成了一個符號，來自於他大量閱讀的書籍，但所有的符號與模似性都令他失望也欺騙了他：「《唐吉訶德》描繪了文藝復興世界的負面；書寫不再是世界的散文；相似性與符號斷絕了它們原本的結盟；模似性令人失望，而傾向於空想與妄想；事物頑強地保持在自己弔詭的身分當中：它們不再是任何東西，而只是自己所是的東西。」[71]詞語和事物之間的舊有關係已經崩解，對於相似性的信念現在成為一種非理性。由那名愁容騎士的流浪所開啟的古典時代，將會受到新式的再現、言論、分類與交流所架構。

概要來說，支配著古典時代知識型的是一套相互連接的系統，其中包括數理（mathesis；一種一般性、數學性的秩序科學）、分類表（taxinomia；一種在較為經驗層次上運作的分類方法），以及生成分析。[72]要追溯這種知識型的思想形式，可以透過分析傅柯指出的四種模式，也就是他在「再現」、「思考」、「言說」與「交換」等章節所探討的模式。在此處解讀這整部文本顯然不切實際，詳盡的陳述也可在其他地方輕易找到。[73]因此，以下將簡短檢視「言說」的章節，以便概述傅柯的主要關注與方法。

語言的實體存在這項單純事實打動了文藝復興時代，但在古典時代的知識裡，語言存在於另一種再現的層次：在語詞符號與論述的形式當中。因此，分析或批評就變成在檢視形態（figures），也就是論述類型及其表達價值，以及在檢視比喻（tropes），也就是存在於詞語和相同的再現內容之間的不同關係。[74]歸根結柢，分析乃是基於這項基礎信念，認為「語言只要能夠再現所有的再現，就很合理是普遍性的元素。至少必定有一種可能的語言，能夠把整個世界納入其詞語當中，反過來看，世界既是所有能夠受到再現的東西，那麼整個世界必然能夠成為一部百科全書」。[75]

這部百科全書不是波赫士的《天朝仁學廣覽》，而是狄德羅及其同僚編纂的那部巨作。與此系出同源的一部著作，就是羅亞爾港（Port-Royal）的邏輯學家暨教師在一六六〇年出版的《通用合理文法》（*Grammaire générale et raisonnée*），傅柯在一九六九年為此書寫了一篇序言。[76]通用文法不是指比較文法；其核心關注是語言的基本再現功能，也就是語言表達思想的模式。「通用文法會界定同一與差異的系統……建立每個語言的**分類**，也就是在每個語言當中建立論述可能性的東西。」[77]鑒於語言不是一套簡單的再現系統，而是一套總是受到重複的系統，因此文法也必須研究「詞語指定其內容的方式，首先是在詞語的原始價值裡（起源與根源的理論），接著在詞語滑動、伸展與重組的能力當中（修辭空間與衍生的理論）」。[78]

從霍布斯到啟蒙思想家的古典時代語言體驗，或是對於馬勒布宏胥（Nicolas Malebranche）、孔狄亞克與休謨而言，這種體驗都以一種文法為中心，這種文法同時是「科學也是處方，是對詞語的研究，也是建構詞語、使用詞語，以及重塑詞語再現功能的規則」。此外，如同病理解剖學家的醫學，這種文法也受到揮之不去的迷思所纏擾：「一種全然透明的語言所構成的美妙烏托邦。在這種語言當中，事物本身可以受到命名而不會有絲毫混亂，不論是藉由一套全然獨斷但完美對應的系統（一種人工語言），還是藉由一種能夠像面容表達激情那樣翻譯思想的自然語言。」[79]語言的根本任務是為事物賦予名稱，並且藉此而命名事物的存有本質。

通用文法與古典時代知識型的其他層面最明顯的連結，就是由這個分類面向所提供。對於十七世紀的博物學家而言，他們的學科是「由一項分析在再現當中開啟的空間，這項分析預期了命名的可能性，預期了看見自己會說什麼的可能性……在古典知識裡，經驗性個體的知識只能依據所有可能的不同所匯集而成的那份井然有序而且普世性的表格才能夠獲得」。[80]財富的分析也遵循相同的一般配置：「金錢扮演的角色，就像詞語一樣，在於指定〔價值〕，但不斷圍繞著這個縱軸震盪：價格變化之於金屬與財富在起初建立的關係，就相當於修辭代換之於語詞符號的原始價值。」[81]

如果可以正面描述古典知識型的內部邏輯，就也能夠以負面方式加以描述：「古典時代沒有生命，沒有生命科學；也沒有任何語文學。只有博物學、通用文法。同樣的，也沒有政治經濟學，因為生產並不存在於知識秩序當中。」[82]此一針對古典時代描繪的負面圖像，就像浮雕一樣概略顯示了現代時期的樣態，以及將會為人文科學提供基礎的那些主要學科的出現：經濟學、生物學和語文學。這一切都暗示了再現的斷裂以及一種歷史向度的出現，與表格的永恆不變理想空間形成強烈對比。

隨著亞當・斯密、李嘉圖與馬克思的出現，把財富視為再現的古典觀點就被另一種概念取代，這種概念認為價值即是產品，是含有時間向度的生產過程帶來的結果。李嘉圖尤其被指為把價值的形成與再現脫鉤，因此促成經濟學與歷史的勾連。[83]重要的是，傅柯沒有明確區分政治經濟學家與馬克思：他們之間的爭議不過是有如兒童戲水池裡的漣漪。[84]

居維葉（Georges Cuvier）在原生物學當中帶來了類似的知識型變化。器官的結構不再是以分類表格的方式理解，而是以其功能。生命本身不再是有生與無生這兩者之間的不確定劃分，而是「生物之間所有可能的差異皆植基於其中」的元素。[85]居維葉的生機論出現之後，生命的概念就從分類觀轉變為合成觀，這也是為生物學賦予可能性的條件之一。

在此同時，語言失去了原本在古典思想當中擁有的透明與獨立角色。由於雅各・格林（Jakob Grimm）與博普（Franz Bopp）在語文學和語族方面的研究，語言因此變得和其他物體一樣，可以像生物、財富與價值，或是事件歷史與人類歷史那樣受到相同方式的分析或研究。人文科學（心理學、社會學、經濟學、文學分析）的基礎已然奠定。於是，這些科學的毀滅與超越也因此奠定了基礎。

《詞與物》含有一幅末世圖像：在十八世紀末出現的現代知識型，與論述宰制的瓦解以及人構成知識的主體與客體這兩者綁在一起。這種知識型可能的消亡已然顯示於主要可以在語言領域當中觀察到的變動，這點在某些面向將標誌著回歸到文藝復興。差別在於現在已不再有任何原始詞語能夠建立以及限制論述的移動，而是只有一種語言，「其散播沒有任何起點，沒有任何終點，沒有任何承諾。」[86]傅柯在過去幾年來分析的現代文學，就是語言對於德國語文學家博普的報復：「現代文學把語言帶離文法，將其回歸於赤裸的言論力量，並且在那裡遇到了詞語野蠻而且專橫的存有。」[87]而與此對應的，則是現代思想對於「意義、真理型態與存有型態之間的關係所提出的質疑：在我們的省思天堂裡，由一項論述居於主宰地位（也許是一項無法接近的論述），而這項論述可能是存在論和語義學的結合。結構主義不是一種新方法，而是現代知識受到喚醒以及充滿擔憂的意識」，[88]也就是理解到語言遠非一種透明的溝通媒介，而是一股實質勢力，帶有其本身的存有。

《詞與物》的最後提出一個在大多數讀者心中縈繞不去的意象，也不免影響了所有關於這本書的辯論：「對我們的思想進行的考古，可輕易揭示人是一項近期的發明。而且，人的末日可能已經近在眼前……我們大可打賭人將會消失，就像一張畫在沙灘位於海水邊緣（limite）的臉。」[89]這個意象充滿詩意，淒涼又激盪人心，但並不新穎。浪花在海灘上形成一條線的意象，一次又一次出現在傅柯探討文學與極限的經驗所寫的作品當中。這也不是他第一次談到人的即將滅亡。他在一九六四年寫道：

> 不久之後就會死亡、早已在我們內部逐漸死去的東西（我們當前的語言亦是由其死亡所支持），就是辯證人（homo dialecticus）：那個離開、回歸與時間的存有，那個失去自己的真理然

後又再次找回並因此受到啟發的動物，那個在自己眼中再度感到熟悉的陌生人。很長一段時間以來，這個人都是關於人的所有論述、尤其是關於異化之人的論述的至高主體。所幸，他現在已在那些論述的聒噪不休之下逐漸死去。[90]

不久之後將會死亡的那個人，是黑格爾式的主體；[91] 傅柯正慶祝一個特定偶像的黃昏。反諷的是，在法國宣告人之死的第一位哲學家，就是黑格爾學者科耶夫。

傅柯在這本書出版前後接受了文學媒體的三項重要訪談。[92] 這些訪談讓他得以向一般大眾說明自己的這本書，並預先回應一些不可免的批評。此外，這些訪談也強化了宣傳的勢道。他的對話者全都是傑出人物。貝路認為訪談或對話本身就是一種文學形式，也撰寫過大量作品探討電影與米肖（Henri Michaux）。他對李維史陀、巴特、梅茲（Christian Metz）、拉普朗虛與彭大歷斯（J.-B. Pontalis）的訪談，連同他的傅柯訪談一同收錄於《別人的書》（*Le Livre des autres*），為一九六六到一九七一年間法國智識生活的公共面向提供了一幅珍貴圖像。瑪德蓮・夏普薩（Madeleine Chapsal）是才智過人又敏銳的評論家，也是稱職的記者，另一位訪談者波恩弗瓦（Claude Bonnefoy）也是。

傅柯形容《瘋狂史》是差異的歷史，這本新書則是相似的歷史，是同一性的歷史。[93] 他對古典時代到十九世紀的轉變所進行的研究，令他得到一項驚人的發現：「人不存在於古典知識裡。我們發現人的地方，原本存在的，是論述以及語言秩序再現事物秩序的力量。」[94] 五月，在書出版之後一個月，傅柯向正要替《快訊》寫這本書書評的夏普薩講到自己的智識形成，他的說法有如是對沙特及其世代的支配地位的反叛。沙特的世代最主要的關注是「意義」，他主要關注的則是「系統」的概念；李維史陀與拉岡的研究工作就是這兩個世代之間斷裂的跡象。就是這類的宣告，使傅柯被視為結構主義者。對他的這種觀感，由於莫希斯・亨利（Maurice Henri）的一幅著名漫畫而深印在世人腦海。這幅漫畫描繪了一場結構主義者的〈草地上的午餐〉，[95] 傅柯、拉岡、李維史陀與巴特坐在一片草坪上，全都穿著草裙，拉岡還戴著領結，而傅柯正在對他們說教。傳說阿圖塞之所以沒有出現在這則漫畫裡，唯一的原因是高師以外沒有人知道他長什麼模樣。

傅柯與結構主義的關係遠比這則熱門圖像顯示的還要薄弱許多，而所謂的結構主義學派，其一致性今日看來也比一九六六年那時還要脆弱許多。從顯著的參考點來看，傅柯不像李維史陀那樣在找尋親屬的「基本結構」，這些先天固有的原則的運作，提供了相當於一套心智哲學的東西；傅柯也不像拉岡（拉岡對結構主義的忠誠度遠遠算不上純粹）那樣針對一個「結構有如語言」的普遍潛意識探索其運作與形成方式。索緒爾或者後索緒爾語言學所提供的模型，高度強調語言（langue；這是由語言符號構成的差別系統所造成的社會現象，與此相對的則是語言使用的個人現象，稱為言說〔parole〕）的系統性，但這種模型對傅柯而言從不具有最高的重要性。《臨床的誕生》一九七二年第二版的修改，確實刪除了許多結構主義用語，例如把「針對所指進行結構分析」這句話改為「針對論述進行分析」，[96] 但這樣的修改並沒有改變這本書的整體概念內容。此外，這些修改也消除了他從伊波利特承繼而來的殘餘黑格爾主義色彩。一九六六年的那幅圖像雖然在某些方面具有誤導性，但也確實捕捉到這些理論家結盟的消極一致性，這些理論家同樣都反叛陳腐的當代人文主義型態以及存在主義現象學已然消退的魅力。

在夏普薩的訪談裡，傅柯首度開始提到自己的作品可能含有明確的政治面向：

我們目前的任務是徹底擺脫人文主義，所以就此而言，我們的工作就是政治工作。拯救人、重新發現人當中的人性元素，等等……是所有那些囉哩叭唆的許諾的目標，想要在理論上與實務上把，例如，馬克思與德日進（Teilhard de Chardin）調和起來……我們的任務是要讓自己完全擺脫人文主義，所以就此而言，我們的任務是一項政治任務，因為所有的政權，不論東方還是西方，都會高舉人文主義旗幟而偷渡劣質貨……我們必須譴責所有這些神祕化的行為，就像阿圖塞與他那些勇敢的同志在法國共產黨內抗拒「德日進馬克思主義」一樣。

他所謂的「德日進馬克思主義」指的是葛侯迪，尤其是莫諾（Jacques Monod），想透過宇宙創生論把人文馬克思主義與基督教、把科學與信仰結合起來的嘗試。一九六七年，在阿圖塞探討科學家的「自發哲學」的一門講座課裡，抗拒德日進馬克思主義即是其中的主題之一。[97]

夏普薩提到看起來是傅柯訴諸對象的邏輯與數學，對許多人來說可能會顯得相當抽象，傅柯隨即迸發怒氣：「抽象？我會提出這個回答：抽象的是人文主義！所有這些發自內心的呼喊，所有這些代表個人與存在所提出的要求，都是抽象的；我的意思是說，這些東西都脫離於科學與技術世界，那才是我們的真實世界。」[98]

他在波恩弗瓦的訪談裡也提出類似的論點，只是稍微沒有那麼激烈。傅柯還針對沙特發表了一些脾氣暴躁的評論，認為他的《辯證理性批判》為我們歷史中一個始自黑格爾的段落畫下句點：「《辯證理性批判》是一名十九世紀人企圖思考二十世紀的悲壯嘗試。就此而言，沙特是最後一位黑格爾主義者，我甚至會說是最後一位馬克思主義者。」[99]一場激烈論戰的基礎就此奠定，不論是不是刻意為之的結果。傅柯有效把自己界定為沙特的反對者，對法國共產黨的馬克思主義抱持敵意，並且贊同阿圖塞。

傅柯的暢銷書成為一項爭議的源頭。七篇評論文章在五月的最後一週與六月的頭十天裡出現於日報與週刊當中。就這樣一段期間，這已經可以說是最大程度的媒體曝光，由此造成的影響也極為巨大；每一篇提及此書驚人銷售數字的評論，都進一步促成更多的銷售量。出乎意料的，《詞與物》成為熱門的夏季讀物。不過，這本書不是那一季最令人意想不到的暢銷書；時尚雜誌推薦的假期讀物也包括拉岡的《文集》（*Ecrits*）。我們只能猜測這兩本書的銷售量與實際上讀過的冊數之間究竟有多大落差。塞托（Michel de Certeau）的諷刺言詞充分反映了當時的氛圍：「這部著作雖然又長又難讀，卻是具有文化教養的外顯標誌，老練的眼光會在每一套私人藏書當中看到這本書，擺在藝術書籍旁邊。**你**看過那本書了嗎？一個人的社會與智識地位就取決於這個問題的答案。」[100]

多虧《瘋狂史》，傅柯許久之前就跳脫了封閉的學術界。不過，《詞與物》獲得的廣大歡迎卻是全新的經驗。他先前的著作都是《精神》與《評論》這類智識月刊在做書評，但《詞與物》受到發行量很大的雜誌像是《新觀察家》與《快訊》的廣泛討論。這兩者當中，《新觀察家》比較具有知識性。在接下來的十年以上，許多學者與知識分子（包括傅柯在內）都為這本雜誌撰稿，這本雜誌也成為傳播特定文化的重要管道。《快訊》則是頗為不同的出版品。這本雜誌一度是反對阿爾及利亞戰爭的主要喉舌，後來愈來愈仿效美國的《新聞週刊》（*Newsweek*）。其目標讀者主要是愈來愈富裕的中產階級專業人士，也就是傳說中「充滿活力的年輕高階主管」。《新觀察家》的讀者通常是研究生、學者或專業人士，雖然立場偏左派，卻對法國共產黨多所批評。傅柯假設中的那「兩千名專家」大概會閱讀《新觀察家》，卻沒幾個人會固定閱讀《快訊》。此時傅柯觸及到一群非常不一樣的讀者，並在無意間成為一件文化商品。自從一九六六年開始，他的人生就變得非常公眾。布賀東在九月底去世之時，記者詢問傅柯的感想顯得理所當然。[101]這種情形在一九六一年就不會發生。

在西蒙・波娃的小說《美麗的形象》（*Les belles images*, 1966）裡，主要角色是一名建築師與一名在廣告業工作的女子，這兩人在傅柯的新群眾當中也許是相當典型的人物，他們對於獲取商品以及「形象」的著迷遠勝過其他一切。他們和他們的朋友都看相同的期刊，而那些期刊輕易說服他們「人的概念必須修改，而且可能會消失；那是十九世紀的發明，現在已經過時了」。[102]波娃自己公開表示，她諷刺的對象不僅限於傅柯讀者群當中那些自視甚高的知識分子，也包括傅柯本人。在她眼中，新小說、《原樣》，尤其是傅柯，「為資產階級意識提供了最佳的託詞。他們壓抑歷史、壓抑實踐，也就是壓抑奉獻，並且壓抑人」。[103]傅柯經常閱讀《世界報》，不太可能沒有看到這項對他的著作提出的凶狠評價。

不是所有一開始的反應都這麼充滿敵意。傅柯在六月初收到比利時超現實主義畫家馬格利特（René Magritte）的來信，馬格利特大部分的作品都可以解讀為是對詞語和事物之間關係的深刻沉思。馬格利特對傅柯的這本書深感驚豔，這封信的內容即是對「相似」（resemblance）與「模似性」（similitude）的一段相當難以理解的簡短探討。根據馬格利特的說法，模似性是事物的性質，相似則是思想的性質。思想「透過成為其所看見、理解或知道的東西而達成相似」。思想就像快感或痛苦一樣無法看見，但繪畫帶來了一項難題：「確實有一種東西，是會觀看而且可以用視覺來描述的思想。〈侍女〉是維拉斯奎茲不可見的思想的可見圖像。因此，不可見的東西是否有時候能成為可見的？如果這種思想完全由可見的形象構成的話。」馬格利特在信中附上一些畫作的複製品，「是我自己在不專注於對繪畫進行原始研究的情況下所繪製的作品」。其中一幅畫是〈這不是一支菸斗〉（This is not a pipe），背面寫著一段說明文字：「標題並不牴觸圖畫內容，只是採取不同的陳述方式而已。」

傅柯立即回信，請求他為〈視角：馬內的陽臺〉（Perspective-The Balcony of Manet, 1950）提供一些資訊。這幅畫以羅浮宮裡的那件〔馬內〕作品改作而成，原作上有畫家莫莉索（Berthe Morisot）與吉列梅（Antoine Guillemet），還有小提琴家范妮・克勞斯（Fanny Klauss）站在陽臺上，背景裡可以看到萊昂・科埃拉（Léon Koëlla）。在馬格利特改作的版本當中，這些人物都由棺材取代。傅柯認為自己在這幅畫裡察覺到與胡瑟勒的平行之處，但想要知道為什麼畫面上出現的是棺材。[104]馬格利特雖然喜歡自己的畫作與胡瑟勒具有共通之處這樣的說法，但他對傅柯的問題所提出的回答卻沒有闡明什麼：「你的問題……答案已在問題當中：我在馬內看到白色人物的地方之所以會看到棺材，就是因為我的畫作所顯示的圖像，〈陽臺〉的裝潢提供了適合放置棺材的地點。」他最後表示，年底伊歐拉斯畫廊（Iolas gallery）替他舉行展覽而前來巴黎之時，希望能與傅柯見面。傅柯那年年底不在巴黎，這段對話也沒有再繼續下去：馬格利特在一九六七年九月去世。另一方面，與這位畫家的通信倒是促使傅柯寫下一篇題為〈這不是一支菸斗〉（Ceci n'est pas une pipe）的文章，後來經過修改及擴充之後，在一九七三年重新出版為一本附有插圖的高雅小書。[105]

真正掀起《詞與物》爭議的雖是次年春季出版的月刊，但起初的評論已可窺見後來的發展。這本書在《世界報》得到拉夸非常正面的評論，他也是少數幾名評論者，強調傅柯對「內在的可能性條件」的探究帶有康德色彩，這些條件讓思想史能夠受到思想表達。[106] 夏特列（François Châtelet）則認為有一點毫無疑問：這部著作「的理論分析將會提供人文科學極度欠缺的省思。傅柯具有高度的嚴謹、原創性與靈感，閱讀他的著作必定會讓人對西方文化的過去獲得徹底的新洞見，並且對西方文化當前的混亂狀態擁有更加清晰的概念」。[107] 德勒茲也同樣熱切，指稱傅柯的分析極為精湛，筆調又極為新穎，因此讀者立刻就會體認到這本書代表一種「新的思考方式」。傅柯的確是在「打造人文科學的地基」，但他提供的基礎「有毒」，早已被他的考古學摧毀。[108] 在更加大眾化的《快訊》裡，夏普薩頗為誇大地讚揚這本書帶來了「自存在主義以來最重大的革命」。[109] 孔特斯（Robert Kanters）在《費加洛文藝週報》（*Le Figaro littéraire*）的評論中，對這本他覺得

「奇特……豐富又艱澀」的著作抱持比較懷疑的態度。他寫道，在傅柯眼中，「古典秩序」是敵人，而「人」是一種無用的假設。這本書等於是呼籲「燒毀笛卡兒」。[110] 資深天主教小說家弗杭索瓦．莫里亞克（François Mauriac）不是毫無道理地埋怨指出，這樣大談意識的死亡，很快就會讓他的老對頭沙特看起來像他的兄弟。[111] 另一方面，布魯斯（Jacques Brosse）把《詞與物》確切擺在語言學所啟發的結構主義脈絡當中，[112] 而語帶挖苦的多孟納（Jean-Marie Domenach）則納悶「系統的愛好者」怎麼有辦法以「解放社會」的名義反對現有的系統。[113] 不過，多孟納看待這本書的態度確實非常認真。《精神》在十二月主辦一場結構主義研討會，《詞與物》即是一大議題。後來的爭議當中的那些主題，已在夏季勾勒了出來。傅柯代表某種革命性的新穎思想，又屬於結構主義陣營。他是沙特的頭號敵對繼承人。在富有影響力的月刊當中，第一本討論《詞與物》的是《現代》。一九六七年的一月號異乎尋常地刊登兩篇討論傅柯的文章，總篇幅達四十八頁。這兩篇文章都是負面的批評，深受沙特在一九六六年十月接受潘構（Bernard Pingaud）訪談時所提出的評論影響。那場訪談主要關注的是沙特對結構主義的觀點，但他被問到自己在年輕世代看待他的態度當中是否能看出一項共同的啟發來源，立刻就回應：

這種現象不是普遍存在，但是至少有個主要傾向：就是拒絕歷史。米歇爾．傅柯的最新著作成為暢銷書的狀況就是典型的例子……他那本書獲得的成功，就足以證明那是大眾所等待的東西。要知道，真正原創性的思想絕不會是大家等待的東西。傅柯給予了一般人他們需要的東西：一項兼容並蓄的綜合體，陸續利用霍格里耶、結構主義、語言學和《原樣》來闡述歷史省思的不可能性。

傅柯的觀點只有在他區分出「之前」和「之後」的情況下才具有歷史性：「他用一盞魔燈取代電影，用一連串的不動取代移動。」在《知識考古學》的一個腳注裡，傅柯語帶諷刺地回應這項論點，指出影像（tableau）是一個「系列的系列」，而「不是一張小小的固定圖像放在燈光前面；這樣只會令兒童感到失望，因為兒童在年紀幼小的情況下，自然比較偏好電影的活力」。[114] 沙特接著聲稱傅柯的主要目標不是歷史，而是馬克思主義：重點是要「建構一套新的意識形態，這是資產階級為了反抗馬克思所能夠矗立的最後一道壁壘」。[115] 這項訪談受到廣泛宣傳，後來又因為摘要內容刊登於十月十五至三十一日號的《文學雙週刊》（*La Quinzaine Littéraire*）而獲得進一步曝光。

潘構對沙特的訪談，顯然是波娃在《世界報》提出那些評論的主要來源之一。此外，波娃的養女希爾薇．勒邦（Sylvie Le Bon）在她探討傅柯的「絕望實證主義」的文章當中提出的許多論點也是源自於此。[116] 她首先指出：

人怎麼能夠壓抑歷史？米歇爾．傅柯為這個不可能解答的問題提出了一項絕望的解決方案：不去想它。就算無法把歷史排除於真實之外，那麼也要將其排除於知識之外。這就是他的著作《詞與物》所追求的目標；而為了追求這項目標，這位作者不惜犧牲任何東西。犧牲他的前輩、誠實正直，甚至是他的研究對象，都相當容易。傅柯還更進一步，寧可讓他的書因為無法理解而死，也不願捨棄他的實證主義假設。[117]

在勒邦眼中，傅柯是實證主義者，原因是他的考古學不是要解釋「一項進展，一項演化，或者簡而言之就是一段歷史」；他的考古學單純提供了對於三個階段的描述，連同「對於三項歷史先驗的分析，對各種各樣看起來各自為政的知識提供了適切的解釋」。[118]傅柯的歷史先驗只不過是一種「事後諸葛的詭計」，目的在於「把觀念與知識的歷史演化轉變成與時間無關的必要條件的排列並置」。他發掘先驗的嘗試，可以比擬為一名「專橫的民族誌學者」試圖把自己社會的類別範疇套用到一個陌生社會。[119]如同沙特本身，勒邦主張傅柯的著作是對馬克思主義的持續攻擊，也主張傅柯未能學到《辯證理性批判》前幾頁的教導：「聲稱超越馬克思主義的『思想學派』，實際上都是前馬克思主義思想。」《現代》的第二篇評論作者是阿密歐（Michel Amiot），內容雖然比較審慎，但也得出同樣負面的結論。他雖然稱許傅柯的博學，卻認為其中「不穩定地混合了史賓格勒與海德格」，並且斷定傅柯的哲學思想只不過是「歷史主義懷疑論的一種類型」。[120]

來自沙特幫的反對聲音很快就受到法國共產黨的代表進一步增強，他們還添加了一些奇怪的變化。米婁（Jacques Milhau）在《共產主義筆記》當中寫道，傅柯的「反歷史偏見」之所以站得住腳，純粹只是因為這項偏見受到「一種新尼采式的意識形態支持；而不論他知不知道，這種意識形態其實極為符合一個階級的目標，那個階級的利益就在於遮掩未來的客觀道路」。[121] 來自里昂的哲學教師，同時也是長期黨員的珍內特・柯隆貝（Jeannette Colombel）認為傅柯的相對主義在某些方面雖然健康，但他的「災難說」卻可能為兩種人士帶來撫慰：

> 一種是失望、不耐又焦慮的「左派知識分子」，但他們有部分人卻從來不曾投注心力；另一種人士是只相信系統優點的技術官僚……人文科學……被傅柯拿來證明一切許諾的虛幻本質：我們唯一能做的就是接受系統：清晰明白的絕望，清晰明白的歡笑。Made in USA〔美國製造〕。[122]

她頗為精確地指出，傅柯的分析沒有提到生產力與生產關係之間的矛盾，也沒有提到階級鬥爭，而斷論傅柯的著作體現了「絕望的意識形態」。真正的任務是分析矛盾以作為改變世界以及「打破系統」的前置作業。[123]

這兩名法國共產黨的評論家都使用一種代換過的詞語。米婁的「客觀道路」很明顯是導向法國共產黨的最終勝利。柯隆貝的書寫觀點，則是把結構主義連結於技術官僚統治以及美國主義或者戴高樂主義，並且把傅柯明白表示的對思想系統的興趣，不太老實地轉換成對資本主義經濟體系的支持。歸根結柢，他們的批評是一項陳腔濫調：傅柯不是法國共產黨的支持者，他的頭號罪過就是宣告這句後來廣為人知的名言：「馬克思主義存在於十九世紀思想當中，就像魚存在於水裡一樣；也就是說，一旦脫離那個環境，在其他地方就沒辦法呼吸。」[124]

「技術官僚統治」的論點後來又以更加奇特的型態重新出現於其他地方，指控傅柯試圖仿效戴高樂，陰謀策劃「某種智識上的五月十三日政變或者世界末日，以便將過去的人文科學取代為李維史陀底下那些承包商的民族誌、拉岡那群追隨者的雙關語，以及海德格先生界定的那種『撕扯』（déchirure; reissen）的『概念』」，也指控他發展一種技術官僚式的理論，因為這種理論不但「套用技術官僚統治的方法，也提供了其所欠缺的明確意識形態」。[125] 實際上，傅柯的著作代表一項威脅，威脅的對象包括理性以及理性的雙胞胎姊妹：民主。[126]

同樣的論點也以較溫和的型態出現於《精神》，柏格林（Pierre Burgelin）如此解釋傅柯的成功：

我們不再知道何謂說實話。因此，聲稱自己知道的那些人即可利用那種不知名的力量，引導我們前往無可避免的命運帶領我們前往的地方：也就是製造存在條件的科學與技術文明，還有必須適應這些條件的人……因為，人一旦由於上帝之死而消失，唯一剩下的就只有命運。[127]

在同一期雜誌也寫了一篇文章的多孟納，則是採取比較寬容的觀點，主張「結構主義」也許會對「概念化的大清理」有所幫助，此外也察覺到《詞與物》帶有一種真正的悲劇觀點。[128] 傅柯成功激起了沙特追隨者、馬克思主義者與天主教人文主義者這個大聯盟的敵意。他完成了，或者說是幾乎完成了調和兩名死對頭的困難工作，一方是沙特，另一方是他曾殘酷地用這句話加以貶抑的對象：「上帝不是藝術家，莫里亞克先生也不是。」[129]過了一段時間之後，才看得出他在左派當中還是有些盟友，甚至在法國共產黨內也有。他在當下最主要的捍衛者是康紀言。康紀言為傅柯提出的辯護充滿怒氣，他的憤怒造就一項相當諷刺的溫和提議：傅柯的批評者應該組成「一個聯盟，主張人有權利成為哲學的主體與客體，口號是：『各黨各派的人文主義者，團結起來吧』」。[130]傅柯之所以掀起一場醜聞，

> 原因是今天的歷史是一種魔術領域，對許多哲學家而言，其中的存在等同於論述，歷史的行為者等同於歷史的書寫者，就算那些書寫者充塞著意識形態先驗也不例外。這就是為什麼一項推翻歷史論述的計畫會被譴責成是顛覆歷史進程的宣言。顛覆進步主義只能夠是一種保守計畫，這就是為什麼你的結構是新資本主義結構。[131]

康紀言在此處諧擬了莫里哀《不由自主的醫生》（*Le Médecin malgré lui*, 1666）劇中一句因為極為著名而成為日常諺語的臺詞：「這就是為什麼你的女兒是啞巴」。莫里哀的論點是，一個生長於沉默當中的女孩必定無話可說；康紀言的論點則是傅柯的批評者深受他們對於歷史的進步本質所懷有的信念所蒙蔽，導致他們不免把批評視為是在為新資本主義辯解。康紀言在這項辯護的最後提出一個論點，結合了認識論與人身攻擊論述而達成殘暴的效果。超過二十年前，卡瓦耶斯曾經概要提出一項批評現象學的論點，並強調概念哲學的必要。自稱為斯賓諾莎主義者，並因為反抗

行動而遭到德國人槍斃的他，預先反駁了存在主義的歷史理論，以及「一群特定人士所提出的論點，他們試圖破壞他們所謂的結構主義的可信度，譴責這種思想除了其他罪行之外，還造成面對既成事實的消極性」。[132]

康紀言從來就不以語調溫和聞名，他在此處也很明顯是有意趁機算些舊帳，意思是說卡瓦耶斯勇敢奮戰並且犧牲了性命，但沙特以及那些宣揚投身奉獻的理論家卻沒有。康紀言的評論也重新喚起了意識哲學與概念哲學的區分，並將傅柯的著作確切歸在後者當中。他也許在自己沒有意識到的情況下，為傅柯與一個新世代的代表所建立的聯盟奠定了基礎。至於傅柯本身，在當下並沒有回應他的批評者。

《詞與物》在媒體上獲得成功帶來一些比較奇怪的副產品，其中一項是來自匈牙利的講座邀請，想來大概是因為《法國信箋》的報導。傅柯指稱這是一九六七年的事情，但是德費認為是在一九六六年。唯一的文件證據也沒有帶來確定的答案：那是一張卡片，上面的郵戳模糊得難以辨認。[133]傅柯這趟國外講座原本是在大學的演講廳舉辦，但他向當局提及自己打算談結構主義之後，就被告知必須在校長辦公室對一小群專家演講。他私下向學生口譯員問起這件事，因而得知這所大學有三項議題不能討論：納粹主義、霍爾蒂（Horthy）政權，以及結構主義。[134]事後回顧起來，他開始理解到布達佩斯不准討論結構主義的禁令，和《現代》雜誌以及法國共產黨對結構主義著作還有《詞與物》的敵意其實有所關連。這種情形雖然在東方集團國家明顯比較嚴重，但目標一樣都是要壓抑左派當中新興的非馬克思主義文化。[135]

關於傅柯在匈牙利的經驗，僅有的另一個資訊來源是德費。傅柯顯然拒絕了與盧卡奇（Georg Lukács）見面的機會（這是所有來訪的哲學家都得以享有的特殊待遇），因為他對盧卡奇的著作毫無興趣，這項拒絕大大提升了傅柯的口譯員對他的觀感。傅柯之所以接受匈牙利的邀請，也許還有另一項比較個人的理由，根據德費的說法是傅柯一心想到布達佩斯美術館欣賞其中收藏的馬內作品。德費如果說得沒錯，那麼傅柯想看的畫作就是為了準備〈路障〉（The Barricade）這幅石版畫所繪製的淡水彩畫以及〈處決馬克西米利安皇帝〉（The Execution of the Emperor Maximilian）的一幅線條畫。[136] 傅柯可以從一般的參考書當中得知這些畫作的收藏地，也可能知道一九六五年布達佩斯曾經舉行過一場針對《處決》各版本畫作的國際研討會。

傅柯對匈牙利的看法指向一些令人不安的矛盾。在夏普薩的訪談中，他強烈抱怨他所謂「法國人的單語自戀心態」，以及他們對俄國形式主義與英美新批評（new criticism）等發展的刻意無知。他說法國人之所以會培養出這種心態，原因是中等教育體系沒有教導「重要的基本學科，使得我們不瞭解國內發生的事情，更不瞭解其他地方發生的事情……我們的教育體系源自十九世紀，我們至今仍可在其中看見最乏味的心理學、最過時的人文主義，以及品味的類別、人心的類別」。[137]

這些看法反映了傅柯在一九六五至一九六六年間參與傅雪委員會的工作。這個由傅雪（Christian Fouchet）以教育部長身分成立的委員會，在一九六五年一月首度開會，探討的是中等與高等教育的狀況。傅柯之所以會在場，原因是柯納普（Jean Knapp）被任命為部長顧問；柯納普與傅柯是高師同學，他在法國駐哥本哈根大使館擔任文化顧問期間也曾邀請傅柯到那裡發表講座。此時他提議傅柯應該擔任委員會的成員。傅柯強烈主張中等教育應該聚焦於基本學科，而不是教導單純為大學課程預做準備的主題。此外，他也對教師資格考扮演的角色提出深切疑慮，指稱這項考試只是對「智識活力」的測驗，而不是對研究工作的準備。博士制度也需要改革；在現行狀況下，撰寫「主要論文」需要投注的心力極度巨大，致使論文作者經常因此疲憊終生。[138]

教育改革確實不可或缺。傳統上不汰擇學生的政策，造成的情形就是任何人只要通過高中畢業會考就有權上大學，這種情形導致學生人數不斷增加，大學一年級與二年級的考試也成為殘酷的實質淘汰機制。一九六五年十月在楠泰爾開設的一所新學院也無助於緩和這種狀況。傅雪不受學生與老師的喜愛，索邦大學的激進分子在一九六三年宣告他為不受歡迎人物。對大多數的學生而言，教師資格考與博士學位的詳細規範並不重要，他們關注的是設立更多演講廳，並減少動輒塞滿數百名聽眾的正式講座。傅柯的看法反映的主要是他自己的菁英背景，而不是當下的學生所關注的事物。

一九六六年三月，傅雪的改革計畫遭到全國高等教育教師工會（SNESUP）這個主要的教師工會號召三天的罷工活動表達反對。九月，一個鮮為人知但自稱為「情境主義者」（Situationists）的團體在史特拉斯堡出版了一本小冊子，標題為《論學生貧乏現象，探究其經濟、政治、心理、性，尤其是智識等面向，以及若干補救方式》，預示了一九六八年將會發生的狀況。[139]

《詞與物》的結尾雖有可觀的文學元素，傅柯這時的書寫卻不再那麼關注文學議題，而是愈來愈聚焦於歷史和哲學的主題。說來矛盾，他把自己的文學興趣表現得最傑出的一些文字，也是他表現這份興趣的最後一些文字。傅柯顯然仍持續廣泛閱讀文學作品，偶爾也撰寫文學主題的文章，但他對現代主義文學的熱情再也不曾達到一九六二至一九六六年間的那個高峰。

很相稱的，他在這段時期的最後一篇重要文章是以布朗修為主題。這篇文章刊登於一九六六年六月號的《評論》，是一篇向布朗修致敬的文章。[140] 傅柯先前其他文章的許多主題都在這裡以非常濃縮的型態再次出現，但語調也有些改變。他雖然再度探究無法化約為哲學的思想型態，但他這時對於現代的概念已不太相同。自我指涉性與反身性只界定了現代最膚淺的層次。這時文學的重點，被視為是朝向一種「外邊」的過渡：

> 語言逃脫了論述的存有模式，也就是再現的朝代，於是文學話語由其本身發展而出，形成一套網絡，其中的每一個點都和其他的點明顯不同，甚至與最鄰近的點也帶有距離，在這個一方面包含所有這些點但又加以分隔開來的空間裡，處於和其他每一個點都具有相對關係的位置上……文學的「主體」（在文學當中發言，同時也是文學談論對象的那個東西）比較不是積極正面的語言，而是此一主體在「我說」這種赤裸狀態下表明自我之時，在其中找到自身空間的那個虛空。[141]

「我說」之所以赤裸，原因在於其孤立狀態，因為這不是一種對別人從事的溝通，而是一種言說，其中的說話者（「我」）與言論（「我說」）不可區分而且自給自足。在這個空間裡，薩德讓「慾望的赤裸」（就像布朗修的「我說」一樣不具溝通性）發聲，賀德林則是宣告「神祇閃耀的缺席」。[142] 馬拉美、亞陶、巴代伊與克洛索夫斯基全都置身於這個空間裡。這種「外邊思維」最傑出的一名代表是布朗修，「不被他的文本所隱藏，而於文本的存在當中缺席，透過文本存在的非凡力量而缺席；他就是……那個思想本身：一項真實、絕對遙遠、閃爍耀目而不可見的在場，是必要的命運，無可避免的律法，是那個思想平靜、無限而且有節制的活力。」[143]

布朗修的小說與評論受到兩項神話所纏擾：也就是海妖塞壬與尤麗狄絲（Eurydice）的神話。塞壬在一個永遠觸及不了的地方唱著她們致命的誘惑之歌：「唯有一首未來歌曲的前景貫穿於她們的旋律當中。」[144] 尤麗狄絲實際上不為肉眼所見，只提供瞥見一張臉龐的前景。當然，這兩者都是死亡的代表。語言和外邊的思維隱含了與死亡的相遇；書寫是一種越界，踰越了死亡設定的極限。

傅柯從來沒有針對自己未能繼續追逐文學評論方面的興趣提出任何解釋。或者，應該說是他提供了一項沒有解釋任何東西的解釋。在一九七七年以《權力的微觀物理學》（*Microfisica del potere*）這部義大利文選集的前言形式首度發表的一篇訪談裡，他嚴詞抨擊「我們在一九六〇年代看到的那一切對於書寫的不斷理論化」，並且形容那是「一項絕響」：

書寫者奮力掙扎著要保有自己的政治特權；但由於那正是一項理論，需要語言學、符號學與精神分析所支持的科學保證，需要索緒爾或喬姆斯基等人的背書，還帶來了平庸的文學作品，這一切都顯示書寫者的活動不再位於事物的中心。145

傅柯要是提及自己直接參與了這場不斷的理論化，這段文字看起來就會像是一項清明的自我批評。但他沒有，所以這段評論就成為又一個例子，顯示一個傅柯如何能夠隱藏另一個傅柯。在新近政治化的傅柯出現之前，文學傅柯首先必須經歷一項蛻變。

# 8 南方

到了一九六五年，傅柯對克雷蒙費弘已深感沮喪，開始積極尋找別的出路，並且對此也沒有刻意隱瞞。後來，社會學家古爾維奇（Georges Gurvitch）透露表示他願意支持傅柯爭取索邦大學一個空缺的職務，理想的解決方案看來已經出現。傅柯深受引誘，但沒有提出應徵。精通大學政治的康紀言向他提出警告，指稱古爾維奇支持的任何一位應徵人選，大概都會遭到一大群社會學家、哲學家與心理學家聯手封殺。此外，就算沒有跟古爾維奇扯上關係，康紀言也不確定索邦大學略嫌保守的哲學系是否會張開雙臂歡迎傅柯。[1]

不過，傅柯確實在夏末秋初短暫逃離了法國。他前往巴西，一方面是為了拜訪他在高師教過的學生、此時在巴西教書的友人勒布杭（Gérard Lebrun），另一方面則是為了到聖保羅大學舉行講座。這趟為期兩個月的旅行雖然相當愉快，他的講座（講題都是基於即將出版的《詞與物》）卻不是特別成功，也沒有吸引大群聽眾。傅柯在巴西沒什麼名氣，《精神疾病》也是直到一九六九年才出現葡萄牙文譯本（書名是Dença mentale psicologia）。[2]不過，儘管並不成功，傅柯卻很喜歡這個國家以及那種放鬆而注重感官享受的生活方式，還曾經考慮到那裡定居。後來在一九七〇年代他又四度造訪巴西。

在此同時，傅柯持續找尋著逃離克雷蒙費弘的機會。根據艾希邦所言，他甚至短暫考慮過到剛果（當今的薩伊）應徵講師職務，但法國外交部語言服務部門的主管西里內利（Jean Sirinelli）強烈建議他不要這麼做。[3]傅柯究竟打算去金夏沙做什麼，並沒有人知道。後來他注意到一個沒那麼有異國色彩的機會，可能是從巴特（根據艾希邦所言[4]）或是瓦勒（根據德費所言）那裡聽聞突尼斯有一項職務出缺。這項職務原本是為瓦勒設置的，由哲學系主任德拉德爾（Gérard Deladelle）這位英美哲學專家邀請他到突尼斯任教。不過，瓦勒對於離開家人的生活難以忍受，所以不久就離開了突尼斯。就行政上來說，傅柯必須對突尼斯大學負責，但他的薪水將根據一項合作協議由法國政府支付，是他在法國薪資的兩倍。[5]這項任命為期三年。傅柯返回法國之後在文化外交服務部門維繫的人脈，讓他能夠輕易安排自己被借調離開克雷蒙費弘；先前希望阻止他前往日本的那名院長沒有表達抗議。

如同德費至今仍這麼說的，傅柯在一九六六年九月出發前往突尼斯的行為有些令人費解之處。他們的關係穩定而幸福，因此確實有可能如德費所言，傅柯認為自己短暫離開可以讓德費擁有更多空間從事自己的工作。這點也許表示傅柯意識到自己恐怕會遮蔽這位年輕伴侶的光彩，或是一種默契，也就是雙方共同體認到與一個在智識界突然獲得明星地位的人物一起生活並不總是一件容易的事情。傅柯決定離開巴黎三年，也可能是因為他想避開媒體的關注。他對於自己現在享有的知名度雖然樂在其中，卻也不免感到厭煩。舉例而言，尚・丹尼爾（Jean Daniel）這名記者在一九六八年四月的一則日記裡記錄了傅柯對於「考古學」一詞現在已成為掛在所有人嘴邊的流行語感到「惱怒不已」。[6] 這個詞語淪為文化陳腔濫調，對於他真心認為自己具備的智識嚴肅性實是一大冒犯。

傅柯對於北非能夠提供的娛樂早已相當熟悉。他到過摩洛哥度假，德費在斯法克斯教書期間他因為前去探望而對突尼西亞頗為熟悉。他喜歡這裡的氣候，還有能夠經常到海裡游泳的機會。這裡的料理相當美味，他偶爾會抽的大麻在這裡也能輕易取得。此外，性伴侶也是如此；長久以來，法國的男同志都知道北非是宜人的度假地點。傅柯對於自己為何離開克雷蒙費弘唯一提出過的解釋，出現在他接受《突尼斯報》（*Presse de Tunis*）這份日報的訪談當中。那篇訪談形容他穿著一套剪裁合身的米色西裝，提著一個小小的黑色公事包，看起來有如「一個前途光明的年輕公務員」。傅柯簡短敘述自己：「在法國大學待了一段時間，足夠做我必須做的事情，扮演我必須扮演的角色之後，我於是到國外遊蕩，因此得以拓展我短淺的視野，也讓我能夠重新建立觀看事物的更好視角。」他接著以略帶自嘲的語氣指出，他之所以受到突尼西亞吸引，原因是歐洲人投射於這個國家的種種迷思：「豔陽、大海，還有非洲的溫暖熱情。簡單說，我前來尋求一個沒有禁慾主義的底比斯。」[7]

事實證明突尼西亞並不是底比斯這個傳奇國度的現代翻版，沒有隱士在這裡過著獨自沉思的生活。傅柯在這裡的生活確實不乏沉思，但也充滿了社交活動。舉例而言，這樣的生活讓他對於阿拉伯男性以及這個社會的同性情慾獲得了許多瞭解。多年後，一位女性朋友在他面前抱怨阿拉伯人對待女性的大男人態度，他就以帶有詩意的憤怒言詞回應指出：

他們生活在男人當中。他們都是男人，也是為了男人而生，女人對於他們而言只是稍縱即逝的驚奇、短暫的獎賞。眾人已經成功否認並斷絕了那種長期以來一直是西班牙軍隊基礎的根本連結：男性以十人為一組，絕不會拋下彼此。這些兄弟組織很明顯是奠基在友誼與肉慾的細膩混合上。至於後來經常遭到否認與排斥的性，也扮演了一定的角色。[8]

傅柯不是住在突尼斯，而是住在西迪布賽伊德（Sidi Bou Saïd）這座離突尼斯幾公里的村莊。西迪布賽伊德是由代表鄂圖曼帝國統治突尼西亞的貝伊首領（bey）建造而成，他們統治突尼西亞的時間始自一五四七年，後來在一八八一年隨著這個國家成為法國保護國而告終。矗立於突尼斯上方的山丘上，眺望著地中海的這座村莊相當優美，狹小蜿蜒的圓石巷道兩旁滿是耀眼的白色建築，有著藍色的鑲釘門扇。這座現在已然成為觀光景點的村莊，自一九五〇年代以來就是藝術家與知識分子聚居的中心，其中大多數都是法國僑民。因此，前往突尼斯任職對傅柯而言並不代表智識或社會上的放逐，儘管他確實必須忍受生活在開發中國家的若干不便之處：舉例而言，當地的銀行有時候沒有足夠現金可以讓他提領薪水。德費經常來看他，傅柯也與朋友保持聯繫，例如克洛索夫斯基夫婦偶爾會收到他寄來的無花果乾與棗乾，為此感到十分開心。[9]

傅柯身在國外這段時間，仍然持續參與《評論》的編務工作，他與德勒茲合作的尼采計畫也沒有中斷。他仍然每天閱讀《世界報》，也常常返回法國。舉例而言，他在一九六七年三月前往巴黎，向一群建築師發表他這段時期最引人注意的一場講座。他的講題是空間。傅柯當時不願出版這場講座的內容，但後來終於不再堅持，在過世前不久同意讓這篇講稿刊出，以配合「觀念、過程與結果」這場於柏林舉行的展覽。[10]就算不談這篇講稿本身的引人注意之處，我們也可以從中得知傅柯在一九六七年初的閱讀興趣。他首先指出，十九世紀深受週期性危機的概念所纏擾，並從熱力學第二定律汲取其神話，而二十世紀的主要關注則是空間組織的概念。所以，結構主義可以視為是對一個空間配置裡面，看似分布於時間當中的元素加以定位的嘗試。結構主義不是否認歷史，而是一種處理時間與歷史的方式。接著，傅柯在西方經驗當中追溯了他所謂的「空間性的歷史」，先從伽利略把中世紀的封閉宇宙論取代為無窮盡的開放宇宙談起。這項論點非常近似於夸黑在《從封閉世界到無限宇宙》(*From the Closed World to the Infinite Universe*)當中提出的論點：[11]這部著作的法文譯本推出於一九六二年。

短暫討論了烏托邦之後，傅柯接著開始探討「異托邦」(heterotopia)。異托邦的定義是，對任何一個社會的運作都不可或缺的「其他空間」。危機異托邦是為身處於危機或過渡狀態(例如青少年或分娩的婦女)的個人所保留的特殊或神聖空間，也可以是通過儀式的發生地點，例如一名新婚女子在蜜月飯店裡破處，而這樣的飯店對於正常生活而言乃是位於「烏有之地」。

公墓逐漸變化的角色與地點，可以象徵第二種類型的異托邦。直到十八世紀之前，公墓都是位於教堂旁邊，但後來慢慢遷到城鎮外的空間，成為一座「其他城市」，每個家庭在其中都有屬於他們的陰宅。傅柯雖然沒有列出資料來源，但他述說的公墓史可以看得出來是取自阿希業斯一九六六年發表的〈對於當代死亡崇拜的研究〉（Contribution à l'étude du culte des morts à l'époque contemporaine）。有可能是傅柯在這個時候與阿希業斯有直接聯繫並與他互相交流彼此的著作，又或者是傅柯勤於閱讀《人文政治科學院著作評論》（*Revue des travaux de l'Académie des sciences morales et politiques*），不過後者看來可能性很低。[12]

傅柯的其他異托邦包括花園乃至巡迴市集，還有拉丁美洲的耶穌會士聚居地、斯堪地那維亞桑拿浴，以及當時在突尼西亞的傑爾巴島（Djerba）剛開始出現的那種地中海俱樂部風格的小屋，他有可能是與德費到南部旅遊的時候看到這些小屋。

根據估計，突尼斯大學在一九六八年有半數的講師都是法國國民，[13]其中有許多人住在西迪布賽伊德。這座村莊帶有一種世界主義特色，被比擬為杜雷爾（Lawrence Durrell）的亞歷山卓；在這裡的土耳其風格宣禮塔與阿拉伯咖啡廳當中，可以看到由「外交人員、假間諜與真流浪漢、藝術家與冒險家」構成的一個波希米亞社會。[14]這個社會由肉慾崇拜與友誼崇拜所支配，並帶有一種誘人的頹廢氣息。唯一的基本規則，就是絕對不能碰別人的愛人。

悠遊於這個放鬆的社交圈裡，傅柯結識了一個非常重要的對象。剛離開突尼斯大學但仍然經常造訪突尼西亞的社會學家杜維紐，介紹他認識了《新觀察家》的編輯尚．丹尼爾。[15]接著，丹尼爾又介紹傅柯認識了當地的一些居民，例如偉大的法國阿拉伯研究專家貝爾克（Jacques Berque），以及突尼西亞畫家阿布達拉（Jellal Ben Abdallah）。[16]

丹尼爾對突尼西亞及其人民懷有深厚的個人情感，但這份情感乃是根源於痛苦當中。突尼西亞在一九五六年取得獨立之後，法國仍然保有比塞大（Bizerta）這座重要的海軍基地。布爾吉巴（Habib Bourguiba）領導的政府定期施壓，試圖奪回比塞大的控制權。關鍵時刻出現在一九六一年七月，當時由愛國志士組成的輕武裝群體對這座基地的設施發動攻擊，法國的傘兵部隊也開火回擊，造成數百人死亡。尚・丹尼爾為《快訊》採訪這場危機，結果大腿受了重傷。他在突尼斯受到的醫療照護，還有醫生與護士展現出來的慷慨無私，令他愛上這個國家。他寫道，他的第一個醫生展現了「唯有真正的慷慨無私才能獲得的技術」。[17]

丹尼爾在杜維紐的介紹下認識了「一個有些單薄而執拗的武士，呈現出冷淡如同僧侶般的姿態，眉毛有如白子，並帶有一股略顯急躁的魅力。他熱切又富有親和力的好奇心，深深吸引了所有人」。丹尼爾認為他「穩重的謙遜以及有如亞洲人的彬彬有禮」，是一種能夠與自己不想接近的陌生人保持距離的有效手段。[18]這名武士住在一間由馬廄改裝成的屋子裡，據說原本屬於貝伊首領（地方行政長官）所有。落地窗能夠遠眺海洋，而且直接通到街上。主臥室涼爽陰暗，房間最裡面有個架高的平臺，傅柯就鋪塊墊子睡在上面，白天可以把墊子捲起來收掉。一如大多數人，丹尼爾也是第一眼就注意到把那名武士的臉分成兩半的那道寬大笑容。他的第一個印象是覺得這個人深受兩股力量所拉扯，一邊是享樂的誘惑，另一邊則是希望把誘惑轉變為一種禁慾的概念練習而加以抗拒。[19]這個房間不只是涼爽的休憩所，也是傅柯在清晨的工作場所。一九六八年的復活節，杜維紐在這裡看到他被一群兒童圍繞著，還不動聲色地閱讀費爾巴哈。[20]當地人得知每天那麼早起床工作的那個人是哲學家之後，村裡的老婦人於是開始流傳一項謠言，指稱他的桌上擺著一顆人類頭骨，因為「哲學家」一詞在她們腦中無疑是「招魂巫師」的同義詞。[21]

尚．丹尼爾不是唯一一個對傅柯的笑容感到炫目的人。曾在紐約大都會歌劇院擔任舞者、當時任職於伽利瑪出版社的凱特琳．馮畢羅，與兩名同事到突尼西亞出差。他們走在西迪布賽伊德下方的海灘，突然看見上面有個引人注目的歐洲人身影，穿著一身的白。馮畢羅的同事立刻認出那個人是傅柯，於是向傅柯介紹她認識。傅柯邀請他們到涼爽的房間裡喝茶，馮畢羅只覺得那間陰暗的屋子被一道充滿美與寬厚的笑容所點亮，彷彿坐在地板上啜飲著茶的傅柯發出了光芒。在當時，這是馮畢羅與傅柯唯一的一次邂逅，他們後來在一九七〇年代將會成為關係緊密的政治盟友。[22]

這個濱海地區提供的其中一項樂趣，就是在法里納港（Porto Farina）的海灘上漫步，那裡的沙丘保護著一座由沙子構成的長形半島，而傅柯也絕對沒有抗拒這項樂趣。這裡讓他聯想到格拉克（Julien Gracq）在《蘇爾特的海濱》（*Le Rivage des Syrtes*）這部令人難忘的小說所描寫的蘇爾特海岸的潟湖。這部小說贏得一九五一年的龔固爾文學獎（Prix Goncourt），內容描寫蘇爾特海沿岸兩座想像王國之間一場時斷時續的漫長戰爭。傅柯認為那是「我讀過最優美的一部小說」。[23]沒有重建且帶有一種浪漫美感的迦太基廢墟也距離這裡不遠，只是頗不協調地緊鄰一片中產階級的市郊地區。原本的迦太基早在西元前一四六年就在加圖（Cato）的敦促下遭到摧毀（「必須加以毀滅」〔delenda est〕），現在留下的廢墟是後來另外建立的城市，作為羅馬非洲行省的首府。傅柯總是喜歡提醒他的訪客，希波的奧古斯丁曾經以此為家。

要從西迪布賽伊德前往突尼斯，可以搭乘TGM：這是一條相當迷人的輕軌線，儘管列車上的木椅坐起來不太舒服。這條輕軌從突尼斯通到古萊特（La Goulette），是首都突尼斯的港口，接著通往法國大使官邸所在的拉馬爾薩（La Marsa）。突尼斯與古萊特之間隔著一座惡臭的半鹹水潟湖，TGM輕軌與主要公路共同架設在一道堤壩上越過這座潟湖。傅柯原本是搭乘輕軌，但後來買了一輛白色敞篷車就改為開車通勤。他如果搭乘輕軌，下車的車站位於非洲廣場（place d'Afrique），廣場位於兩旁種著行道樹的布爾吉巴大道（avenue Bourguiba）頂端。接下來是一段怡人的步行之旅，穿越四處可見露天市場與清真寺的舊城區，經過傅柯經常在下午前去從事研究工作的國家圖書館，然後即可抵達大學，在校園能夠遠眺塞久密（Sejoumi）的鹹水湖。

傅柯在一門剛成立的哲學學位課程當中授課，但也在星期五下午舉行公開講座，這些講座很快就吸引了來自突尼斯各地的大群聽眾。一如以往，他講課的風格充滿了戲劇性：「趾高氣揚、充滿自信而且口舌便給，他不站在講桌後面，而是在講臺上來回走動，猶如一名年輕的海軍上尉在自己的艦橋上來回踱步。」[24] 臺下的學生讓他頗感驚豔，他向《新聞報》（*La Presse*）表示自己只有在巴西與突尼西亞遇過具有如此強烈知識熱情的學生，對知識表現出如此的貪婪。他在學位課程教的課主要是關於尼采、笛卡兒與心理學，但他也開了一門美學的課，主要聚焦於十五世紀繪畫與馬內的作品。馬內原本應該是一本書名暫定為《黑色與表面》(*Le Noir et la surface*)的著作所探討的主題，傅柯離開法國之前就已經和子夜出版社簽訂了合約，但這本書後來卻沒有寫成。此外，傅柯也經常到塔哈爾・哈達德俱樂部(Club Tahar Hadad)發表演說。這是一個阿拉伯與歐洲文化交流的中心，經營者是名叫潔莉拉・哈夫夏(Jelila Hafsia)的年輕女子。她後來坦承自己雖然明知無望，卻還是對傅柯心懷暗戀。[25]

傅柯對馬內的興趣歷久不衰，認為他的作品之於繪畫就像是福樓拜的小說之於文學，也就是現代的誕生地。〈草地上的午餐〉與〈奧林匹亞〉不只是印象派的先驅，而且是「歐洲藝術當中首見」的作品，不但探索繪畫和其本身的關係，也探索繪畫和其在美術館內獲得的存在模式之間的關係。自從馬內之後，每一張畫布都屬於「繪畫的重大方形表面」。[26]這些略帶謎樣色彩的文字出自他在一九六四年為福樓拜《聖安東尼的誘惑》所寫的後記，想必會是那本沒有寫成的研究著作當中的一個主題。當然，在馬內的作品裡辨識出自我指涉的元素，也合乎傅柯對於文學現代主義的觀點。

傅柯在突尼斯大學的講課顯然沒有打算出版，那些課堂內容也沒有留下正式紀錄。有兩場公開講座以文字出版，其中一場只有零碎的內容，另一場則完整出版。第一場講座的主題是結構主義與文學分析，在一九六七年二月四日發表於塔哈爾・哈達德俱樂部。[27]傅柯對於文學分析實際上沒有什麼確切的內容要說，他針對結構主義提出的論述也非常空泛。他用的說法預示了《知識考古學》，指稱結構主義不是「哲學」，而是針對「紀錄集合體」進行分析的各種嘗試的加總；所謂紀錄集合體，是由人類在過去所留下並且現在也持續將自己圍繞於其中的一切符號、蹤跡與標記所構成。他概述了兩種分析紀錄集合體的方式：研究其生產法則，以及，唯有那些紀錄文件是紀錄文件的情況下，才加以探究。為了描述第二種做法，他創造了「deixologie」這個新詞。在語言學當中，「deixis」（指示語）通常表示一種闡述理論（theory of enunciation）：指示範疇或指示型態則涵蓋言語行為裡的代名詞。傅柯在《知識考古學》裡使用這些指示型態的標準定義，稱之為「指定說話主體及其對話者的元素……指涉先前或後續句子的代名詞元素或者連接介副詞」。[28]在塔哈爾．哈達德俱樂部的講座中，他主張結構主義現在已經到達一個點，也就是它作為一種方法必須消失，才能體認到自己只不過發現了一個客體而已。從結構主義過渡到deixologie的過程，就如同是從病理解剖學過渡到生理學。

第二場講座發表於一九六八年三月的一場語言學暨社會科學研討會，由經濟與社會研究中心（Centre d'Etudes et de Recherches Economiques et Sociales）舉行於突尼斯大學。傅柯對於結構主義聲稱自己達到科學性的新門檻表達懷疑，然後用類似《詞與物》的論點討論十八世紀的知識表格化以及後來的語文學模型，並主張現代語言學確實在認識論方面提供了新的可能性，可用來分析話語生產。

從這些講座，可以明顯看出傅柯正在廣泛閱讀分析哲學和語言哲學領域的作品，他對這些主題的研究也對後來的《知識考古學》造成顯著影響。他對這項主題所擁有的知識，看起來大部分是在突尼西亞獲得的，來自於哲學系主任德勒達勒（Gérard Deledalle）借給他的書籍。他也在這時拓展了新方向，開始閱讀托洛斯基、蘿莎·盧森堡（Rosa Luxemburg），以及當時開始在美國出現的「黑人權力」文學。[29]他在三月那場研討會發表的內容，顯示他對阿圖塞的著作（《保衛馬克思》與《閱讀資本論》都出版於一九六五年）也甚感興趣，他認為阿圖塞在馬克思身上試圖發現的，不是「因果關係的直接分配」，也不是一種黑格爾式的邏輯，而是「對真實的一種邏輯分析」。[30]

傅柯對自己智識與學術興趣的追求，在突尼西亞首度遭到政治上的粗暴干擾。突尼西亞由布爾吉巴的憲政黨（Destour）執政，它標舉的「國家主義」意識形態最終造成黨機器與國家機器合而為一的典型現象，並造就了一套極不民主的體制，由龐大行政體系當中的技術官僚所支配。突尼斯大學成為反對政府政策的勢力匯聚處，因為全國學生聯合會（National Union of Students）試圖主張自己不受憲政黨的控制，然而沒有成功。[31]傅柯抵達突尼斯之後不久，一場學生罷課活動就在一九六六年十二月爆發。這場活動的導火線原本是一件小事，只是一名學生搭公車拒絕付費，但很快就引發廣泛的騷動，有不少人在警方進入大學校園之後遭到逮捕。當地的法國人學術社群也有部分人因此違反合約條款，其中的第二條規定他們不得參與任何政治活動，也不能干預突尼西亞的國內事務。

關於傅柯的參與程度，各方的說法出入甚大。根據德費所述，他從一開始就支持學生，因此很快就變得相當關注政治事務。在一九六五年取代杜維紐成為社會學講師的拉帕薩德（Georges Lapassade）是一名高調張揚的同性戀民族心理學家，同樣住在西迪布賽伊德，他提出的描述非常不一樣，儘管他也許不是特別可靠的敘事者。[32]根據拉帕薩德的說法，傅柯同意停止教課，卻違背承諾被人看到他在對自己平常那群平民聽眾講課；現場沒有學生。拉帕薩德聲稱自己後來被指控干擾傅柯講課，因此接到通知說自己違反雇用合約而被驅逐出境。[33]有兩件事情可以確定。傅柯與拉帕薩德發生嚴重爭執，後者指控傅柯在他遭到驅逐出境時發出的抗議力道不夠。傅柯的政治參與變得認真許多。

這場爭執的續集出現於一九七五年。他們兩人在拉帕薩德位於西堤島（Ile de la Cité）的住家外面偶遇，結果傅柯毫無預警地賞了拉帕薩德一巴掌。這名民族心理學家在震驚之餘，立刻出手反擊並要求傅柯解釋自己的行為。傅柯之所以如此怒氣騰騰，原因是拉帕薩德寫的一部小說裡有個名叫Machin-chose（意為「他叫什麼名字」）的角色。[34]明顯在影射傅柯的Machin-chose譴責了一個看得出是〈布爾比格拉斯〉（Bourbigras；即布爾吉巴）這篇文章作者的角色，導致他遭到驅逐出境。[35]拉帕薩德這些陳述的正確性難以確定，也很明顯有嫉妒的色彩。

在此同時，巴黎仍然持續對傅柯進行夏特列所謂的「小規模理論戰爭」。[36]傅柯在這個時候獲得一個新的擁護者。畢業於高師的克拉維勒（Maurice Clavel）是戲劇人暨小說家，這時則是《新觀察家》的電視評論員。他的職業生涯充滿爭議。一九五二年，擔任教師的他遭到停薪停職，做出這項懲處的正是康紀言，因為克拉維勒課堂上的混亂情形讓他大感震驚，也難以置信這名哲學教師竟然在工作上恣意缺席，就只為了追求自己在戲劇方面的興趣。[37]年輕時支持君主制的克拉維勒，在一九四四年解放沙特爾（Chartres）的行動中扮演了至關重要的角色，並成為狂熱的戴高樂主義者，但後來因為法國的縱容導致摩洛哥領袖巴爾卡（Ben Barka）在一九六五年遭到刺殺，從而與戴高樂決裂。克拉維勒不久之前重新發現了一種充滿神祕主義的天主教，而一九六八年五月則把他轉變為一個非常特別的宗教極左派。一九六七年底，他發現了傅柯。他在十一月八日向《新觀察家》的讀者指稱傅柯就是新的康德，是當前最偉大的哲學家。傅柯的著作之於過去二百年的哲學，就像康德的批判哲學之於二百年來的理性主義。傅柯讓克拉維勒更加堅定自己的宗教信仰；在《詞與物》裡被宣告死亡的人，就是「沒有上帝的人」。[38] 一九七〇年代中期，克洛德．莫里亞克訝異地發現克拉維勒在聖母院的耳堂裡站在聖壇上講解傅柯：「頂著那頭總算有一次梳整齊的濃密白髮，俯身在他的講稿上，看起來有如中世紀的人物，幾乎有如僧侶……『我談的是米歇爾．傅柯，他在《詞與物》當中非常關鍵、在我眼中永垂不朽的那一百頁裡……』」[39]

在當下這個時候，克拉維勒正忙著反駁傅柯的「人文主義」批評者，他也把自己寫的文章寄往突尼斯。傅柯在一九六八年四月回信：

> 你所說的，不只企圖繞過「人文主義」人物，也企圖繞過整個結構主義領域，全都是我嘗試要做的事情。不過，這項工作看起來極為龐大，而且需要完全連根拔除，因此我沒有堅持到底，沒有適切加以表達，並在最後一刻閉上眼睛。你如此強而有力的表達，既強迫了我也解放了我。換句話說，你比我更瞭解我自己。[40]

這當然是傅柯善於恭維別人的一個典型例子，但被比擬為康德雖然一開始令他頗感欣喜與莞爾，卻在不久之後變得頗為惱人。然而，傅柯對性情狂躁的克拉維勒產生了相當深厚的情感，而克拉維勒則在十年後成為新哲學家（nouveaux philosophes）的教父。

傅柯直到一九六八年三月才涉入這場理論戰爭。針對沙特指稱他幫助資產階級建造對抗馬克思主義的最後壁壘，傅柯接受當時才剛起步但後來在廣播界極為成功的艾卡巴赫（Jean-Pierre El Kabbach）訪談，在訪談中提出頗為節制的回應。這場訪談的部分內容播出於法國公共電臺（France Inter），完整的文字紀錄隨後刊登於《文學雙週刊》。《文學雙週刊》充分利用這則報導，在封面放上一大張傅柯的照片，配上「傅柯回應沙特」這幾個字。這場訪談的主要內容是由傅柯陳述自己的哲學立場，提及沙特的部分則以不失禮的態度不予理會：「沙特這個人有太重大的使命要完成，包括文學的、哲學的以及政治的使命，不可能有時間看我的書。他沒看過這本書，所以他針對這本書說的話在我看來並不是很切題。」[41] 傅柯說的也許沒錯，因為沒有什麼證據顯示沙特對《詞與物》擁有超過媒體報導之外的理解。

傅柯接著以告白的語氣坦承指出，自己曾經短暫加入法國共產黨，當時被譴責是資產階級對抗馬克思的最後一位盟友的人正是沙特。他以幽默的方式承認這件事，但這項玩笑很快就大為變質。《文學雙週刊》在下一期不得不刊登一封用詞尖銳的投書，寫於「西迪布賽伊德，一九六八年三月三日」。傅柯抗議指出，那場訪談的刊登沒有經過他同意，所以刊登文字是沒有經過編輯的談話內容。他提到沙特以及自己「過往人生」的部分話語，都是在明確要求不得納入最終版本的情況下才說的，而且那些內容也確實沒有在廣播當中播出。艾卡巴赫於是為自己的判斷錯誤發表書面道歉。[42]

傅柯無疑沒有意願捲入新聞界掀起的這場「沙特對決傅柯」的對峙，但真正激怒他的，是他「招認」自己曾是法國共產黨員的話被洩漏出去。曾經加入法國共產黨並不是什麼十惡不赦的罪行，傅柯身邊的人也知道他過去的政治效忠對象。不過，他這段過去並不為大眾所知，他也不希望加以公開。他深感氣憤的原因，是他在一時之間對自己的形象以及自我定義失去了控制。這場訪談的刊登相當獨特，因為傅柯總是習於行使高度的作者控制權，總是堅持訪談內容在發表之前必須先由他過目，必要的時候也會加以修改。[43]

如果說《文學雙週刊》事件顯示了傅柯對於控制自己的公開形象有多麼重視，那麼在《思維》（*La Pensée*）當中的一段簡短交談則顯示了他不惜以什麼樣的方式為自己著作遭到的批評提出辯護。在一九六七年二月與三月間，蒙佩利爾大學（University of Montpellier）的一門研討課針對《詞與物》舉行了三場辯論，後來辯論內容發表於法國共產黨的《思維》期刊。這份期刊由波利查爾創立於第二次世界大戰爆發前夕，是「對現代理性主義的評論」。傅柯的其中一名批評者，是任教於艾克斯普羅旺斯（Aix-en-Provence）的斯特法尼尼（J. Stefanini）。他聲稱傅柯對文法和語言學的討論有不少錯誤與不精確之處。傅柯的回應是單純針對對方指出的疏漏之處，一一提出自己著作中的頁碼，證明那些問題自己都有談到。他沒有涉入任何方法學或理論方面的討論。傅柯向籌辦辯論會的雅克．普魯斯特（Jacques Proust）寄出的一封說明函裡，他指稱自己的回應不值得刊登，因為《思維》的讀者「自己就能做到我剛剛利用一個下午〔在一九六八年三月十一日〕所從事的小小查證工作」。[44]

這場理論戰爭不總是以批評與反批評的形式呈現，有時也採取比較正向的對話形式。在一九六七年的「結構主義、意識形態與方法」研討會之後，[45]《精神》的編輯團隊向傅柯提出十一個書面問題，希望藉此釐清他的目標與立場。整體而言，仍然深受創辦人穆尼埃（Emmanuel Mounier）的人格主義所影響的《精神》，不管是對結構主義還是傅柯都沒什麼認同感。不過，和法國共產黨、《現代》以及《當前的理性》（*Raison présente*）不一樣的是，《精神》願意從事對話，而不是耽溺於斥責當中。傅柯指稱自己如果要完全回答這十一個問題，就得再寫一本書，於是只選擇回答第十一個問題。可惜的是，另外那十個問題要不是已經遺失，就是深埋在《精神》的檔案裡沒有被人發現。[46]

傅柯選擇回答的那個問題指稱，把「系統的局限」與「不連續性」引進智識史的思維模式可能會消除進步政治干預的基礎，並詢問這樣是不是會造成一項兩難：要嘛接受那套系統，不然就是訴諸外部暴力作為推翻系統的唯一手段。這個問題指出，傅柯似乎提供了毫不吸引人的選項，一邊是消極不作為，另一邊則是虛無的暴力。

傅柯很樂於有機會和《精神》討論他自己的著作，於是提交了一份長篇的書面答覆。[47]多孟納自己承認看了這篇答覆之後，對於他理解《詞與物》提供的政治行動基礎還是絲毫沒有幫助。傅柯首先談及「系統」的概念，但沒有釐清「資本主義系統」與「思維或論述系統」這兩者之間明顯可見極為嚴重的混淆。他否認**系統**的概念是由他提出；他是多元主義者，談及的都是複數的

**各種系統**。[48]傅柯接著轉向不連續性的概念，腦中無疑想的是常見的抱怨，抱怨他把歷史「凍結」為一種沒有時間性的結構，他於是主張「不連續性……是各種指定轉變之間的相互作用；這些指定轉變各自不同……但又由互賴基模（schemata of dependence）綁在一起。歷史就是那些轉變的描述性分析與理論」。[49]

答覆《精神》的內容，大部分都是重複《詞與物》裡的主張，也預示了《知識考古學》裡更加形式化的論點。傅柯在結論裡概述了幾項關於「進步政治」的假設，還提出了那兩本書都沒有談到的東西。頭兩項假設也許最為重要：

> 進步政治認知到一項實踐的歷史與指定條件，而其他政治則是只認知到理想的必要性、單一意義的決定因素，以及個別倡議之間自由的相互作用。進步政治在實踐當中界定轉變的可能性以及那些轉變之間的互賴，其他政治則是仰賴改變的一體抽象性或者天賦的奇蹟存在。[50]

進步政治這個概念本身就顯示傅柯的著作當中開始出現一種新東西，儘管其實際內容仍然相當模糊。對「單一意義的決定因素」予以摒斥，可以看得出是在抨擊馬克思主義部分型態的輕率確定性，因為那些馬克思主義型態總是行禮如儀地訴諸通往光明未來的客觀道路。不過，對「實踐」的反覆堅持，顯示傅柯現在逐漸往阿圖塞靠攏。

阿圖塞在這段時期的著作，以收錄於《保衛馬克思》與《閱讀資本論》當中的文章作為代表

（《閱讀資本論》是一九六四年高師一門研討課的成果），可以用多種不同方式解讀。[51] 在某個層次上，這些著作是嘗試要度過中蘇決裂帶來的難關。此外，也是一種更新法國馬克思主義的嘗試，做法是堅持必須閱讀馬克思本身的著作，而不是他的注解者所寫的那些平庸作品。在阿圖塞眼中，馬克思與黑格爾之間存在深刻的差異，他的著作就像傅柯的著作一樣，也可以解讀為一種逃離黑格爾陰影（但不是辯證思維）的嘗試。最重要的是，阿圖塞的書寫是對人文主義的攻擊，他認為馬克思主義在過渡至歷史唯物主義（又稱為社會形構的科學）以及辯證唯物主義（又稱為科學實踐理論）的過程中已然與人文主義這種意識形態形式斷絕了關係。他的反人文主義與反黑格爾主義之間有所重疊，因為各種人文主義與黑格爾都奉行一種因果概念，認為一切事物都是一項單一原則的簡單表現，不管是黑格爾的《歷史哲學》（*Philosophy of History*）當中的羅馬，還是「人」、意識，或者人類自由。[52]

由於傅柯與阿圖塞都參與了對抗意識哲學主導地位的戰役，也都是概念哲學的支持者，因此他們兩人在這方面有許多共同點，儘管傅柯從來不曾聲稱自己是馬克思主義者。傅柯答覆《精神》時提到的「實踐」，對於阿圖塞的馬克思主義具有核心重要性，實踐指涉的是轉變或生產的經濟、政治與意識形態過程，這些共同構成了社會形構，而「理論實踐」指的則是意識形態（或者與這個世界的直接、親身的關連〔lived relation〕）轉變成為知識。

傅柯與阿圖塞也有相同的先輩，其中最顯著的一位是康紀言。阿圖塞承認自己從康紀言身上「受益不知凡幾」。阿圖塞唯一在書面上提到過傅柯，是在他寫給布魯斯特（Ben Brewster）的一封信裡。布魯斯特翻譯了一九六五年出版的那兩本書，並且為《保衛馬克思》添加了一份相當有用的詞彙表。不過，阿圖塞提及傅柯的文字卻算不上是清晰表達的模範：

> 他是我的學生，我的書寫當中有「某些東西」進到他的著作裡，包括我的部分表述方式。不過（這點一定要指出，因為其中涉及他本身的哲學性格），在他的筆下以及他的思考當中，即便是從我這裡借取的表述方式，他所賦予的意義也轉變成和我原本大為不同的別種意義。[53]

在同一封信裡，阿圖塞也以明顯可見的讚賞態度簡短談及「那部**傑出**的作品」，也就是《瘋狂史》。阿圖塞在公開發表的文章裡也許沒有針對傅柯說過什麼話，但對於他的著作卻是閱讀得相當熱切，也在沒有出版的私下通信當中加以討論。他的通信對象是巴里巴，就是與他合作《閱讀資本論》的其中一名年輕高師人。[54]在一九六六至一九六七年間，巴里巴因為服兵役而在突尼西亞擔任軍事合作人員。他與阿圖塞都認為《詞與物》有助於提供一項一般性的意識形態理論。[55]傅柯與阿圖塞愈來愈可能被看作是同一項理論計畫的共同推動者，或者至少是在從事非常類似的計畫。

阿圖塞與傅柯之間的這項可以察覺到的連結，是傅柯的著作在左派圈子當中如何受到看待的一項重要元素。身處於法國共產黨邊緣的學生與高師人，長久以來都分裂成「義大利」與「中國」兩派，[56]而身為原始毛派的「中國」派是真正接受阿圖塞理論的一群。一九六六年，出版《馬列主義手冊》（*Cahiers marxistes-léninistes*）的這個群體當中出現的分裂，產生了這段時期一個更加精緻的理論計畫。

《分析筆記》（*Cahiers pour l'analyse*）在一九六六年一月開始出版，是高師一群年輕的狂熱概念哲學家所成立的認識論社團（Cercle d'Epistémologie）用於宣傳的媒介。[57]他們身處的那個背景環境，使得雅克阿蘭・米勒（Jacques-Alain Miller）能夠在一九六四年六月指控洪席耶竊取了他的「換喻因果」概念。接著爆發了一場激烈爭吵，洪席耶極力為自己辯護，直到後來阿圖塞坦承自己是這起事件的禍首，才總算恢復表面的和平。[58]《分析筆記》期刊標題裡的「pour」一詞影射阿圖塞的《保衛馬克思》，而「analyse」一詞則同時影射孔狄亞克與精神分析。[59]在米勒的編輯之下，《分析筆記》刊登的內容涵蓋範圍極廣，而且也非常出色，包括德希達、拉岡、露西・伊希嘉黑（Luce Irigaray）與康紀言等人的作品，還有認識論社團內部成員所寫的重要文章。這份期刊是一個可讓阿圖塞馬克思主義與拉岡精神分析共同尋求科學性的地方。《分析筆記》的許多供稿者都曾跟隨康紀言研讀，這份期刊的每一期都以康紀言的這段話作為其理論刊頭：「探究一項概念，就是改變其適用範圍與理解方式、透過納入外部特徵使其一般化、將其傳播至其起始區域之外、將其視為一個模型，或者反過來為其找尋一個模型，簡言之就是透過精心計算的轉變，逐漸為其賦予準則的功能。」這段引文沒有注明出處；身為這個環境的一員，熟悉康紀言是基本條件。他在一九五六年寫的文章〈何謂心理學？〉翻印於第二期當中，這項對心理學的批判也就成為拉岡精神分析的科學性的堅實例證。

傅柯就是在這個高度智識性、愈來愈政治化而且無可避免地以高師為中心的環境當中，為他的《知識考古學》找到一群受眾。一度與卡瓦耶斯還有康紀言連結在一起的概念哲學，開始找到一種新化身。實際上，有些人以不屑的語氣談及「概念派對」。概念的新化身不純粹只是舊化身的轉世。尤其在米勒的眼中，這種新化身應當完全從邏輯和數學的角度加以理解，而不是從任何歷史的角度。重要的是，《分析筆記》經常以單數形式談及「科學」（science），而康紀言談及「科學」（sciences）則習慣用複數形式。

《分析筆記》第九期（一九六八年夏季）的主題是「科學的系譜」，其中包含認識論社團向傅柯提出的一組問題，以相當曲折的句法請他「針對自己的理論及其方法所隱含的意義，陳述能夠確立其可能性的重要命題」。他們接著又進一步請他「基於科學的地位、歷史與概念來界定自己的回答」。[60] 傅柯回覆了一篇長文，其內容實際上就是《知識考古學》的初步版本。[61] 這篇文章促成了又一組的問題與批判性評論，包括指責傅柯的「論述」概念仍然定義不清，而且其價值並沒有真正確立。認識論社團在評論的最後請傅柯以佛洛伊德與馬克思為參考座標來界定自己，並宣稱他的答覆將會刊登於後續某一期的期刊裡。[62] 傅柯從未提出這項答覆；而《分析筆記》在出版了以「形式化」為主題的最後一期之後，就突然宣告停刊。

傅柯於突尼西亞度過的那兩年，他大部分的時間並不是投注於政治，而是投注於寫作《知識考古學》。寫於西迪布賽伊德、一九六九年於巴黎出版的這本書，就某部分而言是傅柯回答《精神》與《分析筆記》向他提出的問題之後，把那些答覆擴充而成的結果。不過，他規劃寫作這本書的時間，明顯是在那些對話發生之前。他在《詞與物》的一個腳注裡早就宣告了撰寫這本書的打算，要針對他的考古計畫中的方法論問題進行研究，[63] 他在一九六七年四月接受《突尼斯報》訪談時也再度提及這一點，指稱自己正在「針對我們這種文化當中的存在形式和語言撰寫一部方法論著作」。他向《精神》的讀者說這部著作是兩篇類似論文的其中一篇，另外一篇探究的是歷史論述的問題，傅柯考慮將標題取為「過去和現在：人文科學的另一項考古」。[64]《知識考古學》出版之時，傅柯又再度提及這本書的第二冊。他剛出版的這本書「一方面重複了我已經嘗試過的事情，而促使我這麼做的原因，是因為想要矯正先前著作中一些粗心造成的偏差；另一方面，這本書也試圖為一部後續的著作預先畫出途徑，但由於意料之外的狀況，現在我真心希望永遠不必寫那本書」。[65] 由於某種他沒有說明的原因，這個第二冊從未撰寫。如果有人向他問起這本書，他的回答想必會是他在一九八二年於佛蒙特說的那句話：「我喜歡寫第一冊，可是很討厭寫第二冊。」[66]

費魯斯（Gérard Fellous）為《新聞報》那場訪談所寫的引言，把傅柯正在進行中的寫作計畫形容為「結構主義的聖經」。事實證明這項描述不是全然正確。這一次，傅柯成功寫出了一部只有一小群專家閱讀的著作。在《知識考古學》裡，他假設自己的讀者對他先前的著作非常熟悉，絲毫無意協助新進讀者進入狀況。在那群專家受眾之外，這本書最為人所知的部分大概就是引言的最後幾句話，傅柯在其中毫不畏縮地形容自己書寫是為了不要有面貌，並且抗拒民事身分的官僚道德。在這整本書裡，傅柯詳盡思索了禁絕或者克服主權主體或作者這種概念的必要性，但矛盾的是，他的其他文本從來不像這本書如此持續不斷使用第一人稱代名詞，以如此大量的「我」進行界定、重述及反駁。傅柯彷彿一方面渴望逃入純粹文本性的匿名性當中，另一方面卻又必須以第一人稱表達這種渴望。

就許多方面而言，《知識考古學》明顯不像他先前的著作那麼吸引人。這本書沒有像《瘋狂史》或《詞與物》那種宏大的敘事，也沒有《臨床的誕生》那種誘人的黑暗詩意。傅柯定義一個接一個概念的做法，有種毫不留情的感覺，他的寫作風格又帶有一種枯燥性，和他先前著作裡那種近乎巴洛克式的壯麗輝煌差別極大。科莫德（Frank Kermode）針對英文譯本所寫的評論當中，抱怨傅柯「濫用新詞以及無端發明新句法」，無疑是為許多深感挫折的讀者表達了他們的心聲。[67]

這是傅柯唯一一本純粹方法論的著作，但也不僅如此。這是一本自我批評的著作。他尤其批評《瘋狂史》賦予「經驗」太過巨大又太神祕難解的角色，因此在極為危險的程度上差點接受歷史具有一個「無名而普遍性的主題」。[68]現在已經可知我們不可能形容「瘋狂本身可以是什麼模樣，不像原本認為某種原始、基本、朦朧而且幾乎沒有受到表達的經驗所能做到的那樣」。如同那個腳注明白顯示的，這項批評針對的是《瘋狂史》其中一項明確的主題，尤其是原本的序言。[69]然而，傅柯遲至一九六四年都還主張有可能透過尼采來談論瘋狂的經驗，並且在華攸蒙對一名無法理解的對話者反覆提出這一點。[70]

傅柯此時批評《臨床的誕生》對「臨床凝視」一語的使用「不適當」，因為這個用語暗示了一個主體的合成或統整功能。[71]傅柯雖然沒有實際上這麼說，但這項自我批評可以解讀為暗示了文學現代主義願景的消退：當初就是在凝視與眼睛的堅持下，醫學與文學才能夠連結起來，正如《眼睛的故事》所示。隨著對文學的強調逐漸消退，傅柯也開始捨棄「語言就是一切」這項近似布朗修的論點，轉向比較廣泛的論述概念，於是眼睛與凝視的關係提供的主題連結也就受到打破，至少也是變得極為單薄。

從引言即可明白看出，傅柯現在認為自己的考古學是衍生自史學思考的兩種既有學派（或是為其本身的目的而兼併了這兩種學派）。一方面是年鑑學派的史學家，聚焦於「漫長的時段，彷彿在種種政治事件底下，他們試圖揭露穩定的平衡在持續了幾百年之後達到高峰而出現反轉的情形」。[72] 另一方面是巴舍拉與康紀言實踐的科學史，專注於認識論的斷裂與門檻，以及概念的置換（displacement）與轉變（transformation）。在這裡，傅柯援引《保衛馬克思》探討理論轉變（theoretical transformation）的作用，指出理論轉變「為一門科學奠定基礎的方式是把它和它過往的意識形態斷開，並顯示那是帶有意識形態的過往」，逐漸透出一道明顯的阿圖塞色彩。[73] 一方面聚焦於長時段（longue durée）的穩定結構，另一方面又尋找打斷科學史的不連續性，雖然這看起來似乎相互牴觸，但傅柯主張這兩者其實具有共同的核心。這兩個學派實際上都廢黜了假想的歷史主體，也反對意識哲學：這種哲學把思想史視為一項從不中斷的連續體，或是一段平順的演化過程。前一個學派是把歷史去人格化，後一個學派則是拆解其表面上的簡單性。這兩個學派都運用結構的概念。

考古學計畫以一項「負面工作」展開，也就是進行概念清空，清除的概念包括傳統（試圖為一組具有連續性而且完全相同的現象賦予概念結構）、影響力（一種模糊又未經理論化的因果傳遞）、「心理」或「精神」等等。即便是「書籍」與「作品」這類看似單純的概念也受到質疑。傅柯問道，一冊米舍萊的作品在什麼意義上會與一本數學專著的地位相同？死後出版的著作、草稿、受到捨棄的著作，以及第三方記錄下來的談話片段，是否都應該納入譬如尼采的「作品全集」，並且被賦予和《查拉圖斯特拉如是說》以及《瞧，這個人》一樣的地位？一套作品的整體性絕非不證自明。面對所有這些不確定性，傅柯提議另一個做法。與其持續依賴這些未經理論化的概念，我們必須詳細打造這些概念所要求的理論，「而要打造這麼一項理論，那些概念在其中建構而成的論述事實領域就必須以非合成的純粹狀態呈現」。[74]

以瘋狂為例。十九世紀的精神醫學論述的特徵，不是其所關注的那種預先形塑的客體之存在，而是論述為其本身形成客體的方式。那些客體的形成受到一套關係所支配，此一關係的各方包括「浮現的表面」（家庭、社會群體以及工作環境，全都以不同方式形成排除瘋人的門檻）、「界定的實例」（醫學、正義、宗教權威），以及「具體指定的網絡」（辨識瘋狂型態的系統，如果不是為不同的瘋狂型態建立關連，就是加以區辨）。概念清空與後續的理論化將會讓我們辨識出「論述形構」與「形構規則」。舉例而言，古典時代的論述形構包括普通文法、博物學以及財富分析。這些是沒有創造主體的無名建構物：

> 不論其一般原則為何，概念形構的規則並不是個人從事的行動所造成的結果，留存在歷史裡

而且沉積於集體習慣的密集聚合當中；那些規則並不構成整個抽象勞動的貧瘠架構，概念在此一過程中會從幻象、偏見、錯誤或者傳統當中冒出。前概念領域揭露了話語的限制與規律性，從而使得概念的異質多重性成為可能。[75]

傅柯的分析對象存在於論述的層次，而不是在經驗現象的層次。論述的解讀方式，不該是揭露指涉對象的歷史，[76]不該是揭露一個存在於論述以外或之前的對象的歷史。考古學關注的不是實質物體，而是話語程序：這種程序讓人能夠談論像是瘋狂或者臨床醫學這類對象。

分析的基本單位是陳述（énoncé）。論述形構基本上就是一套陳述，而陳述可以界定為

一種專屬於符號的存在功能，我們能夠以此為基礎，透過分析或直覺來判斷那些符號是否「有道理」，根據那些符號的排列順序或並置方式，判斷這些符號代表什麼事物，以及這些符號的表述（不論是口語還是書面）造成了什麼樣的行為。[77]

傅柯針對他的「陳述」與奧斯汀（J. L. Austin）和塞爾（John Searle）的「言語行動」之間可能有的平行之處進行探究，然後排除了這種可能的平行。[78]不過，言語行動與展演性究竟和他的論述有什麼相關仍然朦朧不清，尤其是他極少提出具體的例子。傅柯後來提出的另一項論點，讓他回到熟悉許多的基礎上，這項基礎也使他更接近於阿圖塞探討意識形態的著作：「把一項規格化

的表述（formulation）描述為一項陳述，涉及的不是分析作者與他所說的話之間的關係……而是決定任何一名個人要成為其主體所能夠並且必須占據的位置。」[79]在這個階段，傅柯似乎結合了兩種東西，一邊是「言語行動」理論的元素，另一邊是個別主體生產理論，而這項理論至少有部分是來自於阿圖塞的論點，也就是把意識形態視為真實世界的一項想像關係，使得個人能夠或者必須成為意識形態或論述形構當中的主體。阿圖塞與傅柯的相似性，隨著阿圖塞在一九七〇年發表〈意識形態與意識形態國家機器〉（Ideology and Ideological State Apparatuses）這篇文章之後又顯得更為明顯。

傅柯在《知識考古學》的最後概述了三項未來可能的研究對象：性、繪畫，以及政治知識。[80]在性方面，一項導向知識型（épistémè，在此處定義為「一組關係，能夠在一個特定時期把論述實踐結合起來，產生各種認識論形態與各種科學」[81]）的研究將會檢視性的生物學與生理學這類「認識論形態」如何在十九世紀成形，以及佛洛伊德如何與這些認識論形態決裂並建立一門科學論述；一項純粹考古學的研究將會檢視「談論性的方式」，從而證明性著重一套禁止與價值的系統。就這個意義上而言，性將會傾向於一項倫理學。這兩種方法都不會檢視實際的性行為。至於針對繪畫的考古學，將證明繪畫不純粹涉及視覺，而總是受到科學知識（connaissances）與哲學主題所貫穿，這些知識與主題不只銘刻在理論當中，也銘刻在畫家的動作裡。針對政治知識的研究，關注的不是革命意識出現的時刻，也不是革命人士的傳記，而是檢視論述實踐與革命知識的出現，這兩者會共同產生策略，並且催生一項關於社會及其轉變的理論。

傅柯在撰寫這部方法論專著的同時，捲入了一場跟理論相隔甚遠的衝突。突尼斯在一九六七與一九六八這兩年動盪不安。在一九六七年六月的以阿戰爭期間，支持巴勒斯坦的示威活動造成新一波的反政府抗議運動，但也淪為反猶太暴動，導致突尼斯市中心由猶太人經營的店家遭到縱火及劫掠。傅柯對於自己目睹的景象深感驚恐，試圖向部分學生示威者表達不認同那樣的做法。這些示威者試圖標舉支持巴勒斯坦來為自己的行動辯護，但是反錫安主義與反猶太主義之間的區別已不再有用，就連富有政治見識的人士也是如此，種族意識逐漸主導抗議運動。[82] 為了對他們的巴勒斯坦手足表達支持，學生與青年群體於是攻擊並放火焚燒猶太人的房屋。傅柯在六月七日寫給康紀言的一封信裡描述自己目睹的情形：

至少有五十處失火，一百五十家或二百家商店遭到洗劫，而且明顯是最貧窮的店家；壯麗的猶太教堂遭人闖入破壞，地毯被拖到街上踐踏焚燒；許多人在街上奔逃，躲進一個街區裡，而暴民又想要對那裡放火。在那之後則是一片寂靜，窗戶都蓋上遮板，那個區域空無一人或者幾乎沒人，兒童玩著壞掉的小東西……民族主義加上種族歧視，形成某種非常可怕的東西。要是再想到學生因為他們的極左派傾向而對這一切也助了一臂之力（還不只是一臂之力），實在是令人深感悲哀。讓人不禁納悶的是，到底是因為歷史的什麼古怪詭計或者（愚蠢），馬克思主義竟然會造成那樣的情形（並且為那種情形提供一套詞彙）。[83]

如果說傅柯對於他的學生展現出那種野蠻得出乎意料的反猶太態度深感驚恐，那麼他更是對他們的馬克思主義如此激烈而大感震驚：「對那些年輕人而言，馬克思主義不只是代表一種分析現實的模式，也是一種道德能量，一種生存行動……對我來說，突尼西亞在某方面代表一個機會，讓我能重新涉入政治辯論。」[84]當初加入法國共產黨所留下的那段不愉快的回憶，在這時受到一股真實的興奮感受所取代。學生的馬克思主義主要以一本名為《展望》（*Perspectives*）的期刊為中心，內容不是特別深奧複雜，而且在托洛斯基主義與毛主義之間擺盪（共產黨本身長久以來被邊緣化，並在一九六六年完全遭到禁止）。不過，他們的馬克思主義充滿熱情，也非常具體，遠遠不同於傅柯在巴黎聽聞的那種模糊不清的政治論述以及對概念所有權的爭辯。[85]

騷動在整個一九六八年間持續不斷，嚴重程度在三月至六月間達到新高，當時緊張情勢因為美國副總統韓福瑞（Hubert Humphrey）前來正式訪問而更加惡化。英國與美國大使館遭到攻擊，布爾吉巴的回應則是對城裡的每個家戶徵收一筆稅金，用於支付這些範圍僅限於首都的暴動造成的損害支出。[86]一九七八年，傅柯向圖隆巴多利描述這些事件：「罷工、罷課以及逮捕行動在一整年裡持續不斷。警察闖入大學攻擊學生，將他們關進牢裡。我在一定程度上頗受地方當局尊重，因此得以輕易完成一系列的行動。」[87]

傅柯高估了當局的「尊重」能夠為他提供的保護，情況迅速演變得充滿危險。他一度同意讓一部用於印刷反政府傳單的油印機藏在他的花園裡，儘管他知道自己受到警方監視。在此同時，丹尼爾·德費也冒著巨大風險，每次探望傅柯之後都會夾帶訊息給巴黎的突尼西亞人，有時還把訊息藏在襪子裡以免被人發現。

傅柯認定自己的電話受到竊聽；他每次搭計程車，司機似乎早就知道他要去哪裡。此外，也常有扮相缺乏說服力的乞丐在他的門前遊蕩。一天晚上，他開車穿越住家附近的區域時，突然發現自己後方跟著機車騎警，還示意要他停車。傅柯對於停車的後果心懷恐懼，所以還是繼續往前開，但隨即想到警察要是開槍反而更危險，兩害相權之下就把車開到路邊停了下來。警察客氣地向他告知他的一個煞車燈沒亮，建議他趕快找人修理。蜷縮在後座的一個左派學生竟然沒有引起警察的注意。

接著出現一項明確的警告，使用的是相當熟悉的手法。一名和傅柯共度一夜的少年要求他開車送他回家。在一條狹窄的巷道裡，傅柯被迫停車，結果遭到一群不曉得是不是警察的男子毒打一頓：德費還說他遭到拷問。愈來愈明顯的是，這個看起來像是公務員的哲學講師，已經迅速轉變成一個不受歡迎的外國人。[88]

九月，被捕學生的審理程序展開，傅柯的額外薪水也被拿去投入國防基金。傅柯請求法國大使出面干預，卻遭到斷然拒絕。傅柯試圖為一個名叫賓．歐斯曼（Ahmed Ben Othman）的學生出庭作證，但是未能如願，這場審判後來也沒有公開進行。到了十月，繼續待在突尼斯顯然已經行不通，於是傅柯返回法國，放棄了原本要在西迪布賽伊德的海灣上方買下一棟房子的計畫。他直到一九七一年才再度來到突尼西亞，在塔哈爾．哈達德俱樂部舉行一場以「瘋癲與文明」為題的講座。[89]

如同部分對於第三世界有些經驗的人士，尤其是德布黑（Régis Debray）與戈德曼（Pierre Goldman），[90]傅柯也經常傾向於對一九六八年五月抱持一種略帶偏見的觀點。他雖然不否認五月那些事件的重要性，卻非常清楚巴黎的示威學生如果遭到警方逮捕，頂多是被毆打一頓，但在突尼斯遭到逮捕的學生卻必須承受嚴重許多的風險：「拉丁區的路障和突尼西亞那種坐牢十五年的真實風險根本沒得比。」[91]傅柯當時沒有公開評論或書寫他在突尼斯的見聞與經驗。他對學生的支持雖然實際、公開而勇敢，卻從來不曾表達於公開的文字，直到一九七〇年代他才開始談論這些經歷。一九七〇年代的傅柯對於自己認為「無可容忍」的事情總是會立刻提出譴責，絕不可能像那樣保持沉默。所以，我們只能猜測正是在突尼西亞的經驗，促成了後來這個更為積極發聲的傅柯出現。

在突尼斯的第一波暴動之後不久，巴黎就爆發了五月事件的混亂狀況。[92]五月事件是日益高漲的不滿達到高峰之後表達出來的結果，但大部分的法國人都深感意外。一九六六年九月的情境主義傳單就是一項警告，顯示法國教育體系出現了嚴重問題。事情即將一觸即發的徵象，在一九六八年一月已明顯可見，當時一場關於學生是否有權造訪異性學生房間的爭論，造成女學生占領了楠泰爾的一棟男生宿舍。鎮暴警察奉命前來驅逐建築物裡的人員，結果暴力衝突隨之爆發。三月，越南國家委員會（Comité national Vietnam）的領袖被捕，直接造成一間演講廳與行政大樓陸續遭到占領。一個月後，在楠泰爾舉行的一系列針對大學的未來的辯論，在一片喧鬧當中結束。五月二日，大學校園無限期關閉，結果學生在撤離校園之時遭到警方猛烈攻擊。索邦大學與理學院接著依據行政命令關閉。

在暴力升級的氛圍下，示威活動一波接著一波。五月六日，巴黎自從一九四四年以來首見的路障出現於拉丁區的街道。五月十日至十一日的那一夜是「路障之夜」，抗議群眾與有關當局在巴黎市中心展開會戰。兩天後，索邦大學受到占領；不到幾天後，運輸系統陷入癱瘓，法國大部分地區都展開罷工。

傅柯對巴黎的這些發展深感著迷，雖然德費及其他人都持續向他告知事態的發展，但他還是對於自己不能身在現場沮喪不已。尚．丹尼爾記錄了自己在四月二十五日與他在突尼斯的一場談話。丹尼爾對於當時發生的事情深感興趣，並且頗為驚訝地發現這位宣告了人之死而且對「自由」的口號似乎抱持懷疑觀點的作者居然也和他一樣充滿興趣。傅柯堅稱自己最感興趣的就是「政治、當下、今天」，並且主張楠泰爾的騷動可能宣告了一場日常生活的革命。他也猜測巴黎發生的事件可能會造成戴高樂下臺。[93]

傅柯完全沒有目睹路障之夜以及被占領的索邦大學裡面那些無窮無盡的集會。不過，他確實在巴黎待了幾天，並出席了五月十七日舉行於夏萊蒂體育場（Cherléty Stadium）那場多達五萬人參加的集會，其中要求勞工必須在工廠當中擁有權力，學生也必須在大學裡擁有權力。他看見街頭上的一場學生示威活動，向《新觀察家》的編輯指稱那些學生不是在製造革命：他們本身**就是**革命。[94]

傅柯後來針對五月事件提出的說法，例如他在一九七八年向圖隆巴多利表達的意見，與尚．

丹尼爾的描述不盡相符。根據丹尼爾所言，傅柯在當時滿心想要親眼見到巴黎發生的事情。突尼西亞學生所冒的風險確實遠大於法國學生，但傅柯後來提出的說法也帶有自我辯解的意味；他在一九七〇年之後活躍於其中的那個環境裡，沒有參與五月事件是一大政治缺陷，因此他為了應付可能遭受的批評，經常忍不住述說自己直接涉入一場風險更高的抗爭以解釋自己為何缺席五月事件。

傅柯在一九六八年十月離開突尼斯。他的未來雖不是完全確定，卻無意返回克雷蒙費弘。一個改變方向的可能選項已經受到拒絕。侯吉耶此時在羅馬擔任法國大使，他正在找尋一名新的文化參贊。侯吉耶打電話到突尼斯，傅柯暫時答應接受這項職務，但這件事後來卻無疾而終；根據侯吉耶的說法，教育部長對傅柯有別的安排。[95]

暫且不談神祕的部長計畫，傅柯的意圖很明顯就是要返回巴黎。這時出現了另一個機會。翁基厄在楠泰爾大學新成立的心理系擔任系主任，雖然他離開高師之後極少與傅柯直接聯繫，卻默默關注他的職業生涯，並留下深刻的印象。他在楠泰爾的目標是要組成一個年輕又充滿活力的團隊，而傅柯在他心目中就是顯而易見的人選。這位《瘋狂史》的作者對於翁基厄的同事而言完全是能夠接受的對象。

然而，傅柯只有在書面上成為楠泰爾教師的一員，而且只有短短幾個星期而已。翁基厄大感失望，因為傅柯說自己無意再教導心理學，打算接受新成立的凡森大學（University of Vincennes）向他提供的一項哲學職務。[96]楠泰爾大學是一九六八年五月原本的風暴中心；但傅柯前往凡森大學之後，卻捲入了另一場性質相當不同但一樣猛烈的風暴。

# 9 凡森大學

一九六八年秋天返回巴黎的傅柯，已經變了一個人。他經歷了政治上的戰火洗禮，也首度直接遭遇到他後來還會經歷許多次的狀況，也就是警方的暴力對待。他的外表也出現變化。他在突尼西亞首度把頭髮剃光，從此終其一生每天早上都會剃髮。他在幾年後對龐格說，這樣使他再也不必擔心掉髮問題；[1]但他告訴別人的說法則是，剃髮是為了揭露自己真實的面容。傅柯就此創造了他的個人形象，成為許多照片當中瞪著一雙明亮大眼的那個熟悉人物，幾乎總是穿著白色高領毛衣，藉此省去熨燙襯衫衣領的麻煩。

他在接下來幾年活躍其中的那個社交圈，和他在一九六〇年代初期置身其中的那種藝術文學圈子頗為不同，而且也愈來愈趨政治化。不過，這樣的轉變並不完全，所以出現了一些事件的古怪結合。他在一九六九年一月十九日於高師發表肅穆的悼詞紀念伊波利特，結果四天之後就在暴力占領新成立的凡森大學期間遭到逮捕。一個月後，這位街頭鬥士又變回哲學家，在法國哲學協會（Société Française de Philosophie）一群極為卓越的聽眾面前，把他在《知識考古學》裡針對作者身分提出的說法擴充成他最著名的一場講座：「什麼是作者？」（Qu'est-ce qu'un auteur?）[2]

傅柯原本希望六八年五月的事件會是一場日常生活革命的起點，就某些方面而言這麼一場革命確實正在進行。在傅柯當下所處的這個世界裡，法國共產黨被視為政治光譜中的極右派代表。五月的事件讓許多年輕人變得非常關切政治，並留下了一項後來變得愈來愈暴力的傳承。一九六八年六月一日，隨著法國開始恢復正常，一群多達五萬人的示威群眾遊行穿越巴黎，從蒙帕納斯車站（gare Montparnasse）走到奧斯特里茨車站（gare d'Austerlitz），一路上反覆高呼：「這只是開頭，我們會繼續戰鬥。」次年二月，由三名年輕左派分子所寫的一本書，更公開呼籲把五月開始的那場抗爭轉變為一場內戰。[3]

接下來的幾年極為動盪不安。即便是參與了一九七〇年代初期那些衝突的人士，現在對於自己如此頻繁牽連其中的那些暴力也感到難以解釋，甚至是難以想像。[4]有時候，發生內戰的可能性在某些人眼中顯得極為真實，不只是一種極端主義的想像情境。逐漸趨向暴力對峙的情形，反映了一種普及的觀點，認為政治變革無法由正常手段促成。儘管經過了六八年五月的動盪與希望，掌權的仍然是同一群政治人物。戴高樂在一九六九年四月因為一場參議院與地方改革的公投失利而辭職下臺，但取代他成為總統的卻是龐畢度，也就是在將近一年前被他開除的總理。警方在馬塞蘭（Raymond Marcellin）這個因為採取高壓手段而惡名昭彰的內政部長指揮下所用的凶猛手法也無助於緩和情勢。員警之間經常談及「反青年種族歧視」。

隨著傅柯傾向左派，他的著作也因此成為期盼中的日常生活革命的文化基礎設施。《瘋狂史》此時尤其成為一本不一樣的書籍。這本書在一九六一年主要被視為學術著作；一九六八年之後，卻被放在「以政治行動以及普遍性的反壓迫感受為特徵的一種社會運動」這樣的脈絡當中閱讀。[5]在這時看來，大禁閉的主題似乎為勞工被監禁在工廠裡、學生被監禁在大學裡，以及慾望被監禁在壓抑結構裡的現象提供了一個原型。如同傅柯自己在一九七五年說的，這點其實沒有任何令人驚訝之處，因為「監獄跟工廠、學校、兵營與醫院類似，這些地方也跟監獄類似」。[6]

這種相似性對於在心理健康部門工作而心懷不滿的激進分子而言，具有明顯而直接的意義。一九六九年三月，馬斯佩羅出版社的期刊《黨派》（*Partisans*）發行了一本特別號，標題為「Garde-fous arrêtez de vous serrer les coudes」。這個標題是一句巧妙的雙關語：「garde-fou」就字面上而言是女兒牆或陽臺上的欄杆，用處在於避免任何瘋狂得膽敢過於接近邊緣的人跌落下去，但在此處還有另一個意思，是指「看守瘋子的人」。因此，這個標題是要求看守人員別再「結為一夥」。在岡特萊（François Gantheret）與布洛姆（Jean-Marie Brohm）所寫的引言當中，開頭的文字就顯示傅柯這本書在多大程度上已然成為左派文化的一部分：

> 不久之前，瘋人還是隨隨便便的和妓女、失業人士、竊賊以及地下社會人物關在一起。簡單說，就是和所有那些在階級社會的神聖價值觀當中被視為不「正常」的傢伙關在一起；和那些打亂了私有財產常規與道德順從制度的人關在一起。[7]

《瘋狂史》成了所謂反精神醫學運動的關鍵文本。[8]這本書的地位變化有一大部分是受到英國的發展影響。在英語世界裡，卡斯特從學術角度針對這本書所寫的第一篇介紹文章，其引人注目之處主要是這本書沒有英文版。等到《瘋狂史》的英譯本出現之後，幾乎立刻就成為一九六〇年代晚期「反文化」的代表。霍華德的翻譯不是全本。一九六四年，傅柯為了讓這本書納入10/18口袋書圖書館叢書當中出版，親自縮減內容，篇幅減掉一半以上。早在許久以前就已絕版的這本節略版，讓許多讀者初次接觸到傅柯。對英文讀者而言，這個版本是他們認識傅柯唯一的管道。也許是因為商業考量，所以當初翻譯的就是這個版本，再添加一些原始版本當中的材料。[9]這部書名《瘋癲與文明：理性時代的瘋癲史》（*Madness and Civilization: A History of Insanity in the Age of Reason*）的譯本，由紐約的萬神殿出版社（Pantheon）於一九六五年出版，兩年後又由倫敦的塔維斯托克出版社（Tavistock）出版。頗具意義的是，這部英譯本由庫珀（David Cooper）撰寫序文，他是反精神醫學運動裡的重要人物。他寫道：

> 如同傅柯在這部非凡的著作裡以令人難忘的方式明白指出的，瘋狂是一種在極端狀況當中掌握真相基礎的方法，而我們對於自己的作為所擁有的確切理解即是奠基在此一真相上。瘋狂的真相就是瘋狂本身，而瘋狂本身即是一種視界的形式，因為在既有的社會手法與策略型態面前選擇遺忘而摧毀了自己。[10]

他並且指稱傅柯「暗示」了一種社會壓力（儘管他這項說法比較是基於立場而不是事實），而「近來的研究」顯示那種社會壓力會容許或者迫使某些人把其他人逼瘋。[11]把傅柯與反精神醫學運動畫上等號的做法，在連恩（R. D. Laing）後來針對《瘋癲與文明》發表於《新政治家》（*New Statesman*）的評論當中又進一步強化。此外，刊登於對開頁的一篇庫珀執筆的文章，標題為〈瘋的到底是誰？〉（Who's Mad Anyway?），也再度凸顯此一關連。[12]這兩篇文章共同歸在「理智與瘋狂」這個平淡無奇的標題之下。連恩對於傅柯的口語「腳尖旋轉」雖然略帶懷疑，就他本身的關注來說這本書的價值或適切性卻毫無疑問：

> 此處記述的瘋狂史，是瘋狂被投射於少數遭到摧毀或遺忘的人身上的歷史，是獲得勝利的大多數人的精神錯亂史。……直到幾年前，歐洲男性在自己同意下即算是理智的集體定義，對意識造成極大的箝制，以致幾乎沒有人能夠從中掙脫而不崩潰。我沒有看過其他任何一本書能夠以如此學術性而且系統性的方式**看穿**（sees through，亦即**診斷**〔dia-gnoses〕）這種狀況。這本書本身仍然完全保持在理智的表達風格當中，同時卻又削弱了其本身基礎的前提假設。要定義真正的瘋狂，就必須進入瘋狂的狀態。[13]

英國評論者傾向於同意傅柯至少是反精神醫學運動人士的盟友。李區（Edmund Leach）指出：「讀過這本書之後，就算是心胸最狹隘的理性主義者也不得不懷著焦慮省思理性的不合理。」《新社會》（*New Society*）的評論者表示：「這一切都相當合乎當前的反精神醫學運動。」[14]一本比較臨床取向的專業期刊指稱傅柯的「論點提出了許多令人不安而且富有爭議的問題，但毋庸置疑十分切合當今這個時代。庫珀也強調這一點，他自己的著作可視為是對傅柯認為發展於古典時代的那種程序所從事的當代研究。」[15]

傅柯對於自己在事後被視為一項「運動」的成員頗感不解，而在一九七四年表示：「我寫作《瘋狂史》的時候非常無知，根本不曉得反精神醫學早已存在於英國。」[16]連恩的《分裂的自我》（*The Divided Self*）出版於一九五九年，儘管這本書奠基其上的研究在一九五六年就已完成。「反精神醫學」這個名稱本身似乎來自庫珀的《精神醫學與反精神醫學》（*Psychiatry and Anti-psychiatry*, 1967），這本書的法文譯本出現於一九七〇年。一個在漢堡工作的法國學者，沒有什麼理由應該在一九六〇年接觸到英國精神醫學當中某種在一九五〇年代末期仍未在專業領域之外找到受眾的思潮。隨著後續的種種活動，像是一九六七年七月舉行於倫敦圓屋劇場（Roundhouse）的解放的辯證法討論會（Dialectics of Liberation congress），反精神醫學的思潮才開始普及。[17]

在法國，傅柯與反精神醫學的關連受到茉德．馬儂尼（Maud Mannoni）的《精神醫師和他的「瘋子」，還有精神分析》（*Le Psychiatre, son 'fou' et la psychanalyse*, 1970）所強化，因為這本書採取大體上傅柯式的架構來描述「精神醫學隔離」以及這種做法的異化效果。頗具意義的是，馬儂尼是少數嘗試與英國反精神醫學人士和解的精神分析師，不但在一九六七年邀請對方參加一場精神病研討會，[18]她的書也是一項勇敢的嘗試，企圖把拉岡精神分析與連恩的理論結合成一種探討體制心理治療問題的可行方式。

傅柯的立場與庫珀以及連恩有明顯的不同。傅柯不是執業精神醫師，也不是要提倡替代的治療形式。不同於庫珀與連恩，他對思覺失調症沒有高過其他一切的興趣。而且，諷刺的是，正如他們對沙特的研究明白顯示的，他們的著作其實深深植根於傅柯厭惡不已的現象學傳統。[19] 在一九六九年，這類細節差異受到的重視比不上一般人眼中看到的相似性。

後來，傅柯又在一種頗為不同的定義當中進一步與反精神醫學畫上等號，原因是《瘋狂史》在一場由精神醫學策進會（Evolution Psychiatrique）這個法國最古老的精神醫師與精神分析師職業團體所舉辦的研討會裡受到詳盡探討。[20] 傅柯獲邀出席這場在一九六九年十二月舉行於土魯斯的研討會，但他婉拒了。在後來的訪談裡，他形容精神醫學策進會對他這本著作的討論是一項「逐出教會」的舉動，有如召開一場「精神醫學法庭」，譴責他是「一個空論家，一個資產階級的空論家」。[21]

在土魯斯參與辯論的那些人對《瘋狂史》的態度並不溫和，傅柯也被指控闡揚了一種關於瘋狂的「意識形態概念」，但他實際上沒有被指控是「資產階級的空論家」。艾伊在開幕致詞裡稱許傅柯「非凡的博學、勇氣、寫作風格以及敘事的清楚明晰」，但接著就指控他犯下「謀弒精神醫學」的罪行。[22] 他後來在研討會上朗讀的論文裡，他進一步擴充這句話，把「謀弒精神醫學」定義為「對人類的價值體系從事的大屠殺」。在傅柯的「觀點當中（且讓我們稱之為一種『意識形態觀點』），陷入瘋狂、看似瘋狂或者被人當成瘋子對待都與任何自然現象毫無關係：在精神疾病概念的歷史與實踐當中，這種疾病的『病理』彷彿純粹是人工捏造出來的結果，其治療也純粹是一種社會行為」。[23]艾伊所謂的「意識形態」不帶有任何馬克思主義的意義，實際上是將其等同於「觀念論」。

這場辯論的其他參與者只有更加嚴苛。斯圖曼（Henri Sztulman）指稱傅柯的著作與薩斯（Thomas Szazs）這名美國作者探討製造瘋狂的著作頗為相似，指控傅柯對瘋狂不是真正懷有興趣：「在這幾千頁的內容當中，在傅柯先生活動於其中的那個封閉且冷漠的無形思想世界裡，完全聽不到一聲人的呼喊。」[24]對傅柯的歷史精確性提出尖銳批評的竇梅宗，指控他一再把作為一種「日常語言類別」的瘋狂誤當成「我們必須負責治療的那種精神障礙」。也許更重要的是，他擔心這本書對於年輕精神醫師造成的影響，因為他們的「日常執業受到這種扭曲觀點施加在他們身上的折磨所影響」，他們「面對病患時的行為遭到恐懼所控制，只因為他們害怕自己成為傅柯描述的那種醫療獄吏」。[25]奧賓（H. Aubin）在聽眾席上發言，毫不委婉地指出：「傅柯是個反精神醫學者，因為他的整套哲學思想都銘刻於馬庫色（Herbert Marcuse）以來的革命思潮當中。」[26]

《瘋狂史》出版八年之後，仍然足以造成精神醫學界的動盪不安。其中有些講者與傅柯相識，因此他們的部分發言內容也就帶有個人色彩。竇梅宗在一九四〇年代晚期教過傅柯，艾伊則是至少與他有些往來，因為他曾為傅柯與侯謝（Daniel Rocher）在一九五〇年代合譯魏澤克（Viktor von Weizsaecker）的《格式塔圈》（*Der Gestaltkreis*）寫序。傅柯針對賓斯萬格所寫的導論，雖然在一九五四年出版之後就極少在出版品中被提及，但對於八十三歲的閔可夫斯基（Eugène Minkowski）而言，一九五四年並不算是太久以前，身為目錄學家的他也自然不會忘記這件作品。他頗為寬厚，在這場辯論裡對那部導論提出了整體而言還算正面的評價，儘管他對傅柯試圖把瘋狂視為「人類生命的完整呈現」以及對臨床資料的忽略頗不以為然。[27] 如果這是一座法庭，那麼其中的審判官都對被告相當熟悉。傅柯在一九五〇年代駁斥了他在精神醫學與心理學方面的導師，現在則輪到他們駁斥他並與他斷絕關係。聲稱他與《單向度的人》（*One Dimensional Man*）的作者馬庫色屬於同一思潮的指控雖然極度不精確，卻進一步強化了這項愈來愈廣泛的觀點，亦即認為《瘋狂史》是激進的反文化（counculture）的一部分。

儘管有精神醫學策進會的敵意，以及他自己愈來愈響亮的左派名聲，傅柯在許多方面還是持續追逐一種傑出的傳統職業生涯。他對法國哲學協會致詞，也在一九六九年五月舉行於科學史研究所（Institut d'Histoire des Sciences）的「居維葉日」（Journées Cuvier）研討會上發表演說。[28] 這段時期，傅柯在寫作方面雖然不是特別多產，卻也偶爾會寫些評論，包括對德勒茲的《差異與重複》（*Différence et répétition*）寫的一篇極為正面的書評。[29] 他也願意並且有能力利用自己日益高漲的聲望幫助別人。舉例而言，丹尼爾・德費的弟弟馬克西姆（Maxime）在坦普隆畫廊（Galerie Daniel Templon）展出他的畫作之時，展覽目錄的前言就是傅柯所寫，內容摘要還刊登於報紙上。[30]

《知識考古學》出版於一九六九年春季，並沒有引起多少回應，也完全沒有當初圍繞著《詞與物》的那種廣泛注意。傅柯接受了兩場針對這本書的訪談，耐著性子再度解釋自己為什麼使用「考古學」一詞，並且重申自己對於人文主義以及目的論的歷史觀所抱持的反對態度。他也極力切割自己與結構主義的關係，並且對那些把他歸入這個模糊不清的空泛標籤底下的人士提出質疑，向《世界報》的帕米耶（Jean-Michel Palmier）指稱他關注的不是語言（langue）亦即語言系統，而是促成這種系統的「運作」。訪談者追問他的著作與李維史陀或拉岡的著作之間是否有任何真實存在的相似性，他的回答是一個吊人胃口的謎語：「那些利用『結構主義』一詞指稱各種不同作品的人，必須負責說我們在多大的程度上是結構主義者。你知道那個謎語嘛：蕭伯納和卓別林有什麼不同？沒有不同，因為他們兩人都有鬍子，當然除了他是卓別林以外！」[31]

主要的評論文章不是由瑪德蓮·夏普薩這類記者撰寫的，是由傅柯的同僚，例如夏特列與杜維紐寫的。前者認為《知識考古學》是對於觀念史這門老套乏味的學科提出的令人欣喜的攻擊，是一件顛覆性的作品，目的在於解放空間與力量，「打破人文主義、主觀主義與經驗主義學派惹人厭煩的聲勢高漲，這些學派都以其巨大的善意堵住了通往摧毀臆測意識形態的道路。」[32]在《新觀察家》裡，杜維紐把傅柯稱為一個漫遊者（flâneur），「一個不願被關在學術『封閉圈子』裡的旅人」。這項形容相當迷人，也頗為精確，就像他對傅柯著作的描述一樣。他指出，有一群人堅持把傅柯視為結構主義者或狄爾泰（Wilhelm Dilthey）與卡西勒（Ernst Cassirer）的門徒（也就是觀念史學家），但傅柯的著作其實沒有他們眼中認為的那麼「令人安心」。然而，杜維紐雖然相當欣賞這本書，尤其是其寫作風格，卻也還是帶有疑慮。他的疑慮主要在於傅柯指稱「經驗的整體」可以化約成語言，還認為對論述的分析是發現經驗的唯一手段。杜維紐認為這個說法當中存有傅柯、《分析筆記》與《原樣》共同抱持的一項假設。他問道：「語言如果只是其中一種可能而且必然具有相對性的呈現型態，用於呈現一種無名又無限的經驗，將會如何呢？」[33]

真正頌讚傅柯的是德勒茲，他在《評論》當中撰文，把傅柯稱為「一位新型的檔案學者」。[34]德勒茲這篇評論的大部分內容都是由傅柯所啟發的狂想隨筆，而不是對那部著作本身的評述。不過，其中眾多的空間隱喻明白呈現出幾個重點。對於德勒茲而言，這部「詩的考古學」是「對一項一般生產理論的呼籲，這項理論必須和一種革命性的實踐融合為一。在這種實踐當中，主動『論述』成形於一個對於我的生與死毫不在乎的『外部』元素裡」。[35]德勒茲在文章最後引用了布列茲對魏本的評論，並指稱這項評價也大可套用在傅柯與他的寫作風格上：「他（魏本）創造了一個新層次，我們也許可以稱之為對角層次，是點、塊或形體的一種分布，存在於空間而不是平面上。」[36]這個說法不是非常清晰明白，但是卻有效提醒了我們，根據傅柯自己所言，他之所以能夠擺脫自己在就學期間研習的那種學院哲學，布列茲與巴拉凱的音樂是原因之一。

《知識考古學》沒有在報刊受到廣泛討論，但傅柯在這個階段其實不再需要媒體宣傳。這本書在《分析筆記》當中得到的評價，以及他與阿圖塞還有康紀言的關係，對於鞏固他在智識圈裡的名聲已經綽綽有餘，而比起譬如《快訊》的讀者，智識圈也才是他真正重視的對象。舉例而言，傅柯對於拉庫赫（Dominique Lecourt）在一九七〇年四月發表於《思維》的正面評價文章尤其深感滿意。拉庫赫雖然不是共產黨員，《思維》卻是法國共產黨的期刊；這是共產黨報刊當中第一篇對傅柯不帶敵意的評論文章，這代表傅柯—阿圖塞—康紀言聯盟的穩固。頗具意義的是，拉庫赫曾經跟隨康紀言學習。[37]拉庫赫對於傅柯未能在政治面採取「階級立場」頗有微詞；他認定傅柯的「論述形構」實際上是「針對意識形態關係與意識形態客體的形構提出的一項唯物主義與歷史性的理論」。[38]

在此同時，康紀言正在闡揚一項「科學意識形態」的概念，他承認這項概念受到阿圖塞與傅柯的實證性、科學性與形式化門檻所影響。[39]康紀言對科學意識形態理論的熱中並沒有持續太久，但似乎確實在這段時期鞏固了一項重要的結盟。

傅柯雖然從未成為任何一個著名政治組織的成員，並將自己的活動局限於監獄訊息小組這樣的專門組織當中，但他卻抱持與年輕一代的極左派相同的許多假設。他們對法國共產黨的厭惡與傅柯不相上下，但卻來自相當不同的源頭，亦即認為法國共產黨（或是如同這些圈子裡的人常說的：前法國共產黨）捨棄了馬克思主義的基本原則，成了「修正主義派」。傅柯對法國共產黨的不信任與厭惡，反映了他自己在一九五〇年代遭遇的幻滅、在波蘭的經歷、與葛侯迪還有馬克思人文主義的代表所發生的衝突，以及他對馬克思主義（無論是不是修正主義派）那種整體化野心的反感。

「極左派」（Gauchiste）一詞原本是法國共產黨用來指稱他們視為不負責任的「左傾人士」的用語，衍生自列寧對「左翼共產主義」的「幼稚病」的評論，後來愈來愈用於指稱那些在五月事件之後誕生的各種團體，尤其是有毛派與無政府主義傾向的團體，但有時也把托派團體涵蓋在內。傅柯對於組織性托洛斯基主義沒有興趣，但極左派無疑有其吸引力。他在突尼西亞目睹與經歷的事情使他開始深刻關注政治，丹尼爾·德費更是已經活躍於極左派的圈子裡。更廣泛來說，六八年五月造成政治這個概念大幅延伸：瘋狂、性，以及監獄，現在都被視為政治議題，這是在一九五〇年代或一九六〇年代初期不太可能發生的狀況。如同傅柯所言：

> 政治的疆界已經改變，因此像是精神醫學、監禁，以及人口的醫療化這類主題，現在都成了政治問題。由於過去幾年來發生的事情，政治團體不得不把這些領域納入他們的行動裡，那些團體和我已經團結起來，不是因為我變了（我這麼說不是吹噓；我其實想要改變），而是因為我認為我在這個案例當中可以略帶自豪地說，是政治找上了我。[40]

在整體的意識形態方面，他現在認為自己比較接近於「無產階級左翼」（Gauche prolétarienne）：這是自稱為毛派團體當中最惡名昭彰也最活躍的一個。

無產階級左翼以中國文化大革命期間反對「走資派」的「造反派」受到的稱呼為名，是在一九六九年春季由兩個極左派團體的部分成員結合而成。這個團體正式成立於一九六八年九月，主要是由馬列共產主義青年聯盟（Union des Jeunesses Communistes [marxiste-léniniste]）的成員組成，但是與三二二運動（Mouvement du 22 mars）的參與者結合起來之後，才真正活躍起來。主要以高師為基地的馬列共青聯，深受阿圖塞對馬克思的解讀所影響，尤其是他以〈矛盾和多元決定〉（Contradiction and Overdetermination）成功在哲學世界打響毛澤東的名號。[41] 這個團體從阿圖塞身上承繼了對嚴謹與正確性的執迷，而這種態度一旦卸除了哲學的表象之後，就隨即轉變為黨派狂熱。原本以楠泰爾為基地並且由龔本第（Daniel Cohn-Bendit）領導的「三二二」團體，向來都以強調自發性為特色。毛主義與自發主義的結合，造就出一種一觸即發而且潛藏暴力的意識形態。在某些圈子裡，這種意識形態也導致年輕的毛派被輕蔑地稱為「毛舒幫」（Maos-spontex），其中的「舒幫」是一個清潔海綿的品牌。

無產階級左翼雖然名義上奉行毛主義，卻展現出一些奇特的意識形態特徵。大多數的毛派政黨與團體，包括教條乏味的法國馬列主義共產黨（Parti Communiste Marxiste-Léniniste Français）在內，其傳承都是從馬克思與恩格斯為起點，經由列寧，然後是令人難堪的史達林，最後再到毛澤東。無產階級左翼把列寧與史達林排除於其世系之外，但不是出於對自由主義的讓步，而是因為列寧在《怎麼辦？》（*What is to be done?*）當中支持考茨基（Karl Kautsky）聲稱「科學的載體不是無產階級，而是資產階級知識分子」的說法，[42]並堅稱革命運動不可能單獨建立在無產階級的自發本能上，然而無產階級左翼拒絕接受他這樣的觀點。一個自稱「尚恩」的無產階級左翼成員在一項訪問當中指出：「毛派不會去教導大眾。毛派必須做的是盡力解放大眾的主動性，意思就是：幫助大眾對抗老舊的資產階級觀念。怎麼做呢？就是以能夠在大眾當中找到的那些正確但也許模糊不清的觀念作為起點。」[43]

儘管其領導階層與大部分成員都是定義上的「知識分子」，無產階級左翼卻是堅決反知識分子。如果說知識分子有什麼角色必須扮演，那麼就是自我否定的角色。他們的模範是「埃塔布里」（établi），也就是成功獲得工廠僱用而在無產階級當中「確立」（establish）一席之地的年輕知識分子。根據「尚恩」所言：「毛派的作用有點像是催化劑：他們融入人民當中，盡力幫助人民組織起來。不過，朝著革命邁進的是人民本身，只有人民而已。」[44] 即便是提出這種概念的人，偶爾也不禁傾向以文學意象思考，例如尚恩的理論就令他自己聯想到左拉的《萌芽》（*Germinal*）：「落在北部省（Nord）礦場的那個人，最後因為釋放大眾的熱情而贏得他們的信心。」[45]

在那個時候，如果有人說無產階級左翼成員的立場帶有濃厚的宗教色彩，必定會令他們驚恐不已。不過，他們幾乎不可能不讓人聯想到西蒙娜・韋伊（Simone Weil）在戰前於工廠當中尋求當代聖人的做法，[46]或是一九五〇年代初期的勞工司鐸實驗。這種做法不是無產階級左翼的發明，而是早就受到馬列共青聯採用，後來又隨著激進分子在一九六八年夏季決定走出拉丁區並且進入工廠而變得愈來愈普及。對於個人而言，成為埃塔布里的嘗試經常帶來殘暴的毀滅性後果。最好的一份記述，可能是黎納（Robert Linhart）針對自己在雪鐵龍（Citroën）位於史瓦西門（Porte de Choisy）的工廠裡擔任勞工所寫的自傳小說。那是一段遭受殘酷對待以及精疲力竭的經歷，導致精神崩潰以及多年飽受長期憂鬱症所苦的後果。[47]

傅柯不認同埃塔布里的神話，向德費談及進入工廠的做法也是充滿不以為然，指稱五月的抗爭要是集中在大學校園裡，對知識領域造成的影響必然會更加深遠得多。他對於以晦澀難懂的方式解讀列寧的做法毫無興趣，也沒有受到「研究毛澤東思想」的當代熱潮所感染，並認為這種活動沒有什麼意義。然而，他在極左派圈子卻結交了許多朋友，並且隨著他在政治上愈來愈活躍而逐漸疏遠了過往的朋友，例如克洛索夫斯基。他偶爾為無產階級左翼的報紙《人民事業報》（*La*

*Cause du peuple*）撰稿，也涉入這個團體的部分活動。這些活動對他帶有的吸引力相當可觀。極左派與無產階級左翼尤其提供了一種徹底反抗權威的誘人形象，不免帶有尼采思想的色彩。在街頭抗爭的年輕男子擁有的結實肉體也相當誘人，而無產階級左翼正是由男性構成的組織。無產階級左翼如果有設計標誌，必然會是身穿緊身皮夾克、足蹬靴子、頭戴防護頭盔的年輕男子衝撞著警方封鎖線。這樣的封鎖線後來就出現於凡森大學。

正式名稱為凡森實驗大學中心（Vincennes Experimental University Centre）的凡森大學，是一九六八年五月以及教育部長佛賀（Edgar Faure）催生的結果。這所大學似乎回應了六八年五月提出的許多要求：這所大學堅決採取跨學科的做法，並且推出以電影、符號學與精神分析為主題的新穎課程，也是第一所接受沒有通過高中畢業會考的學生入學的法國大學。因此，這所大學成功吸引了為數可觀的雇傭勞動者以及尋常招生對象範圍以外的人士。

凡森大學立刻就受到佛賀的另外一項創新所影響：也就是一九六八年十一月十二日的《教育指導法》（*loi d'orientation*）。這項法律為大學行政帶來重大改變，取消了先前的大學管理制度，也就是由一名院長、一名祕書長，以及一個由終身教授組成的委員會管理校務。首先，既有的學院與學系由教學與研究單位（Unités d'Enseignement et de Recherche）取代，這些單位預計將在日後組織起來形成大學，這些單位也的確演變成被命名為巴黎第八大學（凡森大學）這樣的教育機構。教學與研究單位是由選舉出來的委員會進行管理，委員會代表全體學生、教師以及行政單位。

這種做法的根本原則是「參與」，但這樣的參與卻在凡森大學的頭幾年造成許多問題。「參與」

在戴高樂主義的後期階段成為口號，龐畢度也跟著採用。參與的口號由戴高樂在一九六八年五月二十四日的一項演說中提出，指的是利潤分享方案以及共同管理的模糊概念。「參與」企業管理立刻就被譴責是一項陷阱：在法國美術學院（Ecole des Beaux Arts）製作的一張海報寫著這樣的文字：「我參與，你參與，我們參與，他獲利。」至於高等教育部門的「參與」範圍，也很明顯會有問題。整體而言，法國共產黨對於參與的支持，是因為參與能使高等教育變得更民主。此外，該黨也相當清楚自己有可能利用參與追求自己的目標。如同傅柯在當時經常指出的，法國共產黨也許無意奪取權力，但對於獲取掌握權力的職位絕對有興趣。[48] 在凡森大學教導人類學的特瑞（Emmanuel Terray）於《世界報》撰文反對佛賀的法律，指稱參與的意識形態是「昔日自由主義意識形態的復辟：既否認階級對抗的現實，也主張一個國家的公民（或是一家公司的所有成員）對於其繁榮興盛都懷有相同的重視」。[49]

在行政方面，這所新大學自從一九六八年十月就已經存在，但教學活動卻是次年一月才真正展開。在索邦大學擔任院長的拉斯維赫納斯（Raymond Las Vergnas）奉命組織這所新大學，並擔任指導委員會（Commission d'Orientation）主席。這個委員會的成員聲望相當崇高，包括巴特、德希達、勒華拉杜里與康紀言。委員會任命這所大學的第一批教授，再由他們組成選拔核心小組（noyau cooptant），負責招募教員。傅柯在康紀言的推薦下，於十月二十五日被任命為選拔核心小組成員。他的同事包括教導社會學的卡斯特與帕瑟宏、教導歷史的杜霍茲（Jacques Droz），以及教導英文的艾蓮·西蘇。西蘇在這時比較為人所知的身分是喬伊斯專家，而不是女性主義小說家，她後來與傅柯成為特別要好的朋友。[50]

傅柯是哲學系顯而易見的系主任人選，他的提名是出於康紀言向拉斯維赫納斯的推薦。不過，這麼一來卻產生行政程序上的混亂。由於傅柯身為選拔小組的成員，嚴格說來不能選拔自己擔任系主任，因此必須先從選拔小組辭職，再接受他的同事任命。小組裡的十一名成員有十人投票通過他的任命，第十一人缺席。自十二月初開始，傅柯就正式成為凡森大學的哲學教授。[51]

傅柯的任命毫不令人意外。《詞與物》為他帶來極高的聲望，此時他可能是同一個世代當中最傑出的哲學家，絕對也是最知名的一位。在政府高層眼中，他不具政治爭議性，也不曾參與五月事件。而且，他也沒有公開談論過自己在突尼西亞的經歷。此外，他與侯吉耶的友誼也可能讓他在政府圈子享有一定程度的聲望。不過，對於後來在凡森大學極為活躍的極左派人士而言，傅柯因為身在突尼西亞而缺席五月事件卻是他的一大缺點。在一九六八年秋季，不曾參與五月事件幾乎就像是在一九四五年承認自己不曾參與抵抗運動一樣足以令人名譽掃地。年輕的講師經常在課程的開頭講述自己在「事件」期間做了哪些事情；展現自己的戰鬥勳章不一定總是代表在教學實踐的層次上會有任何重大改變。傅柯認定自己在突尼西亞冒的風險比身在巴黎路障的任何一個人都還要大，但他謹慎抗拒了公開這麼說的誘惑。

傅柯如果確實享有政府高層的信任，那麼他在哲學系的人事任命必然稍微動搖了這項信任。在一所新大學裡從無到有打造一個新學系的機會，賦予他許多權力，而他運用這些權力的手腕也令他身邊的人印象深刻。如同他當初在克雷蒙費弘任命德費為自己的助理，現在他在某種意義上也是濫用了自己的權力：他任命的所有人員都是自己認識的人，也沒有任何公開招募政策。在此同時，德費逐漸遠離哲學，在卡斯特的社會系取得教職，很快就以出色的教學能力並深受學生喜愛而打出名號。這種轉換學術跑道的行為並不是特別罕見；社會學沒有教師資格考，法國許多最傑出的社會學家都像布迪厄一樣，是哲學資格考及格教師。如同翁基厄在楠泰爾的做法，傅柯決心延攬新興世代最傑出的成員。他也找上與自己同輩的部分人士。德勒茲以健康原因婉拒傅柯的邀請：他反覆發作的呼吸系統問題導致他沒辦法到凡森大學任教，直到兩年之後才來到凡森大學。塞荷、謝黑（René Schérer）與夏特列都熱切接受了邀請。還有珍內特・柯隆貝也是。她原是里昂中學的教師，在德勒茲的論文答辯會上結識傅柯；顯然傅柯決定忽略她在一九六七年對《詞與物》提出的批評。其餘的教師都來自比較年輕也比較激進的世代。巴里巴是與阿圖塞合寫《閱讀資本論》的其中一名年輕共同作者，他從一所市郊中學借調而來，與他同時來到凡森大學的還有巴迪烏與洪席耶。巴迪烏針對可能的任命人選向傅柯提供建議，洪席耶則同樣是《閱讀資本論》的共同作者。

後來真正造成爭議的其實是精神分析，而不是哲學。在凡森大學，精神分析與哲學以一種奇特的共生方式存在。身為與拉岡關係密切的同事，並且在整個精神分析界深受敬重的勒克萊（Serge Leclaire），在一九六八年七月開始與拉斯維赫納斯討論在凡森大學創立一個精神分析學系的可能性。

精神分析在一九四五年之後開始打入大學，主要是因為拉葛許的努力，但通常還是歸屬在普通心理學或者臨床心理學當中教導。在楠泰爾，翁基厄擁有一些自由空間能夠追逐及發展他在精神分析方面的興趣，但影響索邦大學的心理學傳統仍然比較承襲自賈內，而不是佛洛伊德。在桑西埃（Censier），拉普朗虛終於成功建立一間精神分析與精神病理實驗室；他自己的教學主要是針對佛洛伊德的概念性閱讀與詮釋，做法令人聯想起《精神分析辭彙》（*Language of Psychoanalysis*）。[52]凡森大學引進精神分析的方式，採取的是另一種相當不同的途徑。勒克萊與拉斯維赫納斯的討論後來擴展成一個諮詢顧問團，成員包括西蘇、德希達、康紀言，以及身為哲學委任教授的傅柯。勒克萊的目標是要創造精神分析的空間，而不是一個精神分析學系，於是凡森大學成為法國第一所沒有把精神分析課程歸到醫學或心理學底下的大學。

傅柯扮演的角色極為關鍵。他支持勒克萊，精神分析學系剛成立的時候原本是哲學系的一部分。[53]傅柯與精神分析的關係向來模稜兩可，而且絕對不是後來在凡森大學取得主導地位的那種強硬拉岡主義的忠實信徒。根據卡斯特所言，他真正的動機是要阻止心理學系成立，因為他擔憂這麼一個系將會走上實驗心理學與行為心理學的方向。他也懷疑這麼一個系將會成為法國共產黨的橋頭堡。[54]

精神分析學系由勒克萊擔任系主任。他與傅柯決定的一項任命，後來證明既重要又充滿爭議。雅克阿蘭．米勒原本在貝桑松（Besançon）任教，並在一九六九年春季成為無產階級左翼的一員。他顯然不是勒克萊的第一選擇，而是在勒克萊陸續邀請幾位較資深的人物到凡森的樹林與他共事但紛紛遭到婉拒之後才獲得任命。勒克萊得知米勒加入了一個以摧毀大學為目標的團體之後，即建議他轉到哲學系。不過，米勒選擇待在精神分析學系，他的妻子茱蒂特（Judith）與弟弟傑哈（Gérard）也成了他的同事。米勒雖是拉岡學派的一員，卻不是精神分析師，在這個時候也沒有接受分析，因此在傳統的精神分析機構裡必然不能參與教學。他真正的資歷是在理論、政治與個人面向上。身為《分析筆記》的總編輯，他大力提倡一種精神分析，不但承襲拉岡，也承襲形式邏輯，而且他現在又是無產階級左翼的成員。他的太太茱蒂特是拉岡的女兒。

拉岡自己對於凡森實驗的態度也頗為曖昧。一方面，這個新學系無疑為他提供了一個傳播自身理論的平臺；另一方面，這個學系卻也可能會對他自己舉辦的研討課以及深陷危機的巴黎佛洛伊德學會（Ecole Freudienne de Paris）所擁有的中心權威造成威脅。他與這個學系極少有直接往來，他唯一一次與凡森大學的學生見面，更是在最後陷入一片混亂。他規劃要到這所新大學造訪四次，在一九六九年十二月首度成行。他在不少議題受到質疑，尤其是修習精神分析課程缺乏用處，因為那些課程並不能授予任何精神分析資格。後來發生一起事件，一名男學生開始脫下身上的衣服，當時才剛看過生活劇院（Living Theatre）大膽運用在舞臺上赤身裸體的拉岡，隨即敦促那名男學生勇敢把衣服脫得精光。接著，他指控凡森人是龐畢度政權的奴隸：「那個你們也不懂？這個政權正在展示你們。這個政權說著：看他們來吧。我們今天就此道別了。再見，結束了。」[55]

傅柯如果仍然享有政府高層的信任，那麼他任命的人員必然不免些微動搖了這樣的信任。那些任命也的確在一九六九年春季產生了後續影響。傅柯原本排定要前往倫敦的法國協會以及兩所英國大學演說，但他到法國外交部辦理手續的時候，卻被告知這項行程已在政府高層的指示下取消。這件事被人洩漏給《新觀察家》，該刊的羅希歐（Patrick Loriot）猜測取消行程的幕後黑手是佛賀，以免傅柯在演說中發表反對《教育指導法》的言論。[56]傅柯接著投書這本雜誌，指稱下令取消行程的人是德勃雷（Michel Debré），以防在演說活動中出現「可能會令法國大使館感到難堪的問題和討論。因此，遭到言論審查的不只是我，也包括英國大眾」。[57]洩漏消息的來源無疑就是傅柯自己，而他後續的投書似乎是一項刻意挑釁的行為。

傅柯那些人事任命的政治考量頗為引人好奇。那些任命對象在政治光譜上的分布範圍極廣，從法國共產黨（巴里巴）到一種極端類別的毛派（米勒夫婦），還出人意料地包含了托派（亨利・韋伯〔Henri Weber〕）。塞荷與夏特列雖然左傾，卻沒有特別忠於哪個派別。艾希邦認為傅柯的目標是要確保內在的政治平衡，利用部分人的溫和立場抵銷其他人的極端主義。[58]這項詮釋雖然不無可能，但德費提出了另一項頗為不同的解讀。傅柯延攬的大多數人都與教育體制有些問題。米勒夫婦在貝桑松遭遇政治問題，實際上被邊緣化。謝黑是傅立葉專家，之所以會結識傅柯是因為他們在一九六〇年代初期共同擔任高中畢業會考的評審老師，他後來因為被指控涉入一項戀童癖醜聞而導致職業生涯陷入危機。夏特列的著作極少受到索邦體制的欣賞。對巴里巴而言，凡森大學讓他得以逃脫中等教育部門（由於行政作業的延遲，巴里巴的借調申請一直沒有正式批准；他雖在凡森大學開專題討論課，但正式身分仍是中學教師）。根據這個觀點，傅柯是努力創造一個空間，讓遭到體制邊緣化的個人能夠在其中工作，不受他們在其他地方遭遇的限制所束縛。另一方面，巴里巴憶述了在沃吉哈赫街的一場討論，傅柯在其中談到找來一群新法國哲學的代表，以及招募「權力的專家」與「知識的專家」。不論傅柯確切的動機是什麼，總之他成功創造了一個政治馬蜂窩。[59]

凡森大學建立於凡森森林（Bois de Vincennes），在一片以十年租約向軍方租來的土地上。一九六八年的夏、秋兩季，預鑄式建築以極快的速度大量冒出。這些建築物相當現代而且設施完善。這是法國第一所配備電視機並且在走廊上設有公共電話的大學。教室與辦公室都鋪有地毯，學校餐廳很快就備受師生好評。不過，凡森大學極為偏遠。這座實驗中心周圍最近的地鐵站位於凡森城堡（Château de Vincennes），但還是有很長一段距離，而且公車班次也不足，許多學生都只能搭便車趕上課時間。不過，這種做法很快就明顯看得出來頗為危險，尤其是對女性而言。這個問題對於晚上才來上課的半工半讀學生顯然最為嚴重，因為晚上沒有公車車班。這所大學的所在地讓它有如一個豪華隔離聚集區。一名務實的學生以嘲諷語氣指出：「行政當局說這是一所實驗大學，可是那裡唯一的實驗，就是政府為一群左派學生提供一片遊樂場讓他們爭奪，看看這樣是不是就能讓他們不要惹出麻煩。」[60] 招生在一開始並不容易。截至聖誕節為止，只有二千名學生註冊入學，大家不禁擔憂凡森大學是否會因為招收的學生太少而無法存續。後來證明這樣的擔憂是多餘的。到了一九六九年一月，註冊學生超過五千人，這所新大學開張之時已是人滿為患。

後來無可避免的情勢爆發，一開始的導火線並不是參與問題，而是一九六八年五月的記憶。一九六九年一月二十三日，聖米歇爾大道上的聖路易中學禁止一群學生播放幾部有關五月事件的影片，還為此切斷電力。不過那群學生非法接電，照樣播放了影片。接著他們和警方發生一場近乎儀式性的衝突，結果學生跨越道路進入索邦大學的校園。在這裡，一場為了抗議補助金不足而舉行的集會正在進行中。為了抗議聖路易中學發生的狀況，有人提議占領索邦大學隔壁的學區總長公署，得到壓倒性的贊成票通過。總長公署於是被一百五十名左右的學生占領，警方隨之進駐並封鎖索邦大學周圍區域，驅逐抗議人士。共有三十六人遭到逮捕，零星的暴力衝突持續至深夜。

拉丁區出事的消息很快就傳到凡森大學，一場人滿為患的大會隨即投票通過占領行動。D大樓受到占領，入口與樓梯都被堵住，就連著名的電視機也有不少臺被搬來當成路障。身穿黑色燈芯絨西裝的傅柯也參與構築路障，德費在旁提供協助。不久之後，這棟大樓就被二千名身穿全副鎮暴裝的員警包圍，警方下達最後通牒：抗議人士現在可以自由離開，不然就得面對後果。大多數人都選擇後者。

凌晨一點三十分，警方發動攻擊，透過窗戶把催淚彈射進大樓，一場全面戰役隨之爆發。德費與傅柯一面爬上樓梯撤退，一面堵住身後的道路，然後和樓頂上用各種物品向下拋擲的人會合。照德費所言，傅柯當時非常開心，無疑體驗到一種明確的尼采式「破壞中的快樂」。61

凡森戰役的結果早在預料之中，很快就有二百二十名左右的抗議分子被趕進主要演講廳。最後一批被帶進來的人包括德費與傅柯，被催淚瓦斯嗆得咳嗽喘息不已。所有人都被押送到波茲路（rue Beaujon）的警方拘留中心，監禁幾個小時之後再釋放，大多數人都沒有受到起訴。這是傅柯首度被捕，於是他在極左派同事與同志眼中的地位也大為提高。

索邦占領事件的後果，是三十四名學生遭到停學一年，他們是否可能提早被徵召去服兵役也受到公開討論。學生享有延後服兵役的特權，極左派的傳言認定在這種情況下被徵召入伍的激進分子會在軍中過得艱辛又危險。二月十一日，三千人湧入互助會館（Mutualité）舉行一場抗爭集會，直到午夜才在〈國際歌〉的曲調中散會。在這場集會發表談話的講者包括沙特與傅柯，他這時才首度算是真正踏入了政治領域。在這個場合上初次出現一個徵象，顯示沙特與極左派的陣線並不堅固；他走上講臺之後，發現有一張字條請他「發言保持簡短」。站在「拒絕警察大學」的橫幅布條前面，沙特立刻開始譴責「參與」是徒勞無益的事，但他後來坦承自己分析佛賀那項法律的嘗試令聽眾感到失望；對他們而言，重點在於怎麼以暴力對抗暴力，而不在於怎麼分析法律。[62]

傅柯說了什麼並沒有留下確切紀錄。根據當時的媒體記述，他不太誠實地聲稱學生沒有造成任何破壞，發生的一切都是警方挑釁造成的結果，而且學生發現自己面對一項精心算計的壓迫政策。[63]德費記憶裡的演說相當不一樣，在他的記憶中，傅柯提出用電視機構築路障的正確做法。鑒於這場集會的氛圍，在場的聽眾大概都沒有意識到這是一項意義重大的相遇：這不只是傅柯與沙特第一次站上同一個公開講壇，也是他們第一次見面。

出席互助會館集會不是傅柯唯一的抗議行動。在同一天，還有一封信寄給巴黎學區總長：

我們是少數幾個和學生一起占領校園的老師，我們這麼做的原因也和他們一樣。我們完全支持他們採取的行動，在這個場合中也表現出和他們一樣的行為，我們不接受他們和我們有不同處置的做法。

因此，我們要求你正視自己的責任，就像我們正視自己的責任一樣，在法律有所規定的範圍內依法採行懲戒措施。

這封向媒體公開的信件，[64] 署名者包括巴迪烏、德費、傅柯、拉扎勒斯（Sylvain Lazarus）、茱蒂特．米勒、薇薇安．勒尼奧（Viviane Regnot）與特瑞。學區總長沒有回應。

在第一次占領行動之後，凡森大學隨即變得惡名昭彰。拉斯維赫納斯辭職，由總督學塞泰（Seïté）取代，但他也一樣無力撫平情勢。現場狀況迅速惡化：破壞行為泛濫，大部分都是出自政治意圖，充滿挑釁意味的激進塗鴉覆蓋了每個表面。這所大學最著名的特徵是「露天市集」，是校園裡自行發展出來的一座非正式市場。梅格茲三明治（梅格茲〔merguez〕是源自北非的一種辣味羊肉香腸）與唱片擺在各式各樣的政治與嘻皮商品旁邊一同販賣。一門「二手」書籍的活躍交易發展了出來，其中許多是從馬斯佩羅出版社位於拉丁區的「閱讀樂趣」書店（Joie de lire）竊取而來，原因是那家書店刻意實施不控告店內小偷的政策。凡森大學圖書館的書籍開始以令人擔憂的速率消失，那些消失的書籍有可能增添了「露天市集」的交易量。藥物也相當易於取得。理當成為二十世紀晚期模範的這所大學，正迅速陷入混亂。校園裡經常可以見到警察的身影，傅柯也莞爾地發現自己一再受到員警跟蹤，因為他們誤以為他是毛派「領袖」。

「參與」議題當然在凡森大學的生活具有中心地位，但是也和較廣泛的意識形態差異有所重疊。對韋伯所領導的托派少數分子而言，凡森大學提供了一個機會，可讓他們把一座左派隔離聚集區轉變為「紅色基地」，將這所資產階級大學裡的前衛人士轉變為體制裡最薄弱的環節。[65]最極端的一支從薩勒蒙（Jean-Marc Salmon）、多勒（Jean-Paul Dollé）與格魯克斯曼（André Glucksmann）共同籌組的組織的浮誇名稱可以看出，叫作「廢止雇傭勞動暨消滅大學基本委員會」（Comité de base pour l'abolition du salariat et la destruction de l'Université）。

格魯克斯曼出生於一九三七年，年齡比他的同志大了許多，正式職務是國家科學研究中心的研究員。曾經師從雷蒙．艾宏的他，是極左派的大力擁護者。如同其名稱所示，基本委員會的目標在於消滅大學以及廢止雇傭制度。第二項目標不太可能在凡森大學達成，但第一項目標卻不是全然不切實際。對基本委員會而言，消滅大學是一項漫長的過程，需要「學生大眾」理解大學及其考試制度的徒勞，還有其「扭曲教學」的無用。[66]無產階級左翼的許多成員都抱持類似的觀點，尤其是茱蒂特．米勒，她不太明智地向兩名為了撰寫一本有關教育危機的書籍而進行研究調查的女子說道：

> 我會竭盡全力確保〔大學〕運作得愈來愈糟。大學是國家機器，是資本主義社會的片段，這個看似是自由主義避難所的地方根本不是那麼一回事。我不認為有可能在不摧毀整個體制的情況下只單獨摧毀大學。我們只能說我們要盡量讓大學的作用愈小愈好。

她的話後來出現在一篇雜誌文章，而且顯然被龐畢度本人看到。在他的堅持下，佛賀的繼任者季夏赫（Olivier Guichard）隨即解僱米勒，於是她又回到了中等教育部門。[67]

在米勒的狂野宣告背後，存在著非常真實的模組課程單元問題，在《教育指導法》使用的術語中稱為「價值單元」(unités de valeur)。為了取得學位，學生必須累積三十個單元，其中二十個來自一門主修科目，例如哲學，另外十個來自一門副修科目，例如精神分析。測驗和學分的授予很快就變得近乎胡鬧，尤其是茱蒂特．米勒的課程；學生選修她的課程，只要提出要求就可以獲得學分，就算根本沒有出席過任何一堂課也沒關係。對無產階級左翼而言，這正是消滅大學之舉的一部分；在其他地方，這種做法造成愈來愈多人認為凡森大學的學位毫無價值。

有些人認定自己正在從事一場屬於他們自己的文化革命，他們對法國共產黨的敵意可能會以身體暴力的形式表現出來。有些法國共產黨員曾在下樓梯的時候遭到政治對手朝他們吐口水。[68]一九七〇年夏季，在「參與」議題臻於高峰之際，洪席耶的學生舉行了一場會議，投票通過把法國共產黨員逐出他的課堂。由於那群黨員決定自行退出這門課，他因此不必困窘地為這個他毫不認同的政黨辯護。[69]毛派的其中一名主要受害者是巴里巴。根據基本委員會及其同夥的說法，法國共產黨是資產階級的壁壘，阿圖塞則是法國共產黨的意識形態壁壘。攻擊阿圖塞及其追隨者可以摧毀法國共產黨，因而最終導致資產階級垮臺。巴里巴正位於前線。他的課經常遭到打斷，後來更因為罷課糾察隊與示威活動導致根本不可能上課。這個情形造成的其中一項副作用，就是促使巴里巴與韋伯形成出人意料的結盟關係；法國共產黨與托派總算有一次是站在同一陣線。巴里巴不記得傅柯曾為了化解這種狀況而採取任何行動或發表任何言論，不過對立的雙方恐怕都不會對他的干預表示歡迎。巴里巴最後被迫承認失敗，寫信請求教育部不要把他借調到凡森大學，退回到中學教書。[70]

由於當時的毛派認定溫和派是最可惡的敵人，因此傅柯也遭到攻擊。他沒有參與五月事件，而且在某些圈子裡仍然被視為戴高樂主義的技術官僚。他的課遭到打斷，最後只好捨棄正式講課的形式，在極不情願的狀況下參與雜亂無章的論壇以及公開辯論。他偶爾還會被鎖在自己的教室外面，只好和柯隆貝及其他人斷斷續續聊天打發時間。[71]對於他這麼認真投入智識工作的人而言，這裡的氛圍迅速變得令人灰心到難以忍受。巴里巴記得傅柯有一次對一場無窮無盡的大會深感厭煩，就偕同巴里巴與塞荷逃到一家電影院去看斯托布（Jean-Marie Straub）剛推出的電影《安娜．瑪達蓮娜．巴哈編年紀事》（*Chronicle of Anna Magdalena Bach*）。

就課程內容而言，這個新成立的哲學系享有完全的自主權。傅柯自己教導以尼采為主題的課程，雖然深受歡迎，卻不太受極左派的認同。除此之外，還有探究「性與個體性」的課程。他的尼采課程內容深受克洛索夫斯基不久之前出版的一部研究著作影響，傅柯說是「我看過最傑出的哲學書」。[72]那本書主要是針對尼采死後整理出版的不完整筆記（寫於一八八〇至一八八八年間）進行評論。傅柯的同事所開的課程，更加公開帶有政治色彩，特別著重於探討馬克思主義與修正主義、馬克思主義辯證法與文化革命。塞荷與夏特列教導的課程確實比較傳統，分別以科學史與希臘政治思想為主題，但凡森大學之所以惡名昭彰，主要是因為那些較為政治化的主題。這些課程很快就引起政府高層的注意。一九七〇年一月，季夏赫宣布哲學課程的內容「太過專業化」，頒授的任何學位都不會得到國家承認。這項宣告的直接影響，就是凡森大學的畢業生將無法在中等與高等教育部門取得教職。

傅柯在一篇刊登於《新觀察家》的訪談裡回應季夏赫。他首先提出一項顯而易見的論點，指稱在只有八名教師但學生有九百五十人的情況下，幾乎不可能提供「完善且多元的課程」，進而為自己的選擇辯護，指稱自己

> 在一所像是凡森大學這樣的學校裡，我決定實驗自由的做法。我不會說是徹底的自由，但畢竟是盡可能自由。
>
> 我們界定了兩個廣泛的教學領域：一個基本上投注於對社會進行政治分析，另一個投注於分析科學事實與部分科學領域。在我們全校師生眼裡，政治與科學這兩個區塊顯然是最活躍而且成果也最豐碩的區塊。[73]

他堅持這樣的抗爭將會持續進行，直到凡森大學的學位獲得完全承認為止。傅柯的訴求以及他所承諾的抗爭都沒有任何效果，凡森大學的學位直到多年後才獲得承認，那時的學位也已經變得非常不一樣了。

儘管傅柯在報刊為自己的學系及其成果辯護，內心卻相當清楚自己的未來不在這裡。他對凡

森大學雖然明顯相當投入，卻從來沒有打算要長久待在這個地方。在傅柯於凡森被捕的三天前，曾到高師一場莊嚴肅穆的聚會上致詞。那個場合是為了紀念伊波利特而舉行的聚會，他在一九六八年十月去世，享年僅有六十一歲。傅柯是主要講者之一，以動人的情感講述這位他深深敬重、仰慕並且心愛的人物。[74] 他致敬的這個對象，在一九四五年把黑格爾引進亨利四世中學的課堂，後來更為他探討康德的論文擔任指導老師。傅柯的悼詞是一篇修辭高超的文章，不著痕跡地提及伊波利特職業生涯中的幾乎每個階段，包括初期探討數學方法與笛卡兒的論文，乃至最後對資訊理論與遺傳學所感到的興趣，卻不至於淪為一份枯燥的履歷。

伊波利特在法蘭西公學院擔任的教席是在哲學思想史當中，傅柯認為這項描述的意思是「那項扭轉以及轉回自身的歷史……哲學論述藉此表示自己是什麼、宣告自己的存在理由，以及藉著在其立即形式面前後退一步，而展現自己有可能是由什麼所創立，並且確立自己的極限」。他接著以較為主觀的語氣指出：

> 以這種方式想像，哲學思想會把哲學家的論述維持在一種無限期振動的案例當中，使其迴盪於任何死亡之外；哲學思想保證哲學將會超出任何哲學：一道在還沒有任何論述之前就已存在的光芒，一把入睡之後仍然閃閃發光的刀刃。[75]

伊波利特界定自己的專長是哲學思想史而不是哲學史，這正切合傅柯自己的計畫。伊波利特為自己在法蘭西公學院的課程寫的綱要計畫當中的一個段落，也許就明白顯示了這一點。他在其中指稱哲學思想史「可讓我們探究存有的詮釋，那些詮釋是我們的日常生活與實證科學的基礎……當代的哲學研究……是要回應一種雙重要求：對於分析嚴謹性的要求，以及對於直接接觸生活經驗的要求」。[76] 哲學唯有不斷與非哲學的事物接觸，也必須是一門充滿自我質疑而非自給自足的自滿學科，才有可能進步。

傅柯對他的「老師」發表的第二次致敬，同時也是最後的一次，採取了頗為不同的形式，是在一本向伊波利特致敬、於一九七一年出版的論文集當中撰寫一篇文章。[77] 這篇文章沒有提到伊波利特的名字，而且是傅柯截至當時為止以最明確的文字陳述自己對尼采的興趣，也顯示他開始捨棄考古學。令傅柯感興趣的是身為「系譜學家」的尼采：「系譜學單調乏味、一絲不苟，以極大的耐心翔實記錄。系譜學研究的是模糊破損而且重新書寫過好幾次的羊皮紙……因此，系譜學需要細微的知識、堆積而成的大量材料、耐心……在廣博學識中畫出界線。」[78]

傅柯以《曙光》（*Daybreak*）、《道德系譜學》（*The Genealogy of Morals*）、《快樂的科學》以及其他文本支持自己的論點，猛烈抨擊目的論式的歷史書寫，並為《不合時宜的考察》當中的有效的（wirkliche）歷史辯護（他在一九五三年於西塔維奇亞〔Cittavecchia〕的海灘上首次閱讀這本書），也為「歷史是協同一致的嘉年華」辯護：「重點在於以特定方式運用歷史，把歷史從帶有形上學與人類學特性的記憶模式當中永久解放出來。重點在於把歷史轉變為反記憶。」[79] 這樣的歷史或系譜學將會系統性地瓦解身分認同，揭露身分認同只是一張張的面具、一套套相互交錯也相互支配的系統，而不是某種奮力追求自我實現的單一想法：系譜學一旦詢問我們出生於哪裡、使用什麼語言，或者受到什麼法律管制，都是「為了揭露那些異質性的系統，潛藏在我們自我的面具底下，使我們無法擁有任何身分認同」。[80]系譜學將會犧牲知識的主體：

系譜學導向歷史的目標不是要重新發現我們身分認同的根源，而反倒是要致力消除那些根源；這種歷史不會試圖找出我們來自哪個獨特的家鄉，也就是形上學者向我們承諾我們將會返回的那第一個家園；這種歷史試圖揭露的，是穿越了我們的所有不連續性。[81]

伊波利特以研究黑格爾著名，因此在一本向他致敬的論文集當中如此頌揚尼采也許顯得頗為奇怪。如同伯納爾所言，這其實不全然是一種不恰當的做法，因為伊波利特的黑格爾總是一再受到他的後繼者所質疑，[82]包括尼采與傅柯在內。傅柯在其他地方說過，在伊波利特的觀點中，哲學不再是一個能夠理解自己的整體，而是在無窮的地平線之前從事的一項無盡的工作；黑格爾的體系不是一個令人安心的宇宙，而是一項冒著極端風險的哲學。[83]伊波利特為他在法蘭西公學院的課程撰寫的計畫，概述了哲學思考與非哲學事物之間的相遇，而「無法化約成哲學的思想」正是傅柯在巴代伊與尼采當中尋求的東西。因此，他向伊波利特致敬的最後一件作品竟然採取了頌揚尼采的形式，也就顯得出人意料地恰當。

伊波利特去世，表示法蘭西公學院有一個教席因此出缺。早在一九六六年，伊波利特就基於

《詞與物》所獲得的成功，主張傅柯是有資格被選入這個法國聲望最崇高的學術機構的合適人選，並開始尋求支持。他找到的支持者包括維耶曼、杜梅齊勒與布勞岱爾。[84]傅柯被選入法蘭西公學院的可能性似乎在一九六七年首度受到討論，當時他在索邦大學於雷蒙·艾宏的專題討論課上朗讀一篇論文之後，得到暗示他不太可能在索邦大學取得職位。高等研究應用學院的職位雖然也是一項可能的選擇，但艾宏與布勞岱爾向他暗示指出，他如果接受那個職務，恐怕會不利於他後續獲選進入法蘭西公學院的機會。傅柯認為自己的資格不足以進入法蘭西公學院，對康紀言說他認為自己還不如待在突尼斯。

遴選進入法蘭西公學院的程序相當複雜，但艾希邦清楚描述了傅柯獲選的經過。遴選過程分為兩階段：首先在沒有人選的情況下投票設立一個教席，然後再挑選人選。明顯可見，背後有許多的遊說與謀劃算計：舉例而言，米格勒負責在他的科學同僚當中為傅柯號召支持。杜梅齊勒也活躍於幕後，但談起自己扮演的角色卻頗為低調：「我只是稍微說服了幾個同事，因為我認為他們可能不瞭解他，甚至因此將他排除於考量之外。我當時人在美國，所以把同一封信抄寫了六份左右：『小心，可別讓一個天才從你們的指縫中溜走了。』」[85]

候選人必須以私印小冊的形式針對自己的研究成果提交一份陳述，供法蘭西公學院的成員審閱。這本小冊一方面是個人履歷，必須列出自己擁有的資格、擔任過的職務與發表過的著作，但也必須針對自己截至目前為止的作品與提議開設的課程列出六頁的概述。[86]傅柯對自身作品的描述始於《瘋狂史》，彷彿在那之前所寫的一切都無關緊要。他說明指出，這部著作試圖確認我們對於一個特定時期的精神疾病能夠獲得多少理解，最終促使他發現自己真正的研究目標：「投注於複雜制度體系的知識。」不過，事實證明瘋狂是一項不夠切合當下的例子，因為十七與十八世紀的精神病理學極為粗淺，因而難以和「傳統意見的互相影響」辨別開來，因此他轉向另一個嚴謹度高出許多的對象：臨床醫學的起源。《臨床的誕生》說明了「醫學的行使不限於以不穩定的混合方式把嚴謹的科學與充滿不確定性的傳統結合起來；醫學行使的架構是一套知識系統，具有其本身的平衡與一致性」。[87]《詞與物》則揭露了知識領域的內部考古學可以受到定義，以及不同領域之間的同一與類比揭露了經驗知識有的區塊的整體配置。在這一點上，傅柯獲得兩項發現：一方面，他注意到「灌注知識」（invested knowledges）的確切存在；另一方面，他注意到每一種知識的建構特性當中具有系統性的關係。《知識考古學》綜合了這兩項發現：知識（savoir）是介於意見與科學知識（connaissance）之間的領域，不只體現於理論文本或實驗器具裡，而是體現於一整套的實踐與制度當中。[88]

傅柯的課程提案由兩項律令所支配：「絕對不要忽略對於具體實例的指涉，因為那些實例能夠充當分析的試驗場；闡述我偶然碰到或者未來可能會遭遇的理論問題。」令人略感意外的是，他提議分析的區塊是「關於遺傳的知識」。傅柯認為他想從事的分析，是探究透過育種手段改善家畜以及控制傳染病的嘗試，檢視特定的經濟與歷史限制，諸如土地所有權與生產力，以及化學與生理學的知識輸入。這項分析最終將探究遺傳理論，進而分析達爾文對於物種的自然演化所懷有的理解。

概述自己的整體計畫之後，傅柯接著指出三組問題。第一組問題涉及建構一套語料庫，能夠涵蓋一項不以個別與有意識的知識作為模範或基礎的匿名知識。這種知識究竟如何進一步發展成為科學論述，則是第二個問題，要解決這個問題就必須檢視其傳遞與散播模式。傅柯的第三組理論問題涉及知識當中的因果關係。對於影響植物的疾病所擁有的理解如何結合於一項知覺，也就是對研究與推出新植物品種所受到的經濟限制的知覺？對這三組問題的分析將會揭露知識（savoir）就是組織各種實踐與制度，是建構各個科學的無名而不斷移動的發生地，也是各個科學的歷史的存在要素。思想體系的歷史將會位於各個建構起來的科學的歷史與意見的歷史之間。[89]

一九六九年十一月三十日，法蘭西公學院的教授聚集起來，針對是否設立一個思想體系史教席進行投票，這個頭銜明顯呼應了伊波利特的教席。其他提議的教席則是行動哲學（呂格爾）與理性思維史（貝拉瓦）。傅柯的主要支持者是維耶曼，呂格爾則受到庫赫賽勒（Pierre Courcelle）支持，貝拉瓦受到格胡支持。維耶曼雖然支持傅柯，但是對《知識考古學》闡釋的「陳述」理論卻有嚴重的疑慮，結果兩人顯然因為傅柯為自己理論提出的辯護而大吵一架。他們在旁人的敦促下和解，維耶曼針對傅柯的研究成果向齊集一堂的公學院教授朗讀了一份充滿好評的報告。他在最後的結論指出：

思想體系史不是人的歷史，也不是思考這些思想的人的歷史。歸根結柢，正是因為思想體系史仍然受困於那個選項的條件裡，所以唯物主義與精神主義之間的衝突乃是兄弟鬩牆的衝突……個人或群體都可以是思想的主體，但他們仍然是主體……捨棄二元論並建構一個非笛卡兒式的主體還有更多的要求：消滅主體，但留下思想；以及試圖建構一套不含人類本性的歷史。[90]

三名候選人的支持者全都輪流發言過後，投票即告開始。傅柯獲得二十一票，貝拉瓦和呂格爾各十票。有四張票上面畫叉，表示對三名候選人都不滿意。由於法蘭西公學院的章程規定必須得到過半票數才算獲選，因此必須舉行第二輪投票。傅柯取得二十五票，貝拉瓦九票，另外有兩張票畫叉。傅柯獲選之後，還必須經過投票批准，一次由公學院舉行於一九七〇年四月十二日（贊成票二十四票，十五票畫叉，代表不同意他獲選），另一次由構成法蘭西學會的其中一個學院舉行。此外，這項任命也必須受到教育部長核准。不曉得什麼原因，傅柯的獲選遭到人文政治科學院的絕大多數成員否決：在全數二十七票裡共有二十二票反對。二十二張票都畫叉，還有四張則是空白。因此，人文政治科學院正式拒絕為他的獲選背書。不過，傅柯仍然獲得教育部長任命，他不理會人文政治科學院的意見，遵循傳統不去違背法蘭西公學院成員的希望。[91] 傅柯慶祝四十三歲生日的六個月前，終於在法國聲望最崇高的學術機構取得終身職。

# 10 「一個思想自由的地方」

傅柯前往法蘭西公學院就職之前，終於有機會實現造訪日本的夢想。如果說他長久以來一直對日本深感興趣，那麼日本現在也開始對傅柯產生了興趣，尤其是對《瘋狂史》。他第一次真正與日本人接觸，是在一九六三或一九六四年於巴黎舉行的一場會議，對方是一位前田教授，傅柯自此之後也與他保持多年的聯繫。一九七〇年，他收到一項造訪東京的確切邀請，來自《朝日週刊》（朝日ジャーナル）以及渡邊守章這位法國文學教授暨保羅．克羅岱爾（Paul Claudel）與惹內的譯者。傅柯立刻就接受邀請，其中一個原因是他也可藉此機會與他的朋友龐格再度見面。於是他就在一九七〇年九月前往東京。[1]

傅柯雖然很喜歡這個國家，卻沒什麼時間為這趟旅程準備，對日語也一字不通，因此對日本充滿困惑，尤其難以理解京都御所遵循的建築與美學傳統。令他感到好奇的不是日本的現代化，而是留存至今的過往，尤其是禪宗文化。他蒐集了大量關於這個主題的文件。他也開始對當代日本文學感興趣，並且喜歡上谷崎潤一郎的小說，認為他的作品隱隱讓人聯想起巴代伊與克洛索夫斯基。

不過，這不是一場遊樂之旅，傅柯的工作包括在東京大學發表公開講座。由於日本人對他的興趣主要仍集中在《瘋狂史》，這些講座也就聚焦於「瘋狂與社會」以及「瘋狂、文學與社會」等主題。[2]傅柯經常談論這些主題，所以這些講座並沒有為他已經出版的作品添加什麼實質內容。

這趟旅程也讓他有機會回應德希達對他的「第一本書」提出的批評。《帕德蒂亞》（*Padedia*）這本期刊打算在一九七二年推出一本專門探討傅柯的特刊，傅柯也獲邀為這份特刊撰寫一篇文章。結果就是對德希達提出嚴苛批評的〈我的身體，這張紙，這爐火〉（Mon corps, ce papier, ce feu）。[3]根據德費所言，傅柯這時之所以想要回應德希達，原因是他覺得或是認為美國大學正在積極推升傅柯與德希達之間的理論對壘，解構主義的興起也逐漸搶走他的作品受到的關注。由於他們兩人原本的歧見是集中於如何解讀笛卡兒的一段文字，因此傅柯在最後以強調教學法的議題作結也就頗為引人注意。傅柯主張德希達是「把話語實踐化約成文字痕跡」這種系統性做法的主要擁護者：

在這裡，可以清楚看出一種在歷史上受到充分界定的小小教學法。這種教學法教導學生文本以外什麼都沒有，但在文本當中，在文本的縫隙、空白與靜默（non-dits）當中，則是由起源的儲備所支配；因此，沒有必要到別處找尋，「存有的意義」就在那裡受到述說，當然不是在詞語當中，而是在受到擦除的詞語裡，在詞語的**網格**裡。這種教學法反過來為老師的聲音賦予無限的主權，使其能夠不斷重述文本。[4]

這篇文章大部分的內容是對〈我思與瘋狂史〉的詳盡解讀，目標在於證明德希達誤讀了笛卡兒，主要是因為笛卡兒對瘋狂的評論所使用的範疇來自於「話語差異」，但德希達卻未能檢視那些話語差異。此外，在另一個比較平庸的層次上，也是因為他未能比較《形上學沉思》的法文與拉丁文版本。根據德費所言，在日本同僚的建議下寫成的〈我的身體……〉登出之後，導致傅柯與德希達決裂將近十年。不過，傅柯返回法國之後，與德希達的歧見並不是他最迫切需要關注的事情：他在十二月二日必須向法蘭西公學院發表就職講座。

傅柯在日本的時候，德費正代表他商談購買一間新公寓，他們將在新的一年搬進去住。待過突尼斯之後，巴黎感覺就像一座陰暗無光的城市，就連芳雷醫師街的那間公寓和西迪布賽伊德相較之下也顯得陰鬱幽暗。傅柯的新家位於沃吉哈赫街，據說是巴黎最長的一條街。沃吉哈赫街二八五號是一幢沒有特別建築美學的現代大樓，位於沃吉哈赫地鐵站對面。這幢大樓比起傳統建築有一大優勢，就是設有停車場，這是巴黎市中心罕見的奢華設施。這幢正面朝向街道的公寓大樓呈L形，中庭的草坪與漆成白色的臨街面互相垂直。大樓共有八個入口，只要走進其中的第七個入口，搭上一部狹小的電梯或是爬上陡峭的螺旋梯，即可抵達傅柯位於八樓的住處。這個住處最吸引人的特色，只要一進門就會立刻映入眼簾。一間與整個公寓等長的房間，是由兩個房間打通而成。一面落地窗通往外面的陽臺。這幢大樓面對西南方，周圍沒有其他高樓，因此享有壯闊的景觀，能夠展望巴黎盆地，遠眺聖克盧與塞夫爾的樹林。對於傅柯而言，景觀的重要性遠遠比不上灑入房間裡的光線；他對魯阿斯說，「他欣賞的是有助於思考的明亮光線」。[5]

傅柯把這間主房間當成書房兼客廳或接待室。房間主要是一片白色，裝潢相當樸素，只有毫無特色的現代家具，也不像許多住家那樣充斥雜亂的裝飾品。牆上掛著幾張照片與圖畫，最醒目的是傅柯繼承自他父親的那幅馬松畫作，還有畢卡比亞（Francis Picabia）繪製於一九三二年的精美作品〈雙面女子〉（La Femme aux deux visages）。[6]最主要的特徵自然是擺滿牆面的書籍與期刊。直到傅柯去世為止，這裡即是他的工作與放鬆地點，偶爾也是政治聚會場所。此外，這裡也是接待賓客的地方，其中包括蒞內、維納，最出人意料的是英國女演員茱莉・克莉絲蒂（Julie Christie）。蒞內常會把行李箱擱在大腿上坐著書寫，還成功引起傅柯與德費對考克多的興趣；克莉絲蒂則是德費的朋友，傅柯總是會為她精心準備素食餐點。[7]有頂棚的陽臺提供了一個方便的日光浴地點，空間也足以讓他們在天氣溫暖的夜裡在戶外用餐，而且不只一個賓客注意過陽臺上種植的矮牽牛當中夾雜著大麻。此外，陽臺也為需要耐心的偷窺活動提供了一個適當地點。在一九八三年七月二十八日寫給年輕小說家葉維・吉伯的一封信裡，傅柯描述了這種活動的樂趣：

我想跟你說我坐在桌前不必移動就可以看到的景象。每天早上同一個時間，在阿勒黑街（rue d’Alleray）都會有個男孩從一扇窗戶裡探出頭來。他會在九點開窗，身上圍著一件小小的藍色毛巾，或是穿著藍色底褲；他會把頭靠在手臂上，把臉埋在臂彎裡；他就待在那裡不動，偶爾才會為了吸他拿在另一手的菸而做出緩慢的動作。……我不禁納悶他的眼睛在自己的臂彎裡發現了什麼夢境，有哪些言詞或圖畫誕生於那裡，但我對自己說，只有我一個人從外部看見那些東西在其中誕生、成形以及消失的這個優雅的蛹。那扇窗戶在今天早上沒開，而我則是正在寫信給你。[8]

傅柯對於發表就職講座懷著矛盾的心情，不是因為他對這項榮譽或是自己將因此獲得的關注感到畏縮，也不是因為他不願公開發表演說，而是因為「就職」的概念違反了他認為絕對的起源與開始是一種迷思的深刻信念。被問到他會在就職講座中說些什麼，他沉思道：

> 就職講座，也就是初始講座，這真是個令人意外的用語。我們唯有把自己放在學生的立場，才能夠創造一個絕對的開始；但那樣的立場頂多只能說是虛構的結果。不過，以初始一詞最嚴格的意義來看，乃是發生於一種無知、天真，而且絕對原始的不誠實的背景之上；要談及初始，我們面對的就必須是自己一無所知，從來不曾談論、思考或知曉的事物。然而，這個初始卻是一場講座。講座隱含的意思是你被圍繞在一整套已經建構起來的知識與論述當中。我想我的講座就要來探討這項矛盾。[9]

「其無可壓抑的諷刺姿態絲毫不受當下這個時刻的莊嚴氣氛影響，一個膚色雪白的光頭身影踏步上前，風格有如佛教徒，眼中懷著一股冷酷的神情。他接受這場初始典禮的姿態輕鬆自在，有如一位異端時代的執事一般，」看起來就像是「一名有禮貌的反傳統人士」。[10] 法蘭西公學院院長渥甫（Etienne Wolff）莊重迎接傅柯進入他所謂的「自由國度」。在這間矗立著一尊柏格森銅像而且人滿為患的演講廳裡，渥甫的用語引起一陣不以為然的咕噥。杜梅齊勒與李維史陀這類知名人物雖然也在場，但許多聽眾都是年輕人，他們前來公學院的路上所經過的街道，都停滿了載有令人厭惡的共和國保安隊鎮暴警察的廂型車與大巴士。一九七〇年十二月二日的街道一片平靜，但拉丁區還是一如往常，受到警察的實質包圍。渥甫對於「自由」的指涉在那個情況下雖然聽起來格格不入，但那句話背後其實有一段歷史，聽眾當中可能有許多人並不知道。在納粹占領期間，於一九三七至一九四五年間擔任法蘭西公學院詩學教授的梵樂希受到一名德國軍官問道：「這所學校教什麼東西？」梵樂希回答：「這裡是一個思想自由的地方。」[11] 這個地方在一九六八年五月沒有遭到占領，似乎也顯示了法蘭西公學院的獨特地位以及其自成一格的名聲。一九七〇年代初期的拉丁區有時看來如同戰區，而法蘭西公學院則一直是一片非軍事化飛地。

法蘭西公學院原本是弗朗索瓦一世在位期間，因為偉大的人文學者比代（Guillaume Budé）提出的建議而成立，在法國的教育機構當中深具獨特性。它從來都不隸屬於大學系統，也擁有不同於大學的自主性。法蘭西公學院沒有學生，也不頒授學位及其他資格。所有的講座與研討課都對大眾開放。教授由他們的未來同儕選出，教席是終身制。他們不按照任何既定課程大綱教課，教學內容必須基於完全原創性的研究。如同傅柯的一位前輩史學家勒南（Ernest Renan, 1823-1892）所說的，法蘭西公學院是一所可讓大眾看見「科學發展過程」的機構。教授呈現自身研究的形式，是在一年當中舉行十二場兩小時的公開講座以及相關的研討課。

就許多方面而言，法蘭西公學院正是適合傅柯的理想地點。這時候，他不必再負擔他深感厭惡的行政工作，也不必再受到政治或官僚干預。當初他在克雷蒙費弘經常抱怨自己缺乏祕書支援，現在則有了芙杭索瓦絲·茉罕（Françoise-Edmonde Morin）這位忠實又認真的祕書。她對傅柯確實極為忠心且思慮周密，即便到今天也還是堅決婉拒談論傅柯的事情，因為她認定即便在他死後也還是必須保護他的隱私。[12]

傅柯可以自由選擇指導博士研究計畫，也可以拒絕這麼做。不過，說服他擔任指導老師的人，例如以十九世紀慈善行為作為論文主題的丹妮葉勒·洪席耶（Danièle Rancière），卻失望地發現他不是一個特別會指導人的研究指導者。[13]獲選進入法蘭西公學院，讓他獲得智識菁英的徹底承認，而且也是一種公開封聖。不同於在傅柯眼中食古不化的法蘭西學術院，法蘭西公學院位於智識生活的正中央。此外，這所機構也提供了一些具體的優勢。法蘭西公學院的學年很短，只從十一月底到五月，而且傅柯的講座經常直到一月才真正開始。因此他能夠四處旅行，擔任客座教授。他的秋季學期也經常至少有一部分會在美國度過。

然而，如同傅柯後來發現的，法蘭西公學院的生活也不總是容易。他與柏格森一樣，講座吸引了大批聽眾，卻發現自己在那群不知名的群眾當中陷入孤立。此外，他也像梵樂希一樣，覺得這樣的孤立令人厭倦，因此無疑會認同這位前輩的感嘆：「唉，真希望我的聽眾只有五個人，就像勒南一樣！那樣的講座一定會非常順利。面對一大群陌生人實在是很傷神，不曉得該以誰為對象，該設法滿足什麼程度的文化、慾望和緊張關係。」[14]法蘭西公學院的一位史學家把學院裡的老師分成三類：「隱士、宗派領袖，以及先知。先知又可以細分為大祭司與彌賽亞。」[15]如同在一九七八年被選入法蘭西公學院的巴特，傅柯也頗不情願地被歸類為大祭司。許多純粹因為好奇而出席傅柯講座的人士，都深切感受到自己彷彿置身於一場世俗的大彌撒。

這位新獲選的思想體系史教授開始朗讀他的就職講座講稿，指稱他希望自己能夠在不受到注意的情況下溜進自己必須發表的演說（discours），被包圍於其中，並且被帶到一個點，存在於任何可能的開始之前。與其身為論述的源頭，他希望能夠在論述的發展當中隨機處於一個位置，希望成為論述可能消失的點。他希望自己能夠聽見一道聲音說著：

> 我必須繼續前進，我無法繼續前進，我必須繼續前進。只要有話語可以說，我就必須說出話語，必須不斷說出話語，直到它們找到我，直到它們說出我。這種情形也許已經發生，也許那些話語早已把我帶到我的歷史的門檻，帶到通往我的歷史的門口。那扇門如果打開，一定會令我感到意外。

傅柯沒有提供參考來源，但這段話乃是改編自貝克特（Samuel Beckett）的《無法稱呼的人》

（*L'Innommable*）結尾的文字。[16] 其中表達出來的那種渴望，希望能夠處於匿名的狀態，能夠被某種既有的話語吞沒，顯然是一種修辭手法，其功能將在後續明白顯示出來，同時也是傅柯希望獲取匿名性的典型表現。但除此之外，這點也指向另一件事：傅柯感到緊張，而且他往後每次在法蘭西公學院發表講座，也都覺得緊張。

他在就職演說的最後，向自己的「榜樣」致敬，包括杜梅齊勒、康紀言與伊波利特。他在瑞典結識的杜梅齊勒，「在我還覺得寫作是一種樂趣的那個年紀」就鼓勵他從事研究工作，並且教導他分析「論述的內部布局，方法完全不同於傳統的釋義學或者語言學的形式主義」；康紀言的作品則是最早讓他體認到科學史可以是「一套條理清晰而且能夠轉換變化的理論模型以及概念工具」。[17] 不過，他把最高的讚揚保留給伊波利特。「我們這整個時代」乃是企圖透過邏輯或認識論擺脫黑格爾；

> 但要真正擺脫黑格爾，前提是我們對於擺脫他必須付出什麼代價懷有精確的理解；前提是我們知道黑格爾在多大程度上接近了我們，或許是暗中潛伏；前提是我們知道讓我們得以從事反黑格爾思考的理論在哪裡仍有黑格爾的影子；前提是我們能夠評估我們反對他的訴求在什麼程度上也許又是他用來對付我們的詭計，而他就在那個詭計的末端等待著我們，既沒移動也在別的地方。[18]

伊波利特是擺脫黑格爾的必要嚮導，因為就是他的開創性研究使得我們有可能閱讀黑格爾。對伊波利特的致敬把傅柯帶回他的起點：

現在，我比較能夠理解自己剛剛開始的時候為什麼會遭遇那麼大的困難。我現在相當清楚自己希望跟隨在哪個聲音後面，受其帶領以及邀請發言，也相當清楚我想要把哪種聲音放進我自己的論述裡。我知道為什麼開始演說（prendre la parole）會那麼令人害怕，因為我演說（je la prenais）的這個地方，就是我當初聆聽他講課的地方，而他已不在這裡聽我說話。[19]

以這種方式向伊波利特致敬，傅柯當然是藉著讓自己在一連串思想家之間占有一個正當地位，從而把自己置入法蘭西公學院的歷史當中。他已經把自己置入法蘭西公學院的當下，做法是短暫提及雅各布（François Jacob）的研究：雅各布是細胞遺傳學教授，與莫諾還有勒沃夫（André Lwoff）共同贏得一九六五年的諾貝爾獎。[20]這項指涉很低調，傅柯雖然沒有提及自己不久之前才在《世界報》評論過的雅各布著作《生命的邏輯》（*La Logique du vivant*），[21]但已足夠顯示傅柯把自己納入一個學術社群裡。

在這場就職演講的循環結構裡，傅柯簡潔探討了幾項先前已經出現過的主題，包括在《知識考古學》的後半部，以及在一九六九年二月針對作者的概念向法國哲學協會發表的講座。現在，他把作者的概念描述為「賦予令人不安的虛構語言有其單元、有其一致性的結節，有其對真實的插入」，同時又是「匯集論述的原則……是論述意義的整合與起源……是論述連貫性的焦點」。[22]

他也為「我未來想在這裡從事的工作」概述了一項計畫。他以反向原則、不連續原則、特殊性原則與外在性原則設定了四個參考架構。傅柯提出反向原則，是要指出有必要拒卻連續性與作者身分的觀念，而採行切除論述以及促成論述稀少化的負向做法。不連續原則代表的是任何分析都不可能成功揭露某種在原始上沒有受到言說或思索而且終將變得可以感知或者能夠受到分析的元素：「必須將論述視為不連續的實踐，不但彼此相交，有時也並置在一起，但論述相互之間也對彼此一無所知，並且會互相排除。」[23] 特殊性原則表示論述不是先前意義的相互作用；「必須將論述視為我們對事物施加的暴力，無論如何是我們強加在事物上的一種實踐；而論述當中的事件就是在那樣的實踐裡找到其規律性的原則。」[24] 至於外在性原則，則是表示分析的目標不該是某種隱藏的核心，而應該始於論述本身，然後再找尋其可能性的外在條件。

在《學經歷與著作》（*Titres et travaux*）小冊中，傅柯已經概述了一項針對遺傳的確切研究計畫；在就職講座當中，他則勾勒了一個更為一般性的計畫，遺傳只是其中一個可能的研究對象。他提及兩個重疊的組合（ensembles），一個是「批判性」組合，另一個是「系譜性」組合。起初的一組批判性研究，可以針對各種「排除功能」，例如古典時代對於理性和瘋狂的區別。禁止談論性是另一個例子。傅柯在此指的不是一項禁令的逐漸消除，而是這項禁令從告白的實踐（各種禁令在其中被提及，並受到階層式的分類）替換成十九世紀的醫學與精神醫學。「求知意志」（will to knowledge）可以提供一項進一步的主題：這項分析將會探究有效的論述如何隨著智者派而圍繞著真實和虛假論述之間的劃分組織起來；後續對同一主題的另一項檢視，將檢視十七世紀的自然哲學當中相同的那種「意志」。第三個層面則是現代科學的建立行為、工業社會的形成，以及伴隨這種社會的實證主義意識形態：「這是我們的求知意志形態學當中的三個部分，是我們的庸俗主義中的三個階段。」[25]醫學、刑罰體系的起源，還有文學批評對於作者以及作品所扮演的角色的建構，也都是可能的主題。所有的批判性例子都代表對於「話語控制媒介」的分析；系譜學將檢視論述的有效形構，包括控制的媒介或實例的內部、外部，以及橫跨內外的方面。

傅柯概述了一項龐大的研究計畫，或者該說是包羅廣泛的各種可能計畫。這些計畫絕對沒有全部都實行。實際上，傅柯對文學批評以及作者的建構並未再多說什麼。不過，就職講座確實簡述了許多他在未來的著作與講座當中會探討的題目，尤其是犯罪、精神醫學與性等主題。

傅柯的每週講座吸引來的聽眾人數經常遠遠超出演講廳的容納量，因此不得不在隔壁房間裝設閉路電視。傅柯以前偶爾會去參加拉岡的研討課，現在他自己的講座就像拉岡那些流動的饗宴一樣，[26]也是吸引全巴黎的盛事，還另外吸引了許多外國訪客。舉例而言，伯納爾就注意到「他的每一堂課開始之前都可以聽到許多外國語言的交談聲」。[27]聽眾裡也不免有些怪人，像是一名老太太向德費表示她在過去六十年來參加了法蘭西公學院舉行的每一場哲學講座。柏格森去世於一九四一年，因此這名老太太也許是當時唯一一個柏格森與傅柯講課都聽過的人。[28]

對傅柯本身而言，演講廳是個孤獨的地方，他經常向朋友以及自己的外甥女安娜．薩拉米抱怨自己的孤立、欠缺對話，以及聽眾未能向他提問的情形。[29]一九七五年，他向一名記者提出相同的說法：

有時候，一場講座如果進行得不順利，就需要有某種東西來扭轉狀況，例如一個問題。不過，那個問題從來沒有出現……由於沒有意見回饋，所以講座就成了戲劇表演。我和在場的人之間的關係，就像是演員或特技表演者和觀眾的關係一樣。等我講完課以後，只有一股全然孤單的感覺。

許多年下來，他一再看著同樣的人坐在同樣的座位上，卻無法和他們交談：「等我走出講堂的時候，他們早就離開了。有時候，我不禁想要暫時停下講課，問他們為什麼來，他們想要找尋什麼。」[30]上課結束後湧向傅柯的那些人，並不是要去問他問題，而是趕著要把他們放在講桌上的錄音機和麥克風拿走。那年稍晚，傅柯向電臺記者雄塞爾（Jacques Chancel）提到自己在每一場講座前總是緊張不已，就像學生時期面對重要考試的感覺一樣。感覺彷彿臺下的不知名聽眾總是不斷在評價他，審判他。[31]

但另一方面，他的孤立也有好處。傅柯對雄塞爾說，他在法蘭西公學院講課的時候，並不覺得自己是在教書，不覺得自己對聽眾握有權力。傅柯埋怨自己的孤單之時，似乎沒有意識到在多達二千人的聽眾面前提問是一件足以令大多數人感到膽怯的事情。他也忽略了自己令人望之生畏的公眾形象。阿蕾特．法居和他開始合作《家庭失序》（*Le Désordre des familles*）這本書的時候，與傅柯約好在一場講座之後見面。她爬上樓梯走向他的辦公室之時，覺得周圍的人全都對她投以充滿敵意的眼光，所有人都默默質問著：「她以為她是什麼人？」[32]

傅柯從講臺前方的人群當中推擠而過，把成堆的麥克風推到一旁以清出空間放置講稿，然後開始持續兩個小時沒有休息的講課之時，幾乎沒有人看得出他內心的緊張。他講話快速，以一種「尋常規律到近乎單調乏味的聲音」[33]唸出預先準備好的稿件內容，極少臨場發揮。另一名聽者描述了講座現場的狀況：

大家都提早兩個小時就湧進門內，彷彿是開幕夜一樣。在講堂裡，所有人忙著搶占座位，為了在折疊椅上能夠坐到椅面的一小部分毫不相讓，而來自高雅鄰里的老婦人則展示著她們的高級訂製服裝。在講臺上，傅柯站在一張拋光木質長桌的中央，正上方的燈光照射著他那顆凹凸不平的光頭，周圍環繞著千百支麥克風，連接到千百臺錄音機，還有一群時髦的年輕男子蹲伏在他腳下。傅柯就這樣講課。[34]

克洛德．莫里亞克與漫畫家維亞澤姆斯基（Pierre Wiazemski）認為，那種劇院式的燈光使得埋頭於講稿上的傅柯看起來有如煉金術士。[35]傅柯講課的時候，全場一片靜默，當初柏格森也曾在這間講堂裡有過同樣令人難忘的表現。

這些講座採取了他在就職講座概述的模式，而不是《學經歷與著作》當中描述的方式。傅柯在法蘭西公學院的第一年，開始勾勒他所謂的「求知意志的形態學」，並檢視兩種非常不同的模型，一個是亞里斯多德的《尼各馬可倫理學》，另一個是尼采的《快樂的科學》，其中提供了一個「基本上是自我尋求知識的模型，呈現為一種意志事件，並透過否證來判定真相效應」。[36] 對亞里斯多德而言，快樂與感官知覺有直接的關係，因此快樂的強度與感官知覺提供的知識量也有直接關係。對知識的渴望，是對快樂與「善」的自然尋求的一個變種。在尼采眼中，知識是相互衝突的本能或慾望交互作用之下的產物，也是占用與支配的意志所造成的產物。知識永遠都是暫時而不穩定的，永遠受制於原始而猛烈的本能。接著，他再把尼采的模型套用在一系列取自古希臘歷史與制度的例子上，也就是在法律衝突當中使用誓言、在城邦裡的商業交易與社會關係當中尋求中庸之道，還有尋求一種公正的法律，能夠確保城邦裡的秩序並反映宇宙的秩序，以及在謀殺行為發生後舉行淨化儀式。

傅柯身為法蘭西公學院成員的第二項義務，是每週舉行一場研討課。因此，他在年底宣布研討課將在一九七一年初開始舉行，並請有意參加的人寫信向他概述自己的興趣，以及敘明自己願意提出什麼貢獻。他要求參加者提出書面聲明，是為了限制人數。在他的觀點中，研討課是「工作的地方」，所以他希望把參加者局限於願意從事認真研究與集體寫作的人。此外，研討課也是客座講者的論壇，可由客座講者擴展討論範圍或者提出專家見解。

對研討課的參與施加限制，傅柯其實刻意違背了法蘭西公學院的精神與明文規定。實際上寫信給他的人，在一九七一年初抵達研討課現場才出乎意料地發現出席人數原來不多。帶領這個全心投入的小團體，是讓傅柯感到欣喜的調劑。一些隨意參加的旁觀聽眾令他深感煩擾，因此偶爾試圖封閉他的研討課，卻總是在學院當局的要求下繼續開放。這個問題在往後多年仍然持續存在。

週一研討課的第一年投注於探討刑罰精神病學在復辟時期的發展，但短期內並未產生出版品。研究材料來自於《法院新聞》（*Gazette des Tribunaux*）與《公共衛生和法醫學年鑑》（*Annales d'hygiène publique et de médecine légale*）等那個年代的期刊。其中描述的大多數案例，都是對謀殺案的駭人陳述：女僕突然下手殺害自己負責照顧的孩子、一名婦女殺害並吃掉自己的孩子，還有一個住在樹林裡的前葡萄農夫，在強暴一名小女孩未遂之後，不但殘殺了她，還喝她的血。這些案件雖然無疑十分驚悚，但在此的主要意義是因為這些案件受到醫學媒體的報導，所以處於對瘋狂與犯罪的醫學論述和法律論述的交叉點。[37]簡言之，這些案件預示了傅柯部分作品的主題，包括《監視與懲罰》以及若干論文，例如一九七八年於約克大學（多倫多）的「法律和精神醫學」研討會上針對「危險個人」的概念所發表的講座。[38]

傅柯在《公共衛生和法醫學年鑑》當中首度得知希維業（Pierre Rivière）的案件，這個案件為他提供了後續兩年的探討題材。在此同時，每週的講座則是以刑罰理論與制度為主題，傅柯也開始闡述他的「權力—知識」(power-knowledge）理論：「任何的權力行使都必然涉及知識的萃取、挪用、分配或保留。在這個層次上，並非一邊是知識另一邊是社會，或者一邊是科學另一邊是國家；存在的是『權力—知識』的基本型態。」[39]

在第二年的研討課概述當中，傅柯列出的參與者包括尚皮耶．彼得（Jean-Pierre Peter）、卡斯特、德勒茲、豐塔納（Alessandro Fontana）、亥俄特（Philippe Riot）與瑪麗沃恩．塞松（Maryvonne Saison）。不過，德勒茲並沒有固定出席。《我是皮耶．希維業》（*Moi, Pierre Rivière*）這部出版文本當中列出的名字，還包含布蘭汀．巴列克里格（Blandine Barret-Kriegel）、珍妮．法夫雷（Jeanne Favret）、喬琪特．雷吉（Georgett Legée）、巴勒托維克（Gilbert Barlet-Torvic）與派翠西亞．穆蘭（Patricia Moulin）。巴列克里格在這個研討課群體組成之後過了一段時間才加入，而法夫雷的參與顯然微乎其微。人數雖然有些起伏，但固定參與者不超過十五人。

對尚皮耶．彼得而言，發現希維業的案子是一項苦甜參半的意外。他是曾經跟隨布勞岱爾研讀的史學家，後來對醜聞史產生興趣。他開始離開經濟史與社會史，引起布勞岱爾的不悅，勒華拉杜里還找他協助研究十九世紀的醫學檔案。在這個領域從事的研究工作，使他認為《臨床的誕生》過於抽象，與醫學的日常實踐相距太遠。儘管如此，他還是熱切想與傅柯合作。這個時候他與布勞岱爾已經徹底決裂，也因為與布勞岱爾大吵一架而導致職業生涯前景黯淡。彼得在某種程度上認為，自己的研究要是能再持續三個月，希維業的案子會是由他發現。不過，他後來實際上成了那個關係緊密的研討課群體的重要人物。

有人提議對皮耶．希維業的生平進行系統性的探究。刊登於《公共衛生和法醫學年鑑》當中的陳述並不完整，但有提到希維業自己寫的陳述可以在諾曼第找到。彼得雖不是全然樂觀，但還是前往康城（Caen）查閱卡爾瓦多斯省（Calvados）的檔案。如同諾曼第的許多城鎮，康城也在一九四四年的盟軍攻擊行動當中幾乎被夷為平地，許多城市檔案都遭到摧毀。彼得聽過燒焦的文件在檔案館附近飛舞的傳聞。結果，皮耶．希維業寫的「回憶錄」竟然在轟炸與大火當中幸運逃過一劫，情緒激動的彼得於是得以帶著這整份手稿的影本回到巴黎。此外，康城的省立檔案館也奇蹟似地保存了這起案件的所有相關法律文件與媒體報導。在傅柯的要求下，這整份檔案轉移到巴黎的國家檔案局，儘管轉移過程因為一場公務人員的罷工而延遲。如此一來，這整份檔案就都能夠抄寫出來，抄寫工作主要是由彼得完成。研討課群體也就有了真正的工作文件。[40]

傅柯在課程摘要裡對這起案件的描述相當平淡，絲毫沒有顯露出這起案件在這個群體引起的那股高度熱情：「皮耶．希維業：一個鮮為人知的十九世紀謀殺犯；他在二十歲那年割斷他母親、弟弟還有妹妹的喉嚨；他被捕之後，寫下了一份解釋性的回憶錄，交給他的法官與負責撰寫精神鑑定報告的醫生。」[41]

一八三五年，年輕的皮耶．希維業以一把鐮刀殘忍殺害了他的母親、妹妹與弟弟，然後逃到諾曼第鄉下過著餐風露宿的生活。他在不久之後即被捕受審。弒親在法國鄉下並不是特別罕見的罪行，但希維業的案子吸引了許多注意，主要是因為他提交給法庭的那份令人震驚的回憶錄。他雖然據說不識字，並被許多人視為只不過是個呆頭呆腦的鄉巴佬，卻能夠寫出一份條理分明的長篇文件，還能夠引用聖經《申命記》與《民數記》的內容為自己辯護。希維業的罪行毫無疑問：他在回憶錄一開頭就寫道：「我是皮耶．希維業，我殺了我的母親、妹妹和弟弟……」他詳細解釋指出，他殺害母親是為了幫父親報仇，因為他的父親備受母親虐待，而他殺害弟弟與妹妹則是因為他們深愛母親。他是依據上帝與天使向他下達的命令行事。令人感到疑慮的是他的理智；一八三二年的法律引進了「減輕情節」的辯護概念，其中包括精神障礙。因此，希維業對自己行為所提出的陳述，對於他的法官還有傅柯的研討課都深具重要性：

> 那場謀殺的故事……是他的理性或非理性當中一項不可或缺的元素。有些人說：同樣的瘋狂徵象可見於那場謀殺的事實以及記述的細節裡；另外有些人說：同樣的理智證據可見於那場謀殺的準備過程與發生情境，還有那整件事情被書寫下來的事實裡。簡言之，殺人的行為與書寫的行為，實際上做出的事情以及被敘述的事物，這兩者都相互交織在一起，就像是本質相同的元素。[42]

研討課小組對希維業的文本提出關於真相的三重問題：事實真相、輿論的真相，以及科學真相。[43]這個年輕的農民被困在一項來自別處的論述裡，那項論述提出的問題包括他的過去、他被指控對動物與兒童做出的殘忍行為，還有他一面獨自漫步一面自言自語的行為，藉此確認他究竟是不是一個「危險的人」。

希維業最終遭到判決有罪並判處死刑。在這一點上，其他條件也有所影響。弒親行為被視為弒君行為的一種變體，不久之前才剛發生刺殺國王未遂的事，因此死刑大概是可以預見的。比較難以預見的是，他的刑罰竟在上訴之後減輕為無期徒刑，理由是希維業的殺人行為是他的宗教幻覺造成的結果。一八四〇年，他在牢裡自殺身亡。

希維業的案件無疑在歷史與理論方面都深深吸引人，原因是其中明白展現法律和精神醫學的相互影響。此外，這件案子也有一項較為主觀性的吸引力。如同傅柯所言，研討課群體純粹是受到希維業文本具有的美感所引誘：「我們深深著迷於這個有著赤褐色眼睛的弒親者」(「le parricide aux yeux roux」；這句話頗為奇特，原因是「roux」通常用於描述頭髮顏色)。[44]這句話很容易被解讀為傅柯本身對希維業的同性情慾迷戀，事實卻是希維業對研討課群體中的每一個人都具有相同的吸引力，不論他們的性向為何。在長達幾個月的時間裡，希維業侵入他們所有人的生活當中，支配了他們所有的談話。他們與這名殺人犯的想像情感連結極為強烈，甚至因此不願支領他們出版這起案件的陳述所賺得的版稅，而希望把這筆錢投入一個以他為名的基金會。這項計畫最後雖然無疾而終，卻顯示了他們對他的著迷。

在出版的文本裡，皮耶．希維業的回憶錄以及當時的陳述與文件被放在最醒目的地位，至於隨附的論文（單純只稱為「筆記」），則無意為這起案件提供詮釋，更不打算提供精神分析式的詮釋。[45]他們讓希維業為自己發言，研討課群體撰寫的內容只是為他的文字提供框架，而不是加以解釋。最終，這場三屍命案的唯一解釋，就是凶手提出的解釋。如同傅柯在討論阿利歐（René Allio）改編《皮耶．希維業》的電影之時指出的，這本書的出版是「對精神醫學人員這麼說的一種方法：『好，你們已經存在了一百五十年；這起案件就發生在你們誕生的時候，你們有什麼話說？你們有比你們十九世紀的同僚更有能力談論這件案子嗎？』」[46]

他們很快就達成決議要出版希維業檔案。這項決定有一部分是驚慌之下做出的結果。在法蘭西公學院當局的堅持下，傅柯的研討課不得不對大眾開放，氣憤不已的彼得認為，開放給「一群有如吸血鬼的知識消費者」。這門研討課變成了第二門講座課，連同擾人的麥克風與錄音機也都一應俱全。一項謠言開始流傳，指稱有人打算出版刪節版的回憶錄，內容包括以研討課錄音為本的評論。這項謠言究竟有沒有任何事實根據，從來都沒有證實過。[47]

決定要出版，在原本相當和諧的研討課群體當中引起了爭議。後來爆發的爭吵其實不是關於內容，儘管據說有一名所有人都不願透露其姓名的年輕女子所寫的文章遭到傅柯毫不留情的拒絕。真正引起爭吵的是出版的格式。傅柯顯然向他在伽利瑪出版社的編輯、同時也是「檔案館」叢書（Archives）的共同主持人諾哈談及自己正在進行中的研究工作。諾哈立刻認定《我是皮耶·希維業》會納入那套叢書出版。「檔案館」叢書於一九六四年開始出版，原本的出版商是朱里亞出版社。後來由朱里亞與伽利瑪共同出版的這個書系，採取平裝本格式，目標在於讓大眾能以平實的價格取得知名專家挑選並編輯過的原始文件（《皮耶·希維業》定價十二·五法郎；七年前，《詞與物》的定價是二十六法郎）。初期出版的書籍包括人民陣線的文件歷史，乃至法國共產黨成立過程的記述。[48]

研討課成員對於諾哈認定這本書是要給他出版的想法相當不以為然：「『檔案館』叢書的開本太小，排版拙劣，整套叢書的聲望也不夠高……他們認為伽利瑪出版社的另一套叢書會比較好。」不過，傅柯卻難得極為堅定。他在這門研討課的過程中雖然一直保持開明、寬容而且高度民主的態度，現在卻徹底行使他的教授權威。他不願以任何言語或行為損及自己與伽利瑪出版社的關係，或是他與諾哈的「歷史圖書館」叢書（Bibliothèque des histoires）的關係，於是這本書終於成了「檔案館」叢書當中的一冊，只是在版面設計與排版方面出版社做了一些讓步。

這本書得到的評論雖然正面，但引起的迴響卻相當有限。如同後來的《家庭失序》，這本書也可能因為不是傅柯單獨推出的作品而減損了大眾的興趣。一份評論尤其激起傅柯的怒火。勒華拉杜里雖然提出一些正面的評語，卻批評《我是皮耶・希維業》忽略了社會與經濟史，並且在結論指稱這本書的「地方主義不足。傅柯組成的這個傑出團隊唯一就是缺了一個諾曼人，一個諾曼社會人類學家」。[49]這段話在兩個層次上帶有譏刺意味。勒華拉杜里本身是諾曼人，這段話明顯的含義就是他能寫出一本更好的書。法夫雷雖然不是諾曼人，卻是人類學家，這時正在研究諾曼第的巫術。這項採取參與觀察法的研究，對於法國鄉下的大眾文化提供了一項相當獨特的洞見。[50]在後續幾個星期裡，傅柯只要遇到願意聽他說的人，就會向對方埋怨勒華拉杜里這個著名的蒙塔尤（Montaillou）史學家是愚昧無知的蠢蛋。[51]

不論是在凡森大學度過的兩年，還是在法蘭西公學院度過的第一年，傅柯在書寫方面都不是特別多產。他仍然在一定程度上涉入文學界，但他人生中的那個面向變得沒有之前那麼重要。在一九七〇年秋季，他不再是《評論》編輯委員會的活躍成員，儘管他仍然擔任編輯委員會顧問。對於這本令他受益良多的期刊，他退出編輯委員會是因為缺乏時間，而不是缺乏興趣。

傅柯最後一次供稿給《評論》是一篇長文，探討德勒茲的兩本著作：《差異與重複》和《意義的邏輯》（*Logique de sens*），都出版於一九六九年。[52]傅柯先前就評論過《差異與重複》，他認為這本書「和形上學的起始與終點受到的N次陳述非常不同。這本書是一種新哲學的劇場與舞臺，每一頁的赤裸平臺上都是這種新哲學的排演」。[53]這篇名為〈哲學劇場〉（Theatrum Philosophicum）的文章，與其說是評論，不如說是一篇頌詞，無疑是在直接回應德勒茲當初在〈一位新型的檔案學者〉當中對《知識考古學》的盛讚。

德勒茲在一九六一年以《尼采與哲學》這本書展開他的反柏拉圖攻擊，他在一九六九年出版的這兩本著作也是這項攻擊的更進一步。[54]這兩本書一方面非常嚴肅，同時卻也相當俏皮，以一種特有的風格混合文學、哲學與藝術的主題與指涉，這種風格就在一九七二年的《反伊底帕斯》（*Anti-Oedipus*）達到巔峰。[55]傅柯沒有闡述或解釋德勒茲的文本，而是加以頌揚，做法是加入一場舞蹈裡，舞伴包括雷希斯、薩德、巴代伊、克洛索夫斯基與路易斯．卡羅（Lewis Carroll）的愛麗絲。傅柯形容德勒茲使用的語言是「持續不斷的聲韻偏離」，意思是說其中多少捕捉到了語言的形成與思維的「閃電」，此外也把他拿來跟布里塞的作品相比，就是那位「絕妙的文法學家，那位嚴肅的前輩，明確辨識出這種偏離當中非凡的要點」。[56]在比較傳統的哲學層面上，德勒茲的功勞則是發現了為幻想與事件概念化的先決條件：「對範疇的壓抑，主張存有的普世性，存有圍繞著差異的重複革命。」[57]重複以及因此和「愚蠢」的邂逅，令人聯想起安迪．沃荷的湯罐頭與福樓拜的《鮑華與貝庫歇》（*Bouvard et Pécuchet*）。

不過，傅柯這篇文章最令人意外的特色，是其中對LSD這種迷幻藥的優點所提出的抒情陳述：

我們可以輕易看出LSD如何反轉怒氣、愚蠢與思維之間的關係；LSD一旦造成範疇宗主權的短路，就會剝除其冷漠的基礎，並且把對愚蠢的陰鬱模仿化為無物；此外，LSD也不只是把這整個意義單一而且無範疇的群體揭露為五顏六色、具有流動性、不對稱、去中心化、螺旋狀、具有共鳴性；還會使其隨著事件幻想不停蜂擁群集；由其僵直的蛹當中解放出來的思維，滑過這個點狀又深具振動性的表面，總是思索著無限的相等，而這種相等已然成為一項激烈的事件以及一種裝飾豐美的重複。[58]

傅柯接著開始討論鴉片非常不同的性質，以及其所造成的「一種無重狀態的靜止不動」，然後猜測致幻劑可能會置換思維和愚蠢之間的關係，並以一種持續性的磷光取代思維短暫的閃電，而造成一種「半思維」。德勒茲在這裡用一個腳注問道：「別人對我們會怎麼想？」[59]

真正的謎不是「別人」對這種幻象會怎麼想，而是為何會寫下以及根據什麼而寫下這種幻象。傅柯對於大麻提供的樂趣並不陌生，可能還有鴉片，但他尚未服用過LSD；他初次接觸迷幻藥是在加州，而且是一九七五年才發生的事情。在一九七〇年的巴黎，LSD並不是一種短缺的商品，也有許多文獻頌揚這種藥物。在缺乏任何真實文件記載的情況下，我們只能假設這位法蘭西公學院的教授對於「地下社會」的迷幻文化擁有不尋常但可能是二手的熟悉。

傅柯在最後回歸比較能看懂的哲學論述，稱頌德勒茲的「生殖器思維，肯定性思維，無範疇思維」，以及他把哲學建構為戲劇，而不是思維。在這種戲劇當中，柏拉圖、董思高（Duns

Scotus）、斯賓諾莎、萊布尼茲與康德都進入一場假面舞會。萊布尼茲達到金字塔頂端之後，發現天體音樂其實是荀白克的《月光小丑》（*Pierrot Lunaire*）。最後，一個奇怪的人物現身：「在盧森堡的木屋裡，董思高從弦月窗中探出頭來；他蓄著一道引人注目的髭鬚；是尼采的髭鬚，但偽裝成克洛索夫斯基。」[60]

〈哲學劇場〉大部分的內容雖然都是德勒茲與傅柯之間一場令人費解的神祕遊戲，其結尾的這個意象卻容易解釋。傅柯與克洛索夫斯基的關係雖然不會再持續太久，但這時他們仍有聯絡，而且傅柯才剛閱讀並重讀了克洛索夫斯基的最新作品。[61]《活的貨幣》（*La Monnaie vivante*）是克洛索夫斯基的想像力產出的一項較為奇特的產物，描述經濟發展的一個烏托邦階段，在那個階段的交易媒介不是貨幣，而是活物。金本位制將由享樂本位制取代，支付給生產者的款項將是女孩與男孩。一幅一九六九年的石墨畫描繪了這種過程，把「剩餘價值的補償」呈現為雞姦行為。[62]這種概念對於慾望哲學家具有相當大的吸引力，[63]也令傅柯為之屏息。如同他對克洛索夫斯基說的，《活的貨幣》是從布朗修與巴代伊當中提煉而出的精華：「那就是必須思考的東西：慾望、價值、擬像：數百年來，這個三角無疑在我們的歷史當中支配並構成了我們。那些在他們的鼴鼠穴裡難以這麼做的人，在以前常說，而且現在也這麼說：『佛洛伊德—馬克思。』現在我們可以笑他們，而且知道為什麼。」[64]

思想在法蘭西公學院裡也許是自由的，但在其圍牆之外卻不總是享有完全的自由。傅柯從個人經驗當中學到，政治與性方面的審查在龐畢度執政下的法國是非常真實的問題。丹尼爾·德費回憶指出，傅柯受邀為巴代伊《全集》第一冊撰寫序文，就是希望他日益增長的聲望與地位能夠避免這部文本遭到審查。巴代伊的著作究竟是不是因為與傅柯的關係才得以避免審查並無定論，但當局確實沒有對這位《眼睛的故事》與《愛華姮夫人》的惡名昭彰作者採取行動。名氣比較不響亮的圭亞塔（Pierre Guyotat）在審查機構面前就沒有那麼幸運了。

一九七〇年九月，經過一年的猶豫之後，伽利瑪出版社終於出版圭亞塔的《伊甸、伊甸、伊甸》（*Eden, Eden, Eden*），採取了三重保護措施，由巴特、雷希斯與索萊爾斯分別撰寫序文。這位作者的第一本小說《五十萬軍人塚》（*Tombeau pour cinq cent mille soldats*, 1967），以極度猛烈的抒情筆調描寫戰爭，背景設定在阿爾及利亞，內容充滿了性與肢體上的殘暴。這部小說表現得還算不錯，賣出一千五百本，並且翻譯成幾種外國語言。《伊甸、伊甸、伊甸》更加令人震驚：一名對這本小說懷有好感的記者稱之為「無止無休的通姦」，由男性、女性、兒童、阿拉伯人、黑人與士兵從事各種無窮無盡的性交組合。[65]

在一封寫給圭亞塔的公開信裡，傅柯警告他這部著作將會引起爭議，但稱許他對於性的觀點。圭亞塔說出了一件長久以來廣為人知的事情，但這件事情一直受到精心隱藏，以便保護主體的首要性以及個人的統一性。換句話說，性（sexuality）

> 不是以身體為限的「性」（sex），也不是一種溝通的手段，甚至不是個人的基本慾望或原始慾望；性的過程所帶有的質感先於個人而存在。個人只不過是性不穩定的延長，是一種暫時現

象，而且很快就被抹除；個人終究不過是從一個頑固又重複的偉大世系當中短暫興起的一道蒼白形體。身為性的偽足，個人很快就縮了回去。我們如果想要知道我們知道的事情，就必須捨棄我們對於自己的個體性、自我，還有身為主體的地位所懷抱的想像。在你的文本當中，個人與性之間的關係公然且徹底地反轉過來，也許是有史以來第一次如此；那些關係不再是為了元素、結構或者個人代名詞而抹除的角色；性轉移到個人的另一側，並停止被「主體化」。[66]

由於覺得圭亞塔的小說在出版之後會產生問題，傅柯、雷希斯、巴特、索萊爾斯、德希達及其他人因此主動提議擔任「其存在的保證人」，希望藉此避免審查。他們的支持舉動不是全然徒勞。這部小說沒有徹底遭到禁止。但另一方面，這部小說也不能進行廣告宣傳，不能在書店裡展示，也不能賣給二十一歲以下的未成年人。這項禁令持續到一九八一年為止，《伊甸、伊甸、伊甸》終於得以公開販賣。

# 11 「不可容忍」

在法蘭西公學院發表就職講座才兩個月後，傅柯又展開了另一項非常不一樣的發展。接下來的兩年，他的生活主要是政治激進分子的生活，他捲入許多混亂的事件，並對這些事件做出迅速但不總是明智的反應。他比較常現身的地方轉變為政治綱領甚至是街角，而不是講臺。探討巴代伊與布朗修的優雅博學文章，變成了向媒體匆忙起草的聲明。他在法蘭西公學院的學術生活沒有中斷，但他同時也過著另一個令人筋疲力盡的政治生活，參與一場接一場的集會、示威以及衝突。他以前的經歷，不管是突尼斯那段動盪不安的日子還是凡森大學的混亂時期，都不足以讓他為接下來的幾年有所準備。在突尼斯與凡森大學，他扮演的都是被捲入事件的角色；但成立監獄訊息小組之後，他成了事件的發動者。傅柯那些政治活動的目標在於為別人賦權，例如為囚犯賦予他們遭到剝奪的發聲權。因此，他自己的聲音經常退居次要，或是融入集體的論述當中。在一九七一至一九七三年間，傅柯的傳記是一部集體傳記的一部分，也是他涉入的一連串事件當中的一部分。這樣的新生活雖然令他捲入不少充滿戲劇性的事件，他卻也因此投注了許多時間從事對於任何政治團體而言都不可或缺的瑣事：書寫信封地址、草擬新聞稿，以及發放傳單。

一九七〇年十二月二日，傅柯在柏格森曾經使用過的演講廳裡對座無虛席的聽眾講課；一九七一年二月八日，他則是在聖貝爾納禮拜堂（Chapelle Saint-Bernard）發言。在蒙帕納斯火車站底下這座有如洞穴般的幽暗建築裡，隨著一場記者會進入尾聲，有人把一支麥克風遞給傅柯，於是這位教授開口說了起來：

> 我們沒有一個人可以確定自己一定不會遭受牢獄之災，今天更是如此。警方對我們日常生活的控制愈來愈嚴密：在街頭與道路上，還有對外國人與年輕人都是如此。現在，表達意見又再度變成犯罪行為，反毒措施也造成愈來愈隨意的逮捕行動。我們生活在拘留的標誌之下。[1]他們說法院人滿為患，這我們看得出來。但如果是警方造成法院人滿為患呢？他們說監獄裡犯人過多，但如果這是民眾遭到過度監禁所造成的結果呢？
>
> 監獄受到公開的資訊少之又少；這是我們的社會體系當中隱藏起來的一個領域，是我們生活裡的黑暗區域。這就是為什麼我們會連同一群地方裁判官、[2]律師、記者、醫生與心理學家，成立監獄訊息小組。[3]

這個小組的目標不是要提倡改革，而是要蒐集並傳播關於監獄體系的資訊。監獄訊息小組認定自己想要的資訊不可能在官方出版品當中找到，於是決定向任何對監獄體系有所瞭解的人士發放問卷：包括囚犯、前囚犯、社工、地方裁判官等等。

監獄訊息小組成立之前，有一段為期六、七個月的前奏，但傅柯自己並未涉入其中。一九七〇年五月二十七日，無產階級左翼遭到馬塞蘭禁止。該組織的報紙《人民事業報》（*La Cause du peuple*）的編輯勒東帖克（Le Dantec）與勒布希斯（Le Bris）在牢裡等待開庭接受審判。無產階級左翼遭到禁止的當晚，互助會館舉行了一場多達五千人參加的集會，要求當局釋放他們兩人。在集會臻於高潮之際，一九六八年五月事件的著名人物杰斯瑪（Alain Geismar）號召現場所有人上街抗議。他在會後遭到逮捕，後來因為煽動暴力被判處兩年徒刑。五月二十八日，勒東帖克與勒布希斯也分別被判處八個月與一年的徒刑。拉丁區隨之爆發一夜的猛烈暴動，理學院與桑西埃的學院都短暫受到占領。[4]第二天，所謂的「反暴徒法」（loi anti-casseurs）施行；示威活動的組織者因此必須為街頭上可能發生的任何暴力或財產破壞情形集體負起責任。

無產階級左翼（新聞媒體習慣稱為「前無產階級左翼」）實際上沒有消失，而是持續活躍於半祕密狀態。《人民事業報》沒有遭禁，在沙特掛名編輯之下持續發行，只是在街頭兜售這份報紙的人不斷受到警方騷擾，也有幾期遭到非法沒收。廣泛的抗議活動隨之發生，其中許多都由赤色濟難會（Secours Rouge）組織舉行：這是沙特及其他人為了支持「壓迫的受害者」而在六月成立的廣泛陣線。[5]秋季，三十名左右年齡介於十八至二十六歲之間的激進人士在監獄裡展開絕食抗議，爭取政治犯地位。

這種情形有其先例。一九六〇年八月通過的一項命令為關在法國的民族解放陣線囚犯規定了一套特殊管理制度，因為戴高樂政府可不希望在阿爾及利亞戰爭進行得如火如荼之際發生一連串的絕食抗議自殺事件。祕密軍事組織囚犯也享有這種比較寬鬆的管理制度，不但能夠閱讀書籍和新聞媒體，還獲得比較大的結社自由。在一項出人意料的判決當中，上訴法院在一九七〇年九月同意普通法罪行（例如在公共建築的牆上塗寫呼籲大眾要與無產階級左翼被監禁的領袖站在同一陣線）也可能具有「客觀的政治性質」。[6]

一九七〇年九月一日，一份「寫於法國監獄裡」的聲明出現在媒體上：

我們要求政府完整承認我們身為政治犯的地位。不過，我們無意要求所謂「普通法」囚犯被剝奪的特權；在我們的觀點中，他們是一套社會體系的受害者。這套社會體系造就他們之後，卻拒絕重新教育他們，寧可貶低和拒絕他們。實際上，我們針對目前存在於監獄裡的那種令人驚駭的管理制度發起譴責的抗爭行動，是希望能夠對所有的囚犯產生幫助。[7]

司法部長普列文（René Pleven）雖然拒絕承認政治犯地位的要求，絕食抗議者的拘留狀況卻放寬了，於是抗議活動也在三個星期後取消。那個時候，參與絕食抗議的囚犯已達到相當危險的虛弱程度。

另外十三名「政治犯」在年底又發起了另一波絕食抗議。這一次的要求稍微不太一樣，主張特殊管理制度應當自動適用於所有因為政治行動而遭到監禁的囚犯。所有政治犯都應該共同關在少數幾座監獄裡，最好是在巴黎市內或是巴黎周圍，而不是散布於法國各地。政治犯也應該能夠每天聚會，探視安排應該改善，所有的書籍與報紙都應該應囚犯的要求提供。在這份要求清單的最後，則是提及郵件收發速度必須加快。[8]

抗議活動開始蔓延開來，就連國會議員也開始提出溫和抗議。時任涅夫勒省（Nièvre）議員的密特朗（François Mitterrand）在向普列文提出的書面質詢當中，主張那些男男女女的行為雖然可以受到批評，卻是「意識形態選擇」的結果，所以不該遭受「這種壓迫性高得令人無法接受的管理制度」。[9] 示威活動在巴黎持續不斷，暴力現象到了一九七一年二月已升級至危險的程度。二月五日，位於先賢祠廣場的警察局遭人投擲汽油彈，警察局外的警車也受到攻擊。最惡名昭著的事件發生於四天後，赤色濟難會發起的一場示威活動在克利希廣場（place Clichy）遭到暴力驅散。在混亂當中，迪耶（Richard Deshayes）這個革命萬歲組織（Vive la Révolution）的年輕激進分子[10]想要扶起一名被撞倒在地的女孩，卻遭到一枚類型不明的槍榴彈擊中臉部，導致一隻眼睛失明，臉部也遭受嚴重傷害，倒臥於血泊之中的他還遭到鎮暴警察踹踢。在頭部高度發射槍榴彈是非法行為，迪耶成為最著名的受害者。革命萬歲組織的報紙《一切》（*Tout*）在二月十八日的頭版刊登他的照片，這張照片隨即被貼在巴黎各處的牆上，連同「他們意在殺人」這句口號。一個名叫圭佑（Gilles Guiot）的中學生在那場示威活動附近被捕；他被指認毆打一名員警，因此被判處六個月的徒刑。圭佑並未參與那場示威，先前也沒有涉入政治活動的紀錄。短短幾天內，巴黎各地的中學全部發動罷課，一萬名學生走上街頭進行和平抗議。圭佑後來在上訴時因為缺乏證據而獲釋。

街頭示威不是唯一一種團結行動。先是有一場絕食抗議在索邦大學展開，接著又有十一名赤色濟難會的激進分子占領聖貝爾納禮拜堂。主持這座禮拜堂的費耶神父（Bernard Feillet）堅稱禮拜堂是在違背他意願的情況下被占領，但也承認絕食抗議者有權受到庇護。[11] 這座禮拜堂成為一場常設政治集會的舉行地點，還有一連串的名人前來探望抗議者，包括克拉維勒、西蒙．仙諾、尤蒙頓與傅柯，傅柯還懇求他們趁著還來得及趕緊結束抗議活動。[12] 一月二十九日，有些抗議者在沙特的陪伴下前往司法部，要求與普列文見面。結果普列文的幕僚長卻跟瑪麗安東尼王后一樣遲鈍，宣稱部長因為出席一場官方午餐宴會所以無法接見。不過，普列文不久之後即開始讓步。二月八日星期一，代表獄中激進分子的律師基耶茲曼與雷克勒克（Henri Leclerc）在禮拜堂舉行了一場記者會，宣布他們委託人的大多數要求都獲得接受。麥克風就在這個時候交到傅柯手上。

傅柯對近期事件的瞭解，並不是從報紙上看來的。他透過德費認識了杰斯瑪，也在凡森大學認識許多與無產階級左翼有關的人士，其中有些還是在他們先前仍是阿圖塞派哲學家的時候就認識了。更重要的是，德費自己也在無產階級左翼被普列文禁止之後加入了這個組織。他立刻投入該組織「政治犯」團體的工作，把獄中囚犯的家人與朋友聚集起來。他提議成立一個委員會，針對監獄體系提出評判並調查拘留條件。他心中的模板，是埃南列塔爾（Hénin-Liétard）的六號坑在一九七〇年晚期發生甲烷爆炸造成十六人死亡之後，為調查此一事件而在朗斯（Lens）這座北方城鎮成立的「人民法庭」。[13] 德費後來說，那些毛派領袖認定「傅柯應該到監獄去，對他們說：『我是監獄訊息小組的人員，我要參觀監獄。』他們當然會拒絕，我們就在媒體上對監獄當局大聲抗議」。[14] 德費與傅柯卻不這麼認為。德費原本提議這個委員會應由卡薩馬約（Casamayor）擔任主席。卡薩馬約在左派心目中是具有傳奇地位的律師，也一直令法律體制深感頭痛，大家只知道他這個神祕的化名。卡薩馬約婉拒了這項邀請，提議多孟納可能會感興趣。傅柯因此打了一通電話，監獄訊息小組就此誕生。

在聖貝爾納禮拜堂發表的那份聲明由多孟納、傅柯與維達納凱（Pierre Vidal-Naquet）共同署名，附上的地址則是傅柯的地址。這份聲明是傅柯寫的，在二月八日發放給現場人士的問卷還夾帶一張沒有注記日期的傳單，那張傳單也是出自傅柯的手筆：

監獄裡的狀況不可容忍，囚犯被當成狗一樣對待。他們僅有的極少數權利也沒有受到尊重。

我們要揭發這項醜聞。

近來的事件已引起輿論和媒體注意到當今的人民被送入監獄的方式，以及他們入獄之後所面對的生活；但我們不希望這項運動逐漸衰退或者遭人遺忘。

我們必須確保真正的變革發生，為了達成此一目標，我們打算發動一場長期運動。

我們需要你的幫忙，以便對囚犯的真實處境獲得具體理解（而不只是行政當局告訴我們的情形）。

首先，我們想要對監獄裡的生活條件獲得更多瞭解，並且加以公開：包括監獄的狀態、衛生、飲食、迫害與懲罰的本質；還有探視程序、探視室、家人與囚犯的關係、不受行政當局尊重的權利、囚犯與司法體系的關係。為了幫助我們蒐集這些資訊，請在囚犯或前囚犯的協助下填寫隨附的問卷。

如果無法當面把問卷交給我們，請郵寄至：監獄訊息小組，巴黎十五區沃吉哈赫街二八五號。[15]

另一份聚焦於囚犯與司法機構關係的問卷，則是發送給幾位地方裁判官。這份問卷的結果並未發表，但是對於促成以及鞏固監獄訊息小組與司法界裡的激進成員之間的關係可能具有不小的作用。監獄訊息小組與一九六八年六月成立的法官聯盟（Syndicat de la Magistrature）所建立的連結相當重要，傅柯對於這個組織的評價也相當高。他的一名外甥女在這時正在修習法律，於是他推薦她把法官聯盟當成研究司法機器的「一個觀察臺」。[16]

在一九七一年七月發表的一項訪談裡，傅柯把監獄訊息小組的成立連結於前一年冬天的絕食抗議活動：「去年十二月，一群政治犯、極左派與毛派分子展開絕食抗議，反對拘留的條件，還有整體的政治法與普通法。這項運動始於監獄裡，接著又在監獄外繼續發展。我就是在那個時刻開始產生興趣。」[17]在同一場訪談裡，他提到自己先前的作品都是探討較為抽象的主題，例如科學史，他現在則希望擺脫那樣的抽象。特定情勢與事件把他的注意力集中到監獄問題。此外，那些事件也讓他得以擺脫自己對「文學事務」（la chose littéraire）感到的煩悶。

傅柯對監獄的關注，明顯是他對瘋狂與監禁的長期興趣延伸而來的結果。他在非常年輕的時候，就因為在弗雷訥跟著維鐸夫婦的工作而對監獄體系的機制獲得了一些個人與職業上的見地。在法蘭西公學院，傅柯的研討課正在檢視十九世紀的刑罰精神病學。監獄訊息小組成立之際，他人生中幾個不同的面向開始結合起來。成立監獄訊息小組不是某種抽象理論的應用。在突尼西亞，傅柯就曾自發性支持他的學生，但從來不曾聲稱自己認同他們的馬克思主義意識形態。現在，他則是採取行動支持毛派份子（儘管監獄訊息小組不久之後就大幅轉移焦點），但並沒有抱持跟毛派相同的文化革命信念以及內戰即將來臨的想像。相反的，他在一九七二年夏季預測社會黨—共產黨將在選舉上贏得勝利，但不久之後右派又會重新掌權。[18]他認為自己只是與毛派分子**一起**工作，「無法想像其他任何型態的政治投入」。[19]他的行為有一項固定不變的元素，就是願意在政治上與身體上全力投入，同時對自己認為不可容忍的事物深感厭惡。

傅柯的共同署名者也是非常重要的人物。多孟納是《精神》的編輯，年輕時曾經參與抵抗運動，他在監獄訊息小組重新發現了一九四四年於韋科爾（Vercors）山區體驗到的那種自發性的自我組織以及持續不斷臨場應變的精神。在一九六〇年代初期，《精神》是反對阿爾及利亞戰爭的其中一個平臺，他認為監獄訊息小組的工作乃是那項譴責工作的延續。傅柯與多孟納在政治上雖然有些歧見，但《精神》還是成了監獄訊息小組的重要平臺，尤其《現代》雜誌幾乎徹底忽略了這個團體。身為著名古典史學家的維達納凱，是最早對法軍在阿爾及利亞廣泛採用刑求做法提出譴責的人士之一。維琪政權與阿爾及利亞的經驗使得這兩人對司法體系懷有深刻的不信任，甚至鄙夷不已。畢竟，這套司法體系曾經不只一次妥協，先是地方裁判官與法官在納粹占領期間縱容猶太人被驅逐出境，後來在阿爾及利亞戰爭期間又公然違反人權與法國法律。[20]

對不可容忍之事的反抗，凌駕了這三位署名者先前有過的歧見。多孟納與《精神》對於《詞與物》不盡肯定；維達納凱是《當前的理性》的創刊編輯，這本期刊對傅柯的「人文科學考古學」公開抱持敵意。

監獄訊息小組的創始聲明雖由三人署名，但這個團體其實在極高程度上是傅柯以及丹尼爾・德費創造出來的結果。實際上，庫希內曾經為了《現時》(*Actuel*)的一篇文章需要監獄訊息小組的相關資訊，結果他起初找上的對象是德費，而不是傅柯。[21]維達納凱坦然承認自己署名主要是象徵性的舉動，他對監獄訊息小組的日常活動並沒有多少參與。多孟納扮演的角色活躍得多，但他認同這個團體能夠成為一股有效的力量，主要是傅柯孜孜不倦的精力與投入帶來的結果。傅柯不但致力打電話、到法國各地的集會致詞，也在沃吉哈赫街接待監獄訊息小組的運動分子與支持者。

監獄訊息小組沒有任何特定一致的意識形態或者政治立場。基督徒、毛派分子與不結盟人士在這個團體裡都能夠共存，儘管也許不是完全平和。實際上，這個團體有時展現出來的特性幾乎是一種刻意缺乏組織的狀態。這個團體沒有正式章程，沒有成員證，也沒有會費。我們無法確知究竟有多少人參與其中：估計從幾百人到數千人都有，但這個團體絕對有辦法動員為數可觀的人數從事示威。這個團體從來不需要永久場址，大多數的非公開會議都在傅柯的公寓舉行。

雖然強調自發性可能讓多孟納回想起戰時的抵抗運動，但這種做法也非常合乎無產階級左翼的思想。不過，無產階級左翼不總是全體一致支持傅柯的這個團體。黎納在傅柯的支持下提議《人民事業報》出一期特刊專門探討一九七一年十二月爆發於圖勒（Toul）的監獄暴動，結果鍾貝（Christian Jambet）與維多（Pierre Victor）這類比較強調工人利益的同志就主張不是各種形式的暴動都具有「政治正確性」，而且雷諾汽車工廠的勞工（他們是毛派的政治試金石）也不會瞭解為什麼要支持這類運動。黎納與傅柯最終贏得了這場爭論。[22]不過，受到無產階級左翼操控的可能性卻一直都存在，丹妮葉勒．洪席耶記得傅柯必須一再堅稱：「這是監獄訊息小組，不是赤色濟難會，也不是無產階級左翼。」[23]

每個人受到監獄訊息小組吸引的理由各自不同，但有許多人純粹是出於對傅柯的忠心與情感，例如德勒茲就是如此。鑒於惹內過去的犯罪歷史以及反覆遭受監禁的經驗，他會涉入這個團體也許是無可避免的情形。不過，他其實一直處於這個團體的邊緣，在它的運作中從來不曾成為中心人物。對無產階級左翼的成員而言，主要動機是與他們遭到監禁的領袖展現團結，並藉此尋求革命性的改變。由於無產階級左翼的部分成員具有強烈的無政府主義傾向，對於盜匪活動又懷有浪漫觀點，因此習於把監獄裡的人視為仿無產階級。傅柯自己有時也不惜把犯罪行為說成一種政治反抗的形式，還引用雨果的《悲慘世界》：「犯罪是『來自底層的政變』。」[24]他也不惜基於政治理由而為超市裡的竊盜行為辯護，儘管他本身不會從事這種行為。[25]這不是一項理論性的議題；無產階級左翼在遭到禁止的三週前，才剛對一家豪華熟食店成功發動一場突擊劫掠。戰利品則分送給市郊貧民窟裡的外來移民。

現在是當紅電臺廣播員的梅耶，當時是年輕的社會學家，認為那場行動呼應了他父母在抵抗運動中從事的行為，但也談及巴頌（Georges Brassens）歌曲中的囚犯意象帶有神話般的力量，指出囚犯身為苦難代表的基督教意涵對於懷有宗教信仰者必然帶有確切的吸引力。他認為自己的立場是古典自由民主主義者，樂於和毛派合作，但認定自己在「革命來臨之時」必然會被槍斃。另一方面，監獄訊息小組的意識形態流動性讓他覺得自己完全能夠對毛派分子斥罵「去你的」，有時他也的確毫不遲疑地這麼做。[26]

傅柯的朋友與同事，例如丹妮葉勒．洪席耶（她當初會認識傅柯，是因為她與德費共同在聖克盧準備教師資格考）與艾蓮．西蘇，都覺得參與監獄訊息小組是自然而然的事情，所以是已經置身其中了才想到要問自己**為什麼**會參與這個團體。[27] 西蘇後來終於理解到她對監獄訊息小組的投入和她第一本小說的主題有所關連，[28] 但卻是先採取行動，事後才得出這項結論。一九六八年五月的回憶仍然具有強大的影響力，因此在部分年輕支持者身上激發了一種近乎滑稽的天真熱情：多孟納與梅耶都深感莞爾地回憶起一座鄉下城鎮的一群中學生拍發的一份支持電報。他們全心支持監獄訊息小組，唯一的遺憾是他們能做的不多……原因是他們鎮上很可惜沒有監獄。[29]

監獄訊息小組雖然的確是一件有效的工具，卻也有其本身的政治局限。這個團體得以引起部分輿論對監獄內部狀況的關注，但由於其本身在政治光譜上的立場，因而無法與工會或政黨合作。對法國共產黨而言，任何極左派行動當然都是一種挑釁，在「客觀上」迎合了統治階級的利益。在監獄官員工會（隸屬於支持法國共產黨的總工會〔Confédération Générale du Travail〕）擔任祕書的貝斯特（Aimé Paistre），曾與傅柯有過一場論戰，傅柯當時無疑以一定程度的得意姿態引用了當地一份共黨報紙的內容，其中稱監獄訊息小組是「惡棍聯盟」。[30] 貝斯特自己的立場比戴高樂派的共和民主人士聯盟（Union des Démocrates pour la République）還要右傾，與他的許多成員一樣，也支持對殺人犯處以死刑。此外，據報總工會的祕書當中也只有他在一九六九年總統大選期間呼籲成員投票給龐畢度。[31] 多孟納運用自己在教會裡的人脈宣傳監獄訊息小組的工作雖然有些成效，卻完全未能說服他在法國工人民主聯盟（Confédération Française Démocratique du Travail）擔任總書記的朋友梅赫（Edmond Maire）支持囚犯組織工會。如同總工會，法國工人民主聯盟也有一個監獄官員部門，因此不願因為支持暴動的囚犯而得罪自己的成員。但另一方面，梅赫確實認為監獄訊息小組對於工會裡比較開明的成員有所影響。[32]

監獄訊息小組發動的「調查」，其性質描述於一份沒有注記日期的傳單，標題是「不可容忍狀態的調查」（ENQUETE-Intolérance）。我們不知道這份傳單出自誰的手筆，但傅柯想必至少參與了草擬過程。

> 在可能的情況下，本調查——必須讓各所監獄裡的囚犯有機會自行表述自己的關押狀況、他們覺得特別無法容忍的事物，以及他們希望看到什麼樣的外部行動。唯有如此才能避免「**改革主義**」。

——必須立刻並即時揭露發生在監獄裡的狀況（虐待、自殺、絕食抗議、騷亂、暴動）。唯有如此才能讓本調查成為對抗監獄主管當局的**有效武器**。

——必須盡快廣泛宣傳揭露出來的現象。唯有如此才能把內部與外部統合成**同一項抗爭**。[33]

當下的工作是發送問卷，並且與監獄受刑人接觸。監獄訊息小組指派各個團隊分別負責不同的監獄，傅柯負責巴黎十四區的桑泰監獄（La Santé），多孟納負責南部市郊的弗雷訥監獄。還有一個團隊負責弗勒希梅侯吉（Fleury-Mérogis）這所「模範監獄」，位於首都以北二十五公里左右。這些團隊顯然不可能進入監獄裡，因此他們都是在探視時間聚集於監獄外面，試圖接觸囚犯的家人。

起初雖然遭遇到一些挫敗，得到的結果卻是出乎意外地令人振奮。傅柯與維達納凱在一場訪談當中描述了此一過程：

> 舉個例子來說：每個星期六我們都會到桑泰監獄門口，因為囚犯的家人會在那裡排隊等待探視，於是我們就向他們發送傳單。第一個星期，我們得到的回應很冷淡。第二個星期，大家看待我們的態度還是充滿懷疑。第三個星期，有個人對我們說：「講那麼多都是空話，這種事情在很久以前就應該要做了。」突然間，這個女人把一切都說了出來。她憤怒不已地談起探視的情形、她給予一名囚犯的錢、不在監獄裡的富人，還有監獄裡的髒亂。所有人都注意

到便衣警察豎起了耳朵。第四個星期又更了不起。我們都還沒抵達，排隊的人就已經談論起我們的問卷還有監獄裡的醜聞。那一天，桑泰監獄沒有像往常那樣讓人在街道上等到一點半，而是提早了四十五分鐘開門。[34]

有些證據顯示那些問卷確實在監獄裡流傳，可能還有監獄訊息小組的其他出版品。德費聲稱那些文件是夾帶進去的，談起這種祕密行為顯得津津有味。原本的問卷在《精神》刊登出來，其目標讀者向來都包含社工。一九七一年二月，多孟納向有關當局提出抗議，指稱克萊爾沃監獄（Clairvaux）的囚犯想要訂閱他的期刊卻遭到拒絕，結果他收到一項奇特的回覆。普列文寫道：「基於地方行政理由，克萊爾沃監獄的囚犯不得訂閱新期刊。不過，他們可以購買單期的期刊。」[35]由此可見「顛覆性材料」確實有在流傳。而且，利沃侯澤（Serge Livrozet）指出，從來沒有任何物品因為違法而沒能在監獄裡流傳（他曾參與一九七一至一九七二年默倫〔Melun〕「中央」監獄的抗議活動，因此對這種事情確實有所瞭解）。[36]

那些問卷的分類整理及彙整結果是在傅柯公寓的一連串非正式聚會進行。傅柯完全開放自己的公寓，任由許多囚犯的妻子以及前囚犯進進出出，因此傅柯的大樓管理員以及沃吉哈赫街二八五號那些資產階級住戶大概都不免感到驚訝，但沒有紀錄顯示這樣的做法引起和鄰居的衝突或爭吵。在大多數參與者的回憶裡，那些會議都相當有效，只是有時頗為混亂，傅柯以他習慣的姿勢躺在地板上，身邊圍繞著成堆的文件，和他的線民談話談上幾個小時。他喜歡這樣的工作以及身邊的同伴，也樂於對他那些比較自由派的同志惡作劇，低聲跟他們說某某人是受到大赦的「無期徒刑囚犯」來驚嚇他們。[37] 德勒茲記得

一些趣味盎然的時刻，尤其是與前囚犯初次見面的時候。他們會互相較勁，所以很難把兩、三個人聚在一起，因為他們每個人都一心想要表現得比別人更像囚犯。如果有一個人服過五年的刑期，另一個人就會說：「我關了七年，」總之一定要贏過前一個人。「你被關在哪裡？哦，那裡很輕鬆啦。」[38]

監獄訊息小組在一九七一年六月發表的第一本小冊子《二十所監獄調查記》（*Enquête dans vingt prisons*）就是以那些問卷為基礎。[39] 這是一份四十八頁的文件，以綠色字體印刷在白紙上，採用長二十九公分、寬十公分的怪異尺寸，由自由領域出版社（Champ Libre）出版，是勒波維奇（Gérard Lebovici）經營的無政府主義出版社。這本小冊子的售價為三法郎，差不多等於一本平裝書的價錢。封底文字傳達了這個團體的整體立場。以下這些東西都被斬釘截鐵形容為「不可容忍」：「法院、警察、醫院、精神病院、學校、軍隊、新聞媒體、電視、國家。」

《二十所監獄調查記》完整翻印了兩份問卷，接著提出兩項對獄中生活的第一手陳述，分別來自桑泰監獄和訥韋爾監獄（Nevers）的一名囚犯。這本小冊子的最後摘錄了「最典型」的問卷答

覆，但由於沒有對那些答覆進行任何統計分析，因此所謂的「典型」也就不免令人存疑。其中占有三頁篇幅的引言，由傅柯撰寫但沒有署名，值得將部分內容摘錄於此：

一、這些調查的目的不在於改善或削弱一股壓迫力量，或是使其變得能夠容忍。這些調查的目的，是要在這股力量以正義、科技、知識或客觀性等不同名義行使的地方加以攻擊。因此，每一項調查必然都是一項**政治行為**。

二、這些調查以特定目標為對象，也就是有名稱與場所，有負責人員與主管的機構；此外，這些機構會製造受害者以及引發暴動，甚至在其負責人員之間也是如此。因此，每一項調查都必然是**抗爭的第一步**。

三、這些調查以這些特定目標為中心，把統治階級透過社會階序的相互作用與各自分歧的經濟利益而予以分化的不同社會階層聚集起來。這些調查必須推倒對於權力不可或缺的藩籬，方法是把囚犯、律師、地方裁判官，甚至醫生、病患與醫院人員團結起來。每一項調查都必然在每個重要的戰略點構成一道**陣線**，一道**攻擊陣線**。

四、這些調查不是由一群外部的技術人員進行；調查人員就是受到調查的人。他們必須開始發聲（prendre la parole）、推倒藩籬、表達不可容忍之事，並且不再容忍。**必須由他們負責發動抗爭，遏止壓迫受到行使**。[40]

這篇引言接著又進一步主張「遭到剝削的階級」向來都能夠認出自己受到的壓迫，也向來都會加以抗拒。與過去不同的是，現在的壓迫對於那些不是直接受害者的人而言也已無可容忍：社工、律師、記者，以及其他職業人士都開始對他們被牽連於其中的權力結構展開抗爭。

「受到調查的調查者」應該開始為自己發聲，對監獄訊息小組的工作而言是不證自明的事情，因為這個團體無意代表他們發聲。德勒茲一度對傅柯說：「在我看來，你最早教了我們這個基本的一課：為別人發聲是可恥的事情。」[41]傅柯的「新社會階層」並不是被要求為正義這類所謂的普世價值發聲，而是從他們自己所處的位置，在他們自己的特定行為導致他們與當權者的要求發生衝突的場域裡發聲。在後來的書寫當中，傅柯提出「特定知識分子」的概念，也就是知識分子基於自己所屬領域的知識而發聲反對不可容忍的事物。他常舉的例子是歐本海默，因為他以核子物理學家的**身分**發聲反對核能。[42]一九七一年十二月，圖勒監獄的精神科醫師艾荻特．侯斯（Edith Rose）提供了一個絕佳的例子，因為她對自己在那裡目睹的現象提出的記述產生了極為重大的政治效果。

傅柯的引言以四項要求作結，全都與廢止前科紀錄制度（casier judiciaire）有關。一八五〇年成立的前科紀錄制度，是一套保存犯罪紀錄的系統。所有的定罪都會記錄下來，但各自會在不同長度的時間之後「失效」。查詢公民資料的登記內容，即有可能追溯任何一個人的紀錄；拘留之時的身分查驗經常就是以此為目標。這項制度與英國的差異，在於每個人都有前科紀錄，只是有些人的紀錄是「清白」的（vierge），就像英國的駕照有可能駕駛紀錄清白一樣。雇主或潛在雇主只要提出申請，即可取得前科紀錄的摘要內容。[43] 監獄訊息小組的重點是，這套系統使得罪犯幾乎不可能改過自新，把他們局限在低薪工作以及勞動市場中的灰色地帶，導致累犯成為幾乎不可避免的後果。[44] 監獄訊息小組宣布將出版一本探討這項議題的小冊子，但這項計畫終究沒有實現。主張廢止前科紀錄制度，監獄訊息小組並不是在要求改革，而是對整個體制提出挑戰。傅柯接受《現時》的訪談時指出，重點在於模糊無辜與有罪、善與惡之間的界線。[45]

一九七一年五月一日，小群的監獄訊息小組運動分子與支持者聚集在桑泰監獄與弗雷訥監獄外面。五月一日是勞動節，也是法定假日；這些小群體除了發放傳單與問卷之外，也依據長久以來的左派傳統分送鈴蘭枝。這次的示威活動起初雖然相當平和，警方卻在不久之後立刻前來逮捕在場的所有人。在弗雷訥，多孟納與三名同志遭到羈押，為了「身分查驗」被拘留了四個半小時。他對於自己受到的待遇沒有怨言，但後來記述了這段對話：「隊長：『大部分的犯人都會再回到監獄，這就證明監獄裡面的狀況沒什麼問題。』多孟納：『這點證明的恰恰相反。監獄的目的理當是把囚犯變成更好的人，但實際上卻造成他們腐化。』」他的結論是：「我們還有很長的一段路要走。」[46]

傅柯及其他人在桑泰監獄外面被捕，理由是他們的傳單沒有正式登記版權。傅柯後來評論道：「街道逐漸成為警方的私有地盤；警方的任意決定具有法律效力：走開，繼續走，不要說話；不准把你寫的東西發給任何人；不准聚會。監獄的範圍遠遠超出監獄大門之外，及於你家門口。」[47] 這起事件看來並不嚴重，也沒有人真的擔心遭到逮捕。丹妮葉勒．洪席耶記得所有人遭到驅趕的時候，還歡欣鼓舞地高聲唱歌，令前來逮捕的員警惱怒不已。位於曼恩街（avenue de Maine）的巴黎十四區警察局，事態卻出現醜惡的發展。被拘留者被要求表明身分之時，警方問他們有多少人擁有「正常的法國人名字」。一名年輕女子承認自己的名字「其實不是法國人的名字」，而且指稱在納粹占領期間，她有幾個家人就是因為「正常的法國人名字」而被送進毒氣室處死。十五分鐘後，一名員警空手對她做出持槍瞄準射擊的動作，同時喊了一聲「希特勒萬歲」。一名高階警官還算有些格調，懂得該露出羞慚的神情。[48] 員警之間傳來「骯髒的猶太婊子」以及「骯髒的變態」這樣的咒罵聲，傅柯的背部遭到毆擊，還有一名員警尾隨在他身後走了一段距離，並且公然羞辱他。[49]

這一次，傅柯決定提告，打算在法院裡證明警方行使權力的方式愈來愈蠻橫。他提告的罪名包括非法拘捕、非法拘禁、蓄意暴力攻擊，以及使用侮辱性的言語。提告非法拘捕，是對當局指控監獄訊息小組的傳單違反版權法所做的回應。根據法國的法律規定，每一件出版品都必須附上名字，不必然是出版者的名字，但一定要有印刷者的名字。監獄訊息小組的傳單都附有傅柯的地址，他實際上也宣稱自己是印刷者。攻擊與非法拘捕的提告由地方預審裁判官薩布雷羅斯（Sablayrolles）審理，傅柯的委任律師是基耶茲曼。其中涉及的所有人都被傳喚到庭，傅柯也指認了毆打他的那名員警。儘管如此，薩布雷羅斯卻裁定提告不成立，並駁回基耶茲曼的一切異議。

版權問題後來由一名深受基耶茲曼敬重的地方預審裁判官審理。律師的論點是那些傳單全都由傅柯複印，傳單上也列出他的地址；他實際上還把印刷器材帶到法院，是一部稱為「越南印刷機」（vietnamienne）的簡陋複印機器。裁判官沒有接受這項論點，裁定沃吉哈赫街二八五號不是印刷者的地址。傅柯被判必須繳交一筆輕微罰金。[50]傅柯雖然敗訴，卻還是對基耶茲曼讚不絕口，對他說他在法院上的表現「有王者風範，如果為革命分子辯護的行為可以用這個詞形容的話」。實際上，他後來還把一本簽了名的《我是皮耶·希維業》寄給基耶茲曼；書中的題字指出，當初希維業要是能夠獲得基耶茲曼辯護，必定可以獲得無罪釋放。[51]

隨著這一年逐漸過去，傅柯不禁注意到監獄訊息小組從法國各地監獄收到的信件在內容上出現頗大的變化：

> 六月收到的信件談的都是寒冷和獄卒的問題；九月收到的信件都在談論阿提卡還有孟加拉。從六月到九月，囚犯開始能夠知曉外面的世界。獄吏對他們新近獲得的這種自由其實多所埋怨。克萊爾沃事件爆發之後，他們立刻歸咎於報紙。但這樣的指控在那起自殺事件當中是錯的，這也是封閉世界的典型錯誤。[52]

「克萊爾沃事件」是一個炎熱夏季當中最嚴重的事件。一九七一年九月二十二日，一名護士與一名獄吏在克萊爾沃監獄遭到布菲（Claude Buffet）與邦唐（Roger Bontems）劫持。克萊爾沃監獄原本是一座修道院，在密契主義的歷史上具有崇高地位，但轉為監獄之後經常被指為法國最邪惡危險的監獄。那兩人把自己關在監獄的醫院裡，要求當局提供武器與汽車供他們逃亡。後來警方攻堅醫院，兩名人質雙雙受到殺害。同年二月，一名護士與一名社工在艾克斯普羅旺斯遭到兩名囚犯劫持，結果兩人都在警察攻堅過程中喪命。七月，一名獄吏在里昂的聖保羅監獄（Saint-Paul's prison）遭到槍殺。十月，萊博梅特監獄（Les Baumettes，位於馬賽）的一名囚犯在另一起人質挾持事件當中遭受致命傷。

普列文的回應不但粗暴，同時也帶來極為不利的影響。在一九七一年十一月二日發布的一份公告當中，他宣布囚犯再也不能收受家屬寄來的聖誕節包裹。囚犯原本以為這是他們的權利，現在才發現是恩賜的特權。在第二次世界大戰尾聲，法國監獄的狀況雖然公認極其惡劣，但囚犯仍然有權收受家屬寄送的食物包裹。後來這項權利在一九五八年被撤銷，唯一的例外是在聖誕節期間。十一月的那份公告指出，「近期的事件」證明了即便是在嚴格的安全預防措施之下，讓包裹寄入監獄的習俗仍然會帶來不可接受的風險。更重要的是，詳盡的檢查幾乎總是會毀損包裹的內容物，而且獄方也沒有時間檢查包裹。

普列文的公告對監獄訊息小組產生了協助宣傳的效果。十一月十一日，這個團體得以在互助會館舉行一場大型公眾集會，探討法國與美國監獄的狀況，並且播放一部關於阿提卡監獄（這所監獄位於紐約州，在一九七一年九月發生了一場猛烈的暴動與攻堅）以及加州聖昆丁監獄（San Quentin）的影片，其中的主要焦點是喬治・傑克森（George Jackson）之死，他是與「黑人權力」運動有關的年輕囚犯。法國國內的狀況在這場集會也具有顯著地位；前囚犯及其家屬首度能公開描述他們在監獄體系中的經驗，也做好了發言的準備。對監獄訊息小組而言，這是一場歷史性的活動，但聽眾裡有些政治純粹主義者卻認為那些發言者「那麼不夠無產階級」實在令人難堪。[53]

收受包裹的「權利」遭到廢止，立刻就引發強烈抗議。十二月五日，包括傅柯與克洛德．莫里亞克在內的五十名抗議人士聚集在凡登廣場（place Vendôme）的司法部外面。他們扛著一個大包裹，象徵那些遭禁的包裹，在五、六輛廂型車的員警監視下把那個包裹交給一名官員。[54]一小群女性代表獲准進入司法部與官員會談，結果證明這項會談毫無意義。對傅柯而言，這是極為漫長的一天。他在國家圖書館待了一個上午，在那之前先到金滴區短暫露面，因為那裡有一場反對種族歧視的抗議活動；莫里亞克看到他在街上吃一根巧克力棒和一個牛奶麵包當午餐。[55]不過，接下來的兩個月又更加忙碌。

惹內提出抗議，指稱普列文的公告是濫用權力的表現；包裹是少數可讓囚犯參與正常生活的東西，司法部長無權干預。[56]監獄訊息小組發布的一份新聞稿提到監獄裡刻意創造一種「精神錯亂的氛圍」，並指稱管理當局試圖說服監獄裡的工作人員認為自己的生命隨時都處於危險當中。[57]總工會這個工會聯合會的代表顯然認同當局的看法，因此對司法部長的公告大加讚許。[58]貝斯特指稱當時主要的感受是一種強烈的焦慮，監獄官員都深怕克萊爾沃監獄的事件會再度發生。[59]曾任監獄醫生的達揚（Charles Dayant）在一封寫給有關當局的公開信裡提出警告，指稱聖誕夜可以預期有可能會爆發自殺潮，緊張程度高到相當危險。[60]桑泰監獄一個名叫尚．拉孔布（Jean Lacombe）的囚犯寫信給司法部長：「最後一個象徵已經消失。唯一讓我們覺得自己和別人一樣是人的那個東西已經不再存在。沒錯，這是一件很嚴重的事情，比表面上看起來還要嚴重。被剝奪了自由難道還不夠嗎？」拉孔布立刻被移監至弗雷訥監獄，被關進沒有暖氣的禁閉室，飲食只有麵包和水。他於是宣布自己將開始絕食抗議到聖誕節為止。[61]監獄訊息小組針對拉孔布的案件提出評論，指稱法國監獄又朝著非人性化邁進了一步。[62]多孟納認為，所有的囚犯都因為邦唐與布菲的行為而遭到懲罰，也被當成確保其他囚犯行為表現良好的人質。[63]

面對這樣的反應，普列文確實做出讓步，在十二月八日於電視上宣布女性與未成年囚犯可以收受家屬的包裹。至於其他囚犯的家屬，則是可以透過紅十字會或教會機構寄送包裹，但價值不得超過三十法郎，而且為了避免囚犯之間的嫉妒與緊張關係，包裹的內容物也不能有監獄飲食部裡買不到的東西。[64]法國監獄裡的囚犯堪稱是被當成戰犯對待。

絕食抗議在十一月於德拉吉尼昂（Draguignan）與普瓦西（Poissy）展開，但真正的大爆發是在圖勒。這座小鎮的人口只有一萬五千，政治上主要支持共和民主人士聯盟，以其哥德式教堂聞名，在米其林指南的評價為兩顆星（「值得順道一遊」）。圖勒距離巴黎二百八十三公里，距離南錫（Nancy）二十三公里。內伊監獄（Centrale Ney）位於圖勒的外圍，原本是一九一七年建造的一座軍營，後來在一九四七年轉為監獄。一九七一年十二月，這座建築的兩側廂房總共關押了五百四十名囚犯。

十二月五日，二百名成人囚犯為了抗議監禁環境而在運動後拒絕返回牢房。他們最終在獄中神父維爾頓（Abbé Velten）的勸說下回到牢房裡。在接下來的兩天裡，關押青少年囚犯的那個廂房發生騷動，於是有二百名囚犯被轉移到其他監獄。十二月九日，全面暴動爆發：木工作坊遭到劫掠，圖書館被縱火。囚犯聚集在樓頂，齊聲高呼口號，要求「多點馬鈴薯，少點工作」。這時他們已將革命掛在嘴邊，並要求撤換典獄長以及三名以暴力著稱的獄吏。經過維爾頓與他的新教同僚進行協商之後，才終於恢復平靜。囚犯獲得保證不會遭受迫害，而且他們的不滿已經受到注意。他們也認為對方保證典獄長葛利亞納（Galiana）將會調往別處。

一夜之間，數以百計的鎮暴警察與機動衛隊進駐這座小鎮，包圍了監獄。十二月十三日，監獄的其他部分遭到攻破，接著再由三支鎮暴警察中隊殘暴終結這場暴動。一名獄吏幸災樂禍地對一名記者說，不少步槍的槍托都因為用來敲擊囚犯的頭而打到裂開。[65]在那之前，唯一的暴力行為都只針對監獄的硬體設施。暴動人士占領軍械庫的時候沒有挾持人質，反而護送當時留下的獄吏安全離開。監獄裡唯一沒有受到破壞的地方是禮拜堂；囚犯在禮拜堂的門上寫下這句話：「我們尊重把我們當人看待的人。」

隨著暴動持續，一個「內伊監獄事件真相委員會」因此成立，開始發放傳單及舉行集會。「真相委員會」是組織鬆散的聯盟，通常由赤色濟難會與無產階級左翼成立，目的在於宣傳他們認為不可容忍的狀況。在圖勒事件當中，真相令人深感震驚。在真相委員會於警方突襲監獄之前發送的一份傳單裡，一名前囚犯描述自己如何因為一系列微不足道的違反紀律行為而遭到懲罰。獄方在一個馬桶裡發現麵包屑，又在他的置物櫃裡發現一份麵包。他曾在沒有充分理由的情況下要求看醫生、工作產量未達標準、曾經穿著草編鞋前往作坊，而且在工作的時候與囚友低聲交談。他的懲罰是連續幾個週末關禁閉，而壓垮駱駝的最後一根稻草在於星期日是探視日。在長達幾個月的時間裡，寄給他的郵件都遭到扣留。[66] 接下來幾天，內伊監獄又傳出更多負面的真相。

最具譴責性的陳述不是來自囚犯，而是來自監獄精神科醫師艾荻特．侯斯寫給監獄管理總監、共和國總統、司法部長與醫師公會會長的一封公開信。這封信受到新聞媒體廣泛引用，並且刊登於《人民事業報——我控訴》（*La Cause du people-j'accuse*），接著又在十二月二十六與二十七日以付費廣告的方式刊登於《世界報》。侯斯醫生首先針對葛利亞納監獄的氛圍提出具體例子。囚犯必須要有一年的良好表現，贏得「優良臂章」才能夠參與運動。囚犯在牢房裡只能擺放一定數量的照片；她在不久之前為一名年輕人看診，那個年輕人就是因為獄吏沒收了母親寄給他的一張弟弟的照片而出現「心理問題」。一名極度憂鬱的囚犯拒絕服用她開立的抗憂鬱藥物，原因是他擔心這樣會導致他的工作速率下降而因此遭到懲罰。一名患有心理疾病的囚犯因為拒絕工作被關禁閉，侯斯醫生發誓那名囚犯根本沒有能力工作。獄裡經常使用拘束衣，她聽聞有些囚犯被套上拘束衣長達一個星期，據說是為了避免他們自殺。有些人據報被拋著倒臥在自己的排泄物當中。自殺未遂相當常見，有時是採取上吊，也有人吞食湯匙、叉子或者霓虹燈管。騷動開始之後，她就被擋在監獄門外。她被告知暴動是因為那兩名教士為了「出名」而煽動的結果。

艾荻特．侯斯的陳述當中最關鍵的部分，也許是關於監獄受刑人的特質：「內伊監獄沒有『頑劣人物』。」她接著描繪年輕囚犯的典型樣貌：破裂婚姻的產物，或是酗酒父母的兒子，在孩提時期就開始被送進牢裡。

他們許多人都是在十四歲初次入獄。他們出獄之後，口袋裡只有一百法郎，不論走到哪裡都吃閉門羹，於是心中只有一個念頭：實現他們珍藏多年的夢想：開一輛漂亮的車快速奔馳。他們竊取一輛車，然後又回到牢裡。這麼一來，他們就成了「危險的累犯」。

侯斯醫生最後指稱自己沒有宗教信仰，也沒有加入任何一個政黨。不消說，她後來就被迫離開監獄服務工作。在監獄體系裡，她的陳述沒有引來任何回應。[67]《快訊》的一名記者又添加了更多聳動的細節。一名囚犯想要寫信給他四個孩子的母親，卻因為他與對方沒有結婚而遭到拒絕。一名社工以無可辯駁的邏輯解釋道：「她如果是品格良好的女孩，就不該和這個人有任何關係；而她如果不是品格良好的女孩，那麼他就不該寫信給她。」這名囚犯因此試圖自殺。自殺或自殘事件的發生率達一週一次。這所監獄的一名護士表示：「囚犯如果在獄吏經過身邊的時候割腕，我不會把那樣的行為叫作自殺未遂。」當局指稱使用拘束衣是醫療行為；只有簽署了診斷證明才會使用。侯斯則指稱暴力精神病患由她負責，但她從來不曾簽署診斷證明允許任何人被套上拘束衣。《快訊》的記者簡潔扼要地把內伊監獄稱為「莫瑟爾省的阿提卡」。[68]

在傅柯眼中，侯斯醫生的陳述就是「圖勒的論述」：

圖勒的精神科醫師已經發聲。她洩漏了祕密，打破了重大禁忌。她是權力體系的一部分，但卻不是**批評**權力體系的運作，而是**譴責**實際上發生的事情，在某個日子的某個地方，於某種情況下發生的事情。……這名女子就算只是因為她的知識，畢竟「屬於權力的一部分」，「參與」權力當中，但她擁有出眾的勇氣，敢於說「我發誓」……「圖勒的論述」有可能是刑罰機構與精神醫療機構歷史中的一起重要事件。[69]

傅柯也把圖勒的情況跟十年前的阿爾及利亞相比擬：指稱軍隊採取刑求做法是一回事，但明確說出X上尉刑求了Y，或者某一間警局裡抬出多少具屍體，就又是另一回事了。艾荻特·侯斯醫生是少數有勇氣採取第二種做法的人。

一九七一年聖誕夜，傅柯在圖勒主持一場由侯斯醫生發表演說的會議，然後開很久的車之後才在午夜過後回到家，結果在廣播上聽到監獄訊息小組在桑泰監獄外面舉行了一場小型示威活動。約有四十人聚集在阿哈戈大道（boulevard Arago）。信號煙火閃爍於黑暗中，也有人燃放鞭炮。這天晚上頗為暖和，桑泰監獄裡的囚犯也在他們的牢房窗前熱烈叫喊。[70]新年夜，傅柯在弗雷訥監獄外面參與了一場類似的和平示威。

在圖勒與南錫的集會（其中一場吸引了超過一千名聽眾），氣氛相當激烈。德勒茲描述圖勒的一場集會，有一群獄吏試圖關閉喇叭，結果被前囚犯斥退。那些前囚犯已經準備好要說出他們為何會被送進牢裡，並公開指認那些殘暴對待他們的獄吏。「我知道你是誰」一度是獄吏用來威嚇囚犯的話，現在卻成了用來讓獄吏閉嘴的武器。[71]不過，不是所有獄吏都會因此閉嘴。一月初，四十名獄吏舉行一場集會，譴責真相委員會散布的「誹謗」，[72]而總工會、法國工人民主聯盟與工人力量等工會發布的一份聯合聲明則表示他們感到意外，指稱「監獄管理當局以外」的人士居然致力於煽動監獄受刑人反抗「負責看守他們的人」，而不是設法平撫情勢。[73]暴力的可能性向來都存在，有時也會化為真實：多孟納在梅茲（Metz）參加完一場集會，離開之時差點被一部刻意朝他衝來的車輛撞倒。

有一場集會特別重要，但不是因為其中揭露了圖勒的什麼內幕，而是因為這場集會揭露了傅柯與監獄訊息小組的政治立場。一九七二年一月五日，傅柯對真相委員會於圖勒舉行的一場集會發表演說，向普列文提出質疑要他說出真相。傅柯的演說沒有受到全國媒體報導。《世界報》詳盡報導的是沙特在集會上朗讀的訊息：

二百名年輕人被帶離內伊監獄。這二百名年輕人參與了暴動，所以他們從個人反抗轉變成為了共同利益而採取共同行動。他們有可能把自己的處境與行為當中的這個新面向帶到他們被移入的監獄裡：集體的反抗……這種全面反抗如果爆發，我們會不會在監獄外懷著複雜的心情看待，認為又是囚犯這群劣等人口的另一項惡行，並且任由腐敗的行政當局獨自解決問題，聲稱他們出動鎮暴警察是為了保護我們；還是說我們會把這樣的反抗視為一個起點，從此展開我們對這個壓迫性政權的反抗，原因是這個政權把我們所有人都置於……一個集中營的世界裡？[74]

傅柯當時評論認為，看到《世界報》投注那麼多篇幅在沙特身上，卻沒有提及囚犯的要求，實在是很悲哀的事情。[75]他大可再多說一些。沙特似乎認為自己發現了一個「融合集體」，甚至是促成革命性改變的動力，因此在報刊上遭到多孟納批評。多孟納指出，可能性很低的全面反抗要是真的爆發，也不會是任何東西的起點，只會遭到強力鎮壓。[76]也許更重要的是，沙特提及「一個集中營的世界」（un univers concentrationnaire）。他和胡榭（David Rousset）在一九四〇年代合作過，知道《集中營世界》（*L'Univers concentrationnaire*）是胡榭研究集中營的經典著作，[77]因此這個用語不論在情感還是意識形態方面都充滿深刻意涵。法國的毛派主張法國遭到資產階級占領，而他們的抗爭則是一項新的抵抗運動，這種言論在一九七〇年代初期並不罕見。不過，如同多孟納所說的，「大眾」不太可能抱持和沙特相同的觀點。傅柯指稱「沒有一個人可以確定自己一定不會遭受牢獄之災」（這句話不但強而有力，也相當合乎許多年輕人的經驗），與沙特聲稱我們全都生活在集中營世界裡，這兩句話的差異就充分顯示了這兩人各自的政治判斷。

一月的第一週零星發生了幾場監獄裡的絕食抗議與騷動：尼姆（Nîmes）、亞眠（Amiens）、里爾洛斯（Loos-lès-Lille）、盧昂（Rouen）、埃克魯沃（Ecrouves）與弗勒希梅侯吉都陸續受到影響。所有這些案例都提出了改善監禁條件的要求。一月十五日，在南錫的查理三世監獄（Charles III），囚犯於上午七點半發起暴動。一點半，警方展開攻擊，由地面上的員警與一架盤旋在監獄上空的憲兵隊直升機發射一連串的催淚彈。不到一個小時，警方就已取得控制，損害據估為二百萬法郎。在此同時，暴動人士成功向聚集在監獄牆外街道上的三千名群眾傳達一份傳單，內容概述他們的要求。在那批群眾裡，有十幾名年輕人因為對暴動的支持表達得太過熱情而遭到逮捕。囚犯的要求是關於監獄內的正義需求，並呼應監獄訊息小組指出的一項矛盾之處，也就是監獄居然是法外之地。清單上的要求還包括改善飲食、停止查禁報紙、加強衛生，以及為所有的牢房設置暖氣。根據監獄訊息小組所述，南錫的事情發展模式與圖勒相同：經過和平示威之後，囚犯得到承諾他們的要求將會受到重視，獄方也不會進行報復。然後，他們接受勸說離開運動場之後，就被關進懲罰區裡。[78]

鎮壓暴動後不久，普列文向媒體發布了一份聲明：

> 今早爆發的暴動，不是任何嚴重的不滿因素造成的結果。明顯可見，目前有些顛覆分子試圖利用受刑人，在各刑罰機構引發或者重新煽動危險的騷亂，而受刑人恐將承擔後果……那些唆使造成目前這些動亂的人，真正的目的是要阻礙已經宣布的改革，以便挑起騷動的理由。[79]

後來弗雷訥監獄在二月發生騷亂，這種「顛覆分子」的論點又再度出現。監獄訊息小組的激進人士為囚犯的家屬積極籌辦集會，地方行政長官聲稱那場有一名獄吏長在囚犯完全沒有使用武器的情況下受到制伏的抗議活動，乃是由監獄外部人士「遙控」的宣傳直接造成的結果。這個說法同樣是「外部煽動者」主題的一種變奏。傅柯單純回應指出，囚犯不是年幼小童，他們能夠組織自己的抗議行動，不需要受到任何遙控。[80]

南錫的事件之後不久，傅柯收到一份來自默倫監獄內部的聲明，當時那裡的情勢雖然緊張，但仍然平靜。他提議這份聲明應在司法部舉行一場記者會加以公開。一月十八日，莫里亞克、德勒茲與沙特（德勒茲開玩笑稱他為「我們的吉祥物」，而且他身邊伴隨著曾是他愛人的好友米榭兒・維昂〔Michelle Vian〕）會面，地點是從南側通往凡登廣場的卡斯蒂利奧內街（rue de Castiglione）。傅柯與一大群支持者加入他們的行列，所有人一同走向凡登廣場，接著走進司法部的入口。另一群人則從和平街（rue de la Paix）南下與他們會合。一道路障被推到一旁，示威群眾向不知所措的門房宣告他們前來參加記者會。

傅柯開始宣讀那份聲明之後，少數幾名鎮暴警察來到現場，開始把記者會群眾推到街道上。因為用力而滿臉通紅肌肉緊繃的傅柯，領導眾人一同反抗。司法部外面爆發小衝突，記者裘貝（Alain Jaubert）遭到一名員警壓制。沙特雖然因為年紀與健康狀況不可能真正幫得上忙，卻還是與傅柯以及其他人立刻抓住裘貝的手臂，試圖將他拉走。情勢發展到這時近乎荒謬：加入這場拔河的人身邊圍繞著一群鎮暴警察，但他們僅是袖手旁觀，沒有採取任何行動。

裘貝最終連同瑪莉安・梅洛龐蒂（Marianne Merleau-Ponty）和另一名記者被押上一輛警方的廂型車。莫里亞克企圖出面干預，他出示自己的記者證，獲准與現場負責的警察局長對話。他向警察局長表示，只要他們的同志獲得釋放，示威群眾就會退走。警方在頗為難堪的情況下得知自己逮捕的是什麼人，於是三人獲得釋放：裘貝當時已提告警方非法拘捕與攻擊。現場的氣氛雖然充滿緊張甚至可能有危險，身為律師而且父親是知名哲學家的瑪莉安・梅洛龐蒂被捕卻還是引起眾人狂笑以及「我們絕對不能失去瑪莉安」的呼聲：「瑪莉安」是法蘭西共和國的象徵，其雕像可見於每一座市政廳。

傅柯逼近一排站在廂型車前方的鎮暴警察，結果有人以槍托重重敲在他的腳上。他滿臉憤怒，將那把槍推到一旁。不過，鎮暴警察還是像機器人一樣無動於衷。最後，一名公務員來到現場，宣稱他會確保部長收到示威群眾的請願書。傅柯尖銳反駁說這是一份報告，不是請願書，而且部長就和全國公民一樣，也會在明天看到這份報告，因為他不值得獲得特殊待遇。

這起事件就此結束，接著在杜蘇斯街（rue Dussoubs）的解放新聞社（Agence de Presse Libération）舉行了一場臨時記者會，說明南錫事件與默倫監獄的狀況。[81] 來自默倫監獄的聲明先是指出囚犯有兩種方法可以引起輿論注意：發起屋頂抗爭與暴力行動，或是發表一份這樣的聲明。其中隱含的意思是說，如果這份聲明遭到忽略，那麼接下來就會發生暴力。其中主要的要求是成立由民主選舉產生的囚犯委員會，而且這樣的委員會必須有權與監獄當局談判而不會被貼上「帶頭作亂者」或「麻煩製造者」的標籤。其他要求包括釋放因為保釋條件而遭到拘押的囚犯、無期徒刑受刑人在監禁七年後減刑成有期徒刑、廢止前科紀錄制度、社會安全權利、獲釋後的工作權，以及發放一筆足供受刑人在獲釋後生活三個月的金錢，並且撤銷禁止囚犯與外界自由溝通的法律。[82]

監獄訊息小組與赤色濟難會在一月二十一日於巴黎發動示威，動員群眾的主張是成立囚犯委員會以及保證不採取報復措施。約有八百人走上大道，結果這場示威也以你來我往的汽油彈與催淚槍榴彈作結。[83] 為了預防警方干預，當初發放的傳單沒有寫明會合地點，只是告知有意參加者聯絡赤色濟難會洽詢進一步資訊。能夠在短短幾天內以半祕密的方式動員八百人，足以見證參與其中的團體具備的組織能力。

政府對圖勒暴動的回應是任命一個調查委員會，主席由上訴法院主任檢察官暨歐洲犯罪問題委員會（European Committee for Criminal Problems）主席胥梅爾克（Robert Schmelck）擔任。這個委員會在一九七二年一月提出報告，結論指出圖勒監獄的規訓體制過度嚴厲：單是在十月與十一月，囚犯遭受紀律處分就有一百九十一例。對於為數五百四十人的監獄人口而言，這樣的情形被視為過於嚴苛。在發生騷動的年輕受刑人廂房裡，報告指出主要的問題是煩悶加上訓練設施不足。調查委員會承認對於侯斯醫生的說詞無法證實也無法否認。胥梅爾克也提及監獄裡存在組織性幫派，他們猜測清算舊帳可能是暴動的起因。[84]

這份報告發表之後不久，葛利亞納就被調職。監獄訊息小組的新聞稿指稱胥梅爾克的團隊從事的調查「有所不足」，並且批評該委員會在近乎祕密的情況下舉行記者會（整場記者會只有五分鐘）的決定。此外，這份新聞稿更是具體批評胥梅爾克未能指出葛利亞納採取的懲罰措施導致許多囚犯的出獄日期因此延後，同時也要求另外舉行獨立調查。

監獄訊息小組的其中一項主要武器是新聞稿，不久之後也證明自己相當善於利用媒體。正面報導通常來自《新觀察家》與《基督信徒見證》（*Témoignage chrétien*）這份起源於抵抗運動的基督教報紙。在整個一九七二年間，《世界報》對監獄自殺潮的報導經常把官方統計數據和監獄訊息小組提供的數據並列。

另一方面，電視媒體幾乎碰觸不到，因為電視受到國家的嚴密控制。一九七二年二月，每週播出一次的《螢幕檔案》（*Dossiers de l'écran*）把焦點轉向監獄問題，製作單位採取一般的模式：先播放一部電影，接著是一個半小時的辯論。播放的電影是克勞（Maurice Cloche）在一九五六年推出的《女子監獄》（*Prison de femmes*）。從《廣播電視週刊》（*La Semaine Radio-Télévision*）當中的介紹看來，這是一部典型煽情式的監獄劇情片。[85] 一位名叫帕胡（J. Parrot）的作者寫了一篇兩頁的文章介紹這個節目，內容完全是惡名昭彰的女性謀殺犯的故事。不過，帕胡確實指出女子監獄需要改革，並且指稱他希望觀眾提出的問題能有助於促成辯論。

不過，這場辯論卻是在封閉的情況下進行。受邀陳述監獄生活的人士包括總工會的貝斯特、勒科努（Le Cornu）、一名監獄精神科醫師、一名律師、一個監獄訪客協會的主席，以及一名修女。沒有監獄訊息小組的代表獲邀參與，螢幕上也看不到任何一個前囚犯的身影。克洛德．莫里亞克如此描述這場辯論欠缺內容的狀態：「不只其中完全沒有提到我們的干預……也沒有提及近來監獄裡發生的嚴重事件，甚至也沒有提到胥梅爾克報告。」[86]《螢幕檔案》通常會接受觀眾來電提問，再進行現場討論。有幾名監獄訊息小組的成員與支持者，包括沙特、波娃、多孟納、西蘇、德勒茲、菲耶、傅柯與克拉維勒，在明知自己的問題必定不會受到理會的情況下，還是撥打電話到這個節目。他們提出的問題沒有一個有播出。這些問題後來全部刊登於《新觀察家》，內容包括侯斯醫生為什麼沒有獲邀出席，以及為什麼節目沒有討論巴黎的女子監獄侯葛特（La Roquette）當中的生活狀況。[87]

政治與監獄訊息小組雖然占據了傅柯大部分時間，他的學術生涯還是持續進行。他在四月前往美國（根據德勒茲所言，他是在頗不情願的狀況下踏上這趟旅程），[88]到水牛城的紐約州立大學舉行講座探討「真相的歷史」，也到明尼蘇達大學講述十七世紀法國的「政治典禮」。[89]這不是他第一次造訪美國；他在前一年冬天就到過水牛城，對那裡的氣候並不喜歡。唯一令他欣慰之處是西蘇也在場；她同樣是在一場講學旅程上，也同樣對寒冷的天氣深感沮喪。[90]

當時傅柯在美國尚未建立穩固的名聲，他只能以法語演講大概也無助於名聲的建立。美國的魅力尚未真正對他造成影響。就當下而言，「對於一個像我這樣的歐洲人，在有點迷失又不是很善於隨機應變的情況下，美國看起來極為巨大，充滿科技色彩，有點令人害怕。這種皮拉內西（Piranesi）*面向充斥於許多歐洲人對紐約的觀點當中。」[91]此外，他對於美國學生自以為是地認定自己隨時都可以找他進行討論的態度也不以為然：法國大學裡大部分的老師絕對都沒有過這樣的經驗。[92]

這趟水牛城之旅不純粹是一場學術旅程。水牛城的法語系主任約翰．西蒙安排傅柯參觀阿提卡監獄。傅柯謊稱自己從未進過監獄，刻意不提自己在一九五〇年代於弗雷訥從事的工作。阿提卡監獄的景象令他感到「難以承受」：

> 在阿提卡，首先引起我注意的也許是入口，那種有如迪士尼樂園的虛假城堡，那些具有突堞而偽裝成中世紀高塔的監獄瞭望塔。在這種令其他一切相形失色的荒謬景象背後，你會發現

這其實是一部巨大的機器……阿提卡是一部消滅的機器，一種龐大的胃，一個吞食、摧毀、分解然後排出的腎臟，這個腎臟吞食的目的就是要消滅自己早已消滅的東西。[93]

傅柯返回法國之後不久，南錫的暴動者當中有六人被鎮上的刑事法院傳喚，在法院中由諾德（Albert Naud）與雷克勒克負責辯護。監獄訊息小組在南錫舉行示威活動，結果再度遭到警方暴力相向。在其中一次示威當中，艾蓮．西蘇遭到棍棒毆打，結果警方對昏倒在地的她完全不聞不問。[94]年紀最小只有十九歲的那六名暴動人士，被判處額外的五到八個月徒刑，還必須繳交二百五十法郎的罰款。法院認知到被告具有足以「減輕罪行的情節」，檢方要求「長期監禁」以避免社會混亂的主張並沒有被法院接受。檢方在結辯當中把監獄訊息小組稱為「大眾洗腦小組」（Groupe d'intoxication du public）。在傅柯看來，那六名「帶頭作亂者」只是代罪羊，其中兩人擁有特別多的前科紀錄也絕對不是巧合。[95]

監獄訊息小組把南錫相對寬鬆的判決結果視為一項局部勝利。另一方面，法官採取的策略則是阻擋諾德與雷克勒克把訴訟過程政治化的一切嘗試，讓他們無法提出被送進監獄的都是什麼人，以及囚犯受到的待遇這些議題。不過，有些醜惡的細節確實從雷克勒克和獄吏長的對話當中

＊譯注：皮拉內西（Giovanni Battista Piranesi）是十八世紀的義大利版畫家，作品以宛如迷宮又充滿機械色彩的想像建築著稱。

浮現出來。查理三世監獄裡從來不曾播放過電影。其中沒有電視，也沒有運動設施。南錫的冬天雖然極度寒冷，監獄裡卻沒有暖氣。在牢房裡根本不可能閱讀、書寫或抽菸，因為牢房就只是鐵絲網圍欄，裡面關著四到六個人。兼職的教士提到，建築物的老舊狀態以及缺乏隱私與暖氣的情形在他看來就足以引發暴動，而且只把六名囚犯送上法院受審看來也並不公平，結果法官隨即阻止他繼續發言。

有幾名監獄訊息小組的運動分子出席這場審判，包括德費在內。他們把庭審過程仔細抄寫下來。[96]這些抄本後來改編成一部短劇的劇本，由陽光劇團（Théâtre du Soleil）的成員在七月於凡森卡杜舍利劇場（Cartoucherie de Vincennes）排定的劇碼《一七九二》（*1792*）之後接著演出。因為是西蘇的朋友而開始與監獄訊息小組有所往來的劇團團長亞莉安・莫努虛金（Ariane Mnouchkine），在劇中扮演雷克勒克，傅柯扮演第二名顧問律師。德費與梅耶扮演員警。在凡森，這齣劇演出之後接著舉行公開討論；鑒於莫努虛金的名聲以及陽光劇團的觀眾特性，這齣劇幾乎保證必定會獲得觀眾的熱切回應。其他場次的演出似乎沒有那麼成功，但不是因為警方的干預，儘管監獄訊息小組在街頭演出短劇的嘗試很快就因為警方的干預而畫下句點。《南錫的審判》（*Le Procès de Nancy*）也曾在克雷泰伊（Créteil）一處住宅區外露天演出，但似乎沒有留下任何觀眾回應的紀錄。

鵪鶉之丘路（rue de la Butte aux Cailles）也規劃了一場演出，那裡的居民已經預定會在凡森演出的前一天被驅離。一場雷雨導致演員四散奔逃。當天唯一在場的觀眾是一群政治激進分子，為了遏止驅離行動而聚集在那裡。那處住宅區的居民沒有出來看戲，因此似乎沒有理由繼續演下去，尤其現場大多數的激進分子都打算在第二天晚上前往凡森。克洛德．莫里亞克看到傅柯頗為不知所措地獨自坐在當地一家咖啡廳裡。[97]可惜的是，《南錫的審判》也沒有留下任何照片。莫努盧金尤其堅持演出這場劇純粹是一項政治行動，而不是捧紅演員的手段。[98]

監獄訊息小組的戲劇演出不是全都如此細膩。比較典型的是傅柯偶爾會參與的宣傳劇。典型的例子是一齣短劇，其主題諧仿自一句諺語，把「會偷雞蛋的人，就會偷牛」（Qui vole un oeuf vole un bouef）這句話改成「偷雞蛋坐牢，偷牛進國會」（Qui vole un oeuf va en prison, qui vole un boef va au Palais-Bourbon）。[99]戲劇不是唯一的武器；監獄訊息小組也製作了一部關於監獄的紀錄片。這部紀錄片不但執導專業，拍攝技術也相當高明，並且透過當時欣欣向榮的「另類」網絡發行，獲得了一定程度的成功。

監獄暴動潮在南錫事件之後逐漸平息，監獄訊息小組開始把注意力轉向自殺案例在法國監獄裡令人擔憂的增加。在一九七一年以前，自殺率原本呈現下滑的趨勢，卻在一九七二與一九七三年達到異常的高點，分別有三十七例與四十二例。就統計上而言，一九七二至一九七五年間的自殺率是每十萬人有一百三十一例，大部分的死者都不滿二十歲。一項研究顯示，身在牢裡的二十歲年輕人自殺的可能性，比身在外面的二十歲年輕人高出二十倍。官方看待自殺的態度極為嚴苛。《世界報》引述勒科務所說的話，指稱大多數的自殺嘗試都是想藉此轉到醫院區，因為他們認定在那裡規劃逃獄會比較容易，所以官方稱為自殘的自殺嘗試都會受到嚴厲懲罰。司法部隨即發布一份聲明，徹底否認這項說法。[100]然而，監獄訊息小組發表的第四本小冊子，同時也是最後的一本，翻印了一份從桑泰監獄內部夾帶出來的文件：那是一份傳喚通知，命令一名囚犯出席懲戒聽證會，原因是他割了自己的左腕。[101]

監獄自殺現象很快就受到廣泛關注，也是法律訴訟運動組織（Mouvement d'Action Judiciaire）在十一月舉行的一場公開集會的主題。這場由監獄訊息小組成員、地方裁判官、律師與前囚犯參加的集會正是良好的例子，顯示傅柯與監獄訊息小組能夠與涉及刑罰法律體系的專業團體合作。這場集會吸引了二至三百名觀眾，主持人費利斯（Jean-Jacques de Félice）是律師，原是普列文針對政治犯地位要求而成立的調查委員會當中的一員，但後來辭去了這項職務。傅柯與莫里亞克都在場，還有吉勒與范妮・德勒茲（Fanny Deleuze）也在。

這場集會雖然嚴肅，卻也有些令人爆笑的時刻，大部分都是同性戀革命行動陣線（Front Homosexuel d'Action Révolutionnaire）的一名變裝者所引發。他打斷了一段對法官角色的討論，以滑稽的語調指稱法官也穿「robes」：這個詞語除了指「長袍」之外，也可指「洋裝」。同性戀議題也以另一個相當不同的方式提出，就是指涉葛蘭蒙達涅（Gérard Grandmontagne）的案子。葛蘭蒙達涅是二十五歲的藥物使用者，因為落入警方設的圈套而以交易毒品的罪行被捕入監。在弗雷訥監獄服刑的他，雖然被診斷有自殺危險，卻還是因為犯下「同性性行為」被關禁閉。結果可想而知，他從燈具扯下一段電線而上吊自殺。[102]不難理解，他成了同性戀革命行動陣線心目中的烈士，對這起案件的討論似乎將主導這整場集會。

受邀代表監獄訊息小組發言的傅柯，拒絕被這個話題帶走，他只是單純指出，他們雖然知道葛蘭蒙達涅的案子，卻對那一年發生的其他二十七件自殺案例所知極少，呼籲眾人對那些案子挖掘更多資訊。傅柯在集會開始之時還與德勒茲說說笑笑，但現在卻非常嚴肅，並且耐心回答陌生與會者提出的問題。[103]

十一月二十九日清晨五點，邦唐與布菲因為殺害克萊爾沃監獄的護士和獄吏而被處決。他們的案子在六月審理，而且充滿爭議，其中一大原因是法院的審理過程透過喇叭向聚集在等候室裡的群眾轉播。邦唐當時手中唯一的武器是一把刃長三英寸的廉價口袋刀，刀上沒有發現血跡，陪審團也發現他沒有殺害那兩名人質。不過，他與布菲「共謀」的罪名成立，因此被判死刑。許多觀察者都認為法院受到布菲的論點影響，因為他聲稱自己的共犯必須分擔罪責，而且顯然堅決認為邦唐應該陪他一起上斷頭臺。[104]

和許多人一樣，傅柯也認定邦唐會獲得龐畢度特赦，因為龐畢度曾公開表示自己反對死刑。[105]但他錯了，預期中的特赦並未出現。刊登於《新觀察家》的一篇措詞嚴厲的文章裡，傅柯主張龐畢度做了一項經過精算的政治決定。如果只有布菲遭到處死，那麼死刑機器可能會就此卡住，龐畢度將會背負一項不太光彩的名聲，也就是最後一位啟動死刑機器的總統。邦唐遭到處死的責任至少有一部分會歸咎到布菲身上，從而減輕總統的責任。以「共謀」罪名處死邦唐，是透過提出一項集體責任與罪咎的原則來對全體囚犯發出警告。傅柯接著又提出更為一般性的論述，指稱斷頭臺只是一套由死亡支配的體系的可見符號而已。死亡的可能性，尤其是自殺而死，是內含於任何監獄刑期當中的元素。無期徒刑與死刑代表的是同樣的意思：「你一旦確定自己不可能出獄，還能怎麼辦呢？就是冒著死亡的風險以挽救自己的生命，儘管可能會死也要冒著生命危險。這就是布菲與邦唐所做的事。」傅柯在最後以指控監獄體系犯下謀殺罪作結。[106]

《獄中的自殺》（*Suicides de prison*）封面雖有「一九七二」這個年分，實際上卻出版於一九七三年一月。一開頭的段落就列出了發生在一九七二年的三十二起自殺案件，接著指出，這些資訊是依據監獄醫生簽署的死亡證明而來，因此可能不是完全準確；這點即可解釋監獄訊息小組的統計數字與薛內斯（Chesnais）提供的數字為何有所歧異。四分之一的自殺者都是外來移民，大多數僅有二十幾歲。接下來是一系列的「個案背景」，由幾乎完全冰冷的文字呈現：

> 弗勒希梅侯吉監獄，一九七二年三月二十七日。薩伊．布雷德（Saïd Bleid），十九歲，阿爾及利亞人，家人居住在法國。由一名法官安置於艾平內特少年之家（Foyer des Epinettes，一間收容面臨刑事控告的年輕工人的中途之家）。被捕；少年之家的監管人在他出獄之後拒絕讓他回去。被認定沒有固定居所，他因此遭到驅逐出境。由於他在阿爾及利亞沒有親人，於是又回到法國。被捕並面臨驅逐出境的威脅，他於是上吊自殺。[107]

標題以深富意涵的方式使用「de」這個連接詞：這些自殺事件不只是單純發生在監獄裡，而是由監獄體系所導致：是監獄造成的自殺。

這本小冊子最動人的段落翻印了「H.M.」在獄中寫的信件。他是一名輕罪囚犯，前科紀錄可回溯到青少年時期，當時他因為偷竊甜食被判少年感化。他在一九七二年夏天因為毒品罪行遭到還押（他向一名喬裝成毒蟲的便衣員警販賣鴉片），並且像葛蘭蒙達涅一樣，因為犯下「同性性行為」被關禁閉。他也一樣上吊自殺。他在打了鎮靜劑的情況下寫的這些信件，內容包括要求一本沙特的《聖惹內》（*Saint Genet*），乃至討論連恩與庫珀的反精神醫學。H.M.談到想要做瑜伽、他向來懷有前往印度的幻想，也討論自己接受的精神治療，並且提及自己製作了一個畫框，上面妝點著約翰・藍儂關於愛的名言。他沒有提到逃獄的念頭，但在所有的信件裡都可明顯看出一股想要逃到另一個世界去的渴望。這些信件伴隨著一篇沒有署名的評論，幾乎可以確定是出自傅柯的手筆。這篇評論的結尾寫道：

> 受到審判的不只是一套整體的社會體系，連同其排拒與譴責，而是這套體系賴以運作以及確保其秩序的所有挑釁行為（刻意而且人格化的挑釁行為）。由於這些挑釁行為，這套體系因此依據權力、警察與行政的原則而製造出其所排拒與譴責的對象。有一定數量的人必須為這名囚犯的死負起直接而且個人的責任。[108]

《獄中的自殺》由監獄訊息小組、囚犯行動委員會（Comité d'Action des Prisonniers）與囚犯權利捍衛協會（Association pour la Défense des Droits des Détenus）共同出版，但在這本小冊子出版之時，

監獄訊息小組實際上已經不復存在。成立於一九七二年十一月的囚犯行動委員會，主要是由富有領袖魅力的利沃侯澤打造而成，他曾參與默倫監獄的抗議運動。如同監獄訊息小組，囚犯行動委員會也沒有正式成員，主要是由創始人強而有力的性格把一群人聚集起來。利沃侯澤曾是竊賊，在服刑獲釋後開始從事寫作以及政治運動。在他看來，監獄訊息小組已經照亮了道路，所以接著就該由監獄訊息小組當中剛出獄的囚犯自己組織起來，把當初在圍牆內與屋頂上展開的抗爭延續下去。[109]存續至一九八〇年的囚犯行動委員會宣告的目標，是在囚犯受到監禁期間與獲釋之後持續不斷改善他們的處境。

鑒於監獄訊息小組向來聲稱自己是為囚犯提供表達手段，而不是代表他們發聲，因此這個團體的自我貶抑乃是合理的發展。至於其消失，也可能是政治疲勞與個人疲勞的結果。至少，丹妮葉勒·洪席耶就承認自己在監獄訊息小組解散之時感到鬆了一口氣，經過兩年與囚犯及其家屬密切共事之後，也絕對不會只有她覺得這是一項疲累而且終究令人鬱悶難受的經驗。赤色濟難會在一九七二年夏天解散，必定也導致監獄訊息小組流失了至少部分的固有成員。法國的毛派，尤其是無產階級左翼，進入到一段危機時期，不久之後即造成這個組織的消亡。傅柯對監獄問題的參與尚未結束，但監獄訊息小組本身的時刻在一九七二年底已然過去。

囚犯權利捍衛協會是在傅柯的提議下成立，但他極少參與其活動。不同於沒有正式法律地位的監獄訊息小組，囚犯權利捍衛協會是依法組織與登記的協會，目的在於代表囚犯採取行動，並確保喪失自由是他們受到的唯一懲戒。這個協會的成立也有一部分是回應囚犯家屬的希望，因為他們擔心自己的正當顧慮可能會因為與監獄訊息小組當中的極左派傾向結盟太密切而遭到利用，這樣的擔心也確實不難理解。[110] 這個協會的委員會由聲望崇隆的人士組成，包括詩人保羅·艾呂雅（Paul Eluard）的遺孀多明妮克·艾呂雅（Dominique Eluard）、克洛德·莫里亞克與德勒茲。名譽會長是韋科爾（Vercors），著有《沉靜如海》（*Le Silence de la mer*），堪稱是戰時抵抗運動最著名的文學表達作品。（「韋科爾」是布魯勒〔Jean Bruller〕的筆名；取自一片山區，因為那個地方見證了抵抗運動歷史中若干最悲慘也最英勇的事件。）

主要由於監獄訊息小組的努力，監獄議題因此備受大眾與政治上的重視，程度遠高於英國或美國，因為在那兩個國家從來沒有類似的團體能夠在監獄的圍牆外成功號召大規模的行動。[111] 囚犯權利捍衛協會與囚犯行動委員會各自以其方式延續了監獄訊息小組的工作，但如同《世界報》指出的，傅柯的領導深受眾人懷念。[112]

# 12 激進教授

監獄訊息小組是傅柯在一九七一到一九七三年初最主要的政治關注，但不是他唯一的關注。他有時似乎同時活躍在所有地方，參與示威活動反對持續進行的越戰，也在比較在地的層面反對法國的種族歧視以及對外來移民的威脅。[1] 他會出現在奇怪的地方，偶爾也可以看到他在外來移民家庭占據的空屋裡拿著掃把掃地，或是和利沃侯澤及其他人在大街上發放囚犯行動委員會的傳單。[2] 然而，傅柯不總是會出現於別人預期他會在的地方。

後來有人試圖成立一個算是精神病院版的監獄訊息小組，傅柯顯然是諮詢對象。他與卡斯特共同出席一場在一九七一年底舉行於巴黎四區一間教堂大廳的初次集會，那場集會吸引了兩百人左右，包括前病患、反精神醫學支持者，以及各式各樣的左派人士。會上的討論相當激烈，直接指名道姓對人物與機構做出凶猛而經常極度個人化的攻擊。傅柯與卡斯特默默聆聽，後者形容現場氣氛「亂七八糟」（bordelique），不久之後兩人認定和這些「超級極左派」合作無法得到正面結果。[3]一個療養院訊息小組（Groupe d'Information sur les Asiles）確實成立了，在少有人知的情況下存續多年，但其成立和運作完全沒有傅柯的幫助。

他比較積極參與健康訊息小組（Groupe d'Information sur la Santé），至少在這個團體的初期是如此。他與另外六名成員參與了多次圓桌討論，在一九七二年底提出一項宣言：「我們的目標不是要成立一個能夠和不同科學的其他實踐者融合的跨學科團體，而是要挑戰科學知識與日常實踐的劃分，以及體力勞動與智力勞動的劃分。」[4]健康訊息小組沒有留下什麼檔案紀錄，但參與過若干運動，包括對里昂一間工廠的鉛中毒事件要求調查並加以譴責、譴責製藥產業的盈利動機，以及抨擊醫生以壓迫性的方式運用各類知識。[5]

由於參與監獄訊息小組，傅柯無可避免地涉入法國政治（或者應該說是巴黎政治）的一種典型表現：簽署政治請願書與公開信。通常認為這種行為的現代形式要追溯至德雷弗斯事件*，但近來的一項研究明白指出，第一份公認由大批知識分子簽署的請願書其實出現在一八八七年，目的是反對興建艾菲爾鐵塔。[6]這份請願書依循古典做法，是一封附上簽署人簽名的公開信，以付費廣告方式先後刊登於《世界報》與《解放報》這兩份最權威的日報上。簽署請願書以及收集簽名是一種微妙的活動，因為沒有人想要誤入不當的政治陣營。「誰已經簽了？」以及「受邀簽署的有哪些人？」都是立刻會面對的問題。請願書是在簽署人知情的狀況下利用其文化資本或能見度；傅柯的簽名帶有的「價值」明顯遠高於一位不知名的小說家。此外，請願書也具有證明簽署人地位的效果；提出自己的簽名這項行為，簽署人會更加鞏固自己身為知識分子的地位。當然，簽署太多請願書也可能減損個人的簽名價值，令人覺得這位簽署人只是盲目支持各種完全不相干的理念。同樣簽署支持眾多請願與抗議的沙特和莒哈絲，就經常冒這樣的風險。一名研究法國「知識分子」的史學家如此概述古典請願書背後的三項主要假設：知識分子有權利創造公共醜聞；他們有權利團結起來為自己的抗議賦予更大的力量；他們有權利使用自己的學術資歷作為一種象徵形式的權力。[7]

傅柯對請願的看法整體上並不是特別樂觀。在大部分的案例中，他簽署請願書都是因為朋友對他施加壓力。《文學新聞報》（*Nouvelles littéraires*）週刊的一名記者曾經問他對請願有什麼看法，他嘆了一口氣說：「什麼都簽，或是什麼都不簽，結果是一樣的。」他接著指出自己確實簽署了不少請願書，但「只有在攸關一個人的生命或自由的情況下」才會這麼做。[8] 這項陳述雖然不完全精確，但確實顯示他並非毫無選擇。有時候，簽署請願書的要求來得太過頻繁，導致他只得避不見面。傅柯從來不曾特別為自己的電話號碼保密，也拒絕購買答錄機，原因是這樣會迫使他必須回電。朋友必須打暗號，先讓電話鈴響幾聲，然後再掛斷重撥。另外一種方法是由德費接聽電話，向來電者告知這個電話號碼只供簽署今天的請願書使用，下週的請願書應當另撥別支電話。[9] 一九七九年，傅柯在明知不太可能的情況下表示，希望他在《文學新聞報》所說的話能夠減少要求他簽署請願書的數量；他以無疑略帶誇大的口吻指出，自己幾乎每天都會接到一個簽署請願書

---

＊譯注：猶太裔法國軍官德雷弗斯（Alfred Dreyfus）在一八九四年遭到誤判叛國罪的冤獄事件。

的要求。[10]

傅柯最早簽署的請願書是關於越戰：一份是針對威脅轟炸北越水壩提出抗議（《世界報》，一九七二年七月九至十日），還有一份由法國科學家與研究工作者共同簽署的集體聲明，譴責美國部隊過度使用現代科技（《世界報》，一九七二年十二月二十三日）。他也支持一項代表巴勒斯坦人民提出的呼籲（《世界報》，一九七三年一月十四至十五日）。反對越戰是一種絕對必要，支持巴勒斯坦在傅柯活躍其中的那些圈子也是廣獲接受的理念，因此他對這類抗爭的支持只是顯示他認同這些極為普及的立場而已。

不過，傅柯簽署請願書的行為也在一定程度上合乎他對知識分子扮演的角色所抱持的觀點。他雖然拒絕「普世知識分子」的概念（其原型就是撰寫〈我控訴〉〔*J'Accuse*, 1898〕的左拉），但他簽署的那些請願書卻終究不免採用那種普世知識分子的語言。傅柯對普世知識分子的批評雖然有許多都是針對沙特，但左拉仍是最典型的例子。傅柯在一九七八年向一名日本記者指出，左拉可不是因為身為礦工才寫出《萌芽》這部小說。[11]

在實務上，傅柯經常違反他自己主張的原則。舉例而言，他在一九七三年初具名支持一本以探討北非以及波利薩里奧陣線（Polisario）在西撒哈拉的抗爭為主的第三世界主義期刊，並同意擔任掛名編輯。這本剛創刊就隨即把刊名從《亞非新聞》（*Nouvelles Afrique-Asie*）改為《風暴區》（*Zone des tempêtes*）的期刊，只在一九七三年春、夏兩季出版了三期即告停刊。[12] 傅柯擔任掛名編輯，就像沙特擔任《人民事業報》的編輯一樣，也是利用知識分子的力量保護政治抗議權利的典型例子。

不過，正如左拉不是礦工，傅柯也不是北非游擊分子。他是法蘭西公學院的教授，並刻意利用自己被賦予的聲望。由於傅柯的能見度極高，也一再受到各左翼團體的邀請，因此也有過度投入以及耗盡他那份可觀精力的危險。整體而言，他抗拒了投入太多議題的誘惑，不會隨意做出承諾。那些議題當中有些極為震撼人心，也隱含了非常費神勞力的參與。

裘貝的案子讓傅柯聲稱沒有人可以確定自己不會遭受牢獄之災的說法更添分量。一九七一年五月二十九日星期六下午，身為《新觀察家》科學特派記者暨凡森大學講師的裘貝，在波斯特酒館（Pub Poster）這家位於克利希廣場上的餐廳，因為剛與妻子還有家人用完餐而走出門外。當時那個區域駐守了大批員警，原因是一個西印度學生組織號召了一場示威活動向馬丁尼克（Martinique）的人民表達支持。示威群眾剛和平解散，但警方的小隊卻在巴貝斯區（Barbès）附近主動驅散成群的示威人士。裘貝與他的家人穿越克利南古街（rue de Clignancourt），看到一名頭部受傷流血的男子。後來證明那名男子因為攜帶武器所以被示威活動的組織者趕出示威隊伍。裘貝和其他人扶著他到鄰近一家藥局治傷。有人呼叫警察緊急服務，於是那名受傷男子被粗暴地拖上一輛廂型車。身材瘦弱戴著眼鏡的裘貝走向警方，出示他的記者證，指稱自己目睹了事件過程，願意陪那名男子前往醫院。警方沒有反對，於是裘貝上了車。關於接下來發生的事情，官方的說法由警察總局於一份新聞稿提出：

受傷男子即將被帶往醫院之時，有一名男子突然出現，要求陪他同行，聲稱自己認識他並希望幫助他。員警表示同意，允許這名出面干預的人士上車。這名人士是裘貝先生。車子行駛約二百公尺之後，他變得非常激動，以「豬玀」與「黨衛軍」等字眼辱罵員警，接著又趁員警忙著照料傷者無暇留意他的時候，打開車門跳出車外，因此摔跌受傷。跟在後方的第二輛廂型車上的員警試圖扶起裘貝先生，但他猛烈反抗，並且揮拳導致三名員警受傷。[13]

裘貝先生被帶到拉希博瓦西耶醫院（Lariboisière），接著轉送主宮醫院（Hôtel-Dieu），他受到逮捕，拘留了四十八個小時，隨即由一名地方預審裁判官以拒捕與攻擊等罪名起訴。

裘貝徹底否認官方版本的事發過程，指稱他當時試著安撫傷者，結果一名員警無緣無故突然出手打他。車上的隊長命令手下把他「丟下車」。裘貝的腹部遭到毆擊，然後被推下行駛中的車輛。他摔跌在路上，接著發現自己被十五名左右的員警包圍。其中一人踩破他的眼鏡。他遭到毆打，然後被拖上第二輛廂型車，在車上仍持續遭到毆打。他雖然聲明自己什麼都沒做，也表明自己的記者身分，卻引來更多的暴力。他被脫下長褲，睪丸遭到猛打與扭絞。裘貝認定自己必定無法活命，至少也會被閹割。他終於被送到急診室之後，一名護士打電話通知他太太瑪麗荷塞（Marie-José），於是她立即開始聯絡媒體。[14]

聽到一名同業遭到痛毆，新聞界裡沒有人認為這是難以置信的事情。警方與新聞媒體的關係在當時非常低落。才幾個星期前，《新觀察家》的米榭兒．曼索（Michèle Manceaux）就在清晨六點被四名員警逮捕。她的公寓遭到搜索，文件被取走，她也在拉丁區的一間警察局裡被拘押了六個小時。警方沒有出示逮捕令，她也沒有受到起訴。她之所以遭到逮捕，顯然是因為她的車子被人看到停在弗蘭（Flins）的雷諾汽車工廠外面。毛派團體在那裡相當活躍，她則是為了自己正在寫的《法國的毛派》（*Les Maos en France*）在那裡進行研究調查。《政治週刊》（*Politique Hebdo*）的記者昂熱利（Claude Angeli）也遭到警方跟蹤長達幾個星期，那些員警都拒絕表明身分。[15] 大家都知道警方會利用偽造的記者證蒐集資訊；那一年稍早，普通情報局（Renseignements Généraux）的一名臥底探員在艾克斯普羅旺斯大學身分曝光，他就帶著一張偽造記者證。凡森大學、楠泰爾大學與格勒諾布爾大學也都發現過偽造的記者證。[16]

現在稱為「裘貝事件」的這起案件使得新聞界的憤怒火上添油。六月四日發生了一場史無前例的示威活動，一群記者從《費加洛報》位於香榭麗舍大道的辦公大樓遊行到博沃廣場（place Beauvau）的內政部，要求馬塞蘭下臺。《費加洛報》與《人民事業報》總算有一次團結站在同一陣線上。

六月一日，雷克勒克與勒讓德（Pascale Legendre）這兩位律師代表裘貝提起訴訟；他指控警方攻擊與非法拘捕。六月二日，總理的部務大臣舉行的例行記者會遭到現場數百名記者提出的問題打斷，其中包括令人敬畏而且深富影響力的尚．丹尼爾。部務大臣哈蒙（Léo Hamon）不知該如何回答，只能以不怎麼有說服力的說詞指稱這起案件已交由法院審理，司法正義的進程不該受到干預。[17] 在同一天，和新聞與記者捍衛委員會（Comité de Défense de la Presse et des Journalistes）合作的一群知識分子成立了一個調查委員會：成員包括隆格盧瓦（Denis Langlois；身為律師的他，是《法國警察黑檔案》〔*Les Dossiers noirs de la Police français*〕的作者，當時警方正對這本書提起誹謗訴訟）、提姆希特醫師（Daniel Timsitt）、昂熱利、曼索、一位名叫卡薩利斯（Cazalis）的新教牧師、維達納凱，以及傅柯。這個調查委員會的目標是要針對五月二十九日發生的事情蒐集目擊者陳述，並且發表調查結果，藉此確立涉入其中的人士必須負起的責任。在成立記者會上，傅柯宣稱警方的殘暴行為已經達到一個新門檻。裘貝遭到攻擊是因為他是記者；記者之所以遭到警方厭惡，原因是他們會目擊事件並且加以談論。那名地方預審裁判官起訴裘貝，乃是在掩飾警方的惡行。傅柯在最後引述一九五八年憲法的第十五條，其中規定社會有權要求任何一名公務人員為自己的行為提出合理解釋。[19]

裘貝委員會後來又增添了一名成員。在成立記者會當中，傅柯注意到克洛德．莫里亞克代表《費加洛報》前來參加。在克拉維勒的提議下，傅柯打電話給莫里亞克，問他願不願意協助調查工作。這通電話促成了一段出人意料的長久友誼。莫里亞克是小說家弗杭索瓦．莫里亞克的兒子，自己也是一位備受讚譽的小說家，在年輕時當過戴高樂的祕書，並不以同情左派著稱。克洛德．莫里亞克也是一位日記寫作者，他的日記當中與此相關的那幾冊，為傅柯在這忙碌的幾年間所從事的活動提供了最詳細的記述。在文學與政治圈都擁有大量人脈的莫里亞克，成了與傅柯交情密切的好友，也經常到沃吉哈赫街的白色公寓作客。這樣的邀請不是只有單方面，傅柯與德費也經常到莫里亞克位於西堤島的家裡聚餐。莫里亞克的公寓滿是書籍、繪畫與照片，位置最醒目的是一幅傑出的反白素描畫作，作者是考克多。

六月十二日，莫里亞克前往沃吉哈赫街二八五號，前來應門的人是裘貝。

在那間陽光充足的八樓公寓裡，我身在一群陌生人之間，其中有些人極為知名，包括接待我們的主人，他是法蘭西公學院的教授，也是地位非常重要的哲學家，坐在我身邊的沙發上。後來，由於屋內人數太多，他於是改成坐在我右邊的地板上：年輕，皮膚曬得黝黑，一顆光頭閃閃發亮（德勒茲默默坐在離他不遠處；這是另一位富有名望的哲學家，蓄著一頭長灰髮，臉上的神情顯得憔悴而疲憊……）……我突然覺得自己彷彿鑽過了社會裡的一道簾幕，這道簾幕的一邊是國家代表他們而行使其權力的那些人，另一邊是其他的人。20

調查開始進行。一名當時身在現場的公車司機被他們找了出來加以詢問，還有一名阿爾及利亞人聲稱自己看到一個滿身是血的人被送進醫院，有可能是裘貝。傅柯為了找尋那名證人首度踏入金滴區；到那年年底，金滴區已經成為他相當熟悉的地方。這次的努力終究只是一場徒勞。後來他們雖然找到那名證人，那人也確實願意與莫里亞克還有傅柯說話，但他們強烈覺得他只是說著他們想聽的話而已。

公車司機提供的證據極為關鍵。他在五點四十分看到警方的廂型車駛離克利南古街；拉希博瓦西耶醫院的紀錄顯示裘貝在六點十五分到院。莫里亞克與提姆希特開車行駛這段路程只花了五分鐘。六月十八日，警務總監的幕僚長保利尼（M. Paolini）在電視上指稱警察緊急服務車輛在七分鐘內抵達醫院。其中消失的半個小時為裘貝的指控增添了真實性。當時交通並不繁忙，也沒有任何可信的解釋能夠說明警方車輛為何行駛這麼短的距離會需要花上那麼長的時間。

可惜的是，所有的受訪者都不願具名，也不願出庭作證，而且警方顯然在克利南古街相當忙碌。有不少人在當時被人見到在窗前目睹警方毆打裘貝，但現在那些人就算敢對陌生人開門，也都聲稱自己五月二十九日不在家。[21]這種情形令傅柯頗不自在地回想起納粹占領時期，以及法國人民對蓋世太保的看法；如同莫里亞克，他也認定警方已然成為國家當中的國家。[22]

傅柯與他的調查同伴在六月二十一日向媒體提出他們的論點。傅柯在他的開場陳述裡宣告指出，裘貝案代表了一項嚴重的危機，而警方的角色乃是這項危機的一項核心要素。警方與內政部發起了一項刻意製造不實訊息的活動。裘貝事件的真相不難確立。證據在兩天內就蒐集完畢。相較之下，地方預審裁判官沒有進行任何調查，只是單純聽信警方的說詞。[23]九天後，一封由德勒茲、傅柯、隆格盧瓦、莫里亞克與貝希耶達維（Denis Perrier-Daville）共同簽署的公開信實際上指控保利尼在電視上公然說謊。[24]內政部對此保持緘默的表現，就足以說明一切。

結局出現在一九七三年四月，攻擊裘貝的員警停職十三個月，裘貝則因攻擊員警被處以五百法郎的罰款。[25]

就許多方面而言，裘貝的經驗是頗為尋常的警察暴力案例，這起事件複製了傅柯在監獄訊息小組的工作中經常目睹的那種任意行使權力的行為。在無產階級左翼許多成員眼中，要解決這種警方濫用權力的問題，答案就是「人民正義」。「人民正義」的概念最早是在一九七〇年初的一場礦災之後提出，當時有十六個人在埃南列塔爾六號坑發生的甲烷爆炸當中死亡。這場事故立刻引起當地人及其政治支持者的激烈反應，煤礦辦公室因此遭人投擲汽油彈。到了年底，一個人民法庭成立於鄰近的城鎮朗斯，沙特是其中的首要人物。也許不出意料，這個法庭判決國有化的煤礦公司以及負責六號坑安全的採礦工程師謀殺罪成立，原因是他們為了利潤而犧牲安全。法庭在其發表的結論裡諧仿刑法典的開場白寫道：「沒有人能夠對人民的法律置之不理。」[26]

傅柯自己完全沒有涉入朗斯法庭，但這個法庭卻為德費提供了靈感，最後促成監獄訊息小組的成立。人民正義的議題也在一九七二年初促成傅柯與無產階級左翼的主要代表進行了一場重大辯論。與此同時，在巴黎、格勒諾布爾與克雷蒙費弘也都有人試圖組成人民法庭處理其他問題，其中最引人注目的是一九七一年六月在巴黎企圖審判警方的嘗試。這些計畫中的審判實際上都沒有舉行，因為政府的反對以及擔心引起嚴重暴力而放棄。主辦者語帶幽默地坦承指出，人民法庭如果審判不公開，那也就沒有意義了。不過，這些計畫確實把人民正義的概念擺進一些政治綱領當中。傅柯雖未直接涉入這些審判，但公開支持人權聯盟（Ligue des Droits de l'Homme）採取的立場。比較令人意外的是，托派的革命共產主義聯盟（Ligue Communiste Révolutionnaire）居然也採取同樣的立場。一項被視為由傅柯與革命共產主義聯盟發出的聲明，指稱正義與權力不可分割；能夠做出有意義判決的法院，只能由掌握權力的人成立；但在目前的情況下，誰該受審以及誰該擔任法官的標準卻缺乏明確的定義。調查委員會在裘貝事件期間採取的模式看來比較可取。[27]

無產階級左翼當中一個祕密武裝側翼的存在，顯示出轉向恐怖活動的可能性，這個新人民抵抗運動組織（New People's Resistance）也可能對當前「占領」法國的資產階級展開攻擊。暴力的可能性也能夠引導到其他方向。有一起事件尤其促使傅柯把注意力集中在人民正義的議題，而且根據德費的說法，他也因此對無產階級左翼的前進方向產生嚴重疑慮。

一九七一年秋，無產階級左翼認定福法納（Mousa Fofana）這名負責在北方執行任務並在比利時臥底的成員是叛徒，而且是警方的線民。福法納被告知武裝抗爭即將展開，並且被誘入一座他誤以為是軍火庫的洞穴。他的同伴掏出槍枝，對他說他已經遭到人民正義判處死刑。他接著被告知他的刑罰暫緩執行，並建議他從此銷聲匿跡。他同伴手中的槍並沒有裝填子彈。

《人民事業報》指出，只有真正的人民正義能夠判處並執行這樣的刑罰；對祕密性的要求，與人民法庭在本質上要求公開是互相衝突的，人民法庭至今仍然只是一個空洞的形式，只是未來的希望。[28]至於福法納是無產階級左翼內部極為少見的黑人幹部這件事實，則完全沒有提及。

傅柯一次又一次與無產階級左翼的領導者討論福法納案件，並且欣然同意舉行比較正式的觀點交流，以便發表討論內容。他的主要對話者是「皮耶．維多」。這是班尼．列維（Benny Lévy）的化名，他在一九七二年十二月成為沙特的最後一名祕書。身為高師人，維多是無產階級左翼的創辦人之一，也是其首要理論家；他先是長期沉浸在學生政治的複雜世界裡，然後才成為一名好鬥的毛派分子。一九七一年，他的總部是在梧爾木街的高等師範學院，而且他極少離開那裡。他在一九四五年生於埃及的一個猶太人家庭，後來隨家人被迫踏上政治流亡的道路；這時的他沒有國籍，還在等著取得法國國民的身分。因此，這位無產階級左翼的領導者由於自己的處境而不得不避免他的團體所發起的暴力衝突，因為他一旦被捕，必然會被驅逐出境。

這場辯論有錄音，文字版本刊登於《現代》的一期特刊。這期特刊由無產階級左翼的一個團體協調促成，標題是「新法西斯主義和新民主」(Nouveau Fascisme, nouvelle démocratie)。這場討論實際上可以說是聾子的對話。套用傅柯自己所言，他主要的興趣在於檢視「司法國家機器的歷史」，[29]而維多及其同志「吉勒」則一心要為他們自己的毛派教條辯護。有時候這場對話淪為近乎荒誕的喜劇，例如傅柯問維多認為「無產階級的意識形態」是什麼意思，結果得到這個意料之中的回答：「毛澤東思想。」傅柯接著評論指出：「好，那麼你必須同意大部分的法國無產階級內心所想的並不是毛澤東思想，而且這種思想也不必然是革命的意識形態。」[30]

傅柯的基本假設是，法庭不是人民正義的自然表達方式，法庭在歷史上的功能向來都是掌控以及扼殺人民正義，方法是將人民正義重新嵌入國家機器的典型制度當中。他理解中的人民正義，首要例子就是一七九二年的九月大屠殺，當時革命部隊在出發前往瓦爾密(Valmy)之前先殺了巴黎監獄裡的囚犯，理由是在極度危險的時期，不能容許叛徒活著從內部對革命造成威脅。在傅柯眼中，這場屠殺代表「至少是首度近似於人民正義行為的表現；是一項對壓迫的回應，不但在策略上有效，而且在政治上有其必要性」。[31]相較之下，實際法庭的出現則代表一種制度化的分界，劃分了「居於統治地位的資產階級」與「巴黎庶民」。

傅柯堅持談論法國大革命，令他的談話對象頗感氣惱，一再試圖把討論帶回中國，但傅柯承認自己對於中國所知極少。此外，傅柯在比較當代的事務上抱持的立場也令對方不以為然。他主張人民正義的有效形式尚未發明：「用於回應階級敵人的正義做法，不能託付給一種沒有受到充分思索也沒有整合於整體抗爭中的即時自發行動。必然存在於大眾當中的回應需求，其形式必須透過討論與資訊而發展出來。」[32]危險在於那些可能的形式會受到國家機器納入或追回。

直到這場漫長討論的結尾（整份文字稿長達三十頁以上），才終於提及朗斯的問題，福法納事件更是從頭到尾完全沒有提到。傅柯主張人民法庭不是「反司法」（counter-justice）*，但同意這種法庭具有重要意義，也就是提供資訊用於對抗那個針對以汽油彈攻擊煤礦辦公室的人進行審判的「資產階級法庭」。儘管如此，莫里亞克記述的一段對話卻顯示傅柯同意這一點可能是出於情感而不是政治上的理由：「出於軟弱。為了讓維多開心。出於疲憊。」[33]不過，他在比較整體的角度上堅持表示：「我不認為這個詞語在嚴格的意義上會帶有任何反司法的意涵，因為司法作為一種國家機器所發揮的功能，不免就是分化大眾。因此，一種無產階級反司法的概念是自相矛盾的；這樣的東西不可能存在。」在維多看來，傅柯的立場是「徹底的理想化」。[34]

傅柯在這場辯論中的立場，在某些方面顯得混亂而模糊。他雖不是毛派，卻使用了一些毛派用語，純粹是為了回應談話對象的論述。他使用「國家機器」的概念，反映他讀過阿圖塞一九七〇年探討意識形態與意識形態國家機器的論文，[35]但他又隨即就徹底揚棄「國家機器」的概念，甚至是意識形態的概念。「庶民」（pleb）的概念（這個詞語在新哲學家的書寫中，尤其是格魯克斯曼的著作裡，具有相當高的重要性以及頗為不同的含義）明顯源自馬克思主義的流氓無產階級概念，但也是衍生自十年前《瘋狂史》描述的排拒與邊緣化的機制。「庶民」包含了必須被社會移除的「危險個人」；刑罰制度把他們與無產階級劃分開來，做法是把他們貼上異常或罪犯的標籤，藉此預防他們成為「大眾反抗運動的先鋒」。[36] 傅柯一再迴避維多提出的這個問題：囚犯（或者庶民）與無產階級之間的矛盾，是不是人民當中的主要矛盾？維多的毛派立場與傅柯為庶民提出的辯護之間的緊張關係可以明確感受得到，反映了他們對囚犯運動的不同觀點，也一直沒能調和。

傅柯對於「人民正義」是否可能實現所抱持的觀點，不是在真空中發展出來，而是反映了他對特定事件的反應。有一起事件對他的影響尤其重大。一九七二年春、夏兩季期間，位於巴黎以北二一三公里、距離里爾約四十公里的沒落採礦小鎮布虛埃昂納圖瓦（Bruay-en-Artois），成為一場吸引全法國目光的戲劇性事件的舞臺，傅柯也同樣極為關注這起事件。[37] 四月六日，十六歲的布莉姬特・德維弗（Brigitte Dewevre）被人發現陳屍於一座垃圾場。她遭到勒斃，呈現半裸的狀態。她的乳房嚴重割傷，但下體沒有遭到插入的跡象。驗屍結果顯示她身上的傷口是死後造成的。

這個女孩是當地一名礦工的女兒，可說是在構成天際線的那些廢土堆的陰影下長大。她陳屍處的垃圾場邊緣種著一排高高的樹籬，樹籬後方矗立著莫妮克・馬約（Monique Mayeur）的住宅，她是一間家具店的老闆，與著名的公證人暨當地扶輪社會員皮耶・勒華（Pierre Leroy）訂了婚。懷疑的目光隨即落在勒華身上：有人看見他的車子出現在那個區域，還有人描述了相貌與他極為

＊編注：在法文與英文中，「司法」與「正義」是同一個字 justice，「人民正義」也可譯為「人民司法」。

相似的男子，他的母親也向警方坦承自己用氨水幫他洗了兩套西裝，而沒有送去給洗衣店清洗。陳屍地點附近的樹籬不久前剛修剪得頗為低矮。受指派審理這件案子的地方預審裁判官亨利．帕斯卡（Henri Pascal），依據間接證據下令在調查期間把勒華羈押在貝蒂訥監獄（Béthune）。

這起凶殺案在這座小鎮造成嚴重對立，隨即蒙上政治色彩。勒華與馬約都不是特別討人喜歡的人物；勒華代表煤礦公司涉入不正當的土地交易，馬約則是有名難搞的女人。更重要的是，他們代表當地的資產階級。在這個工資低落而且失業率高的地區，他們卻能吃得昂貴奢華。勒華擁有一艘船，在當地的酒吧與妓院裡也顯然頗有名氣，而且據說喜愛虐待性的玩法。當地社區愈來愈認定布莉姬特是在某種性虐狂歡派對裡遭到殺害，她屍體上的撕裂傷則是被人拖行穿越樹籬並且越過圍牆所造成的結果，因為圍牆上插有玻璃碎片。簡言之，一名礦工的無辜女兒遭到一個資產階級的虐待狂殘暴殺害，而且他的未婚妻大概也是幫凶。

後來，扶輪社團結起來要求釋放遭到預防性監禁的勒華，更進一步凸顯了這起事件的階級層面。馬約的住宅遭到一批群眾丟擲石頭，他們一面要求報仇，一面高呼閹割勒華或是把他綁在車輛後面在街道上拖行。垃圾場在不久之後出現一面牌子，上面寫著：「在這個地點，身為礦工女兒的布莉姬特．德維弗遭到布盧埃的資產階級殺害。」

過去兩年左右，布盧埃是無產階級左翼的一個活動重點。這個組織因為「反矽肺病委員會」的工作，而在這個傳統上由法國共產黨掌握的地區獲得了些許政治進展。其中一位最知名的毛派是埃瓦爾德，他是當地中學一名活力充沛的年輕哲學教師。無產階級左翼原本對那項命案興趣缺缺，認為那只是一起犯罪案件，沒有政治上的重要性。不過，這種觀點很快就出現改變。如同埃瓦爾德指出的，無產階級左翼深信「與大眾同在」的必要性，而「大眾」無疑相當關注這起案件。[38]起初的猶豫消散之後，無產階級左翼開始深深涉入其中。那面牌子的出現，大概就是這個組織部分成員的傑作。一個真相與正義委員會在埃瓦爾德的倡議下成立，獲得的支持來自於無產階級左翼以及赤色濟難會的當地成員。

無產階級左翼試圖利用不是自己製造的狀況，這並不罕見，但這裡的罕見之處在於這個組織發現自己目前支持一位深信預防性監禁有其效益的法官，但大部分左派人士都認為這種做法極具壓迫性。帕斯卡法官開始感受到必須釋放勒華或是起訴他的壓力，而他拒絕這麼做則導致他和自己在檢察部門的上司產生衝突。

五月一日，《人民事業報》登出這個頭條標題：「現在他們殺起我們的孩子」。這起凶殺案被視為礦工在一百多年來遭受的暴力剝削的延伸，是一種社會食人舉動，而犯下此舉的乃是一個一餐有本錢吃掉八百公克肉類的富人，這個富人的女性朋友也吃得起小龍蝦。《人民事業報》的報導帶有道德憤怒的語氣：「主要的問題不在於有些資產階級成員的汙穢生活被攤在陽光下；他們本就能夠窺見，也能夠聞得到那樣的行為。此外，這些資產階級的品行，這些下流的荒淫狂歡太過臭不可聞，所以礦工不喜歡加以談論；那種行為的存在本身就已經足夠令人引以為恥了。」[39]這份報紙迫不及待地為那些要求處死或者閹割勒華的嗜血呼聲提供支持論點。

布盧埃這時成為媒體的關注焦點。記者描寫礦工聚落[40]的磚造房屋所使用的言詞，彷彿出自左拉的手筆，令許多當地人惱怒不已，因為他們對於自己的花朵、菜圃與一塵不染的室內環境深感自豪。布盧埃也吸引了不少名人訪客，包括克拉維勒與沙特，沙特也隨即針對出現私刑暴民的危險提出警告。在沙特眼中，人民正義隱含的意義就是勒華在證明有罪之前應該被視為無辜；《人民事業報》的集體回應則是任何東西都不該阻擋人民追求正義的自發本能。[41]

六月，傅柯與德費也開車到布盧埃去看究竟是怎麼一回事。傅柯雖然曾在里爾任教，先前卻不曾造訪過採礦區，他訝異地發現礦工聚落竟然與「資產階級城鎮」分隔得那麼清楚，因此那座住宅區成了「北部那片灰色當中」的一個弱勢族群隔離聚集區（ghetto）。[42]他走訪犯罪現場，以出人意料的植物專業知識指稱那排樹籬不是大多數報導說的山楂樹，而是鵝耳櫪，並且迅速得出勒華確實有罪的結論。那個月稍晚與克洛德．莫里亞克的對話裡，他為無產階級左翼及其他團體的「外來干預」提出辯護，指稱如果沒有那些干預，帕斯卡必定會屈服於壓力而釋放勒華。「這是向來受到保護的北部省分資產階級第一次不再受到保護，這也是為什麼發生在布盧埃昂納圖瓦的事情如此重要。」[43]

傅柯在布盧埃只待了短短一天，他之所以會得出那個結論，原因之一可能是他的接待者與嚮導是埃瓦爾德。不過，埃瓦爾德堅稱傅柯扮演的角色不該受到過度強調，而且他只是單純前來看這裡發生的事情：「基本上，傅柯只是前來觀察，什麼都沒有說；沙特則是什麼都沒看就忙著發表意見。」[44]

以如此不屑一顧的態度看待沙特，在傅柯的友人當中並不罕見。但在這個例子裡，埃瓦爾德對他的鄙夷也許有些過頭了。沙特實際上因為朗斯審判而到過布虛埃，對這個地區至少有一定程度的認識，而且他也認識傅柯的另一位主要嚮導。[45]這位嚮導是狄雷（André Théret），他是一名老礦工，也是毛派支持者，有長期參與政治和激進活動的歷史。[46]在戈維（Philippe Gavi）引用的一段對話裡，狄雷是「階級對抗階級」這種強硬立場的支持者，這些人在對話裡只寫名字不提姓氏。另外一名這種立場的支持者是若瑟〔圖內爾〕（Joseph [Tournel]），他在無產階級左翼的眼中是一名「模範勞工」。埃瓦爾德、狄雷與圖內爾至少在一定程度上跟惡名昭彰的《人民事業報》五月一日號有關連。

傅柯本人此時的政治傾向以及他政治上的夥伴都不太可能說服他勒華是無辜的。他沒有針對這起事件寫下任何一字，但顯然曾與朋友討論過。[47]他的整體觀點似乎是認為勒華的確是凶手，而礦工社群及其支持者的激進姿態則以史無前例的方式成功將一件齷齪的刑案政治化。他後來修正了這項觀點，在一九七六年向莫里亞克承認自己不再認定勒華有罪，對於自己過去提出的種種理論全都一笑置之。[48]

布虛埃謀殺案從未破案。帕斯卡在七月被調離這件案子，勒華也在沒有起訴的情況下獲得釋放。當地的一名少年承認自己犯下那起謀殺案，但後來又收回這項自白，聲稱自己那麼說只是為了引人注目而逞一時之勇。沒有人因為布莉姬特．德維弗遭殺害而受到審判。

這起事件，或者應該說是《人民事業報》對此一事件的報導，代表無產階級左翼的一個轉捩點。不少著名的激進分子（包括勒東帖克、黎納、鍾貝與格魯克斯曼）都強烈反對五月號的語氣和內容。勒東帖克尤其反對報導中呈現出來的那種天真態度，不但瀰漫著無產階級道德純淨性的迷思，也充滿粗糙的二分觀點，像是「礦工子女潔淨無瑕的童貞／扶輪社成員的性變態」。這些抗議者被駁回，還被摒斥為「毒害編輯委員會的毒蛇」。[49] 勒東帖克隨即意識到自己不再是激進家族的一分子。

布虛埃也揭露了無產階級道德觀的一些負面真相，尤其是狄雷在《現代》堅稱「貝蒂訥的所有資產階級都是『性變態』」，但是「完全沒有『性變態礦工』」。[50]

《人民事業報》的下一期刊登了可以說是號召對勒華施加私刑的呼籲。根據皮耶・維多所言，發生在布虛埃的事件代表「人民正義（司法）的開端；這種正義（司法）與資產階級正義（司法）不同，不會把調查與判刑分開，也不會把行刑與判刑分開」。[51] 反對意見受到冷酷的傲慢姿態置之不理。有個年輕女子對於勒華是否有罪提出質疑，結果該區主要幹部朱利（Serge July）回應指出，她之所以會有這樣的疑慮，純粹是因為「你是資產階級人士的女兒，你怕看見自己的爸爸遭到嚴懲」。[52]

傅柯當時對《人民事業報》的立場沒有提出評論，但他對於當地民眾的反應頗感不安，覺得他們已經近乎法西斯。布虛埃是他從人民正義這個概念退縮的一個重要階段。不過，這樣的退縮並不完全。在七月十三至十四日的夜晚，巴黎市郊的伊西萊穆利諾（Issy-les-Moulineaux）有一棟被占據居住的房屋遭到一群暴民攻擊。那群暴民約有四十人，持用的武器包括棍棒與催淚彈。那棟房屋裡的占住者是南斯拉夫移民，當時正與赤色濟難會舉行一場舞會，攻擊者是鄰近一座雪鐵龍工廠的突擊隊員，由法國工人聯盟（Confédération Française du Travail）這個起源可以追溯到維琪時代的激烈反共「工賊」工會組織而成。兩名年輕女子在攻擊過程中被綁架，其中一人遭到多次性侵。

有兩名攻擊者被逮住，痛打一頓之後才在第二天交給警方。在一幕令人聯想起巴黎解放的景象裡，這兩人被迫揹著標語牌遊街走向警察局，標語牌上寫著：「我是法國工人聯盟的法西斯主義者。我是一支突擊隊的成員，我們攻擊一場舞會，造成五人受傷，還綁架兩名女孩，性侵其中一人三次。我該受到什麼懲罰？」[53]

一份「來自幾位名人」的聲明於新聞媒體發布，內容譴責這項攻擊行為，呼籲大眾與受害者站在一起，還要參與「真相與正義所要求的大眾回應」。這份聲明的簽署者包括沙特、代表赤色濟難會的阿勒瓦克斯（Pierre Halbwachs）、莒哈絲、女演員黛芬．賽赫意（Delphine Seyrig），以及傅柯；其中提及「真相與正義」，強烈顯示了無產階級左翼在這份聲明背後至少也扮演了一定程度的角色。傅柯雖然心懷疑慮，但在一九七二年夏季顯然還是願意為人民正義的行為提出呼籲並加以辯護。

傅柯首次踏入金滴區，是為了找尋那個據說目睹受傷的裘貝被帶入醫院的阿爾及利亞人。到了現在，他對金滴區已經相當熟悉。此外，他也重拾了與凱特琳．馮畢羅的交情，這時她正活躍於當地一個赤色濟難會團體。[54] 馮畢羅在伽利瑪出版社的其中一項職務，就是在惹內偶爾造訪巴黎的時候負責接待他。由於這位作家的住址沒人知道，而且經常會消失個幾天的時間，所以這件工作並不容易。馮畢羅理當照顧他並滿足他的物質需求，但他不是個容易應付的人物。馮畢羅對莫里亞克說，她只有一次成功讓惹內談論自己的寫作。惹內沒有任何財物，唯一擁有的是自己當下正在閱讀的書籍；一旦讀完之後，這些書也會被他毫不客氣地丟掉。[55]傅柯深深仰慕惹內的作品，後來終於透過馮畢羅與他見到面。沒有任何線索顯示惹內讀過傅柯的著作或是打算這麼做。他們有一小段時間意氣相投，但由於惹內四處遊蕩的習性，因此他們從來沒有發展出深厚的友誼。

稱為金滴區的這個地方位於巴黎十八區，周圍可以望見蒙馬特的山丘以及聖心堂。如同蒙馬特，夾在夏貝爾大道（boulevard de la Chapelle）、巴貝斯大道（boulevard Barbès）、杜多維爾街（rue Doudeauville）與麥克斯多莫伊街（rue Max-Dormoy）之間的這塊四邊形區域，也在巴黎的都市與文學傳說當中占有一席之地。左拉筆下的娜娜即出生於此，但到了一九五〇年代，這裡已經成為外來移民的聚集地，其中大多數人都住在狹小擁擠的租賃住宅裡，這些住宅與娜娜的時代相比並沒有改善，甚至也沒有更破敗。傅柯首度與莫里亞克造訪這個區域的時候，曾經提到這裡不是他預期的那種「舊城區」。不過，這裡也不真正算是弱勢族群隔離聚集區；這是個人口混雜的地區，之所以引人注目是因為貧窮，而不是因為族裔同質性。到了一九七〇年代初期，這裡據估有五分之一左右的人口都是出身自北非或非洲黑人。極少有外來移民擁有自己的住處；大多數都是住在設有家具的房間、小旅館，或是屬於法國國家鐵路公司所有的公寓建築裡，因為該公司是這個區域的大房東。另一方面，當地幾乎所有的商店與咖啡廳都是由外來移民經營。金滴區在週間通常相當安靜，到了週末才會熱鬧起來，因為來自巴黎其他地區甚至這座首都之外的阿爾及利亞人與非洲人都會到這裡來購物、聊天、聚集在咖啡廳裡。星期六上午排在妓院外的人龍，儘管警察視而不見，仍是這個地區較為聲名狼藉的景象之一。傅柯從來沒有任何理由造訪這座城鎮的那個區域。

十五歲的杰拉里·班·阿里（Djellali Ben Ali）擁有頗為典型的家庭。他是九名子女當中的長子，父親是勞工，在一九七一年是法蘭西島大區快鐵的工人，參與興建這套巴黎的新運輸系統。他們全家人只住在夏彭尼耶路（rue Charbonnière）的一個房間裡，因此在人滿為患的情況下導致杰拉里必須寄住在舅舅賈哈菲（M. Djahafi）家裡，而賈哈菲自己也有四名子女。賈哈菲的經濟狀況比較寬裕，自從一九四八年就住在法國，經營金滴街五十三號的「東方布料絲綢」（Aux tissus et soieries de l'Orient）布店，櫥窗裡的布料所呈現的鮮豔色彩，在這條街道的一片灰當中顯得極為醒目。[56] 杰拉里實際上可說是成長於街頭上，長久以來涉入過不少輕微的犯罪行為。他因為在打架當中不落下風而著稱。當時有許多阿爾及利亞年輕人都成了傳說中的「巴黎頑童」的承繼者，杰拉里即是其中一個典型的例子。

杰拉里的舅舅在經濟方面的寬裕，可能引起了若干白人鄰居的嫉妒。例如和這幢公寓大樓的管理員及其五名子女同住在一個房間裡的皮格（Daniel Pigot），與杰拉里的關係就頗為緊張。杰拉里成了他們的種族歧視侮辱對象，而且皮格很快就開始在其中添加暴力威脅。在一九七二年十月初的某個時間點，皮格在巴貝斯大道的一家槍枝販賣店合法購得一把霰彈槍。十月二十七日清晨，杰拉里出門去買早餐要吃的麵包和牛奶，結果在樓梯間被皮格開槍射殺。[57]

這件凶殺案成了該區所有人唯一的話題，促使眾多白人記者湧入金滴區。他們大部分的報導都對這場命案表示驚駭，但對這個地方的描寫也都帶有異國色彩，同時一再提及梅格茲香腸（merquez）這種北非食物的氣味。這件命案也吸引了不少知識分子的注意，包括傅柯、莫里亞克、德勒茲、惹內與電影人德哈克（Michel Drach），德哈克還成立了一個杰拉里委員會以示抗議。十月三十日，超過二千名示威者手中拿著紅色康乃馨在狹小的街道上發動遊行。有幾人遭到逮捕，其中一人是年輕女子，先是被拘押三十個小時，後來被判處六週有期徒刑，其中三週為緩刑。在她對自己的拘押經歷的記述裡，她提到自己被辱罵「阿拉伯妓女」，還聽到一名員警說這些「外國佬」還有他們的白人朋友全都應該被機關槍掃射。[58]所有人對於她說的這些話都覺得不難相信。

這個地區的情勢充滿緊張，也有大批警力進駐。根據引述，杰拉里的舅舅指稱這根本是再一次的阿爾及利亞戰爭；這個地區在那場戰爭期間吃了許多苦頭。金滴街上有一棟房屋的地下室被凶暴出名的哈基人（harki；法國軍隊的「土著輔助部隊」成員）當成刑求室。一個致力要清理這個地區的委員會，在這時廣發一份傳單，抱怨金滴區的「哈林化」以及外來移民在這裡的過度集中。命案發生當天，出現了一份致當地共和民主人士聯盟代表的陳情書，呼籲交保釋放皮格以平撫「復仇的怒火」。[59]另一份傳單呼籲改善街道照明以及提高見警率。十月三十日被捕的那名女子所記述的那些話語，顯示提高見警率這項要求為什麼不太可能受到非白人人口的贊同。在阿爾及利亞人之間流傳著駭人的謠言，指稱有人看見屍體漂浮在鄰近的烏爾克運河（canal de l'Ourcq）。後來事實雖然證明這些都是毫無根據的謠言，但十年前確實發生過阿爾及利亞人的屍體漂浮在塞納河上的狀況，因此這類謠言自然不難引人聽信。

杰拉里委員會後來在金滴區又舉行了兩場示威活動，分別在十一月二十七日與十二月三日，並開始擴大關注範圍。該委員會聲稱這個地區遭到組織性種族歧視的威脅，而呼籲白人與非白人居民團結一致。在修道院長伽利瑪德（Abbé Gallimardet）的支持下，他們在聖布魯諾會堂（Salle Saint-Bruno）這座屬於當地教會的廳堂（令人感到混淆的是，那間教會的主保聖人卻是聖貝爾納）設立了一間辦公室。沙特放出自己有興趣和這個委員會合作的消息，傅柯與莫里亞克則是不太情願地接受了他這項提議。實際上，沙特在場確實有效。十二月二十七日，他在示威當中帶頭，不但發送傳單，也偶爾透過大聲公向旁觀群眾喊話（但儘管如此，他的話語還是不免淹沒於現場的喧鬧聲響之中）。警方顯然接獲命令不得逮捕沙特，於是他也就成為有效的「避雷針」。[60]他扮演的角色是象徵性的；惹內成功說服他接受自己的身體狀況不適合主持一間辦公室。[61]傅柯也發表了演說，但他看起來並不需要用上大聲公。

他在金滴區對這些活動的參與雖然非常投入，但卻是斷斷續續，因為他最主要的關注仍是監獄訊息小組，這個組織明顯占用了他大部分的時間。在發起示威活動以及起草呼籲傳單之前，他們首先針對杰拉里的遇害情形以及數名阿爾及利亞年輕人遭到逮捕與毆打的指控進行調查。這些調查是莫里亞克與傅柯進行的工作，他們花了許多時間在當地的咖啡廳裡討論事情狀況，並且經常藉助一名會說阿拉伯語的口譯。傅柯有一項擔憂是恐怕自己會被誤認為警察；不過，他實際上沒有被誤認為警察，倒是頗覺莞爾地在一家餐廳被誤認為沙特。[62]

如同在監獄訊息小組，傅柯也樂於和無產階級左翼還有赤色濟難會的毛派分子合作，但不完全贊同他們的政治立場。於金滴區舉行的一場集會，尤其引起毛派分子與一群當地少年的憤怒爭執。那群少年指責毛派的口號根本徒勞無益：毛派分子在當地到處張貼印有杰拉里照片的海報，並且要求復仇，但實際上卻什麼都沒做。傅柯雖然對他們接下來主張殺害皮格的要求嗤之以鼻，卻全然認同他們「對毛主義的矛盾提出的激烈批評，因為那種矛盾情形總是相同不變：一面虛張聲勢（在這個例子裡是號召復仇），同時卻沒有也不可能有相應的現實發展或行為」。[63]實際上，所有要求懲罰皮格的呼聲都不免令傅柯陷入尷尬的處境；由於監獄訊息小組「反對監獄」，因此他發現自己甚至不能要求把皮格關進牢裡。[64]此外，他也不認同反種族歧視並倡導民族友愛運動（Mouvement contre le Racisme et pour l'Amitié des Peuples）這個自由派團體的代表，以刻意甚至粗暴的態度對他們置之不理。[65]這是他的典型反應：莫里亞克觀察指出，傅柯如果對一名講者所說的話不感興趣，就會故意拿起一本雜誌來看，或是和身邊的人聊起天來。[66]在更一般性的層次上，由於他自己在情感上支持以色列，因此和傾向於支持巴勒斯坦的無產階級左翼（他們把金滴區視為吸收成員的潛在地盤）在關係上不免較為緊張。

明顯的是，活躍於金滴區的人士不全都是因為同樣的理由來到這裡。舉例而言，惹內拒絕把自己描述為政治活躍分子。他只有針對美國的黑人隔離聚集區以及巴勒斯坦的難民營才會表現出激進好鬥的姿態；在法國，他就純粹是個詩人而已。[67]因此，我們必須將他來到金滴區的行為理解為單純向阿拉伯人表達支持的舉動。莫里亞克最首要的關注是正義，但這種抽象概念對傅柯而言根本毫無意義。傅柯對於自己在金滴區進行的工作保持沉默，但那裡出現的議題，和監獄訊息小組所有相關人士對於不可容忍之事的譴責無疑有所交會。

在金滴區發起的干預行動持續時間不長，思慮也不完善。和當地的巴勒斯坦委員會之間的衝突，以及部分當地青年的口語暴力將會轉變為真實暴力的深切可能性，不久之後就促使莫里亞克與他的同僚決定撤退。不過，杰拉里委員會後來在一九七七年短暫重啟，因為皮格在那年終於上法院接受審判。他被判五年徒刑，其中三年緩刑。宣判之後沒有發生街頭示威活動。[68]

一九七二年十二月，傅柯又捲入另一起事件，雖與監獄議題沒有直接相關，卻如同裘貝與杰拉里事件一樣，涉及權力及其濫用的問題。此外，這起事件也導致他本身與警方有些不愉快的交手。穆罕默德．迪亞布（Mohamed Diab）的死因完全沒有疑問：一九七二年十一月二十九日星期三，在凡爾賽的一間警察局裡，由一把機關槍射出的三枚子彈奪走了他的性命。但另一方面，環繞這起事件的狀況卻頗具爭議性。那天傍晚，迪亞布這名三十二歲的阿爾及利亞卡車司機，同時也是育有四名子女的父親，前往當地一家醫院探望罹患重病的母親。後來院方要求他離開醫院的時候他拒絕從命，而且情緒愈來愈激動。警察接獲通報來到現場，認定他喝醉了酒，於是將他押送到當地的警察局接受驗血。他在這裡被脫掉鞋子，進行搜身。不久之後即傳出三聲槍響，迪亞布也就此喪命。在一場由地方預審裁判官主持、整整持續五個小時的聽證會上，副隊長馬赫奎（Marquet）堅稱自己開槍是出於自衛。

根據馬赫奎的說詞，迪亞布抓起一把金屬椅子，打破窗戶，還擊倒兩名員警。那兩名員警的槍枝掉到地上，就在迪亞布伸手可及之處。馬赫奎不曉得為什麼沒有佩戴自己的標準手槍，而是從武器櫃裡取出一把機關槍。馬赫奎的證詞指出，迪亞布抓住槍管，於是槍枝就在這時擊發，造成了致命的結果。

迪亞布的妹妹法特瑪・薩利歐伊（Fatma Sahlioui）以及他的妻子扎拉（Zara）所講述的事件經過非常不同。她們當時自己主動前往警察局，並且在十二月二日與三日向一群對她們抱持同情的學術界人士陳述了她們目睹的狀況。她們看見警方毆打迪亞布，還以種族歧視的言語辱罵他。他為了自衛抓起一把椅子，於是引發一場扭打。馬赫奎拿起那把槍，走向迪亞布，迪亞布則退入一條走廊，然後就遭到對方在五、六公尺的距離下開槍射殺。[69]

這起案件受到媒體廣泛報導，一般的推論都認為法國白人絕對不會遭到這樣的待遇。迪亞布也成為政治行動的焦點。沙特準備了一項聲明，莫里亞克及其他人受邀參與簽署。這份聲明最終收集了一百三十六個簽名。莫里亞克簽署得不太情願，指稱這份聲明的篇幅太長，傅柯只要十行就能清楚交代沙特需要十頁才說得完的事情。

這份聲明最終以沙特的名義刊登於《新觀察家》。沙特詳盡主張迪亞布的死亡是警方的種族歧視心態在阿爾及利亞戰爭結束之後再度興起所造成的必然結果。情勢的發展已到了無可回頭的地步：種族歧視必須消滅，否則法國就只能活在充滿害怕的資產階級於一九六八年迎回的「恐懼統治」之下。「在一九五六至一九六二年間，我們奮力確保勝利能夠維持在阿爾及利亞人的手中。為了他們好，但也是為了我們好：但願種族歧視的恥辱能夠從法國人的思維當中消失。」[70] 惹內指出，這句話只以沙特的名義刊登，對其效果絲毫沒有助益。[71]

沙特呼籲採取「直接行動」，於是移工權利與生活保護委員會（Comité de Défense des Droits et de la Vie des Travailleurs Immigrés）這個從杰拉里委員會衍生出來的組織在十二月十六日星期六號召了一場示威活動。星期五，警方告知沙特這項示威活動申請的路線不可接受。他們的計畫是要舉行一場和平的遊行示威，從好消息地鐵站（Bonne-Nouvelle）走到凡登廣場的司法部。依照這條路線，示威者將會穿越一個熱鬧的購物區，警方認為那裡的街道將會過於擁擠，而且主辦方沒有發布足夠的預告。

一個包含莫里亞克、杰斯瑪與維達納凱（沙特因為生病所以無法加入）的代表團前往警察總局交涉，但對方告知禁令仍然維持。莫里亞克提議遊行隊伍可以朝另一個方向走到共和國廣場（place de la République）這個傳統示威地點，但警方回絕。如果有人膽敢不理會禁令，將會遭到警方依法嚴辦，如果必要也不惜動用武力。他們於是準備了一份新聞稿，指稱示威活動已經來不及取消，因此主辦者覺得自己負有道德上的義務，必須在十二月十六日下午四點聚集於好消息地鐵站。

從這個地點展開遊行，看起來並非理所當然的決定，但這座地鐵站確實有一定程度的政治重要性。隨著滿心沮喪的代表團離開警察總局，他們的談話轉向一九六一年十月十七日在那裡遭到警察殺害的阿爾及利亞人。當初民族解放陣線發起一場和平示威，抗議政府為了遏阻民族解放陣線的活動而對巴黎的阿爾及利亞人口實施的宵禁。那群手無寸鐵的阿爾及利亞遊行群眾試圖走進巴黎市中心，其中許多人都穿上自己最好的服裝，以便顯得「體面」，但他們卻遭到警方以極端的暴力手段對待。共有一萬一千人遭到逮捕。確切死亡人數至今仍然未知，一般的估計是二百五十人。主要的殺戮地點是警察總局的庭院。有好幾個星期的時間，都可以看到屍體漂浮在塞納河上。

在另一個情境裡，傅柯與維達納凱在一場訪談當中指向現代法國歷史一項比較令人難堪的特徵：沒有人談那些在一九六一年十月喪生的阿爾及利亞人，但所有人都知道次年在一場反祕密軍事組織示威當中於沙隆地鐵站（Charonne）遭到警察殺害的九名法國示威者，而且有二百萬人參加了他們的喪禮。一九六一年十月的屠殺事件直到一九九一年才由反種族歧視並倡導民族友愛運動舉行一場遊行加以紀念。傅柯與維達納凱在二十年前評論指出：

在我們的觀點中，這表示總是有一個人類群體……受制於別人。在十九世紀，那個群體被稱為危險階級，這種情形到了今天仍然沒變。貧民窟的人口、人滿為患的市郊地區的居民、外來移民以及所有的邊緣人，不論老少，都屬於這種群體。難怪上法院接受審判或是被關進牢裡的通常都是這些人。[72]

星期六中午過後，在一場於高等師範學院舉行的計畫會議上，一群對非法示威並不陌生的毛派分子在一面黑板上精心畫出好消息大道周圍街道的地圖。沒什麼人出席這場會議，令部分激進分子頗感懊惱，喃喃抱怨這種缺乏紀律的情形。惹內與傅柯一同抵達。傅柯沒有簽署沙特的聲明，並且聲稱（顯然是口是心非）自己不知道那份聲明是誰寫的。

到了下午三點，警方開始針對從地鐵下車的北非乘客查驗身分；大多數的這些乘客比較感興趣的大概都是採購聖誕節禮品，而不是示威。隨著示威者開始聚集，一名身揹華麗三色飾帶的警察局長走向惹內，以「maître」（大師）這個近乎諂媚的尊敬用語稱呼他，並詢問他能否阻止這場示威。惹內回答道：「請叫我『先生』，」拒絕採取任何行動。這時候，開始有一小群一小群的示威者沿著附近的小巷前進，利用電影院外面的排隊人龍作為掩護。他們一再遭到警察驅散。不久之後，一支警察小隊襲擊了向排隊人潮發放傳單的示威者。雷克斯電影院當時因應聖誕節檔期上映迪士尼的《一〇一忠狗》，所以現場有許多兒童，警方的舉動引發了驚慌奔逃。一個六歲男童和他的祖母被人撞倒，男童因此流了鼻血。看到一名身上有血汙的兒童被人帶走，對群眾的激動情緒更是火上加油。

警方起初只聚焦於阿拉伯示威人士，想必是因為上頭的命令而不去理會現場的知識分子。於是，惹內、傅柯以及其他人也就得以從警方手上救回幾個被捕的示威者。到了六點，知識分子的豁免令已然取消。隨著一輛滿載囚犯的廂型車在剩餘的示威者鼓掌下駛離，鎮暴警察又再度發動攻擊。莫里亞克的腎臟部位遭到撞擊，接著又有一名員警以警棍捅向他的鼠蹊部，所幸稍微偏離了目標。傅柯遭到包圍，然後被拖上一輛警方的廂型車，莫里亞克也隨即被拖進去。傅柯氣得臉色發白，但他最擔心的是德勒茲可能也已經遭到逮捕。一名年輕的鎮暴警察警告傅柯，要是敢亂來，他就會逼他吞下自己的眼鏡。傅柯毫不示弱，要他再說一次，幸好另一名員警即時出面干預，才避免一場想必會頗為暴力的衝突。

總共有一百六十一人遭到逮捕。傅柯與莫里亞克被帶到波莊路的警方拘留中心，在那裡見到了同樣被捕的惹內與杰斯瑪。這座居留中心惡名在外，傅柯首度來到這裡是在一九六九年占領凡森大學的行動中被捕之後。杰斯瑪指出，一九六八年五月示威學生就是在這裡遭到成排手持棍棒的鎮暴警察夾道攻擊。這一次沒有發生暴力，但惹內為了激怒員警而刻意辱罵，讓現場的緊張氣氛升高到危險的程度。頗不尋常的是，他們獲准打電話，因此傅柯得以通知母親說自己無法和她共進晚餐。警方把他與莫里亞克還有杰斯瑪分開，與另外四十五人一起關進一間為了容納二十人而設計的牢房裡。十點過後不久，警方告知傅柯已經獲釋，但他拒絕離開，要求與他同關在一間牢房的囚友也都應該釋放。所有人終於在午夜前後獲釋。傅柯關注的第一件事情，就是確保沒有北非人仍然受到拘留。[73]

迪亞布案件雖然在短期內造成相當大的衝擊，卻在不久之後在媒體上消失，不再受到大眾討論。馬赫奎以過失殺人罪名受到起訴，但這件案子直到一九七五年十月才由凡爾賽的一間法院開庭審理，而且隨即就宣告迪亞布的喪命事件涉及許多「令人不安的狀況」，因此超出其管轄範圍，應當轉交給更高層級的法院。一九七六年四月，這起案件由一間高等法院接手，但馬赫奎以健康情形不佳為由沒有到庭。莫里亞克與傅柯都受到哈利米（Gisèle Halimi）傳喚作證。哈利米代表迪亞布的家人，希望證明馬赫奎的行為是出於種族動機，但莫里亞克與傅柯兩人都婉拒出庭，理由是他們對這起案件所知的一切都不是第一手資訊，他們也無意提出對任何人不利的證詞。一九八〇年五月，在這起事件過了將近八年後，檢察長判定馬赫奎的行為是出於自衛，建議撤銷對他的起訴。[74]

裘貝事件、杰拉里與迪亞布遭害，以及發生於布虛埃的事件，這些現象共同造成的一項副作用，就是有許多人愈來愈體認到必須要有一份刊物，一方面能夠報導這類事件，但又不至於落入《人民事業報》那種意識形態教條。最後的結果即是《解放報》，該報的記者與讀者都暱稱它作「Libé」。這份報紙後來等同於一種感到不滿的左派立場，逐漸開始探討被毛派團體忽略的性政治與生活方式政治議題。《解放報》的內部運作原本頗為混亂，採取集體領導方式，對所有員工都支付一律相同的低薪，但經過多次的分裂、危機與近乎破產之後，逐漸演變為一份重要的左派日報，讓許多年輕記者得以在其中獲得首次職業經驗。這份報紙迅速成為許多年輕人生活中不可或缺的一部分，他們把《解放報》的讀者來信專欄與分類廣告當成散播消息的管道。所謂的「prix libé」一詞（意指「平價」），成為一種社會方言當中的獨特成分。

《解放報》最早並不是一份報紙，而是一家名為解放新聞社（Agence de Presse Libération）的通訊社，成立於一九七一年六月十八日。這家通訊社的名稱是個巧妙的雙關語。「APL」是「人民解放軍」的法文縮寫，明顯是指涉中國。一九四〇年六月十八日是戴高樂呼籲（appel）繼續抵抗德國占領的日子。「APL」的發音與「appel」一模一樣；因此，與新抵抗運動的意識形態或迷思相符合，這家通訊社乃是新的「六月十八日呼籲」（appel du 18 juin）。這家通訊社的第一份宣言指出：

由一群屬於革命媒體與傳統媒體的記者所構成的集體，和我們一起在新聞前線參與一場新戰役。我們所有人都想要創造一件捍衛真相的新工具，這項工具就是解放新聞社……在裘貝事件之後，街頭上產生了對於自由的重大需求。儘管政府試圖抑制記者的憤怒，但這種情形仍然維持不變。解放新聞社的抱負是要成為一個新法庭，為那些想要揭發一切的記者，以及想要知道一切的人民，賦予發聲的機會。這個新法庭將會為人民賦予聲音。[75]

解放新聞社由一個非常小的團體經營，其領導人是曾經參與聖貝爾納禮拜堂絕食抗議活動的韋尼耶（Jean-Pierre Vernier），並由克拉維勒統籌整體方向。這是一家手工式的小新聞社，最早的出版品都是在韋尼耶的公寓裡用一部二手油印機印刷在劣質紙張上。原本的實驗沒有奏效，因為他們報導的新聞沒有引起多少興趣，內容也經常不可靠。到了九月，他們找到營運場所，開始常態性印行一份十頁的公報。一個志工團隊在杜蘇斯街勤奮工作，也建立了一個遍及全國的特派員網絡。十二月，這家新聞社報導了第一則獨家新聞：杰斯瑪獲釋出獄。次年三月，他們又挖到一則更精采的新聞。年輕的毛派分子歐維內（Pierre Overney）偕同幾名同志到布洛涅畢雍庫赫（Boulogne-Billancourt）的雷諾工廠發放傳單，結果遭到一名警衛開槍射殺，解放新聞社的一名攝影師恰好就在現場。證據無可辯駁：雙方沒有肢體衝突，歐維內手上只有一根短棍，而且是遭到刻意槍殺。那名攝影師拍攝的照片受到廣泛翻印，也在電視上播放。解放新聞社從此受到認真看待。

歐維內的葬禮在三月四日吸引了二十萬人走上街頭，包括傅柯。阿圖塞也在場，他以帶有先見之明的憤世嫉俗指稱被埋葬的不只是歐維內，而是極左派本身。[76] 四天後，新人民抵抗運動組織為歐維內的遇害展開報復，綁架了雷諾的一名社會關係專員。他們持用的槍枝沒有裝子彈，那名受害者最終也在毫髮無傷的情況下被釋放。看來他們捨棄了恐怖主義的選項。

解放新聞社不久之後開始討論要發行一份日報。無產階級左翼支持這個想法，雖然他們在解放新聞社報導杰斯瑪獲釋的消息之前對這家通訊社毫無興趣，但這時逐漸浮現的共識，卻是這份日報雖然明顯屬於極左派，卻不應該受到特定政治效忠對象所束縛。其名稱將是《解放報》，取自一份抵抗運動的報紙，同時也象徵這份日報誕生於其中的意識形態氛圍：「《解放報》誕生於一九四一年，當時武裝為人民賦予了聲音……今天，法國的底層階級（la France d'en bas）必須再度表達自己。《解放報》就是對此一需求的回應……就此而言，我們認為自己乃是在延續一項隨著抵抗運動而生的傳統。」[77]

財務是一大問題，而且也一直揮之不去。於是，他們終究還是不免向那群熟面孔求助。克拉維勒捐出自己一本書與一部電影的版稅，沙特則捐出伽利瑪出版社為一部訪談集預付給他的三萬法郎版稅，由戈維與皮耶・維多負責對他進行訪談。[78] 傅柯也捐一筆金額不明的款項。

為了準備發行《解放報》而召開的第一場完整會議，於一九七二年十二月舉行。克洛德・莫里亞克走進解放新聞社位於布列塔尼街（rue de Bretagne）的新辦公室，看見大約有十五人圍坐著兩張桌子。[79] 沙特與傅柯坐在一起，他們兩人身邊又分別坐著無產階級左翼的皮耶・維多與囚犯行動委員會的利沃侯澤。莫里亞克尷尬地發現自己是現場唯一穿襯衫打領帶的人。傅柯穿著他平常的高領毛衣，如果不是認真記著筆記，就是盯著自己的指甲。

戈維指出「人民應該要能監督自己生活中的每個面向」，傅柯隨即以極度精準的言詞插話。在他的觀點當中，「監督」代表四件事情：資訊、阻止權力達成其目標、取代，以及創新。通常籠罩在祕密之中的主題，例如不動產經紀人與製藥公司的運作，必須有資訊或消息提供給大眾。他針對該怎麼阻礙權力提出的例子有點古怪：應該阻止女性購買化妝品，因為「化妝品都是垃圾」。最後，「人民的監督」表示這份報紙以外的團體也應該參與這項計畫：「人民的監督必須透過這份報紙的中介來施行，但也必須歸功於外部團體採取的行動。這麼一來，我們就不會在真空當中發言。」他認同戈維的一項觀點，就是《解放報》應該報導左派媒體通常忽略的主題，例如賽馬，並指稱這份報紙也應該為「同性戀者……以及犯法人士」提供發聲機會。[80] 毛派媒體對於布虛埃的報導顯然縈繞在所有人的心頭，傅柯認為那是編輯問題，因此詢問究竟是誰為《人民事業報》報導布莉姬特．德維弗的命案，以及編輯階層架構到底是怎麼安排。這項議題雖然提出了，卻沒有解決，因此《解放報》在後來很長一段時間投注了許多篇幅改正先前發表的錯誤報導。

接著，討論主題轉向這份報紙那些著名的支持者可以提供什麼內容。沙特只說自己願意在受邀的時候供稿。傅柯提出的供稿方向更加明確。他無意撰寫「司法」專欄；他自嘲說自己已經服滿兩年刑期，現在該由囚犯行動委員會接下監獄訊息小組的工作。此外，他對於朱利認定他會針對特定主題自發寫作或是接受邀稿的說法也不是特別中意。他提出了自己的建議：

我考慮根據勞動階級與無產階級的記憶撰寫紀事，也就是從十九世紀……或者更早之前一路延伸到近年的歷史片段，例如里昂紡工起義，[81]以及巴黎木工在一八五五年（還是一八四五年？）發動的第一場大反抗。此外，還有監獄暴動，第一場發生在一八二九年，另一場在一八三〇年。所以，這會是與當今時事相關的歷史紀事。我認為這樣的內容會引起讀者的興趣。[82]

《解放報》的宣言在一九七三年初向新聞媒體發布。這份文本由皮耶．維多起草，經過戈維的校訂與沙特的修改，並且受到傅柯的詳盡討論。《解放報》將是一份民主報紙，竭盡全力對抗媒體大亨的力量。這份報紙的主要新聞來源將會是人民：來自人民的新聞，也是為了人民而報導的新聞。報紙內容經由邀稿而來。這份報紙將會是對日常生活提出的每日批評，也將反映所有那些通常遭到媒體忽視的民眾的生活。這份報紙不會刊登付費廣告；營運資金將來自讀者團體、支持委員會，以及訂閱收入。[83]傅柯在一九七八年七月接受訪談的時候指出，「《解放報》委員會」的設計就是一個集體作者，他借用瓜達希的話，形容這家報社是「分子革命的結盟」，[84]意思是說這會是一家開放性的報社，根據資訊的流動運作，而不是一家靜態的機構。

一九七三年四月十八日，發行了四期編號為「〇〇」的報紙之後，《解放報》終於發行了第一期，頭版是一篇懇求捐款的呼籲文章，還有先前捐款者的名單。這份報紙直到秋季才開始定期出刊。二月二十二日出刊的「〇〇」號刊登了傅柯的首篇稿件。在標題為〈勞動階級回憶紀事〉

（Pour une chronique de la mémoire ouvrière）的短文裡，他回答了一個名叫「荷西」並且自稱是「畢雍庫赫雷諾工廠的工人」向他提出的問題。後來的另一期報紙更進一步指稱這名「荷西」是外來移民「OS」（這是「ouvrier spécialisé」的簡寫，意為半技術工人），也是反抗委員會的成員，因為政治因素被開除。對於左翼毛派以及《解放報》而言，這類人物是極為重要的政治代表人物。雷諾是一大目標：一家素具壓迫名聲的國有化公司，在政治層面由法國共產黨與總工會主導。贏得半技術工人族群的支持，被視為是一項能夠打破國家與共產黨霸權的勝利。除此之外，我們對於「荷西」一無所知，但傅柯對話的這個對象除了是一名個人之外，也是一個象徵。

在這首篇訪談裡，傅柯描述了自己在一月概述過的這項計畫。在與荷西的第二次對話當中，傅柯主要談論了自己對於知識分子角色的看法。荷西在開頭提議指出，「為人民服務」的知識分子就像一面鏡子，應該反映出自己從受剝削者身上蒐集來的資訊；傅柯的回應則主張知識分子扮演的角色不該過度誇大：

> 勞工在做什麼，不需要由知識分子來告訴他們；他們非常清楚自己在做什麼。在我看來，知識分子屬於資訊網絡，不屬於生產網絡。知識分子可以讓自己的聲音被人聽見，可以在報紙當中撰稿，提出自己的觀點。知識分子也屬於一套比較古老的資訊網絡。他擁有透過閱讀一定數量的書籍而獲得的知識，是其他人不直接擁有的知識。因此，他扮演的角色不是形塑勞工階級意識，因為那種意識早已存在，而是要讓那種意識以及勞工階級知識進入資訊體

系……相較於勞工階級的知識，知識分子的知識總是不完全的。相較於勞工階級擁有的龐大經驗，我們對於法國社會歷史所知的內容實在是非常片面。[85]

傅柯這項以勞工階級抗爭歷史為主題的寫作計畫並未實現，以上所提就是他在《解放報》開始發行的第一年僅有的稿件。他在一九七〇年代又發表了幾篇文章，[86] 但卻直到一九八〇年代才比較常態性地供稿。從他在一九七二年十二月一場創刊前會議上發表的意見，可以明顯看出他打算在這份報紙當中扮演積極的角色，無意只是擔任名義上的領袖。因此，他的沉默表現以及未能撰寫他原本計畫的連載專欄，乍看之下可能會令人頗感費解。不過，這種情形其實有幾項可能的解釋。為《解放報》工作必須全職投入，必須不斷參與個人與政治上的爭吵，其中許多都是因為處在一個毛派集體當中引起的結果。克拉維勒說，在《解放報》工作的人「很快就不再互相喜愛。他們要是握有世俗權力，鐵定在幾個月內就會消滅彼此」。[87] 在《解放報》辦公室工作所要求的那種近乎全然的投入，是身負老師、研究者與作家職責的傅柯沒有辦法提供的。此外，戈維認為，《解放報》團隊愈來愈高的專業化與工會化也可能促使他們愈來愈不願意接受那些支持者的定期供稿，只願意接受偶爾供稿。[88]

傅柯表達自己希望《解放報》能賦予同性戀者發聲機會，這觸及到一項重要議題，同時也凸顯了極左派論述當中一個空白之處。造成一九六八年五月事件的其中一項惡名昭彰的肇因雖然源自性議題（也就是規定學生不得造訪異性同學房間的禁令），但性政治仍然相對欠缺發展。提出同性戀問題的首次嘗試發生在一九六八年五月，當時有八張由「革命雞姦活動委員會」（Comité d'Action Pédérastique Révolutionnaire）署名的海報出現在索邦大學牆上，但這些海報幾乎立刻就被撕除，這個團體也就此銷聲匿跡。[89]

法國的女性主義在初期階段主要是對許多極左派分子的「大男人」心態做出的反應。凡森大學的氛圍頗為典型。在那裡，一項籌備女性集會的嘗試遭到一群毛派突擊者打斷，他們高喊著：「權力來自陰莖頂端。」另一方面，一群女性舉行的一場小型示威，則簡潔有效地呈現出新興的女性主義運動認為的問題所在。在一九七一年的第一次世界大戰停戰紀念日，有人在凱旋門底下的無名戰士墓放置花環，還有展開的布條寫著：「每兩人就有一人是女人」，以及「比無名戰士更加無名的，是他的妻子」。[90]警方的反應迅速而殘暴。

同性戀運動和女性主義運動一度共同並存，但在一九七一年春季，同性戀革命行動陣線的成立標誌著獨立的同性戀運動的出現。同性戀革命行動陣線首度彰顯自身存在的重大舉動，是在《一切》四月號刊登一份四頁的跨頁宣言。這份宣言的語氣盛氣凌人，插圖充滿情慾色彩。這個組織宣稱它的成員再也不會躲在陰影裡：「沒錯，我們被阿拉伯人捅過菊花；我們以此為傲，以後還會再這麼做。」[91]同性戀革命行動陣線的集會主要於法國美術學院舉行，會議上總是以喧鬧放縱的方式頌揚同性戀性向。大部分的參與者都很年輕（資深無政府主義者蓋林〔Daniel Guérin〕是一大例外），不但反抗「正常」社會，也反抗拘謹的左派。可想而知，那期的《一切》被指為色情而遭禁。同樣不意外的是，諾曼·貝第訥書店（Librairie Norman Bethune）這家主要的毛派書店也以同樣的理由拒絕進貨這本雜誌。同性戀革命行動陣線沒有存續太久，因為這個組織原本的設計就是要透過本身的存在來表明論點然後就自我毀滅。

傅柯對女性主義雖然大體上抱持同情態度，卻不是他最關注的議題之一。同性戀議題對他而言比較切身相關，但他沒有積極涉入同性戀革命行動陣線的活動。他出席過幾場在法國美術學院舉行的集會，卻意外地抱持懷疑態度。他雖然樂見同性戀革命行動陣線的存在，卻擔心這個組織可能會導致另一種形式的隔離聚集，並認為「gai / gay」一詞可能帶來的壓迫性恐怕不遜於其他任何一種標籤。[92] 他在這個情況下首度結識了年輕的歐肯格姆（Guy Hocquenghem）：這名年輕人不久之後即成為同性戀運動中能見度最高的人物，他也寫了一本書，認為同性戀者承繼了《瘋狂史》當中那些遭到排拒與監禁的族群。[93]

傅柯首次與新興的同性戀運動有公開連結，是以稍微不同的形式出現。一九七三年三月，《研究》雜誌（*Recherches*）以「三十億名變態：同性戀大百科」（Trois milliards de pervers: La Grande Encyclopédie des homosexualités）作為當期標題。這期雜誌收錄了匿名的男女同性戀者寫的各種文章，包括自我壓迫的陳述乃至深富情慾色彩的幻想。其中的插圖主要出自曾經參與同性戀革命行動陣線的迪斯蒲，一名少見多怪的《世界報》記者如此描述：「照片、老舊的版畫……還有素描，陽具在其中扮演了醒目而且經常頗為巨大的角色。」[94]

瓜達希發行這期雜誌，知道會有被起訴的風險，為了阻擋政府審查，傅柯、德勒茲、沙特、惹內與瓜達希本人都聲稱自己是那些匿名文章的作者。這項策略並未奏效；這本雜誌終究還是遭到沒收與禁止，瓜達希也因為猥褻出版品的法律被起訴。這起案件的審理過程有如一場鬧劇，因為由基耶茲曼代表瓜達希的辯方堅持唸出最「色情」的段落。傅柯受到辯方傳喚為證人，但沒有出庭，原因是他當時正在國外巡迴講課。瓜達希被判決罰款，但他誇稱自己根本沒繳那筆錢。這場審判造成的主要結果是一門熱絡的祕密交易，交易標的就是少數存留下來的《研究》雜誌。[95]

在此同時，傅柯還涉入另外兩項關於性政治的運動。一九七二年六月，卡彭提耶醫生（Jean Carpentier）遭到醫師公會停職並禁止執業，原因是他在科貝（Corbeil）市郊的一所學校外面發放一份標題為「一起來學習做愛」（Apprenons à faire l'amour）的傳單。這張由性解放行動委員會（Comité d'Action pour la Libération de la Sexualité）印行的傳單，內容含有基本的性資訊，把重點放在愉悅的感受上，也提供了一些避孕資訊。[96] 此外，傳單裡以贊同的語氣談及手淫，包括個人的自慰以及性伴侶之間相互的手淫。這份傳單的其他版本不久之後也開始廣泛流傳。

這份傳單起源於一件瑣碎得可憐的小事，就是一個男孩和一個女孩在中學校園裡親吻被人發現。校方寫信向他們的父母告狀，於是這對小情侶向卡彭提耶告知這件事情，希望能夠展開比較開放的對話。

卡彭提耶在六月二十九日召開記者會，在記者會上發言的其中一人就是傅柯。傅柯沒有執著於這起案件本身的細節，而是利用這個機會討論醫學身為道德守護者的議題。在傅柯看來，醫師公會之所以覺得自己受到攻擊，原因是卡彭提耶的傳單對他們來說是在挑戰醫學傳統的「個人主義行為」。他接著指出：

他們批評你〔卡彭提耶〕鼓勵兒童從事特定行為，他們主張那些行為「不論是否正常，都不免會造成心理障礙」。自從十八世紀以來，醫學的一大功能，包括心理、精神病理以及神經方面的醫學，其一大功能當然都是在宗教的支配範圍結束之處接手，把罪惡轉變為疾病……在界定這些行為「是否正常」的段落結尾，我看到這些行為突然被定義為「墮落」。換句話說，醫學也具有司法功能。醫學不只界定何謂正常與不正常，但最終也界定何謂正當與不正當、違法與不違法，以及什麼是墮落，什麼又是有害的行為。[97]

儘管那份傳單廣受歡迎，傅柯與卡彭提耶本人也提出辯解，卡彭提耶終究還是遭到禁止執業一年。

那份傳單之所以值得注意，不只因為它明確展現傅柯的政治可用性，也因為那份傳單顯示了他的理論具有出人意料的直接適用性。此外，那份傳單的局限也很顯著。卡彭提耶曾經表達這樣的想法：「之所以會出現對同性戀的興趣，主要是因為偽善的道德權威通常禁止年輕人建立異性戀（女孩—男孩）關係（而且還有臉譴責同性戀）。不過，異性戀關係帶來的愉悅似乎比較豐富。」在十月一場為了支持他而召開的公開集會上，卡彭提耶在同性戀革命行動陣線的干預下被迫坦承：「在同性戀方面，我還有點跟不上時代。」[98] 傅柯沒有提起同性戀議題，只是把自己的發言局限在對醫學權力的一般性評論。

一年後，傅柯又捲入了性政治當中另一個頗為不同但並非毫不相關的面向。一九七三年十月，在一位地方預審裁判官的指示下，傅柯與朗杜（Alain Landau）及佩提（Jean-Yves Petit）這兩名醫生受到法警傳喚。傅柯對於這項傳喚頗感莞爾，「露出他最具諷刺性的笑容，一道同時帶著（近乎）痛苦與得意的微笑，對克洛德．莫里亞克說道：『你知道嗎，我搞不好會被控告執行墮胎……』。」[99]原來是健康訊息小組發行了一本標題為《沒錯，我們從事墮胎手術》（*Oui, nous avortons*）的小冊子，傅柯與那兩名醫生被人認為是小冊子的作者。

這本小冊子不是第一份這類宣言；在二月，共有包括三位諾貝爾獎得主在內的三百三十一名醫生發表聲明，指稱他們從事墮胎手術，並主張墮胎是女性的權利，應該得到社會安全體系補助。法國在一九二〇年宣告墮胎違法，這種情形一直維持到一九七五年。不過，這項議題不是傅柯追求的重大目標之一，即便在他談及自己被逮捕的可能性之時，德費仍需要委婉提醒他墮胎與避孕並不相同。[100]

我們無法確知傅柯實際上的參與程度，但他很有可能只是單純讓一件集體出版品掛上他的名字而已。在一篇由這三人（他們並未受到起訴）合寫的文章裡，他們描述了非法墮胎診所使用的方法，並且在文章結尾主張墮胎權，同時表示他們拒絕醫學壟斷，因為他們擔心這樣的壟斷會成為一種牟取暴利的手段。一份墮胎合法化的法案得到討論，但利用這項法律對付健康訊息小組的做法，卻顯示了一種分化的嘗試，企圖製造兩個陣營的對立，一方是「善良的醫生」，另一方則是希望把墮胎與避孕確立為政治權利的人士。[101]

# 13 痛苦檔案

一九七一至一九七三年是傅柯人生中政治色彩最強烈的時期，他參與的眾多活動使他沒有什麼時間從事寫作。《知識考古學》出版於一九六九年，然後他就一直沒有推出重大著作，直到一九七五年才出版了《監視與懲罰》；《我是皮耶．希維業》是一部集體作品，傅柯扮演的角色是引導者而不是作者。在這段時期，他大部分的出版作品都是講座、討論以及其他口語交流的文字稿。傅柯是熱門的訪談對象，主要是關於監獄訊息小組以及他對監獄的觀點。[1] 此外，他也是外國大學搶手的客座講師。他為書本撰寫序言，例如利沃侯澤的《從監獄到抗爭》（*De la prison à la révolte*）；也在一九七二年春季和一個來自《精神》的團體共同參與社會工作的圓桌討論。[2] 他在這段時期最具戲劇性的文字作品，大概是一九七三年三月為何貝侯勒（Paul Rebeyrolle）的一場展覽所寫的展覽目錄介紹文章。

這場展覽於聲望崇高的瑪格畫廊（Maeght gallery）舉行，展品共有十件大型複合媒材作品（油彩畫布、木材、鐵絲網），藉由特殊的設置方式讓觀者覺得自己彷彿完全受到監禁：「你已經進來了，你現在環繞在十幅設置在這個展間裡的畫作之間，此一展間的所有窗戶都仔細關上。現在是不是輪到你身在監獄裡，就像你看到的那些不停跳躍撲向鐵絲網的狗兒一樣？」[3] 周遭的畫布上描繪了狗兒想要逃脫狹小監禁空間的努力，那些畫作的標題，包括〈有罪〉、〈刑虐〉、〈牢房〉，全都在描述一個監禁的世界。大多數的畫布都是以灰與白的色調畫成，但標題為〈內部〉（Dedans）的第八幅畫作卻出現改變。隨著逃脫終於有可能成真，原本居於支配地位的白色調即被鮮明的藍色取代：

牆壁由頂端裂開到底部，彷彿被一把巨大的藍劍劈開。原本因為木條的突起而成為權力標記的垂直面，現在則開啟了自由。固定鐵絲網的垂直木條無法阻止牆壁裂開。狗兒的鼻子與腳掌以強而有力的激烈抖動努力想要撐開裂縫。在人的掙扎奮鬥裡，從來沒有任何偉大的成就是來自於窗戶；一切成果總是透過推倒牆壁的勝利之舉而來。[4]

在下一張畫布上，狗兒蹲伏在地，準備跳向牆外，兩眼盯著那片無窮無盡的藍。現在，這條狗兒與那一片藍之間只隔著那道已經撕裂的鐵絲網。接下來：

最後的那張巨大畫布展開在面前，擴張出一個截至目前為止在此一系列中沒有出現過的新空間；這個空間的一端是過往的陰暗堡壘，另一端則是未來的色彩迸發。不過，在這整個空間當中可以看到奔跑的腳印：「一個逃脫者的描述」。看來真相是輕柔而來，就像鴿子一樣。力量把自己奔逃的爪印留在地上。[5]

在這段時期當中，傅柯顯然還是持續進行他的研究工作，地點主要是在國家圖書館，但也包括國家檔案局、阿瑟納爾圖書館以及警察總局的檔案室。他也到凡森以及更遠的南特查閱其他檔案資料。傅柯極少向任何人提起自己進行中的研究，但他在法蘭西公學院的講座與研討課都會用上這些研究獲得的成果，這些研究成果也是後來《監視與懲罰》的材料。一九七二至一九七三年的系列講座聚焦於「懲罰性社會」，傅柯在其中開始勾勒出自己下一本書的主題。他在這時首度接觸到效益主義哲學家邊沁（Jeremy Bentham）令人震驚的「全景監控監獄」(panopticon）計畫（這是一種建築設計，可確保完全無視線死角的監獄管理），並首度談及十九世紀開創了「全景監控模式（panopticism）時代」。[6]那一年的研討課聚焦於彙整皮耶．希維業的檔案，以便在一九七三年出版。在一九七三至一九七四年，他的講座探討「精神醫療權力」的主題，研討課則探討十九世紀的醫院歷史與建築，還有專業精神鑑定報告在法醫學當中扮演的角色。

探究醫院建築的研討課團體提供了傅柯最喜歡的那種工作環境：一小群人，願意在一項特定計畫上密切合作。這個團體除了在法蘭西公學院會面之外，也會在傅柯家中舉行比較不正式的聚會，有時甚至也在咖啡廳。其中一名成員是傅柯的外甥女安．薩拉米，她後來回憶指出，與傅柯合作是一項愉快而且收穫豐富的經驗。他們閱讀論文、從圖書館挖掘出十八世紀的醫院藍圖，在放鬆寬容的氛圍當中進行討論。傅柯總是願意撥空接受這個小團體的諮詢，薩拉米發現自己就算在國家圖書館打擾他也不會惹他生氣。不過，她坦承自己也許無意間利用了他們的親戚關係，所以她的經驗對別人可能不適用。[7]

這堂研討課並不尋常，因為它的研究支出得到瓜達希的教育、研究暨機構培訓中心（Centre d'Etude, de Recherche et de Formation Institutionnelles）提供補助，這是一個由精神醫師、都市計畫師、經濟學家與政治運動人士組成的聯盟。教研訓中心出版《研究》這份跨學科期刊，人滿為患的辦公室位在博馬舍大道（boulevard Beaumarchais）。這個組織的眾多活動反映了創辦人廣博的興趣和關注，因為他是一名自由至上主義者，原本接受藥學與哲學訓練，後來又成為拉岡學派的精神分析師。去世於一九九二年九月的瓜達希，在拉博德療養院（Clinique de la Borde）工作了將近四十年，是另類精神醫學運動的關鍵人物。他活躍於許多政治領域，就許多方面而言可說是體現了一九六〇年代晚期的精神。教研訓中心是多個組織的聯合體，集結了針對各類制度性事務進行研究的組織，由德勒茲與瓜達希負責主持，一名成員稱他們兩人的組合有如一個「連體智者」。經過許多的內省之後，教研訓中心認為收取政府機構的資金並非不可饒恕的罪行，於是開始投標研究計畫。到了一九七三年，這個組織的財力已經頗為雄厚。[8]

傅柯之前和教研訓中心有過往來，因為一個針對這座城市的系譜學從事研究的團體曾在一九七一年秋季找上他，請他針對他們正在進行中的工作提供意見。當時與傅柯接觸的其中一人是瑪麗提黑瑟・維赫涅(Marie-Thérèse Vernet),她是凡森大學的經濟學家。她覺得傅柯心胸開闊而且相當和善,但是對於這個團體認為應該尋求「專家」意見的想法頗為反感。她另外打趣說道,她抵達沃吉哈赫街的時候,她莞爾地發現這位著名的檔案學者並沒有像她暗中猜測的那樣生活在一大堆積滿灰塵的紙張當中,而是住在一間嶄新的現代公寓。[9] 這項在混亂狀況當中進行與撰寫的研究,後來出版為《權力工具》(*Les Equipements du pouvoir*)。[10] 傅柯在其中僅有和德勒茲以及瓜達希的兩段簡短對話,主題是城市身為生產力所扮演的角色。[11] 這些對話納入都市化歷史的廣泛辯論並不是全然合適,而且這種將外部專家引進一項集體工作當中的做法,也確實讓人覺得沒有必要性。

法蘭西公學院研討課的焦點聚集在明確的衛生政策的出現,以及醫學在十八世紀的專業化。由於這兩項發展,醫學於是納入經濟與政治管理的整體政策裡,這些政策的目標在於促成整個社會的理性化。傅柯在他的緒論裡指出主導這些討論的三項主題:對於童年的重視與家庭的醫學化;衛生被賦予先前所沒有的重要性;以及醫學轉變為社會控制的工具。最後,他們的討論聚焦於醫院的出現,也就是一種專供醫學使用的空間,有其本身的規畫與建築。[12] 這個團體的研究成果出版之後,幾乎完全沒有受到注意。只有忠實的康紀言撰文加以評論,認為這是「關於法國現代醫院起源的一份無與倫比的文件」。[13]

關於傅柯當時的關注重點何在,最清楚的跡象可見於他在一九七三年春季於巴西發表的一系列講座。他第二次造訪這個國家,一方面是因為巴西學術機構的邀請,另一方面也是出於法國文化協會（Alliance Française）的資助。對法國文化協會而言，他去巴西是「出任務」（en mission），因此令他感到莞爾的是，他在字面上看來是個「傳教士」（missionaire）。他的行程一點都不輕鬆。他待在里約熱內盧的五天裡（五月二十一至二十五日），向天主教大學（Pontificia Universidade Catolica）的熱情聽眾發表了五場大型講座，整體的主題是「真相與司法形式」。[14]他在這些講座裡觸及的個別題目，包括對尼采與系譜學的一般性討論，乃至對伊底帕斯神話的一種解讀，將其描述為「我們對希臘司法實踐最早的目擊陳述」，[15]還有針對「全景監控模式」在規訓社會的出現當中所扮演的角色進行分析。

傅柯接著又為了執行任務而北上前往美景市，這也是他唯一一次造訪這座米納斯吉拉斯州（Minas Gerais）的首府暨巴西第三大城。他只在這裡待了三天，但在法國文化協會以及聯邦大學（Universidade Federal）的哲學系發表了非正式演講，並以「精神疾病與精神醫學機構」還有「精神醫學機構與反精神醫學」為主題舉行講座。他在里約的聽眾主要都是哲學人士；而在美景市，他的演說對象主要是精神醫師與精神分析師。這些講座譴責精神健康專業人員透過其診斷、開立處方，以及對行為的正常化所行使的權力／知識，同時也探究反精神醫學所提供的替代選項。

邀請傅柯的單位都對他殷勤又慷慨，但他也不是全然喜歡他們的款待。他的來訪受到大量宣傳，還召開一場記者會，但傅柯卻打斷記者會的進行，抱怨現場眾多攝影師的閃光燈極為擾人，根本成了一種虐待。他相當不自在，不停咬著指甲，也出現各種緊張的抽搐動作。[16]此外，他對於必須參加社交聚會也頗不以為然。在艾貝加利亞（Consuelo Albergaria）家中度過的一個夜晚，讓他得以結識城裡的許多學界人士，但同時也令他深感痛苦，因為他在聚會上必須禮貌對待「身穿長裙晚禮服的女人」；傅柯表面上保持禮貌配合的態度，私下則忍不住對以個人身分陪他同行的德費表達懊惱。

美景市旅程的其他面向比較宜人。傅柯喜歡巴西的氛圍，以及街道與酒吧裡那種放鬆的生活姿態。傅柯這時已經極少飲酒，卻出人意料地喜歡上卡琵莉亞（caipirinha）這種以蔗糖酒為基底並且搭配檸檬、糖與冰塊飲用的開胃酒。德費以親身經驗發現，喝太多卡琵莉亞會造成近乎致命的效果。

巴西這趟任務的其中一件工作，是由為傅柯擔任主要嚮導暨口譯的精神分析師暨講師賈西亞（Célio Garcia）安排行程，短暫走訪當地的精神病院，並與其中的病患及工作人員進行討論。傅柯遇到的許多年輕專業人員都知道他的著作，也很樂於和他討論巴西精神醫學機構的脆弱狀態。他也有些休閒娛樂時間，包括在東南方一百公里處的歐魯普雷圖（Ouro Preto）待上一天。有一所知名礦業學院的這座小鎮被歸為歷史古蹟，有著陡峭的圓石街道，還保存了許多十八世紀的巴西巴洛克建築。傅柯從這裡途經巴西利亞前往貝倫（Belém），在帕拉聯邦大學（Universidade Federal do Pará）發表講座，然後才出於純然享樂的目的前往亞馬遜州。[17]

回到巴黎之後，傅柯繼續從事他對監獄制度起源的研究。一如往常，他不斷受到各方請求簽署陳情書，他也如常盡力加以婉拒。不過，找上他的人並非全都與政治有關。傅柯的名氣與媒體能見度帶來的一項缺點，就是經常會有胸懷抱負的作者請求他幫忙出版他們的著作。這類要求令他沮喪不已，因為對方請他閱讀的手稿通常都已經被退過很多次稿。一九七三年聖誕夜當天，他在中午接到一個不知名的年輕人打來的電話，堅稱他一定要看他的手稿。傅柯極力推託，聲稱自己沒有時間，也幫不上對方的忙，因為他在文學出版領域完全沒有認識的人。那個不知名的來電者一再堅稱沒有關係，最後傅柯終於屈服，要求對方在下午兩點把手稿送來。他之所以回心轉意，一部分是出於煩悶，因為傅柯認為聖誕節是個數千年來沒有任何事情發生的假期。此外，對方迷人的嗓音實在動人，他對德費說那道聲音的魅力令人無力抗拒。到了兩點，一個緊張不已的年輕人抵達傅柯的住處，手上抱著一大疊手稿。他步行了幾乎整條沃吉哈赫街，才抵達這間位於八樓的公寓，傅柯這時正與幾個朋友剛吃完午餐。那名年輕人在稍微猶豫之後接受了一杯咖啡，然後就把自己的手稿留在傅柯家中。

那名年輕人是阿爾米拉（Jacques Almira），當時二十三歲。他的小說被子夜出版社的霍格里耶與伽利瑪出版社的隆布希克斯回絕，但他堅信傅柯應該要看這份手稿，也認定傅柯能夠幫助他。阿爾米拉在首都圈外就讀中學的時候，一位開明的哲學老師介紹他閱讀了《詞與物》，從此對傅柯深懷仰慕。他與傅柯一樣對胡瑟勒的作品深懷熱情，也滿懷興趣地關注監獄訊息小組的工作。一九七三年搬到巴黎之後，他開始到法蘭西公學院旁聽傅柯的講座，而且總是打算在課後找傅柯交談，但每次都鼓不起勇氣，只好一週拖過一週。

新年夜當天，沒有電話的阿爾米拉收到一封電報：傅柯看了他的小說，感到愛不釋手，並承諾會竭盡全力推薦伽利瑪出版社出版這本書。

傅柯不但對自己擁護的事物充滿說服力，也具有極佳的判斷力。《瑙克拉提斯之旅》（*Le Voyage à Naucratis*）於一九七五年初出版，隨後贏得美第奇獎（Prix Medicis）。阿爾米拉與傅柯在這本小說出版之後共同接受瑪赫尚（Jean Le Marchand）的訪談，這是個罕有的機會，讓人得以窺見傅柯在一九七〇年代中期的閱讀焦點。他對於《原樣》那些非常形式化的實驗已經失去興趣，但還是喜歡格拉克的《蘇爾特的海濱》。他也提到自己相當喜歡勞瑞（Malcolm Lowry）的《火山下》（*Under the Volcano*），後來一直是他最喜愛的一部作品。此外，他也喜歡杜韋特（Tony Duvert）的情慾幻想作品。[18]

一九七五年十一月，阿爾米拉與傅柯還有其他人在沃吉哈赫街共進晚餐。在場的賓客包括克洛德・莫里亞克與歐嘉・柏納爾（Olga Bernal）。柏納爾是傅柯與霍格里耶共同的朋友，也最早對霍格里耶的著作進行嚴肅研究。[19]就在傅柯忙著招待賓客的同時，阿爾米拉說了一句不太得體的話，只是顯然沒有人注意到。當時他說，再過五十年，等到傅柯早已不在人世的時候，他會向別人述說自己把《瑙克拉提斯之旅》的手稿帶到傅柯家的故事。

傅柯與阿爾米拉成為好友，經常一同進餐，這名年輕的小說家也把傅柯視為某種心靈上的父親。他們的友誼沒有涉及性關係，而且他們的感情雖然相當好，卻總是以正式的「您」（vous）互稱。阿爾米拉回憶指出，傅柯對他的寫作總是不斷給予鼓勵，每當他對自己感到懷疑，傅柯總是向他保證他確實擁有真正的才華。一九八四年春季，阿爾米拉出版他的第三部小說《特拉斯飯店》（*Terrass Hôtel*），並題獻給傅柯。題獻詞寫道：「這部小說獻給米歇爾・傅柯。我的第一部小說是因為他才得以出版，他的友誼也榮耀了我，我要藉此表達我對他的深切感激與仰慕。」幾乎可以確定的是，傅柯並沒有時間閱讀這部作品。

許多找上傅柯幫忙的作者當中，只有阿爾米拉獲得這樣的協助。即便是一九七〇年代晚期以來就與傅柯關係非常親近的葉維．吉伯，儘管傅柯非常喜愛也深深仰慕他的作品，他也只能自己設法在文學界闖出一片天。頗具說服力的一種解釋，是傅柯受到阿爾米拉的聲音引誘。[20]不過，傅柯也有過另一項更加隨意的慷慨之舉。一九七五年，一個名叫杜邦（Gérard Dupont）的年輕人請求傅柯接受他的訪問，他說只要能夠成功訪問到，就能獲得五百法郎。傅柯答應了。訪談結果是一段很有意思的討論，探討電影中的性虐。傅柯後來對莫里亞克說，他刻意講出自己心中浮現的第一個念頭，確保杜邦能得到那筆錢。[21]

「一七五七年，達米安因為對路易十五做出笨拙得可憐的刺殺嘗試而以弒君罪遭判死刑。根據他的判刑內容，行刑者必須以鉗子扯下他胸部、手臂、大腿與小腿的皮肉，他當初持刀的右手也必須砍下。然後，他的傷口必須敷上燒熔的鉛、滾燙的油、燃燒的柏油，以及熔蠟與硫磺的混合物。接著，他必須被分屍，由四匹馬將他的四肢從軀幹上撕扯而下。他的屍體必須焚燒成灰，任其隨風飄散。在實際執行過程中，達米安遭受的痛苦甚至比判刑內容更加可怕。那四匹馬無法達成任務。就算在他雙腿的鏈條上增添兩匹馬也達不到預計的效果。達米安的人類行刑手只好先切斷他的四肢，那些馬匹才得以完成任務。

「一八三八年，佛樹（Léon Faucher）發表了一篇探討監獄改革的文章，其中描述他為巴黎少年監獄（Maison des Jeunes Détenus à Paris）設計的規定。第十七條的內容是：『犯人每天活動的開始時間，冬季為上午六點，夏季為上午五點。不論哪個季節，犯人一天都必須工作九個小時。每天並且有兩個小時是受訓時間。每天工作與活動的結束時間，冬季為下午九點，夏季為下午八點。』」

以上就是《監視與懲罰》的開頭：把一場公開行刑與一份時間表並置在一起，在風格上令人聯想起《臨床的誕生》開頭那幾頁。[22] 那場行刑與那份時間表所懲罰的不是相同的罪行，也不是同一類的罪犯，「但兩者無疑都界定了一種特定的懲罰模式。這兩者之間相隔不到一百年。在那個時代，包括在歐洲與美國，整個懲罰的經濟都重新分配過。」[23]《監視與懲罰》即是此一重新分配的歷史。

傅柯的目標是要提供「現代靈魂與一種新式評判權力之間一段相互關連的歷史；提供當今這種科學—司法複合體的系譜學。在這種複合體當中，懲罰的權力獲得支持、取得理據與規則、擴展其效果，並掩飾其過度的奇異性」。他概述了方法論的四項初步規則。對懲罰機制的研究，不能單純將其視為壓迫性措施；懲罰機制也可能具有正面效果，因此懲罰應該被視為一種複雜的社會功能。懲罰的方法不單純只是法律規定的表達，而是一種技術，其特徵存在於一個廣泛的權力機制領域裡。因此，懲罰的方法應該視為權力的策略。刑法的歷史與人文科學的歷史不是各自獨立的序列，很可能是衍生自一項「認識論—司法」結構：懲罰制度的人性化以及我們對於人的理解可能都受到權力的技術所支配。最後，靈魂站上法律舞臺，以及把科學知識納入司法實踐當中，可能是權力關係對於身體投資模式的轉變所造成的效果。[24]

從達米安的處刑過渡到佛榭的時間表這段過程裡，隨著施加無可忍受之痛苦的技藝由暫時剝奪權利的經濟所取代，身體也逐漸從公眾的視野當中消失。其中一個徵象是，原本鏈在一起排成一列走向港口接受遣送出境的囚犯，到了這段過渡時期結束之時，已改成以設有個人牢籠的封閉車輛運送。在過往的制度裡，犯罪等同於攻擊統治者的象徵身體（傅柯在這一點上深受康托洛維茨〔Kantorowicz〕對於國王的兩個身體的研究影響），[25]並且會公開加以懲罰，但後來轉變為另一套系統，以繁複的天平校準個別的罪行與懲罰。

刑虐在法律上的消失，以及監獄這種標準懲罰型態的出現，在傅柯眼中並不必然是一種漸進而人性化的改革進程。十八世紀晚期的改革目標不是要「減少懲罰」，而是要採取「更有效的懲罰」，也就是把懲罰的權力更深植於社會性的身體當中：「為懲罰的權力構成一種新的經濟與新的技術。」[26]這種新的經濟與技術，共同促成傅柯所謂的「符號技術」，奠基於六項原則之上。[27]他提出那些原則，是基於閱讀眾多出版於啟蒙時代與革命時代的著作，其中最重要的一部作品是貝卡里亞（Beccaria）出版於一七六四年的《犯罪與刑罰》（*Dei Delitti e delle pene*；傅柯引用的是法文譯本，不是義大利文的原文版本）。那些原則代表的是一種模型，而不是真實，但那套模型是藉著仔細解讀所建立，並且是〈尼采、系譜學、歷史〉（Nietzsche, la généalogie, l'histoire）描述的那種灰色系譜學充滿耐心且鉅細靡遺的建構所造成的結果。

第一項原則是「最少量」：懲罰造成的壞處必須稍微大於犯罪帶來的好處。在這一點上，對罪行與懲罰的仔細校準取代了受冒犯的統治者以醒目方式展現出來的「過剩權力」。「充分想像原則」意指肉體痛苦將由痛苦的概念所取代，因此不再對身體施行引人注目的懲罰。關於「副作用」的原則指的是散播對懲罰的恐懼；歸根究柢，只要能夠讓所有人信服一名罪犯不會再從事犯罪活動，實際上就沒有懲罰個人的必要。「絕對確定」的原則幾乎可說是不證自明：懲罰將會隨著犯罪而來，這是絕對確定而且無可避免的。因此，法院這種法律機構必須疊加上一個無所不見的警察機構，並且讓人看見正義在公開法庭或者與此相當的機構當中獲得伸張。

傅柯指出的第五項「原則」涉及真相與述說真相，因此和他在一九七四年的巴西講座當中對伊底帕斯神話提出的解讀有關，也和他在一九七一年之後的法蘭西公學院講座有關。對真相以及證據標準的注重，把嫌疑程度以及相應的懲罰程度掃除一空；那種真相就如同數學真理一樣，只有受到完全證明才能接受。經驗性的探究取代過往的審訊模式。法官不再只對自己負責，因為法庭愈來愈仰賴大量出現的科學論述，包括精神醫學在內。最後，詳盡規定原則使得這種新的符號學能夠把這整個非法行為與懲罰的領域法典化。個人犯法者與罪行類別的連結，可在當時的博物學所提供的模型當中尋得：理想的狀況是針對罪行、罪犯與懲罰提出一套林奈式的分類。這是一項個人化的過程：現在，罪犯受到的關注已勝過罪行本身。所以，皮耶．希維業的過往與性格才會受到仔細調查。但奇特的是，這本著作卻沒有提及皮耶．希維業。「一整套個人化的知識開始彙整起來，其參考領域不是犯下的罪行……而是潛藏於個人內在的實質危險，這種危險會呈現在那個人的行為裡，而那個人的行為每天都會受到觀察。」[28]

《監視與懲罰》的副標題是「監獄的誕生」(Naissance de la prison),但事實證明這種機構不只有一個誕生地。一整套的機構與論述共同促成了普遍的規訓(discipline)概念的出現。在軍事技藝當中,士兵成為製造出來的物體,他們的每一項動作都可量測與記錄,不論是實際還是潛在的動作。兵營、教室與修道機構全都提供了如何圈隔或監禁身體的模範,在其中能夠觀察並矯正身體的每一項細微動作。工業時代初期那種在許多方面都與監獄相當近似的手工工場,仰賴的做法就是仔細劃分執行工作所需的時間,以及把工人必須做出的肢體動作同步化。[29]醫院與診所對於空間的規劃方式,是讓這些空間本身成為工人或者「治療機器」。從這些多樣的論述、實踐與機構當中,出現了一種「規訓權力……其結構有如一種多重、自動而且匿名的權力……在對這些規訓措施的階序式監視當中,權力不是像東西那樣被掌握,也不像財產那樣受到轉移:權力是像機器一樣運作」。[30]規訓本身不是一種制度,也不是一種工具,而是一種權力,「是權力的『物理學』或者『解剖學』,是一種技術……總而言之,我們因此可以談論一種規訓社會的形成,從封閉的規訓,也就是一種社會『隔離』,演變為可以無盡通則化的『全景監控模式』機制。」[31]

規訓社會的終極表達,當然就是邊沁的「全景監控監獄」。傅柯的描述如下:

邊緣是一棟環狀建築,中央有一座高塔。高塔上散布著大面窗戶,可以望見環狀建築的內側;邊緣那棟環狀建築劃分成一個個與建築物同寬的牢房;那些牢房都有兩個窗戶,一個位於內側牆,與高塔上的窗戶相對,另一個位於外側牆,可為整間牢房引進室外的光線。接著,可在中央高塔內派駐一名監督官，並且在每個牢房關進瘋子、病患、罪犯、勞工或者學童。……那麼多的牢籠，那麼多的小劇場，每個演員在其中都是獨自一人，完全個人化而且隨時可見……明亮的光線與監督官的凝視比黑暗更能夠捕捉資訊，因為黑暗終究是一種保護。能見度是一種陷阱。[32]

全景監控監獄聽起來雖像是建築幻想，卻為實際的監獄提供了樣板。「監獄必須視為一種形塑場所，可讓人對於被關押者獲得臨床知識。全景監控監獄的主題（包括監督與觀察、安全與知識、個體化與整體化、隔絕與透明）在監獄裡找到了特別合適的實現場所。」[33]

《監視與懲罰》明顯是一部歷史研究，但它所研究的歷史是當下的歷史。這本書雖是基於一項長期研究，研究對象包括刑罰學與犯罪學的理論、關於懲戒的軍事手冊，以及「痛苦檔案」的材料，但書中卻充滿當代的典故與指涉。傅柯簡短提到邦唐與布菲在一九七二年九月二十二日清晨於桑泰監獄遭到處死，但這場行刑與達米安的狀況不同，是在半祕密的情況下舉行，彷彿現代國家對於自己的權力感到羞愧。[34] 他闡述了監獄改革的徒勞，把一九四五年的改革與一八四七年在布魯塞爾舉行的一場大會所提議的改革並置在一起，證明這兩者幾乎一模一樣。[35]「監禁制度」的根源很深，這點可從這項事實看得出來：一九六九年開設的模範監獄弗勒希梅侯吉，複製了一八三六年開設的小侯葛特監獄（Petite Roquette）所採取的全景敞視星形建築。[36] 監獄的歷史有多久，監獄改革的歷史就有多久。最早令傅柯體會到「整體的懲罰以及監獄都是衍生自身體的政治技術」，乃是當下而不是過去。近來的監獄暴動，都是以監獄的屈辱性狀況作為訴求目標，不只是像克萊爾沃這種年久失修的監獄，也包括設有鎮靜劑與精神醫師的模範監獄：

那的確是一種在身體層次對監獄的實體做出的反抗。此處的重點不是監獄的環境（太簡陋或者太冰冷，太簡單或者太複雜），而是監獄作為權力的工具及媒介所帶有的物質性；重點是支配身體的一切權力技術，而且「靈魂」的技術（亦即教育學者、心理學家與精神醫師的技術）無法加以掩飾或者平衡。原因很簡單，因為靈魂技術只不過是權力的其中一項工具而已。我想要書寫的就是這種監獄的歷史，連同包含在其封閉建築內的所有對身體的政治投資。[37]

《監視與懲罰》在一九七五年出版之時，有相當可觀的媒體露出。在出版前一週，《新觀察家》以「監獄的誕生」刊登了這本書的內容摘錄，無疑引起了許多潛在讀者的興趣。[38] 四天後，《世界報》以橫跨兩版的篇幅介紹「米歇爾．傅柯與監獄的誕生」，內容結合了德瓦（Roger-Pol Droit）對傅柯的訪談以及鍾貝所寫的書評，只見鍾貝把傅柯的著作定位在布洛赫、費夫爾與《年鑑》的傳統當中。[39]《文學雜誌》月刊（*Magazine littéraire*）的六月號以傅柯的肖像作為封面，針對他的著作刊登了一份長達二十七頁的檔案彙編，其中包括一篇針對這本新書進行的訪談、一份參考書目、貝爾納亨利．列維（Bernard-Henri Lévy）寫的一篇引人入勝的文章，還有貝路與何威勒（Jacques Revel）針對傅柯與歷史學家的關係進行討論。[40]《文學新聞報》與義大利的《歐洲》（*L'Europeo*）週刊都給了傅柯不少的訪談版面，儘管《監視與懲罰》的義大利文譯本直到一九七八年才出版。[41]日報與週刊的所有評論都是好評，那些評論作者彷彿都對自己讀到的內容感到膽寒。恩多芬（Jean-Paul Enthoven）在《新觀察家》概括了普遍的觀點，指稱讀完傅柯的這部著作之後，唯一能做的事情就是聆聽圖勒以及其他「純粹規訓的師範學院」發出的反抗聲響，聆聽那些在毫無特色的牢房裡上吊自殺的青少年發出的聲音：

傅柯以他們的反抗作為寫作基礎。這就是為什麼，除了他鉅細靡遺的博學、對檔案的高度掌握或是富麗堂皇的文筆之外，這本書還有其他優點。一位作者若是因為其巨大的才華而遠遠隱藏在書中那些人物的面容後方，把這本書稱為一部巨作是否仍然合理？[42]

曾為監獄教育者擔任講師的阿蕾特．法居指出，這本書深深「震撼」了監獄教育以及社工服務界。[43]

《監視與懲罰》獲得的真正讚譽出現在年底，當時這本書早已再刷。《評論》在十二月推出一本「傅柯」特刊，收錄三篇專門針對他寫的主要文章。[44]梅耶的文章是應皮業勒的請求而寫，但不是一篇評論，而是試圖回應傅柯在書中提出的這項建議：「在革命期間針對家事法院、父母管教以及父母將子女送進牢裡的權利所從事的辯論，應當要詳盡研究。」[45]埃瓦爾德對《監視與懲罰》的長篇研究，對他自己的職業生涯造成立即的影響；這位無產階級左翼在布虛埃昂納圖瓦的前幹部，有一部分就是因為這篇文章而成為傅柯在法蘭西公學院的助理。追蹤傅柯這部研究監獄誕生的著作帶有的尼采思想，這篇文章大概是最深入細膩的一篇。舉例而言，埃瓦爾德指出傅柯筆下規訓策略的歷史，正合乎他在致敬伊波利特的文章裡首度概述的那套模式：「在歷史當中發揮作用的力量所遵循的不是一個目標或者機制，而是掙扎的危險。那些力量不會把自己展現為一項原始意圖的連續性型態，也不總是呈現為結果的樣貌。那些力量總是出現在事件特有的隨機性當中。」[46]他也提出一項相當吸引人的提議，指稱介紹《監視與懲罰》最好的方法，可能是稍微改動《道德系譜學》裡的一段內容，把尼采針對「憐憫的問題與憐憫的道德」提出的臆測更改為：

乍看之下，這個監獄的問題以及「監獄的道德」……看起來也許是非常專門而且邊緣性的議題。不過，任何人只要堅持加以探究，並且學會怎麼提出問題，就會擁有和我一樣的體驗：一片巨大的視野將會在他面前開啟；奇異而令人眼花撩亂的可能性將會湧入他的腦中；各式各樣的懷疑、不信任與恐懼將會浮上表面；他對任何種類的道德所懷有的信心將會開始動搖。最後，他就會被迫聆聽一項新主張。[47]

埃瓦爾德的文章也顯示傅柯的讀者正出現重大的政治與哲學變動。這名前毛派此時問道：「誰會撰寫政治剖析探究政治組織與工會組織，也就是那些負責『教育』大眾、『規訓』大眾，以及為他們賦予「意識」的機構？……『民主集中制』背後隱藏了什麼『惡意』？」[48]

就某方面而言，埃瓦爾德提及《監視與懲罰》和格魯克斯曼對蘇聯勞改營的研究著作之間的關連，已經回答了他自己的問題。[49]他主張格魯克斯曼的著作是「對馬克思主義『權力－知識』的剖析」，其中證實了這項論點：「我們的真相也許是建立在警察與司法程序上，由古拉格*的浪潮節奏所證實。」[50]明白指涉索忍尼辛的措詞，傅柯確實提及「監獄群島把刑罰機構的所有技術轉移至整個社會身體當中」的方式。[51]後來在一九七六年夏季，也就是新哲學家的夏季，這類主題又進一步受到更多的注意。

對德勒茲而言，傅柯這本書是「懲罰的神曲」，作者則是「一位新的製圖者」。[52]意思彷彿是說，在馬克思之後終於又出現了新的東西。一如埃瓦爾德，德勒茲閱讀《監視與懲罰》主要也是著眼於其中的當代政治意涵。他主張指出，監獄訊息小組和極左派的許多型態不同，得以避免當時仍然把左派與史達林主義連結在一起的那種組織集權。在《監視與懲罰》頭幾個章節概述的權力理論，意謂著對左派傳統假設的捨棄。權力不是攫取了權力的階級所擁有的「財產」，權力是一種策略，而傅柯提供了一種「新的功能主義」，也就是一種「功能性分析，並不否認階級或是階級鬥爭的存在，但呈現出來的景象和我們在傳統歷史當中（就算是馬克思主義的歷史也不例外）習以為常的景象非常不一樣，也有不同的人物與不同的過程」。[53]

一九七五年十二月號的《評論》原本至少還有一篇關於傅柯的文章，作者是魯斯唐（François

---

* 譯注：古拉格（Gulag）是蘇聯勞動改造營管理總局的簡稱，後用於泛指蘇聯勞改營。

Roustang），是傅柯在凡森大學結識的一名原為耶穌會士的精神分析師。魯斯唐一方面讚揚這本書，另一方面也提出批評，反對書中順帶提及精神分析的說法，他主張，如果能見度對囚犯而言是陷阱，那麼對權力來說也是如此：在一切事物都可見的情況下，所有人就再也看不見任何事物，原因是光與影的基本對比已然消失，於是所有人都化入不可見當中。這篇文章被皮業勒退稿，大概是因為他不願出版任何公開批評傅柯的文章。傅柯得知這篇文章的內容之後氣憤不已，還放出消息說，發表這篇文章會令魯斯唐付出嚴重代價。不過，魯斯唐明白表示自己不會因此退縮，把這篇文章拿去《現代》發表，這個舉動對於平撫傅柯的怒氣毫無助益。儘管傅柯頗有管道能夠壓制對他的著作提出的批評，也可以記恨記很久，但在這次的事件中，他的威脅沒有帶來任何後果，於是這個事件也就被淡忘。54

《監視與懲罰》出版的時候，弗蒙傑（Gérard Fromanger）的展覽正好在珍妮・布歇畫廊（Galerie Jeanne Bucher）開幕，展覽手冊的序言是傅柯討論「光繪」（La Peinture photogénique）的文章。這場名為「慾望無所不在」（Le Désir est partout）的展覽，其中有兩幅畫特別重要。〈圖勒監獄的反抗〉（En revolte à la prison de Toul）的兩個版本，是根據媒體上廣泛刊登的照片，內容是囚犯聚集在監獄屋頂上。這兩幅畫是弗蒙傑以他的獨特技術創作而成，方法是把照片投影在一個表面上，然後直接在那個表面上作畫，接著再添加明亮的色塊。

展覽中的其他畫作，則是中國與巴黎的街景，全都是以相同的技術創作而成。弗蒙傑的靈感不完全只是來自技術，而且他有部分畫作看起來非常像是中國山西「農民畫家」的手筆，這類作品在當時的左派頗為流行。

傅柯為展覽手冊寫的序言，是他對這位認識了幾年的朋友展現的友誼之舉，弗蒙傑也承認這篇序言對他的職業生涯帶來很大的幫助。[55] 傅柯認為這位畫家的作品是繪畫與攝影之間長久以來的複雜關係集大成的結果，並在文中稍微探究了攝影，簡短討論茱莉亞・卡梅隆（Julia Margaret Cameron）還有梅歐（John Jabez Edwin Mayall）早期的銀版攝影。普普藝術與超寫實主義容許藝術家「參與使用」無盡循環的影像，帶來了一種新的「對影像的熱愛」。普普藝術家不只把攝影當成繪畫的輔助，而是描繪攝影影像，將其當成畫作中的一個影像。普普藝術與超寫實主義把繪畫投入影像的大海當中。不過，弗蒙傑卻帶來一種更新奇的東西：「把照片掩蓋起來，或是以鮮明或者低調的方式將照片投注於畫作裡，繪畫並不是在宣告照片很美麗，而是更甚於此：製造出負片與畫布融為一體的美麗作品，有如一種雌雄同體的影像。」[56]

為了答謝這篇序言，弗蒙傑畫了一幅傅柯的肖像。〈米歇爾〉（Michel，油彩、畫布，一九七六年）使用跟〈慾望無所不在〉系列作品一樣的技法。總是身穿白色高領毛衣的傅柯，看起來就像要從畫布上跳出來一樣，咧嘴而笑，兩眼炯炯有神，位於頭部高度的色塊與對角線則為這幅肖像賦予了驚人的活潑氣息。〈米歇爾〉一直由傅柯親自持有，他去世之後則由傅柯中心收藏。另一幅些微不同的版本由巴丹戴爾（Robert Badinter）委託繪製，目前懸掛在法國憲法委員會他的辦公室外面。

傅柯對於《監視與懲罰》受到的媒體關注，表現出來的反應相當典型：雖然一方面埋怨記者對他提出的許多要求，卻沒有拒絕接受採訪，大體上也相當享受那整個過程。隨著第一波的媒體關注逐漸退卻之後，他也繼續進行法蘭西公學院的教學工作，這一年的研討課探討的是「精神鑑定報告」在法律上扮演的角色，講座的主題則是「異常」。傅柯所謂的異常，指的是把特定的個人（例如陰陽人）界定為「怪物」的醫學法律範疇，這樣的範疇透過論述創造出無可救藥的怪異罪犯，並譴責自慰的行為是「異常」。反對異常變態的運動，顯示家庭已轉變為權力－知識的工具。將幼兒性慾視為需要檢視的問題，以及據稱由此造成的各種異常，連同其他轉變過程共同促進了新的架構：「成為我們社會的特徵的那種小型亂倫家庭，我們成長與生活其中的那種充斥著性的微小家庭空間。」57

法蘭西公學院的學年在五月結束之後，傅柯短暫走訪了美國，因為博薩尼（Leo Bersani）邀請他到柏克萊大學擔任法文客座教授。他先前雖曾數度造訪美國，但這是他第一次來到加州。他立刻就深深喜歡上美國西岸，這個地方後來一直對他具有一種近乎烏托邦的吸引力。他在校園裡獲得熱情接待，但還要再過幾年他才會成功突破，在美國成為一位重要人物。這個時候，他已經懂得享受美國大學相對輕鬆的氣氛，也不再像前幾次造訪美國那樣，厭惡學生認為他隨時都有空從事非正式討論的想法。他的英語口語比起一九七一年也有所進步，因此發表演說不一定需要有口譯人員在場。

傅柯預計發表兩場公開講座並主持一場研討會，但他的演說內容只留下些許片段。有兩份內容殘缺的打字稿，一份標注的日期是一九七五年五月八日，另一份則沒有日期，標題分別是「論述與壓抑」(Discourse and Repression)以及「論幼兒性慾」(On Infantile Sexuality),由此可見他當時正在撰寫《性史》的初期版本。[58]

在這兩份打字稿當中,傅柯談及想要撰寫某種《瘋狂史》續集,也談到自己嘗試書寫一部「性異常」以及性壓抑的歷史,他不久之前剛在法蘭西公學院開始檢視「性異常」這個議題。他這項書寫嘗試之所以沒有成功,原因是他找不到必要的檔案。傅柯認為這項失敗可能與「壓抑假設」的影響有關,他認為這項假設涉及賴希(Wilhelm Reich)與他在一九三〇年代期間的「性政治」運動,以及認為性解放終將掃除壓抑陰影的信念。面對此一觀點,傅柯開始主張權力不是壓抑慾望,而是製造慾望,創造出個別主體的型態。因此,研究權力的策略會比研究法律的禁令來得更有用。由於這兩份打字稿的內容零碎又缺乏確定性,因此我們能說的差不多就僅止於此。但很明確的是,這兩份打字稿代表了傅柯規劃中的《性史》多冊著作艱困的孕育過程當中的一個階段。

加州帶來的樂趣絕非只有學術方面。傅柯在此處發現了一個在法國根本無可想像的同性戀社會以及對於性的開放態度,令他深感著迷。他在這次的短暫行程沒有什麼時間探索這個社會,但後來的美國之旅讓他對此相當熟悉。傅柯似乎就是在這時開始涉足皮革與施虐受虐的世界,這還只是那裡提供的一部分樂趣而已。他在這時還沒有在公開發表的文字當中提及這些,後來提到的時候,也完全是以客觀淡然的語調為之。加州有兩名同性戀學者向他提供LSD,這是傅柯首度嘗試這種迷幻藥。那個場合近乎隆重,地點是在沙漠中,背景還播放著作曲家史托克豪森(Stockhausen)的一捲錄音帶。關於這場迷幻旅程的謠言滿天飛;這是傅柯生平當中似乎所有人都知道的故事。有些人聲稱傅柯對他們說這趟旅程改變了他的人生，但我們對這樣的說法也許應當抱持懷疑態度；LSD賦予的洞悉開悟感通常稍縱即逝，虛幻而非真實。一九七五年十一月，傅柯以懷念的語氣向莫里亞克提及「一個難忘的LSD夜晚，服用精心準備的劑量，在沙漠的夜裡，伴著美妙的音樂、和善的人，以及一些蕁麻酒」。[59] 如同許多使用者，傅柯也聲稱這種致幻劑為他帶來啟示般的效果。據傅他曾對德費說「那項可怕的經驗對他而言有如一種精神分析」，但我們不清楚他指的是不是這第一趟旅程。德費在一九八四年七月與莫里亞克談話，吐露說傅柯曾告訴他那次的用藥經驗向他揭露了一件事：丹尼爾在他的人生中已經取代了姊姊芙蘭欣的地位。[60] 自此以後，傅柯的樂趣來源多了一個新項目，偶爾由LSD提供強烈的欣喜。

傅柯從加州返國之後，《世界報》的德瓦帶著一項出書計畫找上他。德瓦提議和他合作進行一系列的訪談，由此寫出「一本很不一樣的書」。在德瓦的想像裡，這一系列的談話可讓讀者更理解傅柯作品當中比較晦澀的部分，並探究這些作品已經開啟的若干議題。傅柯覺得可行，於是他們兩人進行了十次左右的談話，產出十五個小時的錄音內容，最後成為三百頁左右的打字稿。逐漸的，這個對談不可避免會聚焦於傅柯的過往，這令他感到懊惱。他愈是被要求解釋一些東西，這項計畫就愈顯得像是一部智識自傳，但這不是傅柯喜歡的文類。他感興趣的是未來，以及他的新計畫。雙方同意放棄這項計畫。一份簡短的摘要在傅柯死後兩年出版，其他內容則埋沒在德瓦的檔案裡。

存留下來的這份摘要聚焦於文學，某方面來說是對傅柯在「文學時期」的書寫提出的補充說明。現在，他已無暇理會《原樣》及其他團體闡述的那種論點，亦即書寫行為本身具有顛覆性，以及書寫愈來愈具有反身性也就愈來愈具有革命性。他以過去式再度闡述巴代伊、布朗修與克洛索夫斯基如何像尼采那樣，代表一種逃離哲學局限性的論述，也代表一種區域，哲學在其中可以被其他形式的思想和語言穿透。他的語調帶著告別的意味，甚至近乎惆悵。就當下而言，傅柯比較感興趣的問題是學術論述與前衛論述如何有效共謀而把某些文本界定為「文學」，或是將之提升至「文學」的地位。在出版的摘要裡，他沒有提出解決方法。[61]

傅柯雖然語帶懷念地提及他的文學時期，但他這時與克洛索夫斯基已經沒有聯絡。德勒茲提到的一場談話說明了原因。一九七三年初，克洛索夫斯基在一場談話裡向傅柯建議在示威活動中如何應對鎮暴警察。他聲稱只要由三十名非常俊美的少年組成一支手持棍棒的隊伍，就能夠癱瘓警方，因為警方將深深著迷於他們的美貌。傅柯的反應沒有紀錄可考，但很明顯他的政治經歷此時已經使他和克洛索夫斯基處於非常不一樣的世界。[62]

傅柯通常習慣至少整個八月都待在旺德弗赫杜普瓦圖陪伴母親，一九七五年卻沒能如此，原因是《我是皮耶．希維業》的改編電影在諾曼第開拍，他在那裡待了許多時間。那部電影由阿利歐編劇並執導，而且選在那場謀殺案發生的村莊現場拍攝。[63]許多演員是沒有職業演戲經驗的當地人。之所以選擇阿利歐擔任導演，原因是傅柯很喜歡他的《卡米撒派》(*Les Camisards*, 1972)：這是一部浪漫的抒情電影，頌揚一六八五年為了反抗《南特敕令》而發動的新教徒起義。傅柯在拍攝現場待了很長的時間，也和德費探索周圍的鄉間地區。德費興奮不已地發現一具聖母雕像，他認為這是在希維業謀殺案之後矗立的贖罪雕像，還遇見一名老婦人，那名老婦人說小時候大人經常嚇唬她，要是不乖的話「皮耶．希維業就會把她抓走」。[64]

這項電影拍攝計畫遭遇到財務困難，必須接受伽利瑪出版社的資金挹注。為了讓這項現在已成為聯合計畫的拍攝工作獲取資金，傅柯必須簽署一份合約，[65]但這項決定後來卻令他深感後悔。他對於自己挑選的導演也頗感後悔。那群業餘演員的僵硬寫實表演令他感到失望，他事後認為這部電影如果由德國導演雪洛特執導應該會比較好。[66]

到了秋季，傅柯的政治參與又出現一個新面向，反映出他現在身為法國最著名知識分子的地位。一如往常，促成行動的刺激來自於外部；他的參與不是衍生自對這項理念的任何長期公開追求。

奄奄一息的極權政權有時會做出最後一搏的野蠻行為來凸顯自身的權力。西班牙的佛朗哥政權也不例外。一九七五年九月初，阿爾多拉（Jose Antonio Garmendia Artola）與艾切維利亞（Angel Otaegui Echeverria）這兩名巴斯克（Basque）分離主義組織埃塔（ETA）的成員被判處死刑，原因是他們殺害一個埃塔認為是刑求者的西班牙國民警衛隊下士。革命反法西斯愛國陣線（Frente Revolucionario Antifascista y Patriota）的八名激進分子也正在等待行刑。[67]引起舉世驚恐的除了判決本身之外，也包括行刑方法：這群死刑犯，包括愛國陣線的兩名懷孕女性成員，將受到絞刑處死。

凱特琳．馮畢羅向莫里亞克與傅柯告知這項消息，她堅持認為必須要想辦法做些什麼。[68]莫里亞克與傅柯兩人的反應都是深感驚恐，但他們對西班牙的狀況所知不多。傅柯極為鄙視佛朗哥，認為他是「最血腥的獨裁者」，[69] 但許多不精熟西班牙政治的人也都這麼認為。在正常情況下，他們兩人絕不會為埃塔或愛國陣線（這是一個頗為無能的毛派政黨的武裝側翼）的恐怖活動表達支持或背書，但是對這些處死行為的強烈反感蓋過了他們原本可能懷有的任何疑慮。九月二十日，莫里亞克前往馮畢羅位於左拉大道（avenue Emile Zola）的公寓，發現在場的有代表《基督信徒見證》（*Témoignage Chrétien*）期刊的道明會教士拉杜茲神父（Ladouze），以及德費和傅柯。莫里亞克抵達之時，看到傅柯把馮畢羅一歲大的兒子抱在懷裡，溫柔的姿態令他大為意外。鑒於當時的緊張氣氛，也許更令人意外的是傅柯居然還記得為那個孩子帶一份禮物：一個灰色大象造型的睡衣袋。傅柯向來不是善於和幼童打交道的人，此舉因而更令人感動。

不久之後，電影人科斯塔加夫拉斯（Constantin Costa-Gavras）、尚・丹尼爾與德布黑也加入他們的行列。德布黑是高師人，也是巴黎左派的知名人物，他多采多姿的過往包括曾在玻利維亞坐過一陣子牢，原因是切・格瓦拉發起的失敗收場的游擊戰運動與他有所關連。原本科斯塔加夫拉斯提出的計畫是要前往西班牙，以行動展現他們與那群死刑犯站在一起。傅柯非常喜愛這個點子，立即提議他們可以在大教堂外，向大彌撒結束後散場的信眾發放傳單。不過，德布黑認為這樣的做法不太可能造成任何正面效果。最後，他們採取了一項折衷方案：他們將起草一份傳單，並在一場記者會上發放。尚・丹尼爾把《新觀察家》的資源提供給他們自由運用，並同意負責這項任務的後勤工作；不過，後來大部分的工作其實是由馮畢羅承擔。會議就到這邊結束。他們離去之時，莫里亞克提到他覺得很難過，到了馬德里竟然沒有機會走訪普拉多美術館。尚・丹尼爾打趣道，他這個難題很適合作為克萊兒．布雷泰策（Claire Brétecher）的創作主題。她是《觀察家》一針見血的漫畫家，專門描繪巴黎中產階級生活的滑稽之處。

這群人晚間又再度聚會，這次多了一個人：西班牙共產黨總書記卡里約（Santiago Carrillo）。尚．丹尼爾與馬德里一直保持聯繫，他得知如果這個代表團在星期日抵達，將產生不了任何宣傳效果，因為一個天氣暖和的九月週末並不適合從事政治辯論。但是，如果把這場活動延後到星期一，也就是《新觀察家》的出刊日，那麼丹尼爾就會無法隨行。他們詢問卡里約對這項計畫的看法，結果立刻就可以從他的表情看出他不贊成。在他看來，根本沒有必要匆促行事，因為接下來至少一個星期都不會有任何事情發生。他認為在街頭發放傳單是危險又荒謬的行為。一方面，在西班牙嚴厲的反恐怖主義法律規定下，發放傳單只會導致自己當場被捕。另一方面，嚴肅的人就應該採取嚴肅的做法，而一群法國「名人」發放傳單的行為可能會令當地人覺得反感。不過，舉行記者會至少可以讓他們有短暫發言的機會。

傅柯回應了這些反對論點。關於可能招惹警方這一點，他認為這項舉動的重點就是要讓自己被捕。他不認為自己是「嚴肅的人物」；相反的，他先前的政治行動，也就是他與監獄訊息小組共同從事的那些工作，目標都在於打破位階高低，並拒絕成為任何一個特定社會範疇的發言人。另一方面，他現在也認為舉行記者會是最恰當的行動方式。他提議他們應該帶著傳單到馬德里，這樣就算他們遭到噤聲無法發言，至少還能夠留下那些文字。

由傅柯起草的傳單內容如下：

十位男女剛遭到判處死刑。他們被特別法院定罪，沒有受到司法正當對待的權利。必須要有證據才能定罪的司法、賦予被告辯護能力的司法、不論遭到多嚴重的指控都能獲得法律保護的司法、保護生病之人的司法、禁止虐待囚犯的司法。我們在歐洲向來都為這種司法而奮鬥。即便到了今天，我們還是必須在這種司法遭到威脅的時候挺身而出。我們無意宣告他們無罪；我們沒有辦法這麼做。我們無意要求遲來的赦免；西班牙政權過去的紀錄不允許我們保有這麼長的耐心。不過，我們要求的是司法的基本原則必須受到西班牙尊重，正如這些原則在其他地方受到尊重一樣。我們來到馬德里就是為了傳達這項訊息。事態的嚴重性導致我們必須這麼做。我們來到這裡，是為了展現這一點：撼動我們的那股憤慨，表示我們連同其他許多人都與這群生命遭受威脅的男女站在一起。[69]

接下來要做的就是找尋簽署人。沙特與阿哈貢是顯而易見的人選，而且一如所料，要說服他們簽名並不困難。馬勒侯的名字與西班牙密不可分地連結在一起：他參與過西班牙內戰，後來又被佛朗哥的法庭以缺席審判的方式判處死刑。他的小說《希望》至今仍可能是西班牙內戰所啟發的著作當中最傑出的非韻文作品。問題是，馬勒侯已經有許多年不曾針對西班牙發表過任何言論，也很少簽署任何類型的請願書。爭取他簽名的工作落在克洛德．莫里亞克肩上，因為他從一九四〇年代就結識馬勒侯，也曾寫過關於馬勒侯的書。[70] 莫里亞克八月才剛與馬勒侯一起吃過飯。在他們的談話當中，馬勒侯開始說起傅柯，認為克拉維勒所言可能沒錯，傅柯在《詞與物》當中確實把他所有的話都說完了。[71]

莫里亞克打電話給蘇菲・維莫林（Sophie de Vilmorin），但她拒絕了，指稱馬勒侯絕不可能向佛朗哥要求任何事物，就算是人命也不例外。不過，她對於他們會把這份傳單直接帶到西班牙的決定頗感欽佩。一個半小時以後，莫里亞克接到她的回電：馬勒侯雖然不太情願，但已同意簽名。他不是特別認同這項計畫，也聲稱他的簽名會帶來厄運，但還是願意讓他們使用他的名字。馬勒侯的簽名對傅柯而言頗具重要性，因為他在學生時期極為仰慕馬勒侯，還背下他作品的大段內容。[72]另一方面，傅柯取得一位諾貝爾獎得主的簽名，就是他在法蘭西公學院的同事雅各布。

找尋簽署人的過程中發生了一件逗趣的事情。馮畢羅放下電話，突然宣稱「親王」（the prince）同意簽署。她被問是哪位親王，她回答：「蘭尼埃。」傅柯深覺反感，嚷嚷說自己不想再跟這項活動有任何瓜葛。最後誤會釐清：所謂的「prince」，其實是法蘭西學術院成員勒普蘭斯蘭蓋（Leprince-Ringuet），而不是統治摩納哥的格里馬爾迪（Grimaldi）家族。不過，他的名字不曉得因為什麼原因沒有出現在最終的文件裡。傳單上列出的簽署人分別為：馬勒侯、孟戴斯弗朗斯、阿哈貢、沙特，以及雅各布。

他們決議由七個人把這項訊息帶到西班牙：科斯塔加夫拉斯、德布黑、傅柯、拉杜茲神父、拉庫居赫（Jean Lacouture）、克洛德・莫里亞克，以及尤蒙頓。德費被排除在外而感到相當懊惱，但他們認為他缺乏社會與媒體能見度，可能會因此遭到粗暴對待。[73]在這七人當中，現在把這起事件斥為荒謬而拒絕談論的德布黑，[74]大概冒了最大的風險：由於他先前曾被西班牙驅逐出境，又與拉丁美洲有所聯繫，所以他在西班牙的名聲大概不比魔鬼好到哪裡去。尤蒙頓與科斯塔加夫拉斯以他們在《焦點新聞Z》（Z）這類電影的合作著稱。就法國知識分子政治而言，莫里亞克體現了他父親對佛朗哥的反對：這點頗不尋常，因為許多法國天主教徒都支持佛朗哥對不信神的西班牙共和政府發動的征伐戰爭。

這支被尚・丹尼爾稱為「突擊隊」的代表團，[75]成員全是男性。為了對女性主義表現形式上的尊重，有人提議至少應該要有一名女性。有人提凱薩琳・丹妮芙（Catherine Deneuve）；她當時正與尤蒙頓合作拍攝一部作品，但是全神貫注於自己的角色，因此拒絕其他事物分心。馮畢羅提議西蒙・波娃，她也算得上是顯而易見的選擇。不過，馮畢羅無意間說了一個不能在傅柯面前提及的名字。傅柯隨即大發脾氣，徹底拒絕這項提議，馮畢羅一時之間甚至以為傅柯會出手打她。最後，這支「尤蒙頓少年團」（這是馮畢羅取的綽號）終究沒有女性加入。[76]

九月二十二日上午，傅柯與莫里亞克一同開車到戴高樂機場，帶著那份傳單的法文與西班牙文版本（西班牙文由卡里約翻譯）。他們在機場和其他五名「尤蒙頓少年」會合。飛機上幾乎沒有別的乘客，於是他們藉著簽署傳單打發時間。現在這份傳單又加了一段尾聲：「我們親身來到馬德里，必然為我們的要求更添嚴肅性，必然展現了撼動我們的那股憤慨，那股憤慨也促使我們以及其他許多人決意和那些生命遭到威脅的人團結站在一起。」

他們順利通過海關與入境審查，踏入西班牙的陽光下。尤蒙頓與科斯塔加夫拉斯在馬德里塔飯店（Torre de Madrid）訂了一間位於二十樓的套房，這家飯店同時也是記者會的舉行地點。他們短暫造訪一家地下報紙的辦公室之後，就前往酒吧。在這裡，外國媒體的代表以及少數幾名西班牙記者已經逐漸開始聚集。尤蒙頓以法語唸出傳單內容，但德布黑還來不及唸出西班牙文版本，就有便衣的保安警察出面干預，要求所有人保持安靜並乖乖坐在座位上。科斯塔加夫拉斯在一張紙條上匆匆寫下法國大使館的電話號碼，偷偷遞給莫里亞克。傅柯質問他們是否已經被逮捕，那些保安警察回答說他們沒有被捕，但還是必須乖乖坐好，接著又要求傅柯交出剩下的傳單。傅柯拒絕，於是緊張氣氛立刻升高。莫里亞克擔心傅柯會遭到肢體攻擊，接著腦中又閃過另一項恐懼：說不定這些人不是員警，而是基督君王游擊隊這個地下右翼準軍事團體的成員。傅柯面無血色，氣得渾身發抖，似乎已準備出手攻擊對方，但終究在莫里亞克的悄聲懇求下讓步，交出那些傳單。身穿灰衣的武裝警察在這時抵達，稍微降低了緊張氣氛，因為如此一來顯然在場的並非令人擔憂的游擊隊。現場的記者，包括《泰晤士報》的奇斯利特（William Chislett）在內，全都遭到逮捕，被銬住雙手帶走。那群法國人被分開拘押，並獲知會立刻被送上飛往巴黎的班機。

他們一行人當中有兩人獲准在警方的監督下回飯店拿取行李，然後所有人就都上了警車。莫里亞克在飯店外的旁觀者臉上看到同情與支持的神情，因為任何人只要遭到武裝警察逮捕，下場都難以確定。尤蒙頓一度單獨站在飯店的階梯上，讓莫里亞克覺得自己彷彿身在科斯塔加夫拉斯的電影裡。傅柯也是如此：

> 尤蒙頓唸出由馬勒侯以及另外四位法國人士簽署的那份文件。便衣警探制止了他，現場於是陷入一片全然的寂靜。這些員警臉上的表情顯得相當奇妙，他們覺得尤蒙頓在場令他們深感尷尬：這位在那麼多電影裡體現「反抗鬥士」形象的人物，突然直接面對一群認識他的員警。這個場景因此帶有非凡的政治強度……（尤蒙頓）是最後一個離開的人。他在兩名武裝員警一左一右的押送下走到飯店的階梯頂端；在階梯底部，警方已清空街道，他們的廂型車又停在更遠的地方。在廂型車後方，有幾百人看著這幕景象。現場看起來有點像在彩排《焦點新聞Z》裡國會成員遭到棍棒毆擊的那一幕。尤蒙頓神情莊重，頭微微後仰，以極為緩慢的步伐走下階梯。我們就是在這個時候感受到法西斯主義的存在。眾人在旁觀看，卻什麼也沒看見，彷彿他們已經目睹過這個場景好幾百次一樣。在此同時，他們又因為看見自己在螢幕上看過的那位想像英雄置身於他們親身經歷過千百次的真實場景裡，因此心懷哀傷，也可能感到目瞪口呆。他們正看著一部呈現出他們自身政治真實的電影。那種靜默……[77]

被喚起的不只有電影回憶。傅柯覺得自己彷彿回到了戰時的普瓦提耶：

> 令我們害怕的，是現場存在著法西斯主義的感受。我們兒時有過法國遭到德國占領的記憶，但在那之後，我們就不曾再接觸過那種感受。不過，我們這時卻感受到那種東西的存在……我們再次看見我們在德國占領期間熟悉的那種景象：群眾的靜默，睜著眼睛觀看而什麼也沒說。[78]

到了機場，很明顯這支代表團只會被驅離西班牙。他們被詳細搜身，護照也受到異常仔細的檢查。他們登上法國航空的班機之時，一名員警開始以西班牙語咒罵拉杜茲神父。當時已踏上階梯的科斯塔加夫拉斯開始大喊：「打倒法西斯！打倒佛朗哥！」(Abajo fascismo! Abajo Franco!) 那名員警衝向他，卻被莫里亞克及其他人擋住去路。這時，科斯塔加夫拉斯已經上了飛機，圍繞在一群漠然的日本旅客之間。那名員警要求他跟著自己返回機場。飛行員在這時抵達，在機艙裡經過一陣協商之後，那名員警終於被說服，認知到自己採取更進一步的行動將會導致國際事件，因為這架班機嚴格說來已算是法國領土。在此同時，尤蒙頓把自己手上剩下的少數幾張傳單發給飛機上的法國乘客。

這架前往巴黎的班機終於起飛。莫里亞克後來寫道，機上餐點從來沒有讓他吃得這麼津津有味。他們七人在馬德里總共只待了六個小時。他們於巴黎降落之後，隨即受到一大群記者與媒體人包圍，只不過他們感興趣的對象全是尤蒙頓，而不是傅柯。傅柯以高昂的熱情和馮畢羅打招呼，整個言行表現就像是憑著機智勝過學校當局的學童一樣。79

九月二十七日，有五名激進分子遭到處死，其中三人為革命反法西斯愛國陣線成員。佛朗哥做出的唯一讓步，就是行刑方式從絞刑改為槍決。這次行刑立即受到國際社會譴責。有九個歐洲經濟共同體的國家召回大使，梵蒂岡也表達不贊同的立場。墨西哥呼籲將西班牙逐出聯合國。法國政府的沉默顯得極為醒目。

不是所有的抗議都以外交語言表達。仍因去年的革命氣氛而興奮不已的里斯本，當地的西班牙大使館遭到洗劫與縱火，警方並未出面阻止。經過一個小時的暴力之後，只剩下冒著煙的牆壁仍然矗立著。在巴黎，示威者自發性地走上街頭抗議，香榭麗舍大道因此變成戰場。警方起初似乎失去控制能力，但他們重新集結之後成功阻擋了抗議群眾接近大使館。一個炸彈在西姆卡克萊斯勒（Simca-Chrysler）的汽車展間外爆炸，還有人試圖對一家西班牙資本的銀行縱火。一直到第二天早上才恢復平靜。

晚上八點左右，傅柯、莫里亞克與德費出外查看狀況。他們抵達瑪索大道（avenue Marceau）之時，遇到一大群遊行隊伍。現場的氣氛極為熱烈，但德費立刻就意識到他們看見的其實是法國共產黨正在撤退的隊伍。許多留下的示威者都很年輕，有些人揮舞著紅色、黃色與紫色的旗幟，上面有「FRAP」（革命反法西斯愛國陣線）的字樣。根據莫里亞克的敘述，那些示威者大多數都是西班牙人。在蒙田大道（avenue Montaigne）與博卡多路（rue du Boccador）交叉口走向傅柯的一位年輕人想必不是西班牙人而是法國人。在那個非常糟糕的時間點，他問傅柯是否願意向他支持的團體發言談論馬克思。傅柯的回應粗暴又鄙夷：「別再跟我提馬克思，我不想再聽到這個人的名字。去找專業人士吧，那些人收錢做這種事情，是他的公務員。至於我呢，我和馬克思已經完全沒有關係了。」[80]

夜晚的氣溫愈來愈低，於是傅柯和德費招了一輛計程車回沃吉哈赫街去拿毛衣。這時候，莫里亞克身旁兩側的人和他手臂相勾。隨著集結成隊的鎮暴警察向前推進，示威群眾開始緩慢後退。突然間，警方發射了一批催淚彈，造成群眾驚慌逃散。莫里亞克躲進一棟建築物的庭院，在安全距離外看著街頭上的混戰。他後來得知鎮暴警察在沒有受到挑釁的情況下發動攻擊是奉命行事；行刑時間愈來愈接近，因此政府要求通往大使館的道路必須不計代價清空。莫里亞克離開現場，不確定自己在遠處看見的兩個人影是不是傅柯與德費。他們實際上在凌晨三點左右回到那個區域，但是找不到莫里亞克。

左派各政黨號召於九月二十九日星期日舉行全國示威。數以萬計的民眾從共和國廣場遊行到巴士底廣場，其中許多都拿著或別著紅色康乃馨。一群革命反法西斯愛國陣線的支持者想要走在遊行隊伍帶頭的位置，卻遭到總工會的幹部包圍，指稱這項示威活動是由總工會號召舉行，所以也應該由總工會率領。總工會幹部從來不以溫和對待政治對手著名，但這一次他們卻無力阻擋無可避免的結果。示威群眾從共和國廣場出發兩個多小時後，在反覆高喊著「愛國陣線」的聲響下抵達巴士底廣場。戴高樂將軍的一名前祕書，對於自己居然緊握拳頭走在遊行隊伍中支持這個恐怖組織深深感到意外。傅柯也是示威群眾裡的一員。

九月的行刑是佛朗哥政權最後的一項暴行。一九七五年十一月二十日，佛朗哥終於死了。馬勒侯比他多活了一年又三天，無疑為此深感得意。他的傳記作者寫道，他的最後一項政治舉動，就是讓特魯爾山區那些戰士的聲音能夠被人聽見。[81] 次年三月傅柯於法蘭西公學院講課之時，利用佛朗哥去世這起「微小又令人欣喜的事件」闡述「生命—權力」(bio-power)：現在，人已經能在身體壽命的限制之外繼續活下去。佛朗哥在醫學科技的維繫之下得以繼續活著：「那個掌握數百萬人生死的人，被一股將生命安排得極為良好的權力所掌控，好到他根本沒有發現自己已經死了，根本不曉得自己是在死後繼續被維繫著生命。」[82]一九七六年，傅柯也評論了馬勒侯之死：「他談論的那些事情，在他眼中的重要性高過於他談論它們的這項事實。」他接著把馬勒侯比擬為貝爾納諾思（Georges Bernanos）與賽林（Louis-Ferdinand Céline），問道：「我們現在要怎麼看待像他們這樣的人？不只是作家，卻也不是聖人；不只是作家，大概也不是下流胚子；不只是作家，在二十歲時不是革命分子，在老年之時也不是政治家。也許我們太執著於評論，無法理解人生是什麼。」[83]

傅柯在馬德里塔飯店的酒吧裡違抗警方的表現，證明了他毋庸置疑的肉身勇氣，但如同他當時向莫里亞克說的，他要是面對一把衝鋒槍，必定會更快屈服。在他自己眼中，這樣的行為也表達了一項基本原則：「我的觀點是，使用強制力是警察的工作。因此，反對警察的人絕對不該任由他們以偽善的方式，把強制力掩藏在必須立刻遵守的命令後方。警察對於他們代表的東西必須徹底執行。」[84]個別員警是權力的化身，而權力必須一再受到抵抗。抵抗能夠為看似不可能的結盟提供基礎：

> 我……和另一個人（德布黑）同時做一些事，那個人抱持的信念也許和我相反，我不知道，我真的已經不知道了。我確實知道的是，我們必須反對權力，我們永遠都必須把權力逼到牆角……我們絕對不能接受，不能接受權力的存在理由（raison d'etre），而權力依其本質也絕對不可能放棄其存在理由：也就是決定什麼可以接受，什麼不可接受，決定譴責與排拒哪些東

西。我們絕對永遠不能停止反對權力，以便一再迫使權力達到極限，並且一再盡量縮減權力的勢力範圍。[85]

傅柯從馬德里返國之後不久，又離開法國到巴西進行為期短暫的巡迴講座，在里約熱內盧與聖保羅發表演說。這些為瓜納巴拉州立大學（Guanabara State University）社會醫學系學生舉行的講座內容沒有出版，但探討的是犯罪、都市化與公共衛生等主題。[86]他先前造訪巴西的旅程都相當放鬆又愉快，但這次巴西的政治氣氛卻充滿壓迫，傅柯於是提早結束了這場短暫的旅程。引發他反感的確切事件，是一名地下共產黨成員的猶太人記者遭到警方殺害：

猶太人社群不敢為他舉行正式喪禮。結果是聖保羅大主教艾瓦利斯特（Dom Evariste）在聖保羅大教堂舉行了一場典禮，一場跨教派的典禮，藉此緬懷那位記者。這場典禮吸引了成千上萬的民眾湧入教堂及廣場，身穿紅袍的樞機主教主持這場典禮，並在典禮結尾走向信眾，高喊猶太人問候語「平安，平安」（Shalom, shalom）向他們打招呼。廣場四周滿是武裝警察，教堂裡也有便衣員警。警方縮手不動，他們對這項活動無能為力。我必須要說，這有一種宏偉的感受，一種力量；這場活動具有巨大的歷史分量。[87]

傅柯雖然宣稱自己不喜歡天主教徒，但看到一位天主教的大主教以猶太拉比的姿態出現，證明了他對教會持續懷有的欣賞確實有其道理。[88]

一九七五年聖誕節前一週的一個寒冷日子，傅柯、莫里亞克、尚皮耶・菲耶、蓋林與阿勒瓦克斯在令人發抖的低溫當中等待了一個小時，示威隊伍才終於出發。實際上，有兩支遊行隊伍列隊走出巴士底廣場，一支由「聯合左翼」的群體構成，另一支則包含各式各樣的左派人士、無政府主義者與知名人物。隔開這兩支隊伍的不是警方，而是法國共產黨與總工會幹部拉出的隔離線。這場示威活動是為了支持幾名役男，他們遭到國家安全法庭（Cour de la Sûreté de l'Etat）審判，罪名是涉嫌打擊軍隊士氣。[89]

徵兵在法國通常不是一項爭議性的議題，大多數被徵召的人都把自己的役期視為一項浪費時間的乏味義務，只能盡力忍受。不過，這點在一九七〇年代中期卻成了一個問題，因為當時被徵召的那個世代非常具有政治意識，對於自己被派去驅散清潔隊員的罷工活動大表抗議，並且開始要求組織權。[90]對許多人而言，主要問題在於軍營裡的生活條件。對於初級軍官在一九七四年葡萄牙革命裡扮演的角色所懷有的記憶，又為此添上另一層意義，也無疑在許多軍人心中引起了對叛變的擔憂。在士兵的運動當中，一股革命性的反軍國主義思潮與幾乎只單純關注民主權利的工團主義思潮以頗為緊張的關係共同並存。

傅柯不是這項運動的主要人物，但他確實參與了示威，也簽署了宣言。[91]一九七六年二月，他又簽署了一份比任何請願書都更有可能導致自己被人入罪的文件。這份文件得到不少名人簽署

（波娃、沙特、夏特列、演員雷加尼〔Serge Reggiani〕、熱門歌星佛瑞斯提爾〔Maxime Leforrestier〕、莫里亞克、傅柯……），他們都承認自己犯下各種罪行，諸如持有士兵委員會所提要求的傳單、要求在軍營裡行使民主權利，以及支持志願役與義務役軍人的結社權利。年輕士兵因為這些犯行而面臨起訴，這些簽署者也要求受到起訴。[92]

莫里亞克與傅柯都意識到自己處於一種可能頗為荒謬的情境當中。他們一方面可能受到起訴，這麼一來他們也許應該更仔細看清楚自己簽署了什麼東西；但另一方面他們也可能遭到忽視，這麼一來他們的簽署行為就變得毫無意義。[93]可想而知，他們確實落入了荒謬的處境。傅柯對這項議題沒有特別深刻或長久的關注，但這畢竟是另一種形式的監禁，因此他非常樂於表達自己和那些直接參與抗議活動的人士站在一起。

他對另一項事件的參與比較直接。《生氣的送子鳥》（*Le Cicogne en rogne*）是一部在圖爾市（Tours）的七〇五空軍基地祕密拍成的電影，這時正在巴黎十四區的一家小戲院播放。[94]傅柯的到場，又再度使他與警方發生直接衝突。這家戲院遭到突襲之時，令現場許多年輕運動人士深感訝異的是，眾人必須架住傅柯才能阻止他攻擊一名員警。可能的暴力接著轉變為鬧劇，原因是查驗被捕人員身分的警長把明顯比現場大多數人年紀大上許多的蓋林稱為「傅柯先生」。真正的「傅柯先生」並不覺得好笑，因此大聲抗議。[95]

# 14 快感的運用

「米歇爾．傅柯的六冊著作，」《世界報》在一九七六年十一月五日宣告指出。刊登於頭版右下角的這則短文沒有署名，但可能是出自德瓦的手筆。短文的開頭寫道：

受到壓抑的性？我們一再這麼說：西方可能扼殺、譴責並禁止健康快感的健康實踐。而現在已經成為必要的性解放，顯然將同時帶有愉悅性與顛覆性。法蘭西公學院教授米歇爾．傅柯，同時也是我們年輕哲學家當中的一位「傑出大師」，否認這項假設是公認無誤的觀點。

樂觀規劃一年出版一冊的這六冊著作，總題名稱為《性史》（*Histoire de la sexualité*）。傅柯的論述主題其實早在幾個月前就公開了，原因是容易激動的克拉維勒。他在七月與索萊爾斯在一場電臺辯論當中說道：「他（傅柯）的下一本書探討的是西方的性，我得到的消息如果沒錯，那麼這本書將會再次改變一切！可別太驚訝了——這本書告訴我們，過去三百年確實有些壓抑，但整體而言，在構成我們社會的動力當中，**性沒有受到壓抑**！恰恰相反：性其實受到**煽動**。」主持人普甘（Jacques Paugam）唯一的回應，就是結結巴巴地驚呼一聲「老天」（Fichtre）。[1]

這項寫作計畫是一項舊計畫。在《瘋狂史》的原始序言裡，傅柯提到有一項應該書寫的歷史，就是「性禁忌」的歷史。這項歷史將會談論「持續不斷移動而且頑固的壓抑型態，不是為了提出道德或壓抑的歷代紀錄，而是要揭露慾望的快樂世界受到的悲劇性分割，使其成為西方世界的局限以及其道德的起源」。[2] 同樣的主題，又再度出現於一九六三年他針對巴代伊所寫的一篇重要論文的開頭幾句話：

> 我們不加思索地認為，在當代經驗裡，性又再度找到一種自然真相，這種真相據說以各種不同偽裝樣貌藏在陰影當中等待了許久，才終於有權完全進入語言當中，我們也是因為現在擁有正面的洞察力，才能夠加以解譯。[3]

在一場訪談裡，傅柯把他規劃的瘋狂與性這兩部歷史稱為「雙胞胎計畫」，聲稱他「思索」其中的第二項計畫已有二十年之久。這項計畫終於在他收聽一個午後廣播節目時具體成形，那個節目有一名精神分析師與一名性學家替聽眾的性問題提供建議：「他們只會問那個可憐的男子：『你能不能勃起？』可是存在於他和妻子之間的問題，背後其實有非常不一樣的因素。」[4]

在一九七〇年的講座裡，傅柯有時會提及自己放棄了一項書寫壓抑史的計畫，指稱自己之所以未能完成那項計畫，原因是他找不到自己需要的檔案。[5] 他有時指稱這項計畫探討的是「幼兒性慾」，傅柯在同年八月與莫里亞克對談時提到的（「一部探討佛洛伊德之前的幼兒性慾的文本」）可能就是這項計畫。[6]

《性史》系列的第一冊是《求知的意志》（*La Volonté de savoir*），原本的書名是《性與真相》（*Sexe et vérité*）。[7] 後來的正式書名《求知的意志》刻意指涉尼采的「權力意志」，只是這點在英文譯本的書名當中完全看不出來。[8] 「求知的意志」當然也是他在法蘭西公學院第一年發表的講座系列的總稱，只是在那個情境下與性無關。這本相對較薄的著作封底宣告了傅柯的完整系譜學研究將包含以下這幾冊作品：《肉與體》（*La Chair et le corps*）、《兒童十字軍東征》（*La Croissade des enfants*）、《女人、母親與歇斯底里者》（*La Femme, la mère, l'hystérique*）、《反常者》（*Les Pervers*），還有《人口與種族》（*Populations et races*）。這些後來都沒有以此處宣告的形式出現，《性史》的樣貌也在接下來的八年裡出現大幅變化。一個腳注還宣告了另一冊作品，書名暫定為《真相的權力》（*Le Pouvoir de la vérité*），內容探討希臘與羅馬法當中的刑虐；[9] 這是傅柯在一九七〇年之後經常觸及的主題，也一再回頭加以探討，但這本書卻一直沒有寫成。由於《求知的意志》是一部引言性與綱領性的文本，因此大部分內容都投注於概述這個規劃中的系列未來將出版的作品。其綱領性質也無疑解釋了書中為何沒有針對其範圍廣泛的假設提出太多書面證據。傅柯後來後悔預先概述尚未書寫的作品這項做法，指稱這麼做導致他的評論者產生誤會。[10]

這部歷史的第一冊明顯經歷了不少份草稿，論點也在過程中出現大幅改變。起初，傅柯把「性事」（sex）*視為既定事物，認為「性」（sexuality）是掩蓋前者的一種論述性—制度性形構。他後來不滿意這項論點，於是反過來主張性事是由性的機制（dispositif）所產生。性的論述不是適用於性事，而是適用於身體與性器官，適用於快感與結盟關係。[11]「dispositif」的概念是這部文本的重大理論創新，在某個意義上取代了《詞與物》的「épistémè」（知識型），這個用語早在《知識考古學》就已經逐漸被捨棄。

在與一群拉岡學派人士的討論當中，傅柯明白定義了他所謂的dispositif是什麼意思。這個字眼指的是一批異質性的論述、命題（包括哲學、道德、博愛等命題）、制度、法律及科學陳述；dispositif本身是一套把這些東西綁縛在一起的網絡，支配著各個異質脈絡之間的互動。這種形構在特定的歷史時刻會對應於一項主要的策略性功能，例如一個重商社會對於多餘流動人口的吸收。逐步吸收那群人口的策略必要性逐漸轉變為對於瘋狂、心理疾病以及精神官能症加以控制並主體化的機制。就一個意義上而言，dispositif代表了傅柯嘗試要分析「支持知識類型的權力平衡策略」。他這時承認指出，當初在《詞與物》裡撰寫知識型歷史的嘗試，把他引進一條死胡同。知識型只不過是一種特別論述性的dispositif而已。[12]德雷弗斯與拉比諾相當精準地解釋dispositif的概念：「當然，dispositif是史學家以明白易懂的方式建構的一套網格。不過，dispositif也是實踐本身，扮演工具的角色，構成主體並且加以組織。」[13]

《求知的意志》的基本論點很快就廣為人知。傅柯以下列方式解釋他所謂的「壓抑假設」，由此即可看出這項寫作計畫自從一九六一年以來出現了多大的改變：「性如果受到壓抑，也就是淪為禁忌、不存在以及緘默無聲，那麼光是談論性，就會如同刻意的違犯。任何人只要使用這樣的語言，就是在一定程度上把自己擺在權力之外；他在顛覆法律，他謹小慎微地期望未來的自由。」[14]

他接著針對壓抑假說的精確性提出三項質疑：性遭到壓抑可能不是確切的歷史事實；權力的機轉可能不是以壓抑為核心；壓抑的時代以及對壓抑的分析，這兩者之間未必有任何歷史斷裂。[15]提出反對壓抑假設的論點之後，他聲稱過去三百年來出現了一項「名副其實的論述爆炸」，一項關於性的「論述發酵」。[16]十九世紀尤其沒有出現「上千種偏離常軌的性遭到排拒」，而是「每一種性的具體化以及局部鞏固」。[17]性變態（perversion）就是在這個過程中被納入，或者實際上是具體化，個人因而被指定為性變態（perverse）。舉例而言，反自然性行為（sodomy）曾經是禁忌行為的一種類別，其「作者」只不過是那些行為的法律支持或主體；相較之下，十九世紀的性宇宙創造了「同性戀」，「一種過往，一種歷史與一種童年，一種性格，一種生活方式……」[18]

談論性的衝動可以追溯到基督教的牧養以及告解的儀式，這種行為與薩德在《索多瑪一百二十天》提出的這項命令具有奇異的相似性：吐露一切，而且要詳盡無遺。傅柯把兩段引文並置在一起，製造出一項驚人的效果。其中一段引文摘自聖亞豐索（Alphonsus de Liguori）的《論第六誡》（*Préceptes sur le sixième commandement*），另一段摘自薩德。「不只是性交，也包括情慾撫摸、一切不

＊編按：基本上本書將sex以及sexuality都譯為「性」，但此段特別需要區分這兩個字，因此這裡將sex譯為「性事」。

純潔的眼神、一切淫穢的話語⋯⋯」「你的故事必須展現出徹底而完全的細節;你如果隱瞞了任何情境,我們就無法判斷你所描述的激情與人的習俗還有特質之間的關係。」[19]

傅柯另一部具代表性的參考文獻,是不知名作者寫的《我的祕密生活》(*My Secret Life*)。他讀的是一九六四年格魯夫出版社(Grove Press)出版的版本,就像這本書的許多讀者一樣,他大概也是藉由馬庫斯(Steven Marcus)的《其他維多利亞人》(*The Other Victorians*)而得知這部作品。[20]馬庫斯這部研究著作為傅柯提供了他開頭章節的標題:「我們這些其他維多利亞人」。《我的祕密生活》大概寫於一八九〇與一八九五年間,共由十一本小冊構成,總頁數達四千頁,內容記錄了維多利亞時代一位匿名紳士無法克制的性冒險,這名主角通常被人視為就是這套書的作者「華特」。對華特而言,由於有成千上萬的人都耽溺於他所描述的「怪異行為」,因此這項事實本身就是他出版自己日記的正當根據;在傅柯眼中,他對性活動進行描述乃是最奇怪的行為,其原則深深刻在現代人的心中至少已經有二百年之久。「華特」是「數百年來要求世人談論性的命令最直接的代表,就某方面而言也是最天真的一位」。[21]

傅柯深深著迷於這套書,因而大力促成格魯夫版本的一部法文節譯本在一九七八年出版。[22]在他為這部譯本寫的序言裡,他猜測這套作品是奠基於新教國家保存下來的「一種古老靈性傳統」:「撰寫日記記錄自己的生活,在空白的紙張上檢視自己的良心。」[23]這項猜測頗為有趣,但不是全然具有說服力。像華特這樣的維多利亞時代紳士不太可能會熟知「古老靈性傳統」,但他想必知道聖公會的總告解。我們也許能夠找出薩德的敘事者和告解手冊之間的連結;《我的祕密生活》當中的詳細紀錄與聖餐禮儀當中提及的「各種罪與邪惡」之間的連結極度牽強。不論《我的祕密生活》源自何處，其源頭不太可能會是一個從來不曾為個人告解賦予強制性的教會當中的慣例行為。傅柯也忽略了這套書裡可觀的社會學元素以及這項可能性：比起告解傳統，華特也許更近似梅休（Henry Mayhew）以及維多利亞時代城市的其他類似記錄者。

不知情的讀者如果想在《求知的意志》當中看到性實踐的描述，必然會大感失望。這本書並沒有像《性精神病理學》（*Psychopathologica sexualis*）那樣為讀者提供間接體驗的樂趣。傅柯的目標不是要記錄性實踐，而是要「分析一種關於性的特定知識類型的形構，但不是從壓抑或者法律的角度，而是從權力的角度」。[24] 其中指出了四個可供未來研究的策略領域：女性身體的歇斯底里化；兒童的性受到的教育化；生殖行為的社會化；變態快感的精神病化。[25]

在這整本書裡，傅柯一再以兩項主要的性論述相互對比：色情技藝（ars erotica）與性知識（scientia sexualis）。前者被假設存在於（或是曾經存在於）中國、日本、印度、羅馬或阿拉伯國家，代表的是一種色情技藝，其中的真相取自於「快感本身」，「被理解為一種實踐並且被當成一種經驗而記錄的快感」。[26] 相較之下，西方則發展出一種陰鬱的性知識，它為了道出性的真相，發展出了基本上圍繞著各種形式的權力—知識所組織而成的程序，而不是像色情技藝的那種入門儀式。其權力—知識的主要形式是一種告解模式，其中使用的真相標準逐漸由其教會源頭轉移到教育和精神醫學等各種不同領域，並且提出例如「正常與病態」等分類（向康紀言致敬的含意明顯可見）。所有這些領域都受到求知意志所支配。性不是經驗的某種初步層次，存在於性的機制

（dispositif）或論述之外，而是經驗的產物。就這個意義上而言，唯一可能的解放就是把快感從性與性認同的體系當中解放出來。

此外，性是權力的客體與目標，這種權力談論「健康、後代、物種未來、社會身體的活力……」[27]權力—知識的行使圍繞於兩個極點：規訓以及監管控制，這兩者分別會產生人體的解剖政治與人口的生命政治。這些在《求知的意志》裡面只有簡略概述的主題，傅柯會回頭加以探討，但只有在講座當中，而不是在出版作品裡。「安全、領土與人口」是一九七七至一九七八年的主題，「生命政治的誕生」則是一九七八至一九七九年的主題。傅柯對「生命政治」提出這樣的簡要定義：「構成人口的一群生命體所具有的典型現象，包括健康、衛生、出生率、壽命、種族……等等，對管治實踐造成許多問題，〔生命政治就是〕自十八世紀以來對這些問題進行管理的種種嘗試。」[28]「管治性」（governmentality）*這個新主題已逐漸開始浮現。

《求知的意志》在媒體上沒有引起太多反應。[29]大多數評論者似乎都認為，既然這本書是一套系列作品的引言，因此可以等到更多冊出版之後再提出最終評判。德瓦對於傅柯看待性的歷史觀點尤其抱持懷疑態度，也不是對他所有的論點都感到信服。他問道，鼓勵告解為什麼不該被視為具有壓抑性？還有，在談論**性**的時候，傅柯為什麼那麼快就忘了實際上有兩個性別？[30]評論者的期望，無疑還有傅柯全體讀者的期望，將會化為失望。《求知的意志》沒有開創出大量的新作品，而是帶來一段沉默，直到一九八四年傅柯去世前不久才因為《快感的運用》（*L'Usage des plaisirs*）與《關注自我》（*Le Souci de soi*）這兩本書的出版而打破。這兩本書與一九七六年承諾的作品非常不同，原本那套六冊作品如果有任何手稿，也沒有留存下來。

《求知的意志》這本書的書評在一九七七年一月與二月開始出現。三月，布希亞（Jean Baudrillard）以《忘記傅柯》（*Oublier Foucault*）對傅柯發動一次重大攻擊。這本唱反調的小冊實際上只不過是一篇長文，其起源至今仍然朦朧不清。在一本研究布希亞的英文著作裡，該書作者提出了兩項說法，但這兩者都是基於傳聞。一種說法指稱這本小冊起源於一個計劃中的讀書會，成員預計包含布希亞、傅柯、李歐塔、德勒茲與瓜達希，而布希亞向這個團體發表了一篇被認為攻擊性過強的立場聲明書；另一種說法指稱這本小冊源自一項沒有實現的計畫，原本是要讓傅柯與布希亞在《現代》當中交流觀點。[31]這兩種說法都無法證實也無法否證，但必須要說的是，《現代》是相當不可能出現這類交流的地方。另一方面，梅耶聲稱這本小冊源自一篇為一九七五年十二月出版的《評論》特刊所寫的文章。如同先前提到的，這本特刊原本也打算刊登魯斯唐的一篇評論，卻在皮業勒的堅持下撤稿。傅柯據說看過布希亞的文章，而且反應極為負面。[32]梅耶的說詞至少有一部分受到布希亞本身證實，他指稱《忘記傅柯》的確是源自一篇皮業勒委託的文章。在一項主要針對他的《冷記憶》（*Cool Memories*）所進行的訪談裡，他指稱自己認為傅柯對權力的分析完美到令人不安。布希亞接著指出：

＊編按：傅柯後期使用的gouverner一詞，本書隨上下文譯為「管治」、「統治」或「治理」。

他看了我的文章，我們針對那篇文章談了三個小時。他對我說他想要提出回應。於是，我收回我的文章沒有發表，這樣將來就能一起發表我們各自的文章。但過了一個月，傅柯對我說：「我不想回應，那篇文章你想怎麼樣就怎麼樣吧。」我立刻以小冊子的型態出版。然後一切就都變了。在那之前原本參與這個遊戲的傅柯，突然開始大發脾氣。這個明顯相當挑釁，挑釁程度遠高於內文的標題，被解讀為在攻擊傅柯超群的智力。我因此被打進一種隔離狀態，直到今天也還在承擔後果。[33]

布希亞的批評以傷人的方式提出。傅柯的論述本身是一項權力論述，映照出他所描述的那些權力：「傅柯之所以能夠畫出那麼一幅令人敬佩的圖畫，唯一的原因是他在一個時代的極限之處行事（也許是「古典時代」，他可能是其中最後一頭大恐龍），而那個時代已徹底崩毀。」[34]布希亞這本小冊子的大部分內容都在於重申他自己關於誘惑、擬像與超真實的論點，但卻是因為對傅柯的攻擊而聲名大噪。

「大恐龍」回應那項呼籲眾人「忘記傅柯」的說法，向朋友嗆說他記不起布希亞是誰，但也承認那些批評令他深感受傷。[35]他在公開場合保持莊重的沉默，直到後來才在《快感的運用》裡針對布希亞指控他「對權力的擬像一言不發」這項說法提出回應，指稱必須避開將權力「視為支配或者譴責為擬像」的其他權力概念。[36]更糟的是，沒有人撰文為他辯護。傅柯死後，布希亞又以一項評論回到「忘記傅柯」這個主題，這項評論當中結合了某種洞見以及非凡的傲慢：

矛盾的是，傅柯一生表現得自己彷彿不受人喜愛而且備受迫害。他無疑受到數以千計的門徒與努力奉承他的追隨者所迫害，因為這些人如同諷刺畫一般把他的所作所為剝除了一切意義，他必然也暗中對這些人深懷鄙夷（至少我們希望如此）。忘記他其實是幫他一個大忙；諂媚他反而是害了他。[37]

布希亞對傅柯的最後一項評論，是最奇怪的一段話：「傅柯的死亡。對他自己的天才喪失信心。暫且不談性面向，免疫系統的喪失只不過是另一個過程的生物轉錄而已。」[38]

傅柯的沉默當然是非常相對性的。他持續在不同國家教課以及演說，也發表了許多針對特定場合所寫的文章。他在這段時期也有許多未能實現的計畫，雖然有起頭，後來卻捨棄了，也沒有解釋原因。多年來，傅柯一直打算根據巴士底檔案撰寫一本書，檢視十七與十八世紀的祕密逮捕令的歷史與功能。這項計畫直到一九八二年才開始實現，但他在這段時期看來只為這本著作進行了零星的資料蒐集工作。這項巴士底計畫也衍生出另一項計畫。一九七七年一月，傅柯發表了一篇論文，聲稱是為他即將推出的一本書所寫的引言。這本書的書名是《卑賤之人的人生》（*La Vie des hommes infâmes*），[39]將會列入伽利瑪出版社的「道路」叢書。

隆布希克斯主編的「道路」叢書主要出版實驗文學著作，但也包括一些評論研究著作，包括傅柯的《黑蒙．胡瑟勒》。在這篇他聲稱的引言裡，傅柯強調這部著作「不會是歷史書」，而是「生命的選集。由幾行或幾頁文字構成的人生。由少數幾個字概括無數的不幸與冒險」。他是在國家圖書館翻閱一部十八世紀初的拘留登記冊之時想到這個點子。他將以全然主觀的方式挑選那些登記內容，基於自己在偶然間首次看到一項條目之時所感到的樂趣、驚奇甚至恐懼。這種做法的範本顯然是當初在《公共衛生和法醫學年鑑》裡無意間邂逅皮耶・希維業。傅柯與檔案資料之間的關係是身體性的：

我很難描述自己發現這些零碎片段之時的感覺……無疑是我們稱之為「身體性」的那種印象，這麼說彷彿實際上還可能有別的種類一樣。我承認這些從二百五十年的沉默當中突然冒出的「短篇故事」，比我們通常稱為「文學」的作品更能引起共鳴。[40]

這項未能實現的計畫也明顯和傅柯對祕密逮捕令這種制度的著迷有很大關係，這樣的著迷自從《瘋狂史》以來就明顯可見，[41]也早就啟發了巴士底計畫：

祕密逮捕令監禁制度只不過是一項頗為短暫的事件；持續時間大約只有一個世紀，而且只存在於法國。不過，這點並沒有絲毫減低這種制度在權力機轉的歷史當中的重要性。這種制度不是確保國王的任意獨斷會自發闖入最平凡的生活當中，而是確保國王的任意獨斷會散布於複雜的迴路以及種種需求與反應的互動當中。[42]

一年後，伽利瑪出版社推出一套由傅柯主編的新叢書，名為「平行人生」（Les Vies parallèles）。這套叢書出版的第一部作品，也是唯一的一部作品，是《埃丘琳．巴邦，又名阿列克辛娜．B》（*Herculine Barbin dite Alexina B.*），講述一名十九世紀雙性人的故事，是在塔迪厄（Ambroise Tardieu）一八七四年出版的《性器官構造缺陷在身分認同方面造成的醫學法律問題》（*Question médico-légale de l'identité dans ses rapports avec les vices de conformation des organes sexuels*）當中發現的。這部文集部分是受到普魯塔克（Plutarch）所啟發：

古人喜歡在傑出人物的人生之間尋求平行之處；我們聽到這些模範跨越數百年的話語。我知道，平行線的設計就是交點位於無限遠。讓我們想像其他無限分歧的例子。沒有交點，也沒有地方記錄這些：這種例子經常沒有回音，只有自己受譴責的回音。我們必須在分隔他們的移動當中抓住他們；我們必須重新發現他們在落入「故事不再受到講述」以及所有「名氣」都消失不見的那種沒沒無聞之際，於那一瞬間留下的驚人痕跡。這就像是把普魯塔克顛倒過來一樣；極為平行的人生，故而沒有人能夠讓他們交會。[43]

雌雄同體原本應當是《性史》系列其中一冊的主題，這個主題也與他在一九七四至一九七五年探討「非正常人」（Les Anormaux）的法蘭西公學院講座內容有關。[44]《埃丘琳．巴邦》是一部第一人稱敘事作品，以華麗的浪漫風格寫成，具有略帶淫蕩色彩的小說所擁有的那種魅力，內容講述「埃丘琳」或「阿列克辛娜」這個人的一生。這名主角小時候被當成女孩撫養，長大後才發現「她」的生物結構屬於男性。「埃丘琳」與一名女性朋友展開一段奇特的戀情，後來終於被迫面對自己的男性身分。

傅柯在這部文本當中抹除了自己的面貌，只在一個簡短的注釋裡說明這則故事的出處，並列出部分取自當代文獻的檔案資料。一九八〇年出現了一部英文譯本，其中添加一篇引言，還有帕尼薩（Oscar Panizza）的《女修道院醜聞》（*A Scandal at the Convent*）本文，這是一則以巴邦的案例改編而成的故事。傅柯的引言改寫自一九七九年向阿卡迪協會大會（Congress of Arcadie）發表的一篇論文。阿卡迪協會是法國最古老的同性戀組織，但以帶有「歡樂」字義的「gay」這個英文詞語指稱這個向來以「同性愛」（homophile）自我定義的團體，不免令人感到有些不自在。如同先前另一場大會所出版的會議紀錄，就在封裡寫道：「阿卡迪協會向來客觀、平靜而莊重，未來也會是如此，也將致力於闡明同性愛問題，讓同性愛者本身能夠擁有比較好的人生，讓異性戀世界能夠更加理解同性愛者是什麼樣的人，從而接納他們的本來面貌，換句話說，也就是接納他們的同性愛本質。」

阿卡迪協會創辦人波德希（André Baudry）在開幕致詞裡進一步指出：「我們希望阿卡迪協會有一天能夠消失，因為在那一天，我們將如同一九五四年一月我們創立阿卡迪協會時所盼望的那樣，真正和其他人並肩而立，和其他人同在一起。屆時我們和其他人將不再有任何不同，整個社會都將會接受我們的本來面貌。」[45]

一九七九年五月，傅柯接受邀請到阿卡迪協會於會議宮（Palais des Congrès）舉行的大會發表演說。這幢建築比較習於舉辦法國市長協會年會這類活動，而不是八百五十名同性愛者的聚會。傅柯在此之前從來不曾和這個組織有過任何關係。鑒於他對同性戀革命行動陣線的支持，他的到場必然顯得有些異常；在同性戀革命行動陣線的年輕激進分子及其後繼者的眼中，阿卡迪協會以及它所談論的那個「沒有不同」的未來，看起來必定像是極為古老的老古董。[46] 見怪不怪的歐肯格姆在一九七二年說，阿卡迪協會經營了「一個非常低調的同性戀機構……一個僅限會員進入的俱樂部，每週舉行舞會與公共宣導講座，讓人前去尋覓床伴。會員大體上都是資產階級，有不少年輕的上班族，還有一些富有的老同性戀，以及少數的女同性戀」。[47] 這個高度強調必須擺出體面低調態度的俱樂部成立於一九五七年，較阿卡迪協會晚了三年，正式名稱為拉丁國家文學科學俱樂部（CLESPAL）。[48]

傅柯接受這項邀請，是刻意要表達一項立場。他要向阿卡迪協會在同性戀解放運動展開之前所代表的理念與作為致敬，並對年輕世代傾向對阿卡迪嗤之以鼻的姿態表達他的惱怒。大會結束時，波德希悄悄塞給傅柯一個信封，裡面裝了二千法郎。傅柯把信封交還給他，指稱一名男同性戀者對其他同性戀發表演說不需要收錢。波德希向他坦承指出，他是阿卡迪協會成立以來唯一一位拒絕收取酬勞的演說者。[49]

三年後，波德希解散了他的組織，不是因為同性愛者終於被社會接納，而是因為他對同性戀圈的商業化反感至極。他埋怨指出，法國的同性戀者「滿腦子想的只有性。他們滿心怯懦，耽溺於色情與粗俗之中，不然就是被政治吞噬，而且阿卡迪的會員對這種情形也完全沒有進行任何抵抗」。[50]

傅柯是一九七九年大會的四位講者來賓之一，另外三人是小說家暨學者梅勒（Robert Merle）、尚保羅・艾宏與維納。維納是傅柯在高師的老朋友，一九七六年三月當上法蘭西公學院的羅馬歷史學教授。令他們覺得好笑的是，傅柯與維納出席這場大會使得公學院裡較古板的成員大感震驚，這些人要是聽到維納的演說，無疑會更加震驚。維納在演說中一臉正經地說明，「他們其中一員」這句話在古代指的不是同性戀者，而是擅長舔陰的人。他的演說大部分內容並沒有這麼刺激，主要在講這項論點：古代沒有把對男人的愛跟對女人的愛作為對比，而是把積極跟消極作為對比：「表現積極就是身為男性，不論所謂的消極伴侶是什麼性別。」[51]英國文學專家梅勒討論了王爾德的審判，以及柴契爾夫人治下的英國通過反同性戀立法的可能性；傅柯的老同事艾宏則是探討「惡行審判」（vice trial）這個相關的主題。

傅柯的主題是雌雄同體，他首先提問西方社會是如何以及為何發展出男性相對於女性的概念，而不是維納描述的那種「積極與消極」的二分法，並以雌雄同體的雙性人作為例子。他主張同性戀的概念受到雌雄同體的老舊觀念影響，雌雄同體在傳統上被視為一種罪行，違反了把個人等同於其性別的法律，因此雙性人與同性戀者這類「變態」都被社會排拒。快感必須擺脫那種法律的限制，也必須擺脫一定要有「真實性別」的規則：「快感是從一名個人傳遞到另一名個人的東西，不是由身分所分泌。快感沒有護照，沒有身分。」[52]

《求知的意志》代表一項直接挑戰，挑戰以壓抑假設為基礎的性解放理論。正如賴希的觀點，壓抑假設認為有一種根本的性，這種性唯有逃脫強加於其上的限制，才會具有革命性。然而，這本書也含有一種烏托邦主義，訴諸一種不同的解放：

我們如果希望透過各種性機轉的策略性反轉來反對權力、身體、快感與知識所帶有的多樣性與反抗的可能性，那麼就必須讓自己擺脫性的中介。反擊性機制（dispositif）的基礎絕對不是性—慾望，而是身體與快感。[53]

為了宣傳這本書而進行的其中兩場訪談裡，他又以更加生動的方式提出相同的論點。在一場訪談中，傅柯向瑪德蓮．夏普薩表示：「我支持所有快感的去中心化以及局部化。」[54] 在另一場與貝爾納亨利．列維進行的時間更長、範圍也更廣的訪問裡，他談及一項新興運動，要求的不是「更多性」或是「更多關於性的真相」：「我會說重點不是『重新發現』，而是實際上製造其他型態的快感、關係、連結、愛，以及強度。」[55] 他提出兩個例子支持自己的判斷：葉維．吉伯的小說，以及「謝黑與歐肯格姆的書」。根據傅柯所言，吉伯曾經試過要出版一些兒童故事，卻遭到退稿。他接著寫了一本露骨的「性」書，結果成功出版了：「運用猥褻的材料，他建構了身體、海市蜃樓、城堡、融合體、溫柔、種族、陶醉；性的所有沉重的協同因素都揮發掉了，……這可能是性的淒涼沙漠的終結，是性的君主統治的終結。」[56] 傅柯舉的第二個例子是「謝黑與歐肯格姆的書」，其中「明白顯示兒童具有一種快感體系，而『性』的格框就對這種體系構成了名副其實的監獄」。他說的這本書實際上是《研究》的一本特刊，是對戀童癖的一項高雅辯護，將其描述為「童年的系統性相簿」。這本特刊出版於一九七六年五月。[57]

傅柯把「性—慾望」對立於「各種快感」（pleasures，這裡使用複數形式相當重要），是將自己跟所謂的慾望哲學（經常連結到德勒茲和李歐塔）區隔開來。他在一九七八年七月的一項訪談裡解釋：

> 我提倡〔快感〕這個詞語，原因是在我看來，這個詞語得以擺脫慾望的概念在本質上帶有的那種醫學與博物學的含義。那種概念被人當成一種工具……一種正常性的校準工具：「把你的慾望告訴我，我就能夠告知你是什麼人，你正不正常，我接著還可以確認你的慾望合格或是不合格……。」另一方面，「快感」一詞則是個處女地，幾乎毫無意義。沒有快感的病理學，也沒有「不正常」的快感。快感這種事件發生在「主體之外」，或是在主體的邊緣，在某種不是肉體也不是靈魂的東西當中，不在裡面也不在外面。簡言之，這種概念不是其他事物的原因，也無法歸因於其他事物。[58]

在同一場訪談裡，傅柯提及在同性戀社群可以看到的那種男子氣概甚至大男人主義的表現，並認為那種表現代表的可能不是回歸男性統治（phallocracy）或者大男人主義（machismo），而是一種「發明自己的嘗試，藉此讓自己的身體成為生產地，生產形態極為多樣的快感……重點是讓自己脫離那種陽剛形式的秩序（commandé）快感，也就是所謂的絕爽（jouissance），特別是就這個詞的射精意義以及雄性意義而言」。[59]在這類論述當中，傅柯非常接近於談論自己的性。

去性化是傅柯對同性戀文化的願景當中的一部分。他在這方面的貢獻不僅限於理論。他向阿卡迪協會的大會發表演說的一個月前，他為《快樂腳》（*Gai Pied*）這本新成立的月刊撰寫了一篇文章。這本雜誌的刊名是傅柯的發明，最早是在他與創刊編輯勒比圖（Jean Le Bitoux）共同用餐的時候提出。「『開心愉快並且盡情享樂／身為同性戀並且盡情享樂』（Etre gai et prendre son pied）是起初的兩項意圖。」[60]「Gai pied」這個刊名沒有辦法翻譯。法語的「gai」確實和英語的「gay」同樣帶有「歡樂」與「同性戀」的雙重意義，但這個字在性方面的意義在法國並未普及，所以那裡大多數的同性戀仍然稱自己為「homosexuel」（同性戀者）。「Prendre son pied」這句話可以非常粗略地翻譯為「因為某件事物而性慾高漲」，經常使用於和性有關的情境。傅柯接著又進一步擴展這項文字遊戲，把這本雜誌的讀者與作者稱為「les gais pietons」（字面上的意思是「歡樂的行人／同性戀行人」）。這本雜誌的創辦計畫是要讓同性戀新聞不再禁錮於聖安娜路的俱樂部與酒吧裡，也拒絕再局限於「被迫接受的角色（為同性戀提出辯護及說明）」。[61]《快樂腳》發行後頗為成功，在一九八二年十一月改為週刊。

傅柯為這本雜誌的第一期提供的稿件，是一篇思考自殺主題的文章，內容低調，近乎憂鬱。他從一部精神醫學專著挑出「同性戀者經常自殺」的說法，思索那些「臉頰蒼白的纖瘦男孩」因為「無力跨越異性的門檻」，人生就在死亡的前廳度過，然後甩門離開。他主張人應有自殺的權利，但附帶條件是這樣的權利應該要讓人以有尊嚴而且舒適的方式死去，而不是像一般的自殺行為常見的那種恐怖死法（他也一一列出那些狀況）。在最後的一陣狂想當中，他建議應該讓可能自殺的人享有入住機構的福利，那樣的機構應該仿效日本的「情趣旅館」（他在一九七八年看到這種旅館），有著「怪異的裝潢……你可以在其中和不知名的伴侶共同尋求在沒有身分的情況下死去的機會」。以那樣的方式死去將是「一種極為單純的快感」。[62] 自殺不是經常出現的主題，但確實偶爾可見於傅柯的書寫當中，也有人謠傳他在學生時代試圖自殺過。至少克洛德．莫里亞克在一九八二年就深信傅柯未來的計畫包含了自殺的可能性。[63]

傅柯沒有成為《快樂腳》的常態供稿者，只在這本雜誌發表過另外兩篇文章而已。[64] 第一篇探討友誼，但顯然出自一項不友好的經驗。有一名訪談者詢問他「身為五十幾歲的男性」對這本雜誌有什麼想法，傅柯立即反駁指出，把「同性戀」與「年輕男性之間的愛情」畫上等號是有問題而且令人反感的做法：

> 我們對他人的其中一項讓步，就是把同性戀純粹呈現為立即快感的樣貌：兩名年輕男子在街道上相遇，互以眼神勾引對方，伸手輕撫對方的臀部，幾分鐘內就搞了起來。這是一種乾淨俐落的同性戀形象，由於兩個原因而去除了一切令人不安的元素：這種形象合乎一種令人安心的美的準則，並且消除了情感、愛意、忠實、志同道合、相互陪伴當中令人不安的元素，

因為一個在相當程度上受到控制的社會無法為這些東西騰出空間，以防形成結盟並出現出乎意料的力線（lines of force）。我認為就是這個原因使得同性戀「令人不安」：主要是同性戀的生活方式，遠非性行為本身。想像一種違反法律或自然的性行為並不會令人擔憂，但個人一旦開始彼此相愛，就確實會產生問題。[65]

友誼是《性史》最後幾冊的重要主題，但不是同志文化唯一的元素，這點在後來的其他訪談可以清楚看到。一九八二年，傅柯在紐約接受巴貝代特（Gilles Barbedette）代表《克里斯多福街》雜誌（*Christopher Street*）進行訪談。不久之後，他又接受蓋勒格（Bob Gallagher）與威爾森（Alexander Wilson）代表《倡議者》雜誌（*Advocate*）進行訪談。在這兩場訪談裡，傅柯談話的對象都是朋友；巴貝代特是他在巴黎的年輕朋友，蓋勒格與威爾森則是在多倫多和傅柯結識，他們是那裡著名的同性戀運動人士。《克里斯多福街》的訪談有許多內容聚焦於同性戀權利的議題以及創造同性戀文化的可能性。就某個意義上而言，這兩者是共同並進的：「與相同性別的對象做愛，自然而然會涉及一系列的其他價值觀。重點不只是把跟同性對象做愛這項奇怪的小小行為納入既有的文化裡；重點是要建構文化形式。」[66]這類文化形式包括「承認男性之間暫時性的共存關係」，以及收養：包括由一名成年人收養另一名成年人（傅柯在此處可能是想到德費；根據克洛德．莫里亞克所言，傅柯討論過收養德費的可能性，傅柯死前不久也諮詢過一名律師[67]）。

更廣泛而言，傅柯期望的是：

> 這麼一種文化，能夠發明建立關係的方式、存在的類型、個人之間交流的類型，不但真正具有新穎性，並且與既有的文化形式不同，也不是疊加在既有的文化形式之上。如果有可能做到，那麼同性戀文化就不只會是同性戀者為了同性戀者而做出的選擇，而是會創造出到達某個程度後能夠轉移到異性戀者身上的關係樣態。[68]

創造一個文化會帶來身分認同的問題。同性戀不能只是主張一種身分認同，而是必須加以創造。但是對於任何聲稱創造認同就相當於解放一種本質的說法，傅柯都抱持提防的態度。他並不認為由同性戀者書寫同性戀小說是最有生產力的活動，至於像「同性戀繪畫」這樣的概念，更是近乎毫無意義。性選擇與道德選擇提供了一個起點，可以讓人創造出「某種和同性戀性質會有特定關係的東西」。把同性戀性質轉譯到其他領域，例如繪畫或音樂，在傅柯眼中並不是一件實現機率很高的事情。他雖然沒有提起這一點，但發展一種專屬同性戀的哲學（或是一位名叫米歇爾·傅柯的「同性戀哲學家」的存在）看來也可以受到排除。另一方面，傅柯對於文學當中展現的同性戀文化卻是深感興趣，例如他的朋友裘克（Jean-Pierre Joecker）從一九七九年開始發行的《面具》（*Masques*）：一本印刷精美的「同性戀評論」雜誌。他為這本雜誌撰寫過一篇文稿，評論多佛（Kenneth Dover）對希臘同性戀的研究著作。[69]

在傅柯看來，邁向同性戀文化的創造過程中最正面的一項發展，就是酒吧和浴場的出現，因為這類場所「對於在男性和女性的生活之間（也就是『單性戀』關係）做出非常明確劃分的做法降低了罪惡感」。[70]傅柯所指的俱樂部與酒吧，就是美國城市裡的那些同性戀「隔離聚集區」：紐約的克里斯多福街以及舊金山的卡斯楚街地區。這些在一九七〇年代的同性戀解放運動之後冒出的場所，是一門價值一億美元的產業。[71]舊金山的俱樂部浴場（Clubs Baths）可以容納八百名顧客，每週服務人數達三千人。[72]在《倡議者》的訪談裡，傅柯對這些場所的吸引力提出了更為鮮明的描述，也提及施虐受虐的次文化：

認為施虐受虐與一種深層暴力有關，認為施虐受虐行為是解放這種暴力與這種攻擊性的方式，這是愚蠢的想法。我們很清楚那些人的行為絲毫不具攻擊性；他們是以身體的奇特部位為快感發明新的可能性，透過身體的情慾化。我認為這是一種創造，一種創意活動，其中一項主要特徵就是我所謂的快感的去性化……利用我們的身體作為非常多種快感的可能來源，這種可能性相當重要。舉例而言，你要是檢視快感的傳統建構，就會發現身體快感，或是肉體的快感，總是不離吃喝與幹炮。我們對自己的身體還有快感的理解，似乎就是以此為限。[73]

把快感擴展到「吃喝與幹炮」之外的做法，涉及把硝酸戊酯這類藥物納入同性戀文化，以及創造新的身分認同。重點不在於解放慾望，而是創造快感。施虐受虐就是這麼一種可能性：

我們可以說施虐受虐是權力的情慾化，是策略關係的情慾化……施虐受虐遊戲非常有趣，原因是這是一種策略關係，因為這種關係總是處於流動狀態。其中當然有角色的存在，但所有人都非常清楚這些角色可以翻轉。有時候場景從主人和奴隸開始，到了最後奴隸卻變成主人。或者，即便在角色穩定不變的情況下，你也非常清楚這終究是一場遊戲：如果不是規則受到違反，不然就是存在著明言或心照不宣的合意，讓他們知道特定界線的存在。這種作為身體快感來源的策略遊戲令人感到興味盎然。[74]

傅柯在一場相關的訪談裡提出了非常類似的論點，他提及「一種全新的性實踐技藝……試圖探索性行為的所有內在可能性。你會發現舊金山與紐約這類地方冒出了可以稱為性實驗室的場所」。[75]這些實驗是性行為輕易可得帶來的副產品：「由於性行為對於同性戀者而言已經極為容易又隨時可得，因此出現了很快就會變得無聊煩悶的風險。於是他們必須竭盡全力創新以及創造變化，以便強化性行為的快感。」[76]他同意他的訪談者提出的看法，亦即施虐受虐、黃金浴*、嗜糞之類行為「現今比較公開實踐」。他在其他地方表達惋惜，指稱「這類情慾實驗的場所尚未出現以異性戀為對象的版本。他們要是在不論白天或是夜晚的任何時間，都能夠走進這麼一個場所，其中具有一切的舒適設施與所有想像得到的可能性，在那裡邂逅一方面存在但同時又難以捉摸的身體，不是很美妙嗎？」[77]他無疑認為這種場所的開設，將會是能夠從同性戀社群轉移到異性戀社群的福利。傅柯顯然不知道蘇特羅浴場（Sutro Baths），如同一位愛滋病史學家婉轉所言，是「男女混合」的場所，而且在廣告裡宣稱每週都會舉辦「雙性戀布吉舞」。[78]

傅柯的評論異常抽離個人色彩。他完全沒有說出「我，米歇爾．傅柯……」這樣的話。不過，他的評論並不是根據從二手來源取得的資訊。他涉入施虐受虐圈的程度究竟有多高，只有謠傳的消息，沒有客觀的實證，也沒有目擊證人。在這個文化裡，「對了，你叫什麼名字？」這個問題只會在性邂逅之後提出，而不是之前。[79] 傅柯的一個朋友以頗為促狹的語氣提及「有一位法國學者」表示，「拳交是我們這個世紀對於性交軍械庫唯一的全新貢獻」。[80] 一般的共識是，他確實經常光顧皮革酒吧，以及紐約的礦井（Mineshaft）和加州的類似場所：礦井位於「西村（West Village）肉品加工區的一個陰暗角落」，是「重度活動」的首要中心，[81] 提供各式各樣的施虐受虐樂趣，包括拳交，也就是用塗上潤滑油的拳頭逐漸插入直腸裡。這類交合造成的快感與疼痛不必然會帶來傳統意義上的高潮，也可能不會造成射精。就這方面而言，傅柯所謂的「快感的去性化」幾乎可說具有臨床上的精確性。[82]

傅柯對於瀕死經驗的極端快感有過親身體驗。一九七八年七月底的一天晚上，傅柯穿越沃吉哈赫街的時候被一輛車子撞上，有些人說是一輛計程車。他被撞飛起來，跌落在那輛車的引擎蓋上，臉上與頭上插滿了碎玻璃。他立刻被送進鄰近的沃吉哈赫醫院，住院將近一個星期。第一個收到通知的人是西蒙．仙諾；德費當時在倫敦接受朋友茱莉．克莉絲蒂的招待，經由電話才聯繫上。[83] 仙諾為什麼涉入這件事有兩種可能的解釋。第一種解釋由艾希邦提出，指稱是傅柯要求聯

＊譯注：黃金浴（golden shower）是指尿在別人身上，或讓別人尿在自己身上。

絡她；[84]另一種解釋是傅柯當時神智不清，身上也沒有身分證明文件，只是口袋裡剛好有她的地址與電話，而仙諾接到電話之後，從院方的描述認出了傅柯。不過，各方對於她的反應則是說法一致：她嚇了一大跳，並且對警方和醫院人員都沒有認出傅柯感到震驚不已。

被撞的當下，傅柯立刻以為自己就要死了，而體驗到一種宿命式的認命感受。[85]他在一九八三年向一名加拿大訪談者表示：

> 我有一次在街上被車撞。我當時正在走路，而在大概兩秒的時間裡，我覺得自己就要死了，那是一種非常非常強烈的快感。當時天氣很好，是夏天晚上七點，太陽已經西下，天空呈現出很美的藍色。直到今天，那仍是我最美好的一項記憶（笑）。[86]

瀕死的經驗也許是強烈的快感，但其後果卻一點都不愉快。超過一年的時間裡，傅柯備受頭痛與間歇性的噁心與眩暈所苦。[87]他在一九七九年九月向克洛德・莫里亞克坦承自己沒有完全從車禍當中康復，在他努力書寫「《性史》第二冊」的同時，身體的不適仍然不斷對他的專注造成干擾。[88]

在七月的那個夜晚，傅柯很有可能身受藥物的影響。他在這個時期無疑有在使用藥物，而且已經使用了一段時間。大麻在沃吉哈赫街並不是不常見的餐後消化劑。傅柯的經驗也廣及比較有異國色彩的產品，諸如鴉片、古柯鹼，以及他在一九七五年於加州首度發現的ＬＳＤ。在與莫里亞克的談話裡，他描述了自己對藥物的系統性實驗，也沒有排除書寫這項主題的可能性。[89]他甚至成功說服了不太情願的莫里亞克試用大麻，結果這位實驗對象失望地發現這種藥物對他似乎沒有效果。[90]魯阿斯也談到一項「不得不擱下」的計畫，主題是「對十九世紀初始以來的藥物文化或者藥物之為文化進行研究」。[91]傅柯在一九八二年向莫里亞克主張藥物有可能無害，前提是藥物必須「納入文化當中」，也就是社會應該教導年輕人如何使用藥物，而不是任由他們胡亂實驗。他自己的實驗也不是完全不曾造成問題，他坦承自己在紐約使用LSD的一次經驗極為可怕，使得他差點就要到警局去求取煩寧（Valium）這種抗焦慮症藥物。[92]他也曾在比較受到控制的情境下使用LSD，覺得自己不但沒有因此脫離現實，而且那整個經驗其實非常處於現實的層次，甚至是真相的層次。[93]用藥的快感也包括使用「芳香劑」（poppers，硝酸戊酯膠囊），傅柯認為這是同性戀文化當中不可或缺的一部分；他聲稱芳香劑是唯一與性具有如此親密關連的藥物，能夠造成快感的「大量增生與強化」，既「獨特又令人難忘」。[94]

在一九七〇年代中期少數實際上完成的計畫裡，有一項能夠讓人更進一步洞悉傅柯對於快感的運用所抱持的觀點。那是一項與渥爾澤勒合作的計畫，也就是傅柯在一九七五年讓他搭便車的那名年輕人。《二十歲及之後》是一系列的對話：「非常年輕的渥爾澤勒在一名年紀較大的朋友面前說話。他在我們面前說話，而經過許多的驚訝、延遲和拒絕之後，我們也將成為他的朋友。一部錄音機正在錄著這場對話。由此謄寫而成的抄本即是這本書，是我們長期以來讀過最令人震驚的一本書。」[95]所謂「年紀較大的朋友」，當然就是傅柯，但書中完全沒有提到他的名字。

一九七六年七月，莫里亞克聽了渥爾澤勒與傅柯之間最初一場對話的錄音，立刻打電話給人在旺德弗赫杜普瓦圖的傅柯。莫里亞克對於自己聽到的內容感到相當震驚，形容這是「史無前例的文件」。他建議傅柯提問的時候更加直接，這會成為一種現代的蘇格拉底式對話，由年紀較大的朋友扮演蘇格拉底的角色，渥爾澤勒則是阿爾喀比亞德（Alcibiades）。取得傅柯同意後，他打算把這捲錄音帶播給阿歇特出版社（Hachette）的一名編輯聽。不過，這本書最終是由格拉塞出版社（Grasset）出版（格拉塞是阿歇特集團旗下的公司）。莫里亞克也想過可以為渥爾澤勒安排其他談話對象，包括他的女兒娜塔莉，因為她與渥爾澤勒屬於同一代，但出身背景非常不同。傅柯非常喜歡娜塔莉．莫里亞克，娜塔莉還把《詞與物》的最後幾句話釘在她的公寓牆上。不過，這部分的計畫後來放棄了。[96]

一系列的對話在夏季期間錄製下來，轉成文字稿之後再由傅柯編輯。渥爾澤勒描繪了一個年輕男同性戀者在法國社會邊緣的生活，在桑提耶（Sentier）的時裝區和醫院裡打工，與外來移民、極左派人士，還有同性戀革命行動陣線及相關團體的性政治人物交流往來。談話內容包括搖滾樂乃至電影與文學，還有性與藥物，甚至還有看待宗教的態度。傅柯輕柔地促使渥爾澤勒說話，經常假裝無知以引發對方的反應。由此產生的結果正如莫里亞克所言，是一份令人震驚的文件，原因之一是這裡的傅柯處於一種放鬆而且近乎告解般的情緒。

在匿名的安全情況下，比起其他的文本，傅柯也更直接談論自己的快感。談到芳香劑和其他藥物，他指稱這些東西不再讓性如同解剖學一樣把快感局部化……嘴對嘴親吻兩個小時，享受著絕妙的快感……快感在時間與空間當中移位了，因為快感被性局部化的時候移位了，快感被高潮移位了，於是我不禁納悶賴希學說當中是否有什麼東西是沒那麼緊縮的，他們認為高潮……賴希的追隨者為高潮提出的辯護，至今在我看來仍是一種把快感的可能性局部化於性當中的方式，而像黃藥丸或古柯鹼這類東西則是能夠讓快感爆炸開來散播於全身；身體成為一種整體快感的整體地點，就此來說，我們必須擺脫性。[97]

傅柯雖然廣泛實驗各種藥物，卻不是特別重度的藥物使用者。對他而言，藥物不是有用的興奮劑。即便在寫《快感的運用》遇上困難的時候，傅柯也沒有用藥，不像沙特在撰寫《辯證理性批判》期間服用安非他命毫無節制而且人盡皆知。莫里亞克提出沙特這個負面例子之後，傅柯隨即表示同意，表示自己不會服用興奮劑。[98] 藥物提供了強烈的快感，但矛盾的是他卻在有紀律的節制當中尋求這種快感：

實際上，我認為我真的很難體驗快感……因為我覺得我心目中認為的**真實**快感是極為深層、極為強烈、令人難以招架到我無法倖存。我會死……有些藥物對我而言非常重要，因為透過那些藥物的中介，我才能獲得我所尋求的那種強烈得難以置信的喜悅，那是憑自己的力量體驗不到的……快感必須是強烈到難以置信的東西。[99]

依照這項標準，與死神的近距離接觸也是一種快感。

《求知的意志》出版將近一年後，一個檢視刑法改革可能性的政府委員會出乎意料地聯繫傅柯。據說建議邀請傅柯的人，是他在法官聯盟當中的一名舊識，同時也是委員會成員，這項邀請本身也顯示《監視與懲罰》如何把傅柯轉變為一位公共權威以及潛在的「君主顧問」。那個委員會針對若干有關審查與性的問題詢問傅柯的意見。他如何回應委員會的這些問題並沒有公開，但他回答的內容與重要性卻明顯見於兩場討論整理發表的文字當中。第一場是一個圓桌討論會，參加者包括傅柯、英國反精神醫學人士庫珀，還有發行《改變》（*Change*）期刊那個團體的成員；第二場討論是法國文化電臺（France Culture）舉行的一場廣播辯論，時間在將近一年之後。[100]傅柯本人表示，他決定回答那個委員會的問題，代表他自己的立場轉變；他不再認為知識分子的角色純粹是譴責與批評，不再認為立法者與改革者應該自己去做那些不幸的決定。[101]他在短短幾年前絕對不會採取這樣的立場；監獄訊息小組並不認為自己的職責範圍包括提供監獄改革的建議。

傅柯的整體立場是，性在原則上不該受到立法處理或者控制。不過，他立即指出兩個有問題的領域：強暴與兒童的性。他針對強暴所提出的論點頗具爭議性。他提出歐肯格姆在《同性戀慾望》（*Désir homosexuel*）當中也提出過的那個想法，也就是強暴案件當中涉及的肢體暴力應該受到懲處，但他承認女性也許不會認同這個觀點。瑪辛．澤卡（Marine Zecca）與瑪麗歐迪．菲耶（Marie-Odile Faye）都不認同傅柯的觀點（前者是庫珀的合作者，後者是《改變》的編輯助理），儘管前者承認強暴的重點在於暴力而不是性，但卻困於傅柯的這項論點：認為遭到強暴比臉部遭到毆擊更為嚴重，等於是主張「性」在身體的組成當中具有特殊意義，因此必須以一項不適用於身體其他部位的立法加以圍繞或關注。德威特（de Weit）把歐肯格姆與傅柯的論點重述如下：「女性主義者主張〔強暴〕應該受到比較嚴重的懲罰，其論證本身就是陽具中心的，因為這樣的論證隱含認為某些身體器官，也就是性器官，比其他器官更重要。」[102] 傅柯也引述他與法官聯盟一個成員的對話：對方告訴他沒有理由把強暴列為刑事罪行；強暴可以是一種民事責任，涉及「損害與利益」。[103]

傅柯對強暴的看法，顯示出他對女性主義的分析與要求出人意料地缺乏理解；他沒有提及強暴也許不能類比為毆擊臉部這種個人暴力的可能性。此外，他似乎也不知道這個時期在法國提出的強暴控訴，大部分在最後是以「攻擊」或者「outrage public à la pudeur」（差不多相當於公然猥褻）的罪名進行審判。[104] 莫妮克·普萊莎（Monique Plaza）在一九七八年五月號的《女權問題》（*Questions féministes*）當中提出一項尖銳回應，指控傅柯主張沒有理由禁止強暴：

> 強暴是允許的，「只要」被強暴的女人去要求損害賠償即可。換句話說，她要為了一個男人在沒有得到她同意下和她「一起」犯下的性行為去要求對方付費。因此：每個女人都是男人的性獵物。女人要不是什麼都不說而「同意」；不然就是在性行為之前要求懲罰（賣淫），或是在性行為之後要求懲罰（強暴）。[105]

一名女性主義者以較不尖銳但仍深具批判性的言詞總結指出：「如同普萊莎所言，傅柯的去性化策略在強暴法的領域當中並不恰當，因為去除刑罪化造成的立即效果會以一種可能相當暴力的方式集中於女性身上。」[106]

傅柯沒有回應普萊莎的批評，甚至也沒有證據顯示他知道這些批評的存在。不過，他後來確實改變了立場，主張「性**選擇**的自由」不表示「性**行為**的自由」，因為「不該允許某些性行為，例如強暴，不論是一男一女還是兩名男性」。[107]他起初對強暴的說法帶有的那種抽象法律特質，在女性主義者眼中可能反映了他是以男性身分發言；那項論點無疑顯示他對於當時的女性主義政治毫不熟悉。蘇珊·布朗米勒（Susan Brownmiller）的《違反我們的意願》（*Against Our Will*, 1975）已有法文譯本，也很容易買到。但傅柯從來不曾針對她主張強暴「是一種有意識的威嚇手段，**所有**男性藉此讓**所有**女性處於恐懼狀態」這項論點提出評論。[108]傅柯的論點也許合乎《求知的意志》的「去性化」主題，卻也令人想起一名女性主義評論者的說法，亦即他的書寫有著「深刻男性中心的性質」。[109]

傅柯關於強暴的說法顯示他對某些重要辯論相對缺乏熟悉度，他討論兒童的性更是一項當代爭議的一部分。雖然他講的是兒童的性，但那項爭議實際上是關於成人與兒童之間的性關係。傅柯此時涉入一場以戀童癖議題為核心的運動。傅柯在他與庫珀的討論當中順口提到當前這項議題，[110]也就是有三名男子（一名醫生與兩名老師）在凡爾賽法院面臨了與未成年人發生性關係的指控。謝黑收到他們其中一人所寫的信，那人在未經審判的情況下已經被關押將近三年，他開始籌辦一場連署運動，呼籲當局撤回告訴以及修法。[111] 羅蘭・巴特已經同意簽署他的請願書，在不久之前剛出櫃的阿哈貢也是，還有另外四十人左右。傅柯詢問這起案件的細節之後，也同意加入連署。這場連署運動實際上沒有任何結果。那三人被判有罪，但是立刻獲得釋放，原因是他們遭到拘留的時間已足以抵銷刑期。傅柯就是在這樣的背景下向改革委員會提出兒童與性的評論。此外，當時媒體上譴責兒童性騷擾與兒童色情的聲浪也愈來愈激烈。[112]

在與《改變》的討論當中，傅柯提起這個問題：「受到引誘的兒童，或是開始引誘你的兒童。我們是不是有可能提議立法者應該這麼說：對於一個表達同意的兒童，一個沒有拒絕的兒童，個人可以和他發生任何種類的關係；這一切都與法律無涉？」他幾乎立刻就回答了自己的問題：「我傾向於說：那個兒童只要沒有拒絕，就沒有理由該與法律有關。」[113] 儘管從這項討論本身來看不是完全清楚明確，但傅柯心中所想的實際上是青少年或者前青春期的孩子，而不是幼童。他在其他地方建議把最低合法性行為年齡降到十三至十五歲之間，但隨即表達了疑慮：「鑒於一般的性氛圍，以及孩子能夠閱讀的書籍，或是他們在牆壁上或者在前往學校途中能夠看到的東西，關於此事的立法因此是一項細膩而棘手的問題。」[114]

兒童的性與戀童癖的議題在《研究》刊登出來的討論紀錄又再度出現。傅柯在他的開場白裡指出兩種趨勢。一方面，這個委員會的存在本身就顯示一項自由化的改革趨勢已然出現。這個趨勢似乎與「米爾蓋修正案」在一九六〇年施行而臻於高峰的壓迫傾向反其道而行。一九六〇年那項法律的第三三一條除了把同性戀定義為一項「社會禍害」之外，對於和同性的未成年人犯下猥褻或非自然行為而被定罪的人士也予以加重處罰（未成年人的定義是未滿二十一歲）。然而，如果這個委員會的存在代表氛圍可能在改變，那麼其他發展卻令人深感憂心。當時媒體上正如火如荼展開一場反「兒童猥褻者」的運動，而在傅柯眼中，安妮塔・布萊恩（Anita Bryant）發起的「救救我們的孩子」（免於同性戀）運動在美國造成的那種氛圍，也確實有可能複製於法國。歐肯格姆和其他人發起了一項要求廢止三三一條的運動；這項運動獲得的支持包括法國共產黨的黨員，甚至還有朵爾托（Françoise Dolto）這位法國精神分析界的祖母級人物，而且正如歐肯格姆所言，她不是能被輕易描述為有戀童癖的人物。傅柯強力支持法律改革的呼聲，指出不雅暴露這種顯然極易犯下的行為並沒有法律上的定義。在更一般性的層面上，他把那場廣播辯論當成一個平臺，猛烈抨擊心理學與精神分析對「幼兒性慾」的理論，也就是將其界定為「一片具有其本身地理特質的土地，成人絕不能侵入其中。一片處女地，當然是性的土地，但這片土地必須保有其貞潔」。115 他的反駁論點是再度指出兒童能夠也確實會引誘成人。聲稱處於那種狀況的兒童很可能會受到創傷，因此必須受到保護，以免他們遭到自己的慾望所傷害，這樣的心理學論點在他眼中將會造就出一種反烏托邦的未來：

> 我們將會有一個充斥危險的社會，一方面是身陷危險的人，另一方面是帶有危險的人。此外，性也不再會是一種受到特定禁令禁止的行為；性將會是一種一般性的危險……由於一系列的

特定干預措施，可能是由法律制度在醫學制度的支持下施行，因此我們將會有一種對性進行控制的全新機制（dispositif）。[116]

# 15 異議分子

一九七六年十二月十七日星期五晚上，傅柯出現在《猛浪譚》（*Apostrophes*）節目上，這是畢佛（Bernard Pivot）主持的知名談書節目。不只這個電視節目本身聲望崇高，這一集節目更是在羅浮宮的豪華環境當中錄製的。傅柯、記者暨史學家方丹（André Fontaine）以及生物學家漢伯格（Jean Hamburger）獲邀一同討論「人的未來」，但這個節目也為傅柯提供了一個平臺，讓他宣傳自己剛出版的《求知的意志》。畢佛先以調侃的語氣提及邀請人之死的理論家來談論人的未來是一件多麼反諷的事，接著焦點就轉向傅柯。

令主持人（可能也包括觀眾在內）大感意外的是，傅柯拒絕談論他的書，他反而討論起伽利瑪出版社剛出版的《蘇聯的一場尋常審判》（*Un Procès ordinaire en URSS*）。這本書是依據從蘇聯夾帶出境的錄音帶謄寫而成，內容是斯特恩（Mikhail Stern）這名被控收賄與貪汙的醫生受到的審判。身為烏克蘭文尼察（Vinnitsa）一個內分泌小組的組長，斯特恩是一位擁有二十四年醫療經驗的醫生，自從一九四〇年代晚期以來即是共產黨員，但他拒絕蘇聯國安會（KGB）「建議」他以父親的身分施壓，阻止自己的兩個兒子移民以色列。在傅柯這集節目播出的時候，他在哈爾科夫（Kharkov）附近的勞改營服刑已進入第三年。部分是由於傅柯在電視上的聲援，斯特恩案因此變得廣為人知。

一個釋放斯特恩醫師國際委員會向赫爾辛基會議提起這件案子，結果斯特恩獲得釋放，最後來到巴黎。[1]克拉維勒在受訪之時談到這起《猛浪譚》事件，對傅柯的「自我克制」深表仰慕；[2]不過，傅柯自己談到這起事件的態度頗為謙遜。他覺得自己享有足夠的媒體曝光度，因此願意利用自己在媒體上現身的機會向觀眾提供一些「有用但不為人知」的資訊。在當時的情況下，斯特恩那本書比他自己的書更值得注意。[3]莫里亞克在星期日打電話給傅柯，恭賀他在電視上露面。他雖然仰慕傅柯的行為，卻指稱此舉也不免令人失望，他這麼說大概表達了許多人的心聲。[4]他無疑也想聽傅柯談論自己的書。根據克拉維勒所言，這起事件還有另一項轉折。法國共產黨的文化與理論期刊《新批評》顯然聯繫了傅柯，因為他們滿心想刊登有關皮耶·希維業的內容，但傅柯卻交給他們一篇關於斯特恩的文章，結果就沒有下文了。

現身於《猛浪譚》兩天之後，傅柯又刻意做了另一項挑釁的舉動。埃德加與露西·佛賀（Lucie Faure）為法國總統季斯卡（Valéry Giscard d'Estaing）舉行一場午餐會。總統滿心想要與一群作家及知識分子的代表會面；賓客名單包括女性主義律師吉賽勒·哈利米、漫畫家克萊兒·布雷泰策、作家波禾（Jean-Louis Bory）、勒華拉杜里、索萊爾斯，以及羅蘭·巴特。傅柯也受邀參加。他向愛麗舍宮表示自己很樂於接受邀請，條件是他能向總統提起蘭努奇（Christian Ranucci）的案子。蘭努奇因為在馬賽附近殺害一名兒童遭到判刑，季斯卡拒絕特赦他之後即於七月被送上斷頭臺。然而他的罪證一點都不明確。傅柯被告知這起案件不是可接受的談話主題，他於是就沒有與總統共進午餐。[5]

斯特恩案這項議題是傅柯對蘇聯與東歐異議分子感到強烈興趣的起點。不久之後發生的事件，就為他提供了具體表達這項興趣的機會。一九七七年六月，剛當上國家元首的蘇聯共產黨總書記布里茲涅夫（Leonid Brezhnev）到巴黎進行國是訪問，獲得法國全套的官方貴賓禮儀接待。除此之外，他也受到非官方的接待。他在香榭麗舍大道上的行進只受到一群為數不多的民眾冷眼瞪視，但那裡在兩個小時前曾經發生激烈衝突，因為新勢力黨（Parti des Forces Nouvelles）動員的右翼示威人士衝撞警方，點火焚燒沿街插設的蘇聯國旗。[6] 在歌劇院廣場（Place de l'Opéra），警方衝鋒驅散了一群應蘇聯猶太社群的請求而聚集的和平示威群眾。[7] 在六月二十一日晚上的另一個地方，還有另一場頗為不同的接待會。邀請函上寫著：「在布里茲涅夫於法國受到接待的同時，我們邀請您到黑卡米耶劇院（Théâtre Récamier）與東方集團的幾位異議分子進行一場友善的見面會：七五〇〇七，巴黎黑卡米耶路三號，六月二十一日晚上八點三十分。」這份邀請函的共同署明者包括傅柯、羅蘭．巴特、戴克斯、格魯克斯曼、雅各布、沙特與舒瓦茲（Laurent Schwartz）。[8]

這個點子是在傅柯和皮耶．維多都有參與的討論當中浮現出來的。傅柯向克洛德．莫里亞克說，這是「一個絕妙的點子，在接待布里茲涅夫的那天晚上為身在巴黎的所有蘇聯異議分子舉行一場接待會，這樣記者就有兩場接待會。我們找到一所俄國音樂學院，一個非常漂亮的房間……」。令傅柯感到訝異的是莫里亞克表示反對，認為這樣不太有禮貌，因為布里茲涅夫畢竟是法國的貴賓。不過，他最後還是同意擔任其中一名主持人。後來那所音樂學院的場地無法使用，但臨時籌辦委員會借到了黑卡米耶這間小巧優雅的劇院，位在哈斯拜大道附近的一條小巷裡。莫里亞克的太太瑪莉克洛德同意負責餐飲供應，但隨即發現資金不足。所幸參與這場活動的出版商提供捐款，於是餐飲由好市集（Le Bon Marché）這家位於塞夫爾路（rue de Sèvres）的老牌百貨公司供應。[9]

傅柯是主要籌辦者之一，他全心投注於準備工作，因而幾乎完全沒有注意到發生在六月二十一日的另一項事件。囚犯行動委員的一個代表團以利沃侯澤為首，在司法部由佩雷菲特（Alain Peyrefitte）接待，討論克萊爾沃監獄事件之後設置的「高度戒護區」（quartiers de haute sécurité）。囚犯行動委員會表示這項討論相當「具體」，在場的克洛德．莫里亞克更指稱這是一場「歷史性的會面」。傅柯只淡淡評論說這場會面不會帶來任何結果。[10]

在黑卡米耶劇院，身穿白色毛衣顯得相當高雅的傅柯，在舞臺上發表簡短的致詞：

> 這不是一場集會，六月二十九日在互助會館舉行的活動才是集會。更重要的是，這場活動與當下正在愛麗舍宮舉行的那場接待會並不對稱。我們只是單純認為，在布里茲涅夫先生受到季斯卡先生盛大接待的同一個夜晚，法國其他人民也能夠接待身為他們朋友的其他若干俄國

人。[11]

他接著邀請現場的賓客隨意交流，然後就走入布幕後方。如同傅柯說的，這不是一場政治集會，而是一場非正式聚會，眾人在酒吧與自助餐檯之間移動，在俄國歌曲的樂聲下各自聚成一個個小群體互相交談。傅柯四處遊走，扮演東道主兼服務員領班的角色。出席的俄國來賓都非常知名，似乎沒有人拒絕邀請。這些來賓包括馬克希莫夫（Vladimir Maximov）、阿圖爾・倫敦（Artur London）、布可夫斯基（Vladimir Bukovsky）、斯特恩、席納夫斯基（Almarik Sinavsky）、蓋利奇（Alexander Galitch）以及娜塔莉亞・戈巴尼夫斯卡亞（Natalia Gorbanievskaya）。戈巴尼夫斯卡亞曾在一九六八年於紅場上抗議蘇聯侵略捷克斯洛伐克，她在這場聚會的結尾如此概述她的希望：「我們現在可以盼望這些人將會開始思考發生在東方的狀況，單純憑藉他們的良心與智力。『獨立左派』的人士是我們的希望。」[12]

在法國人這方面，參與者包括格魯克斯曼、波娃、德勒茲、尚皮耶・菲耶、阿爾米拉、皮耶・維多，以及《世界報》的菲利普・布歇（Philippe Boucher）。不過，引起大多數觀察者注目的卻是沙特（走起路來極為吃力，倚靠在波娃的手臂上）與尤涅斯科（Eugène Ionesco）這對幾乎可說是不協調的組合。他們似乎確實為了與極權主義的受害者站在一起而把政治歧見擺在一旁，《新觀察家》宣稱「知識分子的巴黎」首度團結在一起，或是幾乎團結在一起。

這項團結並沒有表面上看來那麼完整。舉例而言，德布黑就還是譴責「古拉格馬戲團的冒牌貨」，偏好支持托派的共產主義聯盟，認為那是「法國唯一適切紀念切・格瓦拉逝世十週年的政治組織」。因此，他決心把自己的小說《燃燒的雪》（*La neige brûle*）贏得費米娜文學獎（Prix Fémina）所獲得的獎金捐給共產主義聯盟，因為他認為該聯盟過去三十年來不斷譴責社會主義的醜惡，卻沒有放棄追求社會主義的奮鬥。[13] 此外，後來被傅柯趕回家的沙特，[14] 出席這場聚會的目的也不是毫無曖昧之處。傅柯在不久之前與斯特恩見過面，震驚地發現許多蘇聯異議分子仍然因為沙特在一九六六年造訪莫斯科之時拒絕與索忍尼辛會面而對他深感厭惡。[15] 傅柯雖然建議斯特恩不計舊惡，指稱那一切都已經過去，但是卻沒有效果。傅柯也在與莫里亞克的談話裡聲稱沙特現在最大的願望就是與索忍尼辛見面，或是簽署一份聯合聲明：甚至有人提供傅柯一張美國來回機票，希望他能說服這位他素未謀面的俄國作家與沙特共同簽署一份宣言。[16] 如果不是提供機票的承諾未能實現，就是傅柯沒有接受，總之那份聯合聲明並未成真。

支持蘇聯異議分子運動的人士，有許多也跟所謂的新哲學家運動有關連。一九七七年夏季，傅柯與後者的關係愈來愈明確。「新哲學家」一詞衍生自貝爾納亨利・列維在一九七六年六月發表於《文學新聞報》的人物檔案，其中使用的這個集合名詞指的是列維自己，還有伯努瓦（Jean-Marie Benoist）、米歇爾・蓋林（Michel Guérin）、鍾貝，以及拉德侯（Guy Lardreau）。一個月後，《新觀察家》刊登了帕迪讓（Gérard Petitjean）的一篇長文，標題為〈新大師〉（Les Nouveaux Gourous）；這次的新哲學家陣容包括了多勒、伯努瓦、鍾貝、拉德侯、格魯克斯曼、布希亞、歐肯格姆，以及普蘭查斯（Nicos Poulantzas）。普蘭查斯是頗為奇特的人選，因為他一般都被視為馬克思主義者。[17]

「新哲學家」的成員雖然不全然固定，但先前那份名單卻主導了當時的大眾觀感。在接下來的一年左右，似乎只要翻開報紙或打開收音機，就不免會接觸到新哲學三字。列維成了這個變動不定的組合當中的核心人物，一部分是因為大多數「新哲學家」的著作都出版於他為格拉塞出版社主編的「人物」（Figures）與「理論家」（Théoriciens）叢書。他傑出的經營與廣告能力對於推出及宣傳他們的著作頗有幫助，他本身富有浪漫氣息的俊美相貌以及在鏡頭前極為上相的深色頭髮，更是確保他得以在媒體上獲得最大程度的曝光。

這個頗為駁雜的群體所產出的著作如果說有任何一致性，那就是一種負面的團結，其核心是猛烈抗拒各種型態的馬克思主義。大多數的新哲學家都有左派的過往；舉例而言，鍾貝與拉德侯是無產階級左翼的創始成員，他們就是在那樣的情境下結識了傅柯。大多數都是高師人，也都像列維一樣受過阿圖塞的教導。阿圖塞、毛澤東與馬克思這時全都一併遭到他們揚棄。他們新的理論守護者是拉岡、傅柯與索忍尼辛。拉岡提供了大師的形象（一種神話般的論述中心，主張一切事物與所有人都必須臣服於法則，而且對於世界獲得完全的知識是有可能達到的成果），傅柯提供全景監控監獄的形象，索忍尼辛則提供了令人無法招架的經驗證據和救世狂熱。他們的毛派背景表示這些新哲學家幾乎沒有人對「修正主義」的蘇聯懷有太多好感，但是對馬克思主義的新興批評遠遠超過對修正主義的譴責。更重要的是，鮑若望（Jean Pasqualini）的《毛囚徒》（*Prisonnier de Mao*，其中透露了中華人民共和國有集中營存在）以及布侯業勒夫婦（Broyelles）對中國的記述所揭示的事實，摧毀了「真正的社會主義」可能存在於他方的幻想。[18]

無產階級左翼在一九七四年十一月舉行最後一場大會之後即正式解散，但在那之前已經至少有一年是處於名存實亡的狀態。有些人對於布虛埃以及人民正義的概念可能造成的影響感到幻滅。許多人都對這個組織一度考慮踏上恐怖主義的道路感到作嘔，或者單純是害怕。不過，大多數的評論者都一致認為，最後的喪鐘於一九七三年十月敲響，當時貝桑松的利普（Lip）手錶工廠工人拒絕接受裁員，於是占領工廠，開始自行製造及發售手錶：雖然違法，但相當成功，而且沒有受到任何自命前衛並且採取祕密活動的激進人士協助。極左派風光不再，而且季斯卡在一九七四年五月當選總統之後所領導的較為自由派的政權，也無疑加速了極左派的衰亡。

新哲學家幾乎立刻就成為抨擊與嘲諷的對象。嘲諷有時可以是社會觀感的一種有用指標。一九七七年夏季，《新觀察家》刊登了一份「測驗遊戲」，以一系列的複選題讓讀者在作答之後判定自己是不是新哲學家。讀者只要能夠誠實聲稱自己在過去三年裡揚棄了阿圖塞，即可得到最高三分的分數；揚棄傅柯則沒有分數。理想的新哲學家應當曾在不同時間分別是正統共產主義者、毛派，以及激進天主教徒。[19] 由於媒體曝光度極高，甚至還造就了一個新詞：「pub philosophie」（來自publicité philosophie，大概可以翻譯為「廣告哲學」）。新哲學家確實自視極高，也喜歡互相恭維，幾乎每個人都會在書寫當中特意感謝自己的「朋友」並宣傳自己的作品。一九四八年出生的列維在《戴上人道面具的野蠻》（*Barbarie à visage humain*）一開頭這麼寫道：「我是雜種兒，誕生自一對邪惡的夫妻：法西斯主義與史達林主義，」接著指出：「我如果是詩人，那麼我就會吟誦生在世上的可怕，以及明日為我們準備的新群島。」[20] 由此可清楚看出，哲學謙遜在當時並不風行。

格魯克斯曼雖然一向否認自己是新哲學家，而且《廚師與食人者》（*La Cuisinière et le mangeur d'hommes*）的出版時間也比列維安排的宣傳還早兩年，但他的著作確實示範了結合傅柯與索忍尼辛的方式。《廚師》的基本論點是：「集中營就是集中營，不管是俄國還是納粹的集中營都一樣，」而且要是「沒有馬克思主義，就不會有俄國集中營」。[21] 支持這項主張的大部分證據都來自《古拉格群島》（*The Gulag Archipelago*）。此書的俄文本在一九七三年底開始能在巴黎購得，第一冊的法文譯本在一九七四年六月出版，第二冊在同年十二月出版。《快訊》在一九七四年一月刊登了內容摘要，但最重要的事件是作者本人在一九七五年四月十一日現身於《猛浪譚》節目。索忍尼辛的證詞具有的力量無可忽視，列維把這位《古拉格群島》的作者形容為「我們的但丁」，是撰寫出一部新《神曲》的詩人，由此可以看出索忍尼辛的證詞造成的影響。[22]

索忍尼辛不是容易讓人接受的史詩作家。他在《猛浪譚》的其中一名對話者是惴惴不安的尚・丹尼爾，一方面滿心想要「徹底臣服」於索忍尼辛，但又不願認同這項論點：殖民越南雖是一項錯誤，但越南的去殖民化只會造成亞洲共產主義的擴張，而且越南人很快就會成為共產擴張的受害者。這個論點在一九七五年春季之時還無法讓人輕易接受。此外，依據丹尼爾本身的記述，他也未能說服索忍尼辛認為史達林主義只是共產主義的其中一個分支。這位《新觀察家》的總編輯對於自己的表現不完全滿意，但傅柯卻頗感驚豔，寫信向丹尼爾表示只有他能夠讓索忍尼辛「說出重點」。[23] 傅柯極為欽佩這位《古拉格群島》的作者，他主張有些人反對索忍尼辛的右翼傾向或是對宗教意識形態的支持是缺乏意義的，因為他說的話所帶有的歷史準確性完全無可質疑。[24]

然而，格魯克斯曼雖然仰慕索忍尼辛，過去極左派的語言卻仍可見於他的論辯當中。他一口氣譴責慈善救濟所（Hôpital Général）、納粹主義、「智利秩序」以及莫斯科的極權主義，[25]由於指控極為籠統，因此看起來相當近似於他先前對龐畢度治下的法國的法西斯傾向所提出的譴責。庶民的概念也存留於他的言論當中。格魯克斯曼在一九七二年能夠這麼說：「今天，庶民就在革命陣營裡：毛派為人民保存了被左派放棄而交給法西斯主義的東西：庶民、大眾團結，以及勝利。」[26]一九七七年，由普通法罪犯、嬉皮、邊緣勞工、外來移民及同性戀者構成的「烏合之眾」，在某個方面能夠類比於蘇聯的異議人士。這些人全都是未來集中營可能的囚犯，蘇聯的抗議人士也許能夠幫助西方更瞭解自己。[27]

無產階級左翼的極左派思想向來都含有對庶民的想像性認同，但這個用詞本身也隱含了一定程度的鄙夷。在新哲學家對自己聲稱支持的異議分子所表現的態度當中，德勒茲也看出非常類似的情形。「令我感到作嘔的事情很簡單：新哲學家創造了一項殉道史……從屍體當中吸取養分，譴責古拉格的囚犯沒有早點『明白』……我如果屬於一個協會，那麼我一定會針對新哲學家提出申訴，因為他們對古拉格的囚犯未免展現出太多輕蔑。」[28]在《新觀察家》的「一九七八年目標」（Objectif 78）辯論當中，洪席耶也表現出類似的鄙夷：「在這種裝模作樣的激切表現當中……占據大師地位的知識分子表態認同所有遭迫害的人士（蘇格拉底、基督、猶太人、古拉格的受害者），但我看到的只有一種宣傳式的表演，標誌著哲學進入國家商品的支配機轉所強制採行的那種語言模式。」[29]

如果索忍尼辛是新的但丁，那麼傅柯在格魯克斯曼眼中即是他的先知。《廚師》大量運用《瘋狂史》：「蘇聯的監禁追上並取代了『在西歐開啟資產階級秩序的大禁閉』，二十世紀正在重蹈十七世紀的大禁閉。」[30]這部原本構思為精神醫學史的著作，先是被轉變為一本探討反精神醫學的論著，現在又變成是對所有極權主義的譴責，尤其是蘇聯的極權主義。

傅柯自己也支持他的著作受到這種再詮釋。他在討論一部關於蘇聯集中營的電影時指出：「蘇聯的懲罰方式與『資產階級秩序』採取的方法一致，而我所謂的資產階級秩序是一種建立於兩百年前的秩序……強權在過去兩百年來總是不斷以這種歷久不衰而且無所不在的駭人景象製造恐懼。」[31]他也依據自己的新擔憂重新詮釋他在東方集團的經驗，在一九七八年向一名訪問者提到自己當初是在波蘭完成《瘋狂史》，而「在寫作的過程中忍不住思索著我在身邊看見的情景」。[32]不管是《瘋狂史》的內容，還是他當年接受的訪談，都完全沒有顯示事情是如此；傅柯明顯是在一九七〇年代中期的情境當中重新詮釋並重新銘刻他自己的著作以及經驗。

然而，傅柯雖然能夠主張「古典時代的監禁」是古拉格的系譜當中的一部分，也確實提出這樣的主張，他卻對於把這兩者畫上等號的嘗試抱持警覺態度，也不盡然認同「我們每個人都有自己的古拉格」這種說法。他對洪席耶向他提出的問題所做的書面回覆當中主張，這類論點的危險之處在於為法國共產黨提供了一個脫身管道，也就是利用兩項命題（亦即蘇聯的問題和其他所有國家的問題一樣，以及法國共產黨對於古拉格的批評證明了該黨並不屈從於蘇聯）規避真正的問題，而在「政治監禁這個一般性的議題中大打泥巴戰」。[33]

傅柯從一九七五年就認識列維。這位新哲學家的其中一項比較不成功的嘗試，是與布特爾（Michel Butel）共同發行《出乎意料》（*L'Imprévu*）。他們想必創下了某種新聞紀錄，因為這份日報只發行了十一期（從一月二十七日到二月七日）即告倒閉。看來列維的家族似乎有足夠的財富能夠吸收由此造成的重大財務損失。傅柯起初也提供支持，做法是答應接受採訪，訪談內容刊登在頭兩期裡。[34]比較重要的是列維在他最為人知的著作《戴上人道面具的野蠻》當中召喚傅柯的方式。他在一開頭就以帶有傅柯色彩的方式把這本書形容為「對當下的考古」。[35]這本書實際上不代表一項「考古」，而主要是一本反對馬克思主義（「紅色法西斯主義」）、科學主義與進步主義的論著。曾經支持革命與激進變革的他，現在卻問起革命是不是值得嚮往的事情，而不是問革命是否可能。[36]

如同格魯克斯曼，列維得出的結論（或是以這項結論為起點）是「沒有集中營就不會有社會主義」，以及「蘇聯集中營是馬克思主義的結果，就像奧許維茲集中營是納粹的結果」。[37]如同格魯克斯曼，他也認為《瘋狂史》對於大禁閉的描寫能夠套用於蘇聯，並呼籲對那個社會進行「傅柯式的分析」。[38]傅柯的《瘋狂史》一開頭的內容也為列維對於「聖德勒茲與聖瓜達希這兩個現代愚人船的水手」展開的抨擊提供了圖像，這兩人要是得知自己居然是「**馬克思主義哲學家**，其修辭所發揮的功能正合乎唯物主義的模式」，想必會頗感意外。[39]不過，最重要的是《監視與懲罰》當中闡述的權力理論。在列維眼中，極權主義國家即代表由「科學家掌權」；完全的權力等於完全的知識，邊沁的全景監控監獄的陰影也籠罩著所有現代社會。一個社會如果強制要求「吐露一切」的義務，極權主義的威脅又會更大；這就是性學以及相關行為的危險。[40] 在這樣的表述當中，傅柯成了新哲學聖經的一部分。

傅柯與列維確實都對「革命是否值得嚮往」懷有疑慮，但列維試圖吸納傅柯思想的做法，卻導致自己陷入某種古怪的矛盾當中。傅柯在一項針對《求知的意志》進行的訪談裡概述了他的快感理論以反對慾望哲學，他建議列維閱讀「歐肯格姆與謝黑寫的那本書」。[41] 列維沒有接受這項建議，無疑是因為這麼做將導致他陷入尷尬處境：他自己曾譴責那本書「野蠻」，代表「另一種形式的頹廢」。[42] 傅柯可說是令人不自在的盟友。

傅柯對新哲學家最重要的支持舉動，是針對格魯克斯曼的《大師思想家》(*Les Maîtres penseurs*) 撰寫一篇三頁的書評，在一九七七年五月刊登於《新觀察家》。那本書再度提出《廚師》的許多論點並加以擴充，但把批評範圍延伸到格魯克斯曼所謂的「革命國家」，主張所有哲學家都展現出一種支配意志，並無可避免地在這種意志的引導下與暴君勾結。如同傅柯所言，格魯克斯曼的基本提問是：「德國哲學是靠什麼伎倆得以將革命轉變為一個真實、良好國家的承諾，並且把國家轉變為平靜而完整的革命型態？」[43] 這篇書評提供傅柯一個機會，讓他和馬克思主義算清總帳：

> 一整個特定的左派試圖……以歷史理論解釋古拉格，至少是以理論的歷史來解釋。沒錯，沒錯，確實有屠殺情形，但那是一項可怕的錯誤。只要重新閱讀馬克思或列寧，把他們拿來和

史達林比較，就可以看出史達林在什麼地方走錯了方向。明白可見，所有那些生靈塗炭只可能是誤讀的結果。這是可以預見的情形：史達林主義的錯誤是一項主要驅動力，促成我們在一九六〇年代目睹的那種回歸馬克思主義真理、回歸馬克思主義文本的發展。你如果要反對史達林，請不要聆聽受害者的話語，因為他們只會講述自己遭到的刑虐。重讀理論家的著作吧；他們會告訴你真實的真理。[44]

這類話語的對象無疑是阿圖塞，但其指涉範圍也廣得足以納入托派的偏離理論或退化理論。傅柯早在兩個月前就曾在與克洛德．莫里亞克的談話裡提出相同的論點。他們兩人在國家圖書館附近的風雅信使（Mercure Galant）餐廳會面，因為傅柯那天就待在圖書館。他們的談話轉向法國的政治情勢以及更廣泛的問題。傅柯形容自己這個世代「膽小怯懦」，因為他們默默認為古拉格群島的存在有其必要。到了這時候，已經明顯可見集中營的存在不是意外，而是馬克思主義不可或缺的一部分。莫里亞克表示同意，接著試圖主張也許有可能找到某種馬克思以外的東西，或是保存馬克思的某些東西。他認為這可以是傅柯扮演的角色。傅柯只單純回答已經「太遲了」。[45]中國也沒有提供別的希望；傅柯閱讀一份文化大革命的記述之後，發現公開自我批評的儀式與集中營內的強迫自白有著「極度令人擔憂」的相似性：「彷彿是集中營內部採用的方法，在『文化大革命』的中國公開綻放，我差點要說就像是綻放出十萬朵花。」[46]

傅柯的政治演變與新哲學家出現交會。他自己的「左傾」時期已然結束，他對馬克思主義已經徹底幻滅，開始移往一個由異議與人權所主導的政治場域。他活動於其中的政治群體也在改變。一般認為他的研究成果為新哲學家提供了基礎，尤其是《監視與懲罰》闡釋的權力理論。克拉維勒寫道：「不論傅柯喜不喜歡，總之他擊敗了馬克思與啟蒙時代，」並指稱所有的新哲學家都「走在一條最初由傅柯標記的道路上。至於身在另一側的人，則是連最低程度的反擊都做不到，因為現在已不再有馬克思主義思想，不再有『人文科學』思想」。[47] 傅柯在這時與克拉維勒過從甚密，他的評論也總是能夠視為他傾向誇大其詞這項典型特色的進一步證據。不過，德勒茲後來針對新哲學展開反擊，指稱新哲學之所以無效的其中一個原因，就是習於使用「大概念，像是法律、權力、大師……」，這當中針對《監視與懲罰》及《求知的意志》提出的批評卻不容易轉向。傅柯與德勒茲看待新哲學家極為不同的態度，導致他們逐漸疏遠。

另一方面，傅柯也不願和新哲學家以及他們的宣傳機器有太緊密的關連。一九七七年秋季，《弧》（*L'Arc*）季刊發行了不尋常的一期。這份季刊通常每期都專門探討一項主題或是一位作者及其著作，第七十期本來要以傅柯為主角，廣告也是這樣宣傳。這期的雜誌內容已經準備達相當程度之時，新哲學家出現了。傅柯對他們的「意識形態行銷」頗感不安，也無意涉入其中，因此提出抗議，指稱他不希望看到自己的名字出現在封面，結果那一期的《弧》就以「腦中的危機」（La Crise dans la tête）為題。[48]

一九七七年夏季，他與克洛德．莫里亞克似乎也可能即將決裂。關於蘇聯的辯論極少只意指俄羅斯，而莫里亞克指出某次辯論發生的時間距離法國即將舉行的大選只有一年而已。他也強烈主張絕對不能扼殺希望，意思是必須保存左派政黨聯盟。這個聯盟來自社會黨與共產黨在一九七二年簽署的選舉協定，但這時陷入危機，主要是因為這兩黨對國有化議題的歧見。莫里亞克在《世界報》寫道：「傅柯確立了一個日期，在那個日期，希望發生了變化：在那個日期，問題不再是我們如何能夠在馬克思主義當中保有特定的傳統價值，而是在得知某些事情之後，如何可能繼續身為馬克思主義者。他選擇的是一九五六年，也就是蘇聯坦克把『社會主義秩序』強加於匈牙利的那一年。」[49]這段話指的是傅柯與克拉維勒、格魯克斯曼、索萊爾斯、鍾貝，以及拉德侯在七月四日參與錄製法國電視一臺（TF-1）的《真相的角色》（*La Part de vérité*）節目。這集節目在克拉維勒位於弗澤萊的家中拍攝，傅柯在節目中說：「自從一九五六年以來，哲學家就不再能夠透過既有的範疇思考歷史，所以他們必須讓自己重新對事件變得敏感。哲學家必須成為記者。」[50]

莫里亞克不是主張蘇聯的集中營變得比較能夠令人容忍，但他對於那種「暗中造成危害的邏輯」感到憂心，也就是推斷古拉格與馬克思主義必然有所關連、馬克思主義與共產主義必然有所關連、共產主義與共同綱領必然有所關連、共同綱領與古拉格必然有所關連。他的文章至少暗指傅柯接受甚至提倡了這種邏輯。兩個星期之後，他接到傅柯的來電，「表面上似乎極為贊同，但我現在（一九七七年九月）不禁納悶那會不會是一項優雅的永久道別」。[51]他的擔憂並未成真，但這篇文章無疑對他們的友誼造成不小的壓力。

傅柯不是左派共同綱領的支持者，主要是因為共產黨的參與，而且他對於左派陣營的選舉前景也不樂觀。不過，他拒絕被納入季斯卡的陣營，大體上採取幻滅的立場。不出所料，他的幻滅也是奠基於他的權力理論：

社會主義不需要一部新的自由憲章或是一份新的權利宣言：這些東西很簡單，所以也毫無用處。他們如果想要值得被愛，不引人厭惡；他們如果想要受到渴求，就必須回答權力以及權力行使的問題。他們必須找出一種不會對人注入恐懼的權力行使方式。這將會是一種前所未見的做法。[52]

傅柯指的是《自由，各種自由》(*Liberté, libertés*)，這是由巴丹戴爾主持的一個社會黨讀書會將他們的思考集結成的結果。[53]這本書基本上是一部權利與自由的憲章，但傅柯向法官聯盟舉辦的暑期學校致詞之時，卻聲稱這本書是「權力技術的一種突變」，將會把更多的公民社會領域帶入法官與法院的管轄範圍，從而擴張法官與法院的職權。也就是說，這本書並沒有提出一種新政府模式的前景。[54]

傅柯在這個時期的其中一項出版計畫，也是奠基於類似的論點。他為《監視與懲罰》進行研究工作的時候，曾在一九七三年三月到高師出席一場由國家科學研究中心舉行的座談會，主題是「不良行為與社會排拒」。[55]其中一名講者是蜜雪兒．沛洛（Michelle Perrot），她在兩年前剛為自己深富影響力的博士論文進行答辯，內容探討十九世紀法國的罷工。[56]她在一九七三年提出的這篇論文，探討的是不良行為以及十九世紀的監獄制度。後來傅柯向她索取這篇論文的副本，令她欣喜不已。傅柯在《監視與懲罰》的參考文獻列出這篇論文，但把作者的名字誤植為「Michèle」。[57]

傅柯與沛洛的友好關係是巴盧促成的結果，巴盧當初之所以向沛洛自我介紹，原因是他相當欣賞她的《罷工的勞工》（*Les ouvriers en grève*），希望出版她的作品。這個想法終於在一九八四年實現，當時身為門檻出版社編輯的巴盧得以出版她那篇論文的節略版，書名取為《罷工的青年》（*Jeunesse de la grève*）。巴盧雖然就讀史特拉斯堡的一所工程學校，後來卻踏上文學的職業生涯，在一九六〇年代晚期發行過一本小雜誌，名為《環礁》（*Atoll*），第一期以尼贊為主題。[58]在五月事件之後，他開始涉入新興的毛派運動，接著成為《我控訴》與《人民事業報》的記者。沙特曾有一項著名舉動，就是藏身在一輛廂型車後方，偷偷潛入塞甘島（Ile Séguin）上有如堡壘的雷諾工廠，當時巴盧以記者身分也在現場。巴盧也是透過自己在毛派媒體的工作而結識傅柯；他經常到傅柯的公寓去收取稿件或者監獄訊息小組的新聞稿（不一定都有署名），傅柯常常是穿著睡袍把這些文件交給他，有時甚至是現場飛速寫成。[59]

在與沛洛的一場談話裡，巴盧建議，基於沛洛與傅柯的共同興趣，他們應該設法合作。沛洛聽到這項建議隨即變得滿臉蒼白。她與傅柯見過面，但對於直接找他攀談卻深感害怕。最後，她和巴盧想到可以出版邊沁探討全景監控監獄的文章。在他們兩人看來，這份因為《監視與懲罰》而廣泛被提到的文本居然實際上無法取得，實在是異乎尋常的情形。《全景監控監獄》（*The Panopticon*）有兩種不同版本：完整的全文包含在邊沁《作品全集》的第四冊，另外還有一篇由法國國民議會在一七九一年委託的簡短版本。後者在一九七〇年代中期相當罕見，但身為收藏家的沛洛擁有一本，是向一名古書商買來的。計畫逐漸成形：他們兩人將重新出版邊沁的法文文本，並且請傅柯寫一篇序言，或至少接受他們訪談，藉此充當序言。巴盧在當時是貝爾豐（Pierre Belfond）經營的一家小型出版社的策劃編輯，因此出版不是問題。傅柯對於巴盧的提議頗感欣喜，立刻同意接受訪談。他毫不猶豫地同意與一家幾乎沒有任何出版品而且也沒什麼廣告能力的小出版社合作，可能是一項早期的例子，預示了他後來對於商業出版，甚至是身為伽利瑪出版社的作者，所真正感到的幻滅。

一九七六年七月一個非常炎熱的上午，巴盧與有些緊張的沛洛前往傅柯的公寓。令他們大感意外的是，前來應門的傅柯身穿日本和服，一整個上午都沒有換別的服裝。傅柯顯得輕鬆而開心，整場訪談也充滿笑聲。訪談終於結束之後，他們三人到陽臺上一起喝果汁。他們重讀並修訂錄音帶的謄本之後，成為邊沁那篇文章的序言。[60]

他們的討論頗為隨性，涵蓋的範圍非常廣泛。大部分內容自然都是重提《監視與懲罰》對全景監控模式的探討，但沛洛特別加以擴展，納入泰勒的科學管理主張（Taylorism）以及十九世紀的工業化。傅柯對法國左派與權力的許多諷刺評論都在印刷版刪除掉了，但他有些保留下來的話語對當代情境深具意義，不只是對歷史有意義。他主張單純就立法或憲法的角度提出權力的問題並不足夠：「權力遠比一套法律或者國家機器更加複雜、更加稠密又更加擴散。」[61]他與沛洛的最後一段對話有一種近乎寓言的色彩。她認為囚犯掌控作為權力中心的中央高塔可能沒有意義，傅柯的回應是這樣的行為有其意義，「前提是掌控高塔並非這項行動的最終意義。囚犯如果坐在高塔內運作全景監控機制，那麼你真的認為這樣會勝過由警衛主導嗎？」傅柯其實是利用全景監控監獄的比喻來指出，就算左派在選舉中獲得勝利，只要沒有針對權力的本質進行深刻的省思，就不會有真正的改變。[62]

到了一九七七年秋季，傅柯關注的已不是索忍尼辛，而是另一種頗為不同的異議。在那年夏天，西德律師柯羅桑（Klaus Croissant）偷偷穿越法國邊境，出現在一場記者會上。柯羅桑是赤軍團（Rote Armee Fraktion）成員在一九七五年受審時的主要辯護律師之一（赤軍團在媒體上比較常見的名稱是「巴德爾邁因霍夫幫」〔Baader-Meinhof gang〕，法國媒體則稱為「巴德爾幫」〔la bande à Baader〕），這時宣稱自己之所以來到法國，是為了尋求政治庇護，這樣的庇護是一九四六年憲法向從事「支持自由的行為」而遭到迫害的人士所保證的。這位律師遭到的指控是依據一九七五年的一條法律，其中規定任何人只要支持犯罪組織，即不得接受辯護。柯羅桑遭控試圖「『在德意志聯邦共和國內部與外部藉由眾多的公共示威、新聞稿與政治運動』而『引起國際社會注意此一犯罪協會的成員及其表面上的政治目標』」。[63]在許多人眼中，他真正的罪行是引起大眾關注斯塔海姆（Stannheim）這座堡壘監獄內部的狀況。一九七七年十月，這座監獄導致巴德爾（Andreas Baader）、恩斯林（Gudrun Ensslin）與拉斯培（Jan-Karl Raspe）在可疑的情況下自殺。有些人說他們是「被自殺」。柯羅桑事件在巴黎達到高潮之時，情勢又因為西德雇主協會會長施萊爾（Hans-Martin Schleyer）在十月十九日遭人殺害（正是集體自殺的次日）而更添緊張。

柯羅桑已經兩度入獄；他的護照遭到沒收，必須每週向警方報到。他向法國媒體表示，由於自己在德國已不能為客戶辯護，因此選擇逃出國外，希望可以在法國繼續從事自己的工作。[64]就在柯羅桑提出庇護申請之際，西德當局也在法院展開引渡程序。九月底，柯羅桑在巴黎十四區一間屬於艾蓮．夏特蘭（Hélène Châtelain）的屋子裡遭到逮捕。夏特蘭是演員暨電影製作人，曾與監獄訊息小組合作拍攝影片，並與傅柯相識。她和另一名女子也同樣遭到逮捕，罪名是窩藏逃犯。

一個「立即釋放柯羅桑委員會」因此成立，還想出一項新奇的政治舉動：他們準備了一千個可頌，*各別以錫箔紙精心包裹，發送給律師、政治人物和其他人，同時附上一張紙條，質問既然可頌可以在歐洲共同市場內自由移動，那麼一名律師為什麼不行？[65]

開始有人組織支持柯羅桑的力量，有一群「名人」呼籲立刻釋放他，指稱「把柯羅桑交給德國聯邦政府等於是捨棄……引渡當中一項確立已久的傳統、違反政治庇護的憲法原則，以及屈服於德國政府施加的壓力」。這項呼籲共有為數五十名左右的連署者，其中包括波娃、克拉維勒、德布黑、德勒茲、基耶茲曼、沙特與莎岡（Françoise Sagan），但不包含傅柯。不過，他在其他各種做法當中相當活躍。

他的第一項攻勢是在《新觀察家》發表一篇文章，主張柯羅桑事件的重點在於一項權利：

* 譯注：柯羅桑的姓氏「Croissant」與法文的「可頌」拼法相同。

被統治者（des gouvernés）擁有的權利當中，有一項在當今才極為緩慢地開始受到承認，而且實際上至關重要：在法庭受到辯護的權利。這項權利不僅僅是由一名律師與檢方以大致互相對立的方式各自談論你，彷彿你不在現場，或者彷彿你是被動的客體，只是單純被要求招認或者保持緘默。被統治者擁有的其中一項權利是獲得律師，但不是像東方集團國家那樣的律師，他們雖然為你辯護，卻向你明白表示要是他們的好運和你的厄運使他們成為你的法官，那麼他們必定會判你有罪。被統治者獲得律師的權利，是由那位律師為你發聲、與你交談、容許你表達自己，也容許你維護你的性命、你的認同，以及你拒絕認罪的強度。……他們在德國想要透過迫害律師以剝奪巴德爾幫的就是這種權利。[66]

最後的引渡要求與柯羅桑的陳情將在十一月十六日接受審理。在審理展開的三天前，傅柯與格魯克斯曼起草了一份聲明，贊同法國律師協會（Syndicat des Avocats de la France）在史特拉斯堡大會上採取的立場，也就是反對引渡，因為柯羅桑一旦遭到引渡回國，很可能會由於政治原因而面臨長期監禁。[67]傅柯與克洛德·莫里亞克通電話的時候指出：「重點不是要說西德政府是法西斯或者柯羅桑是自由派律師的模範，而是要反對引渡。」[68]連署者包括不少與傅柯往來密切的人物：巴特、布列茲、克拉維勒、多孟納、科斯塔加夫拉斯、尤蒙頓、莫里亞克，以及西蒙·仙諾。

在政治請願的微小世界裡，一場微妙的戰役已然展開。傅柯拒絕在瓜達希提出的請願書掛名。這份請願書同樣反對引渡柯羅桑，但是把西德指為「法西斯」，傅柯認為這點他無法接受。[69]

換句話說，傅柯願意爭取柯羅桑尋求庇護的權利，但是任何一份聲明的論點只要與赤軍團本身有關，他就不願讓自己的名字出現在其中。由於瓜達希與德勒茲關係密切，傅柯因此即將與一名好友痛苦決裂。他拒絕容忍對恐怖主義的支持，導致他在部分圈子遭到嚴厲批評。此外，惹內與傅柯雖然沒有公開對話，但前者採取的立場明顯與後者相互對立。惹內將「體制」的殘暴與「反抗」的自然暴力區分開來，主張所有人都應該感謝巴德爾、邁因霍夫（Ulrike Meinhof）以及赤軍團證明了唯有暴力能夠終結人的殘暴。[70] 對這類觀點的支持在法國並不罕見，但惹內在同一篇文章裡聲稱蘇聯雖有許多缺點，卻仍是所有受壓迫民族的朋友這項說法，必定讓許多抱持這類觀點的人與他疏離。

十一月十五日，一場排定的示威活動原本打算循傳統路線從共和國廣場遊行到民族廣場（Place de la Nation），卻遭到警務總監禁止。一場「自發性」的遊行於是從蒙帕納斯出發前往聖傑曼，結果在聖傑曼的狹窄小巷裡爆發猛烈衝突。傅柯不在現場，但他在第二天晚上來到桑泰監獄外面，只見官司敗訴的柯羅桑被帶出監獄，即將移交給德國。傅柯、德費和一小群人試圖形成一條象徵性的人鏈，卻突然遭到四十名左右全副武裝的鎮暴警察衝刺驅散。傅柯被擊中並受了傷。克洛德．莫里亞克經由電話得知這項消息，當時他就和大多數法國人一樣，正看著法國隊在世界盃足球賽當中打敗保加利亞。第二天，他打電話給傅柯，傅柯說：

沒錯，我遭到粗暴對待。那是為了好玩。我是說，我們只有二十個人左右，他們根本沒有必要那麼殘暴衝撞……那些警察特別喜歡我……他們顯然揍我揍得很開心……我的脊椎底部被重重打了一下。我的肺嗎？我現在呼吸有點困難，沒辦法坐，更沒辦法躺下來。

莫里亞克立即認為他肋骨斷裂，但傅柯一如往常不願看醫生，經過德費努力說服之後才終於勉強就醫。他的肋骨確實斷了。儘管遭受這樣的傷勢，傅柯還是透過電話發表了十一月十八日舉行示威活動的通告。[71]

示威活動當天上午，傅柯陳述自己面對警察的經歷刊登於《晨報》（*Le Matin*）：「我認為這項粗暴的反應是警察的工作當中可以稱為『快感加給』的一部分。把氣出在極左派人士身上……是他們薪資的一部分。此外，要是沒有這項加給，警察就不會那麼可靠。」他接著提出更一般性的論述，指稱政府對法紀的著迷導致安全考量凌駕於法律之上：「我們目前正邁向一種政治正義的世界市場，其目的在於減少由庇護構成的避難所，因為這種避難所在整體上保證了政治異議。」[72]

這天晚上的示威活動出自一個臨時團體的號召，成員包括傅柯、德比布里德爾（Jacques Debû-Bridel，法國庇護之地協會〔France Terre d'Asile〕會長）、莒哈絲、沙特、韋科爾，以及莫里亞克。傅柯雖然受傷，卻還是出席了這場活動，只是沒有走完全程，其中一部分路段是搭乘地鐵。走沒多久就可明顯看出其實有兩場示威同時在進行。遊行群眾高呼口號譴責柯羅桑遭到引渡的同時，也有一群一群人數不多但手持鐵棒自稱為「自治主義者」的人士開始攻擊一家德國銀行，甚至德國製造的車輛。傅柯與莫里亞克哀傷不已地看著暴力蔓延開來，最後離開了現場，但是卻捲入另一場比較小的衝突。就在他們等火車的時候，一個頭上受傷流血的男子在一群鎮暴警察的追逐下跑進車站。傅柯與莫里亞克試圖插手干預，而且看來傅柯很可能又要遭到另一頓毆打，這時周遭的許多陌生人開始高呼：「不要打他！那是傅柯。」警方就這樣撤退了，現場所有人都大感意外。[73]

柯羅桑雖然遭到驅逐出境，被關押在斯塔海姆，傅柯對這起事件的參與卻尚未結束。在一封給「若干左派領袖」的公開信裡，他主張那些對於柯羅桑遭到引渡表達憤慨的人士，不但大可早點這麼做，現在更該支持面臨「窩藏逃犯」罪名的艾蓮・夏特蘭與瑪麗若瑟芙・席納（Marie-Josèphe Sina）。傅柯又再度提起被統治者有權利挑戰國家這個議題：

> 你們渴望統治我們……那麼我們就必須知道你們對這樣一件事情會有什麼反應：兩名女子被控「窩藏」「恐怖分子」的合法辯護者而遭到起訴，但就算那些指控證明為真，她們所做的也不過是時間帶給我們的那種最古老的撫慰舉動；她們受到的指控所帶有的惡意，難道不是顯示了一種意志，亦即致力於煽動恐懼以及對於恐懼的恐懼？因為這樣的恐懼，就是一個安全國家能夠運作的先決條件。你們是否認同以我們這個社會的名義提出起訴是恰當的做法？[74]

沒有一個左派領袖公開答覆，但傅柯順口提及一位「司法部長在法院宣布其意見之前就把引渡合理化」，倒是引來佩雷菲特的回應，就是傅柯先前因監獄議題與他槓上過的司法部長。在高師就讀期間就認識傅柯的佩雷菲特，在一封公開信裡先以謙恭有禮的語氣稱呼他為「我親愛的同志、老師暨朋友」，接著便質疑他對於事件的陳述，並反駁指稱自己拒絕對審理中的案件發表評論。傅柯的回覆絲毫不留情面：佩雷菲特也許沒有提到柯羅桑的名字，但他曾在一場會議上致詞，以籠統的言詞談及對抗歐洲恐怖主義的必要性。他指的如果不是柯羅桑事件，還有可能會是什麼？「基本上，你預先為即將發出的引渡令提出辯護說詞。你沒有公開要求引渡，而是盡力讓大眾接受引渡，方法是把一種我們必須拒卻的氛圍延展到法國。」[75] 這場「辯論」沒有再進一步的發展。

隨著柯羅桑事件告一段落，傅柯與德費在十二月前往柏林，走訪這座分成兩半的城市的東半部。為了穿越邊境，他們和警方有了不愉快的接觸：自以為是的官僚將他們的證件與筆記一一影印，要求他們說明一本筆記本內記錄的參考資料與書名。東柏林沒有讓他們留下良好印象，西柏林也沒有。他們兩人才走出旅館，就突然遭到手持機關槍的員警包圍，在街上高舉雙手接受搜查。他們犯下的錯誤，就是在吃早餐的時候被人聽到他們在討論一本關於邁因霍夫的書。傅柯後來針對這起事件接受《明鏡》週刊（*Der Spiegel*）採訪指出，他們之所以會遭到這樣的騷擾，可能純粹是因為他們在警方眼裡是知識分子，也就是一種「不潔的物種」。[76] 德費與傅柯這時陷入一種哭笑不得的處境，在法國因為不支持巴德爾邁因霍夫幫而受到批評，在德國卻又因為被人以為支持他們而差點遭到逮捕。

一月，傅柯為了參加TUNIX舉辦的大型聚會再度來到西柏林。TUNIX這個名字由俚語「什麼都別做」（Tue nichts）衍生而來，這是一個鬆散的聯盟，不是政黨，甚至也不是一個陣線。這個聯盟集合了一群幻滅的青年，唯一真正的政治思想就是徹底拒絕與權威當局合作。生態學家、女性主義者、無政府主義者、占據空屋者以及自治主義者在歡樂的混亂氣氛下聚會，由音樂和劇團共同構成馬戲團般的氛圍。傅柯對這樣的環境頗感陶醉，也與這些反文化的成員進行非正式的探討與爭論。

在一個非常真實的意義上，這群人是他的德國群眾，而他則是他們的理論家，正如他也因為自己的「權力微觀物理學」理論，而成為義大利自治主義者心目中的大師，尤其是他們在自由派的政權統治下，即便是牢裡的囚犯也能夠閱讀傅柯。[77] 德國的學院哲學家對於傅柯的反應相當緩慢，他的著作在美國是透過大學傳播，但在德國則是靠著另類媒體與小型出版社在推廣，例如由他的朋友根特（Peter Gente）與海蒂．巴黎思（Heidi Paris）創辦及經營的梅爾夫出版社（Merve）。[78] 對這個圈子而言，傅柯是一位令人興奮甚至危險的思想家；他的著作中帶有的尼采思想添加了打破禁忌的刺激感。[79] 比較學院派的哲學家對此感到不安。最早認真探討傅柯，而且對他的早期著作頗為認同的弗蘭克（Manfred Frank），在幾年後接受《世界報》訪問，談到自己覺得傅柯逐漸趨向反理性主義，認為他在德國受到的看待就是被這一點所影響：「以一種不加批判的姿態為他開脫，原因是他為一種政治態度賦予了新生，而那種政治態度在德國乃是來自於一項經過高度妥協的傳統。」[80]

那場 TUNIX 聚會沒有產生什麼具體的結果，但傅柯相當喜歡那次經驗。他也喜歡與凱特琳．馮畢羅一起探索柏林，尤其喜愛其中較為髒汙下流的一面，典型的例子就是他們發現的那些淫猥餐廳，以及傅柯常在夜裡拋下馮畢羅、沒入其中的那些俱樂部與酒吧。[81]傅柯的夜間探險沒有留下紀錄，但柏林的確有迎合各種不同口味的俱樂部，我們也可以假設他在那裡並沒有特別節制。

這場德國之旅也有比較嚴肅的一面。傅柯與馮畢羅經由漢諾威返國，在那裡參加了一場支持彼得・布魯克納（Peter Bruckner）的示威活動，原因是德國獵捕恐怖分子的主要人物聯邦總檢察長布巴克（Siegfried Buback）在一九七七年四月遭人伏擊槍殺，結果布魯克納涉及發表的一篇文章似乎為這項刺殺行為提出辯護，導致他被革除大學教職。那篇文章實際上是由一個團體以「梅斯卡列羅」（Mescaleros）的筆名發表於哥廷根大學的學生報；布魯克納不是特別認同這篇文章的內容，也不認同那個團體對於布巴克喪命毫不掩飾的幸災樂禍，但堅持那群作者有權發表這篇文章。後來那份報紙因此遭到提告，他與一群老師又再度刊登這篇文章。由於這起事件，也由於他先前曾與邁因霍夫有所往來，他因此成為「全民公敵」，成為「禁止在政府部門供職政策」（Berufsverbot）的受害者。另一方面，布魯克納對赤軍團若干行為提出的譴責，也導致他被其他「全民公敵」指為叛徒，所以他只好逃到丹麥，藉此擺脫那種令人難以忍受的處境。[82]

如果說傅柯為了表達對布魯克納的支持而走上漢諾威的寒冷街頭展現了激進教授的典型形象，那麼他在二月則扮演了另一種比較不那麼危險的角色。他與巴特和德勒茲一同受到布列茲邀請參與「音樂時光」（Le Temps musical）這場五個夜晚的活動，由不久之前剛開幕的龐畢度中心裡的聲學、音樂研究與協作學院（Institut de Recherche et Coordination Acoustique/Musique；簡稱 IRCAM）主辦。傅柯與布列茲早在一九五〇年代初期就已結識，但不是關係緊密的好友。不過，他們後來對彼此有更進一步的認識，原因是傅柯為了重振法蘭西公學院的活力，在一九七六年提名布列茲進入公學院。

「音樂時光」除了演出李格第（György Ligeti）、梅湘、史托克豪森、艾略特・卡特（Elliott Carter）與布列茲自己的作品之外，也結合了研討會以及一場由這三位來賓參與的辯論會。在最後一個晚上，布列茲震驚地發現自己竟然在一群超過二千人的觀眾面前主持這場討論。在場的人數不利於進行一場真正的辯論；巴特朗讀了「一則道家故事」，內容講述一名屠夫因為全副心智都專注於自己屠宰的牛，因此眼前所見終究只有「解剖之道」；傅柯實際上拒絕參與辯論，只回答問題；只有德勒茲熱切投入公開辯論。另一方面，預備場次是在私下舉行，所以成功得多。

從布列茲出版的會議紀錄看來，傅柯提出的意見主要是簡短分析巴黎知識界的音樂文化，以略帶意外的語氣指稱他的同事與學生都沒什麼人對當代音樂真正感興趣，同時評論了他們的哲學品味與音樂品味之間的異常情形：熱切喜愛海德格與尼采的人，聽的卻是平庸的搖滾歌曲，而不是IRCAM的實驗作品。他提出的解釋是，在音樂領域，這類知識分子受害於現成包裝的文化。他們譴責當代音樂是「菁英主義」，因此聆聽一種比較庸俗但較為植根於社會當中的音樂。[83] 他在布列茲後來為了重啟IRCAM辯論而開啟的一項對話當中指出：「搖滾樂不只是許多人生活中不可或缺的一部分（程度遠超過以前的爵士樂），而且還是一種文化引導物；喜歡搖滾樂、喜歡某個類型而不是另一個類型的搖滾樂，這也是一種生活方式，一種反應的方式；這是一整套的品味與態度。」另一方面，音樂當中那種表面上看來疏遠或菁英的傾向，其實比較接近於現代智識文化的主流：塞尚與立體派畫家的作品那種探究「形體」的特色，也可見於荀白克、俄國形式主義者以及布拉格學派的語言學家當中。[84]傅柯本人從很久以前就對序列音樂相當感興趣，但他也熱愛馬勒（Gustav Mahler），不久之前又因為看了布列茲與薛侯（Patrice Chéreau）製作的《尼伯龍的指環》而愛上華格納。在另一個極端，他也很喜歡德費帶他去聽的一場大衛．鮑伊（David Bowie）演唱會。[85]傅柯對搖滾樂的社會學提出的評論，掩飾了他對搖滾樂似乎所知不多的事實：在與渥爾澤勒的談話裡，他就分不清楚大衛．鮑伊與米克．傑格（Mick Jagger）。[86]

傅柯在一九七八年四月第二度前往日本，比他在一九七〇年的第一場旅程井然有序得多。這次他不是受到日本邀請，而是在法國文化部的支持下前往。另一項差別，是他這次有德費陪伴。兩人終於實現了他們至少從一九六三年以來就念念不忘的一項計畫。

他們在日本待了三個星期，行程相當緊湊。四月二十一日，阿利歐依據《我是皮耶．希維業》拍攝而成的電影在法語學校（Athénée Français）這座位於東京的文化中心播放，傅柯參與了映後的一場辯論。[87]這場活動讓傅柯得以概述一項知識分子角色理論的部分要素；藉著讓希維業發聲，身為知識分子的傅柯即是為一個在出身與本性方面都與權力結構格格不入的人賦予發言能力。他在日法學院（Institut Franco-Japonais）發表演說，也概述了這項觀點：社會發展開始顯示一個無規訓社會的出現。[88]在四月二十七日的第三場公開講座當中，他以比較籠統的方式談論權力，表達自己希望哲學能夠成為一股反權力，前提是哲學家能夠放棄自己的先知角色，以便思索特定的政治抗爭，而不是普世性的問題。他也試探性地開始指出，如果把分析哲學應用在適當的論述領域，即可針對權力提供分析。[89]

傅柯當時已經開始探究基督教當中的「規訓」問題，這趟日本之旅正為他提供了一個機會，能夠探究佛教禪宗與基督教互成對比的自我規訓技術。為了準備這趟旅程，傅柯已經研讀過一些介紹禪宗的基本書籍，包括華茲（Alan Watts）與鈴木大拙的著作。在京都具有一千四百年歷史的廣隆寺待上幾天，讓他能實際操作書上看到的理論，嘗試練習打坐冥想，儘管不免有些困難。傅柯後來依據這樣的習禪體驗，針對基督教與佛教的差異提出了一些無甚新意的說詞。他認為前者是一種告解宗教，需要藉著信仰的光芒進行靈魂的探索，唯有淨化靈魂之後才能獲得真理，但「在佛教當中，卻是同一種開悟就能引導你發現自己的本質以及真理。在這種對自我與真理的同時開悟當中，你會發現自己只是幻象」。[90]

公開講座與禪宗入門並沒有占滿他在日本的三個星期。傅柯與德費還南下到九州一遊，部分原因是德費對於早期來到日本的耶穌會教士頗感興趣，想看看他們抵達這個國家的港口。傅柯與各種人物進行了非正式的討論，包括相當於法國法官聯盟的日本組織的成員，還有社會民主黨的代表，以及反對興建東京成田機場的部分運動人士：在這場運動當中，個體農民與激進學生建立了非凡的結盟關係，與警方對陣大戰，有如黑澤明電影的場景。

儘管行程緊湊，傅柯還是擠得出時間至少稍微見識東京與京都的同性戀場所，他在返回歐洲大約一個月後的一場訪談裡就談到這一點。那裡有數千家小型俱樂部，傅柯走訪了其中幾家：

那些俱樂部很小，頂多只容納得下五、六個人。客人坐在高腳凳上，一面聊天一面喝酒。在那裡根本沒什麼機會認識人，只要有新人到來就會造成轟動。那是一種公共生活，與日本人在成年之後就必須結婚的要求相互平行。夜晚一旦降臨，你就到自己鄰里當中的俱樂部，到自己那個街區的俱樂部；一小群忠實、略帶機動性的社群就在那裡聚會。[91]

返回巴黎的班機在途中於莫斯科短暫停留，傅柯在那裡拒絕購買他熱愛的魚子醬以表達自己的反蘇感受；他就是拒絕在蘇聯境內花錢，也從不造訪這個國家。[92]

返國之後，傅柯立刻投入一輪繁忙的學術活動，先是一場針對《監視與懲罰》的重大討論。這本書頗受好評，當然也吸引了專業史學家的注意。說得更精確一點，這本書吸引了一八四八年革命歷史學會（Société d'Histoire de la Révolution de 1848）及其會長阿居隆的注意。阿居隆是十九世紀史專家，不久之前剛在「檔案館」叢書出版了一本研究一八四八年的著作。[93]他在一九五〇年代就因為與傅柯同在法國共產黨而認識。沛洛是這個學會的會員，在年度大會上朗讀了〈一八四八年的革命與監獄〉（Revolution and Prisons in 1848）這篇論文。學會提議針對十九世紀的刑罰制度出版一本研究文集，[94]指稱其中應該收錄一篇針對傅柯那部最新著作撰寫的批評研究。他們委託撰寫這篇評論的人，是醫學史與十九世紀專家雷歐納（Jacques Léonard）。

雷歐納這篇評論的標題〈史學家與哲學家〉（The Historian and the Philosopher）顯示了傅柯與學院史學家之間的距離，也頗能讓人看出傅柯在他們圈子裡受到的看待。這篇評論雖然不是負評，也稱許傅柯的「古典主義」寫作風格，以及他避免使用左岸巴黎方言的做法，但雷歐納還是提出了三項主要批評。他的第一項批評涉及書中的分析「快得令人眩目」的情形：傅柯「像個野蠻騎士」一樣匆忙跨越了三個世紀。革命時期大體上遭到忽略，九月屠殺與恐怖時期的革命法庭也都沒有受到討論。[95]雷歐納雖然沒有指出這一點，但此一忽略之所以令人深感意外，原因是傅柯曾在一九七二年與皮耶．維多針對「人民正義」進行辯論之時探討過那些法庭。此外，同樣也令雷歐納感到意外的是，傅柯完全沒有談及復辟時代，也沒有提及「bagnes」（位於土倫〔Toulon〕與布雷斯特〔Brest〕這類海軍港口當中的懲罰性軍營，由被判有罪的囚犯在其中從事強制勞動[96]），而且對十九世紀的犯罪所提供的統計資訊也少之又少。更加重要的是，他指出傅柯描述的機轉都顯然少有人知，同時挖苦地問道傅柯描述的究竟是「machinery」（體系）還是「machinations」（陰謀詭計）。他也對傅柯身為檔案學者的能力提出質疑，指稱法國史學家瞧不起在國家圖書館的印刷書室裡從事的研究，認為只有在鄉下神父居所的塵埃裡進行研究才有價值。這項評論雖以幽默的口吻提出，卻相當尖銳也頗具揭示性，他關於統計資訊的說法也是如此；這些評語背後帶有的含義，就是傅柯只是個業餘史學家。[97]

學會把雷歐納的評論寄給傅柯供他回應，但他的回應直到《不可能的監獄》（*L'impossible Prison*）在一九八〇年出版之後才公開。其中以三個方法論的重點為核心：分析一個問題與研究一段時期的程序性差異；現實原則在歷史當中的運用；還有分析的命題與對象之間的不同。第一點與第三點幾乎可說是不言而喻，關乎傅柯認為自己撰寫《監視與懲罰》的目的何在。第二點指的是他堅持必須消除「把真實（the real）的全部案例視為一個必須重組的整體」這項迷思。換句話說，他這部著作關注的不是十九世紀監獄體系的整體圖像，而是「『懲罰理性』歷史當中的一章」。[98]他在最後以逗趣的方式指涉《監視與懲罰》的第三部分（「Discipline」〔譯者按：這個字可以指「規訓」也可以指「學科」〕）並表達這項希望：但願對於權力與知識的關係所進行的探究，帶來的結果「不是『史學家』與『哲學家』的『跨學科邂逅』，而是促成盡力對自己『去學科化』的人士集體合作」。[99]

傅柯對於雷歐納的批評雖然不以為然，基本上主張這位史學家誤解了他這部著作的重點，但還是對於自己受到一名專業人士如此認真看待頗感欣喜，打電話向沛洛說他想要參與一場辯論，以雷歐納的評論還有他自己的回應作為辯論主題。沛洛同意由一八四八年革命歷史學會贊助舉辦一場圓桌辯論。這場活動於一九七八年五月二十日舉行，參與的史學家包括阿居隆、妮可·卡斯坦（Nicole Castan）、凱特琳·杜帕（Catherine Duprat）、阿蕾特·法居、金茲伯格（Carlo Ginzburg）、高瑟茲（Remi Gossez）、雷歐納、沛洛與何威勒。傅柯帶著埃瓦爾德、豐塔納與帕奇諾（Pasquale Pascino）一同出席，他們都是當時他在法蘭西公學院的研討課團體的成員。這場為時兩個小時左右的辯論從頭到尾都錄音下來以便出版，但後來謄寫而成的稿件極為蕪雜，因此不得不找出折衷的方式。折衷的結果不完全令人滿意。埃瓦爾德與沛洛濃縮了辯論內容，於是不同人提出的意見都變成一個「集體史學家」的無名發言。所有的辯論參與者當中，只有傅柯保有他自己的聲音。不是所有人都對這個做法感到滿意，阿居隆更是對於自己的發言遭到這樣的集體化表達強烈反對，堅持要提出一篇署名文章。他寫成的文章寄給傅柯，結果傅柯大發脾氣，打電話要求沛洛撤掉阿居隆的文章。沛洛不想吃力不討好地夾在這兩個從學生時代就認識的男人之間，於是反駁說他們應該在沒有她介入的情況下自行解決問題。因此，最後出版的這本書附上了一篇阿居隆寫的引言，另外還有兩篇「後記」，分別出自傅柯與阿居隆的手筆。

由埃瓦爾德與沛洛編輯濃縮過的辯論，聚焦於四個傅柯仔細回答的主要問題：為什麼要研究監獄；「事件化」（Evénementialiser）；理性的問題；以及《監視與懲罰》據說帶有的「麻醉效果」。傅柯首先以他典型的態度拒絕從學科角度被定義：「我的書不是哲學論文，也不是歷史研究；頂多只能說是歷史工地上的哲學碎屑而已。」接著，他指稱自己把注意力集中在監獄，是企圖透過追溯所謂的「道德技術」的轉變以探討道德系譜的主題。他雖然沒有直接談及他自己或者監獄訊息小組的政治活動，但堅稱自己的主題與政治具有直接關連，這點可從近來監獄體系內發生的事件看得出來。[100]

傅柯轉向他所謂的「事件化」，主張自己聚焦於「事件」的做法，是對知識與實踐奠基於其上的那種「不證自明」的真理提出挑戰的一種方法：「其理論政治功能，〔就是〕證明瘋人應該被視為患有精神疾病這點並沒有那麼明顯可見；至於處理不良少年唯一的方法就是把他關起來，這點也並非不證自明。」[101]傅柯在此處是刻意想要激起爭議；自從布勞岱爾在一九四九年於《地中海與菲利普二世時代的地中海世界》（*La Méditerranée et le monde méditerranéen à l'époque de Philippe II*）的序言裡使用了「histoire événementielle」（有時翻譯為「事件史」）一語，這就一直是個帶有貶義的字眼。[102]不過，他這麼做只是故意玩弄《年鑑》的用語，無疑想要藉此引起惱怒的反應，因為他接著就把自己的「事件化」界定為一種嘗試，也就是要看看各種合理化的形式如何嵌入特定的實踐當中。他認為這一點是不言自明的：也就是沒有更高的理性能讓其他的形式被鄙斥為「不理性」：「我的問題是知道人如何……藉著生產真相而管治自己與他人……把一組一組特定的實踐事件化，從而揭露那些實踐分屬於不同的管轄與說真話體系。以極度野蠻的方式來說，這就是我想做的事。」[103]

後來傅柯被問到他的分析的傳播，這場辯論也終於轉向《監視與懲罰》據說帶有的「麻醉效果」：「舉例而言，一個人如果和監獄教育者合作，就會注意到你這本書的到來對他們具有一種絕對的消毒效果，或者應該說是麻醉效果，原因是你的邏輯具有一種他們擺脫不了的頑強。」[104]傅柯對這樣的用詞選擇不是完全滿意，但同意他的其中一項目標就是要確保關於瘋狂或犯罪行為的特定「明白可見的真理」以及陳腔濫調，將會變得愈來愈難使用；另外也確保監獄服務裡的社工（舉例而言）不再知道該做什麼或是說什麼，使得看似不證自明的話語和實踐變得充滿問題。[105]

套用一名評論者所言，阿居隆和傅柯以他們各自的後記進行「一對一打鬥」。[106]阿居隆的論點具有政治與倫理性質，嚴格說來不算史學論點。他雖然不認同傳統社會主義對「進步」的信念當中表現出來的樂觀與自滿態度，但是他對於主張十九世紀的自由主義與博愛精神甚至是啟蒙運動本身預示了極權主義的這種論點更是抱持懷疑態度，並且指控傅柯對這種論點推波助瀾。其中隱含的意思是，身為社會黨支持者的阿居隆不贊同新哲學，也不贊同傅柯與新哲學的關連。他尤其反對傅柯提出的這項對比：一邊是以前移動囚犯時用鎖鏈將囚犯串成一列的做法，另一邊則是當今設有個別囚室的警車這種創新。[107] 傅柯相當強調被鎖鏈串成一列的囚犯被帶往港口之時那種幾乎有如嘉年華的場景，以及經常隨之迸發的大眾暴力，並且指稱這種現象在後來隨著警車的出現而消失。此外，他有時的言外之意似乎是在說過往那種制度比起個別關押於馬車上的做法「更為可取」。

在阿居隆看來，過往那種制度的消失，明顯是懲罰制度朝著人道方向邁出的一步。他在最後提出這項設問：「承認恐怖有不同程度的差異，難道是一件很恐怖的事情嗎？承認……監獄的存在模式可以變得更為人道，難道就代表為監獄辯護嗎？」[108]

傅柯首先回答阿居隆提出的第二點，指出：「揭露支持鎖鏈做法的制度，不等於否認這種做法令人厭憎，就像指稱監禁不是一種『人道』的懲罰，也不能以此作為不去理解監禁機制的藉口。」他接著否認自己攻擊理性主義，指稱自己感興趣的是揭露特定制度實踐當中採用的理性形式。最後，他向阿居隆及其合作夥伴提出一項建議：「何不針對啟蒙運動在十九與二十世紀的歐洲受到看待、思考、體驗、想像、實踐、譴責以及重啟的方式，展開一項大型的歷史探究？由此產生的結果，也許會是一件引人注目的『歷史哲學』作品。史學家與哲學家之間的關係可以藉此『受到檢驗』。」[109]

他的建議沒有獲得接受。阿居隆在他為《不可能的監獄》寫的引言裡指出，這項辯論是傅柯與史學家對彼此獲得更進一步理解的第一階段，[110]但這個第一階段卻沒有後續的發展。令傅柯失望不已的是，他從來不曾獲邀到高等學院講課。[111]

阿居隆要是出席了傅柯在五月二十七日向法國哲學協會發表的講座，或是二月在法蘭西公學院舉行的講座，必然會訝異地發現傅柯不但沒有貶抑啟蒙運動，甚至還開始把啟蒙運動的部分價值觀納入他自己的研究，其中最引人注目的就是闡述一項關於管治性的理論，大體上取代了先前的權力／知識理論。對傅柯而言，啟蒙代表的是一種批判態度，而不是一段歷史時期。如他自己認同的，他主張被統治者天生就擁有挑戰政府或者對政府權力加諸限制的權利，這個理論主張其實相當接近自然權利理論。[112]

到了年底，傅柯的學術興趣，甚至是他對國內政治的興趣，讓位給了一件非常新的工作。一九七八年九月二十八日，米蘭的日報《晚郵報》（*Corriere della sera*）在頭版宣布該報有了一位傑出的新合作夥伴，並且向讀者承諾「一系列的報導……將是歐洲新聞界的一項新發展，其標題將是『米歇爾．傅柯調查報導』」。將近兩個月後，傅柯說明了他希望做的事情。他介紹了這個系列當中的第一篇文章，是一篇由芬基爾克羅（Alain Finkielkraut）針對〔美國總統〕卡特治理下的美國所撰寫的報導，接著指出：

> 之後將會有一系列的其他調查報導，我們視為「智識報導」（reportages di idee）。有些人說重大

意識形態已經衰亡，另外有些人則說那些意識形態的單調乏味令人難以承受。另一方面，當代世界充滿了各種觀念，這些觀念誕生而出，受到討論，有時消失，有時又重新出現，激起了許多人和許多事物的反應。這種情形不只出現在西歐的知識圈或大學裡，也發生在全世界，包括在各種人群和少數族群當中，儘管歷史直到今天都還不習於談論那些人，那些人也不習於為自己發聲。

世界上的觀念比知識分子自己想像的還要多，而這些觀念又比政治人物以為的更加活躍、更強而有力、更冥頑不靈。我們必須身處於觀念誕生的地方，身處於觀念的力量爆發的地方；不是在提出那些觀念的書裡，而是在觀念展現其力量的事件當中，在受到觀念引導的抗爭裡，不論那些抗爭是支持還是反對觀念。

觀念不會統治世界，但正是因為世界上確實存在觀念（也因為這個世界持續不斷產生許多的觀念），所以世人才不會消極受到統治者或是那些想要教導他們從此以後該怎麼思考的人物所統治。

這就是我們希望在這些報導當中提供的意義。在這些報導裡，對於當前的思考所從事的分析，將會與對於當下發生的事物所從事的分析連結起來。知識分子與記者將會在觀念與事件交會之處共同合作。113

傅柯提到自己在巴黎成立了一個固定的合作團隊。這個團隊實際上是由渥爾澤勒、格魯克斯曼與芬基爾克羅組成。當時芬基爾克羅年方二十九歲，與帕斯卡．布魯克納（Pascal Bruckner）合寫的首部著作剛獲得成功；那部著作的內容在於譴責「男性身體把性生活化約為生殖器的情形」。[114]傅柯的團隊裡完全沒有職業記者。

傅柯長久以來對新聞深感興趣，也經常擔任《新觀察家》的「不定期供稿人」。他認為自己參與監獄訊息小組、杰拉里委員會以及調查裘貝事件的那個小群體的經驗，至少讓他學到了一些「調查」與「蒐集消息」的能力。他曾在一九七〇年代初期為毛派媒體寫作，也在《世界報》偶爾發表文章。他是《解放報》於一九七三年創刊之時的其中一名創辦人，但沒有成為定期供稿人。後來，《晚郵報》的巴黎編輯部主任卡瓦拉里（Alberto Cavallari）找上傅柯，向他提出撰寫一系列文章的提議，他立刻就答應了。[115]傅柯沒有解釋過自己的動機，不過他當時很有可能正在考慮轉變方向。從那份報紙的觀點來看，這項安排的好處在於能夠得益於傅柯的聲譽；他的著作有義大利文譯本，也有許多讀者。這些文章的版權由報紙與黎佐利出版社（Rizzoli）共同持有，顯示他們至少考慮過在這些文章刊登後再以書籍形式出版的可能性。

結果，報紙宣布的這一系列報導並沒有實現，刊登出來的只有芬基爾克羅的文章。後來實際上出現的，是傅柯針對伊朗寫的一系列文章。這些文章在法國引起極大的爭議，對於傅柯的名聲毫無益處，也讓他理解到撰寫新聞報導對於像他這樣具有高度公共曝光度的人而言不免有其危險性。他後來承認：

我不能書寫未來的歷史，我對於過往又是個笨拙的探索者。不過，我想探討「正在發生的事情」，因為在當今〔伊朗〕沒有任何事情是預先決定好的，也因為骰子還在滾動。也許那就是記者的工作，但我的確只是個新手。[116]

這位新手記者不是伊朗專家，但他關注那個國家的人權狀況已有一段時間，主要是因為他與米尼翁（Thierry Mignon）的持續往來。米尼翁是一位律師，也是傅柯在監獄訊息小組時代的同志，此時他與一個委員會合作為伊朗政治犯辯護。舉例而言，傅柯曾經簽署一份刊登於《世界報》的請願書，對十九名「反法西斯激進分子」遭到處決表達抗議。[117]克洛德．莫里亞克在這時致力於人權活動，不久之前才剛發起運動爭取釋放一群被誤控謀殺罪而遭到監禁的伊朗人。他顯然與傅柯討論過這項運動，傅柯認定法國警方與薩瓦克（SAVAK）勾結：薩瓦克是伊朗國王的祕密警察，因為在歐洲大學校園裡的祕密活動而惡名昭彰。[118]傅柯想出一個點子，認為可以利用這起事件宣傳季斯卡與一群知識分子之間的衝突。傅柯提議邀請季斯卡參加一場午餐宴（déjeuner）以討論伊朗國內的狀況，但他隨即修正了自己的話：他們應該邀請季斯卡參加一場「絕食活動」（jeûne）。這項提議的部分用意也是為了羞辱那些在一九七六年十二月接受季斯卡邀請參加午餐宴的人士，尤其是其中的一名賓客：「索萊爾斯決定孰是孰非已經夠久了，現在該輪到他接受別人的評斷。」凱特琳．馮畢羅負責籌辦這項活動，傅柯開玩笑說她要是不小心，恐怕會導致他們降落在德黑蘭。莫里亞克則笑著回應道，要是真的這樣，那他們就永遠別想回家了。[119]這項「絕食活動」沒有進一步的發展，但傅柯後來確實去了德黑蘭，也安然回到家裡。

在渥爾澤勒的陪伴下（不是德費），傅柯於一九七八年九月與十月兩度短暫造訪伊朗。他在出發之前先做了一些預備性的研究，不但與透過米尼翁結識的聯絡人談話，也和伊朗流亡人士往來，包括德費在凡森大學的部分學生。此外，他也在難以得知哪些人真的是反對陣營成員而哪些人又是薩瓦克臥底幹員的地下社會裡活動。[120] 那是一個瀰漫著恐懼的環境：「害怕被別人知道他們與左派人士往來，也害怕被薩瓦克幹員發現他們讀了某一本書。」[121] 對伊朗的情勢至少有些理解之後，傅柯抵達德黑蘭。在他來到德黑蘭之前幾天的黑色星期五，伊朗軍方才剛對一群示威者開槍，造成不少人喪生，但人數沒有公開。

第一次的造訪產生了兩篇文章，是傅柯返回巴黎之後以法文寫成，而不是從國外傳回。這兩篇文章分別是給《晚郵報》與《新觀察家》，《新觀察家》還稱他為「本報特派員」。[122] 他的聯絡人包括社會學家、在德黑蘭外圍祕密會面的反對陣營成員，還有軍方的部分成員，但整體而言，他比較喜歡與自己在街頭上邂逅的路人討論當下的情勢：「『你想要什麼？』我在伊朗的這整段時間裡，從頭到尾都沒有聽到『革命』這個字眼。不過，每五個人就有四個的回答是：『伊斯蘭政府』。」[123] 他很快就認定伊朗不太可能會發生軍事政變而由獨裁者掌權，一部分是因為軍隊裡的派系分裂，一部分也是因為要求成立伊斯蘭國家的壓力愈來愈大。來自清真寺以及透過錄音帶於全國播放的喚拜聲，讓他聯想起薩佛納羅拉（Girolamo Savonarola）治下的佛羅倫斯，還有重浸派以及克倫威爾時代的長老宗。另一方面，伊斯蘭教的穆拉並不是一股傳統上的革命勢力；伊朗出現了某種危險得令人興奮的新東西：伊斯蘭教什葉派是「一門宗教，從古至今一再為人民能夠反抗國家權力的一切賦予一股無可削弱的力量」。[124]

傅柯的聯絡人不只限於匿名的發言人與學生。他也在聖城庫姆（Qom）獲准晉見馬達里（Ayatollah Madari）。後來成為伊朗總理的巴扎爾干（Mehdi Bazargan）也在場的這項會面，在嚴密的安全措施下舉行，門口還有配備衝鋒槍的警衛戒護。巴扎爾干的一項說詞引起傅柯的注意，他聲稱伊斯蘭政府雖然會限制公民權利，卻也會受到無可逃避的宗教義務所束縛；政府如果試圖違背那些義務，人民就會利用伊斯蘭教對付政府。此外，馬達里指稱伊朗並不預期救世主馬赫迪（Mahdi）降臨，但每天都致力於打造一個更好的政府。這段話似乎也讓傅柯留下深刻印象。[125]

第一次的造訪相當短暫，但傅柯在同一個月就又回到伊朗，再度造訪德黑蘭，並且短暫走訪首都南方一千公里處的煉油城市阿巴丹（Abadan）。這一次造訪讓他為《晚郵報》寫了四篇報導。[126]但這四篇報導還來不及全部刊登，巴黎就爆發了爭議。《新觀察家》在十一月六日刊登一封讀者來信，那名讀者是伊朗人，只自稱為「艾圖莎」（Atoussa H.）。她強烈反對傅柯十月十六日發表的文章，抨擊他居然指稱「穆斯林靈性」就某方面而言勝過伊朗國王崩頹的獨裁統治，而且居然認為伊朗人民只能在薩瓦克與「宗教狂熱」這兩種悲哀的選項之間做選擇。她特別指出伊斯蘭教強加於女性身上的低微地位，以及女性不戴面紗就會遭到辱罵這種令人沮喪的情景。在她看來，伊斯蘭教將被用來掩飾封建或偽革命的壓迫：伊斯蘭律法如果真的是解藥，那麼這項解藥恐怕會比疾病更加糟糕。[127]一個星期後，傅柯回應指出，由於建立伊斯蘭政府的呼聲確實存在，因此試圖探究那樣的呼聲究竟代表什麼意義乃是他負有的基本義務。他進一步指稱「艾圖莎的」信含有兩點令人無法容忍之處。一方面，伊斯蘭教提供的所有可能性都因為「自古以來對於狂熱主義的譴責」而徹底遭到排拒；另一方面，這封信的作者似乎認為西方人對於伊斯蘭教所表現出來的任何興趣，都象徵了他們對於伊斯蘭教的鄙視。「伊斯蘭教作為一股政治勢力的問題，是我們這個時代與未來幾年的一項根本問題。如果想要對這個問題獲得任何理解，就絕對不能在一開始即懷著仇恨的眼光加以看待。」[128]

傅柯沒有因為遭受批評而氣餒，仍然持續在《晚郵報》上發表他的報導。伊朗的情勢令他印象最為深刻的一點，就是其中的全然陌生性：這裡不是中國，不是古巴，也不是越南。此外，這時也不是一九六八年五月。「發生在伊朗的現象……是一場風潮，沒有先鋒，沒有政黨。」[129]他深信自己目睹了一項共同集體意志的出現：「也許是對全球體系最巨大的造反，是最瘋狂也最現代的反抗形式。」[130]伊朗革命的獨特力量來自於其中深具宗教色彩的元素；宗教已然成為「一股真實的力量……這股力量能夠促使全體人民一同挺身而出，不只是反抗一位君主及其警察，而是反抗一整個政權、一整套的生活方式、一整個世界」。[131]這項集體意志的壯觀景象讓他深感驚豔，因而低估了何梅尼的權勢以及他所目睹的這項發展所可能造就的未來，他主張不會有何梅尼黨或者何梅尼政權，因為何梅尼只是無名的集體力量的匯聚點。[132]傅柯先前在《新觀察家》的文章裡已經指出，伊朗的事件重新喚起了西方自從文藝復興以及基督教重大危機以來就已經忘卻的東西，也就是「靈性政治」的可能性。[133]

傅柯的讀者不是全部都能接受這樣的陳述。他知道自己在巴黎會遭到訕笑，但堅信自己是對的。即便是對他忠心耿耿的莫里亞克，對於政治當中的「靈性」也不免懷有疑慮，但終究同意「沒有靈性的政治」也一樣危險。[134]

一項特別凶暴的攻擊來自布侯業勒夫婦在《晨報》發表的文章。他們批評傅柯為一種代表非法政權而「懲罰及規訓的靈性」辯解。這篇文章也包含一些人身攻擊；伊朗的流血事件當然不是傅柯的責任，就像古拉格也不是西方共產主義者的責任一樣；但另一方面，「傅柯所有的模範都帶有相同的反民主、反法律以及反司法的正字標記」。他們兩人也提及他先前針對「人民正義」的議題「與毛派進行的辯論」，其中隱含的意思是他對伊朗的集體意志懷有的觀點與他過去的立場具有連續性。[135]

傅柯不願回應，指稱他向來都拒絕參與論戰，而且也無意「承認我的錯誤」。那篇文章裡提到的表現和實踐讓我想起某種東西，讓我想起許多東西。我一直抗拒那些東西。就算是在書面上，我也不願捲入這麼一場遊戲，因為其形式與效果在我看來都令人作嘔」。[136]不過，他確實表達自己願意進行辯論，《晨報》也提及希望在伊朗於月底舉行公投之後刊登一篇由傅柯撰寫的文章。這篇文章終究沒有出現。

伊朗事件後來有兩段尾聲。首先是寫給巴扎爾干的一封公開信；傅柯原本認定何梅尼絕不會掌權，但這時何梅尼政府已經成立，巴扎爾干也在其中擔任總理。傅柯撰寫這封信的時候，正值舊政權的官員與支持者紛紛在草草審判之後遭到處死。在這封信裡，傅柯憶述了他們先前在庫姆對於革命的靈性層面進行的討論。伊朗政府現在已有能力履行其義務：「被統治者挺身而出是一件好事，藉此提醒眾人他們不只是單純把權利賦予統治他們的人，而是也有意把義務加諸對方。任何一個政府都不能逃避那些根本義務。從這個觀點看來，目前發生在伊朗的那些審判不免令人感到憂心。」[137]

不意外，德黑蘭沒有提出任何回應。傅柯在這方面的最後一次發言，是五月刊登於《世界報》的一篇文章。他沒有為伊朗的那一波死刑潮辯護，但針對知識分子的義務提出了他自己的兩難問題。在他的筆下，一名想像的策略家指稱任何人的死亡都可以藉由更高的必要性加以合理化，任何一般原則也都可以因為特定情境的需求而受到犧牲；傅柯則回應指出，他自己的理論倫理是「反策略」的：

> 對於任何奇特現象的出現抱持尊重態度，在權力侵犯普世原則之時採取不妥協的態度。這是一項簡單的選擇，卻是一件艱難的工作，因為我們必須一方面稍微凌駕於歷史之上，注意觀察有什麼東西打斷或者擾亂了歷史，另一方面又稍微尾隨在政治後面，無條件地注意觀察任何可能會限制政治的東西。畢竟，這就是我的工作。我不是第一個，也不是最後一個，更不是唯一一個這麼做的人，但我選擇這麼做。[138]

一九七〇年代初期，傅柯簽署請願書譴責美國涉入越南，也連同無數的其他人走上街頭示威反戰。到了一九七〇年代末期，越南代表的意義不再是對壓迫的抵抗。對於傅柯和其他許多人而言，他們開始感受到這項意義上的變化是在一九七七年六月舉行於黑卡米耶劇院的接待會上。一位身形嬌小，名叫逢英（Phung Anh）的越南女子站在舞臺上發言：「我曾經反抗阮文紹政權，當時有數以千計的法國人和我站在一起。今天，有數以千計的越南人被關進牢裡，法國卻完全沒有人抗議。是什麼變了？你們到底是為誰而戰？」[139]

一九七八年十一月八日晚上，全球各地的電視螢幕都播出了海鴻號的影像。那是一艘破損的貨輪，船上擠滿二千五百六十四名越南難民，想要停泊於馬來西亞，卻遭到阻擋。「船民」一詞即將出現在英語和法語當中。對許多人而言，看到那幅影像就立刻想起了《出埃及記》（*Exodus*）這部電影：一整船的難民遭到海軍騷擾，這個令人情緒激動的景象不禁讓人聯想到載運著猶太墾殖者的船隻在一九四七年遭到英國海軍開火的情景。[140]

庫希內在午夜接到布侯業勒夫婦打來的電話：必須要有人採取行動。布侯業勒夫婦是前毛派分子，庫希內則是一名醫師，因為在一九六八年身處於比亞法拉（Biafra）的經驗，而在國際救援組織無國界醫生的成立過程中居功厥偉。[141] 他的政治背景與布侯業勒夫婦非常不同，因為他在一九六〇年代初期曾是一名活躍的法國共產黨激進分子，後來才投身於醫學與第三世界議題。庫希內認為尋求傅柯的支持是自然而然的選擇，談起他的語氣總是充滿好感，認為他是「公民社會裡的鬥士」，創辦了像是監獄訊息小組這樣的協會，抗拒政府把個人化約成「政治殘渣」的「權利」。由於和庫希內的往來，傅柯因此經常出席所謂的塔尼葉研究院（Académie Tarnier）舉行的會議：塔尼葉研究院是一個討論小組，會議皆於塔尼葉醫院的演講廳舉行。傅柯是常見的身影，總是坐在第二排，有時西蒙．仙諾會坐在他身邊，通常都是手托著下巴聆聽會議上發表的報告，探討的內容從查德或黎巴嫩乃至社會安全制度問題無所不包。[142]

一項初始聲明以及募資租借一艘救援船隻的呼籲，在十一月九日刊登於《世界報》。那份呼籲最終獲得數百人連署，連署者包括碧姬．芭杜乃至尤涅斯科等各界人物。傅柯是最早的連署者之一，但這是經過一番說服之後的結果，因為他原本不認為那艘船有可能會啟航，主張自己只願意支持實際有用的團結行為。[143]不過，他後來卻是「一艘船救越南」委員會（Un Bateau pour Vientnam）相當有力的一位成員。「一艘船救越南」這個名稱是取自一張一九六六年發送的傳單，內容呼籲為北越提供醫療救援。杰斯瑪找出了那份傳單並交給庫希內。如同該委員會的許多活躍成員，杰斯瑪也是前毛派分子；唯一自稱為馬克思主義者的連署人是普蘭查斯。有不少活躍人士是來自一九六〇年代相當興盛的「越南基地委員會」。其他支持者分別來自非常不同的政治背景，這項運動最令人吃驚的其中一項特色，就是能夠讓這些人一致支持同一項理念。傅柯不是委員會日常活動當中的首要人物，但他以各種不同方式讓這個委員會使用自己的名字與影響力，為它的工作帶來極大的助力。

十一月二十日，尤蒙頓在一場電視新聞訪談當中發起這項運動：「沒錯，我們幫助了越南取得獨立；我們反對美國投擲炸彈，因為那些炸彈殺害的是越南人民，而且我們那麼做也確實沒錯。現在，越南人民在海裡滅頂，所以我們也必須幫助他們。」[144]這項運動相當艱難，充滿政治爭議，庫希內本身更是因此吃盡苦頭並且傷痕累累。無國界醫生當中的前同僚指控他追求媒體關注、自我推銷，鼓吹的根本是「一艘船救聖傑曼」：這是一項帶有貶抑性的指控，意指他虛假偽善。[145]這個組織最後分裂了，後來庫希內在一九八一年另外成立了世界醫生組織（Médecins du Monde）。

就政黨政治角度而言，這項工作相當困難。托派組織不願意參與，社會黨的部分成員也保持距離。共產黨則是一味搪塞，聲稱這項人權議題被人當成反共產主義的手段，而且又藉著提起外來移民議題轉移焦點：他們宣稱共產黨主政的城市已有可觀的外來移民人口，因此無法接受更多的難民或移民。

在「一艘船救越南」運動當中最著名的事件裡，傅柯只扮演一個小角色。一九七九年六月，沙特與雷蒙・艾宏出人意料地相遇，地點在呂帖西亞（Lutétia）這家位於哈斯拜大道與塞夫爾路交叉口的豪華飯店。這兩人在一九二〇年代就讀高師期間是朋友，也都參加了尼贊的婚禮，而且沙特創辦的《現代》雜誌，艾宏也曾是原始編輯委員會的成員。他們後來因為政治歧見而疏遠，展開了數十年斷斷續續但極為尖銳的爭辯。六月二十日，神情緊張的格魯克斯曼帶著沙特進入飯店裡，讓他在艾宏身邊的座位坐了下來。他們兩人握手的照片，還有艾宏以「你好，我可愛的同志」（Bonjour, mon petit comarade）這句話問候沙特的報導，隨即傳遍全世界，但事後看來恐怕模糊了這場會面的原因，艾宏在他自己的回憶錄裡提出的記述也是如此。[146]儘管媒體上充滿臆測，沙特卻不認為這場會面代表他與艾宏和解，[147]他那天到場只是單純為了越南的議題而已。

傅柯因為遲到而錯過會議的開場，[148]但仍然加入其他人的發言行列，包括艾宏、沙特、西蒙·仙諾、杰斯瑪、斯塔西（Bernard Stasi；國民議會副議長），還有蓬紹（François Ponchaud）。蓬紹是一個組織的會長，那個組織代表所有從法國被遣送到奧許維茲而倖存下來的人士。他們所有人都呼籲增加援助措施以及提高難民庇護人數。傅柯不是主講者，但在會後負責舉行記者會這項必要工作。

六月二十六日，他又舉行了第二場記者會，這一次是在法蘭西公學院，記者會的主角是該委員會的一個代表團，成員包括克勞蒂·布侯業勒（Claudie Broyelle）、沙特、格魯克斯曼與斯塔西。這個代表團獲得季斯卡總統接見，結果事實證明他對這方面的情勢所知極為不足，但最終同意由救援船隻（光明之島號〔Ile de Lumière〕）搭救的難民都會獲得法國收容。那群代表懷著抑鬱的心情離開愛麗舍宮，不認為政府真的會採取任何行動。後續關於簽證的問題證明了他們的悲觀想法。[149]這些問題終於受到克服，光明之島號也確實得以啟航執行其慈善任務，後來由庫希內詳細記錄在他的同名著作裡。

# 16 死神之舞展開

有二十五年以上的時間，傅柯只要人在巴黎，幾乎每天都會到國家圖書館進行他的工作。他終於在一九七九年夏季放棄了這項習慣。根據德費所言，他不但對書籍遞送服務愈來愈嚴重的延遲感到挫折，又與國家圖書館館長發生激烈的私人爭吵。在斯特凡（Roger Stéphane）舉行的一場晚宴上（斯特凡是評論家，著有馬勒侯、勞倫斯〔T. E. Lawrence〕與薩羅蒙〔Ernst von Salomon〕等人的經典研究著作[1]），傅柯經人介紹結識了阿爾巴希克（Michel Albaric）：他是索爾舒爾圖書館的館長。那是附屬於道明會社群之家的圖書館，位於冰川街上。阿爾巴希克聽到傅柯在國家圖書館遭遇的問題之後，就對他說索爾舒爾圖書館非常歡迎他。

傅柯在那裡找到他恰恰需要的東西。索爾舒爾圖書館是一所小型圖書館，有一間宜人的閱覽室，圍繞著一座低窪的花園建造而成。國家圖書館就像許多大型圖書館一樣，有時吵雜得令人意外，但索爾舒爾圖書館極為安靜，造訪的讀者通常是修女、僧侶、教士與學生，不像湧入黎希留街那所大圖書館的那些大都會群眾。這裡的氛圍很合傅柯的口味，他也與阿爾巴希克建立了堅實的友誼。這所圖書館和館長都相當吸引傅柯禁慾苦修的那一面：他曾對克洛德．莫里亞克開玩笑說自己「天生適合修道院。我要不是徹底的無神論者，一定會成為僧侶……而且是個出色的僧侶」。[2]

索爾舒爾圖書館的藏書以哲學與宗教科學為主；標準古代典籍與教會早期教父的著作都陳列在開放閱覽區。傅柯人生的最後幾年都在這裡進行研究工作，總是坐在窗邊的同一張桌子，偶爾才會因為美貌的年輕男子從他身邊經過而分心。索爾舒爾圖書館是個私人基金會，而且財力有限。在接下來的幾年裡，傅柯私下為這個基金會捐贈了金額不明的款項。[3]

索爾舒爾圖書館之所以理想，原因是傅柯規劃的《性史》此時已轉往一個頗為不同的新方向。《求知的意志》提到的其中一種現象，是現代的「性」經驗與基督教的「肉體」經驗之間的對比。不過，這兩者似乎都是由「慾望之人」的形象所主導。因此，傅柯開始探究慾望和慾望主體的系譜。他在這裡面臨一個選擇：「一種做法是維持原本的計畫，針對這個慾望的主題添加一段簡短的歷史檢視；另一種做法是把整個研究的核心轉變為這種主體的詮釋學在古代如何緩慢形成。」他選擇了後者，開始為「真相的歷史」蒐集材料。[4]

傅柯此時深深投入古代希臘哲學與基督教傳統的歷史。他毫不避諱地坦承，自己並不是古典學者，[5] 所以現在只能苦苦重拾當初在學校裡學過的古代語言。這是一項耗時的工作，他顯然也使用了翻譯本以及雙語版本。傅柯指稱自己的研究得到維納不少幫助，因為他「知道探求真實對於真正的歷史學家而言是什麼意義，但也很清楚要書寫真偽遊戲的歷史將會進入的那座迷宮；他是當今相當罕見的那種人物，願意面對真相歷史的問題對一切思想帶來的威脅」。[6]不過，維納只談到自己在這時和傅柯有過一般性的談話，否認自己有為傅柯提供任何特定的協助或建議。[7]

傅柯在法蘭西公學院的講座也和《性史》有大致相同的方向。如同他在一九七八年向法國哲學協會發表的講座，他在一九七九至一九八〇年的公學院課程名稱是「對活人的管治」（Du Gouvernement des vivants），並聚焦於「管治的概念……亦即為了引導人的行為而設計的那種廣義技術與程序，包括對兒童的管治、對靈魂或良心的管治，以及對房屋、國家或自我的管治」。[8]因此，「管治性」的主題開始取代權力—知識這個舊角色。[9]對人的管治，要求人要有服從與恭順的行為，同時也要有「真相的行為」，因此傅柯問道：「這種對於人的管治是怎麼形成的？不但要求人必須服從，還必須透過陳述（en l'énonçant）去展現自己是什麼。」他認為這個問題的答案存在於早期基督教的告解與懺悔行為當中，也存在於那些行為與古代各個哲學學派的良心審查這兩者間的不同當中。相較之下，他的研討課則聚焦於十九世紀自由主義思想的若干面向。

次年的講課聚焦於「主體性與真相」，要探究自我知識模式的歷史。傅柯要檢視的並非靈魂、激情或者身體的哲學理論，他談的是研究

> 「自我的技術」，也就是為個人提議或開立的……程序，為了某些目標而修正、維繫或轉變自己的身分認同……在那些行為當中，個人本身即是那些行為的對象，也是那些行為適用的領

域，並且是那些行為採用的工具，同時是行為的主體，所以個人要怎麼透過行使那些行為而「管治自己」？[10]

我們可以把柏拉圖的《阿爾喀比亞德》當成起點，因為「在這部文本裡，『關注自我』（epimeleia heautou）的問題似乎是一套整體框架，讓認識自我的命令得以在其中產生意義」。[11]

傅柯用法蘭西公學院的講座概述了他最後兩本書的主題。此外，他在人生最後幾年所發表的客座講座與研討會，主題也幾乎全都來自公學院的講座課程。他原本關注的是從性的機制（dispositif）當中獲得解放，這時則轉為關注「生存的美學」：這是傅柯接受的最後幾場訪談其中一場的標題。[12] 如果依照時序閱讀，這個時期的講座與訪談有非常多的重複，不斷以稍微不同的角度反覆探討相同的主題。

回歸古希臘有其諷刺之處。一九七〇年代中期，傅柯在撰寫《監視與懲罰》之時曾指稱，把柏拉圖視為「衰頹，一切事物在他之後開始具體化」的這種傾向「令人沮喪」，他認為這種傾向始於海德格，由德希達在法國體現。他之所以避免談論希臘，原因是他不想「落入某種希臘化擬古主義」。針對瘋狂、維繫治安以及貧窮進行哲學思考要有趣得多。[13] 回歸古希臘羅馬確實比較沒那麼有趣。後來德費對他說自己有多麼欣賞《快感的運用》，傅柯回答道：「可是你知道那不是我寫得最開心的一本書。」[14]

因此，《性史》最後幾冊著作背後的動機並不是快樂主義。然而傅柯寫道，自己的動機「非常簡單」，就是好奇，或者說是「唯一值得以一點頑固加以追求的那種好奇；不是可以讓我們吸收適合知道的事物，而是能夠讓我們失去對自己的喜愛（se déprendre de soi-même）」。[15] 傳柯的動機相當符合他所探究的斯多噶主義與基督教傳統。他在一九八三年於加州接受的一場訪談裡說：「基督教文化發展出了這樣的觀念，認為人如果要以正確的方式照顧自己，就必須犧牲自己。」[16] 那項動機也與傳柯自己的信念一致（這項信念至少有一部分是衍生自尼采所說，為個人性格賦予風格乃是「傑出而稀有的藝術」），[17] 也就是自我猶如同性戀文化，是一種美學的創造，而不是某種個人本質富有表達性的解放。「失去對自己的喜愛」可以進一步解讀為傳柯尋求的去個人化甚至去性化的一種變體，方法是對快感的精心使用，或是解讀為傳柯、德勒茲與克洛索夫斯基共同追求的消解個體性的一種變體。他的用語和哲學參考架構雖然有些改變，卻仍然是「為了隱藏面貌而寫作」，或是「為了成為自己不是的人而寫作」。

傳柯的哲學關注，甚至是教學關注，在某些意義上正在改變，但他零星從事的政治活動卻顯示過往的關注對他而言仍然重要。舉例而言，他在一九八〇年春季參與了辯護自由協會（Association Défense Libre）的成立。這個協會的目標在於譴責辯護律師遭受的限制、控告制度受到的濫用，以及面對起訴者的權利遭到的侵害。一場初始會議在五月於土倫附近舉行，但傳柯似乎沒有到場。他參與起草這個協會的預備文件，連同卡薩馬約這位律師，還有克洛德．莫里亞克、韋格斯（Jacques Vergès），以及賀芬（Christian Revon）等人。開場致詞的內容令人聯想起監獄訊息小組當初使用的語言，這段致詞有一部分即是出自傳柯的手筆：

且讓我們避開改革主義與反改革主義這個老掉牙的問題。我們不需要為必須改革的制度負起責任，而是需要為自己善加辯護，迫使那些制度自我改革。……「為自己辯護」這句話裡的反身代名詞極為重要。重點在於把個人的生命、存在、主體性與實在性銘刻於法律的實踐當中。[18]

對這個協會的創辦人產生啟發作用的其中一件案子是蘭努奇案，就是當初促使傅柯拒絕季斯卡午餐邀宴的那個案子。傅柯對於辯護自由協會的參與差不多只限於創辦過程，但他的涉入顯示他沒有忘記監獄訊息小組的經驗。在道明會修士德圖姆（François Deltombe）出版於一九八〇年五月的一本橘色封面的小冊子裡，傅柯的供稿就出人意料地顯示他以及《監視與懲罰》的影響有多廣泛。這本書在大學裡是犯罪學學生的推薦讀物，這點並不令人意外；不過，《監視與懲罰》竟然也受到「天主教色彩濃厚的正義與和平委員會這個法國主教團的喉舌」所注意，也許就不是那麼意料之中的事情。[19]

辯護自由協會計畫的部分參與者是傅柯認識已久的人物。身為道明會信徒，曾經當過精神科護士後來成為律師的賀芬，在監獄訊息小組時期就認識傅柯。拉薩勒斯（Antoine Lazarus）也是如此，他曾在弗勒希梅侯吉的監獄醫療小組工作，這時負責主持多職業監獄團體（Groupe Multi-professionnel des Prisons）的巴黎分會。一九七九年十一月，拉薩勒斯與柯爾康貝（François Colcombet，法官聯盟的前主席）針對監獄訊息小組和一位「路易・艾佩」（Louis Appert）進行一場回顧性的辯論。號稱「監獄訊息小組成員」的「路易．艾佩」實際上就是傅柯。沒有人能夠對他為何使用這個假名提出具有說服力的解釋，但他選擇的名字相當近似他母親的娘家姓馬拉佩，倒是頗耐人尋味。

這項辯論稍微述說了監獄訊息小組歷史的開端，傅柯要是願意的話，大可寫出這段歷史。被問到對於監獄訊息小組的「得失」有何感想，「艾佩」不確定有什麼話可說。在那個團體當中工作，就算那只是一種結合理論與實務的新方式，也是一項頗為正面的經驗。在政治團體內，這兩者的結合都是因為「具有凝聚力的信條和具有約束力的實踐」。但在監獄訊息小組當中，「知識、分析、社會學家的實踐、些微的歷史知識、一點點的哲學、少數幾個無政府觀念、我們讀過的書籍……全都發揮了作用；那些東西在我們之間流傳，在我們周邊形成一種胎盤」。不過，他絲毫不認為他們實際上有達到任何成果，認為大部分的問題仍然沒有改變。[20]《精神》刊出的文字稿並不是這項討論的完整紀錄。在原始的錄音帶裡，可以聽到丹尼爾．德費在背景當中喃喃低語著關於企鵝的事，在場所有人不禁覺得好笑。他這些離題的話語不是毫無理由，原因是有一位右翼政治人物非常正經地提議，犯罪問題的真正解決方法，就是把罪犯都遣送到南極的島嶼。[21]

傅柯之所以會與辯護自由協會合作，原因是他對權力濫用的關注；他積極參與為了爭取釋放諾貝爾斯皮斯（Roger Knobelspiess）而成立的辯護委員會，也明白顯示他的這項關注。一九七二年，諾貝爾斯皮斯因為竊取八百法郎而被關進牢裡，但對他不利的證據卻僅有一項檢舉。儘管他聲稱自己是無辜的，卻還是被判處十五年徒刑。他反覆以絕食和自殘行為表達抗議，卻從未獲准請假為自己提出上訴。諾貝爾斯皮斯在一九七六年獲得准假四十八個小時，結果就此行蹤不明。他再度被捕之後，又被指控犯下數起武裝搶劫案。此時被視為危險累犯的他，被關進一個新近成立的高度戒護區（quartiers de haute sécurité）。這種戒護區是在克萊爾沃監獄及其他地方發生暴動之後特別成立的單位，專門關押少數獄方認為危險的罪犯，環境相當嚴酷，單獨監禁與視訊監控都是常態，與其他囚犯也幾無接觸。[22]對於在一九八〇年解散的囚犯行動委員會而言，這些高度戒護區的存在本身就是一種刑虐的型態；在傅柯眼中，這類戒護區是濫用法律，因為這些單位是監獄裡的監獄，違反了剝奪自由本身即是終極懲罰的原則。[23]法院不能判決把任何人關進高度戒護區，但監獄內部的管理單位卻能夠也確實會這麼做。高度戒護區的成立對於未來有著令人毛骨悚然的涵義。鑒於一九八一年春季當選的社會主義政府很有可能會廢止死刑，高度戒護區因此代表一種潛在的威脅；死刑不是不可能由無限期監禁於高度戒護區這樣的科刑取代。[24]

諾貝爾斯皮斯辯護委員會的成員包括傅柯、葸內、格魯克斯曼、莫里亞克、尤蒙頓、西蒙・仙諾，以及《精神》的主編蒂博（Paul Thibaud）。諾貝爾斯皮斯在牢裡寫下他的第一本書，內容有一部分是自傳，一部分是對監獄的譴責，當時三十二歲的他已經有將近一半的人生是在監獄裡度過。這本書在辯護委員會的努力下得以出版，由傅柯撰寫序言：「這是一份未經修飾的文件。這本書的撰寫與出版，並不是為了要增添一份監獄生活的陳述……真實而深刻的轉變誕生自激進的批評、堅定的拒絕以及不屈服的聲音。諾貝爾斯皮斯的書就是這種戰役的一部分。」[25]傅柯為諾貝爾斯皮斯所寫的序言，也許比他針對同一個主題寫的任何「理論」文字[26]都更清楚闡述了他認為監獄的邏輯是什麼，又是以什麼樣的邏輯建構危險的個人這種形象：

看看諾貝爾斯皮斯的例子：他因為一項自己強烈否認犯下的罪行遭到定罪。他怎麼可能在不承認自己有罪的情況下接受監獄？但這種機制就是這麼一回事：因為他抗拒，所以就被關進高度戒護區。他之所以被關進高度戒護區，原因是他是危險人物。在監獄裡「危險」，所以要是獲得釋放又會更加危險。因此，他的罪就是犯下了他被指控的罪行。他的否認根本無關緊要：因為事情畢竟有可能是他幹的。高度戒護區就提供了證據；監獄**證明**了司法調查可能沒有充分證明的事情。[27]

一九八一年十一月，諾貝爾斯皮斯的案子受到審理，一部分由於莫里亞克在其中扮演主要角色的辯護委員會所發起的運動，他因此獲得密特朗赦免。[28] 諾貝爾斯皮斯承認自己確實犯下武裝搶劫，但審判長似乎向陪審團說那些罪行是悲慘貧窮的童年以及一九七二年一項證據不足的定罪造成的直接後果。[29] 此時的諾貝爾斯皮斯有如明星，不但與總理莫華（Pierre Mauroy）合照、上電視節目、晚宴邀請應接不暇，而且還寫下第二本書，這一次由莫里亞克寫序。一九八三年六月，諾貝爾斯皮斯在翁弗勒爾（Honfleur）被捕，再度被控武裝搶劫，以及對兩名員警開槍。更多指控隨之而來，於是他又再度被關進牢裡，最後在一九九〇年八月假釋出獄，堅稱他最想要的事情就是當個普通老百姓。[30]

諾貝爾斯皮斯在一九八三年因為武裝搶劫被定罪時，傅柯對於那麼多人感到意外表示十分意外。有許多人主張諾貝爾斯皮斯既然認罪，就代表一九七二年那時他也確實有罪，但傅柯認為這樣的論點並不理性。更糟的是：

你如果不希望落入一套在任意武斷底下沉睡的法律體系……那麼對你們自己來說、對我們來說，你們都是危險的。你們也是一種歷史性的危險。因為，就像社會一樣，永遠都必須自我質疑的司法，唯有對它自己以及它的制度不斷質疑才能存續。[31]

諾貝爾斯皮斯案顯然對傅柯造成某些困窘，也使他成為不少嘲諷的標靶。媒體上開始談論「傅柯的一時興起」(les foucades de Foucault)造成的災難性後果，也把那些為諾貝爾斯皮斯辯護的知識分子諷刺為「諾貝爾獎得主」(Prix Knobel)。[32]儘管有這些來自特定陣營的嘲諷批評，傅柯替諾貝爾斯皮斯說話卻不是出於天真的自由主義信念。對於自己是否要涉入這類案件，傅柯是憑著敏銳的政治嗅覺做出決定；他這樣的精明算計，有可能會令他某些自然的盟友感到不安。戈德曼被指控在一九六九年一場搶劫當中殺害了兩條人命，他終於在一九七四年接受審判之時，極左派世界的大多數人都認定他是無辜的。戈德曼一度是法國共產黨最優秀的街頭鬥士之一，他是充滿浪漫色彩的人物，深深參與極左派活動，也與拉丁美洲的游擊戰運動有所關連。他被判處無期徒刑，但在一九七六年的第二次審判之後獲得釋放。戈德曼雖然在部分左派陣營當中成為一位英雄人物，但是不曾對這起案件公開發表意見的傅柯認定他是有罪的，完全沒有幫戈德曼說話。[33]

與莫里亞克和西蒙．仙諾進行的一段有關戈德曼的簡短交談，顯示了傅柯內心對於個人道德抱持的觀點。全心支持戈德曼的仙諾埋怨戈德曼對她爽約，莫里亞克隨即回應說沒有人有權要求戈德曼表達感激。傅柯表情扭曲，莫里亞克於是首度體驗到傅柯的怒火，就像當初凱特琳．馮畢羅傻傻地提議該由西蒙．波娃陪同「尤蒙頓少年團」前往馬德里之時的狀況一樣。傅柯毫不理會莫里亞克結結巴巴的解釋，咆哮說：「我不忍受這種行為，我絕不忍受這種行為。我年紀愈大，愈是對友誼以及友誼隱含的義務深信不疑。極左派那種漫不在乎的態度，說著：『我不欠任何人任何東西，尤其是那些為我奮戰的人』……我絕不忍受這種行為。」[34]他的情緒爆發稍縱即逝，但莫里亞克為此震驚不已。

傅柯遭遇的問題不僅限於圖書館。儘管他的名氣響亮，但在一九七〇年代末至一九八〇年代初之間，他在私人生活與職業方面的孤立程度卻令人訝異。經過柯羅桑案的歧見之後，他就與德勒茲還有瓜達希決裂了。他針對伊朗所寫的文章導致其他朋友離他而去，也對他的名聲沒什麼幫助，由此產生的爭議更是導致他與《晚郵報》的合作戛然而止。[35]他為這份報紙撰寫的最後一篇文章，是在拉岡於一九八一年去世時向這位「精神分析的解放者」致敬的一篇短文。[36]聲稱傅柯為何梅尼辯護，而且從來不曾批評自己把「新興的蒙昧主義視為新的黎明」，這樣的迷思直到今天仍然揮之不去。[37]傅柯在一九七八年秋季採取的立場，其實與他在《解放報》甚至《新觀察家》

表達的觀點沒什麼不同。[38]他的能見度不可避免地導致這樣的狀況：職業記者犯下的判斷錯誤終究會受到遺忘，但傅柯的錯誤卻不會。

一九七九年六月的哲學現況論壇（Etats Genéraux de la Philosophie），把一大群哲學教師與學生聚集於索邦大學針對法國哲學的狀況進行辯論，[39]但傅柯沒有參與其中，也許是因為這場活動的主辦者是德希達。傅柯與德希達的關係直到一九八一年才和解，當時德希達在捷克斯洛伐克因為當局捏造的毒品罪名被捕，傅柯是最早挺身而出為他辯護的人士之一。傅柯曾因布希亞在《忘記傅柯》提出的抨擊而深感受傷，也不全然錯誤地認為艾宏與孔孚（Roger Kempf）針對十九世紀的性的研究著作是對《求知的意志》的進一步攻擊。兩位作者針對他們所謂的「當前受到認可的論點」提出質疑，亦即「國家機器……將其教化使命轉讓給獨立的微型部門，諸如育幼院、學校、精神病院、醫院」，這樣的質疑令傅柯深感不滿。[40]這本光是書名就值得一讀的著作（《陰莖與西方的道德敗壞》〔*The Penis and the Demoralisation of the West*〕），確實被評論家視為一部「反傅柯」的作品。[41]

一九八〇年五月出現的一本新期刊，導致傅柯與一名老朋友暨老同事發生激烈爭吵。《辯論》（*Le Débat*）的社長是皮耶·諾哈，他從一九六六年開始就是傅柯在伽利瑪出版社的主要編輯。這本期刊之所以取這個名稱，原因是諾哈認為法國沒有辯論。第一期承諾他們要進行開放式的辯論：這本新期刊不打算建立任何體系或傳達任何訊息。不過，這本期刊似乎沒有對傅柯開放，他沒有獲邀參與這項出版計畫，根據許多朋友的說法，他也完全沒有受到諮詢。《辯論》首期刊登了一篇諾哈寫的文章，探討知識分子扮演的角色，或者該說是知識分子的缺席。他在最後呼籲建立智識民主，如此將不再讓「**批判**功能」掩飾知識分子在政治上的不負責任。[42]傅柯似乎把這樣的論點視為對他的政治活動的個人攻擊。其他的影射無疑也令他感到惱怒。他雖然很可能會同意知識分子的功能已然退化這種說法，但諾哈指稱碧姬．芭杜有一天可能會獲選進入法蘭西公學院，因為西蒙．仙諾已經跟被選進公學院沒兩樣，[43]這段話卻可能是刻意要惹惱傅柯，因為傅柯非常喜歡仙諾，這段期間與她的關係非常緊密。諾哈的文章導致他與傅柯發生猛烈爭吵，傅柯更威脅要離開伽利瑪出版社，把《性史》交給別人出版。[44]他與諾哈交惡此時已經眾所周知。根據維納所言，這樣的發展其實有一點在職業上相互較勁以及吃味的元素。傅柯從來不曾當過重大圖書系列或叢書的主編，因此對諾哈的角色感到嫉妒。[45]更有謠傳指稱傅柯想要把諾哈從人文科學圖書館叢書總編的職務趕下來。

與諾哈的關係惡化，不是傅柯厭惡《辯論》的唯一原因。在關於維納的一段膚淺但風趣的討論當中，這本期刊的主編勾謝（Marcel Gauchet）提起維納《我們如何書寫歷史》（*Comment on écrit l'histoire*）書裡附錄的一篇文章講到傅柯「否定」自然對象。在維納眼中，傅柯的研究具有的地位，就來自於那種否定。勾謝評論指出：「哲學這種具有顯著劫掠性的活動，其實踐不免造成環境的犧牲。哲學家要成長，森林就必須縮減。」[46]傅柯絕非沒有幽默感，但這類評論又更增添了他對諾哈這本新期刊的反感。另一方面，他的一些做法也使得自己不可能和《辯論》有良好的關係。勾謝與格拉迪絲．史萬（Gladys Swain）針對艾斯奎羅與硝石庫慈善醫院（Salpetrière）的歷史合寫了一部著作，其中提出與《瘋狂史》不同的論點，他們主張傅柯的說法，也就是在理性與非理性區分開來之前曾經有過一段寬容時期，是一種事後回顧產生的幻象。[47]雪上加霜的是，這本書還和《詞與物》列在同一套叢書出版。傅柯同意為《世界報》及其他報紙評論這本書，卻一再拖延，如此一來便確保他自己的評論文章沒有出現，連帶別人也無法評論此書。不意外，這樣的做法絲毫無助於改善他與《辯論》的關係。諾哈指稱傅柯「害怕」勾謝，對於他和自己的編輯之間的關係感到不安，並且認為出版《人的精神的實踐》（*La Pratique de l'esprit humain*）是對他的背叛。[48]

到了這個時候，傅柯絕對已經開始認真思考離開伽利瑪出版社。他決定由一家很小的出版社出版全景監控監獄的文本，可能是內心深處的不滿展現出來的第一個徵象。傅柯打算更換出版社的謠言隨即傳開，引起了極大的興奮。傅柯究竟有什麼打算並不全然清楚，但很明顯他的不自在確實極為強烈。他對部分朋友談及轉往弗杭出版社，就是曾在一九六四年為他出版康德譯本的那家學院哲學專門出版社。弗杭出版社是一家典型的學術出版社，營運場所就在索邦大學旁邊；這家出版社在專業圈子極受敬重，但不會對它出版的書籍投下大規模的廣告。傅柯甚至一度討論以打字稿直接出版的可能性。在一場沒有記錄日期的談話裡，他向馮畢羅提到自己希望建立一個「學者社群」，能夠出版學術文本、小版本的法蘭西公學院講座內容，甚至是博士論文。在馮畢羅忙著煮咖啡的時候，現場全是男性的友人也討論了成立一所「哲學學院」的計畫，成員將包括傅柯、拉德侯、鍾貝與格魯克斯曼。[49]莫里亞克還談到有人提議「傅柯基金會」，但這項提議從未實現，原因是傅柯有太多手稿需要檢視，其中有些必須銷毀，才能有後續作為。[50]諾哈聲稱即便在他們關係最惡劣的時候，傅柯也還是試圖說服他離開伽利瑪，用傅柯的版稅出資和他合作成立一家出版社。一個認真許多的選項，是移轉到門檻出版社。[51] 當然，這類移轉面臨的障礙就是傅柯與伽利瑪簽訂的合約；當初為了替《我是皮耶・希維業》的改編電影籌資而向伽利瑪出版社求助的決定，現在卻成了沉重的枷鎖。傅柯在一九八三年仍然宣稱《關注自我》將由門檻出版，[52] 但他最後的幾部著作畢竟還是在伽利瑪出版社的「歷史圖書館」叢書出版。

傅柯就是在這樣的情況下半開玩笑地向《世界報》表示，應該要有一年讓所有的書籍全部匿名出版，這麼一來評論者就必須直接討論書籍本身，無法參照已有地位或者可以在知識界當中加以定位的作者。[53] 這項提議從來不曾獲得實行，但它反映了傅柯對於個人和性方面的匿名性一再感到的著迷。

傅柯在出版方面的不滿最終帶來的結果，是門檻出版社的一套新叢書，由傅柯、語言學家暨精神分析師米爾納（Jean-Claude Milner）、維納以及弗杭索瓦・瓦勒（François Wahl）共同主編，名稱是「研究成果」（Des Travaux）。這套叢書的目標，是要出版因為經濟及其他因素而無法出版的研究：包括長期研究計畫、針對進行中的研究所寫的簡短陳述，以及翻譯。第一本書於一九八三年推出，是維納的《希臘人相信他們的神話嗎？》（*Les Grecs ont-ils cru à leurs mythes?*）。這套叢書的名稱說明如下：「很有可能對知識領域造成重大改變的研究成果（travail），作者與讀者會承受一定困難的代價，可能會獲得一些快感作為獎賞；換句話說，就是接觸真理的另一種形態。」叢書名稱的「travaux」（travail 的複數）一詞對傅柯具有特別的意義。他厭惡身為「全套作品」（oeuvre）的作者這種概念，但他如果對一件作品說「那是一項研究成果」（Ça, c'est un travail），即是代表高度讚揚。[54]這套新叢書的宣傳活動宣布傅柯即將推出的一本新書：《自我與他人的管治》（*Le Gouvernement de soi et des autres*），但這本書從未出現。

對於出版業以及法國知識圈的不滿，是傅柯接受的最後幾場訪談當中一再出現的主題。一九八四年四月二十五日，在他死前兩個月，傅柯接受豐塔納訪問時又再度談到他的「匿名出版」計畫。實際閱讀書本的活動被媒體促成的那種資訊和不實訊息的交流所取代，而要終結這種狀況的一個方法，也許就是立法限制作者的名字最多只能使用兩次，並且鼓勵使用匿名及筆名。在大部分的情況下，作者的名字根本無關緊要。除了少數「偉大的作者」之外，名字一點都不重要：「對於像我這樣的人來說，我不是偉大的作者，單純只是個生產書籍的人。我希望〔自己的書〕能夠因為它本身受到閱讀，包括其中可能有、也可能沒有的各種缺陷及性質。」[55]

他在同一個時期接受艾希邦的訪談也表達了類似的關注。法國之所以無法有真正的辯論，其中一個原因就是書店櫥窗裡擺滿匆促寫成的書籍，其中「充斥謊言與發音錯誤，講遍開天闢地以來的一切，或是用口號與陳腔濫調改寫近期的歷史」。[56]期刊與評論也遠非真實辯論的場所，要不是淪為個別派系的傳聲筒，就是支持平淡乏味的折衷主義。知識圈有一股趨向混亂的整體傾向，影響到對傅柯著作產生的反應：

> 哲學問題落入口號的領域，馬克思主義問題轉變為「馬克思主義已死」，這種現象不是任何

一個人的責任，但我們可以看到哲學思想或哲學議題逐漸淪落成為消費品……他們花了十五年把我探討瘋狂的書轉變為一個口號：十八世紀的所有瘋人都被監禁起來。不過，我探討求知意志的書卻不到十五個月，實際上只花了三個星期，就被轉變為這個口號：「性從來不曾受到壓抑。」[57]

不是只有傅柯對法國的出版狀況感到悲觀。在一九八〇年的一場訪談裡，布迪厄也埋怨把金冠蘋果（Golden Delicious）充作蘋果的那種行銷手法被搬進知識界的狀況。[58]

傅柯不只在八〇年代的開頭感到心有不滿，朋友也開始離他而去。克拉維勒在一九七九年四月突然去世。雖然被克拉維勒稱為「新康德」使傅柯有些困窘，偶爾也感到惱火，但傅柯非常喜歡他。克拉維勒星期日還在電話裡跟傅柯談論各式各樣的主題：佛洛伊德、基督徒的懺悔以及說實話的義務……結果星期一傅柯就接到《晨報》來電，要求他針對克拉維勒去世發表評論。他無話可說：一天的時間還不夠讓他處理內心的傷痛。[59]四天後，他在《新觀察家》以動人的文筆寫道：「克拉維勒：缺乏耐心，一聽到細微的聲響就立刻跳起，在日食的半影當中吶喊，對著風暴大聲斥責……在彼此之中看見過去和未來的大循環不是他的問題。他只關注造成當下斷裂的永恆。」[60]四月二十五日，弗澤萊的大教堂聚集了一批奇特的群眾，包括戴高樂主義者、極左派人士、保皇派人士，老哲學家與新哲學家。尚・丹尼爾致詞表示：「我們愈來愈多人都理解到，我們已經失去了最後一位偉大的猶太基督教麻煩製造者。」[61]

事後回顧起來，這位麻煩製造者的去世看來必定有如一支死神之舞的開端，這支舞一路持續到這一年的年底。死神的下一位舞伴是羅蘭・巴特，他在傅柯協助下於一九七六年底獲選進入法蘭西公學院。一九八〇年二月二十五日，巴特和其他幾名知識分子與社會黨第一書記密特朗共進午餐。總統大選即將於一九八一年舉行，後來當上密特朗政府文化部長的朗恩（Jack Lang）籌辦的這場午宴，無疑有部分目的是要試探社會黨在一九八一年能夠獲得多少支持，也是跟隨季斯卡那些著名的午宴立下的先例。巴特選擇從瑪黑區步行返回拉丁區，結果在穿越學校街（rue des Ecoles）的時候被一輛貨車撞倒。發生在法蘭西公學院附近的這場車禍導致他失去意識而且血流不止，隨即被急救人員送到硝石庫慈善醫院。由於他身上沒有攜帶證件，因此在入院幾個小時後才確認身分。

這場車禍似乎不嚴重，渾身是傷的巴特不久之後就開始接見訪客，其中包括傅柯，還對他喃喃低語：「真是笨蛋（quelle bêtise）！」一個月後，巴特就以六十四歲的年齡告別人世。醫生宣告那場車禍不是直接死因，但卻加重了年輕時大半時間都在結核病療養院度過的巴特原有的呼吸道問題。大部分朋友都認為巴特純粹只是喪失活下去的意志，因為他敬愛的母親於一九七七年去世之後，就一直未能從悲痛當中恢復。有些人聲稱他踏出人行道的時候，眼睛是看著貨車的方向，所以必定有看到那輛車駛向他。傅柯與《黑蒙・胡瑟勒》的譯者談話時，堅定駁斥這種廣為傳播的觀點，指稱巴特想死的謠言「完全不符事實」，而且他與巴特的醫生討論過，證明自己的觀點確實沒錯。奇怪的是，他還聲稱巴特發生車禍的時候自己就在現場，但沒有其他任何記述能夠佐證這一點。車禍發生的一個星期前，傅柯還去看了巴特講課：「我心想：『他看來得心應手；他擁有一位成熟、平靜而且發展完全的人所展現出來的那種高雅舉止。』我記得我當時想著，他一定會活到九十歲；他是那種人生中最重要的著作會寫於六十到九十歲之間的人。」[62]

三月二十八日星期五，一小群朋友和學生聚集在硝石庫慈善醫院後面的庭院，巴特的遺體放置在開啟的棺木裡被抬下樓進行送葬儀式。送葬者向他告別之後，棺木就封了起來，送上靈車，經過一段漫長的路程運到西南部的於爾（Urt）舉行私人葬禮。[63]

對傅柯而言，巴特的去世是一項「醜聞」，因為他死於創作力臻於高峰之際。[64]此外，這場車禍也令他鮮明聯想起一九七八年導致他住院一個星期的那起事故。在法蘭西公學院的集會上朗誦的悼詞裡，他向這位已故的朋友致敬，指稱巴特是一位傑出的作家以及絕佳的老師，因為自己的名氣而付出孤獨的代價，接著總結指出：

他唯一能夠厭惡的現實，就是世上愚蠢的暴力，而命運偏偏就決定由那種暴力終結那一切，並且是在我請求各位邀請他進入這所學院的那間講堂外。要不是我知道他在這裡過得很快樂，要不是我覺得自己有權透過哀傷而把稍微帶著微笑的友誼徵象從他那裡傳遞給各位，否則這樣的痛苦實在是令人難以承受。[65]

這支舞接著又持續進行。一九八〇年四月十五日，沙特在布賽醫院（Hôpital Broussais）去世。

四天後，他的遺體運到拉雪茲神父公墓（Père Lachaise）火化。有些人把這個場合稱為一九六八年五月的最後一場示威。一支巨大的遊行隊伍，人數估計介於二萬至三萬之間，在歇斯底里的氣氛下跟著他的棺木穿越街道。在隊伍的末端，走著傅柯、德費、克洛德．莫里亞克、羅伯．伽利瑪（Robert Gallimard）與凱特琳．馮畢羅。[66]

傅柯經過一番說服之後才同意參加。德費問他有沒有打算去參加喪禮，他回答道：「我為什麼要去？我又不欠他任何東西。」德費主張沙特在政治上與國際上都是戰後時期的典型法國知識分子，傅柯才終於屈服。不過，他在現場卻覺得整個體驗相當感人。[67]他們緩慢穿越街道的時候，傅柯向馮畢羅談起自己的年輕時光以及沙特與他身邊的人當時施行的「智識恐怖主義」。[68]莫里亞克提到現場的群眾一定極少有人真正閱讀過沙特，傅柯也表示同意。他接著指出，在其他國家，像沙特這樣的知識分子無從扮演他在法國的角色。他的結論令人震驚，也顯示他對英語世界的理解其實沒有別人可能以為的那麼深入：美國的新聞媒體和英國的國會使得法國知識分子的干預和立場變得毫無意義。[69]

傅柯對沙特的厭惡可以追溯到《現代》在一九六七年針對他的《詞與物》刊登非常負面的評論，此一惡感又因為媒體試圖製造傅柯與沙特之間的對立而進一步加深。傅柯與沙特在哲學思想方面毫無相同之處，他們雖然偶爾會鼓吹相同的理念，但兩人的政治歧異卻相當大。儘管如此，傅柯有時候還是會以欣賞的語氣談及沙特這個人。[70]媒體對於沙特去世的報導，並沒有改善傅柯對沙特跟隨者的印象。齊莫（Christian Zimmer）在《世界報》撰文陳述沙特的極左派活動，談及他曾在金滴區參與反種族歧視示威，針對一九七二年的監獄暴動也曾出面干預。[71]文中沒有提到金滴區的示威其實是由傅柯與莫里亞克號召而成，也沒有提到監獄訊息小組。依照那樣的敘述，沙特彷彿是唯一致力於改善社會的知識分子，傅柯也不難理解地對這種說法表達了一定程度的憤怒。

德費承繼了傅柯對《現代》的部分敵意，也完全認同他不願和這份期刊有任何瓜葛的態度。該刊主編朗茲曼（Claude Lanzmann）曾經找上德費，請他為一九九〇年發行的「沙特的見證者」（Témoins de Sartre）這期雙冊特刊供稿，他的反應就相當不客氣。朗茲曼請他撰寫一篇以「沙特與傅柯」為題的文章，德費回應說他只能寫「傅柯與沙特」，並提起一九六七年的書評。[72]他最後針對這兩人的關係寫了一篇短文，但內容的陳述不全然客觀。

傅柯對法國的不滿，幾乎與他對美國的喜好直接成正比，尤其是他對加州的喜愛。他身為一名傑出歐洲知識分子的聲望愈來愈鞏固，使他得以擁有一群現成的聽眾。他愈來愈傾向於在加州永久定居，至少也是每年固定有一段時間在那裡度過。他發現那裡的知識生活比法國更自由也更開放。加州還為進一步探索快感的運用提供了大量機會。就連美式料理也相當對他的胃口。與其享用繁複高雅的法國菜，他說自己寧願來個「好吃的總匯三明治搭配可樂。這就是我的樂趣，的確是這樣。再加上冰淇淋，確實就是這樣」。[73]

德希達在美國的聲望也在此時逐漸鞏固，但他與傅柯彷彿劃定了地理上的分工範圍。解構主義占據了耶魯大學與常春藤盟校，傅柯的聽眾（職業哲學家在其中通常占比偏低）分布於紐約與西岸。勢力範圍明確不同，使得他們兩人從來沒有直接相遇或者衝突。

一九七九年十月，傅柯獲邀到加州帕羅奧圖（Palo Alto）的史丹佛大學發表檀納人文價值講座（Tanner Lectures on Human Values）。[74] 傅柯這個時候已經有能力用英語發表這場演說。在研討會裡，他偶爾會恢復使用法語，尤其是在疲累的時候。他有一次被迫仰賴一名匆忙找來的口譯，於是向史丹佛大學的一個討論小組解釋指出，他只要一累，英語程度就會降到極為拙劣的水準。[75] 如同任何一位第二語言使用者，他也對自己使用英語俗語的能力頗感自豪，還特別喜歡「放馬後炮」（the Monday-morning quarterback）這句話，經常用這句話描述史學家的後見之明。

傅柯在加州的時候結識了拉比諾和德雷弗斯這兩位柏克萊的學者，前者是人類學家，後者是海德格派的哲學家。拉比諾不久之前出席德雷弗斯與塞爾舉行的一場研討會，他反對把傅柯定位成「典型的結構主義者」。[76] 後續的討論促成一項聯合撰文的計畫，這項計畫接著又在一九七九年夏季期間逐漸增長成為一本書。這兩名作者與傅柯本人進行了許多討論，因此與他結為好友。這本書對傅柯的著作有極為詳盡的檢視，儘管有些部分非常艱澀；就這本書的寫作時間來看，其中對《詞與物》和《知識考古學》的重視程度不禁令人驚訝，尤其是他們認為《知識考古學》當中存在的「嚴肅言語行動」理論。

次年十月底，傅柯返回柏克萊發表豪溫森講座（Howinson Lectures），主題是「真相與主體性」。[77] 這次講座受到高度宣傳，吸引了大批聽眾。傅柯「對於講座引起的轟動與關注感到不解而且不太自在」，[78] 但仍然一如往常相當享受身在加州的時光。十一月，他到紐約的人文學院（Institute for the Humanities）發表詹姆斯講座（James Lecture）。這場講座是他與社會學家暨小說家桑內特（Richard Sennett）的雙重演說的一部分，這時兩人已是關係緊密的好友。[79]

傅柯此時的聲望使他在某些圈子深受崇拜，他與博薩尼還有塞爾的交情也愈來愈緊密。不過，他在美國也不乏批評者。《村聲》（*Village Voice*）以挖苦嘲諷的語氣談到他「用譁眾取寵的手法使用露骨的歷史細節」，《時代》雜誌引述耶魯的蓋伊（Peter Gay）對他的不屑，原因是「他根本不從事研究，只是依據直覺行事而已」。[80]舉例而言，羅逖（Richard Rorty）對傅柯的政治思想抱持懷疑態度，將他「所謂的無政府主義」貶抑為「自我耽溺的激進時尚」：這個評斷顯示他對傅柯具體所知極少，卻相當聽信傳聞。[81]哈伯瑪斯在一九八一年的詹姆斯講座上譴責傅柯是「年輕的保守分子」，原因是他以摩尼教式的混合手法把「工具理性」和「像是權力這種唯有透過召喚才能接觸的」原則並置在一起。[82]普林斯頓高等研究院的人類學家紀爾茲（Clifford Geertz）對於《監視與懲罰》雖然絕非毫不認同，但他的書評在一開頭便提出許多人對傅柯著作懷有的疑慮。他寫道，傅柯已經成為

> 一種不可能存在之物：一個非歷史的歷史學家，一個反人文主義的人文科學家，一個反結構主義的結構主義者。如果再加上他緊繃密實的散文風格，能夠同時顯得專橫又充滿疑惑；還有以古怪細節支持廣泛的概括性論述的方法，即可完整看出他的著作有多麼近似艾雪（M. C. Escher）的畫作：上行的階梯通往下方的平臺，通往屋外的門卻把人帶入屋內。[83]

當然，傅柯以自己的難以捉摸為傲，也無疑會以自己被稱為不可能存在之物而感到莞爾。不過，其他批評想必沒有這麼受他歡迎。在一篇至今仍然備受爭議的文章裡，米德爾福（H. C. Erik Midelfort）主張傅柯在《瘋狂史》當中極度誇大了「大禁閉」在歐洲發生的範圍，愚人船也純粹是一種文學現象，關於這種船隻真的漂流在歐洲北部的運河與河流上的證據其實少之又少，甚至根本沒有。[84]

瘋人被放逐於海上的形象，這時已收入變態心理學歷史的標準教科書裡；其中關於愚人船的存在，引用的權威來源總是傅柯。溫妮弗瑞與布倫丹．馬赫（Winifred and Brendan Maher）夫婦這兩位美國研究者開始探究愚人船真實存在的主張，結果發現這種船隻純粹是寓言的產物。[85] 馬赫夫婦接著寫信給傅柯，詢問他的文獻來源。一九八〇年十二月十日，他回覆了一封充滿法國人用語習慣的信件：

> 我要回答你們提出的這個問題並不容易，我收到過的其他類似問題也是如此。我在《瘋狂史》當中使用的文獻，主要都來自烏普薩拉的圖書館，這些文獻在巴黎很難找得到。在此同時，我會盡力找出你們提到的文獻，也終究會把必要的引用內容寄給你們。[86]

在此同時，傅柯的這兩位批評者與烏普薩拉的圖書館員通信之後，確認了傅柯唯一可能參考的文獻必定是勃蘭特的《愚人船》，以及一部十六世紀的文集，其中複製了勃蘭特的意象。這兩位作者因此斷定愚人船實際上不曾存在，認為傅柯屈從一種「結構主義」需求，讓社會行為合乎於「象徵體系的理論模式」。

傅柯沒有回應這項批評。不過，他倒是回應了斯通（Lawrence Stone）發表於《紐約書評》（*New York Review of Books*）的長文〈瘋狂〉（Madness）當中的評論。在斯通眼中，傅柯看待瘋狂的方式所帶來的核心挑戰，挑戰的是「十八世紀啟蒙運動的人文價值與成就」。[87]他承認傅柯的著作具備的影響力，但深切質疑其經驗基礎：「傅柯……為我們提供了現代社會的一幅黑暗圖像，但只合乎部分的歷史事實。他的表達充滿抽象與隱喻，毫不在乎時間或地點的歷史細節，也不在乎嚴謹的文獻根據……。」[88]此外，斯通質疑「大禁閉」的存在，也質疑書中所謂「認為瘋狂是一種可恥的現象，最好的治療方法就是強制跟社會隔離開來，由受過專業訓練的醫生加以管理這種新原則」的出現。他接著提出這項最異於尋常的論點：「伯利恆醫院（Bedlam）那二十幾個被銬上鏈條，在骯髒的牢籠裡胡言亂語怪吼怪叫的瘋子，就遠遠沒有與社會隔離，那間醫院從十六世紀初到十九世紀初一直是倫敦的一大觀光景點。」[89]

這一次，經常聲稱自己「不喜歡捲入論戰」[90]的傅柯確實回應了他的批評者，立刻就抓住斯通提到伯利恆醫院那段話的缺陷：「你真的認為把人關起來，把他們變成供人觀賞的對象，竟是證明了他們沒有遭到隔離？請告訴我，你要是被上了鐐銬，只能在庭院裡哀號或者在牢籠裡翻滾扭動，還必須遭受旁觀者的嘲笑與瞪視，你難道絲毫不會覺得自己遭到孤立？」[91]大部分的反駁都不是在這個層次上，但傅柯指出並駁斥他所謂的「九大謬誤」。不過，他沒有談及自己被指控的反啟蒙立場，也沒有提出進一步的經驗性論證或者文獻資料佐證《瘋狂史》的主張。他的主要辯駁是斯通其實沒有看過他的書，並提出內容細節來證明這一點。

最後的回應由斯通提出。他基本上只是重複自己先前的說詞，但這時又加上了另一項最古怪的指控。他以明顯贊同的態度引用一名醫生在《醫院實作》（*Hospital Practice*）發表的一篇文章，其中主張「近來數以千計無助的精神病患被釋放到冷酷無情的紐約街頭」，就是「傅柯對匹奈的博愛夢想提出的負面評價，再加上英國修正主義精神醫師連恩指稱思覺失調不是疾病的時髦主張，共同造成的遙遠副作用」。由此看來，傅柯似乎是造成「流浪婦女」現象的始祖。[92]據說加州大學有個人問傅柯為什麼對那麼多批評者都置之不理，但是卻選擇回應斯通。傅柯回答道：「因為太容易了。」[93]

傅柯人在紐約時，高師的平靜在一九八〇年十一月十六日早上遭到殘暴地打破。校醫艾堤彥被一陣瘋狂的敲門聲吵醒。他開門之後，只見阿圖塞一臉慌張地站在門口，對他說他認為自己把太太殺了。艾堤彥走進阿圖塞的公寓之後，發現艾蓮倒臥在床上。她死了，屍體已經冷卻，但現場沒有打鬥痕跡。艾堤彥與學校當局決定應該立刻把阿圖塞送到聖安娜精神病院，於是他們打電話叫了救護車，然後才報警。驗屍報告確認艾蓮遭到勒斃。[94]警方與地方預審裁判官試圖訊問阿圖塞，卻發現他完全聽不懂別人對他說的話，於是把他交給醫生照管。最後，他們認定他在殺人案發生期間暫時精神錯亂，因此他並未接受審判；根據一八三八年的法律，被斷定精神錯亂的人所從事的行為不算是犯罪。這項法律也規定這類人士必須送入精神病院接受無限期治療。

阿圖塞的餘生除了待在他原本就相當熟悉的聖安娜精神病院之外，後來也陸續待過一連串的私人診所（偶爾得以出外走動），並在那些診所當中試圖再度開始寫作。阿圖塞早在一九七六年就曾寫下一部零碎的自傳（《如實記述》〔*Les Faits*〕），這時則寫出篇幅長許多的《來日方長》（*L'Avenir dure longtemps*, 1985）。在他自己的觀點當中，《來日方長》是一項「關鍵『自白』」，相當於皮耶·希維業寫的回憶錄。[95]他並以絕望的幽默稱之為自己的「創傷傳記」。[96]基於一八三八年的法律被剝奪任何法律或公民身分之後，阿圖塞聲稱自己「是個消失的人（un disparu），不算活著也不算死了，尚未埋葬，但以『沒有作品』（sans oeuvre）——傅柯以這個絕美的字眼指涉瘋狂——的形式消失」。[97]阿圖塞的消失一直持續到一九九〇年十月二十二日他在一所老人院第二度死亡為止，那是他從精神病院獲釋之後兩年的事情。

阿圖塞的親近人士在謀殺案發生當時都沒有提出任何評論。舉例而言，德希達只說「太沉重」，拒絕進一步發言。[98]傅柯也保持沉默，但在後續數年間仍與自己這位過往的老師保持聯絡，至少留下三次探望他的紀錄。阿圖塞逐漸恢復神智之後，有能力討論智識界當前的事件與發展。這兩人之間通常的中間人是史塔尼斯拉斯·布賀東神父（Stanislas Breton），他是左翼天主教徒，自一九六〇年代中期以來就是與阿圖塞往來密切的好友。傅柯給了布賀東一個「非常特別」的電話號碼，隨時都可以聯絡到他。阿圖塞與布賀東都提及一次與傅柯的談話。傅柯描述自己對基督教「價值觀」的研究，指出教會雖然向來賦予愛極高的價值，卻總是不信任友誼。在他的觀點中，教會對友誼的反感無疑和其對同性戀抱持的那種含糊不清的排斥態度有關。換句話說，教會對同性戀懷有病態壓抑的偏好。布賀東的回應是描述自己的人生。他在十五歲那年成為見習修士，一直過著沒有朋友的生活；友誼帶有同性依戀與罪惡的威脅。愛是一種救贖的手段，讓人得以擺脫友誼的誘惑。接著，這位神父借用了傅柯的一句話，說：「你知道嗎，人是非常近期才被修道院發明出來的產物。」[99]

# 17 波蘭自由明亮而頑強的光輝

一九八一年五月十日，擠滿巴士底廣場的群眾歡騰不已，看著巨大的螢幕宣告密特朗在總統大選擊敗了季斯卡。才一個月後，社會黨即在國民議會贏得絕對多數的席次。在密特朗勝選的一個月前，傅柯被排名為法國「影響力第三大的知識分子」(影響力比他更大的是李維史陀與雷蒙·艾宏)。[1]不過，他沒有利用自己的影響力為密特朗或其他任何一名政治人物號召支持。在他看來，選民年紀都已經夠大，能夠自己選擇要投票給誰；由知識分子扮演救世主般的角色，遊說別人投票給他支持的政治人物，這種做法並不適合他。[2]傅柯在選前對於社會黨勝選的可能性不是特別樂觀，曾在一九八〇年主張情勢根本沒有什麼改變，也不太可能會出現改變：密特朗在民調中的表現一如既往，法國共產黨也仍然掌握了二〇%的選票。[3]左派政黨聯盟不是很合傅柯的胃口，主要是因為要是選出了一個社會主義政府，該聯盟可能會賦予法國共產黨關鍵性的重要角色。不過，傅柯對於選民投票模式的看法錯了；五月大選最引人注目的一項特徵，就是法國共產黨的得票下滑。傅柯雖然沒有敦促任何人投票給特定政黨，卻對五月十日的選舉結果相當滿意；選民有效運用了他們的選擇能力。他頗感樂觀，包括對於近期的前景，還有終結了十三年來法國右派統治的「左派邏輯」。新政府對於核能發電、外來移民以及監獄等議題所可能抱持的態度尤其令他驚豔。就比較普遍的層面來說，政府與「被統治者」(gouvernés)之間的確有可能出現新的關係。[4]被問到他現在是否願意與政府一同工作，傅柯回答道：「和政府一同工作，隱含的意思是不受制於政府，也不完全接納政府。人可以一方面進行工作，同時又不受管束。我甚至認為這兩者彼此相配。」[5]「一同工作」是傅柯在十年前對毛派分子所抱持的「並肩工作」原則的變種，其中隱含了保有批判態度的權利。

就許多方面而言，傅柯抱持這種有所保留的樂觀態度確實合理，八月，估計有三十萬名非法移民獲邀將他們的處境「合法化」。高度欣賞《監視與懲罰》的新任司法部長巴丹戴爾，立刻就採取行動廢止死刑、關閉監獄裡的高度戒護區（傅柯在七月撰文敦促這樣的措施[6]），以及廢止國家安全法庭。造成許多極左派人士被捕的一九七〇年反暴徒法也廢止了。八月，一九六〇年的米爾蓋修正案被撤銷，警方也奉命不得再針對「已知的同性戀者」建立檔案。不過，傅柯如果懷有以任何正式職務「與政府一同」工作的期望，終究還是以失望收場。他被詢問是否願意在紐約擔任「文化顧問」，但他回絕了，原因是以他的年紀還有在法國的地位，並不適合擔任這個職務。他確實希望得到的職務是國家圖書館的館長，但取得這項職務的是一名與密特朗關係密切的人士。

因此，傅柯無從扮演任何官方角色，但他在政治上仍然相當活躍。七月，針對海盜問題召開的一場國際會議於聯合國日內瓦辦事處舉行，辦事處走廊掛滿巨大的照片，顯示船民在馬來西亞從他們損壞的船隻踏著蹣跚的腳步上岸。傅柯在沒有預先宣傳的情況下於這場會議發表致詞。他的簡短致詞起草在一張紙片上，然後便毫無修改也毫不猶豫地唸出。[7] 傅柯強調自己與他來自世界醫師聯盟的朋友是以私人身分出席：

那麼是誰授權給我們？沒有人。我們正是因此而有權發言。在我看來，我們必須記住三項原則……

一、國際公民身分確實存在，這種身分有其權利，也有其義務，並且隱含了一項承諾，也就是要挺身反對任何濫用權力的行為，不論濫用者與受害者各是什麼人。畢竟，我們全都是被統治者（nous sommes tous des gouvernés），因此我們的命運全都綁在一起。

二、由於政府聲稱會照顧社會的幸福，因此擅自占用了一項權利，也就是為它的決策或疏忽所造成的人類苦難編寫損益表。國際公民的其中一項義務，就是向政府揭露人類苦難，因為政府不必為那些苦難負責的說法並不正確。人類苦難絕對不能是政治的沉默殘跡。人類苦難建立了挺身向握有權力者發話的絕對權利。

三、我們必須拒絕那種經常交給我們的分工方式：感到憤慨並且開口發聲是個人的工作；思考以及採取行動是政府的工作……國際特赦組織、地球社（Terre des Hommes）與世界醫師聯盟倡導創建了這項新權利：個人對國際政策與策略進行有效干預的權利。個人的意志必須銘刻在政府希望獨占的現實裡，我們必須以漸進的方式在日常生活中奮力奪走政府的這種獨占。[8]

傅柯的致詞後來造成額外的影響。一九八七年一月，庫希內與世界醫師聯盟在波蘭政治人物華勒沙（Lech Wałęsa）與南非的屠圖大主教（Desmond Tutu）共同贊助下，在巴黎召開一場國際研討會。這場研討會堅持指出，為了人權而干預其他國家的事務是一項權利，甚至該說是義務。出版的研討會論文集以傅柯的日內瓦致詞作為序言，因為那項致詞在某種程度上可以視為庫希內的「干預義務」概念的基礎。[9] 這場巴黎研討會帶來的一項直接結果，就是庫希內在一九八八年被密特朗任命為人道行動事務大臣。

一九八一年夏季後續的時間在平靜當中度過，但十月底傅柯在南加州大學參與了一場名稱宏大的研討會：「知識、權力、歷史。對傅柯著作的跨學科探究」。[10] 媒體對於他的出席極感興趣，通常不是特別關注哲學事務的《時代》雜誌甚至也刊登了一篇相關文章。[11]

這場研討會相當熱烈。該所大學的戴維森會議中心（Davidson Conference Centre）擠滿了學者與學生，還有記者以及一個希望把研討會過程拍成影片的團隊。這場研討會難免成為與會者在學術與私人層面上互相較勁以及刻意展現自身知識的論壇，而且也成了奇特抗議行動的場所，例如一個不知名的女子把講臺麥克風稱為「造成語音變形的陰莖」。傅柯本人在十月三十一日的閉幕日發表演說，由於現場聽眾人數極多，他的演說內容直截了當地敘述自己的智識歷程。他在結尾提及自己當下正在針對「牧養權力」進行的研究；換句話說，這種權力模型源自牧養信眾以及在個別信徒與基督之間建立連結的宗教實踐。傅柯在最後問道：「我們是什麼，又可以成為什麼？我們可以創造哪些不是源自於屈從的新主體性形式？」[12]

不到兩個星期後，傅柯捲入一些事件，不但展現了非常真實的「屈從」，也展現了被統治者的權利遭到具體否決。一九八一年十二月十三日，在二月被任命為波蘭總理的雅魯澤爾斯基將軍（Woiciech Jaruzelski）宣布「戰爭狀態」並實施戒嚴令，倏然終結了前一年的「波蘭八月」所激起的希望。[13]第二天清晨，傅柯接到布迪厄的電話。他們兩人雖然認識將近三十年，但是並不親近，布迪厄通常也不會採取積極的政治立場。為了抗議波蘭的發展，他認為傅柯是明顯的求助對象。

這通電話的結果是一份文本，由布迪厄與傅柯共同起草於傅柯的公寓，標題為〈錯過的約會〉（Les Rendez-vous manqués），在艾希邦的協助下（他是傅柯在一九七〇年代中期認識的年輕記者）於十二月十五日刊登於《解放報》，接著又在十二月十七日刊登第二次。這篇文章的摘要也在十二月十八日刊登於《世界報》。除了作者以外，主要連署人包括劇場導演薛侯、科斯塔加夫拉斯、格魯克斯曼、庫希內、克洛德．莫里亞克、尤蒙頓、森普倫（Jorge Semprun）、西蒙．仙諾與維達納凱。這篇文章是對雅魯澤爾斯基「攫取權力」之舉的憤怒回應，也是對法國政府的立場做出的反應。傅柯和其他連署人因此與政府發言人陷入一場激烈爭吵。

十二月十三日，外交部長謝松（Claude Cheysson）在歐洲第一臺（Europe 1）頻道上對於波蘭的情勢發展表示意外，但指稱那純粹是波蘭政府的內部事務，所以法國政府「顯然」不會採取任何行動。他表達了期盼波蘭人能夠自行化解這項危機的希望，並說明他認為這起事件沒有受到「外部干預」的可能。[14]謝松將會對自己的措詞不當感到後悔，因為這些話顯示他全然未能預見到法國很快就自發湧現了一波對波蘭的同情風潮。不過，這位部長至少沒有前後不一。選舉期間《世界報》問他對於波蘭的前景感到樂觀還是悲觀，他拒絕回答這個問題，表示那是波蘭人自己的事情。他祝波蘭好運，但堅稱自己沒有立場評論該國的國內事務。[15]

十二月十五日上午，尤蒙頓在歐洲第一臺宣讀〈錯過的約會〉內文，再由傅柯進行討論。這段節目播出之後，一名愛麗舍宮的信使騎著摩托車前來，帶走了一捲錄影帶，內容是傅柯與尤蒙頓發表的評論。在電視上宣讀的文章內容如下：

> 法國政府絕對不能像莫斯科與華盛頓那樣，任人聲稱波蘭建立軍事獨裁政權是該國國內事務，必須由波蘭人自行決定自己的命運。這是一項不道德又虛偽的主張。波蘭一覺醒來發現自己遭到戒嚴法箝制，好幾千人因此受到拘禁，工會被法律禁止，坦克車行駛在街道上，任何人只要不順從就可能會遭到死刑伺候。
>
> 這種情勢絕對不是波蘭人民想要的。把波蘭軍隊以及和軍隊關係緊密的政黨稱為國家主權的工具，是騙人的謊言。
>
> 控制了軍隊的波蘭共產黨，向來都是迫使波蘭屈從於蘇聯的工具。畢竟，智利軍隊一樣也是

國家軍隊。在無視一切真實與道德的情況下，主張波蘭的情勢必須由波蘭人民自行因應，法國社會主義領導者豈不是認為自己在國內的結盟關係比起向遭遇危險的國家提供協助更加重要？對於他們來說，與法國共產黨交好難道比起一場勞工運動遭到軍方踐踏粉碎更為重要？一九三六年，一個社會主義政府面對了西班牙的軍事政變；一九五六年，一個社會主義政府面對了匈牙利的壓迫。一九八一年，這個社會主義政府面對了華沙的軍事政變。我們不希望政府今天的態度和前幾任一樣。我們要提醒政府，你們已經承諾國際道德的義務將會凌駕於現實政治之上。[16]

提及西班牙，也是要指涉布魯姆政府對於西班牙內戰頗具爭議性的不干預政策。傅柯非常清楚法國不可能真的派遣傘兵或坦克去干預波蘭事務；但他認定法國應該標舉「道德理由」而表明對於發生的事情「不可接受」。另一方面，法國的被統治者也應該表明自己「不可接受政府看似消極的態度」。[17]實際上，密特朗政府並不是特別被動，也確實對波蘭政變提出抗議。法國在戒嚴期間提供了大量的救濟援助。緊接在十二月的事件之後，莫華即特地取消自己就任總理之後的首次國外訪問：也就是華沙之旅。[18]不過，謝松的發言已播下爭議的種子，摧毀了傅柯當初在五月抱持的樂觀態度。

第一項反應來自社會黨第一書記喬斯班（Lionel Jospin），他把法國國內廣播電臺（France-Inter）

的節目《面對聽眾》(*Face au public*)當成發聲平臺，譴責傅柯與布迪厄那篇文章是「智識上精神失常」，並以更具人身攻擊色彩的論點提醒尤蒙頓，指稱他在一九五六年蘇聯入侵匈牙利之後還曾到蘇聯巡迴演出。不論尤蒙頓過往的政治立場如何，他當前認同哪個陣營卻是毫無疑問：十二月十五日，他在奧林匹亞音樂廳的演出結束之時，舞臺上方降下一幅印有團結工聯標誌的布條。這位歌星後來對喬斯班的批評提出尖銳的回應，指稱正是因為他在一九五六年曾經到過莫斯科，所以才有立場譴責「反革命」、「號召友黨伸出援手」以及「對國內事務不予干預」這類言論。[19]

一個星期後，傅柯與布迪厄的文章也受到文化部長朗恩的譴責。他提到「小丑」、「不誠實」、一種「典型結構主義者的窩囊無能」，並且指控格魯克斯曼、傅柯與尤蒙頓「不動頭腦就大聲嚷嚷」。[20] 暫且不談當下的政治議題，朗恩的評論有一種奇特的時代錯置感受；在一九八一年冬天，他必定是法國唯一認為「結構主義」仍然具有重要地位的人。《世界報》主編佛維(Jacques Fauvet)也加入批判行列，在一篇社論指稱「有些左翼知識分子」顯然難以接受社會黨在五月十日的勝選，並批評他們未能提起蘇聯對捷克斯洛伐克的侵略。在他的觀點中，他們針對這一點保持緘默可以輕易解釋：左派在一九六八年並沒有掌權。[21] 佛維的反應令傅柯氣憤不已，從此拒看《世界報》。如果有朋友無意間順口問他有沒有看到那份報紙上的某一篇文章，就會惹得他勃然大怒。[22]

《世界報》雖然批評謝松措詞不當，但整體上卻是支持政府的立場，拒絕刊登卡斯托里亞迪斯在十二月十四日寫下的一封抗議信件。卡斯托里亞迪斯與他的連署夥伴(其中包括多孟納與維達納凱)指出，德國在戰前建立納粹獨裁政權之時，也是被視為「德國內部事務」。不過，這封信沒有像傅柯與布迪厄的文章那樣引來充滿敵意的評論。這封信終於在十二月二十一日刊登於《解放報》。

這個時候，關於波蘭的請願書與公開信開始大量出現。十二月二十三日，《世界報》刊登了一篇「來自左翼作家與科學家的呼籲」。這篇呼籲在開頭雖然指稱「全人類的自由現在取決於波蘭」，但其中的關鍵文句卻寫道：「我們在以下這句話裡認出了我們自己，因為這句話以我們的名義宣告了一項明顯可見的真理：『波蘭人民必須從法國的立場當中看出相信自己的一項額外理由，也就是相信自己有能力克服目前籠罩著他們的危險。』」其中引述的這句話來自密特朗，這封信則隱含了政府與知識分子和解的立場。頗具意義的是，這項由政府出資而以廣告形式刊登的聲明，傅柯並沒有參與連署。

不過，他倒是連署了法國工人民主聯盟在次日發表的一份呼籲：

> 團結工聯的工會人士與知識分子都致力於擺脫極權主義的箝制，忠於團結工聯的精神，〔連署人〕宣告光是譴責波蘭的政變並不足夠。最重要的是，我們必須立刻加入波蘭人的戰鬥，採取如同團結工聯的做法，把智識批判與社會抗爭結合起來。必須明白指出的是，這項發展並非無可避免，也不是兩害相權取其輕的結果。團結工聯行事並未過頭，而且這也不是波蘭的內部事務。
>
> 標舉不干預原則絕不能導致不提供協助。這場政變明顯是蘇聯施壓造成的結果。

我們不會聽任事情如此發展下去。我們思考波蘭的情勢，不該再純粹立基於地緣戰略限制以及國對國或集團對集團關係的角度，因為這樣只會導致人權、民族權利、輿論行動，以及國際團結都被視為無足輕重。我們不能接受這種確切劃分歐洲的方式，因為如此一來，波蘭以及其他遭到蘇聯支配的國家將無從追求民主的未來。[23]

在五十名連署人當中，許多都是傅柯密切往來的對象或朋友：阿利歐、布迪厄、薛侯、多孟納、埃瓦爾德、法居、芬基爾克羅、杰斯瑪、格魯克斯曼、阿勒瓦克斯、雅各布、朱里亞、莫里亞克、尤蒙頓、諾哈、森普倫、仙諾、斯特凡、維納以及維達納凱。

為了號召對政府立場的支持，以及鞏固政府與知識圈之間已經出現裂縫的聯盟關係，一場與波蘭團結站在一起的晚會因此在十二月二十二日於歌劇院舉行。十一名政府成員到場，連同二千名應邀出席的賓客，一起聆聽埃斯特雷亞（Miguel Angel Estrella）演奏蕭邦，以及歌劇院的合唱團演唱《納布果》（*Nabucco*）的〈奴隸大合唱〉。現場還有一名未受邀的賓客。在晚會當天上午，傅柯到法國工人民主聯盟關於波蘭的一場會議發表演說。到了晚上，他與莫里亞克、西蒙．仙諾、森普倫、科斯塔加夫拉斯及其他人在歌劇院附近的一家咖啡廳會面，結果在場所有人當中只有傅柯沒有收到出席晚會的邀請。確實有一名信使把一份邀請函送到沃吉哈赫街，但邀請對象是丹尼爾．德費。傅柯懷著「譏諷、輕蔑又歡樂」的態度，[24]認定自己必定是刻意受到忽略，莫里亞克則是認為莫華政府把部分圈子對法國的波蘭政策的批評立場歸咎於傅柯身上。

賓客名單沒有納入傅柯究竟是政策使然還是一時疏忽雖有辯論空間，但他獲准進入歌劇院卻是一點都不困難。這點也許令他感到失望；從莫里亞克的記述來看，傅柯顯然預計自己會遭到拒絕入場，滿心期待自己打電話給《解放報》之後將引發的醜聞。不過，實際情形卻是根本沒有必要打電話，傅柯毫不費力就加入了獲邀賓客的行列。不過，他在瓊．拜雅（Joan Baez）上臺之前就離席回家，因為她不是他喜歡的藝人。[25]

《世界報》的一篇報導，說明了知識圈參加任何宣示與波蘭團結一起的活動時所面臨的問題。佛維早已尖銳抨擊過傅柯與布迪厄的文章。這時候，一名記者以譏嘲的語氣指稱知識分子從圓頂與巴爾薩（分別是蒙帕納斯與拉丁區的餐館）轉移到「愛好音樂的資產階級的領地」，以「波蘭自由的曲調」慶祝知識圈在「五月之後」的首度聚會。[26]傅柯自己的解決方法，是把心力投注於一項務實許多的事情上。

十二月十五日，法國工人民主聯盟宣布有「不少知識分子」因為迫切想要在法國建立對團結工聯而言向來極為重要的「勞動界與智識界的連結」所以找上他們。一場初步會議在第二天晚上於法國工人民主聯盟的辦公室舉行。出席的知識分子包括布迪厄與傅柯，前者主張工會及其學術界的支持者之間必須建立恆久連結，後者強調有必要建立一個資訊中心或者通訊社。十二月二十二日，一場規模更大的會議由傅柯、布迪厄以及法國工人民主聯盟祕書長梅赫發表致詞。傅柯再度強調資訊的必要性，指稱唯有如此才能避免團結工聯的聲音遭到壓制，並且提議派遣一群律師前往波蘭輔助世界醫師聯盟的工作，該聯盟此時正以一項「拯救華沙」（Varsovivre）臨時運動安排醫療用品的運輸車隊。[27]徽章運動就是在這場會議當中發起；短短幾個小時後，許多巴黎人開始購買並且別上這種白色徽章，上面印著紅色的團結工聯標誌。

傅柯一直戴著這個徽章好幾個月。他表達自己與波蘭團結的方式，包括把心力投注於平凡瑣碎的工作，以及發表公共宣言。他加入流亡人士成立的法國團結工聯委員會（Comité Solidarnosc en France），並且投注許多時間從事重複性的文書工作。身為委員會裡的財政部門成員，他會提出充滿統計數據的詳細報告。一名資深委員會成員對此大感意外，他雖然發現傅柯總是那麼可靠，內心卻不禁想著傅柯必定有更重要的事情要做。[28]

傅柯與布迪厄聯絡法國工人民主聯盟的決定，使他們接觸到了自己幾乎一無所知的工會世界。與那個工會建立連結的決定尤其重要。法國工人民主聯盟起源自法國基督教勞工聯盟（Confédération Française des Travailleurs Chrétiens），這是成立於一九一九年的基督教工會，在很長一段時間都會在會議結尾舉行「勞動女神，請為我們禱告」的儀式。一九六四年，這個組織斷絕與基督教的關係，改名為法國勞工聯盟（Confédération Française du Travail）。不過，與《精神》這類左派天主教團體的連繫則持續了下來。在許多人眼中，法國工人民主聯盟的成立代表「第二個左派」的出現，奉行社會主義而不是共產主義，並且全心採取自治策略。[29]法國工人民主聯盟與團結工聯早就建立了連結：華勒沙在一九八一年十月造訪巴黎之時，就曾與梅赫會面，梅赫表示：「把我們統合在一起的關係超越尋常的友誼，甚至也超越類似的利益，而是指向所有人共有的命運。」[30]

傅柯對波蘭與團結工聯的關注，無疑和他對蘇聯異議人士的支持相互平行。他在一九五八年待在華沙的經歷，使他對那個國家的人民懷有歷久不衰的情感，也對該國的統治者深感厭惡。一九七七年，他連署請願書，針對勞工保護委員會（KOR）的成員遭到監禁提出譴責。[31]一九八〇年一月，他把自己和牛津發起的「自由學習在波蘭」運動公開連結在一起，並且連署一封致《紐約書評》的集體公開信：

> 多年來，波蘭人民一直努力抗爭，以求保住獨立的智識生活，不受審查與官方限制所束縛。這項抗爭當中一個極為重要的面向，就是「學術研究社」（Society for Academic Courses；較為人知的暱稱是「飛行大學」）。這個社團在私人公寓舉行公開講座、研討會與討論活動，聚焦於官方學術教學不免遭到各種壓抑、禁忌與謊言所扭曲的領域，尤其是社會與人文科學當中的科目。

推動「自由學習在波蘭」是為了保衛飛行大學，以及在波蘭和其他國家的學者之間提倡交流。這封信的連署人包括艾耶爾（Alfred Ayer）、科莫德、繆達爾（Gunnar Myrdal）、瓊・羅賓遜（Joan Robinson）、湯普森（Edward Thompson）、斯塔羅賓斯基（Jean Starobinski）以及凡爾農（Jean-Pierre Vernant）。[32]

波蘭政變提供了一個明顯的點，讓法國工人民主聯盟以及傅柯這樣的知識分子懷抱的關注匯聚起來。這種關注的匯聚不僅限於波蘭問題。法國工人民主聯盟的一份內部文件顯示，傅柯與他的夥伴聯絡上梅赫之時，對法國政府也採取批評立場。法國工人民主聯盟非常清楚被人視為對社會主義政府抱持敵意的危險，但主張傅柯及其他人所表達的是一項真實的需求。他們不想加入組織，但也不想要只是單純連署請願書。「他們希望在自己的能力範圍內找出聯合工作的型態，促使眾人思考我們國家自從一九八一年五月十日以來所經歷的這段時期。」[33] 傅柯雖然不太可能與政府一起工作，但與一個獨立工會一起工作卻可能行得通，於是他與梅赫討論了各種計畫，但終究都沒有實現。[34]

較長期而言，傅柯參與了法國工人民主聯盟主導的社會安全制度辯論，最後帶來一本研究合集的出版。[35] 傅柯的辯論對象是布魯諾（Robert Bruno），後者對他產生了高度的敬重：

就他抱持的觀點來看，他是一位哲學家，也是一位十七世紀的教養之士（honnête homme），但卻生活在二十世紀；也就是說，他這位教養之士匯集了社會自從啟蒙運動以來所獲取的一切進步。我在他身上發現同樣的特質，也就是懷著堅持不懈的態度一心一意想要明白自己所處時代的事件，不是以局部或者帶有偏見的方式理解，而是要得知事情的全貌以及事情之間的互動。[36]

傅柯在一九八二年秋季以一項具體型態展現他對波蘭與團結工聯的支持，但在此之前他與總統密特朗有過一次短暫會面。九月，他與一群包括尚．丹尼爾、維達納凱、西蒙．波娃（傅柯對她擺出相敬如冰的姿態）以及芬基爾克羅在內的人士獲邀出席愛麗舍宮的一場正式午宴。這種場合的談話沒有官方紀錄，但可以知道的是當時提議討論的主題涉及以色列與中東。隨著討論變得愈來愈籠統，密特朗於是針對經濟與經濟政策對他的賓客說教起來。傅柯一直保持沉默，但在他和其他人起身離開之時，他開始向維達納凱低聲埋怨起共和國總統在經濟上「明顯」的無能。[37]這是傅柯唯一一次與總統會面。

在愛麗舍宮這場聚會的幾天後，一輛藍色小巴伴隨著一輛大型卡車駛出巴黎，展開前往華沙的三千公里旅程。這是世界醫師聯盟與拯救華沙在法國政府與歐洲共同體的財務資助下，自一九八一年十二月以來安排的十六支車隊當中的最後一支。那輛小巴載有五名乘客：傅柯、西蒙・仙諾、庫希內、勒巴（Jacques Lebas）與牟貝（Jean-Pierre Maubert），後三者是世界醫師聯盟的代表。那輛卡車載運了食物與醫藥，還有大致上算是暗中夾帶的書籍與印刷器材。來自法國的書籍在華沙尤其深受喜愛；格魯克斯曼跟著前一支車隊抵達華沙之時，他的接待委員會看到車上滿載的乳酪與巧克力並不怎麼興奮，得知他連自己的著作都沒有帶來更是大感失望。[38]

傅柯加入那支車隊的動機有二。他參與法國團結工聯委員會的工作，令他堅信必須持續和波蘭保持聯絡，也必須和波蘭人民對話，才能夠對法國人民講述波蘭的議題。[39]這趟旅程無疑也讓他得以暫時擺脫工作以及在索爾舒爾圖書館度過的漫漫長日，這時他都在那裡為《性史》的後兩冊進行研究工作。對於在八月與華勒沙見過面的西蒙・仙諾而言，參與這趟旅程是表達與波蘭人民團結站在一起的具體方式；即便是在奧林匹亞音樂廳的舞臺降下一幅團結工聯布條，也只能算是一種抽象的表態。

這趟旅程相當歡樂。相互仰慕的仙諾與傅柯成了《丁丁歷險記》漫畫書裡的人物：仙諾扮起卡斯塔菲歐蕾女士（Mme Castafiore）的角色，傅柯則扮起向日葵教授（le professeur Tournesol）。這五人輪流開車，一路上互相談笑、交流彼此的人生經歷，引吭高歌。他們的歡鬧有一部分是出於緊張的情緒，結果因為氣氛太過高亢，傅柯一時克制不住尿溼了褲子。由於他沒有多帶替換的長褲，因此這起意外導致他們必須繞路到一座機場，讓他能夠恢復體面。他們一路上唱的歌包括琵雅芙（Edith Piaf）與尤蒙頓的歌曲。令庫希內與勒巴感到驚喜的是，傅柯雖然聲稱自己的音樂品味偏向布列茲與華格納，而不是法國香頌傳統，卻熟知尤蒙頓所有歌曲的歌詞。他唱起歌來的五音不全，則是令他們驚多於喜。第三個驚喜，是傅柯揭露自己二十五年前曾在波蘭居住過。他與庫希內雖然認識多年，卻從來不曾提過這件事。

前往華沙的旅程不免有些緊張狀況，他們也預期在東德邊境會遭遇漫長的拖延。傅柯想必因此勾起了不愉快的回憶，就是一九七八年他與東柏林的邊境守衛交手的經歷。率先通關的是仙諾：她為了這趟旅程刻意低調打扮，看起來絲毫不像國際巨星。她摘下墨鏡，遞上寫著她真實姓氏「卡明克」（Kaminker）的護照，結果邊境守衛倒抽一口氣說：「你是西蒙．仙諾。」他立刻揮手讓他們通過，對上級長官說不能耽擱這位女演員與她的同伴。原來她在東歐擁有近乎傳奇的地位，仍然因為一九五六年與尤蒙頓的巡演而備受懷念。這支車隊接下來毫無波折地抵達華沙。

在華沙，他們一行人住宿在維多利亞飯店（Victoria Hotel）：一家經常由「假冒的妓女和真實的間諜」造訪的飯店，位於布里斯托旅館附近。當初傅柯便是在布里斯托旅館憑著燭光完成《瘋狂史》，但現在那棟旅館已經廢棄，窗戶都用木板封了起來。[40]他們陸續和學生、知識分子以及異議人士（包括一名未來的克拉科夫市長）會面，在教堂外面看見團結工聯的花束與十字架。排在商店門前的隊伍，比仙諾記憶中戰時法國的商店排隊人龍還要長。她的第一印象是驚駭：對於隨時遭到監視的恐慌感受感到驚駭，也對隨處可見的妓女以及警方間諜假扮成黑市換匯小販這種景象所反映出來的道德敗壞感到驚駭。傅柯注意到一種脆弱的平衡，一邊是希望的可能性，另一邊是無所不在的獨裁造成的沉重感受；這種平衡就是所謂的「社會主義」。他從來不曾見過一個國家的政府與人民之間存在如此大的鴻溝。[41]

他們一行人受到衛生部長接待。他感謝他們帶來的醫療物資，但一聽到他們問起華勒沙的健康狀況，則報以冰冷的沉默。傅柯拒絕與這名部長握手，更是無助於舒緩氣氛。在整個接待過程中，這位由一名共黨政委陪伴的部長顯得相當緊張。傅柯一行人很清楚被「收編」以及被視為支持雅魯澤爾斯基政府的危險，因此婉拒了後續的邀請，並沒有參加一場預計由世界醫師聯盟把一個獎盃頒給庫希內的接待會。

他們接著從華沙前往克拉科夫，那裡對傅柯而言也相當熟悉。實際上比他以為的還要更加熟悉。在一家老舊的旅館和一家外觀毫無特色的現代飯店之間，他們一行人選擇了前者。第二天早上，勒巴、牟貝與庫希內發現傅柯與仙諾笑在一起，原來是旅館為傅柯安排的房間正是他在一九五八年住過的那一間，當時法國教育部的一名督學發現他和一個「迷人的年輕人」同在床上。

他們的行程還包括短暫走訪奧許維茲集中營，因為那裡離克拉科夫不遠。他們一一穿越那裡的紅磚建築，然後於寂靜中獨自站在火化爐前方（庫希內說，那是「極為漫長的片刻」），接著再走到用來集合點名的廣場。那天風和日麗，鳥鳴處處。那個廣場小得令人訝異，庫希內心想；他原本想像那個廣場會大得足以容納種族滅絕的六百萬名受害者。傅柯從來沒有談起這項經驗。[42]

傅柯在這時投注許多時間到海外舉行國際巡迴講座。一九八一年五月，他在魯汶大學發表一系列講座，主題是「犯罪，吐實」（Mal faire, dire vrai），內容討論「自白的法律功能」。傅柯在魯汶的時候，他與犯罪學院的貝爾坦（André Bertin）進行的對談拍成錄影帶。[43]同年夏天，他在多倫多大學教了一門研討課課程。

他的講座探究愈來愈為人熟悉的主題，包括說話的禁忌以及說話的義務、關注自我或修養自我，以及禁慾主義的基督教與哲學傳統。[44]造訪加拿大的機會尤其受他歡迎。傅柯向來喜歡這個國家，尤其是魁北克。他在一九七一年首度造訪加拿大之前，原本頗感忐忑，認為那裡會是充滿壓迫、受神職人員支配的社會。令他意外的是，那裡實際上是個充滿活力又開放的社會，還有蓬勃發展的同性戀社群。[45]

這場橫越大西洋之旅，也讓他有機會快速走訪紐約，在那裡暫時轉向學術界外面，針對同性戀文化與性的主題接受了相當露骨的訪談。他對快感的運用的論述，無疑也結合了較為實體的探索。在多倫多，快感愈來愈受制於一套新制度。有不少施虐受虐俱樂部和浴場都在近期遭到地方當局關閉。政府當局雖然自稱寬容，卻覺得必須支持「多數人」的觀點，認為同性戀社群耽溺其中的那些「放縱行為」不再可以接受。登於《快樂腳》的一項訪談裡，傅柯對於不妥協表達支持：寬容與不寬容之間不可能有任何折衷方案。警方對性實踐的任何面向進行的干預，都完全不可接受。[46]

傅柯對浴場這種實驗室的讚頌，是在一個艱困的時刻提出的。當時已經有一種神祕的「同性戀癌症」的傳聞，也有人因此死亡。與朋友的談話當中，傅柯如同大多數和他一樣熱中實驗的人，對於「同性戀癌症」的概念也是一笑置之，認為根本不可信。不過，恐懼的感受愈來愈普及。「在舊金山，這種疫病首先透過皮革圈散播開來。男同性戀開始對酒吧裡用來消除菸味的負離子空氣淨化器投以懷疑的目光。那些裝置散發出來的也許是其他的某種東西，某種致命的東西。」[47]

九月，傅柯前往波蘭；十月，他到佛蒙特大學參加一場以「自我的技術」為題的教師研討會。[48]傅柯在那所大學待了三個星期，發表研討會報告還有一場公開講座。這場「個人的政治技術」講座，是一九八〇年檀納講座的縮減版本；研討會的內容非常近似《性史》的第三冊。[49]出席成員除了佛蒙特大學的教師之外，還有來自其他大學的知名學者：杜克大學的倫特里奇亞（Frank Lentricchia）、羅徹斯特大學的拉許（Christopher Lasch），以及愛荷華大學的梅吉爾（Allan Megill）。儘管有這些重量級知識分子在場，研討會的氣氛卻頗為輕鬆。但儘管如此，主辦方還是對傅柯出人意料的害羞感到意外，也就是說他必須受到推促才肯上臺發表公開報告。

一如往常，傅柯婉拒出席「智識界的雞尾酒會」，但是對其他的一切都深感興趣，包括「當地的夜生活」乃至教師子女的憂慮。根據主辦方的說法，「處在學生當中最是令他開心」。[50] 他在十月二十五日接受自由接案記者魯克斯・馬丁（Rux Martin）訪問，確實展現了非常放鬆的一面，他談到自己曾在法國監獄和精神病院裡工作，也談及自己閒暇之時會閱讀「能在我內心激起最多情緒的書：福克納、湯瑪斯・曼、勞瑞的《火山下》」，也坦承自己要是再年輕一點，說不定會移民美國。[51]

傅柯也許相當放鬆，卻還是有可能在無意間傷害別人。珍娜・薩維基（Jana Sawicki）剛投注了四年的時間撰寫一份博士論文，探討傅柯對人文主義的批評，並嘗試將其「挪用」於女性主義。她把論文提交審查之後，第二天剛好有機會半途加入傅柯在佛蒙特的研討會。「我對他說我剛寫完一篇博士論文討論他對人文主義的批評。不意外，他以略帶尷尬但極為嚴肅的態度回應。他建議我不要花費精力談論他，而應該採取和他一樣的做法，也就是書寫系譜。」傅柯不願被視為一座哲學紀念碑的態度雖然不難理解，但薩維基對於他如此貶抑她四年來的努力成果所感到的氣惱也是可想而知。不過，她並沒有因此放棄勾勒出她所謂的「一項可行的傅柯式女性主義的輪廓」。[52]

傅柯人在佛蒙特之時，法國爆發了珊瑚醜聞。位於加爾省（Gard）山區的珊瑚（Coral）是一家收容所，是治療嚴重精神障礙兒童的「另類」中心，深受反精神醫學運動以及若干「反文化」意識形態影響。這個中心的主任希加拉（Claude Sigala），以及其中一位名叫巴狄（Jean-Noël Bardy）的老師，在十月被逮捕並送到地方預審裁判官面前。有人懷疑他們與院童發生性關係，這個中心於是成為一項重大戀童癖醜聞的焦點。

希加拉與巴狄之所以遭到指控，是因為一個名叫克里夫（Jean-Claude Krief）的年輕人提供的資訊。克里夫有精神病史，也可能是警方線民。他聲稱珊瑚是一個龐大戀童癖集團的中心，那個集團的活動包括在阿姆斯特丹產製兒童色情書刊。他進一步指稱自己藉口要幫希加拉送書，從而進入謝黑的住處，並因此發現謝黑也是該集團成員的證據。曾經為了參加討論而造訪珊瑚的謝黑，於是以「引誘未成年人從事淫猥行為」的罪名遭到羈押。這項醜聞開始擴散開來，並蒙上明確的政治色彩：涉入該集團的人員名單據說包含政府閣員在內。這是非常嚴重的問題；法國政治雖然能夠容忍不少在英國完全無法想像的性行為，但戀童癖卻是全然不可接受。這份名單也包括傅柯在內。

珊瑚醜聞的影響從來沒有完全釐清。克里夫後來撤回他的許多指控（但接著又取消了他的撤回），他的名單也證明是假造的。他究竟是獨自行事的謊言癖患者，還是受到警方內部的某個派系利用，至今仍然沒有明確的答案。在珊瑚的辯護者眼中，如同一份向共和國總統提出的請願書所言，法國顯然正目睹「一場影射與威嚇的運動，對象是一批同心圓的圈子，包括所有的另類收容所、同性戀者，以及左派」。[53] 政府回應這起事件的方式是刻意保持沉默，辯護運動的主要推動者是舉行了抗議集會與示威活動的同性戀反壓迫行動聯盟（Comité d'Urgence Anti-Répression Homosexuelle），以及瓜達希和最終獲得無罪釋放的謝黑。另一方面，歐肯格姆公開了傳聞涉入珊瑚事件的人士名單。傅柯聽聞這項消息之後勃然大怒，他與歐肯格姆的友誼因此差點破裂。

歐肯格姆對這起事件的觀點，可以從他的小說《小男孩》（*Les petits Garçons*）當中窺見一二。

這部小說是對這起事件僅僅稍加虛構改編的記述，傅柯在其中短暫出現為「庫佛教授，一位歷史學權威，差點贏得諾貝爾獎」。[54]《小男孩》還包含一篇「間奏」，標題為「寫給朋友的一封信」，內容猛烈抨擊那些未能為「史特拉托斯」(即謝黑）辯護的人，因為不論他們先前抱持哪些立場，都突然意識到他們從來不曾與**全部**的警察、**全部**的司法體系以及**全部**的壓迫作對。[55]這封信的收件人所撰寫的著作譴責「對於知的執迷：這是數百年來的自白者、員警、地方裁判官與精神分析師共有的典型特色」；不過，那個人現在卻因為公共生活的需求，而認為自己應該「把你昨天緊抱在胸前的那個人的電話號碼忘掉」。[56]歐肯格姆直接把史特拉托斯與猶太軍官德雷弗斯這位偏見及審判不公的受害者畫上等號，他這麼問道：「德雷弗斯要是回來，你認為有人會認得他嗎？」[57]謝黑自己早在一九八二年十月二十二日刊登於《世界報》的一封信裡指出其中的相似之處：這起事件確實令人聯想起德雷弗斯案，由「戀童癖知識分子」扮演那名猶太人的角色，可惜的是這時沒有左拉出現。歐肯格姆明顯暗示傅柯比不上左拉。

傅柯返回法國之後，事實上有為謝黑以及其他捲入珊瑚事件的人提出辯護，並與歐肯格姆和解。他與夏特列、德勒茲、德希達、菲耶、瓜達希、歐肯格姆還有李歐塔共同連署一份宣言，抗議法院與媒體對這整起事件的處理方式，並且宣告他們打算出版一本重新調查這起事件的「白皮書」。[58]這本「白皮書」終究沒出現。罪名紛紛撤銷，這項醜聞也逐漸受到大眾遺忘，從頭到尾都顯得模糊不清。[59]

一九八二年大部分的講座，在許多不同方面都與《性史》的寫作計畫有關，也與一九八一至一九八二年在法蘭西公學院的「主體詮釋學」講座有關。[60]不過，他在這一年結尾完成了一項很早以前的計畫，最早是在《瘋狂史》當中提到。討論「懲戒與矯正的世界」時，傅柯順口提到十七與十八世紀的祕密逮捕令，表示：「淫蕩、揮霍、不可接受的關係與令人蒙羞的婚姻，是最常見的監禁動機。」他接著指出：「這種不盡然算是司法也不完全算是宗教的壓制性權力，雖與王室權威直接相關，卻不真正代表專制統治的任意武斷，而是代表家庭的要求在這時帶有的嚴苛性質。專制君主把監禁交給資產階級家庭任意使用。」[61]

可以依據國王或警察總監的命令而無限期關押個人的祕密逮捕令，經常被視為專制統治的典型表現，也深受啟蒙哲學家厭惡，巴士底監獄向來都是壓迫的象徵。舉例而言，薩德就是在這套體制下被關押在巴士底監獄。祕密逮捕令實際上主要不是用在貴族浪蕩子身上，而是經常由地位低微的家庭取得，並且如德勒茲所言，是「我們在精神醫學當中所謂的『自願入院』的始祖」。[62]在傅柯的解讀下，這些逮捕令成了社會檔案，也有助於建構另一種相當不同的權力理論。

《瘋狂史》針對壓制性權力的論點，可以用方克布倫塔諾（Funck-Brentano）於一九〇三年出版的《祕密逮捕令》（*Les Lettres de cachet*），以及阿瑟納爾圖書館一份手稿當中的例子來說明。那套檔案稱為「巴士底檔案」（Archives de la Bastille），內容包括原本收藏在巴士底監獄的警方報告，在法國大革命期間散落各處，然後又匯集起來。傅柯舉的例子是一個名叫宇埃（Noël Robert Huet）的人，他的親屬因為他的淫蕩行為要求監禁他，指稱他的所作所為令他們蒙羞。傅柯在此處雖然沒有加以闡述，但這個例子似乎首度暗示了一項後來的理論，主張權力不必然是由主權當局由上而下強制施行的東西，而是也有可能由下發生。

巴士底檔案的發現立刻促成一本書的寫作計畫，傅柯在一九六四年簽署合約，打算撰寫一本討論「被監禁者」的著作，預計歸入諾哈當時在朱里亞出版社策劃的「檔案館」叢書出版。[63] 這套叢書的最早幾本書列出了這部「即將推出」的著作：《瘋人們：傅柯述說從十七至十九世紀，從巴士底獄到聖安娜醫院，航向黑夜盡頭的旅行》（*Les Fous. Michel Foucault raconte, du XVII*$^{e}$ *au XIX*$^{e}$ *siècles, de la Bastille à Sainte-Anne, le voyage au bout de la nuit*）。這本書從來沒有寫成。

一九八〇年，年輕史學家阿蕾特・法居收到郵局送來一個包裹。她震驚地發現寄件人是傅柯，包裹裡面滿是影印文件，裡面有抄寫自巴士底檔案的內容。他們兩人先前雖曾見過面，但法居並不是傅柯好友圈的成員，在此之前也不曾出席過他在法蘭西公學院的講座。法居原本修習法律，後來轉向歷史。她參與了傅柯與一群史學家於一九七八年五月舉行的圓桌討論，兩人也曾在一個電臺廣播節目之後短暫會面。那個節目專門討論了法居的《十八世紀的巴黎街景》（*Vivre dans la rue à Paris au XVIII*$^{e}$ *siècle*）：這是一部在一九七九年春季於「檔案館」叢書出版的書籍，利用檔案材料以及梅西耶（Jean-Sébastien Mercier）這類作者的著作，針對十八世紀的巴黎街頭生活提出詳細生動的記述。此外，他們兩人也熟知彼此的作品。法居相當欣賞《監視與懲罰》，傅柯也在這本書中兩度提及她的《十八世紀巴黎的食物偷竊現象》（*Le Vol d'aliments à Paris au XVIII*$^{e}$ *siècle*）。[64] 法居在《巴黎街景》的序言裡指出，傅柯對權力機制的深刻分析，促成了以新觀點探究檔案文獻的做法。最後，法居和傅柯都認識阿希業斯，不但在智識上對他抱持高度敬重，也都對他懷有深厚的情感。

包裹裡隨附的信件詢問法居是否建議出版這些檔案材料，因為內容都是針對個別人士提出的監禁要求。傅柯解釋指出，他對這些文件的內容之美深感著迷，不禁認為是否能夠不加評論而直接出版。尤其令他印象深刻的是那些逮捕令的緒言與本文之間的對比，前者通常由代書以華麗的傳統風格寫成，後者通常採用不正式也不符文法的普通民眾法文。

法居認為那些文件的內容確實相當優美，但不認為那些文字不需要添加評論。在猶豫許久以及頗感惴惴的情況下，她寫信向傅柯表示，在她看來，這些文件確實有助於恢復特定的大眾記憶，但需要一篇引言以及些許解說。她至今仍然記得自己當初花了「很長的時間」寫那封短短的信件，不過那封信確實產生了她希望的效果。傅柯打電話對她說自己被她的論點說服，問她是否願意和他合作這項計畫。法居幾乎不敢相信自己的耳朵，但稍微猶豫之後就接受了他的提議。

《家庭失序》分成兩部分，分別聚焦於夫妻失和以及親子關係，最後再附上一篇文章，標題為〈寫信給國王〉(Quand on s'adresse au roi)。每一部分前面都有一篇引言；但除此之外，那些文件是單純呈現在讀者眼前。第一件工作明顯是從傅柯多年來蒐集的文件當中挑選材料。由於原本的文件相當脆弱，所以無法影印，那些寫在羊皮紙或布漿紙上的逮捕令，保存狀態又良莠不一，所以都是由傅柯將內容抄寫下來。傅柯在國家圖書館只是閱讀，但在阿瑟納爾圖書館，他必須從事抄寫「這種平庸又古怪的行為」，是一項「辛苦又令人癡迷的工作」。[65] 十八世紀的書寫不總是易於解讀，拼字與標點符號都可能毛病百出。

就算那些文件可以影印，傅柯可能也不會這麼做。他經常使用國家圖書館的影印機，但他對這種機器的態度卻頗為矛盾。他對克洛德．莫里亞克說：「影印是那麼誘人……那麼容易……但卻消除了真正閱讀的必要性……最重要的是，影印摧毀了文本的魅力，因為你的眼前和手上一旦沒有了印刷的書頁，文本就顯得幾乎毫無生氣。」[66]阿瑟納爾圖書館沒有影印機引誘他，於是傅柯費力抄寫他的材料。他的抄本接著再由一名祕書謄成打字稿，鑒於傅柯潦草難懂的筆跡，那名祕書必定具有非凡的耐心。那名祕書是個單親媽媽，健康情形不是很好；傅柯的版稅有一定百分比悄悄撥給了她。

這是一項合作計畫，但沒有明確的分工。不過，法居解釋說婚姻關係那一部分的引言「主要」出自她的手筆，親子關係那篇比較長的引言則「大部分」由傅柯寫成。看到自己的文字被人歸屬於傅柯，令她頗感莞爾。她接著指出，傅柯對夫妻關係的討論不願涉入太深，也擔心自己對性政治的那個面向要是說得太多，恐怕會惹來女性主義者的怒火。

至少有一部分的時間，法居是一面在布列塔尼外海的絕美島嶼貝勒島（Belle-Ile-en-Mer）度假，一面工作；傅柯偏好留在巴黎，他無法理解怎麼有人能在那樣的環境下工作。他相信自己一定會忍不住分心看海。他們兩人大部分的討論都是在傅柯的公寓進行。法居不記得他們之間有任何重大歧見，但以充滿懷念的語氣提及他們有時的對話：「這位哲學家靈巧、促狹，有時又爆笑的才智，讓我滔滔不絕起來。」[67]她也不曾感受到傅柯有時被指控的厭女心態，而是覺得他相當親切，甚至彬彬有禮。這顯然就是皮耶．希維業研討課上的那種民主互動，只是規模比較小而已。他們兩人的討論不是全都聚焦於手上的工作，最令法居印象深刻的就是傅柯在社會黨於五月勝選之後採取的立場，還有他拒絕依附社會黨的態度。她還記得，傅柯有一次在徵得她的同意之後，取消了原定上電視節目《猛浪譚》宣傳《家庭失序》的行程，反倒出現在克莉絲汀·奧克倫（Christine Ockrent）的時事節目討論波蘭問題。這個節目對他還有一項額外的吸引力，因為堪稱是法國電視界的「克莉絲蒂娜女王」的奧克倫，*是傅柯最喜歡的媒體人之一。

在較早的〈卑賤之人的人生〉（La Vie des hommes infames）這篇文章使用過的部分素材，也出現在《家庭失序》當中。傅柯抄寫的文件並沒有全部使用於這本書，還有一部分出現在法居替《私人生活史》（*Histoire de la vie privée*）撰寫的內容當中。一九八四年二月去世的阿希業斯，在臥病期間請求法居參與這本書的撰寫，她在徵得傅柯同意後，使用了傅柯在阿瑟納爾圖書館找到的部分材料。對於傅柯與法居而言，這是一種向阿希業斯致敬的方式。由於傅柯也在同年稍晚去世，因此法居撰寫的這些內容也成為她對他的致敬。

《家庭失序》不是特別成功，也沒有吸引到多少的評論注意。[68] 法居對這部著作的相對失敗提出的解釋，是這本書含有「太多文本，太少傅柯」。直到傅柯去世之後，別人才開始詢問她這本書的起源。[69]

* 譯注：瑞典女王克莉絲蒂娜（Queen Christina）被視為十七世紀最博學多聞的女性之一。

# 18 未完成的人生

傅柯在一九八三年四月以董事教授（Regent's professor）的身分返回柏克萊。這次造訪，是他在美國真正封神的時刻：他以「陶養自我」為題發表一場公開講座，引來的聽眾超過二千人。傅柯的時間表雖然相當忙碌，卻還是撥空與學生進行非正式討論，並參與各學系的討論與演說，在四月向法語系發表演說，又在四月二十六日與五月三日於拉比諾的研討課上發言。除了其他計畫之外，他也談及在秋天回來教一門完整課程的可能性，他也在研究達成某種長期安排的方式，例如擔任終身客座教授，如此他就可以定期回來。[1] 一如往常，他對於在美國工作感到的熱情，和他對於法國愈來愈覺灰心的感受脫不了關係。此時他對法國的灰心更是達到極為強烈的程度，已經開始談起要辭去法蘭西公學院的教職。[2]

那場「陶養自我」講座並未出版，但如同其標題所示，其內容非常近似一年後出版的《關注自我》。傅柯回到加州，又再度與德雷弗斯與拉比諾搭上線。他在一九八三年四月十五日至二十一日之間，用英語和拉比諾進行了一連串的長時間對談。[3]對談內容有些漫無目標，但後來濃縮整理成〈論倫理系譜學：概觀進行中的研究〉(On the Genealogy of Ethics: An Overview of Work in Progress)。這篇文章為傅柯在《性史》的進展提供了有用的書面證據，傅柯也覺得他們的討論對於他在「重新梳理理論與方法學方面的工作」很有幫助。[4]

在這個階段，持續進行中的《性史》寫作計畫仍然變動不定，甚至可說混亂。第一冊是《快感的運用》，接著是《肉身的告白》(*Les Aveux de la chair*)，內容「探究基督教的自我技術」。《關注自我》此時在傅柯口中「不屬於性系列」。他也稱自己已經寫了「一本超越草稿階段的書，內容探討十六世紀的性倫理；自我的技術、自我審查以及靈魂的醫治等問題，在當時的新教與天主教當中都非常重要」。[5]

從柏克萊對話可以看到一項頗為含糊的未來出版計畫，還有一項關於自我美學的廣泛倫理計畫。傅柯這時已經相當可觀的古典文獻知識，並沒有讓他把古代視為黃金時代。古代沒有提供快感倫理的另一種更佳選擇，因為那個時代是跟一個陽剛的社會連結在一起，連結於「不對稱、對他者的排拒、對插入的執迷，以及一種擔心會喪失自身活力的畏懼，如此等等。那一切實在相當噁心！」[6]不過，希臘倫理與當代問題之間卻有些平行之處。現代解放運動唯一能夠打造的倫理，乃是「奠基於所謂的科學知識之上，包括對於何謂自我、何謂慾望、何謂潛意識等等的知識」。[7]在《求知的意志》當中早已表達過的反解放主義思想，也顯示傅柯無暇理會「加州式的自我崇拜」，亦即「人應當發現真實的自我，將真實自我與可能會蒙蔽或異化自我的事物分開，並透過能夠讓你知道自己的真實自我是什麼的事物來解譯自我的真相」。[8]在他看來，沙特的本真性（authenticity）理論即是回歸真實自我的觀念。在訪問者的追問下，傅柯表示自己的觀點比較接近尼采的主張：

> **不可少的事情只有一件**，就是為自己的性格「賦予風格」，這是一項傑出又罕見的技藝。實踐這項技藝的人，會確認自己本性的所有優點與缺點，將那些特點全部安放於一項藝術計畫當中，直到每一點看起來都有如藝術與理性，即便是缺點也顯得賞心悅目……要達到這樣的目標，需要經過長期的練習以及每日的努力。[9]

也就是說，人與自我的關係應該是一種創意活動，而不是以揭露「真實」的自我為目標。

加州近乎烏托邦一般的魅力（包括智識、氣候以及情色方面），與巴黎的陰鬱沉悶形成對比，尤其是傅柯又在巴黎捲入一項不是由他造成而且他也不喜歡的爭議當中。傅柯不是唯一對社會黨在一九八一年的勝選抱持保留態度的人，針對這個稱為「知識分子的沉默」的現象，出現了一場廣泛的爭論。一九八三年夏季，擔任政府發言人的蓋洛（Max Gallo）在《世界報》發表一篇文章，表示他擔心文化界與知識界出現了右翼捲土重來的現象。他指出，「作為一個象徵性的群體」，法國的知識分子在一九八一年五月至六月期間並沒有扮演特別活躍的角色：「我們知道一九六八年那些老將的歷程：從回歸上帝，到進軍新聞界，或是在經濟生活成功占據一席之地；在許多案例中，我們不禁注意到他們對於政治的揚棄，以及拒絕考慮權力這項議題。」他在最後呼籲展開一項新辯論，也呼籲智識界重新恢復參與：「在民主國家裡，他們〔知識分子〕是集體意識的表達管道。如果說左派的成功，乃至法國的命運，在很大程度上乃是取決於能夠影響心智的觀念變動，很可能並不誇大。」[10]

仲夏在法國是個平靜的季節，在《世界報》的頁面上更是一片沉寂，這點也許能夠解釋由此產生的爭議為何會引起那麼多的注意。當時的廣泛認知是，知識分子在一九三六年雖然群集起來支持人民陣線政府，但他們在一九八一年卻大體上抱持冷漠的態度。這項歷史比較不是很精確。尚・丹尼爾隨即指出，政府與知識分子在一九三六年之所以會團結在一起，主要是因為他們當時認為自己面臨法西斯主義的威脅，[11]但這點在一九八三年夏季算不上是非常真實的議題。與一九三六年比較也可能會造成令政府尷尬的後果，因為布魯姆對西班牙的不干預立場與謝松對波蘭的評論不免讓人覺得有互相平行之處。

《世界報》的博吉奧（Philippe Boggio）做了一項簡短的調查，詢問幾位富有影響力的人物對於知識分子的沉默有什麼看法。他們都沒什麼值得一聽的話好說，而且他們的回答都只顯得百無聊賴，沒有什麼真正的洞見。有些人則是比較挑釁。列維以典型的末世悲觀態度猜測認為，始於德雷弗斯事件的一種特定投入型態的整段歷史，即將要畫下句點。德勒茲指出，智識界似乎只怕一個東西：共產主義。傅柯與西蒙・波娃一樣，直接拒絕回答博吉奧的問題。[12]

傅柯的名字經常在這場辯論當中被提起。博吉奧評論指出：「這位哲學家仍然保持漠然，對自己的命運沉默不語。」[13]這場辯論就某方面而言其實頗為荒謬。至少傅柯在一九八一年就絕對沒有沉默；相反的，他極力發言譴責謝松關於波蘭的無能發言。如同他對朋友說的，他在一九八一年十二月試圖發聲的時候，被人要求閉嘴；他一旦保持沉默，眾人又表達訝異。[14]與傅柯共同主編「研究成果」叢書的米爾納，這時猜測指出，由於傅柯向來都會在即將出版新書的時候避免捲入公眾辯論，所以他的沉默可能表示他即將發表言論。[15]米爾納的猜測有對也有錯。

傅柯確實打算發表言論。他計劃推出一本接受艾希邦訪問的訪談集，探討導致法國所有左翼政府失敗的錯誤。他主張社會黨人欠缺「管治的技藝」，為了證明這項主張，他開始研究布魯姆的著作以及人民陣線時期的歷史。他已經想出一個暫定的書名：《社會黨人的腦袋》（*La Tête des socialistes*）。[16]他終究沒有寫出這本書，但其中的主題很可能與他在一九七七年向法官聯盟發表的演說相當類似。傅柯對社會黨不太可能有任何正面的建議可以提供，但他對於「政黨與政黨功能」的分析讀起來必定相當有意思。

這本計劃中的著作可能涵蓋的內容，有些可見於傅柯在人生最後接受的其中一項訪談裡。在埃瓦爾德的訪談中，他主張整個「知識分子的沉默」爭議都是奠基在謊言之上，而且是為了避免與法國共產黨意見不合而不惜一切代價製造出來的結果。知識分子被要求保持沉默，至少要瞭解到政府完全不會聽他們說的話：

問題不是像一般說的那樣，知識分子在共產主義者掌權之後就不再是馬克思主義者；問題在於你因為擔憂自己的結盟關係，而不與知識分子一起從事能夠讓你獲得治理能力的思考工作。那麼一來，你就不會只是以過時的口號還有別人那種欠缺現代化的技術從事治理工作。[17]

傅柯相當瞧不起密特朗，也一心認為國民議會議長提及「團結與犧牲的新文化模式」乃是現代貝當的言論。[18]他對社會黨本身的態度頂多可說是模稜兩可。過去十五年來的「新左派」思想，向來都顯得「極其厭惡任何政黨組織，其真實表達只能透過激進小團體與個人為之」，這樣的態度某種程度上已經被社會黨人吸收，尤其是以侯卡（Michel Rocard）為代表的傾向。侯卡的才智現在「被掩蓋起來」，「目前許多社會黨領袖那種相當呆板的宣告，也違背了一大部分這種左派思想在先前所表達的希望。這些領袖也背叛了社會黨的近期歷史，還以相當威權的方式壓制若干存在於社會黨內部的思潮。」[19]

與艾希邦合寫的著作，不是唯一一項在一九八三年夏天提出後來又放棄的計畫。另一項計畫是與巴丹戴爾討論「懲罰的社會功能」：這項計畫出自諾哈的提議，原本的打算是把討論內容錄音下來，於《辯論》雜誌出版。曾是法學教授現任司法部長的巴丹戴爾，是傅柯少數真心仰慕的政府成員；巴丹戴爾也對傅柯仰慕已久，認為「他的寫作極其傑出」。[20]他們兩人在一九七七年首度會面，在尚・丹尼爾的建議下與精神分析師拉普朗虛一同討論死刑。[21]在那之後，他們又偶爾碰過幾次面，但在巴丹戴爾入閣之後才變得比較親近。傅柯曾經數度獲邀出席巴丹戴爾在部長官邸舉行的晚宴，但他只有在晚宴餐點不是太鋪張的情況下才同意接受邀請。官邸裝潢頗合他的胃口，他也喜歡垂掛在牆上的褪色絲綢。在這幢華麗的共和建築略帶衰敗的迷人風情當中，他看到「歡樂的古老吸引力以及過往時代的痕跡」。[22] 傅柯覺得他們對法律和刑罰問題的討論非常有意思，於是一項新計畫逐漸浮現。他計劃在高等學院開設一門關於司法與法律制度的研討課；其中一部分將針對司法的概念進行系譜式的探究，另一部分則是回頭探討《監視與懲罰》提出的議題，但這次會以更加實際、較不理論化的方式切入。傅柯過世導致這項計畫無從以原本的型態實現，但巴丹戴爾後來與蜜雪兒·沛洛共同主持了一項類似的研討課。[23]

另一項提議但後來沒有結果的研討會與哈伯瑪斯有關，他在一九八三年首度碰見傅柯。三月，「傅柯提議我們在一九八四年和幾個美國同僚一起舉行一場私人會議，討論康德那篇兩百年前的論文：〈回答此一問題：何謂啟蒙？〉」[24] 原本預計的與會者包括德雷弗斯、拉比諾、羅逖，以及查爾斯·泰勒（Charles Taylor）。拉比諾並不曉得傅柯早在一九七八年於法國哲學協會發表的演講就探討過這部文本，一九八三年於法蘭西公學院發表的第一場講座當中也再度談及。[25]

秋天，傅柯又再度到柏克萊教課，這次的身分是法文與哲學的聯合客座教授。由於他不在歐洲，所以無法接受國際法學院祕書的邀請，前往海牙的「國際法在多元文化世界中的未來」會議上發表「哲學家的觀點」。他的替代人選是埃瓦爾德。[26] 在柏克萊，傅柯針對古希臘的「說真話」（parrhesia）這項主題發表一系列的六場講座；西北大學的皮爾森（Joseph Pearson）為這些講座留下了厚重的打字筆記。[27] 這些講座對於傅柯的美國聽眾而言雖然可能顯得非常新奇，但其中的內容其實是他最早在一九七〇年代初期就開始探究的一項議題，在一定程度上也與《關注自我》有所重疊。傅柯探究「parrhesia」這個字眼的意義與演變，在其中具體提及歐里庇得斯（Euripides）的悲劇、民主制度的危機，以及「關注自我」的一般性主題。

在哲學系主任斯盧加（Hans Sluga）的邀請下，傅柯也同意在一場非正式的小型聚會發表演說。斯盧加同意不宣傳這場活動，卻無法阻止傳言在校園擴散開來。傅柯一面與斯盧加談論他們為次年規劃的研討會，踏進講堂的時候突然發現自己面對的不是一小群哲學家的非正式聚會，而是一大群包含各種不同人士的聽眾，至少有一百五十人。他臉色發白，低聲說他不希望那些人在場，但終究還是以法語發表了另一場以康德的〈何謂啟蒙？〉為主題的講座。[28] 這場講座大體上是重複先前對這項主題的討論，但稍微添加一絲新意，就是提及任何現代性討論當中的一種關鍵人物：波特萊爾的「漫遊者」（flâneur）。[29] 其中隱含的意思是，傅柯被捲入現代性、現代主義與後現代主義這項無所不在的辯論當中，對於後現代主義這個字眼他抱持懷疑的觀點。

另外，他也著手規劃一項未來的研究計畫。傅柯此時開始期待研究一個當代主題：「針對西方社會的現行公共政策……還有政府實作與政府目標，撰寫歷史以及政治批評。」討論了幾個選項之後，他提議的研究主題包括第一次世界大戰以及一戰後的那段時期，因為「那段時期目睹了至今仍然存在的這種政府實作與權力行使的誕生與散播」。[30] 阿爾米拉也提到傅柯的回歸具體，儘管不是回歸當代。傅柯對阿爾米拉說，他因為左拉的小說具有的紀錄性價值，打算閱讀或重讀左拉全部的作品。在另一個極端，經常出席傅柯講座的塞格拉爾（Dominique Seglard），則是記得他說自己打算探究拜占庭文化的「說真話」主題，儘管這麼做需要至少學會粗淺的中世紀希臘文，他仍然絲毫沒有卻步。[31]

一如往常，傅柯相當喜愛與學生的非正式接觸，無論在校園裡或校園外。一名大學生在一本小雜誌裡的文章，記錄了他在那年秋天與傅柯的一場令人震驚的對談。霍維茲（Philip Horvitz）針對「藝術家的認同」向傅柯提出一個頗為混亂的問題之後，傅柯出乎意料地邀請他一同喝杯咖啡。那個情境相當古怪。正當他們坐在咖啡廳裡等待咖啡的時候，收音機開始播出一個關於性的談話節目：「瑪莎，你認為自己難以達到高潮是因為吉姆的不體貼嗎？」「醫生，我不確定。我要是知道這個問題的答案，就不會打電話來了。」傅柯與霍維茲於是開始談起愛滋病，以及

期望權威人士教育大眾：諸如醫生還有教會。他深感憤怒，認為這個經歷過這麼多風險的群體（同性戀者），竟然在危機時刻向權威當局尋求指引。這實在是荒謬至極，難以置信。「如果我開車都可能會撞死，怎麼會害怕愛滋病？如果和一個少年從事性行為能夠為我帶來快感……」他回歸理論性的說法：「這個世界，這齣戲很危險。這就是你面對的狀況。你別無選擇。」……他說：「祝你好運，不要害怕！」我回答道：「你！你也是。你可不要害怕。」他以法國人的典型態度對於我表達的關懷聳了聳肩。「哦，」他笑道：「我要是死了，可別為我哭泣。」話一說完，他就轉身離開了。[32]

一九八四年二月，六十九歲的阿希業斯去世。傅柯向他致敬的舉動包括在《新觀察家》發表一篇文章，還有與阿蕾特．法居進行一項對話，內容刊登於《晨報》。在那次對話裡，傅柯首度述說《瘋狂史》在二十三年前是如何由這位所謂的「香蕉商人」出版的。[33] 在《新觀察家》那篇文章，傅柯形容阿希業斯是「一個難以讓人不愛的人」，原因包括他有個可愛的習慣，就是參加彌撒都會戴著耳塞。阿希業斯不是心態史學家（historian of mentalities），儘管他的確用過這個詞語。他其實是一位實作史學家。傅柯在這裡乃是把他自己對於打造生存美學的關注投射到阿希業斯身上。根據他的描述，阿希業斯書寫的歷史包括

> 兩種實作方式，其中一種以樸實而頑固的習慣這種形式呈現，另一種則是能夠創造出豐美的藝術；他努力偵測有可能存在於這兩種實作方式根源處的態度，以及存在或者行事的方式。他密切關注數千年來持續存在的靜默姿態，以及沉睡於博物館內的個別藝術作品，由此奠立了一種「存在風格學」原則：我指的是一種研究，研究人這種壽命有限的生物，在終有一死的情況下藉以體現自己、發明自己、遺忘自己或者否認自己的形式。

阿希業斯為學院歷史學家送上「新凝視」這件出乎意料的禮物，「我們可以聽到他的笑聲混雜了高傲的慷慨、諷刺及冷漠」。傅柯向來仰慕阿希業斯能夠以接受的態度看待他自己的政治立場為他帶來的問題。一名相信國家連續性的君主制擁護者，如何能夠接受社會的感受與態度具有

的不連續性？他既然把歷史視為定義不清的群體所採取的模糊姿態而造就的產物，又如何能夠為政治結構賦予任何重要性？傅柯提到自己厭倦了那些前馬克思主義者，因為他們雖然大聲嚷嚷地改變自己的原則與價值觀，思考卻還是一樣草率。他更加認同像阿希業斯這樣的人：一方面忠於自己的價值觀，同時又能夠反思自己的個人選擇，並且因為「對真理的關注」而試圖改變自己。[34]

莫里亞克三月十日來電的時候，傅柯正在校對《關注自我》的樣稿，但他同意與莫里亞克以及一個代表團見面。代表團的其中一名成員是布侯格利（Abbé de Broglie），是傅柯在金滴區的老相識。一個月前，金滴區的波隆梭街（rue Polonceau）有五十七個人被逐出一棟房屋，那棟建築當時已經有一部分遭到拆毀。官方宣告他們是非法占住者；但莫里亞克與他的朋友堅信他們是受害於惡名昭彰的「睡眠商人」（marchands de sommeil）：這種人把床位租給外來移民，依小時計價。那些遭到驅逐的人現在安置在聖布魯諾會堂，他們打算向巴黎市長和其他政治人物提交一封抗議信函，要求為那些被驅逐者提供住屋。傅柯照莫里亞克的要求起草了信函內容，然後由傅柯、德勒茲、夏特列與莫里亞克連署。回信地址為「聖布魯諾會堂」，收件人則是「米歇爾．傅柯」。

談論金滴區不免喚起先前在那個區域採取行動令人懷念的回憶，他們也簡短討論了不同行動形式的有效性。莫里亞克提到他們如果在廣受報導的情況下被捕，可能會很有效果。他接著指出：「我看過你被關進牢籠裡……我自己也被關進去過。」傅柯回答說他確實曾數度被捕，但令莫里亞克大感驚訝的是，他完全不記得他們兩人曾在一九七二年的迪亞布示威活動中同時被捕。傅柯起草信函內容的時候，莫里亞克望出窗外，看著那「寬廣的景色，以及巴黎那些短短的紅色煙囪，只有一根冒著煙」。這是他最後一次造訪那間公寓，但不是他最後一次與公寓主人會面。[35]他們最後一次碰面是兩個月後的事情。

五月十四日，克洛德·莫里亞克走出伽利瑪出版社位於塞巴斯蒂安波丹街（rue Sébastien Bottin）的辦公室，遇到傅柯。傅柯當時笑著，手裡拿著幾本剛印好的《快感的運用》。他不理會莫里亞克的謙辭，堅持簽一本書送他：「致克洛德·莫里亞克……以此代表我們的友誼。」（Pour Claude Mauriac en signe d'une rencontre et comme témoignage d'amitié. MF.）這段題詞運用了莫里亞克日記第七冊的書名：《徵兆、巧遇及約會》（*Signes, rencontres et rendez-vous*）。他贊同莫里亞克的觀點，認為看見一本新書印刷出版，並將剛印好的幾本書拿在手裡，是個奇妙的時刻，能帶來極大的喜悅。然後他就匆匆離開了。這是他們最後一次見面。[36]

莫里亞克在伽利瑪出版社外面獲贈的那本書裡夾著一小張紙，稱為「請予刊登插頁」（prière d'insérer）。這是法國獨有的現象，由作者以第三人稱語氣撰寫對這本書的描述。這類文件因其特質所以經常會遺失掉落，但是對於瞭解作者的意圖而言卻是相當珍貴。夾在《快感的運用》中的那張插頁寫道：

> 如同《求知的意志》（一九七六）闡述的，這一系列研究著作的原始計畫不是要重構性行為與性實作的歷史，也不是要分析用來描述那些行為的觀念（不管是科學觀念、宗教觀念還是哲學觀念）；而是要瞭解現代西方社會如何建構出一種「性」（sexuality）的「經驗」。性雖是一項

熟悉的概念，但在進入十九世紀之前卻不明顯。把性作為一種歷史經驗來討論，就需要探究慾求主體的系譜，不只需要回頭探究基督教傳統的開端，也需要回頭探究古代哲學。

傅柯從現代時期往回追溯，跨越基督教，直至古代時期，他遇到一個非常簡單也非常一般性的問題：性行為以及由此衍生的活動與快感，為什麼會是道德關注的目標？我們為什麼對性懷有這樣的倫理擔憂，而且這種擔憂有時還顯得比個人或集體生活的其他領域（諸如攝食行為或者履行公民義務）受到的道德關注更加重要？希臘—拉丁文化當中，這種把存在問題化的做法，似乎又與一套實作密不可分：那套實作也許可以稱為「存在技藝」或者「自我技術」，而且重要性極高，可以投注一整部研究著作加以探討。所以，這部龐大的研究才會重新定位，以慾望之人的系譜為中心，從古代延伸至基督教的頭幾個世紀。

原本規劃共有六冊的這套系列，現在變成四冊：《求知的意志》、《快感的運用》、《關注自我》以及《肉身的告白》，最後這一冊標明「即將出版」。第二冊部分內容的一個版本已經發表過，《關注自我》第一章的一個初期版本也是；[37] 第四冊看起來不太可能有機會出版。* 一篇於一九八二

*編按：《肉身的告白》最後在二〇一八年二月出版。

年發表的論文，當時說是第三冊的一部分，由於是在這套系列重整之前便寫就，目前看來大概是未出版的第四冊的內容。[38]這篇文章探討卡西安（Cassian, 360[?]-c.435）描述的抗拒通姦與追求貞潔的努力。在第二、三冊即將印行之際，傅柯卻還不確定出版順序。最後他捨棄出版成單獨一本厚達七百五十頁的書籍這個選項，考慮先出版《肉身的告白》；這是他最早開始寫的書，現在差不多完成了。最後，他接受諾哈等人的建議，決定同時出版兩冊，並以內容的時序排列先後。[39]

這項計畫不只是形式出現改變。在《求知的意志》裡，傅柯嘗試將「色情技藝」與「性知識」區別開來，指稱前者存在於希臘與羅馬，還有東方。然而，他在一九八三年五月對德雷弗斯與拉比諾說，他後來理解到自己錯了：「希臘與羅馬的『色情技藝』完全無法與中國的『色情技藝』相提並論（至少此事在希臘羅馬文化裡不是非常重要）。他們有一種『生命技藝』（techne tou bio），快感管理在其中扮演非常重大的角色。」[40]此時他認為傳說中的「色情技藝」存在於中國，但從來不曾真正仔細探究，[41]其功能只是代表傅柯長久關注的「西方理性的限制」。

《性史》的第二冊與第三冊是傅柯寫得最淺白的著作。這兩本書都沒有以戲劇性的雙拼故事開場，也沒有早期著作的那種華麗風格。文字相當淺白，幾乎可說是平淡。參考材料的使用也非常不一樣。傅柯大量使用各式各樣的二手文獻，其中有出人意料的一大部分都是英文文獻。這兩本書都列有參考書目，這是傅柯自《臨床的誕生》之後的著作就一直欠缺的特色，儘管這兩份書目也不全然完整。傅柯經常因為欠缺參考文獻遭到批評，但這兩本書沒有這個問題。恰恰相反，這兩本書充滿他在索爾舒爾圖書館查閱的書籍的頁碼。奇怪的是，這點帶來的未必是學術上登峰造極的印象，而是讓人覺得傅柯仍在探索他想精通的那個領域。有時候，我們甚至不禁覺得自己閱讀的是尚未定案的草稿，還需要進一步的補全與潤色。他概述並闡釋文本，將許多篇幅投注於解釋以及定義他所發掘的概念。舉例而言，他在《快感的運用》書中用了兩頁的篇幅闡述及解釋「enkrateia」：這個詞指的是快感倫理學當中蘊含的「與自己的關係形式」。[42]

傅柯相當清楚自己不是古典學家，他對於界定用詞的重視似乎反映了這種自覺。此外，這點也反映了他的讀者的特質，因為一名古典學家寫給其他古典學家閱讀的作品絕對不會是這種模樣。傅柯寫作的對象是他在過去二十年來建立的那群讀者，其中沒什麼人是羅馬文化或希臘文化的研究者。這兩本書裡面的重複程度也比其他文本來得高，這可能代表他透過堅持強調以克服內心些微的不確定性。因此，讀者讀到希臘人認為性行為本身並不壞，而且「原則上也不是任何不合格的對象（object）」；短短幾頁之後，又會看到「希臘人無疑不把性行為視為不好的東西；對他們而言，性行為不是倫理不合格的對象」。[43]

傅柯採取的假設是：「個人把自己認知為性行為道德主體的方式，存在著豐富而複雜的歷史性。」[44]他的目標是要檢視「主體化」如何受到界定，又是如何「從古典希臘思想轉變為基督教的肉體牧養及信條的建構」。因此，《性史》的第二冊不是檢視現代意義的性，而是檢視「ta aphrodisia」這個名詞化的古希臘文形容詞或者拉丁文的「venera」所涵蓋的領域：意思大概是愛的「事物」或「快感」，「性關係」或者「肉慾行為」。

如同在《求知的意志》裡，傅柯關注的其實不是性實作，而是對「ta aphrodisia」的道德反思。

這種道德反思建立了「希臘人的那種作風，他們稱之為『chresis aphrodision』，也就是『快感的運用』」。整體而言，這個用語指的是性活動，但也涵蓋「個人從事性活動的方式，個人在這方面的舉止，他容許自己的生活之道，他在什麼樣的條件下從事性行為，以及他在自己的人生中為性行為賦予的角色」。[45] 這點攸關整個自我技術，還有個人與自己的人生以及自己的快感之間的關係。傅柯透過廣泛閱讀各式各樣的古代文本來追溯這種技術的出現，那些文本的主題包含了家庭管理（其中界定了許多事物，包括婚內與婚外的各種允許和不允許的性關係）、膳食學（對身體與性生活的規約不可或缺），以及在斯多噶派思想中極為基本的自由與自我主宰的辯證。這項辯證促使傅柯寫下：「希臘人對於性行為的道德反思並不試圖為禁令提供合理根據，而是要把一種自由風格化：也就是自由人……行使的自由。」[46]

希臘同性戀的問題自然在這部文本當中揮之不去。傅柯實際上不確定該怎麼把「同性戀」一詞套用在古希臘，因為同性戀在當時指的是一種相當不同的體驗。現代習俗是用慾望不投向異性這項奇特特徵來定義同性戀；對希臘人而言，同樣的慾望是投向引人渴望的對象，不論男女，只是這種慾望在雙方性別相同的情況下會產生一種特定類型的行為。[47] 他沒有把希臘視為某種黃金時代。在希臘人眼中，「同性戀」是「一項焦慮的主題」，充滿了道德難題。[48]

當然，經典的情形是一名活躍於城邦生活而且年紀較大的男人，對於一名少年懷有愛慕之情。這種情形雖然被視為正常，但這樣的關係卻是問題重重：

一方面，那名年輕人被視為快感的客體，甚至是那個男人的男性夥伴當中唯一一個正當而且高尚的客體。……但另一方面，由於那名少年的青春必定會引領他成為一個男人，因此他無法同意把自己視為此一關係當中的客體，尤其他們總是以支配的形式來看待這段關係：他不能也絕對不會認同那樣的角色。……簡言之，體驗感官的享受以及在與一名少年的關係當中身為快感主體，對希臘人而言並不是問題；另一方面，身為快感的客體並且體認到自己扮演這樣的角色，對少年而言則是一大困難。他要成為自由人，成為自己的主人並且擁有支配別人的能力，就必須和自己建立特定的關係，這與他在某種關係形式當中成為別人的快感客體無法並存。[49]

因此，那個少年必須為自己的投降進行協商，拒絕屈服於被動的角色，並設定條件（金錢、社會地位的提升、長久的友誼……）。性愛於是成為轉型成其他東西的一種形式：「對少年的愛如果要具有道德上的崇高性，其構成元素（由於愛人者的合理善意，由於被愛者有所保留的順從）就必須提供必要的基礎，能夠使那份愛轉變為一項確切並受到社會珍視的關係，也就是『友愛』（philia）的關係。」[50]

希臘人強調自我主宰以及對快感有節制的運用（甚至是禁慾式的運用），表示性在他們眼中主要不是由禁忌或禁令所界定：「在希臘思想當中，性行為被建構成『aphrodisia』這種形式的道德實踐領域，也就是從一批相互競逐又難以控制的力量當中衍生出來的快感行為。」[51]

某部分來說，《關注自我》記述了同性愛（homosexual love）這種樣態的消逝，在基督紀元的頭兩個世紀受到異性戀夫妻關係所取代。跟同時出版的另外那本著作一樣，傅柯也是透過各式各樣的文本來追溯這項性史，其中有些文本相當著名，其他則主要是因為鮮為人知而引人注目。他因此招來喬治．史坦納的批評：「在這本書〔快感的運用〕裡面，我們看到一項異常老派的學術論述，針對希臘與拉丁世界在性**表達**當中的若干重要或遭人忽略的文本及主題進行探討。」[52]

有些出人意料的是，《關注自我》一開頭先以相當長的篇幅陳述阿提米多羅（Artemidoris）的《夢之解析》（*Oneirocritica*），這是古代最著名的一本解夢著作。傅柯不是特別關注夢境的解讀，而是認為這本書示範了一種以插入為中心的「性透視畫」。如果說《夢之解析》是未來行為的指引，那麼插入的性夢就相當重要；夢到自己插入兒子、女兒或者奴隸，乃是一種警告徵象，表示未來有些行為應該避免。[53]就此意義而言，夢的解讀即是存在技術的一部分。

《性史》第三冊所討論的那兩個世紀，發展出一種新的關注，關注一種形式的個人主義以及與此相關的「陶養自我」。柏拉圖時代已經存在陶養自我，但現在轉變為相當不同的形式；陶養自我變成「一種態度，一種言行方式，並且瀰漫於生活方式當中；陶養自我發展成為程序、實作與訣竅，受到省思、培養、精進以及教導；陶養自我於是構成一種社會實作，造就個人與個人之間的關係、交流與溝通，甚至還有制度」。[54]每日檢視自己的行為與活動這種慣例是其中的一部分，還有醫學技藝也是，因為醫學技藝是「一種自願而且理性的行為結構」。[55]作為一種針對預防和飲食（避免特定食物）進行管理的實作，個人醫學知識為達到一定程度的理性自我主宰的個人提供了一種日常生活的「恆久支架」。[56]

性，或謂「ta aphrodisia」，同樣由自我的技藝或技術支配；性是需要管理的東西，需要在適當的時間，以適當的方式和適當的伴侶放縱其中。性不但是快感的來源，也可能會帶來危險，因為不受控制的激情和慾望具有強大的力量。「因此，就一套合理的生活之道而言，重點乃是把快感從追求的目標當中消去：在快感的吸引力之外放縱於性（aphrodisia），彷彿快感根本不存在。」這樣一種生活之道的性克制提供了後來出現在早期基督教的許多主題：「一種揮之不去的恐懼，害怕混亂的性行為可能會帶來個人厄運和集體問題；以及覺得有必要嚴格掌控慾望……並且認為不能以快感作為性關係的目標。」[57]

一九八四年六月二日，他把那本簽了名的《快感的運用》送給莫里亞克兩個星期之後，傅柯就在家裡昏倒，被送到私立的聖米歇爾診所（Clinique Saint-Michel），接著又在六月九日轉入硝石庫慈善醫院。六月七日星期四，德費哭著打電話給莫里亞克，對他說傅柯病得很重。莫里亞克自己的身體也不好，但還是在三天後前往硝石庫。他到的時候，傅柯正在接受掃描因此沒能見到面，只好在一本書上留下一則訊息：「親愛的，希望早日見面」（Je vous embrasse, à bientôt）。[58] 傅柯雖然臥病在床，卻還是認定自己不到兩個星期就會出院；德費認為他大概需要兩個月的時間才會康復。

接下來的兩個星期裡，傅柯的狀況確實改善不少。他繼續擬定計畫：與德費到安達魯西亞度假；與葉維・吉伯共遊厄爾巴島。他也依照原本的計畫，在維墟（Verrue）這個距離旺德弗赫幾公里處，「不太遠也不太近」的地方，買下一棟原是神父住宅的房屋進行裝修。[59]他因為必須接受治療所以無法收看巴黎網球公開賽的電視轉播而埋怨不停；他尤其想看馬克安諾（John McEnroe）與藍道（Ivan Lendl）的對決。[60]他接受採訪，也讀到他的書最早出現的書評。他接見訪客，也收到不少信件。其中一封信來自德勒茲，傅柯對於他們終於能夠和好深感欣喜。[61]

六月二十四日，他的狀況嚴重惡化，高燒不退。[62]第二天，一切都結束了：米歇爾·傅柯告別人世，享年五十七歲。

六月二十九日星期五，幾百人湧入硝石庫慈善醫院太平間外的庭院裡。眾人靜默不語，只聽見一道充滿哀傷的聲音開始朗讀這段文字：

> 如果對於知識（savoir）的汲汲求取只能確保我們獲得各種知識（connaissances），而不是以某種方式竭盡一切努力，確保求知者可以迷途，那麼又有什麼意義呢？……當今的哲學——我是指哲學活動——如果它不是思想對思想本身進行的批判工作，如果它不是致力於求索知識並且求索不同的思考方式可以推進到何種程度，而是去為我們已經知道的事物提供正當性，那麼哲學究竟是什麼？

那是德勒茲的聲音；他朗讀的文字摘自《快感的運用》引言。[63]

與傅柯認識二十年左右的丹妮葉勒·洪席耶淹沒在人群裡，她覺得自己看見了構成傅柯複雜而又活躍的人生當中各種非常不同的層面。這樣的印象並非不合理。先前已經宣布葬禮不對外開放，因此他的遺體移出太平間乃是公眾能夠向他道別的唯一機會。傅柯的老朋友，以及他在一九七〇年代那段激進時期的戰友，混雜在人群當中。布侯格利來到現場，令人想起傅柯對金滴區外來移民的支持，艾蓮·西蘇則是令人想起他們密切的友誼、監獄訊息小組遭遇的暴力，還有凡森大學起初的騷亂。一九五〇年代中期在瑞典與傅柯結識的生物化學家米格勒，哀傷地看著杜梅齊勒安慰他的女兒，也是傅柯的教女。巴丹戴爾以及其他差異極大的圈子的代表也都在場。尤蒙頓攙扶著悲痛得幾乎站立不穩的西蒙·仙諾。哲學界的代表有德希達與塞荷，出版界的代表是諾哈、克洛德·伽利瑪（Claude Gallimard），以及子夜出版社的杰宏·藍東（Jérôme Lindon）。維納、布列茲、史學家勒高夫（Jacques Le Goff），以及莫努虛金也都在場，還有國家圖書館館長米凱勒（André Miquel），那裡是傅柯投注了許多時間工作的地方。克洛德·莫里亞克身旁圍繞著陌生的臉孔，迷失在「一個失去色彩的世界的白色陰影當中」，與女兒娜塔莉一同站在人群後方。娜塔莉在五月三十日曾與傅柯一同用餐，在當時震驚地發現他幾乎無法呼吸，從烤箱裡端出菜餚的雙手也不停顫抖。[64] 尚·丹尼爾與利沃侯澤站在貝爾納亨利·列維、庫希內與裘貝身邊。眾人紛紛把紅玫瑰放在棺木上。[65] 在各方送來的獻花當中，包括一群波蘭流亡人士所送的花圈，上面還有團結工聯的標誌。另一方面，也有一名人物的缺席相當特別：密特朗的文化部長朗恩得到委婉告知，由於他在一九八二年曾與傅柯針對波蘭議題有過廣為人知的公開衝突，因此不太歡迎他現身。[66]

哀悼者排隊依序瞻仰遺容之後，棺木便闔上並送上靈車，行駛三百公里的路程前往旺德弗赫杜普瓦圖，在一座能望見庇樺的墓園中下葬。這場葬禮算是妥協的結果。傅柯的母親比他晚兩年去世，她原本希望為這個長子舉行完整的宗教葬禮，但德費表示反對。傅柯家族原本找上一位知名教士，但他的時間無法配合，於是德費提議找索爾舒爾圖書館的阿爾巴希克擔任主持人。近幾年與傅柯非常友好的阿爾巴希克接受了這項邀請，但是深深覺得舉行宗教葬禮看起來很像是傅柯的「復原」(recuperation)。奇特的是，傅柯在他看來是不可知論者，而不是無神論者。於是，他建議以一場赦罪儀式取代完整的安魂彌撒，於是舉行了一項結合祈禱、默哀與冥想的活動。最後，他把玫瑰花放進墓穴，一面祝禱道：「米歇爾，願神保守你。」這場簡單的儀式動人而簡短，還安排朗誦了摘錄自夏赫一首詩的內容：

Un couple de renards bouleversait la neige,
Piétinait l'orée du terrier nuptial;
Au soir le dur amour révèle à leurs parages
la soif cuisante en miettes de sang.

一對狐狸在雪地上踏出蹄印／一步步朝著他們的新婚巢穴前進／夜裡，他們狂野的愛在他們的身周／以滴滴鮮血揭露了他們火燒般的饑渴這幾句詩行摘自〈克勒茲的微光〉（Demi-jour en Creuse），寫於傅柯去世前四天，雖然題獻給他，實際上卻不是為他而寫。這份手稿由夏赫交給維納，因為他們兩人都住在法國南部，相距不遠。維納至今仍把這些詩句釘在他的辦公室牆上。[67] 夏赫並不知道傅柯過去在高師的綽號是「狐狸」。傅柯最早的一些著作曾經引用這位詩人，《性史》最後兩冊的封底也可以見到這段文字：「『人類歷史是同一個字眼的一長串同義詞。反駁那個字眼是我們的義務。』夏赫。」

傅柯在六月二十五日下午去世。硝石庫慈善醫院神經科主任卡斯田教授（Paul Castaigne）與索弘醫師（Bruno Sauron）共同發布的新聞稿指出：

> 米歇爾．傅柯先生於一九八四年六月九日住進硝石庫慈善醫院的神經系統疾病病房，因為神經症狀併發敗血症，必須接受進一步檢查。檢查結果顯示腦部有數處化膿。抗生素治療起初成效良好；上週，米歇爾．傅柯先生因為病況緩解而得以閱讀他最後幾本書出版之後的初步反應。然而，病情突然惡化剝奪了一切有效治療的希望，他在六月二十五日十三時十五分死亡。

傅柯去世令許多人深感震驚，吸引了眾多媒體進行報導。教育部長薩瓦里（Alain Savary）也發表正式聲明向他致敬：

米歇爾・傅柯辭世令我們失去了這個世代最偉大的哲學家。他是結構主義運動的締造者之一，這項運動徹底翻新了所有的人文科學。然而，他對我國智識界的重要性也許最主要是來自於他在哲學實踐上的原創性，以及他在知識與歷史反思當中開啟新領域的方式：瘋狂、刑罰制度、醫學，以及近期的性。這位哲學家也是一位孜孜不倦的自由捍衛者，曾經數度公開表達他對於束縛與壓迫的反對。任何人如果想要理解二十世紀晚期的現代性，他的著作將是基本的參考文獻。[68]

單從媒體報導即可看出傅柯受到的敬重與仰慕。六月二十七日，《世界報》在頭版宣告他去世的消息，並以三頁的篇幅刊登向他致敬的文章，撰稿者包括他的朋友與同事，例如布迪厄，以及定期供稿人德瓦與普瓦羅德佩什（Bernard Poirot-Delpech）。前一天的《解放報》以整個頭版版面刊登了一張極為出色的照片，是米雪兒・班西隆（Michèle Bancilhon）拍攝傅柯在法蘭西公學院講學的模樣。照片裡的傅柯正朗讀講稿，燈光自下方映照上來，身邊放著一瓶水，令莫里亞克與維亞澤姆斯基聯想到煉金術士，他的右手舉在身前，擺出手指微微分開的典型姿勢。[69]以白字印在黑底上的頭條標題簡潔扼要：「米歇爾・傅柯逝世」，同時又以六頁的篇幅介紹他的人生與著作。日期標示為六月三十日－七月一日的週末版報紙，有些粗俗地稱為「傅柯特刊」，又以十頁的內容投注在他身上。六月二十六日，《巴黎晨報》也以整個頭版報導傅柯去世的消息，內頁再刊登三頁的致敬與懷念文章。

除了媒體的大量報導之外，謠言也開始流傳起來。許多報紙（《人道報》、《觀點》〔*Le Point*〕、《費加洛雜誌》、《新聞報》〔*Les Nouvelles*〕、《費加洛報》）都只報導傅柯去世，但沒有具體指出死因，另外有些報紙，例如《十字架報》（*La Croix*），則是提及腦瘤。英國的《泰晤士報》只單純指稱傅柯「突然」過世，《衛報》提及「罕見的腦部感染」。《紐約時報》提及「神經疾病」，但指稱「他的死因並未立即透露」。《解放報》刊登了一篇未署名的報導，雖然無疑用意良善，卻反倒更添混亂：

> 他一去世之後，謠言即開始流傳。據說傅柯死於愛滋病。彷彿一位傑出的知識分子看起來正是這項當紅疾病的理想目標，因為他也是同性戀者，儘管是一位非常低調的同性戀者。傅柯的病歷，以及他被送進卡斯田與索弘教授的神經疾病病房，雖然都不足以證明他罹患了一種只有不到百分之二的那個「現代」疾病患者身上會發生的癌症，我們依舊對此謠言的惡毒感到困惑，彷彿傅柯一定得在恥辱之中死去。[70]

在《解放報》讀到這樣的評論頗為令人不安，因為這份報紙的私人廣告欄向來刊登的徵偶啟事都使得「羞恥」或「低調」等概念顯得毫無意義，傅柯也形容那是「一座情慾舞臺，任何人都可以踏上去四處遊蕩，就算他們沒有要找尋任何東西，就算他們沒有任何期待，也沒有關係」。[71]也許可以進一步指出的是，傅柯後來對自己的性向並沒有特別「低調」，到了晚年尤其如此。不過，《解放報》的尷尬態度顯示了在一九八四年夏季公開談論愛滋是多麼困難的事情：這個字眼在當時的媒體上仍然極為罕見。

在美國，同性戀媒體對於傅柯的死因則是諱莫如深。《倡議者》在他死後不久刊登了一場一九八二年的訪談，在一個腳注裡指稱「傅柯罹患了神經系統疾病」；[72]《紐約在地人》（*New York Native*）批評《紐約時報》沒有明指愛滋病是他的死因……接著卻報導他是死於「一項攻擊中樞神經系統的感染」。[73]其他訃聞寫作者沒有那麼審慎，實際上帶有不以為然的態度。薩伊德批評傅柯晚年缺乏政治投入，這麼指出：「明白可見的是，他比較投入探索其他方面的愛好，甚至可說是耽溺其中，包括旅遊以及不同種類的快感（他經常逗留於加州是最明顯的代表），愈來愈少在政治立場上表態。」[74]造訪加州的旅程，對許多歐洲男同性戀者具有的政治重要性，就像造訪以色列對歐洲與美國的猶太人具有政治重要性一樣，但薩伊德並未注意到這點。[75]此外，據說傅柯曾在一九七〇年代晚期於舊金山的同性戀浴場發表演說，這點也一樣遭到忽略。[76]

謠言會衍生更多謠言，致使一名作者雖然針對愛滋疫情寫下一部動人的敘述，卻也在筆下指稱傅柯「隱瞞」自己的愛滋病診斷，「沒有讓任何人知道，包括他忠實的愛人在內」。[77]傅柯無疑懷疑過自己可能感染了愛滋，可能是在一九八二年感染於加州。但是他從來沒有受到確定的診斷。在他死前幾天，他的醫生仍然說著：「如果是愛滋病的話……」[78]巴黎的醫生似乎普遍懷有一種抗拒的態度，不願接受自己診斷出來的結果，也不肯告知病患；據說有些男同性戀者必須偷取病歷才能得知自己的診斷，那些病歷是由不願或無法公開談論診斷結果的醫生故意放在易於取得的地方。傅柯的朋友，同時也是他著作的譯者謝里登（Alan Sheridan），指稱傅柯曾經對他說：「醫生……不曉得他出了什麼問題。他提到各種可能性，也包括愛滋病在內，但接著就摒棄了這個想法。」[79]維納認定傅柯知道自己的身體出了什麼狀況，諾哈則堅稱他把自己知道的情形都告知了身邊的人。[80]

事後回顧起來，我們不禁對當時的謠言感到納悶，因為訃聞裡提及的「罕見腦部感染」以及「神經疾病」，在當今看來都明白代表愛滋病的相關症狀，就像「勇敢承受的漫長疾病」代表癌症一樣。從現在看來，傅柯過世前十八個月那段時間裡呈現出來的症狀尤其顯得清楚明白：流感般的症狀、頭痛、體重驟降、反覆發燒以及乾咳不止。謝里登在一九八四年二月見到傅柯的時候，對於他的外貌大感震驚：「他現在看起來比實際年齡老了十歲。」當時在英國電視臺第四頻道擔任電視研究員的加德納（Carl Gardner）也有同樣的反應。他初次與傅柯見面是在一九八三年夏天，當時他試圖說服他上《論點》（*Voices*）這個深夜討論節目，但沒有成功。傅柯無意參與那個節目，還說自己即將出發前往加州。次年春天，加德納希望製作一套關於性、監獄和醫學的系列影片，由傅柯提出評論，結果這次他見到的傅柯卻老了許多，也顯得疲憊不已，並且對他說他認為自己不會再到加州去了。[81]事後回顧起來，這句話不禁讓人覺得帶有可怕的諷刺意味。傅柯在一九八三年春天反覆向拉比諾與德雷弗斯講的話也是如此。傅柯被問到接下來有什麼計畫，他回答道：「我要好好照顧自己。」[82]他這句話指涉的當然是《性史》第三冊的書名，但現在看來帶有濃厚的悲劇色彩。

傅柯沒有因為生病而停止工作。他被送進醫院之前，還是每天到索爾舒爾圖書館工作，坐在他習慣的座位，在窗邊一張面對入口的桌子。克洛德・莫里亞克提及自己在七月初和德費有過一段談話，德費對他說傅柯自從十二月就已經「知道」，因為他在當時得到「一項嚴重警告」。在那個時候，他不知道自己還有兩個星期或是六個月可以活，但他確實知道自己已經來日無多。他認定任何療法都不可能有效，於是決定不看醫生，繼續工作。[83]死前幾個星期，他還顯得頗為健康，甚至仍然如常舉重鍛鍊。[84]他最後病倒的時間所幸不長。

生前，傅柯有時遭人批評他對自己的同性戀身分不夠公開，他偶爾也的確會在公開辯論當中迴避這項議題。一九七五年三月，他上雄塞爾主持的《X光透視》（*Radioscopie*）節目接受訪談，被問到他是否育有子女。這個問題明顯帶有弦外之音，但傅柯卻頗為笨拙地迴避了這個問題，只說：「沒有，我沒結婚。」[85]死後，他又因為沒有就自己的疾病「出櫃」而遭到批評。

第一位愛滋「出櫃」的法國知識分子是尚保羅・艾宏。自一九五〇年就認識傅柯的艾宏，在一九八七年發表了一篇文章講述自己的疾病。這篇文章本身勇敢又動人，但內容有一些令人厭惡的評論。他的《現代人》一書對於傅柯據說把論述置於生活經驗之上提出強烈批評，艾宏在文章中談及自己這部著作並評論道：「他是……同性戀者。他對此感到羞愧，但還是過了那樣的生活，有時以瘋狂的方式為之。他對於自己的疾病保持沉默令我感到惱怒，因為那是一項羞愧的沉默，不是知識分子該有的沉默。那樣的表現違反他向來捍衛的一切，在我看來相當荒謬。」艾宏倒是頗有風度地承認，自己在《現代人》對傅柯的批評其實純粹是出於嫉妒；但除此之外，他對於自己的其他說詞似乎毫無悔意。[86] 一名社運人士針對《紐約在地人》的評論指出，這類陳述「在道德上站不住腳」。[87] 此外，鑒於當時沒有任何支持網絡，以致愛滋病患只能以受害者的形象發聲，因此這類陳述也有時代錯置之嫌。

艾宏的評論激起德費的憤怒。在傅柯死後，德費與泰倫斯．希金斯基金會（Terrence Higgins Trust）在內的幾個倫敦組織進行過討論，創立了「AIDES」（一個服務愛滋感染者的大型諮詢及顧問組織，現在已是全國性的組織）。他針對艾宏的言論評論指出：「尚保羅．艾宏的意思似乎是說：『我現在之所以發聲，原因是傅柯當初不敢發聲』……我分享傅柯的生活以及道德選擇長達二十三年之久。我們要是像艾宏說的那樣以身為同性戀者為恥，那麼我絕對不可能會創立AIDES。」[88]

報導傅柯去世消息的那一期《世界報》，也刊登了他寫的最後一篇短文，內容呼籲釋放兩名在波蘭遭到監禁的法國年輕人，文章以波蘭聯絡處（Bureau d'Information et de Liaison pour la Pologne）的名義發表。傅柯起草這篇短文仍然一如往常的快速而流利，但他這時因為難以控制手部的顫抖，因此不得不以打字機完成這份稿件。[89]

傅柯也許不確定自己是否會再見到加州，但他在人生的最後幾週仍然考慮著是否要再度離開巴黎。他規劃的旅程是要搭乘世界醫師聯盟的包船前往南海救援越南船民。在他臨終之際，庫希內向他保證自己將會擔任夏科號（Jean Charcot）的船長。後來這艘船遇到第一批難民的時候，就以傅柯的名義迎接他們上船。[90]

傅柯去世六年之後，葉維．吉伯出版《給那沒有救我的朋友》（*A l'Ami qui ne m'a pas sauvé la vie*）這本小說，小說掀起的風波中心就是傅柯。吉伯在一九七七年隨著《死亡宣傳》（*La Mort Propagande*）這部早期情色著作的出版而成為傅柯圈子裡的一員。他是才華洋溢的攝影師，曾為《世界報》撰寫討論攝影的文章，相貌不但俊美得驚人，又顯得天真純潔，與他的性格毫不相符。連同記者馬提厄．藍東（Mathieu Lindon；他是出版商杰宏．藍東的兒子），吉伯很外就成為傅柯的密友之一。傅柯重拾當初與巴特的習慣，每週都會有三次與這兩名年輕人一同用餐。有些人聲稱吉伯是傅柯的最後一個愛人，另外有些人則認為傅柯對他只是懷有強烈的友誼式情感。

一九八八年，吉伯發表一則短篇故事，標題為〈一個人的祕密〉（Les Secrets d'un homme），內容描述一位外科醫生以環鋸對一名哲學家進行開腦手術。他在大腦的表層看到「毫無遮掩的論述」，然後在比較深的層次發現「許多隧道，裡面充滿了儲藏物、囤積物、祕密、兒時祕密，以及未發表的理論」。接下來，醫生得到一項大發現：「兒時記憶埋藏得比其他一切都還要深，以免遭到弱智的解讀，因為這種解讀會編織出一面看似透明但其實不然的巨大布幕，可能掩蓋他的努力成果。」在那些兒時記憶當中，有「三幅可怕的透視畫」。在第一幅畫裡，一名外科醫生把一個小男孩帶進普瓦提耶一家醫院的一間病房裡，讓他觀看一個病患的一條腿受到截肢的過程，「為了讓他成為有膽識的男人」；在第二幅畫裡，一名小男孩走過一幢住宅的庭院旁，不禁嚇得發抖，因為那幢住宅就是當初那個被監禁的普瓦提耶女子關在其中備受煎熬的地方。第三幅畫呈現了一則故事的開頭。一個成績向來在班上名列前茅的中學生，在一所巴黎中學的學生湧入普瓦提耶之後，就失去他原本鶴立雞群的地位。他詛咒他們，結果那些逃離巴黎的猶太兒童就消失在死亡集中營裡。

這個無名的哲學家正吃力不已地想要完成一本書，所以儘管他腦中有三處膿腫，卻還是每天到圖書館去檢查他的筆記。不過，他內心有一股衝動，想要摧毀自己所有的著作，並要求一個朋友把他的手稿全部燒掉。在他死後，只有兩份手稿被人發現放在他的書桌上。從巴黎運往鄉間的棺木上方堆滿了玫瑰，還有一張簽上三個名字的卡片。在那整趟漫長的旅程上，棺木都保持靜止不動。[91]

吉伯在一九九〇年說明他創作這則短篇故事的起源。在傅柯臨終之前，吉伯在一本日記裡記下自己與這位朋友的談話。傅柯死後，吉伯什麼都沒說，在幾個場合上也拒絕談論他們的友誼。接著，他就寫下了〈一個人的祕密〉。《給那沒有救我的朋友》也是源自相同的日記內容，但吉伯之所以撰寫這本書，原因是他突然意識到「藉著敘述他的痛苦與死亡，我也敘述了我自己的命運，而且彷彿是預先這麼做。我彷彿在無意識中早已知道自己患有愛滋病」。他接著指出：「我最好的朋友像我一樣生了病，他說：『你是背叛的專家。』他透過這樣的觀點看待我寫的一切。背叛也許是我這麼做背後的主要動機……」[92] 葉維・吉伯在一九九一年十二月二十七日死亡，年方三十六歲。他藉由過量服用一種抗愛滋藥物自殺。

《給那沒有救我的朋友》是一本半自傳且半影射性的小說。書中的哲學家「繆左」（Muzil）可以輕易看出是傅柯，他的朋友「史帝芬」（Stéphane）是丹尼爾・德費，而「瑪琳娜」（Marine）則是女演員伊莎貝・艾珍妮（Isabelle Adjani）；她的虛構名字來自於她與塞吉・甘斯柏（Serge Gainsbourg）合唱的一首歌。書中對這些人物的描寫都相當刻薄，無疑展現了吉伯的背叛天分。於是，「史帝芬」向敘事者「葉維」坦承說他深感內疚，因為繆左去世讓他獲得「一間那麼漂亮的房子，裡面滿是俊美的少年」。所謂的房子，就是傅柯原本打算和吉伯一起造訪的那間位於厄爾巴島的別墅。史帝芬化解內疚感的方法，就是到倫敦聯絡一個愛滋病患自助組織，並且在法國成立一個類似的組織。[93]

繆左死後，史帝芬在櫥櫃裡發現一個袋子，裡面裝滿鞭子、手銬、皮革頭套，以及其他施虐受虐用具：「繆左喜愛三溫暖當中的激烈多人狂歡。」葉維曾數度看見他身穿黑色皮衣走出公寓，肩上裝飾著鏈子與金屬環，前往十二區的一家酒吧找尋受害者。他因為害怕被人認出而避開巴黎的三溫暖，但他每年到加州教導研討課的時候，總是會充分善用那裡的浴場與密室。一九八三年，繆左帶著持續不斷的咳嗽回國，但仍然談論著舊金山浴場當中的樂趣：

那一天，我對他說：「那些地方一定一個人都沒有了吧，因為愛滋病的關係。」「那是你的想法。實際上恰恰相反，浴場裡面從來沒有那麼多人過，現在變得非常特別。那項揮之不去的威脅造成了一種新的共犯感受，還有新的柔情、新的團結精神。以前從來沒有人會開口說話，現在大家都會互相交談。所有人都清楚知道自己為什麼去那裡。」[94]

吉伯對於傅柯／繆左的描繪究竟有多麼真實，沒有辦法證明也沒有辦法反證。這樣的描繪無疑帶有作者本身的幻想，也無意要作為真實的紀錄。整體而言，他的描繪相當精確，許多細節也都可以由其他消息來源證實。繆左和傅柯一樣在醫院裡觀看巴黎公開賽。他正在準備撰寫一本探討「社會主義者與文化」的書。他很小的時候曾經想要變成金魚，儘管他很怕冷水。這部小說與前面那則短篇故事的其他細節無法證實：截肢的故事；因為缺乏正式遺囑而導致史帝芬與繆左的家人關係緊張；史帝芬在公寓裡發現還沒有兌現的支票，金額達數百萬法郎；這位哲學家的死亡「被人偷走」，原因是他的姊姊堅持竄改死亡證書。

傅柯常說自己所有的著作都是「虛構」的，但這麼說不必然表示其內容都不真實。例如克洛德·莫里亞克曾經問他有沒有想過要寫虛構著作，他的回答是：「從來沒有。我連想都沒想過要寫虛構小說。另一方面，我在我的書裡確實喜歡對我蒐集或彙整在一起的材料進行虛構的運用，我也會刻意用真實的元素從事虛構的建構。」[95] 一九六七年，傅柯也向貝路指稱《詞與物》是「一部單純的『虛構』作品；那是一部小說，但不是我編造出來的……」[96] 這種虛構的概念源自尼采《曙光》裡的一段文字：「事實！沒錯，虛構的事實！史學家必須探究的不是實際上發生的事物，只該探究應當發生的事物……所有史學家談論的事物，都不曾實際存在，而是只存在於想像當中。」[97]《給那沒有救我的朋友》屬於這種尼采文類，想必能夠迎合傅柯「對於真相的關注」。他無疑會比較偏好這本小說，而不是一部傳記。

# 新版後記：死後的生命

大衛・梅西這部非凡的傳記，是在一九八〇年代晚期與一九九〇年代初期進行研究與撰寫，當時《言談書寫集》（*Dits et écrits*）尚未出版。這部原有四冊的文集後來重印為兩冊，內容收錄了超過三百五十篇傅柯在不同地方個別發表的短文，按照時間順序排列。其中雖然有些缺漏，未經授權的文章也沒有納入，但這部文集對於傅柯的研究者而言已經成為一份不可多得的參考資料。相較之下，梅西必須找出那些文章的原始刊登處：這是一件極為繁重的工作，他說「艱困至極」。[1] 他以伯納爾、拉格朗日與克拉克先前蒐集的資料作為基礎，進一步彙整出的參考書目，至今仍是一份非常珍貴的文件。

在那份參考書目裡，梅西提及幾份「沒有出版」的文本，出處為索爾舒爾圖書館。這座位於巴黎的圖書館是道明會的研究資源機構，也是傅柯人生最後幾年的工作處所，當時他的研究引領他回頭檢視早期教父以及古代異教文本。[2] 這座圖書館曾有幾年的時間負責保存傅柯中心的收藏，後來那些文件才遷移到當代出版記憶研究中心（l'Institut Mémoires de l'édition contemporaine），現在位於康城。這批珍貴但有限的收藏，許多年來一直都是研究者使用的兩大檔案其中之一，另一套檔案收藏在柏克萊大學的班考夫圖書館（Bancroft Library）。這兩套收藏有不少重疊之處。另外還有一套收藏，含有《知識考古學》的一份初期草稿，以及《性史》實際上出版的第二冊與第三冊當中幾乎所有章節的草稿版本，這套收藏位於法國國家圖書館。舉例而言，傅柯中心的收藏含有他為康德的《人類學》寫的導論。這是傅柯與《瘋狂史》一同提交的第二篇論文當中的一部分，另一部分是《人類學》的譯本。傅柯雖在一九六四年出版了這部譯本，但那份長篇導論（同樣可見於索邦大學）直到他死後才出版。梅西雖然運用了他當時能夠取得的一切資料，卻不免感嘆「現存的作品有許多缺漏」。[3]

這是刻意造成的結果。梅西引用了一九七〇年代晚期的一段談話，傅柯在其中對巴盧說：「我死後絕不留下手稿。」[4] 梅西指稱「他差點就實現了這項承諾。他指示好友葉維．吉伯（有些人說他是傅柯的最後一個愛人）銷毀《性史》最後幾冊的草稿以及所有的準備材料」。[5] 梅西引用傅柯的一封信件，將信解讀為一份實際上的遺囑，其中表明把他的公寓以及裡面的一切都留給他的長期伴侶丹尼爾．德費，並且規定：「不得從事任何死後出版。」

> 他的希望受到家人與朋友的尊重。如果確實有任何手稿存留下來，學者與傳記作家也無法取得……絕不會有所謂的「傅柯作品全集」。同理，我們也不太可能會見到他的書信集，儘管

他必然寫過相當多的信件……《性史》第四冊雖在一九八四年六月已經近乎完成，卻恐怕永遠不會印刷出版，對此產生了許多爭論。傅柯製造的這種狀況雖然令人感到挫折，卻預先阻止了圍繞著沙特與西蒙．波娃而興起的那種多產得近乎令人難堪的死後出版產業，只見愈來愈多「不為人知」的手稿被人從各個壁櫥裡翻找出來。傅柯曾經主張尼采的「作品全集」也許應該包含他的筆記本，其中除了有箴言的構思大綱之外，還交雜著日常雜務清單。不過，他認為同樣的論點並不適用於自己的日常雜務清單。6

在梅西寫下這段文字的時候，這樣的說法完全正確。傅柯的希望在他死後許多年間確實受到家人的尊重，因此存留下來的手稿都被封藏起來。然而，在梅西發表這段文字之後的二十五年裡，傅柯的希望逐漸受到淡忘，現在更是完全被置之不理。《性史》第四冊《肉身的告白》出版於二〇一八年；另外還有許許多多的手稿，都可在國家圖書館黎希留館的檔案與手稿閱覽室裡查閱，這些手稿在那裡正是收藏於龐大的壁櫥當中。這樣的轉變是怎麼發生的？

出版於一九九四年的《言談書寫集》不是死後出版品，而是一部死後彙編。這本書的編輯是德費與埃瓦爾德，後者曾於法蘭西公學院擔任傅柯的助理，他們集結的短文全都是傅柯生前發表的作品。除了為讀者節省蒐集這些文章所需的時間與精力之外，他們也把部分文章譯入法文（或是譯回法文）。梅西雖然提及許多這些外文著作，包括葡萄牙文、義大利文、英文、德文等等，但另外還有一些以前鮮為人知的作品（例如日文作品）。這兩位編輯針對部分文章悄悄選用了現存的法文原版，但大多數都是為這本文集特別翻譯的。連同其他特色，這部文集呈現了許多不同型態的文本，包括訪談、散文、序言、記者會、傳單、新聞報導，以及其他文類。英文讀者雖然長久以來都得以閱讀《權力／知識》（*Power/Knowledge*）或《傅柯讀本》（*The Foucault Reader*）等短文集，義大利文與德文當中也都有傅柯的文集，但《言談書寫集》卻是第一部法文文集。這部文集雖然算不上是「作品全集」，因為其中並不包含傅柯的書，而且絕大部分的內容也都不超出梅西透過自己的研究蒐集而得的範圍，但對於有興趣理解傅柯的人，仍是一本不可多得的輔助讀物。

三年後，傅柯在法蘭西公學院的第一門課程內容出版了，後來在二〇〇三年由梅西翻譯為《「必須保衛社會」》（*"Society Must Be Defended"*）：這是他翻譯的六十本書裡唯一的一本傅柯作品。這門開設於一九七六年初的課程，有關「死亡的權利與凌駕生命的權力」採用與《性史》第一冊相同的部分材料，但使用於全新的脈絡當中。這門課程以非常不同的方式解讀政治思想史傳統，強調不同種族在現代國家的形成當中具有的緊張關係，諸如高盧人與法蘭克人、諾曼人與撒克遜人。這門課程顯示歷史書寫本身如何經常是一項政治行為，也為傅柯原本對《性史》的規劃賦予新的意義：在後來捨棄的主題計畫當中，他原本打算以《性史》的其中一冊探討「人口與種族」。此外，這門課程也讓人對傅柯所謂的生命政治有新的認識，並得以理解他的管治性概念從何而來。在那個時候，管治性只出現於一份文本當中，原本以義大利文出版，後來翻譯為英文，是後來《安全、領土與人口》講座課程裡的一堂課。

出版一整套課程內容，而且還是授權版本，打破了先前的慣例。《「必須保衛社會」》當中的兩場講座先前曾以英文版本收錄於《權力／知識》當中，他的巴黎課程也有其他一些零碎的內容曾經出版過。他在一九八三年以「說真話」為主題於柏克萊開設的課程，原本以一份地下出版型態的文本流傳，後來終於在二〇〇一年由符號文本（Semiotext(e)）出版一個未授權版本，然後又在二〇一六年出版了一個正式的評述版。柏克萊與當代出版記憶研究中心的檔案都收藏了他許多課程的錄音帶，有兩份講座錄音正式發行，其他則存在於私人收藏裡，不然就是非正式流通。他的法蘭西公學院課程的正式法文版本，最早是以錄音帶為基礎。門檻出版社、伽利瑪出版社還有社會科學高等學院三方合作，由埃瓦爾德與豐塔納擔任主編，傅柯的法蘭西公學院課程在接下來的十八年裡全部都出版了。除了第一門課程以外，其他所有的課程內容都是由布契爾（Graham Burchell）翻譯成英文。最初幾冊是以錄音帶的內容謄寫而成，藉此規避「不得從事任何死後出版」的限制，他們聲稱這只是把原本就存在於公有領域的材料處理得更容易親近而已。出版這些課程還有另一個比較沒有那麼明白表達的理由是，當時有一個未經授權的義大利文版本正在籌備中。隨著這個系列以不連續的次序陸續出版，先是中期課程，接著是晚期課程，然後又是中期課程，最後才是最早期的課程，相關的出版限制也慢慢鬆綁。最早出版的課程以刪節號代表錄音當中的空缺，後來出版的課程則以傅柯的講課筆記填補這些細節。有時候，有些筆記內容在課堂上沒說，便以附件的形式收錄於書中。最早的三門課程沒有現存的錄音。德費本人編輯了最早的課程：《求知意志講座》（*Lectures on the Will to Know*；從一九七〇至一九七一年）單純以傅柯的筆記為基礎，但添加了他在麥吉爾大學（McGill University）發表的一場關於尼采的講座，以此取代缺漏的內容，另外又收錄一份標題為〈伊底帕斯式知識〉（Oedipal Knowledge）的手稿作為附錄。至於名為《懲罰社會》（*The Punitive Society*）的第三門課程，哈寇特（Bernard Harcourt）得以使用一份文字稿作為基礎；那份文字稿謄寫於一九七〇年代，由傅柯本人校對，但原本用來謄寫文字稿的那些錄音帶已經無從取得。編輯時間最晚而且才剛譯為英文的第二門課程《刑罰理論與制度》（*Penal Theories and Institutions*），哈寇特採用傅柯的筆記作為基礎。聲稱這些書不是「死後出版品」已經站不住腳。

梅西在他的傳記指出，傅柯通常會在課程完成之後幾個月，於六月寫下年度課程摘要，這是那些課程內容的有效摘要。不過，在課程的完整內容出版之後，我們現在知道實際上並非都是如此。傅柯有時會強調在課程進行期間只具有次要地位的主題，有時甚至會記述自己對一項主題的想法在課程結束後才出現的發展。另外有些時候，課程的中心主題在摘要裡幾乎沒有提及。舉例而言，在《「必須保衛社會」》當中，摘要幾乎完全沒有提到種族；在《刑罰理論與制度》裡，十七世紀諾曼第的赤腳漢（nu-pieds）暴動雖是課程前半段的主題，在摘要裡卻徹底跳過。即便摘要的確忠實反映了課程內容，課程的完整內容還是可讓人從中學到許多東西。在《求知意志講座》當中，我們可以看到傅柯在他「轉向」古代的整整十年之前就對希臘人擁有多麼深入的理解。我們也可更加明白他對尼采的解讀，並且更清楚看出系譜與權力的概念如何在他的著作裡浮現。《刑罰理論與制度》及《懲罰社會》有助於洞悉傅柯如何解讀馬克思主義史學家，又如何定位他自己的作品與他們的關注點之間的關係。下一系列的課程概要呈現了他對《性史》的原本計畫。在傅柯去世時尚未完成的這套書，與他在一九七〇年代中期原本規劃的那套書非常不同。出版於一九七六年底的第一冊概述了一套六冊的主題書籍。等到第二冊與第三冊實際上在一九八四年五月與六月出版之時，這兩本書已是依照另一項新計畫寫成。

在傅柯去世之後的頭二十年裡依據有限的材料加以發展並以多種方式應用的管治性概念，現在可以在他本人的思考當中重新定位。標題具有誤導性的《生命政治的誕生》，是一九七八至一九七九年間的課程，其中可以見到傅柯討論並概述新自由主義，當時正是這種思想的政治影響力在法國、德國、英國以及美國與日俱增之際。如果說關於傅柯究竟是新自由主義最具先見之明的批評者還是同情者這項辯論大體上缺乏啟發性，那麼他這門最貼近當時思想潮流的課程仍有許多值得參考之處。時序進入一九八〇年代，傅柯正在撰寫他去世之時仍未完成的《性史》套書。《論活人的管治》（*On the Government of the Living*）寫於一九七九至一九八〇年，與探討早期教會的第四冊有些重疊之處，而次年的《主體性與真相》則與實際上出版的第三冊有關。在他的最後三門課程當中（《主體詮釋學》以及兩冊的《自我與他人的管治》〔*The Government of Self and Others*〕），傅柯開始概述超出其出版作品範圍的材料。這些參考文獻雖然有些在第二冊與第三冊當中受到檢視，但我們在此處可以看到後來沒有完成的寫作計畫的概述與大綱，主題包括自我的技術、管治，以及說真話。我們雖有許多來自這個時期的材料（由於傅柯的名氣極大，因此他幾乎每次發言都會有錄音），但大部分都是由口語謄寫而成。當然，我們無法確知他這些寫作計畫原本會有什麼樣的結果。有不少跡象顯示他對古代的研究已接近尾聲，打算轉向比較當代的關注，包括管治技藝以及懲罰人類學。

除了巴黎這些課程，其他許多冊的材料也相繼出版。由傅柯的外甥亨利保羅・福赫休（Henri-Paul Fruchaud）以及羅倫奇尼（Daniele Lorenzini）共同領導的一個團隊，正在為弗杭出版社編輯一套相當關鍵的叢書。這套叢書起初是為先前出現的未授權版本的文本（經常是基於錄音謄寫稿）提供經過考證的法文版本。這群編輯以手稿材料補充那些錄音與原本的出版品，造就了可靠許多的文本。這些文本包含先前提過的一九八三年柏克萊課程、一九八〇年於達特茅斯學院與柏克萊發表的兩場講座（《關於自我詮釋學的開端》〔*About the Beginning of the Hermeneutics of the Self*〕），以及一九八三年的另一場柏克萊講座（《陶養自我》〔*La culture de soi*〕），搭配一九七八年的一場巴黎講座（《何謂批判?》〔*Qu'est-ce que la critique?*〕）。這套叢書最近出版的一冊是基於一九八二年在多倫多開設的一門課程：《自我坦白》（*Dire vrai sur soi-même*），先前從來不曾以任何形式出版過。這套叢書的其他冊已經規劃完成，要把先前未經授權或者未經收錄的出版品納入正式作品集，或是讓讀者得以接觸先前只有在檔案當中才查閱得到的材料。其他出版社也出版了若干書籍長度的傅柯作品，包括他在一九八一年於魯汶發表的講座（《犯罪，吐實》）、波恩弗瓦與德瓦對他的訪談，以及探討文學的講座與廣播演說（《語言，瘋狂，慾望》〔*Language, Madness, Desire*〕）等等。許多比較短的文章曾出現在其他文集或期刊裡，大多數（但不是全部）也都迅速譯成英文。頗為諷刺的是，傅柯在生前選擇出版而且現在收錄於《言談書寫集》當中的許多材料，都沒有翻譯成英文，但他不想出版的許多材料卻幾乎立刻就出現英譯本。傅柯晚年出版的《家庭失序》收錄了來自巴士底檔案的書信，由他與阿蕾特・法居共同編纂並於一九八二年出版，直到二〇一七年才譯成英文。二〇一五年，傅柯獲得法國文學傳統的一項榮譽：他大部分的書籍以及部分較短的作品被收錄進聲望崇高的七星文庫（Bibliothèque de la Pléiade）。[7]

大部分先前沒有出版的材料，在柏克萊或當代出版記憶研究中心的收藏當中也都找不到。法蘭西公學院講座的編輯經常在謝誌中提到，德費會提供檔案卷宗協助他們的工作。愈來愈明確的是，實際上有大量材料存留下來。那些編輯使用的材料顯示傅柯的課程筆記有保存下來，還有他的預備閱讀筆記與相關材料也是如此。但其他文本，例如《肉身的告白》，則是無法取得。被問到這份手稿時，德費指稱要就完全公開，不然就完全不公開：他不會只讓個別讀者接觸這份手稿。他解釋，在傅柯死後，他就把公寓裡許多最重要的手稿移到他處妥善保存。德費在前往厄爾巴島度假之前，已將那些手稿收藏於當地一家銀行的保險箱。他說有太多人擁有那間公寓的鑰匙，他怕手稿放在那裡會不安全。傅柯的出版者諾哈提議把那些手稿保存在伽利瑪出版社的保險箱，但德費擔心他可能會設法加以出版。德費記得那些手稿鎖在保險箱內將近三十年之久。

二〇一三年，德費把自己繼承的手稿全部賣給國家圖書館，共有三萬七千頁的資料，分裝於一百一十七個箱子裡。要理解這樣的規模有多麼驚人，可以做個簡單的比較：國家圖書館原本的收藏包括《知識考古學》以及《性史》第二與第三冊的草稿，裝起來共有五箱；班考夫圖書館收藏的書面材料只有一箱。現在有這麼一批為數巨大的珍貴材料在巴黎歸檔，還有許多箱尚未列入目錄當中。長久以來，梅西、德費以及其他人一再談及遭到徹底銷毀的手稿，傅柯自己或其他認識他的人所說的話也支持這樣的說法。不過，許多那些文本其實有留存下來。除了《性史》第四冊以外，和這套書其他冊有關的材料也都保存了下來。如同以上所述，計畫的變動相當複雜，其中有些能夠追溯到他在巴黎和其他地方發表的講座課程，但傅柯確實規劃了幾本書，屬於這套書的內容或是相關著作。除了其他計畫之外，他還提及自己打算撰寫著作探討中世紀晚期的教會、禁止兒童自慰的運動、變態的成人、歇斯底里的女性、真相政治、雌雄同體與自我技術。這些著作似乎有部分預備文獻以及至少一些草稿材料可見於那套檔案裡。[8]

傅柯如果確實銷毀了部分手稿，那麼他保存下來的更多，包括一九五〇年代探討尼采的文本、一九六〇年代探討藝術與文學的書寫，乃至探討性以及自我技術的著作，連同相關材料的草稿。他的講座課程幾乎全都保存了下來，包括最早在里爾與高師講授的課程，還有一九六〇年代在克雷蒙費弘、突尼斯與凡森的課程，乃至已經出版的一九七〇與一九八〇年代的材料。一九六〇與一九七〇年代還有其他課程尚未出現，諸如巴西聖保羅與水牛城紐約州立大學的課程。教學紀錄當中最明顯的空白似乎是一九五〇年代中期，當時他在烏普薩拉主持一項文化計畫，同時也在大學擔任講師職務，還有他在華沙以及後來在漢堡擔任其他文化職務之時發表的講座。

除了未出版的文稿之外，還有《知識考古學》的兩份草稿，其中一份內容完整，另一份比較零碎。另外還有些草稿材料則是和其他幾本已出版的書籍有關，例如《監視與懲罰》。雖然有些材料保存仔細，但傅柯也把部分手稿或打字稿當成廢紙使用，所以有些頁面背後可以看到閱讀筆記。由於傅柯沒有為筆記標記日期，因此他用來寫那些筆記或是折起來當成檔案夾把筆記集中在一起的紙張，有時就成了最有用的線索，能夠用來推測那些筆記寫下、整理或是重新整理的時間。傅柯也把帶有信頭的信紙、傳單，以及和別人的通信用在這樣的用途。那套檔案尚未完全開放，目錄也相當零碎，至少開放公眾查閱的部分是如此。那套檔案依照傅柯留下那些材料的順序加以保存。這樣的做法無疑是正確的，但如能提供一些交互參照與索引，對於研究者將會極有幫助。這些材料在未來幾年應該會有更多被出版，將會持續充實我們對傅柯的思想發展曲線的理解，偶爾也會對這些理解造成轉變。

梅西不曉得這一切，也不可能預期到會有這樣的發展。令人驚嘆的是，他這本書經常具體而微地概述了我們現在能夠得知其完整內容的事物。過去幾年來，我盡力運用既有的材料對傅柯的思想發展進行一項廣泛的研究。這項研究起初構成了兩本書：《傅柯的最後十年》（*Foucault's Last Decade*）與《傅柯：權力的誕生》（*Foucault: The Birth of Power*）。[9] 閱讀傅柯已出版的寫作，連同他的講座、死後出版品以及檔案材料，尤其是他的閱讀筆記，我盡力發展並深化我們對傅柯著作的理解。我目前正在為一本名為《早期傅柯》（*The Early Foucault*）的書探究傅柯在一九五〇年代的思想發展；一九六〇年代的材料能夠取得之後，我也可能會針對那段時期撰寫最後一本書。不過，我已經明白表示我寫的不是傳記，至少有部分原因就是梅西這部著作的品質。

唯一能夠與之相提並論的另一部傳記，是艾希邦的《傅柯》，自從一九八九年出版以來已陸續出過兩次修訂版。在英文世界只有第一版的譯本，但二〇一一年的第三版其實含有許多新材料，包括某些珍貴的附錄文件以及對新近公開的傅柯書寫提出的想法。[10]艾希邦雖然也寫了《傅柯與他的同代人》（*Michel Foucault et ses contemporains*）這部傑出著作，在其他作品當中也談及傅柯，尤其是在《侮辱與同性戀自我的成形》（*Insult and the Making of the Gay Self*）當中，[11]但近二十五年已不再有傅柯的新傳記。詹姆斯・米勒（James Miller）的《傅柯的生死愛慾》（*The Passions of Michel Foucault*）就出版於梅西的著作之前，在一九九三年初。[12]

然而，這些傳記作者當初能夠取得的一項資源，目前已大體上不再可得。傅柯去世之時年僅五十七歲，所以當時不僅有許多他的同輩仍然建在，他的許多老師與指導者也是如此。梅西這部傳記的致謝辭與注釋，就顯示出他得以訪問許多這些人物，涵蓋範圍及於傅柯人生與職涯的各個階段。這些人物包括布迪厄、卡斯特、康紀言、艾蓮・西蘇、德費、埃瓦爾德、阿蕾特・法居、傅柯的姊姊、弟弟與姊夫、克洛索夫斯基、克洛德・莫里亞克、喬治與賈克琳・維鐸、維納、維達納凱，以及其他許多人。德費尤其受到多次訪問。他聯繫的對象當中只有少數人婉拒受訪，通常是因為他們已經接受過艾希邦的訪問，而且要說的話都已經說了。梅西的傳記裡面有些重點純粹來自這種豐富的口述歷史。這些訪問的部分謄寫稿以及許多筆記，連同他與受訪對象的通信，都保存在梅西的私人文件當中。[13]他這本書的注釋還提及其他許多有用的參考資料，包括新聞報導、回憶錄以及其他證詞，還有當代的書評與文獻，其中大部分都構成一批大體上沒有利用到的證據。今天，梅西訪問的那些人已有許多不在人世，現在雖然還是有許多人認識成名後的傅柯，卻幾乎已經沒有他思想發展時期的目擊者。

儘管晚近的出版品進一步充實了我們對傅柯著作的理解，但任何一名新的傳記作者除了面對必須跟隨在艾希邦與梅西之後的這項艱鉅挑戰之外，也面臨了證人欠缺的問題，即便是仍然在世的證人也不免會有記憶流失的狀況。此外，就死後出版品的一個面向而言，梅西的說法至今依然正確：我們仍然無法取得傅柯的通信，除了極少數收錄在近來出版的文件集，以及少數可見於他的通信對象的檔案裡。德費指稱傅柯經常丟棄別人寄給他的信件，他本身的檔案裡面也沒有任何書信收藏。在其他地方可以取得的書信，通常只有在嚴格的條件下才能夠查閱，包括不得影印也不得引用其內容。他的部分通信對象也說他們將會把自己收到的信件帶進墳墓裡。因此，為什麼沒有人跟隨艾希邦或梅西的腳步，其實有充分的理由：他們的著作品質極高，加上證人的欠缺，尤其是傅柯人生早期的證人，以及傅柯的著作雖然出現新的資訊來源，他的人生卻沒有。

不過，傅柯的人生與職涯仍有許多面向能夠進行更完整的探究，尤其是一九五〇年代：這是傅柯正在發展他的思想而且尚未成名的時期。里爾與高師的課程將會讓我們對他的早期發展以及最早的出版作品獲得更多瞭解。他在烏普薩拉的時期，雖在梅西的著作裡受到不少討論，卻仍然有些模糊不清之處。我們對於他在華沙與漢堡的那段時期也仍然所知不多，儘管近期的一項波蘭研究為他的華沙時期提供了一些資訊。關於這項研究當中的洞見與欠缺，有一份法文的長篇評論；此外，這項研究若能有英文與法文譯本更會是一大幸事。[14] 克雷蒙費弘、突尼西亞與凡森的課程在未來出版之後，將可讓我們對傅柯在一九六〇年代期間的研究獲得新的瞭解。他探討文學、繪畫與戲劇的書寫近年來得到重新評價，一部分就是因為新近公開的材料。[15] 傅柯在一九七〇年代初期的政治運動仍是眾人深感興趣的主題，一大助力來自於阿蒂耶（Philippe Artières）與他的同僚編纂的文集，收錄內容包括傅柯與監獄訊息小組的工作，以及傅柯在一九七〇年代晚期針對伊朗革命撰寫的報導。傅柯在一九六五至一九七六年間五度造訪巴西的旅程，還有他與獨裁政權反對勢力的關係，也在近來成為一項重要研究的主題。[16]傅柯的閱讀筆記為他在數十年間於圖書館進行的研究留下了珍貴紀錄。他本人的藏書頗為零散，有些仍然放在德費至今仍舊居住的那間公寓，還有一批題獻給傅柯的著作則收藏於耶魯大學的拜內克圖書館（Beinecke Library）。針對這些藏書進行研究，有可能帶來深入的洞見。至於最誘人的部分，可能是傅柯的智識筆記本：那些筆記本就像是對於進行中的工作寫下的日誌，目前仍保存在那批檔案裡，但就我所知尚未開放查閱。梅西和其他人當初都以為已經佚失的一份文本，是傅柯在一九四九年針對黑格爾的《現象學》所寫的學位論文，指導教授是伊波利特。[17]傅柯去世之後，他的公寓裡並沒有這篇論文。不過，福赫休在他祖母（傅柯的母親）家中發現了這篇論文，他將這篇論文連同那個早年時期的其他材料捐贈給國家圖書館。[18]

梅西要不是在二〇一一年以六十二歲之齡英年早逝，他必定有可能會再針對傅柯進行更進一步的研究。他最後的重大寫作計畫包括以法農（Frantz Fanon）為主角的傑出傳記，還有《批判理論辭典》（*The Penguin Dictionary of Critical Theory*）。[19]他確實以讀者手上這本書為基礎，在二〇〇四年為反應出版社（Reaktion）的「關鍵人物」叢書（Critical Lives）寫了篇幅簡短許多的《傅柯》（*Michel*

*Foucault*），也在前一年翻譯了《「必須保衛社會」》。[20]不過，這本再版的傳記仍是一部重大研究，對傅柯人生的詳細評估以及職業生涯的概觀仍是至今為止最傑出的著作。梅西在本書一開頭提及傅柯與尼采同樣鄙夷「傳記的所有那些零碎資訊」，[21]並且在結尾指稱傅柯可能會比較偏好葉維·吉伯的虛構記述。[22]但儘管如此，梅西的努力還是令傅柯深蒙其利。

史都華·艾登（Stuart Elden），二〇一八

*and the Making of the Gay Self*, translated by Michael Lucey, Durham, NC: Duke University Press, 2004.

12. James Miller, *The Passions of Michel Foucault*, London: HarperCollins, 1993.
13. 我非常感謝Margaret Atack允許我查閱這些文件。
14. Remigiusz Ryzyriski, *Foucault w Warszawie*, Warsaw: Fundacja Instytutu Reportazu, 2017. See Maya Szymanowska, "'Foucault à Varsovie", l'histoire d'un philosophe homosexual dans la Pologne des années 50', *Le Soir Plus*, 28 July 2017.
15. 舉例而言，見Jean-François Favreau, *Vertige de l'écriture: Michel Foucault et la literature (1954–1970)*, Lyon: ENS Éditions, 2012; Arianna Sforzini, *Les scènes de la vérité. Michel Foucault et le théâtre*, Lormont: Le Bord de l'Eau, 2017; Catherine M. Soussloff, *Foucault on Painting*, Minneapolis: University of Minnesota Press, 2017.
16. Heliana de Barros Conde Rodrigues, *Ensaios sobre Michel Foucault no Brasil: Presença, efeitos, ressonâncias*, Rio de Janeiro: Lamparina, 2016. See Marcelo Hoffman, 'Review: Heliana de Barros Conde Rodrigues, Ensaios sobre Michel Foucault no Brasil: Presença, efeitos, ressonâncias (Michel Foucault in Brazil: Presence, Effects, Resonances)', *Theory, Culture & Society*, Vol 34 No 7–8, pp. 253–57.
17. Macey, *The Lives of Michel Foucault*, p. 32.
18. 這項資訊來自Daniele Lorenzini。
19. David Macey, *Frantz Fanon: A Biography*, London: Verso, 2012 [2000]; *The Penguin Dictionary of Critical Theory*, London: Penguin, 2001.
20. David Macey, *Michel Foucault*, London: Reaktion, 2004.
21. Macey, *The Lives of Michel Foucault*, p. ix; citing Friedrich Nietzsche, *Untimely Meditations*, translated by R.J. Hollingdale, Cambridge: Cambridge University Press, 1983, p. 97.
22. Macey, *The Lives of Michel Foucault*, p. 480; Hervé Guibert, *À l'ami qui ne m'a pas sauvé la vie*, Paris: Gallimard, 1990.

p. 43. 關於他先前對於傅柯的批評，見他的*Les Modernes*.

87. Simon Watney, *Policing Desire. Pornography, AIDS and the Media*, London: Comedia, 1987, p. 123.
88. 'Daniel Defert: "Plus on est honteux, plus on avoue", propos recueillis par Gilles Pail', *Libération*, 31 October–1 November 1978, p. 2.
89. 本書作者對Claude Mauriac的訪談。
90. Bernard Kouchner, 'Un vrai Samouraï', p. 89; 本書作者對Bernard Kouchner的訪談。
91. Hervé Guibert, 'Les Secrets d'un homme', *Mauve le Vierge*, Paris: Gallimard, 1988, pp. 103–11.
92. 'La Vie SIDA. Le Nouveau roman de Hervé Guibert' (Antoine de Gaudemar的訪談), *Libération*, 1 March 1990, p. 20.
93. Hervé Guibert, *A l'Ami qui ne m'a pas sauvé la vie*, Paris: Gallimard, 1990, pp. 117–18.
94. Ibid., p. 30.
95. Mauriac, *Mauriac et fils*, p. 244.
96. 'Deuxième Entretien avec Michel Foucault', p. 49.
97. Nietzsche, *Daybreak*, 307.

## 新版後記

1. David Macey, *The Lives of Michel Foucault*, London: Hutchinson, 1993, p. xx; 由Verso翻印於二〇一九年，p. xix（後續提及這部著作皆是指Verso版本）。
2. 梅西提到傅柯因為對這一點的感激而向道明會捐贈了大筆金錢；這是他在法國國家圖書館工作備感挫折所帶來的結果 (*The Lives of Michel Foucault*, pp. xii, 415).
3. Macey, *The Lives of Michel Foucault*, p. xvii.
4. Jean-Pierre Barou, 'Il aurait pu aussi bien m'arriver tout autre chose', *Libération*, 26 June 1984, p. 4.
5. Macey, *The Lives of Michel Foucault*, p. xvii.
6. Macey, *The Lives of Michel Foucault*, p. xviii.
7. Michel Foucault, Œuvres, edited by Frédéric Gros, Paris: Gallimard, two volumes, 2015.
8. 一份源自一九七八年的殘篇，內容討論十六與十七世紀的告解與色慾，在以下這部著作裡受到探討：Philippe Chevallier, *Michel Foucault et le christianisme*, Lyon: ENS Éditions, 2011, pp. 149–50.
9. Stuart Elden, *Foucault's Last Decade*, Cambridge: Polity Press, 2016; *Foucault: The Birth of Power*, Cambridge: Polity Press, 2017.
10. Didier Eribon, *Michel Foucault*, Paris: Flammarion, third edition, 2011; *Michel Foucault*, translated by Betsy Wing, London: Faber, 1991.
11. Didier Eribon, *Michel Foucault et ses contemporains*, Paris: Flammarion, 1994; *Insult*

52. George Steiner, 'Power Play', *New Yorker*, 17 March 1986, pp. 108–109.
53. *Le Souci de soi*, pp. 43, 41.
54. Ibid., p. 59.
55. Ibid., p. 122.
56. Ibid., p. 123.
57. Ibid., p. 164.
58. Mauriac, *Le Temps accompli*, p. 22.
59. 本書作者對Daniel Defert、Francine Fruchaud與Denys Foucault的訪談。
60. Bülow, 'Contredire est un devoir', p. 178.
61. Mauriac, *Le Temps accompli*, p. 49.
62. Ibid., p. 32.
63. *L'Usage des plaisirs*, pp. 14–15. 由於未說明的原因，《世界報》在六月二十八日宣布德勒茲將朗讀《知識考古學》的最後一頁。
64. Mauriac, *Le Temps accompli*, pp. 39, 21.
65. Eribon, *Michel Foucault*, p. 354.
66. Mauriac, *Le Temps accompli*, p. 41.
67. 本書作者對Michel Albaric與Paul Veyne的訪談。
68. *Le Monde*, 28 June 1984.
69. 後來翻印為以下這部著作的封面圖片：James Bernauer and David Rasmussen, eds., *The Final Foucault*, Cambridge, Massachusetts: MIT Press, 1988.
70. 'Hier à 13 heures ...' *Libération*, 26 June 1984, p. 2.
71. 引自Samuelson, *Il Etait une fois 'Libération'*, p. 19.
72. 'Michel Foucault, an Interview: Sex, Power and the Politics of Identity', p. 28.
73. Shilts, *And the Band Played On*, p. 472.
74. Edward Said, 'Michel Foucault', *Raritan*, vol. 4, no. 2, 1984, p. 9. See Ed Cohen, 'Foucauldian necrologies: "gay" "politics?" politically gay?', *Textual Practice*, vol. 2, no. 1, Spring 1988.
75. 關於舊金山是同性戀者的「以色列」，見Larry Kramer, *Reports from the Holocaust. The Making of an AIDS Activist*, Harmondsworth: Penguin, 1990, p. 254.
76. Cohen, 'Foucauldian necrologies', p. 91.
77. Shilts, *And the Band Played On*, p. 472.
78. 本書作者對Daniel Defert的訪談。
79. Sheridan, 'Diary'.
80. Paul Veyne, 'Le Dernier Foucault et sa morale', *Critique* 471–472, August–September 1986, p. 940; Pierre Nora, 'Il avait un besoin formidable d'etre aimé'.
81. 本書作者對Carl Gardner的訪談。
82. 'On the Genealogy of Ethics', *The Foucault Reader*, p. 342.
83. Mauriac, *Le Temps accompli*, pp. 32–33.
84. Mauriac, *L'Oncle Marcel*, p. 449.
85. *Radioscopie de Michel Foucault*.
86. Jean-Paul Aron, 'Mon SIDA', *Le Nouvel Observateur*, 30 October–5 November 1987,

24. Habermas, 'Taking Aim at the Heart of the Present', pp. 103–104.
25. 摘要刊登為 'Un cours inédit', *Magazine littéraire* 207, May 1984, pp. 35–39.
26. François Ewald, 'Droit: systèmes et stratégies', *Le Débat* 41, September–November 1986, pp. 63–69.
27. 'Discourse and Truth: The Problematization of Parrhesia', 一百二十一頁的打字稿，索爾舒爾圖書館，D213。
28. 'What is Enlightenment?', tr. Catherine Porter, *The Foucault Reader*, pp. 32–50; Hans Sluga, 'Foucault à Berkeley: l'auteur et le discours', *Critique* 471–72, August–September 1986, pp. 840–57.
29. 'What Is Enlightenment?', pp. 39–42.
30. Keith Gandal and Stephen Kotkin, 'Governing Work and Social Life in the USA and the USSR', *History of the Present*, February 1985, p. 4.
31. 本書作者對Jacques Almira與Dominique Seglard的訪談。
32. Philip Horvitz, 'Don't Cry for me. Academia', *Jimmy and Lucy's House of 'K'* 2, August 1984, p. 80.
33. Arlette Farge and Michel Foucault, 'Le Style de l'histoire', *Le Matin*, 21 February 1984, p. 21.
34. 'Le Souci de la vérité', *Le Nouvel Observateur*, 17 February 1984, pp. 56–57.
35. Mauriac, *Mauriac et fils*, pp. 387–91. 這封信函的完整內容翻印於其中，pp. 389–90.
36. Ibid., p. 394.
37. 'Usages des plaisirs et techniques de soi', *Le Débat* 27, November 1983, pp. 46–72; 'Rêver de ses plaisirs: sur l'onirocritique d'Artémidore', *Recherches sur la philosophie et le langage* 3, 1983, pp. 53–78.
38. 'Le Combat de la chasteté', *Communications* 35, May 1982, pp. 15–25.
39. Nora, 'Il avait un si formidable besoin d'etre aimé'.
40. 'On the Genealogy of Ethics', pp. 347–48.
41. 因此，傅柯簡短提及古中國有些文本含有「情慾行為的建議，而那些情慾行為的目標乃在於盡可能提高性伴侶雙方的快感，至少是男性的快感」(p. 159)。傅柯這段簡短評述的參考來源是van Gulick，其研究中國的著作在一九七一年以法文出版為*La Vie sexuelle dans la Chine ancienne*.
42. *L'Usage des plaisirs*, pp. 74–76.
43. Ibid., pp. 133, 141.
44. Ibid., p. 39.
45. Ibid., p. 63.
46. Ibid., p. 111.
47. Ibid., p. 212–13.
48. Ibid., p. 207.
49. Ibid., p. 243.
50. Ibid., p. 247.
51. Ibid., p. 274.

文章，大概是針對運用巴士底檔案在實際上必須涉及的工作所提出的最佳陳述。

66. Mauriac, *Et comme l'Espérance est violente*, p. 595.
67. Arlette Farge, 'Travailler avec Michel Foucault', *Le Débat* 41, September–November 1986, p. 166.
68. 不過，見Emmanuel Todd, 'Ce que révèlent les lettres de cachet', *Le Monde*, 5 November 1982; Michal Ignatieff, 'At the Feet of the Father', *Times Literary Supplement*, 22 April 1983.
69. 本書作者對Arlette Farge的訪談。

## 第十八章

1. Keith Gondal and Stephen Kotkin 'Foucault in Berkeley', *History of the Present*, February 1985, p. 6.
2. 本書作者對Paul Veyne的訪談。
3. 這些討論的抄本可見於索爾舒爾圖書館，這些討論的錄音帶也收藏於那裡。
4. *L'Usage des plaisirs*, p. 14.
5. 'On the Genealogy of Ethics', *The Foucault Reader*, p. 342.
6. Ibid., p. 346.
7. Ibid., p. 334.
8. Ibid., p. 362.
9. Ibid., p. 315; Nietzsche, *The Gay Science*, p. 232.
10. Max Gallo, 'Les Intellectuels, la politique et la modernité', *Le Monde*, 26 July 1983, p. 7.
11. Jean Daniel, 'Le Prince et les scribes', *Le Nouvel Observateur*, 19 August 1983, pp. 18–19.
12. Philippe Boggio, 'Le Silence des intellectuels de gauche. 1. Victoire à contretemps', *Le Monde*, 27 July 1983, pp. 1, 10.
13. Philippe Boggio, 'Le Silence des intellectuels de gauche. 2. Les Chemins de traverse,' *Le Monde*, 28 July 1983, p. 6.
14. Eribon, *Michel Foucault*, p. 325.
15. 引自ibid.
16. Ibid., pp. 325–26; 本書作者對Didier Eribon的訪談。
17. 'Le Souci de la vérité', *Magazine littéraire* 207, May 1984, p. 23.
18. 'Structuralism and Post-Structuralism', p. 208.
19. Ibid., p. 209.
20. Robert Badinter, 'Au Nom des mots', in *Michel Foucault: Une Histoire de la vérité*, p. 73.
21. 'L'Angoisse dejuger', *Le Nouvel Observateur*, 30 May 1977, pp. 92–126.
22. 'Au nom des mots', p. 74.
23. 本書作者對Robert Badinter的訪談。

38. 本書作者對Jacques Lebas的訪談。
39. Michel Foucault, Simone Signoret and Bernard Kouchner, 'En abandonnant les Polonais, nous renonçons à une part de nous-mêmes', *Le Nouvel Observateur*, 9 October 1982, p. 36.
40. Bernard Kouchner, 'Un vrai Samouraï', p. 88.
41. 'En Abandonnant les Polonais ...'
42. Kouchner, 'Un vrai Samouraï', p. 88. 本書作者對Bernard Kouchner、Jacques Lebas的訪談。
43. 這些講座的抄本可於索爾舒爾圖書館查閱（編目為D201；打字稿，pp. 159）。與貝爾坦討論的錄影帶在一九八八年於法國電視播放；抄本為'Entretien avec Michel Foucault', *C'omités d'éthique à travers le monde: Recherches en cours*, Paris: Tierce/INSERM, 1989, pp. 228–35.
44. 三場講座的打字稿，University of Toronto, 1982, Bibliothèque du Saulchoir, D243.
45. 本書作者對Philippe Meyer的訪談。
46. 'Non aux compromis', *Gai Pied* 43, October 1982, p. 9.
47. *And the Band Played On*, p. 149.
48. 'Technologies of the Self: A Seminar with Michel Foucault'.
49. 'Technologies of the Self, ibid., pp. 16–49; 'The Political Technology of Individuals', ibid., 145–62.
50. Introduction, ibid., p. 11.
51. 'Truth, Power, Self: An Interview with Michel Foucault', ibid., pp. 11, 12, 13.
52. Jana Sawicki, *Disciplining Foucault: Feminism, Power, and the Body*, London: Routledge, 1991, p. 15.
53. 引自Christian Colombani, 'Les "Lieux de vie" et l'affaire du Coral. 1. Une campagne et une enquête', *Le Monde*, 28 November 1982, p. 9.
54. Guy Hocquenhem, *Les petits Garçons*, Paris: Albin Michel, 1983, p. 144.
55. Ibid., p. 168.
56. Ibid., pp. 174, 175.
57. Ibid., p. 176.
58. 見*Le Monde*, 22 January 1983的報導。本書作者對Jean-Pierre Mignon的訪談。
59. 本書作者對René Schérer、Christian Revon、Laurent Dispot的訪談。
60. *Résumé des cours*, pp. 145–66. 發表於一九八二年一月至三月間的講座，其摘要內容刊登為'Herméneutique du sujet', *Concordia* 12, 1988, pp. 44–68. 這些摘要是由Helmut Becker與Lothar Wolfstetter記錄的德文版本重譯而成，並且首度發表於*Freiheit und Selbstsorge*, Frankfurt: Materalis Verlag, 1985.
61. *Histoire de la folie*, p. 105.
62. Deleuze, *Foucault*, p. 35.
63. Pierre Nora, 'Il avait un besoin formidable d'être aimé'.
64. *Surveiller et punir*, p. 79; Arlette Farge, *Le Vol d'aliments* ..., Paris: Plon, 1974.
65. Arlette Farge, *Le Goût de l'archive*, Paris: Seuil, 1989, p. 24. 這篇簡短但令人欣喜的

Libération, 1 July 1984.

9. Mario Bettati and Bernard Kouchner, *Le Devoir d'ingérence*, Paris: Denoël, 1987.
10. William R. Hackman, 'The Foucault Conference', *Telos* 51, Spring 1982, pp. 191–96.
11. Friedrich, 'France's Philosopher of Power'.
12. 引自Hackman, 'The Foucault Conference', p. 196.
13. 關於這些事件的概述，見Oliver MacDonald, 'The Polish Vortex: Solidarity and Socialism', *New Left Review* 139, May–June 1983, pp. 5–48. 關於先前的那個時期，見Neal Ascherson, *The Polish August*, Harmondsworth: Penguin, 1981.
14. *Le Monde*, 15 December 1981.
15. *Les Elections législatives de juin 1981*, 'Supplément aux Dossiers et documents du *Monde*', June 1981, p. 43.
16. Cited Mauriac, *Mauriac et fils*, p. 351–2.
17. 'Politics and Ethics: An Interview', *The Foucault Reader*, p. 377.
18. Pierre Mauroy, *A Gauche*, Paris: Marabout, 1986, p. 245.
19. *Le Monde*, 19 December 1981.
20. *Le Matin*, 21 December 1981.
21. *Le Monde*, 17 December 1981.
22. 本書作者對Jacques Lebas的訪談。
23. *Le Monde*, 24 December 1981.
24. Mauriac, *Mauriac et fils*, p. 358.
25. Ibid., p. 360.
26. Frédéric Edelmann, 'Un hommage des artistes et des intellectuels à l'Opéra de Paris', *Le Monde*, 24 December 1981.
27. 「Varsovivre」是個雙關語，結合了「Varsovie」（華沙）與「vivre」（活命）。
28. Seweryn Blumsztajn, in *Michel Foucault: Une Histoire de la vérité*, p. 98. 本書作者對Edmond Maire的訪談。
29. See Hervé Hamon and Patrick Rotman, *La Deuxième Gauche: Histoire intellectuelle et politique de la CFDT*, Paris: Editions Ramsay, 1982.
30. Lech Walesa, *A Path of Hope: An Autobiography*, London: Pan, 1988, p. 170.
31. *Le Monde*, 26–27 June 1977, p. 4.
32. 'The Flying University', *New York Review of Books*, 24 January 1980, p. 49.
33. 引自Marcin Frybes, 'Rencontre ou malentendu autour de Solidarnosc?', *CFDT aujourd'hui* 100, March 1991, p. 106, Cf. 'Intellectuals and Labor Unions, An Interview with Robert Bono, conducted by Paul Rabinow and Keith Gandal', *History of the Present*, Spring 1986, pp. 3, 9–10.
34. See 'La Pologne, et après? Edmond Maire: Entretien Michel Foucault, *Le Débat* 25, May 1983, pp. 3–35
35. 'Un Système fini face à une demande infinie', in *Sécurité sociale: l'enjeu*, Paris: Syros, 1983, pp. 39–63.
36. Bono, 'Intellectuals and Labor Unions', p. 3.
37. 本書作者對Alain Finkielkraut與Pierre Vidal-Naquet的訪談。

85. Winifred Barbara Maher and Brendan Maher, 'The Ship of Fools: *Stultifera Navis* or *Ignis Fatuus?', American Psychologist*, July 1982, pp. 756–61.
86. 引自ibid., p. 759.
87. Lawrence Stone, 'Madness', *New York Review of Books*, 16 December 1982, p. 29.
88. Ibid., p. 30.
89. Ibid., p. 28.
90. 'Polemics, Politics and Problematizations', *The Foucault Reader*, p. 381.
91. 'An Exchange with Michel Foucault', *New York Review of Books*, 31 March 1984, p. 42.
92. Ibid., p. 43, citing G. Weissmann, 'Foucault and the Bag Lady', *Hospital Practice*, August 1982.
93. Andréw Scull, 'Michel Foucault's History of Madness', *History of the Human Sciences*, vol. 3, no. 1, February 1990, p. 64, n.
94. 關於此一事件最初的記述，見K. S. Karol, 'La Tragédie de Louis Althusser', *Le Nouvel Observateur*, 24 November 1980, pp. 26–27; 一份刪節譯本為'The Tragedy of the Althussers', *New Left Review* 124, November–December 1980, pp. 93–95. 最完整的記述是Yann Moulier Boutang, *Louis Althusser*. 關於阿圖塞本身對於他殺害艾蓮的駭人敘述，見他的*L'Avenir dure longtemps*, pp. 11–12.
95. Ibid., p. 24.
96. Boutang, *Louis Althusser*, p. 59.
97. Althusser, *L'Avenir dure longtemps*, p. 19.
98. Philippe Boggio, 'Trop lourd', *Le Monde*, 19 November 1980, p. 16.
99. Althusser, *L'Avenir dure longtemps*, pp. 264–66; cf. 'Entretien avec le Père Stanislas Breton', in Lévy, *Les Aventures de la liberté*, pp. 423–25.

## 第十七章

1. 見發表於*Lire*, April 1981的民調。
2. 'Entretien: L'Intellectuel et les pouvoirs'（Christian Panier與Pierre Watté的訪談，一九八一年五月十四日），*La Revue nouvelle*, vol. 50, no. 10, October 1984, p. 338.
3. See *'Le Nouvel Observateur* e l'union della sinistra', *Spirali*, 15 January 1980, pp. 53–55.
4. 這個新詞在法語當中的接受度相當高；舉例而言，一座城鎮的鎮長常常會把鎮上居民稱為「mes administrés」。
5. 'Est-il done important de penser?' (Didier Eribon的訪談), *Libération*, 30–31 May 1981, p. 21.
6. 'Il faut tout repenser: La Loi et la prison', *Libération*, 6 July 1981, p. 2.
7. 本書作者對Bernard Kouchner的訪談。
8. 'Face aux gouvernements, les droits de l'homme', *Actes: Les Cahiers d'action juridique* 54, Summer 1986, p. 22. 這份文本在傅柯生前不曾出版，後來首度刊登於

60. ‘Vivre autrement le temps’, *Le Nouvel Observateur*, 30 April 1979, p. 20.
61. Bel, *Maurice Clavel*, p. 354.
62. Postscript, *Death and the Labyrinth*, pp. 186–87.
63. Calvet, *Roland Barthes*, pp. 293–97, 300–01.
64. Mauriac, *Le Rire des pères dans les yeux des enfants*, pp. 618–19.
65. ‘Roland Barthes (12 novembre 1915–26 mars 1980)’, *Annuaire du Collège de France*, 1979–80, pp. 61–62.
66. Mauriac, *Le Rire des pères dans les yeux des enfants*, p. 616.
67. Defert, ‘Lettre à Claude Lanzmann’, p. 1201.
68. Bülow, ‘Contredire est un devoir’, p. 177.
69. Mauriac, *Le Rire des pères dans les yeux des enfants*, p. 617.
70. 本書作者對Daniel Defert與Jeannette Colombel的訪談。
71. Christian Zimmer, ‘Dans le combat gauchiste’, *Le Monde*, 17 April 1980, p. 17. 因為沙特去世而發行的《解放報》專刊，也犯了一模一樣的疏漏。
72. Defert, ‘Lettre à Claude Lanzmann’, p. 1201.
73. ‘The Minimalist Self’, p. 12.
74. ‘*Omnes et singulatim*: Towards a Criticism of Political Reason’, *Politics, Philosophy, Culture*, pp. 57–85. 一個法文版本刊登為‘*Omnes et singulatim*: Vers une critique de la raison politique’, *Le Débat* 41, September–November 1986.
75. 史丹佛大學討論的錄音帶，一九七九年十月十一日，索爾舒爾圖書館（C9）。
76. Dreyfus and Rabinow, *Michel Foucault: Beyond Structuralism and Hermeneutics*, p. vii.
77. 這些講座至今仍未出版；抄本可查閱於索爾舒爾圖書館。
78. Keith Gandal and Stephen Kotkin, ‘Foucault in Berkeley’, *History of the Present*, February 1985, p. 6.
79. Michel Foucault and Richard Sennet, ‘Sexuality and Solitude’, *London Review of Books*, 21 May–3 June 1981, pp. 3–7.
80. Carlin Romano, ‘Michel Foucault’s New Clothes’, *Village Voice*, 29 April–5 May 1981, p. 1; Otto Friedrich, ‘France’s philosopher of Power’, *Time*, 16 November 1981, p. 58.
81. Richard Rorty, ‘Foucault and epistemology’ in David Couzens Hoy, ed., *Foucault: A Critical Reader*, Oxford: Blackwell, 1986, p. 47.
82. Jürgen Habermas, ‘Modernity Versus Post-Modernity’, *New German Critique* 22, Winter 1981, p. 13. 另見他另一部著作的第九與第十章：*Philosophical Discourse of Modernity*, tr. Frederick G. Lawrence, Cambridge: Polity, 1987.
83. Clifford Geertz, ‘Stir Crazy’, *New York Review of Books*, 26 January 1978, p. 3.
84. H. C. E. Midelfort, ‘Madness and Civilization in Early Modern Europe: A Reappraisal of Michel Foucault’ in B. C. Malament, ed., *After the Reformation: Essays in Honor of J. H. Hester*, Philadelphia: University of Pennsylvania Press, 1980, pp. 247–65. 關於其他指稱傅柯傾向於誇大「大禁閉」地理範圍的類似評論，見Roy Porter, *Mind-Forg'd Manacles: A History of Madness in England from the Restoration to the Regency*, London: Athlone Press, 1987.

在一九七九年於極為可疑的情況下遭人殺害。

34. Mauriac, *Mauriac et fils*, p. 253.
35. 尤見Pierre Manent, 'Lire Michel Foucault', *Commentaire* 7, Autumn 1979, pp. 369–75.
36. 'Lacan, il "liberatore"', *Corriere della sera*, 11 September 1981, p. 1.
37. Bernard Henri-Lévy, *Les Aventures de la liberté*, Paris: Grasset, 1991, pp. 364–65.
38. Jacques Bureau, '*Libération* devant la révolution inattendue', *Esprit* 1, January 1980, pp. 56–58; Nicole Gnesotto, '*Le Nouvel Observateur*: "L'Histoire déraillée"', ibid., pp. 64–69.
39. *Les Etats généraux de la philosophie (16 et 17 juin 1979)*, Paris: Flammarion, 1979.
40. Jean-Paul Aron and Roger Kempf, *Le Pénis et la démoralisation de l'occident*, Paris: Grasset, 1978, p. 17 and n.
41. 舉例而言，見Emmanuel Le Roy Ladurie, 'L'Offensive anti-sexe du dix-neuvième siècle', *Le Monde*, 27 October 1978, p. 24.
42. Pierre Nora, 'Que peuvent les intellectuels?', *Le Débat* 1, May 1980, p. 17.
43. Ibid., p. 10.
44. Pierre Nora, 'Il avait un besoin formidable d'etre aimé', *L'Evénément du jeudi*, 18–24 September 1986, p. 82.
45. 本書作者對Paul Veyne的訪談。
46. Marcel Gauchet, 'De l'Inexistentialisme', *Le Débat* 1, p. 24. 此處所指的是Paul Veyne, 'Foucault révolutionne l'histoire' in *Comment on écrit l'histoire*, Paris: Seuil, collection 'Points', 1978, p. 227.
47. Marcel Gauchet and Gladys Swain, *La Pratique de l'esprit humain: L'Institution asilaire et la révolution démocratique*, Paris: Gallimard, 1980, p. 498. 另見'Un Nouveau Regard sur l'histoire de la folie: Entretien avec Marcel Gauchet et Gladys Swain', *Esprit* 11, November 1983, pp. 77–86.
48. Pierre Nora, 'Il avait un besoin formidable d'etre aimé'.
49. Catherine von Bülow, 'Contredire est un devoir', p. 176.
50. Mauriac, *Le Temps accompli*, p. 43.
51. 這點在與瓦勒的討論當中受到探究，由巴盧擔任中間人。本書作者對Paul Veyne、Jean-Pierre Barou的訪談。
52. 與德雷弗斯及拉比諾討論的抄本，一九八三年四月（索爾舒爾圖書館，D250 [5]）。
53. 'Le Philosophe masque', p. 1.
54. 本書作者對Michelle Perrot的訪談。
55. 'Une Esthétique de l'existence', p. xi.
56. 'Pour en finir avec les mensonges', *Le Nouvel Observateur*, 21 June 1985, p. 60.
57. 'Structuralism and Post-Structuralism: An Interview with Michel Foucault', p. 211.
58. Didier Eribon, 'Pierre Bourdieu: La Grande Illusion des intellectuels', *Le Monde dimanche*, 4 May 1980, p. 1.
59. 'Le Moment de la vérité', *Le Matin*, 25 April 1979, p. 20.

9. 關於管治性這個主題的概觀，見Colin Gordon: 'Governmental Rationality: An Introduction', *The Foucault Effect*, pp. 1–52.
10. Ibid., p. 134.
11. Ibid.
12. 'Une Esthétique de l'existence', *Le Monde*, 15–16 July 1984, p. xi. 這場由豐塔納於一九八四年四月二十五日進行的訪談，原本以頗為不同的形式刊登為'Parla Michel Foucault: Alle fonti del piacere', *Panorama*, 28 May 1984, pp. 186–93.
13. 'Carceri e manicomi nel consegno del potere', p. 6.
14. Claude Mauriac, *Le Temps accompli*, p. 32.
15. *L'Usage des plaisirs*, p. 14.
16. 'The Power and Politics of Michel Foucault', Peter Maas與David Brock的訪談，*Inside*, 22 April 1983, 引自 Bernauer, *Michel Foucault's Force of Flight*, p. 180.
17. Nietzsche, *The Gay Science*, p. 232.
18. Michel Foucault, Henry Juramy, Christian Revon, Jacues Verges, Jean Lapeyrie and Dominique Nocaudie, 'Se Défendre' in *Pour la Défense libre*: Paris, Centre de Recherche et de Formation Juridique, 1980 (supplément à la revue *Actes* no. 24–25), p. 5. 本書作者對Christian Revon的訪談。
19. François Deltombe, 'Un Justiciable devant les problèmes de defense', ibid., p. 21.
20. 'Luttes autour de la prison', *Esprit* 35, November 1979, pp. 106, 108.
21. 本書作者對Antoine Lazarus的訪談。
22. 關於高度戒護區的描述，見Bernard Guetta, 'Une Journée en "Haute Sécurité"', *Le Nouvel Observateur*, 3 April 1978, pp. 84ff.
23. 'Il faut tout repenser la loi et la prison', *Libération*, 6 July 1981, p. 2.
24. 'De la Nécessité de mettre un terme à toute peine', *Libération*, 18 September 1981, p. 5.
25. '"Se Pretend innocent et n'accepte pas sa peine"' (31 March 1980) in Roger Knobelspiess, *QHS: Quartier de haute sécurité*, Paris: Stock, 1980, p. 11.
26. 舉例而言，見一九七七年十月在多倫多的一場座談會上發表的講座：'The Dangerous Individual', *Politics, Philosophy, Culture*, pp. 125–51.
27. 'Se pretend innocent et n'accepte pas sa peine' p. 14.
28. Mauriac, *Mauriac et fils*, p. 349.
29. Irène Allier, 'Knobelspiess: un procès en trompe l'oeil', *Le Nouvel Observateur*, 31 October 1981, p. 30.
30. Dominique Le Guilledoux, 'La Libération de Roger Knobelspiess', *Le Monde*, 16 August 1990, p. 6.
31. 'Vous êtes dangereux', *Libération*, 10 June 1983, p. 20.
32. See François Caviglioli, 'Le Plongeon de Knobelspiess', *Le Nouvel Observateur*, 10 June 1983, p. 24.
33. Mauriac, *Mauriac et fils*, p. 254; 本書作者對Daniel Defert的訪談。關於戈德曼事件，見Goldman, *Souvenirs obscurs d'un Juif polonais né en France*, 以及Regis Debray, *Les Rendez-vous manqués (Pour Pierre Goldman)*, Paris: Seuil, 1975. 戈德曼

sizione', ibid., 7 November 1978, pp. 1–2; 'La Rivolta dell' Iran corre sui nastri delli minicassette', ibid., 19 November 1978, pp. 1–2; 'Il mitico capo della rivolta nell Iran', ibid., pp. 1–2.
127. 'Une Iranienne écrit', *Le Nouvel Observateur*, 6 November 1978, p. 27.
128. 'Réponse à une lectrice iranienne', ibid., 13 November, p. 24.
129. 'Una Rivolta con le mani nude'.
130. 'Il mitico capo fella rivolta nell' Iran'.
131. 'Una polveriera chiamata Islam', *Corriere della sera*, 13 February 1979, p. 1.
132. 'Il mitico capo ...'.
133. 'A Quoi rêvent les Iraniens?'
134. Mauriac, *Mauriac et fils*, pp. 322–23.
135. Claudie and Jacques Broyelle, 'A Quoi rêvent les philosophes?', *Le Matin*, 24 March 1979, p. 13.
136. 'Michel Foucault et l'Iran', *Le Matin*, 26 March 1979, p. 15.
137. 'Lettre ouverte à Mehdi Bazargan'.
138. 'Inutile de se soulever?', *Le Monde*, 11 May 1979.
139. 引自 Bernard Kouchner, *L'Ile de lumière*, Paris: Presses Pocket, 1989, p. 42.
140. Ibid., p. 14.
141. 關於庫希內的人物簡介，見 Paul Rambali, 'Minister of Mercy', *Weekend Guardian*, 1–2 June 1991, pp. 14–15.
142. Bernard Kouchner, 'Un vrai Samoural', *Michel Foucault, Une Histoire de la vérité*, pp. 86–87; 本書作者對 Bernard Kouchner 的訪談。
143. Kouchner, *L'Ile de lumière*, p. 39.
144. 引自 ibid., p. 51.
145. Xavier Emmanuelli, 'Un Bateau pour Saint-Germain-des-Près', *Quotidien du médecin*, 4 December 1978.
146. Raymond Aron, *Mémoires*, Paris: Julliard, 1983, pp. 709–11.
147. Beauvoir, *La Cérémonie des adieux*, p. 146.
148. Mauriac, *Le Rire des enfants dans les yeux des pères*, p. 601.
149. Kouchner, *L'Ile de Lumière*, pp. 263–65.

## 第十六章

1. Roger Stéphane, *Portrait de l'aventurier*, Paris: Le Sagittaire, 1950.
2. Mauriac, *Mauriac et fils*, p. 226.
3. 本書作者對 Michel Albaric 的訪談。
4. *L'Usage des plaisirs*, Paris: Gallimard, 1984, p. 12.
5. Ibid., p. 13, n.
6. Ibid., p. 14.
7. 本書作者對 Paul Veyne 的訪談。
8. *Résumé des cours*, p. 123.

de Rochefort, 1815–1856', in *L'impossible Prison*.
97. Jacques Léonard, 'L'Historien et le philosophe', 尤其是 pp. 11, 12, 14.
98. 'La Poussière et le nuage', ibid., pp. 30, 33, 34.
99. Ibid., p. 39
100. 'Débat avec Michel Foucault', ibid., pp. 41, 42–43.
101. Ibid., p. 44.
102. Peter Burke, *The French Historical Revolution: The 'Annales' School 1929–89*, Cambridge: Polity, 1990, p. 113.
103. 'Débat avec Michel Foucault', p. 47.
104. Ibid., p. 51.
105. Ibid., pp. 52, 53.
106. Maurice Duverger, 'Le Pouvoir et la prison. Michel Foucault contesté par des historiens', *Le Monde*, 4 July 1980, pp. 15, 21.
107. *Surveiller et punir*, pp. 261 ff.
108. Maurice Agulhon, 'Postface', *L'impossible prison*, pp. 313, 316.
109. Foucault, ibid., pp. 316–18.
110. Maurice Agulhon, 'Présentation', ibid., p. 6.
111. 本書作者對 Arlette Farge 的訪談。
112. 'Qu'est-ce que la critique? (Critique et *Aufklärung)', Bulletin de la Société Française de Philosophie*, vol. 84, 1990, pp. 35–63.
113. 'I "reportages" di idee', *Corriera della sera*, 12 November 1978, p. 1. 芬基爾克羅的文章是 'La Diversa Destra che viene dal Pacifico', ibid., pp. 1, 2.
114. Pascal Bruckner and Alain Finkielkraut, *Le Nouveau Désordre amoureux*, Paris: Seuil, 1977, 翻印於文集 'Points', 1979, p. 180.
115. 本書作者對 Alain Finkielkraut 的訪談。
116. 'La Rivolta dell' Iran corre sui nastri delli minicassette', *Corriere della sera*, 19 November 1978, p. 1.
117. *Le Monde*, 4 February 1976.
118. Mauriac, *Mauriac et fils*, pp. 250–51.
119. 引自 *Mauriac et fils*, p. 252.
120. 本書作者對 Daniel Defert 的訪談。
121. 'Entretien avec Michel Foucault' in Claire Brière and Pierre Blanchet, *Iran: La Révolution au nom de dieu*, Paris: Seuil, 1979, p. 236.
122. 'L'Esercito, quando la terra trema', *Corriere della sera*, 28 September 1978, pp. 1–2; 'Teheran: la fede contro lo Scià', ibid., 8 October 1978, p. 11; 'A Quoi rêvent les Iraniens?', *Le Nouvel Observateur*, 16 October 1978, pp. 48–49.
123. 'A Quoi rêvent les Iraniens?', p. 49.
124. 'Teheran: La fede contro lo Scià'.
125. 'Lettre ouverte à Mehdi Bazargan', *Le Nouvel Observateur*, 14 April 1979; 'Teheran: la fede contro lo Scià'.
126. 'Una Rivolta con le mani nude', *Corriere*, 5 November 1978, pp. 1–2; 'Sfida all oppo-

59.

75. 'Alain Peyrefitte s'explique ... et Michel Foucault lui répond', *Le Nouvel Observateur*, 23 January 1978, p. 25.
76. 'Wir fühlten uns als schmutzige Spezies', *Der Spiegel*, 19 December 1977, pp. 77–78.
77. 本書作者對Toni Negri的訪談。關鍵選集是A. Fontana and P. Pasquino, eds., *Il microfisica del potere*, Turin: Einaudi, 1977.
78. 舉例而言，見這兩部選集：*Mikrophysik der Macht*, Berlin: Maeve, 1976, and *Dispositive der Macht: Uber Sexualität, Wissen und Wahrheit*, Berlin: Maeve, 1978.
79. 關於傅柯在德國得到的反應，見Uta Liebmann Schaub, 'Foucault, Alternative Presses, and Alternative Ideology in West Germany: A Report', *German Studies Review*, vol. XII, no. 1, February 1989, pp. 139–53.
80. Manfred Frank, 'Pourquoi la philosophie française plaît aux Allemands' (Philippe Forget的訪談), *Le Monde dimanche*, 24 October 1982, pp. xv, xvi.
81. 本書作者對Catherine von Bülow的訪談。
82. 見傅柯在一九七九年二月二十八日為這部著作寫的序：Pascal Bruckner and Alfred Krovoza, *Ennemi de l'état*, Claix: La Pensée sauvage, 1979, pp. 3–4.
83. 'Quelques Souvenirs de Pierre Boulez' (propos recueillis par Alain Jaubert), *Critique* 471–72, August–September 1986, pp. 745–46.
84. Michel Foucault and Pierre Boulez, 'La Musique contemporaine et le public', *CNAC Magazine* 15, May–June 1983, p. 10.
85. 本書作者對Daniel Defert的訪談。
86. Voeltzel, *Vingt Ans et après*, p. 131.
87. Romei Yashimoto為這場辯論製作的抄本，索爾舒爾圖書館。
88. 'La Société disciplinaire en crise: développement de la diversité et l'indépendence en crise', *Asahi janaru*, 12 May 1978.
89. 這場講座的錄音帶可於索爾舒爾圖書館查閱。
90. Michel Foucault and Richard Sennett, 'Sexuality and Solitude', *London Review of Books*, 21 May–3 June 1981, p. 5.
91. 'Le Gai savoir (II)'.
92. 本書作者對Daniel Defert的訪談。
93. Maurice Agulhon, *Les Quarante-huitards*, Paris: Gallimard, collection 'Archives', 1975. 阿居隆主要是一位社會形式的史學家；見他的*La Vie sociale en Province intérieure au lendemain de la Révolution*, Paris: Clavreuil, 1971. 他後續大部分的著作都著重於探討法國共和主義的意象與象徵，例如他的*Marianne au combat*, Paris: Flammarion, 1979.
94. Michelle Perrot, '1848. Révolution et prisons', in *L'impossible Prison. Recherches sur le système pénitentiare au XIXe siècle*, Paris: Seuil, 1980, pp. 277–312. 由於該學會沒有本身的出版品，因此沛洛的研究連同這本書裡的其他論文，最早都是出版於*Annales historiques de la Révolution française* 2, 1977.
95. Jacques Léonard, 'L'Historien et le philosophe' in *L'impossible Prison*, pp. 17, 16.
96. See André Zysberg, 'Politiques du bagne, 1820–1850', and Jacques Valette, 'Le Bagne

48. Catherine Clément and Bernard Pingaud, 'Raison de plus', *L'Arc* 70, 1977, pp. 1–2.
49. Claude Mauriac, 'Il ne faut pas tuer l'espérance', *Le Monde*, 17 July 1977 p. 1; also in *Signes, rencontres et rendez-vous*, pp. 252–55.
50. 引自 *Le Nouvel Observateur*, 11 July 1977, p. 51. Cf. Bel, *Maurice Clavel*, pp. 338–40.
51. Mauriac, *Signes, rencontres et rendez-vous*, p. 257.
52. 'Crimes et châtiments ...', p. 37.
53. *Liberté, libertés. Reflexions du Comité pour une charte de liberté animé par Robert Badinter*, Paris: Gallimard, 1976.
54. 'Michel Foucault à Goutelas: la redefinition du "judiciable"', *Justice* 115, June 1987, pp. 36–39.
55. 這篇論文後來刊登為'Délinquance et système pénitentiaire en France au XIXe siècle', *Annales ESC*, vol. 30, no. 1, January–February 1975, pp. 67–91.
56. Michelle Perrot, *Les Ouvriers en grève (France 1870–1900)*, Paris: Mouton and CNRS, 1974. 一部刪節版出版為*Jeunesse de la grève*, Paris: Seuil, 1984, 並由Chris Turner翻譯為 *Workers on Strike*, Leamington Spa: Berg, 1987. 關於沛洛，見'Michelle Perrot. Une Histoire des femmes. Propos recueillis par François Ewald', *Magazine littéraire* 286, March 1991, pp. 98–102.
57. *Surveiller et punir*, p. 287.
58. *Atoll 1*, November 1967–January 1968.
59. 本書作者對Jean-Pierre Barou的訪談。
60. Jeremy Bentham, *Le Panoptique, précédé de 'L'Oeil du pouvoir', entretien de Michel Foucault. Postface de Michelle Perrot*, Paris: Pierre Belfond, 1977. 這本書含有傳真的法文文本、英文版第一章的翻譯，還有沛洛彙整的參考書目。
61. 'L'Oeil du pouvoir', p. 23.
62. 本書作者對Michelle Perrot與Jean-Pierre Barou的訪談。
63. Sebastian Cobler, *Law, Order and Politics in West Germany*, tr. Francis McDonagh, Harmondsworth: Penguin, 1978, p. 114, 其中提及斯圖加特地區法院對柯羅桑發出的拘捕令。
64. *Le Monde*, 14 July 1977.
65. *Le Monde*, 2 October 1977.
66. 'Va-t-on extrader Klaus Croissant?', *Le Nouvel Observateur*, 14 November 1977.
67. *Le Monde*, 15 November 1977.
68. Claude Mauriac, *Signes, Rencontres et Rendez-vous*, p. 266.
69. Ibid., p. 263.
70. Jean Genet, 'Violence et brutalité', *Le Monde*, 2 September 1977, pp. 1, 2.
71. Mauriac, *Signes, rencontre et rendez-vous*, p. 268.
72. 'Désormais, la sécurité est au-dessus des lois' (Jean-Paul Kauffmann的訪談), *Le Matin*, 18 November 1977, p. 15.
73. Mauriac, *Signes, rencontres et rendez-vous*, pp. 271–72.
74. 'Lettre à quelques leaders de la gauche', *Le Nouvel Observateur*, 28 November 1977, p.

Grasset, 1975; Jean-Paul Dollé, *Haine de la pensée*, Paris: Editions Hallier, 1976; Guy Lardreau and Christian Jambet, *L'Ange*, Paris: Grasset, 1976.

18. J. Pasqualini, *Prisonnier de Mao*, Paris: Gallimard, 1975; Claudie and Jacques Broyelle and Evelyne 'Ischirhart, *Deuxième Retour de Chine*, Paris: Seuil, 1977.
19. 'Etes-vous un "nouveau philosophe"?', *Le Nouvel Observateur*, 1 August 1977, p. 46.
20. Lévy, *La Barbarie à visage humain*, pp. 9, 10.
21. André Glucksmann, *La Cuisinère et le mangeur d'hommes*, Paris; Seuil, collection 'Points', 1977, pp. 37, 40.
22. Lévy, *La Barbarie à visage humain*, p. 180.
23. Jean Daniel, *L'Ere des ruptures*, Paris: Livre de poche, 1980, pp. 261, 264.
24. Voeltzel, *Vingt Ans et après*, p. 142.
25. André Glucksmann, *La Cuisinière*, p. 205.
26. Glucksmann, 'Fascismes: l'ancien et le nouveau', *Les Temps Modernes* 31 obis, 1972, p. 301.
27. Glucksmann, *La Cuisinière*, p. 11.
28. 'Gilles Deleuze contre les "nouveaux philosophes"', *Le Monde*, 19–20 June 1977, p. 16 (extracts from Deleuze, 'A Propos des nouveaux philosophes et d'une question plus générale,' supplement to *Minuit* 24, 1977).
29. *Le Nouvel Observateur*, 25 July 1977, p. 40.
30. Ibid., pp. 103–107.
31. 'Crimes et châtiments en URSS et ailleurs ...', *Le Nouvel Observateur*, 26 January 1976, p. 34.
32. 'Du Pouvoir' (Pierre Boncenne的訪談), *L'Express*, 13 July 1984.
33. 'Pouvoirs et strategies', *Les Révoltes logiques* 4, Winter 1977, pp. 89, 90.
34. 'La Politique est la continuation de la guerre par d'autres moyens' (interview with Bernard-Henri Lévy), *L'Imprévu*, 27 January 1975); 'A Quoi rêvent les philosophes?', ibid., 28 January 1975.
35. Lévy, *La Barbarie à visage humain*, p. 10.
36. Ibid., pp. 10–11.
37. Ibid., pp. 184, 181–82.
38. Ibid., p. 231.
39. Ibid., pp. 20, 23–24.
40. Ibid., pp. 170, 173.
41. 'Foucault: Non au sexe roi', *Le Nouvel Observateur*, 12 March 1977, p. 100.
42. Lévy. *La Barbarie*, p. 138.
43. 'La Grande Colère des faits', *Le Nouvel Observateur*, 9 May 1977, p. 85.
44. Ibid., pp. 84–85.
45. Mauriac, *Une Certaine Rage*, pp. 85–86.
46. 'Crimes et châtiments en URSS et ailleurs', p. 37
47. Clavel in *Nouvelle Action française*, 25 November 1976, cited Aubral and Delcourt, p. 284.

## 第十五章

1. 見西蒙・波娃寫給赫爾辛基會議的信件，*Le Monde*, 12 January 1977, p. 9.
2. Maurice Clavel, '"Vous direz trois rosaires"', *Le Nouvel Observateur*, 27 December 1976, p. 55.
3. 'Du Pouvoir', Pierre Boncenne的訪談，*L'Express*, 13 July 1984. 這項訪談錄製於一九七八年，但直到傅柯死後才出版。
4. Mauriac, *Mauriac et fils*, p. 249.
5. 關於蘭努奇案件的敘述，以及主張他無罪的一項富有說服力的論點，見Gilles Perrault, *Le Pull-over rouge*, Paris: Ramsay, 1978. 傅柯針對這起案件以及Perrault的書所提出的評論，可見於'Du bon Usage du criminel', *Le Nouvel Observateur*, 11 September 1978, pp. 40–42.
6. *Le Monde*, 23 June 1977.
7. Bernard Guetta, 'Le Salut à Brejnev', *Le Nouvel Observateur*, 27 June 1977, p. 31.
8. Mauriac, *Signes, rencontres et rendez-vous*, p. 249.
9. Ibid., pp. 249–50.
10. *Le Monde*, 23 June 1977; Mauriac, *Signes, Rencontres et Rendez-vous*, p. 249.
11. 引自 *Le Monde*, 23 June 1977.
12. Guetta, 'Le Salut à Brejnev'.
13. Régis Debray, 'Lettre à la Ligue communiste', *l'Espérance au purgatoire*, Paris: Alain Moreau, 1980, p. 62.
14. 本書作者對Jeannette Colombel與Daniel Defert的訪談。
15. 他們兩人沒有見面，但原因有幾種不同說法；Hayman, *Writing Against*, p. 387指稱是索忍尼辛拒絕與沙特談話，原因是他提議「劊子手」蕭洛霍夫（Mikhail Sholokhov）應該獲頒諾貝爾獎。在一九六五年十月於羅馬發表的一場非凡演說當中，沙特提及一種「偽前衛」，儘管表面形象前衛，實際上卻是「傳統派」，而且涉及「與死者的對話」：這種人物包括喬伊斯、賽林、布賀東、霍格里耶……以及索忍尼辛。見Michel Contat and Michel Rybalka, *Les Ecrits de Sartre*, Paris: Gallimard, 1970, pp. 420–21.
16. Mauriac, *Signes Rencontres et Rendez-vous*, p. 247.
17. 'Les Nouveaux Philosophes', *Les Nouvelles Littéraires*, 10 June 1976; 'Les Nouveaux Gourous', *Le Nouvel Observateur*, 12 July 1976, pp. 62–68. See also Claude Sales, 'Les "Nouveaux Philosophes": La Révolte contre Marx', *Le Point*, 4 July 1977, pp. 33–37. 關於此一「運動」的整體陳述，見Peter Dews, 'The *Nouvelle Philosophie* and Foucault', *Economy and Society*, vol. 8, no. 2, May 1979, pp. 127–171, 以及同一位作者的'The "New Philosophers" and the end of leftism', *Radical Philosophy* 24, Spring 1980, pp. 2–11. François Aubral and Xavier Delcourt, *Contre la Nouvelle Philosophie*, Paris: Gallimard, collection 'Idées', 1977, 是一部受到馬克思主義啟發的著作，帶有近乎憤怒的強烈爭辯語氣，因為立場太過偏頗而無法提供任何客觀陳述，但倒是含有大量資訊。新哲學家的代表性文本包括Philippe Nemo, *L'Homme structural*, Paris: Grasset 1975; Jean-Marie Benoist, *La Révolution structurale*, Paris:

91. Postscript, *Death and the Labyrinth*, p. 183.
92. Mauriac, *Mauriac et fils*, pp. 363, 364.
93. Voeltzel, *Vingt Ans et après, p*. 116.
94. Ibid., p. 119. 關於其他類似的說詞，見'Sex, Power and the Politics of Identity'.
95. Claude Mauriac, 'Préface', *Vingt Ans et après*, p. 8.
96. Mauriac, *L'Oncle Marcel*, pp. 245–48, 243.
97. Voeltzel, *Vingt Ans et après*, pp. 119–20.
98. Mauriac, *Mauriac et fils*, p. 328.
99. 'The Minimalist Self', p. 12.
100. Michel Foucault, David Cooper, Jean-Pierre Faye, Marie-Odile Faye and Marine Zecca, 'Enfermement, psychiatrie, prison', *Change* 32–33, October 1977, (dated 12 May 1977); Michel Foucault, Guy Hocquenhem and Jean Danet, 'La Loi de la pudeur', *Recherches* 37, April 1979（一九七八年四月四日於法國文化電臺的*Dialogues*系列節目當中播放）。
101. 'Enfermement, psychiatrie, prison', p. 109.
102. De Weit, 'The Charming Passivity of Guy Hocquenhem', p. 18.
103. 'Enfermement, psychiatre, prison', pp. 99–101.
104. 見Michèle Solat的三部分文章'Les Féministes et le viol', *Le Monde*, 18, 19 and 20 October 1977.
105. Monique Plaza, 'Our costs and their benefits', tr. Wendy Harrison, *m/f* 4, 1980, p. 32.
106. Winnifred Woodhull, 'Sexuality, power, and the question of rape' in Irene Diamond and Lee Quinby, eds., *Feminism and Foucault*, Boston; Northeastern University Press, 1988, p. 170.
107. 'Sexual Choice, Sexual Acts', p. 289.
108. Susan Brownmiller, *Against Our Will*, Harmondsworth: Penguin, 1976, p. 15. Ann Villelaur的譯本（*Le Viol*）在一九七六年由Stock出版。
109. Meaghan Morris, 'The Pirate's Fiancée', in Diamond and Quinby, *Feminism and Foucault*, p. 26.
110. 'Enfermement, psychiatrie, prison', p. 104.
111. 本書作者對René Schérer的訪談。
112. See Guy Hocquenhem, 'Homosexuals, Children and Violence', tr. Simon Watney, *Gay Left*, Summer 1978, pp. 14–15（原本的文章刊登於*Gaie Presse* 1, January 1978）。
113. 'Enfermement, psychiatrie, prison', pp. 103, 104.
114. 'Le Gai Savoir', p. 32.
115. 'La Loi de la pudeur', p. 74.
116. Ibid., pp. 77–78.

59. 'Le Gai Savoir', p. 34.
60. Jean Le Bitoux, 'Grandeur et décadence de la presse homosexuelle', *Masques* 25/26, May 1985, p. 75.
61. Frank Arnal, '*Gai Pied hebdo*, à l'origine de l'emergence de la visibilité homosexuelle', ibid., p. 85.
62. 'Un Plaisir si simple', *Gai Pied* 1, April 1979, pp. 1, 10.
63. Mauriac, *Mauriac et fils*, p. 368.
64. 'De l'Amitié comme mode de vie', *Gai Pied* 25, April 1981, pp. 38–39 'Non aux compromis', *Gai Pied* 43, October 1982, p. 9.
65. 'De l'Amitié comme mode de vie', p. 38.
66. 'The Social Triumph of the Sexual Will', Gilles Barbedette訪談，Brendan Lemon翻譯，*Christopher Street* 64, May 1982, p. 36.
67. Mauriac, *Le Temps accompli*, p. 25.
68. 'The Social Triumph of the Sexual Will', p. 38.
69. 'Histoire et homosexualité: Entretien avec Michel Foucault (with Joecker, M. Oued and A. Sanzio)', *Masques* 13–14, Spring 1982, pp. 14–24.《面具》因財務原因在一九八六年停刊。
70. 'The Social Triumph of the Sexual Will', p. 40.
71. Randy Shilts, *And the Band Played On*, Harmondsworth: Penguin, 1988, p. 19.
72. Ibid., p. 89.
73. 'An Interview: Sex, Power and the Politics of Identity', *Advocate*, 7 August 1984, p. 28. 譯本為'Lorsque l'amant part en taxi', *Gai Pied Hebdo* 151, January 1985, pp. 54–57.（訪談於一九八二年六月進行。）
74. Ibid., p. 30.
75. 'Sexual Choice, Sexual Acts: Foucault and Homosexuality', p. 298.
76. Ibid.
77. 'Le Gai Savoir', p. 36.
78. *And the Band Played On*, p. 23.
79. 'Sexual Choice, Sexual Act', p. 298.
80. Edmund White, *States of Desire: Travels in Gay America*, London: Picador, 1986, p. 267.
81. Ibid., p. 269.
82. 'Sex, Power and the Politics of Identity', p. 27.
83. 本書作者對Daniel Defert的訪談。
84. Eribon, *Michel Foucault*, p. 337.
85. Mauriac, *Le Rire de pères dans les yeux des enfants*, p. 619.
86. 'The Minimalist Self', p. 12.
87. Sheridan, 'Diary'.
88. Mauriac, *Mauriac et fils*, p. 328.
89. Ibid., p. 227.
90. 本書作者對Claude Mauriac的訪談。

31. Douglas Kellner, *Jean Baudrillard: From Marxism to Postmodernism and Beyond*, Cambridge: Polity, 1989, pp. 132, 231. Kellner的資訊來源分別為John Rachjman與Mark Poster。
32. 本書作者對Philippe Meyer的訪談。
33. Interview, *Lire*, June 1987, p. 87.
34. Jean Baudrillard, *Oublier Foucault*, Paris: Editions Galilée, 1977, pp. 12–13.
35. 本書作者對Jean-Pierre Barou的訪談。
36. Baudrillard, *Oublier Foucault*, p. 55; *L'Usage des plaisirs*, p. 11.
37. Jean Baudrillard, *Cool Memories*, Paris: Galilée, 1987, p. 198.
38. Ibid., p. 197.
39. 'La Vie des hommes infâmes', *Cahiers du chemin* 29, January 1977, pp. 12–29.
40. 'La Vie des hommes infâmes', p. 13.
41. *Histoire de la folie*, p. 105.
42. Ibid., pp. 22–23.
43. 傅柯為*Herculine Barbin, dite Alexina B.*, Paris: Gallimard, 1978所寫的封底介紹。
44. *Résumé des cours*, pp. 73–80. 課程的大部分內容都是在講述十九世紀反對自慰的運動，而這原本應該會是《性史》第三冊*La Croisade des enfants*的主題。
45. *Actes du Colloque Internationale*: 1, 2 and 3 November 1973, p. 9.
46. 從阿卡迪協會到同性戀革命行動陣線的轉變，有一項動人而且幾無虛構的陳述，見Dominique Fernandez's novel *L'Etoile rose*, Paris: Grasset, 1978.
47. Guy Hocquenhem, 'La Révolution des homosexuels', *Le Nouvel Observateur*, 10 January 1972, p. 34.
48. Mossuz-Lavau, *Les Lois de l'amour*, p. 246.
49. 本書作者對Daniel Defert的訪談。
50. 引自 Mossuz-Lavau, *Les Lois de l'amour*, p. 248.
51. Paul Veyne, 'Témoignage hétérosexuel d'un historien sur l'homosexualité', *Actes du Congrès International: Le Regard des autres*, Paris: Arcadie, 1979, p. 19.
52. 'Le vrai Sexe', *Arcadie* 323, November 1980, pp. 617–25. 傅柯的論文沒有出現在大會的論文集裡，而是以一份摘要取代（p. 25）；後來，論文集的購買者才獲得發送'Le vrai Sexe'的單印本。「快感沒有護照」這段文字沒有納入另一個稍微不同的版本裡，而這個版本則是發表為以下這部著作的引言：*Herculine Barbin. Being the Recently Discovered Memoirs of a Nineteenth-Century French Hermaphrodite*, introduced by Michel Foucault, tr. Richard MacDougall, Brighton: Harvester Press, 1980.
53. P. 208.
54. 'A Bas la dictature du sexe', pp. 56–57.
55. 'Foucault: Non au sexe roi', p. 98.
56. Ibid., p. 100. 此處指的是吉伯的《死亡宣傳》。
57. René Schérer and Guy Hocquenhem, *Co-Ire. Album Systématique de l'enfance, Recherches* 22 (2nd edition, April 1977).
58. 'Le Gai Savoir II', *Mec Magazine* 6/7, July–August 1988, p. 32.

## 第十四章

1. Maurice Clavel and Philippe Sollers, *Délivrance*, Paris: Seuil, 1977, p. 104.
2. 'Préface', *Histoire de la folie*, pp. iv-v.
3. 'Préface à la transgression', p. 751.
4. 'A Bas la dictature du sexe' (Madeleine Chapsal的訪談), *L'Express*, 24–30 January 1977, p. 56.
5. 「論述與壓抑」講座，Berkeley, 8 May 1975，打字稿，索爾舒爾圖書館D246。
6. Mauriac, *Et comme l'Espérance est violente*, p. 574.
7. 'Le Jeu de Michel Foucault', *Ornicar?* 10, July 1977, p. 76.
8. Tr. Robert Hurley, *The History of Sexuality. Volume I: An Introduction*, New York: Random House, 1978.
9. *La Volonté de savoir*, p. 79n.
10. 尤見他在德文譯本的序裡所言：*Sexualität und Warheit. 1. Der Wille zum Wissen*, Frankfurt: Suhrkamp, 1977.
11. 'Le Jeu de Michel Foucault', p. 76.
12. Ibid., pp. 63, 65.
13. Dreyfus and Rabinow, *Michel Foucault*, p. 121.
14. *La Volonté de savoir*, p. 13.
15. Ibid., p. 18.
16. Ibid., pp. 25, 26.
17. Ibid., p. 60.
18. Ibid., pp. 58–60.
19. Ibid., pp. 30–31.
20. Steven Marcus, *The Other Victorians. A Study of Pornography and Sexuality in Mid-Nineteenth-Century England*, London: Weidenfeld & Nicolson, 1966. 傅柯習於把作者的名字寫為「Stephen」。
21. *La Volonté de Savoir*, pp. 31–32.
22. *My Secret Life*, tr. Christine Charnaux et al., Paris: Editions les formes du secret, 1978.
23. 'Préface', ibid., pp. 5–6.
24. *La Volonté du savoir*, p. 121.
25. Ibid., p. 137.
26. Ibid., pp. 76–77.
27. Ibid., p. 194.
28. Résumé des cours', p. 109.
29. 關於代表性的書評，見André Burgière, 'Michel Foucault: La Preuve par l'aveu', *Le Nouvel Observateur*, 31 January 1977, pp. 64–66; J. Postel, *Esprit* 4–5, April–May 1977, pp. 294–96; Jacques Lagrange, '*La Volonté de savoir* de Michel Foucault ou une généalogie du sexe', *Psychanalyse à l'université*, vol. 2, no 7, June 1977, pp. 541–53; Dominique Wolton, 'Qui veut savoir?', *Esprit* 7–8, July–August 1977, pp. 37–47.
30. Roger-Pol Droit, 'Le Pouvoir et le sexe', *Le Monde*, 16 February 1977, pp. 1, 18.

67. 關於革命反法西斯愛國陣線，見1 *Congresso del Partido communista de Espana (Marxista-Leninista): Informe de Comité Central*, Madrid: Ediciones Vanguardia Obrera, n.d., pp. 95–97.
68. Mauriac, *Et comme l'Espérance est violente*, p. 582; 本書作者對Catherine von Bülow的訪談。莫里亞克對於這些事件的詳盡記述可見於他的*L'Espérance*, pp. 600–40.
69. 引自Mauriac *Et comme l'Espérance est violente*, pp. 590–91.
70. Claude Mauriac, *Malraux ou le mal du héros*, Paris: Grasset, 1946.
71. Mauriac, *Et comme l'Espérance est violente*, pp. 259–60.
72. Ibid., p. 600.
73. 本書作者對Daniel Defert的訪談。
74. 私人通信。
75. Jean Daniel, 'Quinze jours en images', *Le Nouvel Observateur*, 29 September 1975, p. 28.
76. Catherine von Bülow, 'Contredire est un devoir', *Le Débat* 41, pp. 172–73.
77. Michel Foucault, 'Aller à Madrid', *Libération*, 24 September 1975, pp. 1, 7.
78. 'Hospicios, sexualidade, prisões' (Claudio Bojunga的訪談), *Versus* (São Paulo), 1 October 1975.
79. 本書作者對Catherine von Bülow的訪談。
80. 引自Mauriac, *Et comme l'Espérance est violente*, p. 628.
81. Jean Lacouture, *Malraux, une Vie dans le siècle*, Paris: Seuil, Points, 1976, p. 426.
82. 'Faire vivre et laisser mourir', *Les Temps Modernes* 535, February 1991, p. 47.
83. Foucault in 'Ils ont dit de Malraux', *Le Nouvel Observateur*, 29 November 1976, p. 83.
84. 'Aller à Madrid', *Libération*, 24 September 1975.
85. Mauriac, *Une Certaine Rage*, pp. 27–28.
86. 'Loucura – uma questão de poder' (Silvia Helena Vianna Rodriguez的訪談 ), *Jornal do Brasil*, 12 November 1975.
87. Voeltzel, *Vingt Ans et après*, p. 157.
88. Mauriac, *Mauriac et fils*, p. 227.
89. Mauriac, *Une Certaine Rage*, pp. 30–36.
90. See *Le Procès de Draguignan*, Monaco: Editions du rocher, 1975; Robert Pelletier and Serge Ravat, *Le Mouvement des soldats*, Paris: Maspero, 1976.
91. See *Libération*, 8 December 1975.
92. *Le Monde*, 12 February 1976, p. 9.
93. Mauriac, *Une Certaine Rage*, p. 61.
94. 該基地的士兵委員會所發行的會訊，標題也是《生氣的送子鳥》。
95. 本書作者對Jacques Lebas與Jean-Pierre Mignard的訪談。

p. 58, 59; 另見Adolfo Fernandez-Zoïla, 'La Machine à fabriquer des délinquants', *La Quinzaine littéraire*, 16–31 March 1975, pp. 3–4; Max Gallo, 'La Prison selon Michel Foucault', *L'Express*, 24 February–2 March 1975, pp. 65–66; Robert Kanters, 'Crimes et châtiments', *Le Figaro littéraire*, 22 February 1975, p. 17.

43. 阿蕾特・法居在一九八五年接受Keith Gandal訪問，引自Gandal, 'Michel Foucault: Intellectual Work and Politics', p. 133n.
44. Gilles Deleuze, 'Ecrivain non: un nouveau cartographe', *Critique* 343, December 1975, pp. 1207–27（經過修訂之後，以'Un Nouveau Cartographe'為題收錄於他的*Foucault*，此處即是引自這個版本）；François Ewald, 'Anatomie et corps politiques', ibid., pp. 1228–65; Philippe Meyer, 'La Correction paternelle, ou l'état, domicile de la famille', ibid., pp. 1266–76.
45. *Surveiller et punir*, p. 304, n. See Philippe Meyer, *L'Enfant et la raison d'état*, Paris: Seuil, 1977; 本書作者對Philippe Meyer的訪談。
46. Ewald, p. 1256, 引自 'Nietzsche, la généalogie, l'histoire', p. 161.
47. Ewald, p. 1228; Nietzsche, *The Birth of Tragedy* and *The Genealogy of Morals*, tr. Francis Golffing, New York: Doubleday, 1956, pp. 154–55.
48. Ewald, p. 1265.
49. André Glucksmann, *La Cuisinière et le mangeur d'hommes*, Paris: Seuil, 1975.
50. Ewald, p. 1232.
51. *Surveiller et punir*, p. 305.
52. *Foucault*, pp. 31, 51. 在刊登於*Les Nouvelles littéraires*, 17 March 1975的訪談裡，傅柯形容自己是「製圖者」。
53. *Foucault*, pp. 32, 33. 德勒茲明確指涉*Surveiller et punir*, pp. 32–33.
54. François Roustang, 'La visibilité est un piège', *Les Temps Modernes* 356, March 1976, pp. 1567–79; 本書作者對François Roustang的訪談。
55. 私人通信。
56. 'La Peinture photogénique' in *Fromanger: Le Désir est partout*, Paris: Galerie Jeanne Bucher, 1975. 未編頁。
57. *Résumé des cours*, p. 79.
58. 打字稿收藏於索爾舒爾圖書館。複本也可見於柏克萊的'History of the Present'收藏。〈論述與壓抑〉由John Leavitt抄寫而成。
59. Mauriac, *Mauriac et fils*, p. 222.
60. Mauriac, *Le Temps accompli*, p. 44.
61. Roger-Pol Droit, 'Foucault, passe-frontières de la philosophie', *Le Monde*, 6 September 1986, p. 12.
62. Mauriac, *Et comme l'Espérance est violente*, p. 473.
63. 劇本刊登於*Cinéma* 183, 1977; 另見*Cahiers du cinéma* 271, November 1976當中的檔案。
64. Ibid., p. 631.
65. *Mauriac et fils*, p. 217.
66. 本書作者對Daniel Defert的訪談。

do的來信。

18. 傅柯沒有提及杜韋特的任何特定著作，但他心中所想的大概是*Récidive*, Paris: Minuit, 1967, or *Paysage de fantaisie* Paris: Minuit, 1973.
19. Olga Bernal, *Alain Robbe-Grillet: le roman de l'absence*, Paris: Gallimard, 1964.
20. 'La Fête de l'écriture. Un Entretien avec Michel Foucault et Jacques Almira, propos recueillis par Jean Le Marchand', *Le Quotidien de Paris*, 25 April 1975, p. 13; Jacques Almira, 'La Reconnaissance d'un écrivain', *Le Débat* 41, September–December 1986, pp. 159–63; Mauriac, *Mauriac et fils*, pp. 225–26; 本書作者對Jacques Almira的訪談。
21. 'Sade sergent du sexe', propos recueillis par Gérard Dupont', *Cinématographe* 16, December 1975–January 1976, pp. 3–5; Claude Mauriac, *Une Certaine Rage*, p. 34.
22. *Surveiller et punir*, Paris: Gallimard, 1975, pp. 9–13.
23. Ibid., p. 13.
24. Ibid., pp. 27, 28.
25. Ernst Kantorowicz, *The King's Two Bodies: A Study in Medieval Political Theology*, New Jersey: Princeton University Press, 1957.
26. *Surveiller et punir*, p. 82.
27. Ibid., pp. 96–103.
28. Ibid., p. 129.
29. 勞工組織不是《監視與懲罰》的重要主題，但詳細探究於Bernard Doray, *From Taylorism to Fordism: A Rational Madness*, tr. David Macey, London: Free Association Books, 1988. Doray坦承自己深受傅柯影響，也坦承自己因此遭到法國共產黨內的朋友批評。
30. *Surveiller et punir*, p. 179.
31. Ibid., p. 217.
32. Ibid., pp. 201–02.
33. Ibid., p. 252.
34. Ibid., p. 21.
35. Ibid., pp. 274–75.
36. Ibid., p. 276.
37. Ibid., p. 35.
38. *Le Nouvel Observateur*, 17 February 1975.
39. 'Des Supplices aux cellules', *Le Monde*, 21 February 1975, p. 16; Christian Jambet, 'L'Unité de la pensée: une interrogation sur les pouvouirs', ibid., p. 17.
40. 'Entretien sur la prison: le livre et sa méthode', *Magazine littéraire 101*, June 1975, pp. 27–35, Bernard-Henri Lévy, 'Le Système Foucault', ibid., pp. 7–10; 'Foucault et les historiens', ibid., pp. 10–12.
41. 'Sur la sellette' (with Jean-Louis Enzine), *Les Nouvelles Littéraires*, 17 March 1975, p. 3; Ferdinando Scianna, 'Il Carcere visto da un filosofo francese', *L'Europeo*, 3 April 1975, pp. 63–65.
42. Jean-Paul Enthoven, 'Crimes et châtiments', *Le Nouvel Observateur*, 3 March 1975,

96. 完整內容翻印於*Le Monde, 11–12* February 1973. 一個擴增版本由馬斯佩羅出版社以相同的標題出版於一九七三年三月。
97. 'La Condamnation du Dr Carpentier par le Conseil de l'Ordre; Texte de l'intervention de Michel Foucault à la conférence de presse de Jean Carpentier, le 29 juin 1972', *Psychiatrie aujourd'hui* 10, September 1972, p. 15.
98. 'Sexe, parole et répression', *Le Monde*, 20 October 1972, p. 14.
99. Mauriac, *Et comme l'Espérance est violente*, p. 532.
100. Ibid., p. 533.
101. Michel Foucault, Alain Landau, Jean-Yves Petit, 'Convoqués à la P.J.', *Le Nouvel Observateur*, 28 October 1973, p. 53.

## 第十三章

1. 舉例而言，見'Entretien avec Michel Foucault: à propos de l'enfermement pénitentiare', *Pro Justitia*, vol. 1, no 3–4, 1974; 'Gefangnisse und Gefangnisrevolten', *Dokumente: Zeitschrift fur übernationale Zusammenarbeit*, 29 June 1973, pp. 133- 37.
2. 'Table ronde', *Esprit* 413, April–May 1972, pp. 678–703.
3. 'La Force de fuir', *Derrière le miroir* 202, March 1973, p. 1.
4. Ibid., p. 6.
5. Ibid., p. 6.
6. *Résumé des cours*, p. 44.
7. 本書作者對Anne Thalamy的訪談。
8. 本書作者對Félix Guattari的訪談。
9. 本書作者對Marie-Thérèse Vernier的訪談。
10. *Recherches* 13, December 1973. 經過修訂的第二版在一九七六年出版於10/18叢書當中。François Fouquet與Lion Murard所寫的引言充分描述了這個團體的運作方式。
11. *Recherches* 13, pp. 27–31, 183–186.
12. *Généalogie des équipements de normalisation*, Fontenay sous-Bois: CERFI, 1976. 一個稍微不同的版本出版為*Les Machines à guérir*, Brussels: Pierre Mardaga, 1979. 其中包含Michel Foucault, 'La Politique de la santé au XVIIIè siècle'; Blandine Barret-Kriegel, 'L'Hôpital comme équipment'; Anne Thalamy, 'La Médicalisation de l'hôpital'; François Béguin, 'La Machine à guérir'; Bruno *Fortier*, 'Le Camp et la forteresse inversée'.
13. Georges Canguilhem, 'Les Machines à guérir', *Le Monde*, 6 April 1977, p. 16.
14. 葡萄牙文譯本由Roberto Machado出版為'A Verdade e as formas juridicas', *Cadernos do PUC*, 1974, pp. 5–102.
15. Ibid., p. 29.
16. 'O Mondo é om grande hospicio' (Ricardo Gomes Leire的訪談), *Jornal de Belo Horizonte*, May 1973.
17. 本書作者對Célio Garcia與Daniel Defert的訪談。Chaim Katz與Roberto Macha-

François Maspero, *Le Figuier*, Paris: Seuil, 1988.

73. *Le Monde*, 19 December 1972; *Le Monde*, 21 December 1972; Jacques Derogy, 'Ratissage sélectif sur les grands boulevards', *L'Express*, 25–31 December 1972, p. 21; Claude Mauriac, *Les Espaces imaginaires*, Paris: Livre de poche, 1985, pp. 277–99; Mauriac *Et comme l'Espérance est violente*, pp. 462–63.
74. *Le Monde*, 15 April 1976; 11 June 1976; Mauriac, *Mauriac et fils*, pp. 329–31.
75. 引自 Samuelson, *Il était une fois 'Libération'*, p. 109. 解放新聞社的宣言最早出現在 *L'Idiot international* 19–20, Summer 1971.
76. Althusser, *L'Avenir dure longtemps*, pp. 224–45.
77. 一九七三年五月二十五日的新聞稿，引自 Samuelson, p. 128.
78. *On a raison de se révolter*, Paris: Gallimard 1974.
79. 莫里亞克對這場會議的記述是在 *Et comme l'Espérance est violente*, p. 447ff.
80. Ibid., pp. 449–50.
81. 里昂的絲綢工人在一八三一年的反抗，是法國無政府主義歷史上的關鍵日期。據說無政府主義的黑旗就是在這起事件當中首度升起。
82. Mauriac, *Et comme l'Espérance est violente*, p. 454.
83. 這份宣言的完整內容翻印於 Samuelson, pp. 140–45.
84. Ibid., p. 167. 關於瓜達希的分子概念，見他的 *Molecular Revolution: Psychiatry and Politics*, tr. Rosemary Sheed, Harmondsworth: Penguin, 1984.
85. 'L'Intellectuel sert à rassembler les idées ... mais "son savoir est partiel par rapport au savoir ouvrier"', *Libération*, 26 May 1973.
86. 'Sur la seconde révolution chinoise. Entretien 1. Michel Foucault et K. S. Karol', 31 January 1974, p. 10; 'Entretien 2', 1 February 1974, p. 10; 'Aller à Madrid', 24 September 1975, pp. 1, 7; 'Attention: danger', 22 March 1978.
87. Maurice Clavel, *Ce Que je crois*, Paris: Grasset, 1975, p. 98.
88. 本書作者對 Philippe Gavi 的訪談。
89. 見以下這本書中的事件年表：FHAR, *Rapport contre la normalité*, Paris: Editions Champ Libre, 1971, pp. 16–18.
90. Hamon and Rotman, *Génération: II*, p. 225.
91. 引自 ibid., p. 336.
92. 本書作者對 Laurent Dispot 與 René Schérer 的訪談。
93. Guy Hocquenhem, *Le Désir homosexuel*, Paris: Editions universitaires, 1972, 譯本為 *Homosexual Desire*, London: Alison and Busby, 1978. 關於英文的討論，見 Philip Derbyshire, 'Odds and Sods', *Gay Left* 7, Winter 1978–79, pp. 18–19, 以及 John de Weit, 'The Charming Passivity of Guy Hocquenhem', *Gay Left* 9 1979, pp. 16–19. 至於更為整體的討論，見 *Cahier de l'imaginaire* 7, 1992: *Présence de Guy Hocquenhem.*
94. Bruno Frappat, 'Les Homosexuels par eux-mêmes', *Le Monde*, 19–20 August 1973, p. 14.
95. *Le Monde*, 7–28 May 1973; *Le Nouvel Observateur*, 9 April 1973; 本書作者對 Laurent Dispot、Félix Guattari 與 George Kiejman. 的訪談。

44. 本書作者對François Ewald的訪談。
45. Beauvoir, *La Cérémonie des adieux*, p. 25.
46. 見他的*Parole d'ouvrier*, Paris: Grasset, 1978. 狄雷也為《現代》的*Nouveau Fascisme, nouvelle démocratie*專刊寫了'1930-1939: Les Mineurs contre le fascisme'這篇文章。
47. 索爾舒爾圖書館有一份未標記日期的錄音帶（編目為C40）證實了莫里亞克的說法。
48. Mauriac, *Une Certaine Rage*, p. 73.
49. Hamon and Rotman, *Génération: 2*, pp. 432–33.
50. 引自Gavi, 'Bruay-en-Artois ...', p. 206.
51. 引自Hamon and Rotman, *Génération: 2*, p. 435.
52. 引自Hamon and Rotman, *Génération: 2*, p. 463.
53. René Backmann, 'La Bal des nervis', *Le Nouvel Observateur*, 24 July 1972, pp. 15–16.
54. 關於她的經驗，見Catherine von Bülow and Fazia Ben Ali, *La Goutte d'Or, ou le mal des racines*, Paris: Stock, 1979; 本書作者對Catherine von Bülow的訪談。
55. Mauriac, *Et comme l'Espérance est violente*, p. 315.
56. Ibid., p. 310.
57. Danièle Molho, 'M. Pigot achète un fusil', *L'Express*, 15–21 November 1971, p. 19. Katia D. Kaupp, 'L'Assassinat de Jillali', *Le Nouvel Observateur*, 15 November 1971, pp. 42–3.
58. 'Un Tribunal en France', *Le Nouvel Observateur*, 22 November 1971, p. 28.
59. Béatrix Andrade, 'Un Weekend à la Goutte d'Or', *L'Express*, 6–12 December 1971, p. 42.
60. Mauriac, *Et comme l'Espérance est violente*, p. 312.
61. Beauvoir, *La Cérémonie des adieux*, p. 37.
62. Mauriac, *Et comme l'Espérance est violente*, pp. 309, 318.
63. Ibid., p. 340.
64. Ibid., p. 411.
65. Ibid., p. 329.
66. Ibid., p. 349.
67. 本書作者對Daniel Defert的訪談。關於惹內涉入巴勒斯坦的情形，見在他死後出版（而且頗令人失望）的*Un Captif amoureux*, Paris: Gallimard, 1986.
68. *Le Monde*, 24. June 1977.
69. René Backmann, 'Fallait-il trois balles pour stopper un homme armé d'une chaise?', *Le Nouvel Observateur*, 11 December 1972, p. 58. Cf. Emmanuel Gabey, 'Après l'assassinat de Mohammed Diab', *Témoignage chrétien*, 21 December 1972, p. 10.
70. Jean-Paul Sartre, 'Le Nouveau racisme', *Le Nouvel Observateur*, 18 December 1972, p. 39.
71. Mauriac, *Et comme l'Espérance est violente*, p. 464.
72. Michel Foucault and Pierre Vidal-Naquet, 'Enquête sur les prisons', *Politique Hebdo*, 18 March 1971. 一九六一年十月的事件有一項生動而且幾無虛構的陳述，見

一九七二年二月出庭作證，指稱隆格盧瓦在對真相的追尋當中展現了正直與誠實。見*Le Monde*, 6–7 February 1972. 這是傅柯唯一一次出庭作證。

19. 'Déclaration de Michel Foucault à la conférence de presse d'Alain Jaubert', *La Cause du peuple – J'accuse*, 3 June 1971.
20. Mauriac, *Et comme l'Espérance est violente*, pp. 300–301.
21. René Backmann, 'Quatre Questions sur l'affaire Jaubert', *Le Nouvel Observateur*, 14 June 1971, p. 27.
22. Mauriac, *Et comme l'Espérance est violente*, p. 307.
23. *Rapports de la Commission d'information sur l'affaire Jaubert*, pp. 1–3.
24. 'Questions à Marcellin', *Le Nouvel Observateur*, 5 July 1971, p. 15.
25. *Le Monde*, 12 April 1973.
26. Sartre, 'Premier Procès populaire à Lens', p. 331.
27. See René Backmann, 'Le Procès des tribunaux populaires', *Le Nouvel Observateur*, 5 July 1971, p. 18.
28. Hamon and Rotman, *Génération: 2*, pp. 435–57.
29. 'Sur la Justice populaire. Débat avec les Maos', *Les Temps Modernes* 31 obis, 1972 p. 338.
30. Ibid., pp. 357–58.
31. Ibid., p. 334.
32. Ibid., p. 360.
33. Mauriac, *Et Comme L'Espérance est violente*, p. 412.
34. 'Sur la Justice populaire', pp. 364–65.
35. Louis Althusser, 'Ideology and Ideological State Apparatuses (Notes Towards an Investigation)', in *Lenin and Philosophy and Other Essays*, tr. Ben Brewster, London: New Left Books, 1971, pp. 121–76.
36. 'Sur la Justice populaire', p. 348.
37. 布盧埃事件吸引了大量的媒體報導。最值得參考的整體記述是Philippe Gavi, 'Bruay-en-Artois: Seul un bourgeois aurait pu faire ça?', *Les Temps Modernes* 312–313, July–August 1972, pp. 155–260. 戈維是革命萬歲組織的成員，他的文章也充分示範了《瘋狂史》的主題與特定的極左派思想交會之後所產生的結果。他談及這項罪行由一名瘋子犯下的可能性，指出（p. 186）：「判定一個人瘋狂與否的常態，的確是由資產階級所設定。資產階級把一切不符合生產功能的事物都強迫邊緣化。資產階級把社會標準化，以便更有效行使其權力。」
38. 本書作者對François Ewald的訪談。
39. 引自Gavi, 'Bruay-en-Artois', p. 197.
40. 「礦工聚落」（coron）指的是該區的礦工所居住的磚造房屋，通常建造成空心長方形的形狀。這個詞語原是皮卡第方言，後來因為左拉的《萌芽》而通行於全國，至少是法語辭典收錄的詞條。
41. Hayman, *Writing Against*, p. 416.
42. Mauriac, *Et comme l'Espérance est violente*, pp. 412–13.
43. 引自ibid., 402–403.

的記述，見Robert Badinter, *L'Exécution*, Paris: Grasset, 1973.

105. Mauriac, *Et comme l'Espérance est violente*, p. 415.
106. Michel Foucault, 'Les Deux Morts de Pompidou', *Le Nouvel Observateur*, 4 December 1972, pp. 56–57.
107. *Suicides de prison*, p. 9.
108. Ibid., p. 40.
109. Livrozet, *De la Prison à la révolte*, p. 220; 本書作者對Serge Livrozet的訪談。
110. Mauriac, *Et comme l'Espérance est violente*, pp. 374, 397.
111. 關於英國與美國的狀況，見Mike Fitzgerald, *Prisoners in Revolt*, Harmondsworth: Penguin, 1977.
112. *Le Monde*, 22 May 1973.

## 第十二章

1. 關於他在一九七三年一月參與一場越南示威活動，見Mauriac, *Et comme l'Espérance est violente*, pp. 477–82, 至於他在一九七三年三月參與一場示威，抗議外來移工遭到的遣返威脅，見ibid., p. 500.
2. Ibid., p. 490ff.
3. 本書作者對Robert Castel的訪談。
4. Michel Foucault et les membres du GIS, 'Médecine et lutte des classes', *La Nef* 49, October–December 1972, pp. 67–73.
5. See Serge Karenty, 'La Médecine en question', *Magazine littéraire* 112–13, May 1976, pp. 38–41.
6. Jean-François Sirinelli, *Intellectuels et passions françaises. Manifestes et pétitions au XX siècle*, Paris: Fayard, 1990, pp. 21–23.
7. Christophe Charle, *Naissance des intellectuels 1880–1900*, Paris: Minuit, 1990, p. 8.
8. 'Mais à quoi servent les pétitions? Enquête de Pierre Assouline', *Les Nouvelles littéraires, 1–8* February 1979, p. 4.
9. 本書作者對Daniel Defert的訪談。
10. 'Mais à quoi servent les petitions?'
11. 'La Société disciplinaire en crise, développement de la diversité et l'indépendence en crise', *Asahi Janaru*, 12 May 1978.
12. 'Un Nouveau Journal?', *Zone des tempêtes* 2, May–June 1973, p. 3.
13. *Le Monde*, 1 June 1971.
14. *Le Monde*, 2 June 1971; Hamon and Rotman, *Génération: 2. Les Années de poudre*, pp. 344–48.
15. 'Michèle Manceaux "interpelée"', *Le Nouvel Observateur*, 17 May 1971, p. 31.
16. Mariella Righini, 'Les Nouveaux passe-murailles', *Le Nouvel Observateur*, 22 February 1971, pp. 44–45.
17. *Le Monde*, 3 June 1971.
18. 隆格盧瓦的*Dossiers noirs*, Paris: Seuil, 1971檢視了警察權力的濫用。傅柯在

74. 引自 *Le Monde*, 7 January 1972.
75. Mauriac, *Et comme l'Espérance est violente*, p. 354.
76. Jean-Marie Domenach, 'Le Détenu hors la loi', *Esprit*, February 1972, p. 167.
77. David Rousset, *L'Univers concentrationnaire*, Paris: Editions du pavois, 1946.
78. *Combat*, 18 January 1972.
79. *Le Monde*, 18 January 1972.
80. Ibid.
81. Mauriac, *Et comme l'Espérance est violente*, pp. 345–62.
82. 'Declaration à la presse et aux pouvoirs publics émanant des prisonniers de la Maison Centrale de Melun', *Politique-Hebdo*, 20 January 1972, pp. 10–11.
83. *Le Monde*, 23–24 January 1972.
84. *Le Monde*, 11 January 1972.
85. 「曾是妓女的愛麗絲・杜馬（Alice Dumas），因為與一名忠厚老實的油漆工結婚而得以擺脫地下社會的生活。愛麗絲後來在一家藥房擔任銷售員。她的老闆勒內喜歡她，但她拒絕了他的求愛。有一天，她的先生遭人下毒死亡，於是本來就厭惡愛麗絲的婆婆指控她謀害親夫……愛麗絲被關進管理特別嚴格的阿格諾（Haguenau）女子監獄，因而深陷絕望之中，也不時心生反抗的念頭。」*La Semaine Radio-Télévision*, 29 January–4 February 1972, p. 75.
86. Mauriac, *Et comme l'Espérance est violente*, pp. 367–8.
87. 'Les Dossiers (incomplets) de l'écran', *Le Nouvel Observateur*, 7 February 1972.
88. 引自 Mauriac, *Et comme l'Espérance est violente*, p. 374.
89. 見Stephen Davidson的英文概要，*Acts (Proceedings of the Fourth Annual Conference on XVIIth Century French Literature)*, Graduate School of the University of Minnesota, vol. 1, pp. 22–23.
90. 本書作者對Hélène Cixous的訪談。
91. 'Michel Foucault on Attica', p. 158.
92. Deleuze, 引自 Mauriac, *Et comme l'Espérance est violente*, p. 381.
93. 'Michel Foucault on Attica: An Interview', *Telos* 19, Spring 1974, p. 155.
94. 本書作者對Hélène Cixous的訪談。
95. 引自 Mauriac, *Et comme l'Espérance est violente*.
96. 這整份抄本，連同梅耶撰寫的序言，出版為'La Justice telle qu'on la rend', *Esprit*, October 1971, pp. 524–55.
97. Mauriac, *Et comme l'Espérance est violente*, p. 416.
98. 本書作者對Daniel Defert與Philippe Meyer的訪談。
99. 本書作者對Daniel Defert的訪談。
100. *Le Monde*, 28 October 1972, 31 October 1972.
101. GiP, *Suicides de prison*, Paris: Gallimard, 1973, p. 51.
102. Patrick Serry, 'De Quoi meurt un prisonnier?'
103. Mauriac, *Et comme l'Espérance est violente*, pp. 430–35; cf. *Le Monde*, 22 November 1972.
104. *Le Monde*, 1 July 1972. 邦唐的律師為這場審判留下了完整而且令人不忍卒睹

45. 'Entretien', *C'est Demain la veille*, Paris: Seuil, 1974, p. 34; 這場訪談有個稍微經過修訂的版本'Par-delà le bien et le mal', *Actuel* 14, November 1971.
46. 'Les Détenus parlent', *Esprit*, June 1971, pp. 1182–3.
47. Michel Foucault, 'La Prison partout', *Combat*, 5 May 1971, p. 1.
48. Ibid. Cf. *Le Monde*, 7 May 1971.
49. 傅柯針對這起事件其實講過兩個稍微不太一樣的版本。此處的陳述取自*Combat*裡的文章。在一份於五月二十三至二十四日翻印於《世界報》的聲明裡，他又補充指出自己之所以遭到毆擊，原因是他離開警察局的時候無意間拿到一件警察披風，而不是他自己的大衣。
50. Georges Kiejman, 'Un Combattant de rue', *Le Monde*, 27 June 1984; 本書作者對Georges Kiejman的訪談，一九八九年十一月二十三日。沒有人知道這種複印機為什麼稱為「越南印刷機」，也許是因為法國的非法活動與不盡合法的活動被人比喻為越南的游擊戰。
51. Georges Kiejman收藏當中的信件；本書作者對Georges Kiejman的訪談。
52. Michel Foucault, 引自 Madeleine Garrigou-Lagrange, 'Le Prisonnier est aussi un homme', *Témoignage chrétien*, 16 December 1971, p. 12.
53. Daniel Defert and Jacques Donzelot, 'La Charnière des prisons', *Magazine littéraire* 112–13, May 1976, p. 34.
54. Mauriac, *Et comme l'Espérance est violente*, p. 321.
55. Ibid., pp. 318–19.
56. 引自 *Le Nouvel Observateur*, 6 December 1971.
57. 引自 ibid.
58. 'I. A.', 'Prisons: réflexion faite', *L'Express*, 13–19 December 1971, p. 25.
59. 'L'Angoisse des "matons"', *Le Nouvel Observateur*, 17 January 1972, p. 25.
60. *Le Monde*, 8 December 1971.
61. Jacqueline Remy, 'Noël au pain sec', *Le Nouvel Observateur*, 6 December 1971.
62. *Le Monde*, 8 December 1971.
63. Jean-Marie Domenach, 'Le Sang et la honte', *Le Monde*, 25 December 1971.
64. *Le Monde*, 16 December 1971.
65. Katia D. Kaupp, 'Le "Malentendu" de Toul', *Le Nouvel Observateur*, 20 December 1971.
66. 引自 ibid.
67. 本書作者對Antoine Lazarus的訪談。
68. Danièle Molho, 'Toul: l'école du désespoir', *L'Express*, 20–26 December 1971, pp. 12–15.
69. 'Le Discours de Toul', *Le Nouvel Observateur*, 27 December 1971, p. 15.
70. Mauriac, *Et comme l'Espérance est violente*, pp. 337–38.
71. Gilles Deleuze, 'Ce que les prisonniers attendent de nous ...', *Le Nouvel Observateur*, 31 January 1972, p. 24.
72. *Le Monde*, 7 January 1972.
73. 引自 *Témoignage chrétien*, 23 December 1971.

凱對阿爾及利亞的立場，見他的*La Torture dans la République*, Paris: Maspero, 1972，以及收錄於以下這部文集的文章：*Face à la raison d'état. Un historien dans la guerre d'Algérie*, Paris: La Découverte, 1990。法國的審查制度使得*La Torture*只能先以英文版本出現，也就是*Torture: Cancer of Democracy*, Harmondsworth: Penguin, 1963。關於法國人對於阿爾及利亞戰爭的反對，見Hervé Hamon and Patrick Rotman, *Les Porteurs de valises*, Paris: Albin Michel, 1979.

21. 本書作者對Bernard Kouchner的訪談。見他的'Prisons: les petits matons blêmes', *Actuel* 9, June 1971, pp. 41–43.
22. Hamon and Rotman, *Génération. II.*, p. 380.
23. 本書作者對Danièle Rancière的訪談。
24. 'Michel Foucault on Attica: An Interview', *Telos*, 19, Spring 1974, p. 161.
25. Mauriac, *Et comme l'Espérance est violente*, p. 482.
26. 本書作者對Philippe Meyer的訪談。
27. 本書作者對Danièle Rancière與Hélène Cixous.的訪談。
28. Hélène Cixous, *Dedans*, Paris: Grasset, 1969.
29. 本書作者對Jean-Marie Domenach與Philippe Meyer的訪談。
30. 'Réponse de Michel Foucault', *Le Nouvel Observateur*, 11 December 1972, p. 63.
31. Patrick Sery, 'De quoi meurt un prisonnier', *Le Nouvel Observateur*, 30 October 1972, p. 52.
32. 本書作者對Jean-Marie Domenach與Edmond Maire的訪談。
33. Collection of Danièle Rancière.
34. Michel Foucault and Pierre Vidal-Naquet, 'Enquête sur les prisons, propos recueillis par Claude Angeli', *Politique-hebdo*, 18 March 1971, p.
35. 引自ibid. 克萊爾沃是一座「maison centrale」，關押的是刑期超過一年的囚犯，而「maison d'arrêt」則是收容受到羈押以及刑期短的人犯。在這個時候，這兩者之間顯然已沒有實際上的差別，只有定義上的區分。
36. 本書作者對Serge Livrozet的訪談。
37. 本書作者對Pierre Vidal-Naquet的訪談。
38. 'Foucault and the Prison', Paul Rabinow與Keith Gandal訪問Gilles Deleuze, *History of the Present* 2, Spring 1986, p. 2.
39. 另外還有三本小冊子出版於一套系列裡，標題為'Intolérable': *Enquête dans une prison-modèle: Fleury-Méroqis* (June 1971), *L'Assassinat de George Jackson* and *Suicides de prison* (1972). 最後兩本小冊子由伽利瑪出版。
40. Groupe d'Information sur les Prisons, *Enquête dans vingt prisons*, Paris: Editions Champ Libre, 1971, pp. 3–4.
41. 'Les Intellectuels et le pouvoir', p. 5.
42. 舉例而言，見'Vérité et pouvoir', p. 23.
43. François Paul-Boncour, 'Le Fer rouge', *Le Nouvel Observateur*, 19 June 1972, pp. 44–45. 如欲完整瞭解這套系統及其歷史，見Christian Elek, *Le Casier judiciaire*, Paris: PUF, 1988.
44. Serge Livrozet的*De la Prison à la révolte*針對此一程序提供了第一手的陳述。

## 第十一章

1. 「拘留」(garde à vue) 指的是警方在沒有起訴的情況下留置嫌犯的常見做法，留置時間最長可達二十四個小時。理論上，嫌犯只有在犯下的罪行可受到監禁處罰，並且在高階警官確切下令的情況下才可留置。警方拘留人的常見藉口是為了查驗身分。
2. 「地方裁判官」(magistrat) 一詞的涵蓋意義比英文的「magistrate」廣泛許多，可指稱由司法部直轄的magistrature僱用的各種法官與法律官員。
3. 'Création d'un Groupe d'Information sur les Prisons', *Esprit*, March 1971, p. 531. 這整份聲明原本刊登於 *La Cause du peuple* 35, 17 February 1971；第一段在二月十日翻印於《世界報》。
4. Claude Angeli, 'Les Nouveaux Clandestins', *Le Nouvel Observateur*, 1 June 1970, p. 18.
5. 參照有一部分由沙特起草的創立聲明：「赤色濟難會將是個民主、獨立，而且合法組成的協會；其主要目標將是為壓迫的受害者提供政治與法律辯護，並且為他們及其家人提供物質與道德援助……如果不組織大眾團結，就不可能捍衛正義與自由。赤色濟難會誕生自人民，也將為人民的抗爭而服務。」引自 Simone de Beauvoir, *La Cérémonie des adieux*, Paris: Gallimard, 1981, pp. 17–18.
6. *Le Monde*, 22 January 1971.
7. *Le Nouvel Observateur*, 17 January 1972.
8. *Le Monde*, 21 January 1971.
9. *Le Monde*, 9 February 1971.
10. 成立於一九六九年三月的革命萬歲組織，是自命毛派的團體當中最具自由至上主義色彩的一個，而且很快就發展出一套明顯帶有「地下」性質的文化：其報紙比較常刊登Robert Crumb與Wolinksi的漫畫，而不是毛澤東的肖像。
11. *Le Monde*, 30 January 1971.
12. Simone Signoret, *La Nostalgie n'est plus ce qu'elle était*, Paris: Points, 1978, pp. 348–49.
13. See Jean-Paul Sartre, 'Premier procès populaire à Lens', *Situations VIII*, Paris: Gallimard, 1970, pp. 319–34.
14. 引自 Keith Gandal, 'Michel Foucault: Intellectual Work and Politics', *Telos* 67, Spring 1986, pp. 125–26.
15. Collection of Danièle Rancière; 傅柯在一小張紙的兩面手寫成的原始傳單也收藏其中。
16. 本書作者對Sylvie-Claire d'Arvisenet的訪談。
17. Michel Foucault, Je perçois l'intolérable', Geneviève Armedler的訪談，*Journal de Génève: Samedi littéraire*, Cahier 135, 24 July 1971, p. 13.
18. Mauriac, *Et comme l'Espérance est violente*, pp. 410–11.
19. 引自 Samuelson, Il *était une fois 'Libération'*, p. 99.
20. 本書作者對Jean-Marie Domenach與Pierre Vidal-Naquet的訪談。關於維達納

43. Ibid., p. 275.
44. 'Présentation', ibid., p. 14.
45. 除了已經提過的部分以外，收錄其中的文章包括Patricia Moulin, 'Les Circonstances attenuantes', Blandine Barret-Kriegel, 'Regicide-parricide', Philippe Riot, 'Les Vies parallèles de P. Rivière', Robert Castel, 'Les Médicin et les juges', Alexandre Fontana, 'Les Intermittances de la raison'. Georgette Legée建構了事件年表，Gilbert Burlet-Torvic針對希維業的遊蕩製作了一份「地形圖」。
46. Pascal Kane, 'Entretien avec Michel Foucault', *Cahiers du cinéma* 271, November 1976, p. 52.
47. Peter, 'Entendre Pierre Rivière', p. 128.
48. Georges Lefranc, *ed., Juin 36*, Paris: Julliard, 1966; Annie Kriegel, ed., *Le Congrès de Tours*, Paris Julliard, 1964.
49. Emmanuel Le Roy Ladurie, 'Bocage au sang', *Le Monde*, 18 October 1973, pp. 19, 25. 至於比較正面的評論，見Max Gallo, 'Histoire d'une folie', *L'Express*, 15–21 October 1973, pp. 59–60（「傅柯這本引人入勝的書是一項全然的成功」），以及Marc Ferro, 'Au Croisement de l'histoire et du crime', *La Quinzaine littéraire*, 1–15 December 1973, pp. 25–26.
50. Jeanne Favret-Saada, *Les Mots, les morts, les sorts*, Paris: Gallimard, 1977.
51. 本書作者對Jean-Pierre Peter的訪談。
52. 'Theatrum philosophicum', *Critique* 282, November 1970, pp. 885–908.
53. 'Ariane s'est pendue', *Le Nouvel Observateur*, 31 March 1969, p. 61.
54. 這兩本著作的良好描述可見於Ronald Bogue, *Deleuze and Guattari*, London: Routledge, 1989.
55. Gilles Deleuze and Félix Guattari, *L'Anti-Oedipe*, Paris: Minuit, 1972.
56. 'Theatricum philosophicum', pp. 895–96.
57. Ibid., p. 901.
58. Ibid., p. 903.
59. Ibid., p. 904.
60. Ibid., pp. 907–08.
61. Pierre Klossowski, *La Monnaie vivante*, Paris: Eric Losfield, 1970.
62. Reproduced, *Pierre Klossowski*, p. 89.
63. Deleuze and Guattari, *L'Anti-Odipe*, Jean-François Lyotard, *Economie libidinale*, Paris: Minuit, 1972.
64. 寫給Pierre Klossowski的信（一九七〇至一九七一年冬季），*Cahiers pour un temps: Pierre Klossowski*, Paris: Centre Georges Pompidou, 1985, pp. 89–90.
65. Jean-François Josselin, 'Le Continent noir', *Le Nouvel Observateur*, 7 September 1970, pp. 40–41. 關於圭亞塔，見他接受Gilles Barbedette的訪談'Pierre Guyotat par qui le scandale arrive', *Le Monde dimanche*, 21 March 1982, pp. I, IX.
66. 'Il y aura scandale, mais ...', *Le Nouvel Observateur*, 7 September 1970, p. 40.

17. *L'Ordre du discours*, pp. 73–74.
18. Ibid., pp. 74–75.
19. Ibid., pp. 81–82.
20. Ibid., p. 71.
21. 'Croître et multiplier', *Le Monde*, 15–16 November 1970, p. 13. 雅各布的遺傳史由 Betty E. Spillmann翻譯為 *The Logic of Living Systems: A History of Heredity*, London: Allen Lane, 1973.
22. *L'Ordre du discours*, pp. 30, 28.
23. Ibid., pp. 54–55.
24. Ibid., p. 55.
25. Ibid., p. 65.
26. 傅柯這麼描述拉岡的研討課：「這種晦澀的語言根本不可能明白。如果要理解拉岡所有的典故，必須要所有的一切都讀過才有可能。沒有人聽得懂，但每個人都感到關注，這正是其美妙之處。他的每一名聽者都會在某個時刻感覺自己懂了，並且覺得自己是唯一一個聽懂的人。因此，拉岡每週都得以達成這項壯舉，也就是在講堂前方從事一種抽象分析，而對他的每一名聽者造成影響。」引自 Gérard Petitjean, 'Les Grands Prêtres de l'Université française', *Le Nouvel Observateur*, 7 April 1975, p. 54.
27. Bernauer, *Michel Foucault's Force of Flight*, p. 3.
28. Mauriac, *Et comme l'Espérance est violente*, p. 498.
29. 本書作者對Anne Thalamy的訪談。
30. Petitjean, 'Les Grands Prêtres de l'université française', p. 55.
31. *'Radioscopie de Michel Foucault.* Propos recueillis par Jacques Chancel', 3 October 1975. Cassette recordings of this interview are held by the Bibliothèque du Saulchoir and by the Bibliothèque Public d'Information, Centre Georges Pompidou.
32. 本書作者對Arlette Farge的訪談。
33. *Foucault's Force of Flight*, p. 3.
34. Gérard Lefort, 'Au Collège de France: un judoka de l'intellect', *Libération*, 26 June 1984, p. 6.
35. Mauriac, *Et comme l'Espérance est violente*, p. 502.
36. *Résumé des cours*, p. 14.
37. J. P. Peter and Jeanne Favret, 'L'Animal, le fou, le mort' in *Moi, Pierre Rivière, ayant égorgé ma mére, ma soeur et mon frère. Un Cas de parricide au XIX siècle présenté par Michel Foucault*, Paris: Gallimard/Julliard, 1973, p. 249 and n.
38. 'About the Concept of the Dangerous Individual in Nineteenth-Century Legal Psychiatry', *International Journal of Law and Psychiatry* 1, 1978, pp. 1–18.
39. Ibid., p. 20.
40. 本書作者對Jean-Pierre Peter的訪談。Jean-Pierre Peter, 'Entendre Pierre Rivière', *Le Débat* 66, September–October 1991, p. 128.
41. *Résumé des cours*, p. 24.
42. 'Les Meurtres qu'on raconte', *Moi, Pierre Rivière*, p. 266.

79. Ibid., pp. 168, 167.
80. Ibid., p. 170.
81. Ibid., p. 169.
82. Bernauer, *Michel Foucault's Force of Flight*, p. 98.
83. *L'Ordre du discours*, pp. 77, 76.
84. Eribon, *Michel Foucault*, pp. 226–27.
85. Ibid., pp. 209–10.
86. 'Titres et travaux'; 原始小冊的一份影本可查閱於索爾舒爾圖書館，編目為 D314。這份文本翻印於艾希邦那部傳記的第二個修訂版。
87. *Titres et travaux*, p. 2.
88. Ibid. pp. 3–4.
89. Ibid. pp. 4–9.
90. 引自 Eribon, *Michel Foucault*, p. 231.
91. Ibid. pp. 231–32.

## 第十章

1. 本書作者對Daniel Defert的訪談。
2. 'Folie, littérature et société', *Bugei* 12, 1970.
3. *Paideia*, September 1971. 這篇回應翻印於《瘋狂史》一九七二年版的附錄裡，pp. 583–603.
4. 'Mon corps ...', p. 602.
5. Postscript, *Death and the Labyrinth*, p. 171.
6. 翻印於*Michel Foucault. Une Histoire de la vérité*, p. 58.
7. 本書作者對Daniel Defert的訪談。
8. 'Le 28 Juillet 1983, Michel m'écrit un vrai texte dans une lettre', *L'Autre Journal* 10, December 1985, p. 5.
9. Rouanet and Merquior, 'Entravista com Michel Foucault'. Merquior在他的*Foucault*, London: Fontana, 1985, p. 137裡指稱這項訪談發生於一九七〇年，但沒有提出確切日期。
10. Jean Lacouture, 'Au Collège de France. Le cours inaugural de M. Michel Foucault', *Le Monde*, 4 December 1970, p. 8.
11. Christophe Charle, 'Le Collège de France' in Pierre Nora, ed., *Les Lieux de mémoire II. La Nation*, vol. 3, Paris; Gallimard, 1986, p. 422.
12. 私人通信。
13. 本書作者對Danièle Rancière的訪談。
14. Paul Valéry, letter to Mme Roth-Mascagni, 引自 Charle, 'Le Collège de France', ibid., p. 419.
15. Ibid., pp. 417–20.
16. Foucault, *L'Ordre du discours*, Paris: Gallimard, 1971, p. 8; Samuel Beckett, *L'lnnommable*, Paris: Minuit, 1953, pp. 261–62.

52. Roudinesco, *Jacques Lacan & Co.*, pp. 550–51. See J. Laplanche and J. B. Pontalis, *The Language of Psycho-analysis*, tr. Donald Nicholson-Smith, London: The Hogarth Press and The Institute of Psycho-analysis, 1973.
53. Roudinesco, *Jacques Lacan & Co*, pp. 552–53.
54. 本書作者對Robert Castel的訪談。
55. Jacques Lacan, *Le Séminaire. Livre XVII. L'Envers de la psychanalyse*, Paris: Seuil, 1991, p. 240.
56. 'Une Petite Histoire', *Le Nouvel Observateur*, 17 March 1969, p. 43.
57. 'Précision', *Le Nouvel Observateur*, 31 May 1969.
58. Eribon, *Michel Foucault*, p. 216.
59. 本書作者對Daniel Defert與Etienne Balibar的訪談。
60. 引自 Sherry Turkle, *Psychoanalytic Politics: Jacques Lacan and Freud's French Revolution*, London: Burnet Books in association with André Deutsch, 1979, p. 175.
61. Friedrich Nietzsche, *Twilight of the Idols*, tr. R.J. Hollingdale, Harmondsworth: Penguin, 1968, p. 110.
62. See Jean-Paul Sartre, 'La Jeunesse piégée', in *Situations VIII*, Paris; Gallimard, 1972, pp. 239–61.
63. *Le Monde*, 12 February 1969.
64. Ibid.
65. Hamon and Rotman, *Génération II*, pp. 57–58.
66. Ibid., p. 58.
67. 引自 Roudinesco, *Jacques Lacan & Co*, p. 558. 那本書是Michèle Manceaux and Madeleine Chapsal, *Les Professeurs, pour quoi faire?*, Paris: Seuil, 1970. See *L'Express*, 16–22 March 1970.
68. 本書作者對Bernard Doray的訪談。
69. 本書作者對Jacques Rancière的訪談。
70. 本書作者對Etienne Balibar的訪談。
71. 本書作者對Jeannette Colombel的訪談。
72. 一九六九年七月三日寫給Klossowski的信件，收錄於 *Cahiers pour un temps: Pierre Klossowski*, Paris: Centre Georges Pompidou, 1985. See Pierre Klossowski, *Nietzsche et le cercle vicieux*, Paris: Mercure de France, 1969.
73. 'Le Piège de Vincennes', propos recueillis par Patrick Loriot, *Le Nouvel Observateur*, 9 February 1970.
74. 'Jean Hyppolite (1907–1968)', *Revue de métaphysique et de morale*, vol. 74, no. 2, April–July 1969, pp. 131–36.
75. Ibid., pp. 131–32.
76. Jean Hyppolite, 'Projet d'enseignement d'histoire de la pensée philosophique' (October 1962), *Figures de la pensée philosophique*, p. 998.
77. 'Nietzsche, La Généalogie, l'histoire', in *Hommage à Jean Hyppolite*, Paris: PUF, 1971, pp. 145–72.
78. Ibid., pp. 145–46.

24. Henri Sztulman, 'Folie ou maladie mentale', ibid., pp. 268, 277.
25. Georges Daumézon, 'Lecture historique de *l'Histoire de la folie*', ibid., pp. 228, 239.
26. Ibid., p. 282.
27. 'Intervention de E. Minkowski', ibid., pp. 218, 283.
28. 'La Situation de Cuvier dans l'histoire de la biologie', *Revue de l'histoire des sciences et de leurs applications*, vol. XXIII, no. 1, January–March 1970, pp. 63–92, 後續討論的抄本收錄於其後。
29. 'Ariane s'est pendue', *Le Nouvel Observateur*, 31 March 1969, pp. 36–37.
30. 'Maxime Defert', *Les Lettres françaises*, 8–14 January 1969, p. 28.
31. 'La Naissance d'un monde', Jean-Michel Palmier的訪談，*Le Monde*, 3 May 1969, p. viii. 另見Jean-Jacques Brochier的訪談，'Michel Foucault explique son dernier livre', *Magazine Littéraire* 28, April–May 1969, pp. 23–25.
32. François Châtelet, 'L'Archéologue du savoir', *La Quinzaine littéraire*, 1–15 March 1969, pp. 3–4.
33. Jean Duvignaud, 'Ce qui parle en nous, pour nous, mais sans nous', *Le Nouvel Observateur*, 21 April 1969, pp. 42–43.
34. Gilles Deleuze, 'Un Nouvel Archiviste', *Critique* 274, March 1970, pp. 195–209，後以書籍形式重印，Montpellier: Fata Morgana, 1972. 後來經過擴增而以同樣的標題重印為*Foucault*, Paris: Minuit, 1986的第一章，此處所引即是此一版本。
35. Ibid., p. 28, 22.
36. Ibid., p. 30.
37. 這篇文章有個修訂版，以'Sur L'Archéologie du savoir (à propos de Michel Foucault)'為標題收錄於拉庫赫的*Pour Une Critique de l'épistémologie*, Paris: Maspero, 1972, pp. 98–133. 本書作者對Dominique Lecourt的訪談。
38. Ibid., pp. 133, 113.
39. Georges Canguilhem, *Ideologie et rationnalité dans l'histoire des sciences de la vie* (second edn), Paris: Vrin, 1988, pp. 9–10.
40. 'Carceri et manicomi nel consegno del potere', p. 6.
41. Althusser, *For Marx*, pp. 87–128.
42. V. I. Lenin, *What is to be done? Selected Works*, Moscow: Progress Publishers, 1963, vol. 1, p. 150.
43. Michèle Manceaux, *Les 'Maos' en France*, Paris: Gallimard, 1972, p. 49.
44. Ibid., p. 20.
45. Ibid., p. 23.
46. Simone Weil, *La Condition ouvrière*, Paris: Gallimard, 1951.
47. Robert Linhart, *L'Etabli*, Paris: Minuit, 1978; 本書作者對Daniel Defert的訪談。
48. 本書作者對Daniel Defert的訪談。
49. Emmanuel Terray, 'Nous n'irons pas voter', *Le Monde*, 12 January 1969, p. 10.
50. Hélène Cixous, *L'Exil de James Joyce ou l'art du remplacement*, Paris: Grasset, 1968. 西蘇的第一部虛構作品是短篇故事集*Le Prénom de dieu*，出版於一九六七年。
51. Eribon, *Michel Foucault*, pp. 216–17.

## 第九章

1. Pinguet, 'Les Années d'apprentissage', p. 126.
2. 'Qu'est-ce qu'un auteur?' *Bulletin de la Société française de philosophie*, 63, July–September 1969, pp. 73–104.
3. A. Geismar, S. July, E. Morance, *Vers la Guerre civile*, Paris: Editions premières, 1969.
4. 本書作者對Hélène Cixous的訪談。
5. Robert Castel, 'The two readings of *Histoire de la folie* in France', p. 28.
6. *Surveiller et punir*, Paris: 1975, p. 229.
7. 'Présentation', *Garde-fous arrêtez de vous serrer les coudes*, revised edn, Paris: Maspero, 1975, p. 5.
8. 關於反精神醫學運動的整體記述，見Robert Boyers and Robert Orril, eds., *Laing and Anti-Psychiatry*, Harmondsworth: Penguin, 1972.
9. 關於以這部譯本為基礎提出的解讀所引發的爭議，見Colin Gordon, '*Histoire de la folie*: an unknown book by Michel Foucault', *History of the Human Sciences*, vol. 3, no. 1 February 1990, pp. 3–26, 以及刊登於同一期還有vol. 3, no. 3, October 1990的各項「回應」。
10. David Cooper, 'Introduction', *Madness and Civilization*, p. vii.
11. Ibid., p. viii.
12. *New Statesman*, 16 June 1967, p. 844. 庫珀的文章是對拉岡的《文集》提出的評論，Thomas Scheff, *Being Mentally Ill*, K. Soddy and R. H. Ahrenfeld, *Mental Health and Contemporary Thought* and Abraham Levinson, *The Mentally-Retarded Child*.
13. R. D. Laing, 'The invention of madness', *New Statesman*, 16 June 1967, p. 843.
14. Edmund Leach, 'Imprisoned by madmen', *Listener*, 8 June 1967, pp. 752–53; Hugh Freeman, 'Anti-psychiatry through history', 4 May 1967, pp. 665–66.
15. W. Ll. Parry-Jones, *British Journal of Social and Clinical Psychology* 8, 1969, p. 191.
16. 'Carceri e manicomi nel consegno del potere'.
17. David Cooper, ed., *The Dialectics of Libération*, Harmondsworth: Penguin, 1968.
18. Proceedings published as 'Enfance aliénée', *Recherches*, September 1967, and 'Enfance alienee II', *Recherches*, December 1968.
19. R. D. Laing and David Cooper, *Reason and Violence*, London: 連恩的 *The Divided Self*, London; Tavistock, 1959帶有副標題「對理智與瘋狂的存在主義研究」，書中第一章的探討主題是「人的科學奠定於其上的存在主義現象學基礎」。
20. 關於精神醫學策進會的起源與歷史，見Elisabeth Roudinesco, *La Bataille de cent ans. Histoire de la psychanalyse en France*, vol. I, Paris: Ramsay, 1982, pp. 413–31.
21. 'Du Pouvoir' (Pierre Boncenne的訪談，1978), *L'Express*, 13 July 1984; *Colloqui con Foucault*, p. 44.
22. 'La Conception idéologique de *l'Histoire de la folie* de Michel Foucault', *Evolution psychiatrique*, Tôme 36, fasc. 2, April–June 1971, pp. 225, 226.
23. Henri Ey, 'Commentaires critiques sur *l'Histoire de la folie* de Michel Foucault', ibid., pp. 257, 256.

69. Ibid., p. 64 and n.
70. 'Nietzsche, Freud, Marx', pp. 198–99.
71. *L'Archéologie du savoir*, p. 74. and n.
72. Ibid., p. 9.
73. Ibid., p. 12.
74. Ibid., p. 38.
75. Ibid., p. 84.
76. Ibid., p. 64.
77. Ibid., p. 115.
78. Ibid., p. 107. See J. I. Austin, *How to Do Things with Words*, Oxford University Press, 1962, and John Searle, *Speech Acts*, Cambridge University Press, 1972. 這兩本書在傅柯撰寫《知識考古學》的時候都沒有法文譯本。在後來與塞爾的通信當中，傅柯接受了他的陳述的確是言語行動，並且指出：「我想要強調我先前看待那些陳述的角度和你不同」；一九七九年五月十五日寫給塞爾的信件，引自Dreyfus and Rabinow, *Michel Foucault*, p. 46n.
79. *L'Archéologie du savoir, p*. 126.
80. Ibid., pp. 215–55.
81. Ibid., p. 250.
82. Voeltzel, *Vingt ans et après*, p. 72.
83. 引自Eribon, *Michel Foucault*, p. 205.
84. *Colloqui con Foucault*, p. 73.
85. Ibid., p. 72.
86. Knapp, *Tunisia*, p. 184.
87. *Colloqui con Foucault*, p. 71.
88. 本書作者對Daniel Defert的訪談。
89. 'Folie et civilisation', cassette recording, Bibliothèque du Saulchoir, C32.
90. Régis Debray, *Contribution aux discoure et cérémonies du dixième anniversaire*, Paris: Maspero, 1978; Pierre Goldman, *Souvenirs obscurs d'un Juif polonais né en France*, Paris: Seuil, 1977, pp. 70–73.
91. *Colloqui con Foucault*, p. 74.
92. 五月事件的文獻極為龐大。關於英文當中的相關陳述，見Patrick Seale and Maureen McConville, *French Revolution 1968*, Harmondsworth: Penguin in association with William Heinemann Ltd, 1968以及Charles Posner, ed., *Reflections on the Revolution in France: 1968*, Harmondsworth: Penguin, 1970. 後者含有一份很有幫助的事件年表。
93. Daniel, *La Blessure*, pp. 184–85.
94. 引自Eribon, *Michel Foucault*, p. 204.
95. Burin des Roziers, 'Une Rencontre à Varsovie', pp. 134–35.
96. 本書作者對Didier Anzieu的訪談。

41. 'Foucault répond à Sartre', *La Quinzaine littéraire* 46, 1–15 March 1969, p. 21.
42. Une Mise au point de Michel Foucault', *La Quinzaine littéraire*, 47, 15–31 March 1968, p. 21.
43. 本書作者對Didier Eribon的訪談。
44. 'Correspondance. A Propos des "Entretiens sur Foucault"', *La Pensée* 139, May–June 1968. 關於蒙佩利爾大學的辯論會，見'Entretiens sur Foucault', *La Pensée* 137, February 1968.
45. See *Esprit*, May 1967.
46. 本書作者對當時《精神》的主編Jean-Marie Domenach的訪談。
47. 'Réponse à une question', *Esprit* 371, May 1968, pp. 850–74.
48. Ibid., p. 851.
49. Ibid., p. 858.
50. Ibid., p. 871.
51. 截至目前為止最佳的研究，是Gregory Elliott, *Althusser: The Detour of Theory*, London: Verso, 1987.
52. 關於人文主義與理論反人文主義的爭議，有一項深具說服力的論述可見於Kate Soper, *Humanism and Anti-Humanism*, London: Hutchinson, 1986.
53. Althusser, 'A Letter to the Translator', *For Marx*, p. 256. 這封信在阿圖塞生前沒有在法國出版。
54. 另外幾人是Roger Establet、Pierre Macherey與Jacques Rancière。
55. 本書作者對Etienne Balibar的訪談。
56. 關於這個時期，可在以下這部著作找到可讀性很高（儘管有些部分稍嫌膚淺）的陳述：Hervé Hamon and Patrick Rotman, *Génération. Vol I. Les Années de réve*, Paris: Seuil,
57. 編輯委員會的成員包括Jacques-Alain Miller、Alain Grosrichard、Jean-Claude Milner、Alain Badiou與François Regnault。其中大多數也都屬於拉岡的巴黎佛洛伊德學會。
58. Althusser, *L'Avenir dure longtemps*, pp. 326, 344–45. 關於那個受到竊取的概念本身，見Jacques-Alain Miller, 'Action de la structure', *Cahiers pour l'analyse* 9, Summer 1968, pp. 93–105.
59. *Roudinesco, Jacques Lacan & Co.*, p. 398.
60. 'A Michel Foucault', *Cahiers pour l'analyse* 9, Summer 1968, p. 5.
61. 'Réponse au Cercle d'épistémologie', ibid., pp. 9–40.
62. 'Nouvelles Questions', ibid., pp. 42, 44.
63. *Les Mots et les choses*, p. 13n.
64. 'Réponse à une question', p. 854n.
65. 'La Naissance d'un monde' (Jean-Michel Palmier的訪談), *Le Monde*, 3 May 1969, p. viii.
66. 'Truth, Power, Self, p. 11.
67. Frank Kermode, 'Crisis Critic', *New York Review of Books*, 17 May 1973, p. 37.
68. *L'Archéologie du savoir*, p. 27.

*en Occident du Moyen Age à nos jours*, Paris: Seuil, 1975. 關於阿希業斯作品的這個面向，最迷人的引介著作是富含插圖的*Images of Man and Death*, tr. Janet Lloyd, Cambridge, Massachusetts: Harvard University Press, 1985.
13. Wilfrid Knapp, *Tunisia*, London: Thames and Hudson, 1970, p. 181.
14. Daniel, *La Blessure*, pp. 164–65.
15. 本書作者對Jean Duvignaud的訪談。Monique Bel, *Maurice Clavel*, Paris: Bayard Editions, 1992, p. 221 指稱傅柯與丹尼爾是透過克拉維勒而認識的。
16. Daniel, *La Blessure*, p. 182. 在貝爾克的英譯著作當中，最容易取得的是*Arab Rebirth: Pain and Ecstasy*, tr. Quintin Hoare, London: Al Saqi books, 1983.
17. Daniel, *La Blessure*, p. 19.
18. Jean Daniel, 'Le Flux des souvenirs', *Michel Foucault: Une Histoire de la vérité*, p. 58.
19. Jean Daniel, 'La Passion de Michel Foucault', *Le Nouvel Observateur*, 24 June 1984.
20. 本書作者對Jean Duvignaud的訪談。
21. 本書作者對Daniel Defert的訪談。
22. 本書作者對Catherine von Bülow的訪談。
23. 引自Daniel, *La Blessure*, p. 184.
24. M. B. (Marc Beigbeder), 'En suivant le cours de Foucault', *Esprit*, June 1967, pp. 1066–67.
25. Jalila Hafsia, *Visages et rencontres*, Tunis, 1981, p. 51.
26. 'La Bibliothèque fantastique', p. 107.
27. 發表於法國大使館的*Mission culturelle Française Information*, 10 April–10 May 1978; 其摘錄在後來一場為期三天的傅柯著作研討會期間重新刊登於*La Presse de Tunis*, 10 April 1987.
28. *L'Archéologie du savoir*, pp. 127–28.
29. 本書作者對Daniel Defert的訪談。
30. 'Linguistique et sciences sociales', *Revue tunisienne des sciences sociales* 19, December 1969, p. 251.
31. Samir Amin, *The Maghreb in the Modern World*, tr. Michael Perl, Harmondsworth: Penguin, 1970, pp. 198–210.
32. 拉帕薩德這時的主要興趣是傳統型態的心理劇，典型表現是拉丁美洲的macumba與candomblé以及北非的stambuli所引發的催眠狀態。見他的*Essai sur la transe*, Paris: Editions Universitaires, 1976.
33. Georges Lapassade, *Joyeux Tropiques*, Paris: Stock, 1978, pp. 51–52.
34. Georges Lapassade, *Le Bordel andalou*, Paris: L'Herne, 1971.
35. Lapassade, *Joyeux tropiques*, pp. 55–56.
36. François Châtelet, 'Foucault precise sa méthode', *La Quinzaine litteraire* 58, 1 October 1968, p. 28.
37. Bel, *Maurice Clavel*, pp. 117–19.
38. Ibid., pp. 220, 221.
39. Mauriac, *Et comme l'Espérance est violente*, p. 564.
40. 引自Bel, *Maurice Clavel*, pp. 222–23.

126. Ibid., p. 37.
127. Pierre Burgelin, 'L'Archéologie du savoir', *Esprit*, May 1967, pp. 859, 860.
128. Jean-Marie Domenach, 'Le système et la personne', ibid., pp. 776, 777.
129. Jean-Paul Sartre, 'M. François Mauriac et la liberté' (1939) in *Situations I*, Paris: Gallimard, 1947, p. 57.
130. Georges Canguilhem, 'Mort de l'homme ou épuisement du cogito?', *Critique* 242, July 1967, p. 599.
131. Ibid., p. 608.
132. Ibid., p. 617.
133. 本書作者對Daniel Defert的訪談。
134. *Colloqui con Foucault*, p. 51.
135. Ibid., p. 50.
136. Anne Coffin Hanson, *Manet and the Modern Tradition*, New Haven and London: Yale University Press, 1979, p. 119.
137. Chapsal, 'Entretien avec Michel Foucault', p. 15.
138. Eribon, *Michel Foucault*, p. 160.
139. 關於其內容與重要性，見Sadie Plant, *The Most Radical Gesture: The Situationist International in a Postmodern Age*, London: Routledge, 1992, pp. 94–96.
140. 'La Pensée du dehors', *Critique* 229, June 1966, pp. 523–46. 這篇文章在一九八六年由Fata Morgana, Montpellier重印為書籍形式；此處指涉的皆是該版本。
141. 'La Pensée du dehors', pp. 12–13.
142. Ibid., p. 17.
143. Ibid., p. 19.
144. Ibid., p. 41.
145. 'Vérité et pouvoir', *L'Arc* 70, 1977; *La Crise dans la tête*, p. 23.

## 第八章

1. 本書作者對Georges Canguilhem的訪談。
2. Chaim Katz與Roberto Machado的來信。
3. Eribon, *Michel Foucault*, p. 169.
4. Ibid., p. 199.
5. 本書作者對Daniel Defert的訪談。
6. Jean Daniel, *La Blessure*, Paris: Grasset, 1992, p. 183.
7. Gerard Fellous, 'Michel Foucault: "La Philosophie 'structuraliste' permet de diagnostiquer ce qu'est aujourd'hui",' *La Presse de Tunis*, 12 April 1967, p. 3.
8. 引自Mauriac, *Mauriac et fils*, p. 235.
9. 本書作者對Denise與Pierre Klossowski的訪談。
10. 'Des Espaces autres', *Architecture-Mouvement-Continuité*, 5, October 1984.
11. Baltimore, Johns Hopkins University Press, 1957.
12. 阿希業斯的論文出現於vol. CIX, 1966; 翻印於他的*Essais sur l'histoire de la mort*

100. De Certeau, 'The Black Sun of Language: Foucault' in *Heterologies*, p. 171.
101. 'C'était un nageur entre deux mots', *Arts et loisirs* 54, 5–11 October 1966, pp. 8–9.
102. Simone de Beauvoir, *Les Belles Images*, Paris: Folio, 1976, p. 94.
103. 'Simone de Beauvoir présente *Les Belles Images*', Jacqueline Piatier的訪談，*Le Monde*, 23 December 1966, p. 1.
104. 一九六六年六月四日寫給Magritte的信件，收錄於André Blavier, ed., René Magritte, *Ecrits complets*, Paris: Flammarion, 1972, p. 521.
105. 這篇文章可見於*Cahiers du chemin* 2, January 1968, pp. 79–105; *Ceci n'est pas une pipe*, Montpellier: Fata Morgana, 1973, 1986. 馬格利特的兩封信件皆翻印於其中，pp. 83–90.
106. Jean Lacroix, 'Fin de l'humanisme?', *Le Monde*, 9 June 1966.
107. François Châtelet, 'L'Homme, ce Narcisse incertain', *La Quinzaine littéraire*, 1 April 1966, p. 19.
108. Gilles Deleuze, 'L'Homme, une existence douteuse', *Le Nouvel Observateur*, 1 June 1966.
109. Madeleine Chapsal, 'La plus grande Révolution depuis l'existentialisme', *L'Express*, 23–29 May 1966, p. 121.
110. Robert Kanters, *Le Figaro littéraire*, 23 June 1966, p. 5.
111. François Mauriac, 'Bloc-notes', *Le Figaro*, 15 September 1966.
112. Jacques Brosse, 'L'Etude du language v-a-t-elle libérer un homme nouveau?', *Arts et loisirs*, 35, 25–31 May 1966.
113. Jean-Marie Domenach, 'Une Nouvelle Passion', *Esprit* 7–8, July–August 1966, pp. 77–78.
114. *L'Archéologie du savoir*, p. 19n.
115. 'Jean-Paul Sartre répond', *L'Arc* 30 October 1966, pp. 87–88.
116. Sylvie Le Bon, 'Un Positiviste désespéré'. *Les Temps Modernes* 248, January 1967, pp. 1299–319.
117. Ibid., p. 1299.
118. Ibid., pp. 1303, 1304.
119. Ibid., p. 1313.
120. Michel Amiot, 'Le Relativisme culturaliste de Michel Foucault', *Les Temps Modernes* 248, January 1967, pp. 1295, 1296. 與史賓格勒的關連也提出於Maurice Corvez, 'Le Structuralisme de Michel Foucault', *Revue thomiste*, vol 68, 1968, p. 11.
121. 引自 Eribon, *Michel Foucault*, p. 190.
122. Jeannette Colombel, 'Les Mots de Foucault et les choses', *La Nouvelle Critique*, May 1967, p. 8.
123. Ibid., p. 13.
124. *Les Mots et le choses*, p. 274.
125. Olivier Revault d'Allonnes, 'Michel Foucault: Les Mots contre les choses', in *Structuralisme et marxisme*, Paris: 10/18, 1970, pp. 26, 34; 原本發表於*Raison présente* 2, 1967.

65. Ibid., p. 50.
66. Ibid., p. 55.
67. Ibid.
68. Ibid., p. 13.
69. Brice Parain, 'Michel Foucault: *L'Archéologie du savoir*', *Nouvelle Revue Française*, November 1969, pp. 726, 727.
70. *Les Mots et les choses*, p. 60.
71. Ibid., p. 61.
72. Ibid., p. 89.
73. 尤見Gutting的研究，pp. 139–216.
74. *Les Mots et les choses*, pp. 94–95.
75. Ibid., p. 100.
76. Preface to Antoine Arnaud and Pierre Nicolle, *Grammaire générale et raisonnée*, Paris: Paulet, 1969, pp. iii–xxvii. 這篇序言的一個初期版本發表於*Langages* 7, September 1967, pp. 7–15.
77. *Les Mots et les choses*, p. 106.
78. Ibid., p. 107.
79. Ibid., p. 133.
80. Ibid., pp. 142, 157.
81. Ibid., p. 215.
82. Ibid., p. 177.
83. Ibid., p. 268.
84. Ibid., p. 274.
85. Ibid., p. 281.
86. Ibid., p. 59.
87. Ibid., p. 313.
88. Ibid., p. 220–21.
89. *Les Mots et les choses*, p. 398.
90. 'La Folie, l'absence d'oeuvre', p. 13.
91. 同樣的解讀也提出於Judith P. Butler, *Figures of Desire*, p. 175.
92. 另見Marie-Geneviève Foy的小訪談，'Qu'est-ce qu'un philosophe?', *Connaissance des arts* 22, Autumn 1966.
93. Chapsal, 'Entretien avec Michel Foucault', p. 137.
94. Ibid., p. 141.
95. *La Quinzaine littéraire*, 1–15 July 1967, p. 19.
96. *Naissance de la clinique*, p. xiii (1963), p. xiii (1972); 關於這些修改的注記，見伯納爾的*Michel Foucault's Force of Flight*當中的Appendix 2。
97. Louis Althusser, 'Philosophy and the Spontaneous Philosophy of the Scientists', 由Warren Montag翻譯於同名書籍裡。
98. 'Entretien', *La Quinzaine littéraire*, 16 May 1966, pp. 14–15.
99. 'L'Homme est-il mort?' *Arts et loisirs* 38, 15 June 1966, p. 8.

*à R. Caillois*, Paris: Centre Georges Pompidou, 1981, p. 228.

35. 'La Prose du monde', *Diogène* 53, January–March 1966, pp. 20–41; 'The Prose of the World', tr. Victor Velen, *Diogenes* 53, Spring 1966, pp. 17–37.
36. During, *Foucault and Literature*, p. 239, citing Susan Sontag's *Against Interpretation*.
37. 'Du Pouvoir', Pierre Boncenne的訪談 (1978), *L'Express*, 13 July 1984, p. 58.
38. Sheridan, *The Will to Truth*, p. 47; Eribon, *Michel Foucault*, p. 183.
39. 'Foucault comme de petits pains', *Le Nouvel Observateur*, 10 August 1966, p. 58.
40. 'Les Succès du mois', *L'Express*, 8–14 August 1966, p. 32.
41. *Le Nouvel Observateur*, 26 May 1966, p. 33.
42. 'Sade mon prochain' (unsigned), *Le Nouvel Observateur*, 18 May 1966, p. 31. 克洛索夫斯基的講座有一個修改版本刊登於*Tel Quel* 28，接著又翻印為'Le Philosophe-scélérat'，收錄於他的*Sade mon prochain*修訂版，Paris: Seuil, 1967。由Alphonso Lingis翻譯為'The Philosopher Villain'，收錄於*Sade My Neighbour*, Evanston, Illinois: Northwestern University Press, 1991.
43. Eribon, *Michel Foucault*, p. 182.
44. Marietti, *Michel Foucault*, p. 52.
45. *The Order of Things*, p. viii.
46. 'Entrevista com Michel Foucault par Sergio Paolo Rouanet e José Guilhermo Merquior', *O Homen e o discorso: A Arqueologia de Michel Foucault*, Rio de Janeiro: Tempo Brasiliero, 1971, pp. 17–42.
47. Dreyfus and Rabinow, *Michel Foucault*, p. vii.
48. *Maladie mentale et personnalité*, p. 26.
49. 'Thèse supplémentaire pour le Doctorat ès lettres', p. 4.
50. Bellour, 'Entretien avec Michel Foucault', p. 139.
51. *L'Archéologie du savoir*, p. 173.
52. 'Réponse au Cercle d'épistémologie', *Cahiers pour l'analyse* 8, Summer 1968, p. 19.
53. 'Monstrosities in Criticism', *Diacritics 1*, Fall 1971, p. 60.
54. Bernauer, *Michel Foucault's Force of Flight*, pp. 45, 202. 伯納爾以驚人的博學追溯出這項指涉的來源是康德的*Welches sind die wirklichen Fortschrifte, die die Metaphysik seit Leibnitzens und Wolfs Zeiten in Deutschland gemacht hat?*，收錄於一九四二年版的*Gesammelte Schriften*的第二十冊。
55. *The Order of Things*, pp. xi–xii. 這篇前言沒有以法文出版。
56. *Les Mots et les choses*, p. 177.
57. Ibid., p. 179.
58. Ibid., p. 214.
59. Ibid., p. 7.
60. *Les Mots et les choses*, p. 19.
61. Ibid., p. 31.
62. Eribon, *Michel Foucault*, p. 182.
63. *Les Mots et les choses*, p. 33.
64. Ibid., p. 42.

11. Claude Jannoud, 'Michel Foucault et Gilles Deleuze veulent rendre à Nietzsche son vrai visage', *Le Figaro littéraire*, 15 September 1966, p. 7. 另見Jacqueline Piatier的訪談，'La Publication des *Oeuvres complètes* de Nietzsche: *La Volonté de puissance*, texte capital, mais incertain, va disparaître, nous déclare Michel Foucault', *Le Monde*, 24 May 1967, 'supplément', p. vii.
12. 'Claude Jannoud, 'Michel Foucault et Gilles Deleuze ...'.
13. Pierre Klossowski, 'Oubli et anamnèse dans l'expérience vécue de l'éternel retour du Même', *Nietzsche*, pp. 227–44.
14. Alain Arnaud, *Pierre Klossowski*, Paris: Seuil, 1990, p. 188. 這大概是介紹克洛索夫斯基的最佳著作；也是罕見針對他提供可靠傳記資訊的文獻之一。另見此一回顧展的目錄：*Pierre Klossowski*, Paris: Editions La Différence/Centre National des Arts Plastiques, 1990.
15. 這套由伽利瑪在一九六五年出版為一冊的三部曲，共包含*Roberte, ce soir* (1954), *La Révocation de l'édit de Nantes* (1959) and *Le Souffleur, ou le Théâtre de société* (1960).'
16. 舉例而言，見Anne-Marie Dardigna, *Les Châteaux d'Eros, ou l'infortune du sexe des femmes*, Paris: Maspero, 1980.
17. 引自Arnaud, p. 26.
18. 引自ibid., pp. 48–49, 52.
19. 'La Prose d'Actéon', *Nouvelle Revue Française* 135, March 1964, p. 447; Pierre Klossowski, 'Sur Quelques Themes fondamentaux de la "Gaya Scienza" de Nietzsche' (1958), in his *Un Si Funeste Désir*, Paris: Gallimard, 1963, p. 22.
20. Nietzsche, *The Gay Science*, p. 273.
21. *Les Lois de l'hospitalité*, pp. 146–47.
22. Gilles Deleuze, *Logique du sens*, Paris: 10/18, 1973, p. 382.
23. 本書作者對Denise與Pierre Klossowski的訪談。
24. Arnaud, p. 19.
25. 'Les Mots qui saignent', *L'Express*, 29 August 1964, p. 21.
26. 'La Prose d'Actéon,' p. 451.
27. *La Pensée du dehors*, p. 19.
28. Arnaud, p. 139.
29. *Le Grand Renfermement II*, Zurich, Galerie Lelong, 翻印於*Pierre Klossowski*, p. 153. 另外還有一份相關的「愚人船」展覽目錄。本書作者對Pierre Klossowski的訪談。
30. Alain Badiou, *Almagestes*, Paris: Seuil, 1964.
31. 'Philosophie et psychologie', *Dossiers pédagogiques de la radio-télévision scolaire*, 15–27 February, 1965, p. 20.
32. 'Philosophie et vérité', *Dossiers pédagogiques de la radio-télévision scolaire*, 27 March 1965, pp. 1–11.
33. Chaim Katz與Roberto Machado的來信。
34. 'Lettre à Roger Caillois' (25 May 1966), reproduced, *Cahiers pour un temps. Hommage*

119. Ibid., pp. 69, 88.
120. Ibid., p. 95.
121. 本書作者對Daniel Defert的訪談。
122. Calvet, *Roland Barthes*, pp. 172–73.
123. 'Conversation', in Gérard Courant, ed., *Werner Schroeter*, Paris: Cinémathèque/Institut Goethe, 1982, p. 43.
124. 'Préface', *Histoire de la folie*, p. iv.
125. 引自 Eribon, *Michel Foucault*, p. 168.
126. 本書作者對Daniel Defert的訪談。
127. 'Déclaration', *Tel Quel* 1, 1960, p. 3.
128. Julia Kristeva, *La Revolution du langage poétique*, Paris: Seuil, 1974.
129. Philippe Sollers, '*Tel Quel* aujourd'hui', *France nouvelle*, 31 May 1967, cited Stephen Heath, *The Nouveau Roman*, London: Elek, 1972, p. 221.
130. 引自 ibid., p. 219.
131. 'Débat sur le roman', *Tel Quel* 17, Spring 1964, p. 12. 傅柯的自我描述（*un homme naif avec mes gros sabots de philosophe*）不易翻譯；「je le vois venir avec ses gros sabots」大概相當於「我看得出他追求的是什麼」，但傅柯也藉由「sabots」（木屐）一詞隱含了笨拙之意。
132. Ibid., pp. 12–13.
133. Ibid., p. 14.
134. Ibid., p. 38.
135. Ibid., p. 45.
136. 'Débat sur la poésie', *Tel Quel* 17, Spring 1964, pp. 72, 73.

## 第七章

1. 'Nietzsche, Freud, Marx', in *Cahiers de Royaumont: Nietzsche*, Paris: Minuit, 1967, p. 186.
2. Friedrich Nietzsche, *Daybreak*, tr. R.J. Hollingdale, Cambridge University Press, 1982, no. 446, no. 2. 傅柯引用的是第一份殘篇。
3. 'Nietzsche, Freud, Marx,' p. 186–87.
4. Friedrich Nietzsche, *Beyond Good and Evil*, tr. R.J. Hollingdale, Harmondsworth; Penguin, 1990, no. 39.
5. 'Nietzsche, Freud, Marx', p. 189.
6. Ibid., p. 196.
7. Gilles Deleuze, 'Fendre les choses, fendre les mots', in *Pourparleurs*, Paris: Minuit, 1990, p. 115; 原本發表於 *Libération*, 2–3 September 1986.
8. 'Nietzsche, Freud, Marx', p. 191.
9. Gilles Deleuze, 'Sur la Volonté de puissance et l'éternel retour', pp. 276–77.
10. Gilles Deleuze and Michel Foucault, 'Introduction générale', in Friedrich Nietzsche, *Oeuvres philosophiques. Vol 5: Le Gai Savoir*, Paris; Gallimard, 1967, pp. i–iv.

no, Jean Piel, Jean Wahl and Philippe Sollers. 關於比較近期的巴代伊研究，見Allan Stoekl, ed., *On Bataille, Yale French Studies* 78,1990當中蒐集的材料。關於巴代伊本身作品的英文版本，見Allan Stoekl, ed., *Visions of Excess: Selected Writings 1927–1939*, University of Minneapolis Press, 1985.
91. 'Preface à la transgression, *Critique* 195–96, August–September 1963, pp. 751–69.
92. 目前收錄於Georges Bataille, *Oeuvres complètes*, vol. I, Paris: Gallimard, 1970.
93. 'Présentation', Georges Bataille, *Oeuvres complètes*, vol. I, p. 5.
94. 'Préface à la transgression', p. 751.
95. Ibid., p. 753.
96. Ibid., p. 754.
97. Ibid., p. 756.
98. Ibid., p. 761.
99. Ibid., p. 763.
100. Roland Barthes, 'La Métaphore de l'oeil', p. 771.
101. 'Préface', pp. 765–66.
102. *Naissance de la clinique*, p. 173.
103. Ibid., p. 176,
104. Ibid., pp. 201–02.
105. Alain Robbe-Grillet, 'Enigmes et transparence chez Raymond Roussel', *Critique* 199, December 1963, pp. 1027–33.
106. Yves Bertherat, *Esprit*, vol. 33, no. 1, January 1965, pp. 284–85, 286.
107. 舉例而言，見Raphael Sorin, 'Le Pendule de Foucault, ou le critique dans le labyrinthe', *Bizarre* 34–35,1964, pp. 75–76;J. Bellemin-Noël, *Studi Francesi*, vol. 8, 1964, pp. 395–96; M. Lecomte, 'Signes kafkéens chez Roussel et Jules Verne, signes verniens chez Roussel', *Syntheses*, vol. 18, no. 207, 1963, pp. 95–98.
108. Philippe Sollers, 'Logicus Solus', *Tel Quel* 14, Summer 1963, pp. 46–50 and p. 50n.
109. F. N. L. Poynter, review of *Naissance de la clinique, History of Science* 3,1964, pp. 140, 143.
110. François Dagognet, 'Archéologie ou histoire de la médecine', *Critique* 216, May 1965, pp. 436–47.
111. Bernard Kouchner, 'Un vrai Samurai', in *Michel Foucault: Une Histoire de la vérité*, p. 85; 本書作者對Bernard Kouchner的訪談。
112. Jacques Derrida, 'Cogito et histoire de la folie', in *L'Ecriture et la différence*, Paris: Seuil, 1967, p. 51.
113. Ibid., p. 52.
114. *Histoire de la folie*, pp. 56–59.
115. 'Cogito et histoire de la folie', p. 52.
116. 關於傅柯與德希達對笛卡兒的個別解讀所進行的完整討論，見Boyne, *Foucault and Derrida.*
117. 'Cogito et histoire de la folie', p. 57,
118. Ibid., p. 85.

55. Ibid., p. 205.
56. Postscript, *Death and the Labyrinth*, p. 185.
57. Alan Sheridan, *Michel Foucault: The Will to Truth*, London: Tavistock, 1980, p. 37; J. G. Merquior, *Michel Foucault*, London: Fontana, 1985, p. 31.
58. 本書作者對Georges Canguilhem的訪談。
59. 'Entretien: Michel Foucault, *Les Mots et les choses*', in Raymond Bellour, *Le Livre des autres*, Paris: L'Herne, 1971, p. 139 (originally published in *Les Lettres françaises*, 31 March 1966).
60. *Naissance de la clinique*, Paris: PUF, 1963, p. v.
61. Ibid., p. vii.
62. Ibid., p. xiv.
63. Ibid., p. ix.
64. *Histoire de la folie*, p. ii.
65. *Raymond Roussel*, p. 207.
66. *Naissance de la clinique*, p. 197
67. Ibid., p. 182.
68. Jean Cavaillès, *Sur la Logique et la théorie de la science*, Paris: Librairie philosophique J. Vrin, 1987 (4th edn), p. 78, pp. 25–26. 關於卡瓦耶斯對傅柯的重要性，見Gutting, *Michel Foucault's Archaeology of Scientific Reason*, pp. 9–11.
69. *Naissance de la clinique*, p. 197.
70. Ibid., p. xi.
71. Ibid., p. 127.
72. Ibid., p. xv.
73. Bernauer, *Michel Foucault's Force of Flight*, p. 188.
74. *Naissance de la clinique*, p. 2.
75. 引自 ibid., p. 2.
76. Ibid., p. 3.
77. Ibid., p. 8.
78. Ibid., p. 14.
79. Ibid., p. 58.
80. Ibid., p. 29.
81. Ibid., p. 31.
82. Ibid., p. 92.
83. Ibid., p. 95.
84. Ibid., p. 149.
85. Ibid., p. 170.
86. 'Un si cruel Savoir', p. 602.
87. Ibid., p. 610.
88. *Naissance de la clinique*, p. 175.
89. Ibid., p. 147.
90. 其他的供稿者包括Alfred Metraux, Raymond Queneau, André Masson, Jean Bru-

書籍形式再版為*Sept Propos sur le septième ange*, Montpellier: Fata Morgana, 1986. 布里塞其他可以取得的著作包括*Les Origines humaines* (a revised version of *La Science de Dieu)*, Paris: Baudouin, 1980, and *Le Mystère de dieu est accompli, Analytica*, vol. 31, 1983.

28. *Sept propos*, pp. 23–24.
29. 不過，見Raymond Bellour與Denis Hollier為一九八八年探討傅柯的研討會所發表的論文，出版為*Michel Foucault philosophe*, Paris: Seuil, 1989; 另見Pierre Macherey, *A Quoi pense la littérature?*, Paris: PUF, 1990, pp. 177–92, and During, *Foucault and Literature*, pp. 74–80.
30. Postscript to *Death and the Labyrinth*, p. 185.
31. Rayner Heppenstall, *Raymond Roussel*, London: Calder and Boyars, 1966, p. 16.
32. Ferry, *Une Etude sur Raymond Roussel;* Michel Leiris, 'Conception et réalité chez Raymond Roussel', *Critique* 89, October 1954, 另見他較早的'Documents sur Raymond Roussel', *NRF* 259, April 1935.
33. Postscript, *Death and the Labyrinth*, p. 181.
34. Eribon, *Michel Foucault*, p. 173.
35. *Histoire de la folie*, p. 371.
36. Postscript, *Death and the Labyrinth*, p. 173.
37. 'Dire et voir chez Raymond Roussel', *Lettre ouverte* 4, Summer 1962, pp. 38–51.
38. 本書作者對Jean Piel的訪談。
39. 'La Métamorphose et le labyrinthe', *Nouvelle Revue Française* 124, April 1963, pp. 638–61; 'Pourquoi réédite-t-on l'oeuvre de Raymond Roussel? Un Précurseur de notre littérature moderne', *Le Monde*, 22 August 1964, p. 9.
40. Heppenstall, *Raymond Roussel*, p. 18.
41. Postscript, *Death and the Labyrinth*, pp. 184–85.
42. Ibid., p. 185.
43. Gilles Deleuze, *Foucault*, Paris: Minuit, 1986, p. 106n.
44. Michel Leiris, *La Règle du jeu I: Biffures*, Paris: Gallimard, 1948; *La Règle du jeu II: Fourbis*, Paris: Gallimard, 1955. 此一系列後來又由兩冊著作補全：*Fibrilles* (1966) and *Frêle Bruit* (1976).
45. *Raymond Roussel*, pp. 28–29.
46. Ibid., p. 22.
47. 'Pourquoi réédite-t-on l'oeuvre de Raymond Roussel?'
48. *Raymond Roussel*, p. 51.
49. Ibid., pp. 82–83.
50. Ibid., p. 23.
51. Ibid., pp. 102–03. 牛頭人身獸與迷宮的主題也出現在'Un si cruel Savoir'當中對於Reveroni的討論。
52. 'L'Arrière-fable', *L'Arc* 29, 1966, pp. 5–12.
53. 'Pourquoi réédite-t-on l'oeuvre de Raymond Roussel?'
54. *Raymond Roussel*, p. 61.

相同。打字稿可於索爾舒爾圖書館查閱，編目為DI。

8. 'L'Eau et la folie', *Médecine et hygiène* (Geneva) 613, 23 October 1963, pp. 901–06; 'Wächter über die Nacht der Menschen', in Hanns Ludwig Spegg, ed., *Unterwegs mit Rolf Italiaander: Begegnungen, Betrachtungen, Bibliographie*, Hamburg: Freie Akademie der Kunst, 1963, pp. 46–49.
9. Preface to *Rousseau juge de Jean-Jacques: Dialogues*, Paris: Armand Colin, 1962, reviewed by M. Ciotti, *Studi Francesi*, vol. 8, 1964, p. 352.
10. Un Grand 'Roman de terreur', *France-Observateur*, 12 December 1963, p. 14, 翻印於Jean-Edern Hallier, *Chaque Matin qui se lève est une leçon de courage*, Paris: Editions libres, 1978, pp. 40–42. 關於哈利耶針對他與傅柯相識不盡可信的陳述，以及他對這位他稱為「拉丁區的嚴格甘地」的人物非常不客氣的描述，見他的'Cette Tête remarquable ne comprenait pas l'avenir', *Figaro Magazine*, 30 June–6 July 1984, pp. 76–77.
11. 在這種忽略常態當中最引人注目的一項例外，是John Rajchman, *Michel Foucault: The Freedom of Philosophy*, New York: Columbia University Press, 1985的第一章。During的*Foucault and Literature*這部令人欣喜的著作，大為補救了傅柯的文學面向遭到的忽略。
12. *Nouvelle Revue Française*, December 1961, pp. 1123–24.
13. 'Le "Non" du père', *Critique* 178, March 1962, p. 201. 受到評論的文本是Jean Laplanche, *Hölderlin et la question du père*, Paris: PUF, 1961.
14. Ibid., 197.
15. Ibid., p. 204.
16. 'Un si cruel Savoir', *Critique* 182, July 1962, pp. 597–611 (on Crébillon and Reveroni); 'Distance, aspect, origine', *Critique* 198, November 1963, pp. 932–45 (on Sollers, *L'Intermédiare*, Pleynet, *Paysages en deux*, Baudry, *Les Images* and issues 1–14 of *Tel Quel);* 'Guetter le jour qui vient', *Nouvelle Revue Française* 130, October 1963, pp. 709–16 (on Laporte); 'Le Mallarmé de J.-P. Richard'.
17. 'La Bibliothèque fantastique', p. 107.
18. 'Le Langage à l'infini', *Tel Quel* 15, Autumn 1963, p. 48.
19. Ibid., p. 52. 波赫士的〈巴別圖書館〉包含於*Fictions*, tr. Anthony Kerrigan, London: Weidenfeld and Nicolson, 1962.
20. 'La Bibliothèque fantastique', p. 107.
21. 'Un si cruel Savoir', p. 597.
22. Alfred Jarry, *The Supermale*, tr. Barbara Wright, London: Cape Editions, 1968, p. 7.
23. 'Un si cruel Savoir', pp. 603–04.
24. 布里塞的主要著作為*La Grammaire logique* (1878) and *La Science de dieu* (1900). 關於布里塞，見Jean-Jacques Lecercle, *Philosophy through the Looking-Glass*, London: Hutchinson, 1985, and *The Violence of Language*, London: Routledge, 1990.
25. André Breton, *Anthologie de l'humour noir*, Paris: Livre de poche, 1970, pp. 36–237.
26. 'Le Cycle des grenouilles', *Nouvelle Revue Française*, June 1962, pp. 1158, 1159.
27. Jean-Pierre Brisset, *La Grammaire logique*, Paris: Editions Tchou, 1970的序言，以

擴充版本可見於 Lacroix's *Panorama de la philosophie française contemporaine*, Paris: PUF, 1966, pp. 208–16.

91. Octave Mannoni, *Les Temps modernes*, December 1961, pp. 802–05.
92. Robert Mandrou, 'Trois clefs pour comprendre la folie à l'âge classique', *Annales ESC*, 17 Années, no 4, July–August 1962, p. 761.
93. Ibid., p. 771.
94. Michel Serres, 'Géométrie de la folie', *Mercure de France*, August 1962, pp. 682, 686, 691.
95. Ibid., September 1962.
96. Eribon, *Michel Foucault*, p. 147.
97. Allan Megill, 'The reception of Foucault by historians', *Journal of the History of Ideas*, vol. 48, 1987, p. 126.
98. 'Le Mallarmé de J. -P. Richard, *Annales ESC*, vol. 19, no. 5, September–October 1964, pp. 996–1004.
99. John K. Simon, *Modern Language Notes*, vol. 78, 1963, pp. 85–88; Jacques Ehrmann, *French Review*, vol. 36, no. 1, October 1962, pp. 99–102.
100. *Madness and Civilization: A History of Insanity in the Age of Reason*, tr. Richard Howard, New York: Random House, 1965; London: Tavistock, 1967.
101. Richard Howard, 'The Story of Unreason', *Times Literary Supplement*, 6 October 1961, pp. 653–54.
102. Robert Castel, 'The two readings of *Histoire de la folie* in France', *History of the Human Sciences*, vol. 3, no. 1, February 1990, pp. 27–30; cf. the same author's 'Les Aventures de la pratique'.

## 第六章

1. 克洛索夫斯基與Pierre-Jean Jouve合譯賀德林的*Poèmes de la folie*最早出現於一九三〇年，後來在一九六三年由伽利瑪出版社再版。他翻譯《快樂的科學》這部重要譯本出現於一九五四年，他翻譯維根斯坦的《邏輯哲學論》則出現於一九六一年。
2. Leo Spitzer, 'Art du langage et linguistique' in *Etudes de style*, Paris: Gallimard, 1962, pp. 45–78. Original: *'Linguistics and Literary History*, Princeton University Press, 1948, pp. 1–39. 傅柯先前曾與侯謝合譯Viktor von Weizsaecker, *Le Cycle de la structure (Der Gestaltkreis)*, Paris: Desclée de Brouwer, 1958.
3. 傅柯的論文出版為'Les Déviations religieuses et le savoir médical' in the conference proceedings: Jacques le Goff, ed., *Hérésies et sociétés dans l'Europe pré-industrielle 11–18 siècles*, Paris: Mouton, 1968, pp. 12–29.
4. 本書作者對Jean Piel的訪談。
5. Serge Fauchereau的訪談。見他的'Cummings', *Critique* 218, December 1964.
6. Eribon, *Michel Foucault*, p. 160. 這場講座的內容沒有留下紀錄。
7. 比利時的講座是'Langage et littérature'，探討的主題與這個時期的文學文章

56–57.
61. 本書作者對Arlette Farge的訪談。
62. Ariès, *Un Historien*, p. 145.
63. 引自Eribon, *Michel Foucault*, p. 155.
64. Gilles Deleuze, *Nietzsche et la philosophie*, Paris: PUF 1962. 德勒茲先前的出版作品包括*David Hume, sa vie, son oeuvre*, with André Cresson, Paris: PUF, 1952: *Empirisme et subjectivité*, Paris: PUF, 1953, and *Instincts et institutions* (an edited anthology), Paris: Hachette, 1953.
65. 本書作者對Daniel Defert的訪談。
66. Gregory Elliott, *Althusser: The Detour of Theory*, London: Verso, 1987, p. 27.
67. 舉例而言，見他的*De l'Anathème au dialogue*, Paris: Editions sociales, 1965.
68. Eribon, *Michel Foucault*, p. 163.
69. 本書作者對Jean Duvignaud的訪談。
70. 本書作者對Vidal-Naquet的訪談。
71. 本書作者對Daniel Defert的訪談。
72. Aron, *Les Modernes*, pp. 216–17.
73. 'La Folie n'existe que dans une société'.
74. Eribon, *Michel Foucault*, pp. 136–37.
75. 本書作者對Pierre Macherey的訪談。
76. Aron, *Les Modernes*, p. 216.
77. 引自Eribon, *Michel Foucault*, pp. 138–39.
78. See Maurice Blanchot, 'La Raison de Sade' in *Lautréamont et Sade*, Paris: Minuit, 1949.
79. See *Histoire de la folie*, pp. 32–33. 這一點提出於Roy Boyne, *Foucault and Derrida: The Other Side of Reason*, London, Unwin Hyman, 1990, p. 21.
80. 'Carceri e manicomi nel consegno del potere' (interview with Marco d'Erasmo), *Avanti*, 3 March 1974; 引自Mauriac, *Et comme l'Espérance est violente*, p. 403.
81. *Colloqui con Foucault*, pp. 43, 44.
82. Jean-Louis Ezine的訪談，*Les Nouvelles littéraires*, 17 March 1975, p. 3.
83. 'Vérité et pouvoir', Entretien avc M. Fontana, *L'Arc* 70, 1977, pp. 16–17.
84. Robert Castel, 'Les Aventures de la pratique', *Le Débat* 41, September–November 1986, p. 43.
85. 'La Folie n'existe que dans une société'.
86. 巴舍拉在一九六一年八月一日寫給傅柯的信，翻印於*Michel Foucault: Une Histoire de la vérité*, p. 119.
87. Henry Amer, 'Michel Foucault: *Histoire de la folie à l'âge classique*', *Nouvelle Revue Française*, September 1961, pp. 530–31.
88. Maurice Blanchot, 'L'Oubli, la déraison', *Nouvelle Revue Française*, October 1961, pp. 679, 683, 686.
89. Roland Barthes, 'De Part et d'autre' in *Essais critiques*, pp. 168, 172.
90. Jean Lacroix, 'La Signification de la folie', *Le Monde*, 8 December 1961, p. 8. 一篇

37. Ibid., p. 15.
38. Ibid., p. 19.
39. 'L'Obligation d'écrire', *Arts* 980, 11–17 November 1964, p. 3.
40. 'Van Gogh ou le suicidé de la société', in *Oeuvres complètes d'Antonin Artaud*, Paris: Gallimard, 1974, vol. 13, p. 17. 有一部介紹亞陶的英文著作，見Ronald Hayman, *Artaud and After*, Oxford University Press, 1977.
41. Georges Canguilhem, 'Sur *L 'Histoire de la folie* en tant qu'événement', *Le Debat 41*, September–November 1986, p. 38.
42. 'Préface', p. x.
43. 本書作者對Georges Canguilhem的訪談。
44. 目前收錄於Georges Canguilhem, *Etudes d'histoire et de philosophie des sciences*, Paris: Vrin, 1989 (5th edn). 先前翻印於 *Cahiers pour l'analyse* 2, 1968，其重要性將在後續討論。
45. 尤見他的'L'Objet de l'histoire des sciences' (1966) in *Etudes*, pp. 9–23.
46. Canguilhem, 'Qu'est-ce que la psychologie?', pp. 364–65, p. 381.
47. 原本的打字稿有一份可於索爾舒爾圖書館查閱。完整的文本可見於'Annexe 2' in Eribon, *Michel Foucault* (second, revised edition), pp. 358–61.
48. Canguilhem, 'Sur *L'Histoire de la folie* en tant qu'événement', *Le Débat*, 41, September–October 1986, p. 38.
49. Simon During, *Foucault and Literature: Towards A Genealogy of Writing*, London: Routledge, 1992, p. 32.
50. Brice Parain, *Recherches sur la nature et les fonctions du langage*, Paris: Gallimard, 1942; *Essais sur le logos platonicien*, Paris: Gallimard, 1942.
51. Annie Cohen-Solal, *Sartre 1905–1980*, Paris: Folio, 1985, pp. 222–24.
52. Dumézil, *Entretiens avec Didier Eribon*, p. 96; Pierre Assouline, *Gaston Gallimard*, Paris: Seuil, collection 'Points', 1985, pp. 126, 321.
53. 有一份簡短的人物檔案可見於'Le Dernier Encyclopédiste: Roger Caillois, propos recueillis par Hector Biancotti', *Le Nouvel Observateur*, 4 November 1974, pp. 72–73. 關於社會學院，見Denis Hollier, *Le Collège de sociologie*, Paris: Gallimard, collection 'Idées', 1979.
54. Blanchot, *Michel Foucault tel que je l'imagine*, p. 11.
55. Eribon, *Michel Foucault*, p. 130.
56. Ibid.
57. Michel Foucault and Arlette Farge, 'Le Style de l'histoire', *Libération*, 21 February 1984, p. 20.
58. Michel Winnock, preface to Philippe Ariès, *Un Historien du dimache*, Paris: Seuil, 1980, p. 9. 另見André Burguière的訪談，發表為'La Singulière Histoire de Philippe Ariès', *Le Nouvel Observateur*, 20 February 1978.《舊制度下的孩童與家庭生活》的英文譯本是 *Centuries of Childhood*, London: Jonathan Cape, 1962.
59. 本書作者對Philippe Meyer的訪談。
60. 'Philippe Ariès: Le Souci de la vérité', *Le Nouvel Observateur*, 17 February 1984, pp.

8. Blaise Pascal, *Pensées*, tr. A. J. Krailsheimer, Harmondsworth: Penguin, 1966, fragment 414 (Brunschwicg edition; 412 in Lafuma).
9. 'Préface', pp. i–ii.
10. Ibid., p. ii.
11. Ibid., p. iii.
12. Ibid., p. vi.
13. 'Deuxième Entretien: sur la façons d'écrire l'histoire', pp. 201–02.
14. *Histoire de la folie*, p. 366.
15. Ibid., p. 145.
16. Ibid., p. ix.
17. René Char, 'Partage formel' in *Fureur et mystère*, Paris: Gallimard, Poésies, 1967, p. 71. 先前那段引文摘自p. x：「我將取走事物產生的幻象，以保護那些事物不受我們危害，並將那些事物授予我們的份額留給它們」('Suzerain', ibid., p. 193).
18. 'La Folie n'existe que dans une société'.
19. *Histoire de la folie*, p. 13.
20. Ibid., p. 27.
21. Ibid., p. 75. 傅柯在此處是引用伏爾泰的說法。「警察」一詞的定義沒有他所說的那麼不證自明，因為警察（police）原本的意義只是指城邦（polis）的政府或組織。
22. 傅柯沒有特別關注工廠的發展；他的分析在很大的程度上由以下這部著作的頭幾章補全：Bernard Doray, *From Taylorism to Fordism. A Rational Madness*, tr. David Macey, London: Free Association Books, 1988.
23. *Histoire de la folie*, p. 58.
24. Ibid., p. 85.
25. Ibid., p. 106.
26. Ibid., p. 129.
27. Ibid., p. 181 ff.
28. Ibid., p. 364.
29. 傅柯的用詞選擇頗為引人好奇；《一七八九年的大恐懼》(*La Grande Peur de 1789*）是Georges Lefebvre針對一七八九年傳遍法國的恐慌進行研究的著作標題。這部著作近來因為沙特於《辯證理性批判》當中使用而再度受到重視。
30. *Histoire de la folie*, pp. 378–79.
31. Ibid., pp. 502–503.
32. Ibid., pp. 522–23.
33. Ibid., p. 115.
34. Ibid., p. 555.
35. Antonin Artaud, 'Le Pèse-nerfs' in *L 'Ombilic des limbes, suivi de Le Pèse-nerfs et autres textes*, Paris: Gallimard, Collection 'Poèsies', 1968, p. 107.
36. 'La Folie, l'absence d'oeuvre', *La Table ronde* 196, May 1964, p. 11. 這篇文章翻印於一九七二年伽利瑪版本的《瘋狂史》附錄當中，但沒有出現在'Tel'版本裡。

41. 'L'Expérience morale et sociale des Polonais ne peut plus être effacée', *Les Nouvelles littéraires*, 14–20 October 1982, p. 8.
42. *Colloqui con Foucault*, p. 72.
43. 引自 Mauriac, *Et comme l'Espérance est violente*, p. 574.
44. Interview with Zygmunt Bauman.
45. Etienne Burin des Roziers, 'Une Rencontre à Varsovie', *Le Débat* 41, September–October 1986, pp.133–34.
46. 本書作者對Zygmunt Bauman的訪談。
47. 本書作者對Daniel Defert、Bernard Kouchner與Jacques Lebas的訪談。
48. 本書作者對Jacques Lebas與Daniel Defert的訪談。
49. 'The Minimalist Self', p. 5.
50. Sheridan, 'Diary'.
51. Claude Mauriac, *Le Rire des pères dans les yeux des enfant*, Paris: Livre de poche, 1989, p. 197; 'Postscript' to *Death and the Labyrinth*, p. 172.
52. 本書作者對Daniel Defert的訪談。
53. Pierre Gascar, 'La Nuit de Sankt-Pauli', in *Portraits et souvenirs*, Paris: Gallimard, 1991.
54. Ibid., p. 64.
55. 傅柯的翻譯是根據一七八〇年的第二版。
56. 'Thése complementaire', p. 4. 打字稿可於索邦大學圖書館與索爾舒爾圖書館查閱。
57. Ibid., p. 112.
58. Ibid., pp. 126–27.
59. *Les Mots et les choses*, Paris: Gallimard, 1966, pp. 396–97.
60. 引自 Boutang, *Louis Althusser*, p. 283.
61. Jean Lacouture, *Malraux: Une Vie dans le siècle*, Paris; Seuil, collection 'Points', 1976, pp. 337–38.
62. André Malraux, *La Tentation de l'Occident*, Paris: Livre de poche, 1972, p. 158.
63. 尤見Alexandre Kojève, *Introduction à la lecture de Hegel*, Paris: Gallimard, collection 'Tel', 1979, pp. 529–76.

## 第五章

1. Jean-Paul Sartre, *Critique de la raison dialectique*, Paris: Gallimard, 1960, p. 17.
2. Mossuz-Lavau, *Les Lois de l'amour*, pp. 239–40.
3. 本書作者對Daniel Defert的訪談。
4. 本書作者對Daniel Defert的訪談。
5. 'Titres et travaux de Michel Foucault', Paris nd (1969).
6. 'Préface' *Histoire de la folie* (1961 edn.), p. ix.
7. 除了序言以外，此處指涉的皆是一九七六年的'Tel'版。由於英文譯本在本質上就不完整，因此似乎派不上用場。

16. 伊波利特的講座'Histoire et existence' (December 1955) 可見於他的*Figures de la pensée philosophique*, pp. 973–86. 同一項講座也發表於斯德哥爾摩、奧斯陸與哥本哈根的法國協會。
17. 'Foucault à Uppsala', p. 751.
18. 引自Eribon, *Michel Foucault*, p. 105.
19. Dumézil, *Entretiens avec Didier Eribon*, pp. 214–15.
20. Georges Dumézil, *Le Festin de l'immortalité. Etude de mythologie comparée indo-européenne*, Paris: Annales du Musée Guimet, 1924. 杜梅齊勒最為人知的著作，大概是共有三冊的*Mythe et Epopée: L'Idéologie des trois fonctions dans les épopées des peuples indo-européens. Types épiques indo-européens: un héros, un sorcier, un roi* and *Histoires romaines*, Paris: Gallimard, 1968, 1971 and 1973. 他接受艾希邦的訪談，為他的著作提供了很有幫助的介紹。對於他的全面性研究，見C. Scott Littleton, *The New Comparative Mythology. An Anthropological Assessment of the Theories of Georges Dumézil*, Berkeley: University of California Press, 1968.
21. 尤見Georges Duby, *Les Trois Ordres ou l'imaginaire du féodalisme*, Paris: Gallimard, 1978.
22. *Histoire de la folie*, Paris: Plon, 1961, p. x.
23. 'La Folie n'existe que dans une société', *Le Monde*, 22 July 1961, p. 9.
24. Yngve Lindung, 'En intervju med Michel Foucault', *Bonniers Litterära Magasin*, March 1968, p. 203.
25. 引自Didier Eribon, *Michel Foucault*, second, revised edn. Paris: Flammarion, collection 'Champs', 1991, pp. 356–57. 日期之所以不確定，原因是傅柯習於只以日月標記寫信時間，而不標示年分。
26. 一九五七年八月十日寫給林卓斯的信，引自Eribon, pp. 107–108. 本書作者對Jean-François Miquel的訪談。
27. Eribon, *Michel Foucault*, pp. 89, 90.
28. Ibid., p. 104; Calvet, *Roland Barthes*, p. 154.
29. Postscript to *Death and the Labyrinth*, pp. 171, 172.
30. Ibid., p. 185.
31. Jean Ferry, *Une Etude sur Raymond Roussel*, Paris: Arcanes, 1953.
32. 本書作者對Jean-François Miguel的訪談。
33. *Le Monde*, 14 December 1957.
34. *Colloqui con Foucault*, pp. 42, 60.
35. Eribon, p. 111.
36. 法國共產黨第十四次代表大會採行的決議（一九五九年六月），引自M. Adereth, *The French Communist Party: A Critical History (1920–1984)*, Manchester University Press, 1984, p. 171; 本書作者對Daniel Defert的訪談。
37. 引自Eribon, *Michel Foucault*, p. 106.
38. *Colloqui con Foucault*, p. 71.
39. Neal Ascherson, *The Polish August*, Harmondsworth: Pelican, 1981, p. 76.
40. Ibid., p. 81.

73. Ibid., p. 15.
74. Ibid., p. 16.
75. 這段關係的演變記述於Jacques Lagrange, 'Versions de la psychanalyse dans le texte de Foucault', *Psychanalyse à l'université*, vol. 12, no. 45, 1987, pp. 99–120, and vol. 12, no. 46, pp. 259–80.
76. Introduction, pp. 18, 13.
77. Ibid., pp. 26–27.
78. 本書作者對Jacqueline Verdeaux的訪談。關於拉岡拜訪海德格，見Roudinesco, *Jacques Lacan & Co.*, p. 298.
79. 'Merleau-Ponty à la Sorbonne. Résumé des cours établi par des étudiants et approuvé par lui-même', *Bulletin de la psychologie*, vol. XVII, nos. 3–6, 1964.
80. Daniel Defert, 'Lettre à Claude Lanzmann', *Les Temps Modernes* 531–33, October–December 1990, p. 1204. 此處所指的沙特論文，是*L'Imaginaire. Psychologie phénoménologique de l'imagination*, Paris: Gallimard, 1940, and *Esquisse pour une theorie des émotions*, Paris: Herman, 1938.
81. 此處指涉的是Gaston Bachelard, *L'Air et les songes. Essai sur l'imagination du mouvement*, Paris: Librairie José Corti, 1943.
82. 'Gaston Bachelard, le philosophe et son ombre: piéger sa propre culture', *Le Figaro*, 30 September 1972, p. 16.
83. Introduction, pp. 120, 125.

## 第四章

1. Georges Dumézil, 'Un Homme heureux', *Le Nouvel Observateur*, 29 June 1984, p. x; *Entretiens avec Didier Eribon*, Paris: Folio, 1987, p. 214.
2. 見他的*Sémantique structurelle*, Paris: Larousse. 1966以及*Du Sens*, Paris: Seuil, 1970.
3. Louis-Jean Calvet, *Roland Barthes*, Paris: Flammarion, 1990, p. 154.
4. 'The Minimalist Self, pp. 4, 5.
5. 'Postscript' to *Death and the Labyrinth*, p. 174.
6. Ibid., p. 5.
7. 'La Philosophie structuraliste permet de diagnostiquer ce qu'est aujourd'hui' (propos recueillis par Gérard Fellous), *La Presse de Tunis*, 12 April 1967, p. 3.
8. *Colloqui con Foucault*, p. 42.
9. 本書作者對Denys Foucault的訪談。
10. 本書作者對Jean-François Miquel的訪談。
11. Eribon, *Michel Foucault*, p. 99.
12. 'Foucault à Uppsala, propos recueillis par Jean Piel', *Critique* 471–72, August–September 1986, p. 751. 皮業勒的首要資訊來源是米格勒。
13. 本書作者對Denys Foucault與Francine Fruchaud的訪談。
14. Mauriac, *Le Temps accompli*, p. 45.
15. *Histoire de la folie*, Paris: Gallimard, collection 'Tel', 1976, pp. 265–67.

'The Normal and the Biological: A Note on Georges Canguilhem', *I & C* 7, Autumn 1980, *Technologies of the Human Sciences*. 同一期裡也刊登了Howard Davies翻譯康紀言的'What Is Psychology?'以及Graham Burchell翻譯傅柯的'Georges Canguilhem, Philosopher of Error'（*The Normal and the Pathological*英文版的序）。另見Mike Shortland, 'Introduction to Georges Canguilhem', *Radical Philosophy* 29, Autumn 1981; Dominique Lecourt, 'Georges Canguilhem's Epistemological History' in *Marxism and Epistemology*, London: New Left Books, 1975, and Gutting, *Michel Foucault's Archaeology of Scientific Reason*, pp. 32–54.

50. 'La Psychologie', p. 37.
51. 關於這兩個版本之間的差別，最佳的研究是Pierre Macherey, 'Aux sources de *l'Histoire de la folie*', *Critique* 471–472, August–September 1986, pp. 753–75, and Ch. 2 of Bernauer's *Michel Foucault's Force of Flight*.
52. *Mental Illness and Psychology*, tr. Alan Sheridan, London; Harper and Row, 1976; 再版的版本添加Hubert Dreyfus寫的引言，Berkeley and London: University of California Press, 1987. 這部譯本必須謹慎使用；「Part II」譯自第二版。
53. *Maladie mentale*, p. 9.
54. Ibid., p. 2.
55. Ibid., p. 34.
56. Ibid., p. 53.
57. Ibid., p. 89.
58. Ibid., p. 102.
59. 關於巴夫洛夫理論以及法國共產黨對此一理論的利用，見Roudinesco, *Jacques Lacan & Co.*, pp. 30–43, 177–81. See also the relevant sections of David Joravsky, *Russian Psychology. A Critical History*, Oxford: Blackwell, 1989.
60. *Colloqui con Foucault*, p. 45.
61. Macherey, 'Aux sources de *l'Histoire de la folie*, p. 755.
62. Georges Politzer, *Critique des fondements de la psychologie*, Paris: Rieder, 1928. 關於波利查爾的著作，見Roudinesco, *Jacques Lacan & Co.*, pp. 60–67.
63. 'La Psychologie', p. 44.
64. Jean Lacroix, 'La Signification de la folie', *Le Monde*, 8 December 1961, p. 8.
65. Roland Caillois, *Critique* 93, February 1955, pp. 189–90.
66. tr. Forrest Williams, 'Dream, Imagination and Existence', *Review of Existential Psychology and Psychiatry*, vol. XIX, no. 1, 1984–85, pp. 29–78. 關於近代的英文討論，見Gutting, pp. 29–78, Bernauer, pp. 25–35, and John Forrester, *The Seductions of Psychoanalysis*, Cambridge University Press, 1990, pp. 289ff.
67. Introduction to Binswanger, pp. 9–10.
68. Binswanger, 'Dream and Existence', p. 222.
69. Ibid., p. 223.
70. Ibid., p. 227.
71. Introduction, p. 9.
72. Ibid., pp. 11, 12.

31. 'Michel Foucault. Conversazione senza complessi con il filosofo che analizza le "strutture del potere"', pp. 22–23.
32. The Minimalist Self, p. 6.
33. 針對該中心的運作的陳述，見Dr Badonnel, 'Le Centre national d'orientation de Fresnes', *Esprit*, April 1955, pp. 585–92.
34. 'La Recherche scientifique et la psychologie', pp. 173–74. 布拉丁在成為法蘭西學會成員之前，曾在史特拉斯堡大學教書。在'La Psychologie de 1850 à 1950', in A. Weber and D. Huisman, eds., *Histoire de la philosophie contemporaine*, Paris: Fischbacher, 1957, p. 607當中，傅柯歸功他「在思想史上首度為心理學提出真正的成因法」。
35. Ruth Bochner and Florence Halpern, *The Clinical Application of the Rorschach Test*, New York: Grune and Stratton, 1942; tr. Jacqueline Verdeaux, *L'Interprétation clinique du test de Rorschach;*, Paris: PUF, 1947; Jacob Wyrsch, *Die Person des Schizophrenen*, Bern: Haupt, 1949; tr. Jacqueline Verdeaux, *La Personne du schizophréne, Paris: PUF, 1954*.
36. 這篇論文有個英文版本（'Dream and Existence'）可見於*Being in the World. Selected Papers of Ludwig Binswanger*，由Jacob Needleman翻譯並為他的存在分析撰寫一篇批判導讀，London: Souvenir Press, 1975, pp. 222-48. 這篇論文最早刊登於*Neue Schweizer Rundschau*, 1930.
37. 'La Recherche scientifique et la psychologie', p. 199.
38. *Colloqui con Foucault*, p. 41.
39. 本書作者對Georges與Jacqueline Verdeaux的訪談。.
40. 'La Folie n'existe que dans une société', *Le Monde*, 22 July 1961.
41. 除了為賓斯萬格與'La recherche scientifique en psychologie'撰寫引言之外，傅柯在一九六一年以前的出版作品還包括*Maladie mentale et personnalité*, Paris: PUF, 1954; 'La Psychologie de 1850 à 1950', in A. Weber and D. Huisman, eds., *Histoire de la philosophie contemporaine. Tôme 2. Tableau de la philosophie contemporaine*, Paris: Fischbacher, 1957; 與Daniel Rocher合譯Viktor von Weizsaecher, *Le Cycle de la structure (Der Gestaltkreis)*, Paris: Desclée de Brouwer, 1958.
42. 本書作者對Georges and Jacqueline Verdeaux的訪談。
43. 'Sur "Histoire de Paul" par Michel Foucault et René Feret (entretien)', *Cahiers du cinéma* 262–63, January 1976, p. 65.
44. Denis Huisman, 'Note sur l'article de Michel Foucault', *Revue Internationale de philosophie*, vol. 44, no. 73, 2/1990, pp. 177–78.
45. 'La Psychologie', pp. 36, 37.
46. Ibid., p. 51.
47. Ibid.
48. Georges Canguilhem, 'L'Objet de l'histoire des sciences', *Etudes d'histoire et de philosophie des sciences*, Paris: Librarie philosophique J. Vrin, 1989, p. 13.
49. 翻印於Georges Canguilhem, *Le Normal et le pathologique*, Paris: PUF, collection 'Quadrige', 1984. 英文世界裡沒有什麼探討康紀言的著作。見Colin Gordon,

otes, *The Art of Eating in France. Manners and Menus in the Nineteenth Century*, London: Peter Owen, 1975.

5. 'La Bibliothèque fantastique' in Gérard Genette and Tzvetan Todorov, eds., *Le Travail de Flaubert*, Paris: Seuil, 'Points', 1984; 原本出版為下列著作的後記：Flaubert, *Die Versuchung des heiligen Antonius*, tr. Anneliese Botond, Frankfurt: Insel, 1964. 在法國首度發表為'Un Fantastique de bibliothèque', *Cahiers Renaud-Barrault* 59, March 1967.
6. Aron, *Les Modernes*, pp. 72–73; 'Quelques souvenirs de Pierre Boulez, propos recueillis par Alain Jaubert', *Critique* 471–72, August–September 1986, p. 745.
7. 'Che cos'è lei Professore Foucault?', p. 14.
8. 關於巴拉凱，最完整的資訊來源是 *Entretemps. Numéro spécial: Jean Barraqué*, 1987. 其中包括珍貴的'Essai de chrono-biographie' by Rose-Marie Janzen. 另見G. W. Hopkins, 'Jean Barraqué', *Musical Times*, November 1966, pp. 952–55.
9. Michel Fano, 'Le Temps de l'amitié', *Entretemps*, p. 59; 'Autour de la musique', *Le Débat* 41, pp. 137–39.
10. 'The Minimalist Self', p. 13.
11. Jean Barraqué, 'Propos impromptu' (extracts), *Entretemps*, p. 133.
12. André Hodeir, 'Barraqué: Le Pari de la discontinuité', *Entretemps*, p. 39.
13. Friedrich Nietzsche, *Thus Spoke Zarathustra*, tr. R. J. Hollingdale, Harmonds-worth: Penguin, 1961, p. 265–66. 關於巴拉凱使用的完整法文版本，見樂譜：*Séquence*, Florence: Hinrichsen Edition Ltd, 1963.
14. *The Death of Virgil*, tr. Jean Starr Untermeyer: New York: Pantheon, 1945.
15. Michel Habart, 'Hermann Broch et les rançons de la création poétique', *Critique* 83, April 1954, pp. 310–22.
16. 這些文章目前收錄於Maurice Blanchot, *Le Livre à venir*, Paris: Folio, 1986, pp. 160–72.
17. 'Pierre Boulez ou l'écran traversé', *Le Nouvel Observateur*, 2 October 1982, p. 51.
18. Jean Barraqué, *Debussy*, Paris: Seuil, 1962.
19. Fano, 'Le Temps de l'amitié', p. 61.
20. Maurice Pinguet, *La Mort volontaire au Japon*, Paris: Gallimard, 1984.
21. Pinguet, 'Les Années d'apprentissage', p. 125.
22. 本書作者對Serge Fauchereau的訪談。
23. 本書作者對Paul Veyne的訪談。
24. Pinguet, 'Les Années d'apprentissage', p. 130.
25. Nietzsche, *Untimely Meditations*, p. 104.
26. Friedrich Nietzsche, *The Gay Science*, tr. Walter Kaufmann, New York: Vintage Books, 1974, p. 81.
27. Pinguet, 'Les Années d'apprentissage', p. 124.
28. 'The Minimalist Self', p. 6.
29. 'Truth, Power, Self, p. 11.
30. *Maladie mentale et personnalité*, Paris: PUF, 1954, p. 108.

1964.
79. Pinguet, 'Les Années d'apprentissage', p. 127.
80. 引自 Friedrich, 'France's Philosopher of Power'.
81. Emmanuel Le Roy Ladurie, *Paris-Montpellier*, pp. 165–66.
82. 引自 Mossuz-Lavau, *Les Lois de l'amour*, p. 251.
83. 本書作者對Paul Veyne的訪談。
84. 'Postscript to *Death and the Labyrinth*, p. 174.
85. Aron, *Les Modernes*, Folio, 1984, pp. 75–76.
86. Mauriac, *Et comme l'Espérance est violente*, pp. 341–42.
87. Claude Mauriac, *Mauriac et fils*, Paris: Grasset, 1986, p. 291.「進一步的剪輯」出版為 *Une Certaine Rage*, Paris: Laffont, 1977.
88. Eribon, *Michel Foucault*, pp. 74–75.
89. 本書作者對Didier Eribon的訪談。
90. Rodinson, *Cult, Ghetto, and State*, p. 54.
91. Mauriac, *Et comme L'Espérance est violente*, pp. 557–76; *Mauriac et fils*, p. 291.
92. *Colloqui con Foucault*, p. 32.
93. 關於李森科事件的一項翔實陳述，見Dominique Lecourt, *Lysenko. Histoire réelle d'une science prolétarienne*, Paris: Maspero, 1976; tr. *Proletarian Science? The Case of Lysenko*, London: New Left Books, 1977.
94. Pinguet, 'Les Années d'apprentissage', p. 127.
95. 'Vérité et pouvoir', Alessandro Fontana的訪談，*L'Arc* 70; *La Crise dans la tête*, 1937, p. 16.
96. Eribon, *Michel Foucault*, pp. 54–55.
97. Boutang, *Louis Althusser*, p. 469.
98. Ibid.
99. 本書作者對Jean Laplanche的訪談。
100. Pinguet, 'Les Années d'apprentissage', p. 123.
101. 關於艾宏，見Jean-Pierre Joecker and Alain Sanzio, 'Rencontre avec Jean-Paul Aron', *Masques* 21, Spring 1984, pp. 7–17.
102. Eribon, *Michel Foucault*, p. 56.
103. 本書作者對Georges Canguilhem的訪談。
104. Sironelli, 'La Khâne', p. 608.
105. 本書作者對Denys Foucault的訪談。

## 第三章

1. 'La Recherche scientifique et la psychologie', in Jean-Edouard Morène, ed., *Des Chercheurs français s'interrogent*, Paris: PUF, 1957, pp. 178, 184.
2. Yvon Belaval, *L'Esthétique sans paradoxe de Diderot*, Paris: Gallimard, 1950.
3. 引自 Eribon, *Michel Foucault*, p. 83.
4. Jean-Paul Aron, *Le Mangeur au XIX siècle*, Paris: Robert Laffont, 1973; tr. Nina Ro-

52. Pierre Bourdieu, 'Aspirant Philosophe. Un Point de vue sur le champ universitaire des années 50', in *Les Enjeux philosophiques des années 50*, Paris: Centre Georges Pompidou, 1989, pp. 19–20.
53. 引自 Mauriac, *Et comme l'Espérance est violente*, p. 600.
54. 'Le Retour de la morale', p. 40.
55. Jean Beaufret, 'M. Heidegger et le problème de l'existence', *Fontaine* 63, November 1947.
56. Edouard Gaede, 'Nietzsche et la littérature', in *Nietzsche (Cahiers de Royaumont)*, Paris: Minuit, 1967, pp. 141–52.
57. 舉例而言，見 *Colloqui con Foucault*, p. 27.
58. Maurice Pinguet, 'Les Années d'apprentissage', pp. 129–130.
59. 'Structuralism and Post-Structuralism', p. 198.
60. *Colloqui con Foucault*, p. 31.
61. Ibid., p. 39. 關於巴舍拉，見 Mary Tiles, *Bachelard: Science and Objectivity*, Cambridge University Press, 1984.
62. 關於心理學的教學，以及心理學與精神分析在這段時期的關係，見 Didier Anzieu, 'La Psychanalyse au service de la psychologie', *Nouvelle Revue de psychanalyse* 20, Autumn 1979, pp. 59–76.
63. Daniel Lagache, *L'Unité de la psychologie*, Paris: PUF, 1949.
64. 本書作者對 Didier Anzieu 的訪談。
65. 要入門翁基厄的著作，最佳的起點就是他的 *A Skin for Thought. Interviews with Gilbert Tarrab*, tr. Daphne Nash Briggs, London and New York: Karnac Books, 1990.
66. Eribon, *Michel Foucault*, pp. 61–62.
67. *Colloqui con Foucault*, p. 33.
68. Ibid., pp. 28–29.
69. 引自 Otto Friedrich, 'France's Philosopher of Power', *Time*, 6 November 1981.
70. 本書作者對 Francine Fruchaud 的訪談。
71. 本書作者對 Paul Veyne 的訪談。
72. Pinguet, 'Les Années d'apprentissage', p. 127.
73. Eribon, *Michel Foucault*, p. 73.
74. Emmanuel Le Roy Ladurie, *Paris-Montpellier*, p. 46.
75. Georges Cogniot, 'Les Communistes et le sionisme', *La Nouvelle Critique* 44, March 1953, 引自 Maxime Rodinson, *Cult, Ghetto, and State*, tr. Jon Rothschild, London: Al Saqi Books, 1983, p. 44, n. 19.
76. *Colloqui con Foucault*, pp. 31–32.
77. Ibid., p. 72.
78. Annie Besse, 'A Propos du sionisme et de l'anti-sémitisme', *Cahiers de communisme*, February 1953, 引自 Rodinson, p. 43. 貝斯這時是法國共產黨的活動組織者。她後來變得極度右傾，成為錫安主義的辯護者。她以「Annie Kriegel」為名寫作，成為非常支持冷戰的人物，但也是研究法國共產黨最傑出的學院史學家之一。尤其見她的 *Aux Origines du communisme français*, two vols., Paris: Mouton,

31. 本書作者對Francine與Henri Fruchaud的訪談。
32. Pinguet, 'Les Années d'apprentissage', p. 122.
33. Claude Mauriac, *Et comme l'Espérance est violente*, Paris: Livre de poche, 1986, p. 482; Bibliothèque du Saulchoir, C40.
34. 本書作者對Paul Veyne的訪談。
35. Janine Mossuz-Lavau, *Les Lois de l'amour. Les Politiques de la sexualité en France (1950–1990)*, Paris: Payot, 1991, p. 239.
36. Alexandre Koyré, 'Rapport sur l'état des études hégéliennes en France', *Etudes d'histoire de la pensée philosophique*, Paris: Armand Colin, 1961, pp. 205–30.
37. Maurice Merleau-Ponty, *Sens et non-sens*, Paris: Nagel, 1948, p. 125.
38. Georges Canguilhem, 'Hegel en France', *Revue d'histoire et de philosophie religieuses*, 4, 1948–49, p. 282.
39. Jean Hyppolite, 'La "Phénoménologie" de Hegel et la pensée française contemporaine', *Figures de la pensée philosophique* p. 235.
40. Vincent Descombes, *Modern French Philosophy*, tr. L. Scott-Fox and J. M. Harding, Cambridge University Press, 1980, p. 10.
41. 不過，也可以說柏格森仍然對德勒茲深具影響力；見他的*Le Bergsonisme*, Paris: PUF, 1966.
42. Alexandre Kojève, *Introduction à la lecture de Hegel. Leçons sur 'La Phénoménologie de l'Esprit' professées à l'Ecole des Hautes Etudes réunies et publiées par Raymond Queneau*, Paris: Gallimard, 1947. 關於黑格爾在法國受到的看待，見Judith P. Butler, *Subjects of Desire. Hegelian Reflections in Twentieth-Century France*, New York: Columbia University Press, 1987. *Magazine littéraire* (293, November 1991) 的特刊*Hegel et 'La Phénoménologie de l'esprit'*也含有大量資訊。關於科耶夫在理解拉岡當中的重要性，我討論於拙作*Lacan in Contexts*, London: Verso, 1988.
43. 'Jean Hyppolite', p. 131.
44. Jean Hyppolite, *Genèse et structure de la 'Phénoménologie de l'esprit'*, Paris: PUF, 1948. 伊波利特對他的著作的陳述，可見於一九五七年的講座'La "Phénoménologie" de Hegel et la pensée française contemporaine'.
45. 當代出版記憶研究中心宣布將出版三冊阿圖塞的未出版著作，其中也包含阿圖塞的這篇論文。摘錄已發表於《文學雜誌》的「黑格爾」專刊'Esprit d'Iéna contre la Prusse'。
46. 'Le Retour de la morale', Gilles Barbedette與André Scala的訪談，*Les Nouvelles*, 28 June–5 July 1984, p. 40.
47. Althusser, *L'Avenir dure longtemps*, p. 323.
48. Mauriac, *Et comme l'Espérance est violente*, p. 530.
49. 'Structuralism and Post-Structuralism', p. 198.
50. 本書作者對Paul Veyne的訪談。
51. 'La Vie: l'expérience et la science', *Revue de métaphysique et de morale*, 90- année, no. 1, January–March 1986, p. 4; 原本發表在Carolyn Fawcett翻譯的英文譯本作為序言：Canguilhem, *On the Normal and the Pathological*, Boston: Riedel, 1978.

4. Regis Debray, *Teachers, Writers, Celebrities: The Intellectuals of Modern France*, tr. David Macey, London: Verso, 1981, p. 49.
5. Jean Hyppolite, 'La "Phénoménologie" de Hegel et la pensée française contemporaine', *Figures de la pensée philosophique*, Paris: PUF, 1971, p. 232.
6. Althusser, *L'Avenir dure longtemps*, p. 155.
7. Yann Moulier Boutang, *Louis Althusser: Une Biographie. Tome I. La Formation du mythe (1918–1956)*, Paris: Grasset, 1992, p. 362.
8. Elisabeth Roudinesco, *Jacques Lacan & Co.*, tr. Jeffrey Mehlman, London: Free Association Books, 1990, p. 376.
9. Boutang, *Louis Althusser*, p. 363.
10. Ibid., p. 461.
11. Ibid., p. 237.
12. Louis Althusser, 'Is It Simple to be a Marxist in Philosophy?', tr. Graham Locke in *Philosophy and the Spontaneous Philosophy of the Scientists and Other Essays*, edited with an Introduction by Gregory Elliott, London: Verso, 1990; *Montesquieu. La Politique et l'histoire*, Paris: PUF, 1959, tr. 'Montesquieu: Politics and History', in *Politics and History*, London: New Left Books, 1972
13. Douglas Johnson, 'Althusser's Fate', *London Review of Books*, 16 April–6 May 1981, p. 13.
14. Régis Debray, 'In Settlement of All Accounts', in *Prison Writings*, tr. Rosemary Sheed, London: Allen Lane, 1973, p. 197.
15. 本書作者對Douglas Johnson的訪談。
16. Althusser, *L'Avenir dure longtemps*, p. 124.
17. Ibid., p. 321.
18. Louis Althusser, *For Marx*, tr. Ben Brewster, London: Allen Lane, 1969, pp. 32, 256.
19. Boutang, *Louis Althusser*, pp. 449–59.
20. 私人通信。
21. Jean-François Sirinelli, 'Les Normaliens de la rue d'Ulm après 1945: une generation communiste?', *Revue d'histoire du monde moderne*, vol. 32, October–December 1986, pp. 569–88.
22. 本書作者對Jean Laplanche的訪談。
23. Maurice Agulhon, 引自 *Libération*, 30 June–1 July 1984, p. 16.
24. 本書作者對Didier Anzieu與Jacqueline Verdeaux的訪談。
25. 本書作者對Denys Foucault的訪談。
26. 本書作者對Jeanette Colombel的訪談。
27. Jean Delay, *La Jeunesse d'André Gide*, Paris: Gallimard, two vols., 1956, 1957; 本書作者對Daniel Defert的訪談。
28. 本書作者對Jacqueline Verdeaux的訪談。
29. Maurice Pinguet, 'Les Années d'Apprentissage', p. 126.
30. 'Hospicios, sexualidade, pris es' (interview with Claudio Bojunga), *Versus, 1* October 1975.

24. Hervé Guibert, 'Les Secrets d'un homme' in *Mauve le vierge*, Paris: Gallimard, 1988, p. 106.
25. André Gide, *La Séquestrée de Poitiers*, in *Ne jugez pas*, Paris: Gallimard, 1930.
26. 'Deuxième Entretien: sur les façons d'écrire l'histoire', in Raymond Bellour, *Le Livre des autres*, Paris: L'Herne, 1971, pp. 201–202 (originally published in *Les Lettres françaises*, 15 June 1967).
27. Eribon, *Michel Foucault*, p. 29.
28. 本書作者對Jeannette Colombel的訪談。
29. 本書作者對Michel Albaric的訪談。
30. 'De l'amitié comme mode de vie', *Gai Pied* 25, April 1981, p. 4.
31. 'The Minimalist Self', p. 13.
32. Eribon, *Michel Foucault*, p. 30.
33. 本書作者對Jean Piel的訪談。
34. Le Roy Ladurie, *Paris-Montpellier*, p. 28.
35. 'Jean Hyppolite (1907–1968)', *Revue de métaphysique et de morale*, vol. 74, no 2., April–June 1969, p. 131.
36. Eribon, *Michel Foucault*, p. 40.
37. Ibid.
38. Jean-Paul Aron, *Les Modernes*, Paris: Folio, 1984, p. 9.
39. Jacques Piquemal, 'G. Canguilhem, professeur de Terminale (1937–1938). Un Essai de témoignage', *Revue de métaphysique et de morale*, 90-année, no. 1, January–March 1985, p. 78.
40. 本書作者對Dominique Seglard的訪談。
41. Louis Althusser, *L'Avenir dure longtemps, suivi de Les Faits: Autobiographies*, Paris: Stock/IMEC, 1992, p. 324.
42. 本書作者對Georges Canguilhem的訪談。
43. 本書作者對Jeannette Colombel的訪談。
44. 傅柯這麼描述他在巴黎騎自行車的經驗：「我找到一個方法，可以在外出的時候不做白日夢：就是騎自行車。這是我現在外出唯一的方式，在巴黎是一種美妙的遊戲。有些人騎腳踏車欣賞風景。聽說在九月的晚上七點，有一點霧的時候，皇家橋看起來非常美。我從來沒看過那樣的景象；我是穿梭在水洩不通的車陣裡，在汽車之間鑽來鑽去。這又是權力的平衡。」'A Quoi rêvent les philosophes'（Emmanuel Lossowsky的訪談），*L'Imprévu*, 28 January 1975, p. 13.

## 第二章

1. Jean-François Sirinelli, 'La Khâgne', in Pierre Nora, ed., *Les Lieux de mémoire. II La Nation*, Paris: Gallimard, 1986, vol. 3, p. 607.
2. Eribon, *Michel Foucault*, p. 42; Sirinelli, 'La Khâgne', p. 607.
3. 私人通信。

## 第一章

1. 除了注釋裡特別提到的文獻以外，這段陳述乃是取自Denys Foucault、Francine Fruchaud、Henri Fruchaud、Sylvie-Claire d'Arvisenet、Anne Thalamy與Daniel Defert的口述歷史。
2. Paulin Malapert, *De Spinoza politica*, Paris 1907; *Les Eléments du caractère et leurs lois de combinaison*, Paris: Alcan, 1906; *Leçons de philosophie*, Paris: Hatier, 1918; *Psychologie*, Paris: Hatier, 1913.
3. Jean Plattard, ed., François Rabelais, *Oeuvres completes*, Paris: Association Guillaume Budé, 1929 (five vols.); Michel de Montaigne, *Oeuvres complètes*, Paris: Association Guillaume Budé, 1931–32 (four vols.).
4. Eribon, *Michel Foucault*, p. 21.
5. Sheridan, 'Diary'; Voeltzel, *Vingt Ans et après*, p. 156.
6. Ibid., p. 182.
7. 'The Minimalist Self', p. 4.
8. Ibid., pp. 6–7.
9. 本書作者對Jacqueline Verdeaux的訪談。
10. 'Structuralism and Post-Structuralism: An Interview with Michel Foucault', *Telos* 55, Spring 1983, p. 208, tr. Jeremy Harding; Gerard Raulet的這項訪談原本發表為'Um welchen Preis sagt die Vernuft die Warheit?', *Spuren* 1–2, May–June 1983.
11. 'Hospicios, sexualidade, prisões' (interview with Claudio Bojunga), *Versus* (Rio de Janeiro), 1 October 1975.
12. 'Le Philosophe masqué', *Le Monde*, 6 April 1980.
13. Pierre Bourdieu and Jean-Claude Passeron, *Les Héritiers: les étudiants et la culture*, Paris: Minuit, 1964.
14. Mona Ozouf, *L'Ecole, l'église et la république*, Paris: Armand Colin, 1964.
15. *Radioscopie de Michel Foucault, propos recueillis par Jacques Chancel*, Radio-France, 3 October 1975. 這場訪談的錄音帶可於索爾舒爾圖書館借取（C42）以及Bibliothèque d'Information Publique, Centre Georges Pompidou.
16. Emmanuel Le Roy Ladurie, *Montpellier-Paris. PC-PSU, 1945–1963*, Paris: Gallimard, 1982, pp. 25–26.
17. Eribon, *Michel Foucault*, p. 25.
18. Etienne Burin des Roziers, 'Une Rencontre à Varsovie', *Le Déhat 41*, September–November 1986, p. 134.
19. Eribon, *Michel Foucault*, p. 27.
20. Voeltzel, *Vingt Ans et après*, p. 55.
21. 文科預備班二年級稱為「khâgne」，這個詞語衍生自「cagneux」，意為「內彎足」。這個詞語在教育界的使用，顯然源自科學學生對人文學生的鄙夷，因為他們認為人文學生全都身材怪異、醜陋而又笨拙。
22. Eribon, *Michel Foucault*, pp. 28–29.
23. Voeltzel, *Vingt Ans et après*, pp. 127–28.

35. 'The Minimalist Self', p. 7.
36. Jean-Pierre Barou. 'Il aurait pu aussi bien m'arriver tout autre chose', *Libération*, 26 June 1984, p. 4.
37. Ibid.
38. 引自Claude Mauriac, *Le Temps accompli*, Paris: Grasset, 1991, p. 43. 關於吉伯的虛構陳述，見其*A l'Ami qui ne m'a pas sauvé la vie*, Paris: Gallimard, 1990.
39. Mauriac, p. 43.
40. See Pierre Nora, 'Il avait un besoin formidable d'être aimé', *L'Evénement du jeudi*, 18–24 September 1986, pp. 82, 83.
41. *L'Archéologie du Savoir*, p. 35.
42. 'Maurice Florence' (i.e. Michel Foucault and François Ewald), 'Foucault, Michel, 1926-)', in Jean Huisman, ed., *Dictionnaire des philosophes*, Paris: PUF, 1981, Tôme I, p. 942；本書作者對François Ewald的訪談。
43. 'Un Problème qui m'intéresse depuis longtemps, c'est celui du système pénal', 引自Jélila Hafsia, *Visages et rencontres*, Tunis, 1981.
44. François Ewald and Pierre Macherey, 'Actualité de Michel Foucault', *L'Ane* 40, October–December 1989, pp. 4–5.
45. 'Sur la sellette', entretien avec Jean-Louis Ezine, *Les Nouvelles littéraires*, 17 March 1975. p. 3.
46. *Power/Knowledge. Selected Interviews and Other Writings 1972–1977*, edited by Colin Gordon, Brighton: Harvester, 1980; interview with Colin Gordon.
47. Duccio Trombadori, *Colloqui con Foucault*, Salerno: 10/17, 1981, tr. R. James Goldstein and James Casaito as *Remarks on Marx*, New York: Semiotext(e), 1991.
48. Mauriac, *Le Temps accompli*, p. 32.
49. Bernauer, *Foucault's Force of Flight;* Michael Clark, *Michel Foucault: An Annotated Bibliography*, New York: Garland, 1983. Lagrange的書目將納入即將出版的伽利瑪版本。這份書目有一本收藏於索爾舒爾圖書館。
50. Thierry Voeltzel, *Vingt Ans et après*, Préface de Claude Mauriac, Paris: Grasset, 1978; 本書作者對Claude Mauriac的訪談。
51. 'Faire vivre et laisser mourir. La Naissance du racisme', *Les Temps Modernes* 535, February 1991, pp. 37–61.
52. 'Sur la Justice populaire: débat avec les Maos', *Les Temps Modernes* 310bis, 1972, pp. 335–66.
53. 本書作者對Dominique Seglard的訪談。
54. 共同以此標題出版：*De la Gouvernementalité. Leçons d'introduction aux cours des années 1978 et 1979*, Paris: Seuil/Productions de La Licorne, KS531, KS532.
55. Michel Foucault, *Résumé des cours 1970–1982*, Paris: Julliard, 1989.
56. Didier Eribon, *Michel Foucault*, Paris: Flammarion, 1989.

11. *L'Archéologie du savoir*, Paris: Gallimard, 1969, p. 28.
12. *La Pensée du dehors*, Montpellier: Fata Morgana, 1986, p. 37.
13. Michel de Certeau, 'The Laugh of Michel Foucault', *Heterologies. Discourse on the Other*, Manchester University Press, 1986, pp. 193–94.
14. 'Mal faire, dire vrai', unpublished lecture, Université Catholique de Louvain, May 1981. Typescript, Bibliothèque du Saulchoir, D202.
15. 'Che cos'è lei, Professor Foucault?', *La Fiera Letteraria*, 28 September 1967, p. 11（Paolo Caruso訪談）；'Conversazione senza complessi con il filosofo che analizza le strutture del potere'（Jerry Bauer的訪談），*Playmen* 12, 1978, p. 30.
16. 'Truth, Power, Self', p. 9.
17. 本書作者對Douglas Johnson的訪談。
18. 本書作者對Daniel Defert的訪談。
19. Jonathan Rée, personal communication.
20. Laurent Dispot, 'Une Soiree chez Michel Foucault', *Masques* 25–26, May 1985, pp. 163–67; Laurent Dispot的訪談。
21. 本書作者對André Green的訪談。
22. 本書作者對Jean Laplanche的訪談。
23. 'Le Gai Savoir', Jean Le Bitoux的訪談。*Mec Magazine* 5, June 1988, p. 36. 這場一九七八年七月十日的訪談，原本以荷蘭文發表為'Vijftien vragen von homosexele zijde san Michel Foucault' in M. Duyves and T. Maasen, eds., *Interviewen mit Michel Foucault*, Utrecht: De Woelsat, 1992, pp. 12–23.
24. Pierre Klossowski, 'Digression à partir d'un portrait apocryphe', *L'Arc* 49, *Deleuze*, new edn., 1990, p. 11.
25. 'Le Philosophe masqué', Christian Delacampagne, *Le Monde dimanche*, 6 April 1980, p. 1.
26. 'Deuxième Entretien: Sur les Façons d'écrire l'histoire' in Raymond Bellour, *Le Livre des autres*, Paris: L'Herne 1971, p. 203；原本發表於*Les Lettres françaises*, 15 June 1967.
27. 'Sur "Histoire de Paul" par Michel Foucault et René Feret (Entretien)', *Cahiers du cinéma* 262–63, January 1976, p. 65.
28. Maurice Blanchot, *Michel Foucault tel que je l'imagine*, Montpellier: Fata Morgana, 1986, pp. 9–10.
29. Alan Sheridan, 'Diary', *London Review of Books*, 19 July–1 August 1984, p. 21.
30. 本書作者對Daniel Defert的訪談。
31. 翻印於*Michel Foucault: Une Histoire de la vérité*, Paris: Syros, 1985, pp. 112–13.
32. *Les Mots et les choses*, Paris: Gallimard 1966, p. 7.
33. Jorge Luis Borges, *Obras Completas*, Buenos Aires: Emecé, 1974, p. 708.
34. 'Polemics, politics and problematizations: an interview', tr. Catherine Porter（與Paul Rabinow、Charles Taylor、Martin Jay、Richard Rorty及Leo Lowenthal的訪談，編輯過的版本，一九八三年四月），in Paul Rabinow, ed., *The Foucault Reader*, Harmondsworth: Penguin 1986, pp. 383–84.

# 注釋

## 引言

1. Michael Holroyd, *Bernard Shaw. Vol 1. 1856–1898. The Search for Love*, Harmonds-worth: Penguin, 1990, p. 4.
2. Friedrich Nietzsche, *Untimely Meditations*, tr. R. J. Hollingdale, Cambridge University Press, 1983, p. 97.
3. 對於傅柯的綜合研究當中，最值得參考的有 Alan Sheridan, *Michel Foucault: The Will to Truth*, London: Tavistock, 1980; Angèle Kremer Marietti, *Michel Foucault: Archéologie et Généalogie*, Paris: Livre de poche, 1985; Gary Gutting, *Michel Foucault's Archaeology of Scientific Reason*, Cambridge University Press, 1989; James W. Bernauer, *Michel Foucault's Force of Flight*, Atlantic Highlands, New Jersey: Humanities International Press, 1990.
4. Jürgen Habermas, 'Taking Aim at the Heart of the Present', in David Couzens Hoy, ed., *Foucault: A Critical Reader*, Oxford: Blackwell, 1986, p. 107.
5. Hubert L. Dreyfus and Paul Rabinow, *Michel Foucault: Beyond Structuralism and Hermeneutics*, Hemel Hempstead: Harvester, 1982.
6. Claudio Pogliano, 'Foucault, con interpreti', *Belfagor*, vol. 40, 1985, p. 147. 關於這場辯論本身的抄本，見 'Human Nature versus Power' in Fons Elders, ed., *Reflexive Water: The Basic Concerns of Mankind*, London: Souvenir Press, 1974, pp. 139–97.
7. 'L'Intellectuel et les pouvoirs' (propos recueillis le 14 mai 1981 et résumés par Christian Panier et Pierre Watté), *La Revue nouvelle*, vol. LXXX, no. 10, October 1984, p. 339.
8. Rux Martin, 'Truth, Power, Self: An Interview with Michel Foucault. October 25, 1982', in Luther H. Martin, Huck Gutman and Patrick H. Hutton, eds., *Technologies of the Self: A Seminar with Michel Foucault*, London: Tavistock, 1988, p. 11.
9. Charles Ruas, 'An Interview with Michel Foucault', in *Death and the Labyrinth: The World of Michel Foucault*, tr. Charles Ruas, London: Athlone Press, 1986, p. 184
10. 'The Minimalist Self', in Lawrence D. Kritzman, ed., *Politics, Philosophy, Culture. Interviews and Other Writings 1977–1984*, New York and London: Routledge, 1988, p. 16. 一九八二年六月二十二日 Stephen Riggins以英語進行的訪談，原本刊登於加拿大期刊 *Ethos*, vol. 1, no. 2, Autumn 1983, pp. 4–9.

384. *Histoire de la sexualité 2: L'Usage des plaisirs*, Gallimard, 1984. Tr. Robert Hurley, *The Use of Pleasure*, New York: Pantheon, 1985, London: Allen Lane, 1988.
385. *Histoire de la sexualité 3: Le Souci de soi*, Gallimard, 1984. Tr. Robert Hurley, *The Care of the Self*, New York: Pantheon 1985, London: Allen Lane, 1988.
386. 'Interview met Michel Foucault', *Krisis: Tijdschrift voor filosopfie* 14, 1984, pp. 47–58.
387. Interview with J. François and J. de Wit. 'L'Ethique du souci de soi comme pratique de la liberté', *Concordia* 6, 1984, pp. 99–116. Interview with Raul Fornet-Betancourt, Helmut Becker and Alfredo Gomez-Mûller, dated 20 January 1984. Tr. Joseph Gauthier, 'The Ethics of the Care of the Self as a Practice of Freedom', *Philosophy and Social Criticism*, vol. 12, no. 2–3, 1987, pp. 2–3, 112–31.
388. 'Philippe Ariès: le souci de la vérité', *Le Nouvel Observateur* 1006, 17 February 1984, pp. 56–57.
389. 'Le Style de l'histoire', *Le Matin*, 21 February 1984, pp. 20–21. Interview with Arlette Farge, conducted by François Dumont and Jean-Paul Iommi-Amunstegui.
390. 'A Last Interview with French Philosopher Michel Foucault', conducted by Jamin Raskin, March 1984, *City Paper*, vol. 8. no. 3, 27 July–2 August 1984, p. 18.
391. 'Interview de Michel Foucault', conducted by Catherine Baker, April 1984, *Actes: Cahiers de l'action juridique* 45–46, 1984, pp. 3–6.
392. 'Le Souci de la vérité, interview with François Ewald,' *Magazine littéraire* 207, May 1984, pp. 18–23. Tr., abridged, Paul Patton, 'The Regard for Truth', *Art and Text* 16, Summer 1984, pp. 20–31. Tr. John Johnston, 'The Concern for Truth', *Foucault Live*, pp. 293–308.
393. 'Parla Michel Foucault: Alle fonti del piacere', *Panorama* 945, 28 May 1984. Interview with Alessandro Fontana, conducted 25 April 1984. Modified French version published as 'Une Esthétique de l'existence, *Le Monde aujourd'hui* 1516 July 1984, p. x. Tr. John Johnston, 'An Aesthetics of Existence', *Foucault Live*, pp. 309–16. Tr. of French version, Alan Sheridan, 'An Aesthetics of Existence', *Politics, Philosophy, Culture*, pp. 47–53.
394. 'Polemics, Politics and Problematizations', tr. Lydia Davies, based on discussions with Paul Rabinow and Tom Zummer, May 1984, *The Foucault Reader*, pp. 381–90.
395. 'Pour en finir avec les mensonges', *Le Nouvel Observateur* 1076, pp. 76–77. Interview with Didier Eribon, dated June 1984.
396. 'Le Retour de la morale', *Les Nouvelles*, 28 June-5 July 1984, pp. 36–41. Interview with Gilles Barbedette and André Scala, conducted on 29 May 1984. Tr. Thomas Levin and Isabelle Lorenz, 'Final Interview', *Raritan* vol 5, no. 1, Summer 1985, pp. 1–13. Republished as 'The Return of Morality', *Politics, Philosophy, Culture*, pp. 242–54. Tr. John Johnston, 'The Return of Morality' *Foucault Live*, pp. 317–32.
397. *Résumé des cours 1970–1982*, Julliard, 1989.

Brock, *Inside*, 22 April 1983, pp. 7, 20–22.
368. 'Politics and Ethics: An Overview', edited interviews, conducted in April 1983, with Paul Rabinow, Charles Taylor, Martin Jay, Richard Rorty and Leo Lowenthal, tr. Catherine Porter, in *The Foucault Reader*, pp. 373–80.
369. 'On the Genealogy of Ethics: An Overview of Work in Progress', interview with Hubert L. Dreyfus and Paul Rabinow, Dreyfus and Rabinow, *Michel Foucault: Beyond Structuralism and Hermeneutics* 2nd edn, University of Chicago Press, 1983, pp. 229–52. Republished, *The Foucault Reader*, pp. 340–72. Tr. (abridged) Jacques B. Hess, 'Le sexe comme une morale', *Le Nouvel Observateur*, 1 June 1984, pp. 62–66.
370. 'Discussion with Hubert L. Dreyfus and Paul Rabinow', Berkeley, 15 April 1983, typescript.
371. 'Discussion with Hubert L. Dreyfus and Paul Rabinow', Berkeley, 19 April 1983, typescript.
372. 'Discussion with Hubert L. Dreyfus and Paul Rabinow, Berkeley, 21 April 1983, typescript.
373. 'La Pologne et après', *Le Débat* 25, May 1983, pp. 3–34. Discussion with Edmond Maire.
374. 'La Musique contemporaine et le public' *CNAC Magazine* 15, May-June 1983, pp. 10–12. Discussion with Pierre Boulez. Tr. John Rahn, 'Contemporary Music and the public', *Perspectives in New Music* 24, Fall-Winter 1985, pp. 6–12; republished *Politics, Philosophy, Culture*, pp. 314–330.
375. 'Vous êtes dangereux, *Libération*, 10 June 1983, p. 20.
376. 'Lettre à Hervé Guibert', dated July 1983, in 'L'Autre Journal d'Hervé Guibert', *L'Autre journal* 5, December 1985, p. 5.
377. 'An Interview with Michel Foucault', interview with Charles Ruas, published as the Postscript to *Death in the Labyrinth, pp. 169–86*. 'Archéologie d'une passion', *Magazine littéraire* 221, July-August 1985, pp. 100–105.
378. 'Usage des plaisirs et techniques de soi', *Le Débat* 27, November 1983, pp. 46–72. A slightly modified version of the first chapter of *L'Usage des plaisirs*.
379. 'Remarques sur la paix', *Géopolitique* 4, Autumn 1983, p. 76.
380. 'Discourse and Truth: The Problematization of Parrahesia', notes taken by Joseph Pearson on six lectures given by Foucault at the University of California at Berkely, October and November 1983. Typescript.
381. 'Qu'appelle-t-on punir?', Revue de l'Université de Bruxelles, 1984, pp. 35–46. Interview with Foulek Ringelheim, December 1983, revised and corrected by Foucault on 16 February 1984. Tr. John Johnston, 'What Calls for Punishment?', *Foucault Live*, pp. 275–92.
382. 'Histoire des systèmes de pensée' *Annuaire du Collège de France* 83 (1983), p. 441.
383. 'Premiére Préface à *L'Usage des plaisirs*', undated typescript, pp. 51. Tr., abridged, William Smock 'Preface to *The History of Sexuality, Volume II', The Foucault Reader, pp. 33–39.*

400, 7 August 1984, pp. 26–30, 58. Conducted by Bob Gallagher and Alexander Wilson in June 1982. Tr. Jacques Hess, 'Que fabriquent done les hommes ensemble?' *Le Nouvel Observateur* 1098, 22 November 1985, pp. 54–55.
349. 'Le Terrorisme ici et là', *Libération* 3 September 1982, p. 12. Interview with Didier Eribon.
350. 'Pierre Boulez ou l'écran traversé', *Le Nouvel Observateur* 934, 2 October 1982, pp. 51–52.
351. 'En Abandonnant les polonais, nous renonçons à une part de nous-mêmes', *Le Nouvel Observateur* 935, 9 October 1982, p. 36. With Simone Signoret and Bernard Kouchner.
352. 'L'Expérience morale et sociale des Polonais ne peut plus être effacée', *Les Nouvelles littéraires* 14–20 October 1982, pp. 8–9. Interview with Gilles Anquetil.
353. 'Truth, Power Self: An Interview with Michel Foucault', conducted by Rux Martin on 25 October 1982, in Luther H. Martin, Huck Gutman and Patrick H. Hutton, eds. *Technologies of the Self*: A Seminar with Michel Foucault, London: Tavistock, 1988, pp. 9–15.
354. 'Technologies of the Self', in *Technologies of the Self*, pp. 16–49.
355. 'The Political Technology of Individuals', in *Technologies of the Self*, pp. 145–62.
356. 'La Pensée, l'émotion', in *Duane Michals; Photographies de 1958–1982*, Paris Audiovisuel, Musée d'Art Moderne de la Ville de Paris, 1982, pp. iii–vii.
357. 'L'Age d'or de la lettre de cachet', *L'Express* 3 December 1982, pp. 35–36. Interview with Foucault and Arlette Farge, conducted by Yves Hersant.
358. 'Histoire des systèmes de pensée'. *Annuaire du Collège de France* 82, 1982, pp. 395–406. Republished as 'L'Herméneutique du sujet' *Résumé des cours*, pp. 145–66.
359. 'L'Ecriture de soi', *Le Corps e'crit* 5, 1983, pp. 3–23.
360. 'Rêver de ses plaisirs: sur l'onirocritique d'Artémidore', *Recherches sur la philosophie et le langage* 3, 1983, pp. 53–78. An early version of the first chapter of *Le Souci de soi*.
361. 'Un Système fini face à une demande infinie' in *Sécurité sociale: l'enjeu*, Editions Syros, 1983, pp. 39–63. Interview with R. Bono. Tr. Alan Sheridan, 'Social Security', *Politics, Philosophy, Culture*, pp. 159–77.
362. 'Un Cours inédit' *Magazine littéraire* 207, May 1984, pp. 35–39. Lecture delivered at the Collège de France, 5 January 1983. Tr. Colin Gordon, 'Kant on Enlightenment and Revolution', *Economy and Society* vol. 15 no. 1, February 1986, pp. 88–96.
363. 'A Propos des faiseurs d'histoire', *Libération*, 21 January 1983, p. 22.
364. 'An Exchange with Michel Foucault', exchange of letters between Foucault and Lawrence Stone, *New York Review of Books*, 13 March 1983, pp. 42–44.
365. 'Um welchen Preis sagt die Vernunft die Wahrheit?' *Spuren* 1–2, 1983. Interview with Gèrard Raulet. Tr. Jeremy Harding, 'Structuralism and Post-Structuralism: An Interview with Michel Foucault', *Telos* 55, Spring 1983, 195–211. Tr. Mia Foret and Marion Martius, 'How Much Does it Cost to Tell the Truth', *Foucult Live*, pp. 257–76.
366. 'Sartre', fragmentary typescript, described as 'Extracts from a lecture at Berkeley'.
367. 'The Power and Politics of Michel Foucault', interview with Peter Maas and David

332. 'Notes sur ce que l'on lit et entend', *Le Nouvel Observateur 893*, 19 December 1981, p. 21.

333. 'Histoire des systèmes de pensée', *Annuaire du Collège de France* 81, 1981, pp. 385–69. Republished as 'Subjectivité et vérité', *Résumé des cours*, pp. 133–142.

334. *Le Désordre des familles. Lettres de cachet des Archives de la Bastille. Présenté par Arlette Farge et Michel Foucault*, Gallimard/Julliard, 1982.

335. 'Herméneutique du sujet', *Concordia* 12, 1988, pp. 44–68. Extracts from lectures at the Collège de France, 1982. French text established on the basis of transcripts by Helmut Becker and Lothar Wolfstetter, first published in *Freiheit und Selbstsorge*, Frankfurt: Materialis Verlag, 1985.

336. Typescript of three lectures, University of Toronto, 1982.

337. 'Nineteenth Century Imaginations', tr. Alex Susteric, *Semiotext(e)*, vol. 4, no. 2, 1982, pp. 182–90.

338. 'The Subject and Power', Afterword to Hubert L. Dreyfus and Paul Rabinow, *Michel Foucault: Beyond Structuralism and Hermeneutics*, Hemel Hempstead: Harvester, 1982, pp. 208–226.

339. *Les Lundis de l'histoire. Le Désordre des familles*, radio discussion with Arlette Farge, Michelle Perrot and André Béjin, 10 January 1982.

340. 'Response to speech by Susan Sontag', *Soho News*, 2 March 1982, p. 13.

341. 'Space, Knowledge and Power', *Skyline*, March 1982. Interview conducted by Paul Rabinow, tr. Christian Hubert, republished *The Foucault Reader*, pp. 239–56.

342. 'Histoire et homosexualité', *Masques* 13, Spring 1982, pp. 14–24. Discussion with J.-P. Joecker, M. Ouerd and A. Sanzio.

343. 'Sexual Choice, Sexual Act: An Interview with Michel Foucault', *Salmagundi* 58–59, Fall 1982-Winter 1983, pp. 10–24. Interview with James O'Higgins, reprinted *Foucault Live*, pp. 211–32. Republished as 'Sexual Choice, Sexual Act: Foucault and Homosexuality', *Politics, Philosophy, Culture*, pp. 286–303. French version published as 'Lorsque l'amant part en taxi', *Gai Pied hebdo* 151, January 5, 1985, pp. 22–24, 54–57.

344. 'Le Combat de la chasteté', *Communications* 35, May 1982, pp. 15–25. Tr. Anthony Foster, 'The Battle for Chastity' in Philippe Ariès and André Béjin, eds., *Western Sexuality: Practice and Precept in Past and Present Times*, Oxford: Basil Blackwell, 1985, pp. 14–25. Republished, *Politics, Philosophy, Culture*, pp. 242–55.

345. 'The Social Triumph of the Sexual Will', *Christopher Street* 64, May 1982, pp. 36–41. Conversation with Gilles Barbedette, tr. Brendan Lemon.

346. 'Des Caresses d'homme considérées comme un art', *Libération*, 1 June 1982, p. 27. Review of K.J. Dover, *L'Homosexualité grecque*.

347. 'An Interview', *Ethos* vol. 1, no. 2, Autumn 1983, pp. 4–9. Interview with Stephen Riggins, 22 June 1982. Republished as 'The Minimalist Self', *Politics, Philosophy, Culture*, pp. 3–16.

348. 'Michel Foucault, An Interview: Sex, Power and the Politics of Identity', *The Advocate*

ter-Spring 1980, pp. 4–5. Interview with Millicent Dillon.
313. 'Sexuality and Solitude', James Lecture delivered on 20 November 1980 at the New York Institute for the Humanities, published, *Lendon Review of Books*, 21 May-3 June 1981, pp. 3, 5–6. Republished David Rieff, ed., *Humanities in Review I*, New York; Cambridge University Press, 1982, pp. 3–21.
314. 'Truth and Subjectivity' Howison Lectures delivered at Berkeley, 20 and 21 October 1980. Unpublished typescripts.
315. 'Power, Moral Values and the Intellectual', interview with Michael D. Bess, San Francisco 1980, typescript.
316. 'Foucault', in D. Huisman, ed., *Dictionnaire des philosophes*, Presses Universitaires de France, 1981, vol. 1., pp. 942–44. Signed 'Maurice Florence', sc. Michel Foucault and François Ewald.
317. 'Roland Barthes', *Annuaire du Collège de France* 80, 1980, pp. 61–62.
318. 'A mon retour de vacances ...' letter of 16 December 1980 to Paul Rabinow. Typescript.
319. 'Histoire des systèmes de pensée', *Annuaire du Collège de France*, 80, 1980, pp. 449–52. Republished as 'Du Gouvernement des vivants', *Résumé des cours*, pp. 123–129.
320. 'De L'Amitié comme mode de vie', *Le Gai Pied* 25, April 1981, pp. 38–39. Tr. John Johnston, 'Friendship as a Way of Life' *Foucault Live*, pp. 203–11.
321. 'Mal faire, dire vrai', lectures given at the Faculté de Droit, Université Catholique de Louvain, May 1981. typescript, pp. 159.
322. 'Entretien avec Michel Foucault réalisé par André Berten', Louvain, May 1981, *Comités d'éthique à travers le monde. Recherches en cours 1988*, Tierce-Médecine/INSERM, 1989, pp. 228–35.
323. 'L'Intellectuel et les pouvoirs', *La Revue nouvelle* vol. LXX, no. 10, October 1984, pp. 338–45. Interview with Christian Panier and Pierre Watté, conducted 14 May 1981.
324. 'Est-il done important de penser?', *Libération* 30–31 May 1981. Interview with Didier Eribon. Tr. with an afterword, Thomas Keenan, 'Is it really important to think?', *Philosophy and Social Criticism*, vol. 9, no. 1, Spring 1982, pp. 29–40.
325. 'Face aux gouvernements, les droits de l'homme', *Libération* 30 June-1 July 1984, p. 22. A statement made in June 1981. Reprinted, *Actes: Cahiers d'action juridique* 54, Summer 1986, p. 2.
326. 'Il faut tout repenser la loi et la prison', *Libération*, 6 July 1981, p. 2.
327. 'Lacan, il "liberatore" della psicanalisi', *Corriere della sera*, 11 September 1981, p. 1. Interview with Jacques Nobécourt.
328. 'De la nécessité de mettre un terme à toute peine', *Libération*, 18 September 1981, p. 5.
329. 'Les Rendez-vous manqués'. Statement drafted by Foucault and Pierre Bourdieu and broadcast on *Europe 1*, 15 December 1981. Published *Libération* 15 December 1981.
330. 'Les Réponses de Pierre Vidal-Naquet et de Michel Foucault', *Libération*, 18 December 1981, p. 12.
331. 'Conversation' in Gèrard Courant, ed., *Werner Schroeter*, Cinémathèque/Institut Goethe. Conversation with Schroeter.

*maphrodite*, tr. Richard McDougall, Brighton: Harvester Press, 1980, pp. vii–xvii. Dated 'January 1980'.

299. 'Inutile de se soulèver?', *Le Monde*, 11 May 1979, pp. 1, 2. Tr. with an introduction James Bernauer, 'Is It Useless to Revolt?' *Philosophy and Social Criticism* vol. 8, no. 1, Spring 1981, pp. 1–9.
300. 'La Stratégie du pourtour', *Le Nouvel Observateur* 759, 28 May 1979, p. 57.
301. 'Omnes et Singulatim: Towards a Criticism of Political Reason' lectures delivered at Stanford University on 10 and 16 October 1979, in Sterling McMurrin, ed., *The Tanner Lectures on Human Values II*, Salt Lake City: University of Utah Press, 1981, pp. 225–54. Reprinted as 'Politics and Reason', *Politics, Philosophy, Culture*, pp. 57–85. Tr. P. E. Dauzat, 'Omnes et singulatim: vers une critique de la raison politique', *Le Débat* 41, September-October 1986, pp. 5–35.
302. 'Luttes autour des prisons', *Esprit* 35, November 1979, pp. 102–11. Discussion with Antoine Lazarus and François Colcombet; Foucault uses the pseudonym 'Louis Appert'.
303. 'Histoire des systèmes de pensée', *Annuaire du Collège de France* 79, 1979, pp. 367–72. Republished as 'Naissance de la biopolitique', *Résumé des cours*, pp. 109–19. Tr. with an introduction, James Bernauer, 'Foucault at the Collège de France II: A Course Summary', *Philosophy and Social Criticism*, vol. 8, no. 3, Fall 1981, pp. 349–59.
304. 'Du Gouvernement des vivants', incomplete transcripts of lectures at the Collège de France on 9, 16 January 1980, 13, 20 February 1980 and 5 March 1990.
305. 'The Flying University', *New York Review of Books*, 24 January 1980, p. 49, collective open letter.
306. 'Les Quatre Cavaliers de l'Apocalypse et les vermisseaux quotidiens', *Cahiers du cinéma* 6, February 1980 *(Numéro hors série)*, pp. 95–96. Interview with Bernard Sobel on Syberberg's *Hitler, a film from Germany*.
307. 'Se Défendre', preface to *Pour La Défense libre*, brochure issued by the Centre de Recherche et de Formation Juridique, 1980, pp. 5–6. Collectively signed by Michel Foucault, Henry Juramy, Christian Revon, Jacques Vergés, Jean Lapeyrie and Dominique Nocaudie.
308. '*Le Nouvel Observateur* e L'Unione della sinistra', *Spirali* 15, January 1980, pp. 53–55. Extracts from a conversation between Michel Foucault and Jean Daniel about Daniel's *L'Ere des ruptures*, originally broadcast on France-Culture.
309. 'Toujours les prisons', *Esprit*, 37, January 1980, pp. 184–86. Exchange of letters with Paul Thibaud and Jean-Marie Domenach.
310. 'Préface' to Roger Knobelspiess, QHS: *Quartier de Haute Sécurité*, Stock, 1980, pp. 11–16, dated 31 March 1980.
311. 'Le Philosophe masqué', *Le Monde dimanche*, 6 April 1980, pp. i, xvii. Interview with Christian Delacampagne; Foucault is not identified. Tr. John Johnston, 'The Masked Philosopher', *Foucault Live*, pp. 193–202.
312. 'Conversation with Michel Foucault', *The Threepenny Review* vol. 1, no. 1, Win-

*L'Espresso* 46, 19 November 1978, pp. 152–56.
280. 'Il mitico capo della rivolta nell'Iran', *Corriere della sera*, 26 November 1978, pp. 1–2.
281. *Colloqui con Foucault*, Salerno; 10/17 Cooperative editrice, 1978. A series of interviews with Duccio Trombadori. Tr. R. James Goldstein and James Cascaito, *Remarks on Marx*, New York: Semiotext(e), 1991.
282. 'Lettera di Foucault all *'Unità'*, *Unità*, 1 December 1978, p. 1.
283. Unsigned contributions to Thierry Voeltzel, *Vingt Ans et après*, Seuil, 1978. Transcripts of dialogues recorded from July 1976 onwards.
284. 'Histoire des systèmes de pensée, *Annuaire du Collège de France* 78, 1978, pp. 445–49. Republished as 'Sécurité, térritoire et population', *Résumé des cours*, pp. 99–106. Tr. with an introduction, James Bernauer, 'Foucault at the Collège de France I: A Course Summary', *Philosophy and Social Criticism* vol. 8, no. 2, Summer 1981, pp. 1–44.
285. 'L'Esprit d'un monde sans esprit', conversation with Claire Brière and Pierre Blanchet, published as an afterword to their *Iran: la Révolution au nom de Dieu*, Seuil, 1979, pp. 235–41. Tr. Alan Sheridan, 'The Spirit of a World Without Spirit', *Politics, Philosophy, Culture*, pp. 211–26.
286. 'Préface', Peter Bruckner and Alfred Krovoza, *Ennemi de l'etat*, Claix: La Pensée sauvage, 1979, pp. 4–5.
287. 'Naissance de la biopolitique'. Cassette recording of lecture of 10 January 1979 at Collège de France. Released by Seuil and Productions de la Licorne, as part of *De la Gouvernementalité*. KS 532, 1989.
288. 'La Phobie d'état', excerpt from lecture of 31 January 1979 at the Collège de France, *Libération* 30 June- 1 July 1984, p. 21.
289. 'Mais à quoi servent les pétitions?', response to questions from Pierre Assouline, *Les Nouvelles littéraires* 1–8 February 1979, p. 4.
290. 'Manières de justice', *Le Nouvel Observateur* 743, 5 February 1979, pp. 20–21.
291. 'Una Polveriera chimata Islam', *Corriere della sera*, 13 February 1979, p. 1.
292. 'Michel Foucault et l'Iran', *Le Matin*, 26 March 1979, p. 15.
293. 'Un Plaisir si simple', *Le Gai Pied* 1, April 1979, pp. 1, 10. Tr. Mike Riegle and Gilles Barbedette, 'The Simplest of Pleasures', *Fag Rag* 29, p. 3.
294. 'Lettre ouverte à Mehdi Bazarghan' *Le Nouvel Observateur* 753, 14 April 1979, p. 46.
295. 'Pour une Morale de l'inconfort', *Le Nouvel Observateur* 754, 23 April 1979, pp. 82–83. Review of Jean Daniel's *L'Ere des ruptures*. Reprinted as preface to the 1980 Livre de poche edn. of *L'Ere de ruptures*, pp. 9–16.
296. 'Le Moment de la vérité', *Le Matin*, 25 April 1979, p. 20. On the death of Maurice Clavel.
297. 'Vivre autrement le temps', *Le Nouvel Observateur* 755, 30 April 1979, p. 88. On the death of Maurice Clavel.
298. 'Le Vrai Sexe', read to *Arcadie* Congress, May 1979, *Arcadie* 27, November 1980, pp. 617–25. A modified version appeared in English as the 'Introduction' to *Herculine Barbin; Being the Recently Discovered Memoirs of a Nineteenth-Century French Her-*

crise: Michel Foucault parle du pouvoir à l'Institut franco-japonais de Kansai à Tokyo', *Asahi janaru*, vol 20, no 19, 12 May 1978.
260. 'On Sex and Politics', *Asahi janaru* vol. 20, no. 19, 12 May 1978. Interview with Moriaki Watanabe and Chobei Nemoto.
261. 'La Poussière et le nuage', in Michelle Perrot, ed., *Impossible Prison: Recherches sur le système pénitentiare au XIX siècle*, Seuil, 1980, pp. 29–39.
262. Table ronde du 20 mai 1978', *L'Impossible Prison*, pp. 40–56. Tr. Colin Gordon, 'Questions of Method', *Ideology and Consciousness* 8, Spring 1981, pp. 3–14. Republished, *The Foucault Effect*, pp. 73–86.
263. 'Postface', *L'Impossible Prison*, pp. 316–18.
264. 'Qu'est-ce que la critique? [Critique und Aufklärung]', lecture to the Société Française de Philosophie, 27 May 1978, *Bulletin de la Société Française de Philosophie*, vol. LXXXIV, 1990, pp. 35–63.
265. 'Vijftien vragen can homosexuele zijde san Michel Foucault' in M. Duyves and T. Maasen, eds., *Interviews met Michel Foucault*, Utrecht; De Woelrat, 1982, pp. 13–23. Interview dated 10 July 1978. French version published as 'Le Gai Savoir', *Mec Magazine*, 5 June 1988, pp. 32–36 and 'Le Gai Savoir (2)', *Mec Magazine* 6–7, July-August 1988, pp. 30–33.
266. 'Du Pouvoir', interview with Pierre Boncenne, July 1978, *L'Express* 13 July 1984, pp. 56–62. Tr. Alan Sheridan, 'On Power', *Politics, Philosophy, Culture*, pp. 96–109.
267. 'II misterioso ermafrodito', *La Stampa*. August 5, 1978, p. 5.
268. 'Du Bon Usage du criminel' *Le Nouvel Observateur* 722, 11 September 1978, pp. 40–42.
269. 'Taccuina persiano: l'esercito, quando la terra trema', *Corriere della sera*, 28 September 1978, pp. 1–2.
270. 'Teheran: la fede contra lo Scia', *Corriere della sera*, 8 October 1978, p. 11.
271. 'A Quoi rêvent les Iraniens?', *Le Nouvel Observateur* 727, 16–22 October 1978, pp. 48–49.
272. 'Le Citron et le lait', *Le Monde* 21 October 1978, p. 14. On Philippe Boucher, *Le Ghetto judiciaire*.
273. 'Ein gewaltiges Erstaunen', *Der Spiegel* 32, 30 October 1978, p. 264. On the 1978 'Paris-Berlin' exhibition. Tr. J.D. Leakey, 'Interview with Michel Foucault', *New German Critique* 16, Winter 1979, pp. 155–56.
274. 'Una Rivolta con le mani nude', *Corriere della sera* 7 November 1978, pp. 1–2.
275. 'Sfida alia opposizione', *Corriere della sera*, 12 November 1978, pp. 1–2.
276. 'I reportage di idee', *Corriere della sera*, 12 November 1978, p. 1.
277. 'Réponse de Michel Foucault à une lectrice iranienne', *Le Nouvel Observateur*, 13 November 1978, p. 26.
278. 'La Rivolta dell'Iran corre sui nastri delli minicassette', *Corriere della sera*, 19 November 1978, pp. 1–2.
279. 'Polemiche furiose: Foucault e i communisti italiani, a cura di Pascale Pasquino',

Collège de France. Released by Seuil and Productions de la licorne as part of *De la Gouvernementalité*, KS S531A, 1989.

244. 'Préface' to *My Secret Life*, tr. Christine Charnaux et al., Editions les formes du secret, 1978, pp. 5–7.
245. 'Introduction' to Georges Canguilhem, *On the Normal and the Pathological*, tr. Carolyn Fawcett, Boston: Reidel, 1978, pp. ix–xx. Subsequently published in French as 'La Vie: l'expérience et la science', *Revue de métaphysique et de morale* 90, January-March 1985, pp. 3–14.
246. 'Note', *Herculine Barbin dite Alexina B., présenté par Michel Foucault*, Gallimard, 1978, pp. 131–32.
247. 'La Grille politique traditionelle', *Politique Hebdo* 303, 1978, p. 20.
248. 'M. Foucault. Conversazione senza complessi con il filosofo che analizza le "struture del potere"', *Playmen* 12, 1978, pp. 21–30. Interview with Jerry Bauer.
249. 'Un Jour dans une classe s'est fait un film', *L'Educateur*, vol. 51, no. 12, 1978, pp. 21–25.
250. 'Eugène Sue que j'aime', *Les Nouvelles littéraires*, 12–19 January 1978, p. 3.
251. 'Une Erudition étourdissante', *Le Matin* 20 January 1978, p. 25. On Philippe Ariès, *L'Homme devant la mort*.
252. 'Alain Peyrefitte s'explique ... et Michel Foucault répond', *Le Nouvel Observateur* 689, 23 January 1978, p. 25.
253. 'La Governamentalita', *Aut-aut* 167–68, September-December 1978, Italian transcript, by Pasquale Pasquino, of a lecture given at the Collège de France in February 1978. Tr. Rosi Braidotti, 'Govermentality', *Ideology and Consciousness* 6, Autumn 1979, pp. 5–12. Revised version in Graham Burchell, Colin Gordon and Peter Miller, eds., *The Foucault Effect: Studies in Governmentality*, Hemel Hempstead, 1991, pp. 87–105. French version, tr. Jean-Claude Oswald, 'La Gouvernementalité', *Actes: Cahiers d'action juridique* 54, Summer 1986, pp. 7–15.
254. 'Precisazioni sul potere. Riposta ad alcuni critici', *Aut-aut* 167–68, September-December 1978, pp. 12–29. A reply to written questions from Pasquale Pasquino. Tr. James Cascaito, 'Clarification on the Question of Power', *Foucault live*, pp. 179–92.
255. 'Attention: danger', *Libération*, 22 March 1978, p. 9.
256. 'La Loi de la pudeur', radio discussion on France-Culture's *Dialogues* on 4 April 1978 with Guy Hocquenhem and Jean Danet, transcript published *Recherches* 37, April 1979, pp. 69–82. Tr. Alan Sheridan, 'Sexual Morality and the Law', *Politics, Philosophy, Culture*, pp. 271–85.
257. 'Débat avec Michel Foucault au Centre Culturel de L'Athénée Français', Tokyo, 21 April 1978. Transcript by Romei Yashimoto of debate following a screening of *Moi, Pierre Rivière*.
258. 'The Strategy of world-understanding: how to get rid of marxism', dialogue with Ryumei Yashimoto on April 25 1978, *UMI* 53, July 1978, pp. 302–28. In Japanese.
259. 'La Société disciplinaire en crise: développement de la diversité et l'indépendence en

*Comizi d'amore.*

230. 'L'Asile illimité', *Le Nouvel Observateur* 646, 28 March 1977, pp. 66–67. On Robert Castel, *L'Ordre psychiatrique.*
231. 'La Géométrie fantastique de Maxime Defert', *Les Nouvelles littéraires*, 28 April 1977, p. 13.
232. 'La Grande Colère des faits', *Le Nouvel Observateur* 652, 9 May 1977, pp. 84–86. 'Reprinted in Sylvie Boucasse and Denis Bourgeois, eds., *Faut-il brûler les nouveaux philosophes?*, Nouvelles Editions Oswald, 1978, pp. 63–70. On André Glucksmann, *Les Maîtres penseurs.*
233. 'L'Angoisse de juger', *Le Nouvel Observateur* 655, 30 May 1977, pp. 92–116. Debate with Jean Laplanche and Robert Badinter. Tr. John Johnston, 'The Anxiety of Judging', *Foucault Live*, pp. 157–78.
234. Comments on science fiction, 3 June and 20 November 1977, in Igor and Grichka Bogdanoff, *L'Effet science-fiction: à la recherche d'une définition*, Robert Laffont, 1979, pp. 35, 117.
235. 'Le Jeu de Michel Foucault', *Ornicar?* 10, July 1977, pp. 62–93. Discussion with Alain Grosrichard, Gèrard Wajeman, Jacques-Alain Miller. Guy le Gaufey, Catherine Millot, Dominique Colas, Jocelyne Livi and Judith Miller. Tr. Colin Gordon, 'The Confession of the Flesh', *Power/Knowledge*, pp. 194–228.
236. 'Une Mobilisation culturelle', *Le Nouvel Observateur* 670, 12 September 1977, p. 49.
237. 'Enfermement, psychiatrie, prison', *Change: La Folie encerclée* 32–33, October 1977. Discussion with David Cooper, Jean-Pierre Faye, Marie-Odile Faye and Marine Zecca. Tr. Alan Sheridan, 'Confinement, Psychiatry, Prison', in Lawrence D. Kritzman, ed., *Politics, Philosophy, Culture: Interviews and Other Writings, 1977–1984*, London: Routledge, 1988, pp. 178–210.
238. 'About the Concept of the Dangerous Individual in Nineteenth-Century Legal Psychiatry', delivered to a symposium on law and psychiatry held at York University, Toronto, October 24–16 1977, tr. Alain Baudot and Jane Couchman, *International Journal of Law and Psychiatry* 1, 1978, pp. 1–18. Republished as 'The Dangerous Individual', *Politics, Philosophy, Culture*, pp. 125–51. French version published as 'L'Evolution de la notion d'"individu dangereux" dans la psychiatrie légale', *Revue Déviance et société* 5, 1981, pp. 403–22.
239. 'Va-t-on extradier Klaus Croissant?', *Le Nouvel Observateur* 678, 14 November 1977, pp. 62–63.
240. 'Désormais, la sécurité est au-dessus des lois', *Le Matin*, 18 November 1977, p. 59. Interview with Jean-Paul Kauffman.
241. 'Lettre à quelques leaders de la gauche', *Le Nouvel Observateur* 681, 28 November 1977, p. 59.
242. '"Wir fühlten uns als schmutzige Spezies"', *Der Spiegel*, 19 December 1977, pp. 77–78.
243. 'Sécurité, térritoire, population', cassette recording of lecture of 11 January 1978 at

212. 'Malraux', *Le Nouvel Observateur* 629, 29 November 1976, p. 83.
213. 'Histoire des systèmes de pensée', *Annuaire du Collège de France* 76, 1976, pp. 361–66. Republished as '"Il faut défendre la société"', *Résumé des cours*, pp. 85–94. Tr., Ian McLeod, 'War in the Filigree of Peace. Course Summary', *Oxford Literary Review*, vol 4, no. 2, 1980, pp. 15–19.
214. 'Michel Foucault à Goutelas : La Redéfinition du "justiciable"', address to the Syndicat de la Magistrature, Spring 1977. *Justice* 115, June 1987, pp. 36–39.
215. 'Le Poster de l'ennemi public No 1', *Le Matin*, 7 March 1977, p. 11.
216. 'Preface' to English translation of Gilles Deleuze and Félix Guattari, *Anti-Oedipus: Capitalism and Schizophrenia*, tr. Robert Hurley, Mark Seem and Helen Lane, New York: Viking 1977, pp. 7–8.
217. 'Vorwort zur deutschen Ausgabe', introduction to German edition of *La Volonté de savoir: Sexualität und Wahrheit: I: Der Wille zum Wissen*, tr. Ulrich Raulf, Frankfurt: Suhrkamp, 1977, pp. 7–8.
218. 'Avant-propos', *Politiques de l'habitat 1800–1850*, CORDA, 1977, pp. 3–4.
219. 'L'Oeil du pouvoir', foreword to Jeremy Bentham, *Le Panoptique*, Pierre Belfond, 1977, pp. 9–31. Conversation with Jean-Pierre Barou and Michelle Perrot. Tr., Colin Gordon, 'The Eye of Power', *Power/Knowledge*, pp. 146–65.
220. 'Le Supplice de la vérité', *Chemin de ronde* 1, 1977, pp. 162–63.
221. 'Die Folter, das ist die Vernunft', *Literaturmagazin* 8, 1977, pp. 60–68. Discussion with Kurt Boesers.
222. 'La Sécurité et l'état', *Tribune socialiste*, 24 November 1977.
223. 'Préface' to Mireille Debard and Jean-Luc Hennig. *Les Juges Kaki*, Editions Alain Moreau, 1977. Also published as 'Les Juges Kaki', *Le Monde* 1–2 December 1977, p. 15.
224. 'Michel Foucault: "Les Rapports du pouvoir passent à l'intérieur du corps"', interview with Lucette Finas, *La Quinzaine littéraire* 247, 1–15 January 1977. Tr. Leo Marshall, 'The History of Sexuality', *Power/Knowledge*, pp. 183–93.
225. 'La Vie des hommes infâmes', *Cahiers du chemin* 29, 15 January 1977, pp. 19–29. Tr., Paul Foss and Meaghan Morris, 'The Life of Infamous Men' in Foss and Morris, eds., *Power, Truth, Strategy*, Sydney: Feral, 1979, pp. 76–91.
226. 'Michel Foucault: A bas la dictature du sexe', interview with Madeleine Chapsal, *L'Express*, 24 January 1977, pp. 56–57.
227. 'Pouvoirs et stratégies', *Les Révoltes logiques* 4, Winter 1977, pp. 89–97. Written answers to questions from Jacques Rancière. Tr., Colin Gordon, 'Powers and Strategies', *Power/Knowledge*, pp. 134–45.
228. 'Non au sexe roi', *Le Nouvel Observateur* 644, 12 March 1977, pp. 92–130. Interview with Bernard-Henri Lévy. Tr. David Parent, 'Power and Sex: An Interview with Michel Foucault', *Telos* 32, Summer 1977, pp. 152–61. Also by Dudley M. Marchi as 'The End of the Monarchy of Sex', *Foucault Live*, pp. 137–56.
229. 'Les Matins gris de la tolerance', *Le Monde* 23 March 1977, p. 24. On Pasolini's

10, no 2, 1976, pp. 152–70. Lecture given at the Institutode Medecina Social, Centro Biomedico, Universidad Estatal de Rio Janeiro, October 1974.
195. 'Sur *Histoire de Paul', Cahiers du cinéma* 262–63, January 1976, pp. 63–65. A discussion with René Féret.
196. 'Questions à Michel Foucault sur la géographie', *Hérodote* 1, January-March 1976, pp. 71–85. Tr. Colin Gordon, 'Questions on Geography', *Power/Knowledge*, pp. 63–77.
197. 'Crimes et châtiments en URSS et ailleurs ...', *Le Nouvel Observateur* 585, 26 January 1976, pp. 34–37. Conversation with K.S. Karol. Tr., abridged, Mollie Horwitz, 'The Politics of Crime', *Partisan Review* 43, 1976, pp. 453–59; republished, *Foucault Live*, pp. 121–30.
198. 'Mesures alternatives à l'emprisonnement', lecture delivered at the University of Montréal, 15 March 1976. *Actes: Cahiers d'action juridique* 73, December 1990, pp. 7–15.
199. 'Michel Foucault: L'Illégalisme et l'art de punir', Interview, *La Presse* (Montreal) 3, April 1976, 'Section D. Livres', pp. 2, 23.
200. 'L'Extension sociale de la norme', *Politique hebdo* 212, March 1976, pp. 14–16. A discussion, with P. Werner, of Szasz's *Fabriquer la folie*.
201. 'Faire vivre et laisser mourir: la naissance du racisme', lecture delivered at the Collège de France, March 1976, *Les Temps modernes* 535, February 1991, pp. 37–61.
202. 'Sorcellerie et folie', *Le Monde* 23 April 1976, p. 18. Discussion, with Roland Jacquard, of Szasz's *Fabriquer la folie*. Tr. John Johnson, 'Sorcery and Madness', *Foucault Live*, pp. 107–12.
203. 'Dialogue on Power: Michel Foucault and a Group of Students', Los Angeles, May 1976, *Quid* (Simon Wade, ed.), 1976, pp. 4–22.
204. 'Intervista a Michel Foucault'. Conducted in June 1976, this interview was published as the introduction to *Microfisica del potere*. Excerpts appeared as 'La Fonction politique de l'intellectuel', *Politique hebdo* 247, 29 November 1976. Full French text published as 'Vérité et pouvoir', *L'Arc* 70, 1977, pp. 16–26. Tr., Colin Gordon, 'Truth and Power', *Power/Knowledge*, pp. 109–33.
205. 'L'Expertise médico-légale', transcript of discussion on Radio-France, 8 October 1976.
206. 'Des Questions de Michel Foucault à *Hérodote, Hérodote* 3, July-September 1976, pp. 9–10.
207. 'Bio-histoire et bio-politique', *Le Monde*, 17–18 October 1976, p. 5. On Jacques Ruffié, *De la Biologie à la culture*.
208. 'L'Occident et la vérité du sexe', *Le Monde*, 5 November 1976, p. 24. Tr. Lawrence Winters, 'The West and the Truth of Sex', *Sub-Stance* 20, 1978, pp.
209. 'Entretien avec Michel Foucault', *Cahiers du cinéma* 271, November 1976, pp. 52–53. Interview with Pascal Kane on René Allio's adaptation of *Moi, Pierre Rivière*.
210. 'Pourquoi le crime de Pierre Rivière? Dialogue: Michel Foucault et François Châtelet', *Pariscope*, 10–16 November 1976, pp. 5–7. Tr. John Johnston, T, Pierre Rivière ...', *Foucault Live*, pp. 131–36.
211. 'Entretien avec Guy Gauthier', *Revue du cinéma* 312, December 1976, pp. 37–42.

Interview with Roger-Pol Droit conducted on 20 June 1975. Tr. John Johnston, 'On Literature', *Foucault Live*, pp. 113–20.

179. 'La Machine à penser est-elle détraquée?, *Le Monde diplomatique*, July 1975, pp. 18–21. Brief responses to Maurice T. Maschino's survey of attitudes towards the alleged 'crisis in thought.'
180. 'Aller à Madrid', *Libération*, 24 September 1975, pp. 1, 7. Interview with Pierre Benoit.
181. 'Hospicios, sexualidade, prisoês', *Versus*, 1 October 1975. Interview with Claudio Bojunga. 'Loucora – uma questaô de poder', *Jornal do Brasil*, 12 November 1975. Interview with Silvia Helena Vianna Rodrigues.
182. *Radioscopie de Michel Foucault. Propos recueillis par Jacques Chancel*, 3 October 1975.
183. 'Reflexions sur *Histoire de Paul.* Faire les fous', *Le Monde*, 16 October 1975, p. 17. On a film by René Feret.
184. 'A Propos de Marguerite Duras', *Cahiers Renaud-Barrault* 89, October 1975, pp. 8–22. Conversation with Hélène Cixous.
185. 'Sade, sergent du sexe', *Cinématographe* 16, December 1975-January 1976, pp. 3–5. Interview with Gèrard Dupont.
186. 'Histoire des systèmes de pensée', *Annuaire du Collège de France* 75, 1975, pp. 335–39. Republished as 'Les Anormaux', *Résumé des cours*, pp. 73–81.
187. *Histoire de la sexualité I: La Volonté de savoir*, Gallimard 1976. Tr. Robert Hurley, *The History of Sexuality I: an Introduction*, New York: Pantheon, 1978.
188. 'Il faut défendre la société', Unpublished transcript by Jacques Lagrange of lecture of 7 January 1976 at the Collège de France.
189. 'Il faut défendre la société', unpublished transcript by Jacques Lagrange of lecture of 14 January 1976 at the Collège de France. Italian versions of these lectures published as 'Corso del 7 gennaio 1976' and 'Corso del 14 gennaio 1976' in Alessandro Fontana and Pasquale Pasquino, eds. *Microfisica del potere*, Turin: Einaudi, 1977, pp. 163–77, 179–94. Tr. (from the Italian), Kate Soper, 'Two Lectures', *Power/Knowledge*, pp. 78–108.
190. 'Les Têtes de la politique', preface to a collection of cartoons by Wiaz, *En attendant le grand soir*, Denoël, 1976, pp. 7–12.
191. 'Une Mort inacceptable', preface to Bernard Cuau, *L 'Affaire Mirval, ou comment le récit abolit le crime*, Presses d'aujourd'hui, 1976, pp. vii–xi.
192. 'La Politique de la santé au XVII siècle', introduction to *Généalogie des équipements de normalisation: les équipements sanitaires*, Fontenay-sur-Bois: CERFI, 1976, pp. 1–11. Reprinted as *Les Machines à guérir (aux origins de l'hôpital moderne)*, Brussels: Pierre Mardaga, 1979, pp. 7–18. Tr. Colin Gordon, 'The Politics of Health in the Eighteenth Century', *Power/Knowledge*, pp. 166–82.
193. 'La Voix de son maître, préface à un synopsis de Gèrard Mordillat', unpublished typescript.
194. 'La Crisis de la medicina o la crisis de la antimedicina', *Education medicay salud*, vol.

December 1974-January 1975, pp. 93–104. Reprinted *Actes: Délinquances et ordre*, Maspero, 1978, pp. 213–28. Foucault's interventions reprinted as 'L'Expertise psychiatrique', *Actes: Cahiers d'action juridique* 54, Summer 1986, p. 68.

163. 'Histoire des systèmes de pensée', *Annuaire du Collège de France* 74, 1974, pp. 293–300. Reprinted as 'Le Pouvoir psychiatrique', *Résumé des cours*, pp. 55–69. A longer version later appeared as 'La Casa della follia', tr. C. Tarroni, in Franco Basaglia and Franca Basaglia-Ongaro, eds. *Crimini di pace*, Turin; Einaudi, 1975, pp. 151–69. The original French text subsequently appeared in Basaglia and Basagli-Ongaro, eds., *Les Criminels de paix: Recherches sur les intellectuels et leurs techniques comme préposés à l'oppression*, tr. Bernard Fréminville, Presses Universitaires de France, 1980, pp. 145–60.
164. *Surveiller et punir: Naissance de la prison*, Gallimard 1975. Tr. Alan Sheridan, *Discipline and Punish*, London: Tavistock, New York: Pantheon, 1977.
165. 'La Peinture photogénique', introduction to the exhibition catalogue *Fromanger: Le Dèsir est partout*, Galerie Jeanne Bucher, 1975. 10 pp., no pagination.
166. 'Préface', Bruce Jackson, *Leurs Prisons*, Plon, 1975, pp. i–vi.
167. 'Un Pompier vend la mèche', *Le Nouvel Observateur* 531, 13 January 1975, pp. 56–57. Review of Jean-Jacques Lubrina, *L'Enfer des pompiers*.
168. 'La Politique est la continuation de la guerre par d'*autres moyens*', conversation with Bernard-Henri Lévy, *L'Imprévu* 1, 27 January 1975, p. 16.
169. 'A Quoi rêvent les philosophes?', *L'lmprévu* 2, 28 January 1975, p. 13.
170. 'Des Supplices aux cellules', *Le Monde* 21 February 1975, p. 16. Interview with Roger-Pol Droit. Tr. abridged, Leonard Mayhew, 'Michel Foucault on the Role of Prisons', *New York Times*, 5 August 1975, p. 31.
171. 'Sur la sellette', *Les Nouvelles littéraires*, 17 March 1975, p. 3, interview with Jean-Louis Ezine. Tr. Renée Morel, 'An Interview with Michel Foucault', *History of the Present* 1, February 1985, pp. 2–3, 14.
172. 'Il Carcere visto da un filosofo francese', *L'Europeo* vol. 31, no 4, 3 April 1975, pp. 63–65. Interview with Ferdinando Scianna.
173. 'La Fete de l'écriture. Un Entretien avec Michel Foucault and Jacques Almira', with Jean Le Marchand, *Le Quotidien de Paris* 25 April 1975, p. 13.
174. 'La Mort du père', with Pierre Daix, Philippe Gavi, Jacques Rancière and Yannakakis, *Libération* 30 April 1975, pp. 10–11.
175. 'On Infantile Sexuality', undated typescript. A slightly different and incomplete version transcribed by John Leavitt, entitled 'Discourse and Repression' (pp. 23), is described as an unpublished lecture and is dated 'Berkeley, 8 May 1975'.
176. 'Entretien sur la prison', *Magazine littéraire* 101, June 1975, pp. 27–33. Interview with Jean-Jacques Brochier. Tr. Colin Gordon, 'Prison Talk', *Radical Philosophy* 16, Spring 1977, pp. 10–15, reprinted in *Power/Knowledge*, pp. 37–54.
177. 'Pouvoir et corps', *Quel corps?* 2, 1975. Reprinted in *Quel Corps*, Maspero, 1978, pp. 27–35. Tr. Colin Gordon, 'Body/Power', *Power/Knowledge*, pp. 55–62.
178. 'Foucault, Passe-frontières de la philosophie', *Le Monde* 6 September 1986, p. 12.

143. 'O Mondo é om grande hospicio', interview with Ricardo Gomes Leire, *Jornal de Belo Horizonte*, May 1973.
144. 'A Verdade e as Formas juridicas', *Cuadernos da PUC*, 1974, pp. 4–102. Five lectures given in Rio de Janeiro, 21–25 May 1973. Followed, pp. 103–33, by 'Mesa ronda', a discussion involving Foucault.
145. 'Un Nouveau Journal?', *Zone des tempêtes* 2, May-June 1973, p. 3.
146. 'Entretien avec Michel Foucault: A propos de l'enfermement pénitentiaire' *Pro Justitia*, vol 1. no. 3–4, Winter 1973. Interview with A. Krywin and F. Ringelheim.
147. 'Gefängnisse und Gefängnisrevolten', *Dokumente: Zeitschrift für übernationale Zusammenarbeit* 29, June 1973, pp. 133–37. Interview with Bodo Morawe.
148. 'Convoqués à la P.J.', *Le Nouvel Observateur* 468, 29 October 1973, p. 53. With Alain Landau and Jean-Yves Petit.
149. 'Entretien Foucault-Deleuze-Guattari', *Recherches* 13, December 1973, pp. 27–31, 183–88.
150. 'Histoire des systèmes de pensée', *Annuaire du Collège de France* 73, 1973, pp. 255–67. Reprinted as 'La Société punitive', *Résumé des cours*, pp. 29–51.
151. 'Sur la Seconde Révolution chinoise. Entretien 1. Michel Foucault et K.S. Karol', *Libération* 31 January 1974, p. 10.
152. 'Sur la Seconde Révolution chinoise. Entretien 2', *Libération* 1 February 1974, p. 10.
153. 'Le Rayons noirs de Byzantios', *Le Nouvel Observateur* 483, 11 February 1974, pp. 56–57.
154. 'Carceri e manicomi nel congegno del potere', interview with Marco d'Erasmo, *Avanti* 3 March 1974, p. 6.
155. Letter of 22 May 1974 to Claude Mauriac, reprinted Mauriac, *Et Comme VEspérance est violente*, Livre de poche, 1986, p. 454.
156. 'Sexualité et politique', *Combat*, 27–28 April 1974, p. 16.
157. 'L'Association de Défense des Droits des Détenus demande au gouvernement la discussion en plein jour du système pénitentiaire', *Le Monde* 28–29 July 1974, p. 8.
158. 'Anti-Rétro. Entretien avec Michel Foucault', with Pascal Bonitzer and Serge Toubiana, *Cahiers du cinéma* 251–52, July-August 1974, pp. 5–15. Tr, abridged, Martin Jordan, 'Film and Popular Memory', *Radical Philosophy* 11, Summer 1975, pp. 24–29, republished *Foucault Live*, pp. 89–106.
159. 'Crisis de un modelo en la medicina?', lecture, Rio de Janeiro, October 1974. *Revista Centroamericano de Ciencas de la Salud* 3, January-April 1976, pp. 197–210.
160. 'La Nacimento de la medicina social', lecture, Rio de Janeiro, October 1974. *Revista Centroamericana de Ciencas de la Salud* 6, January-April 1977, pp. 89–108.
161. 'Incorporacion del medicina en la technologia moderna', lecture, Rio de Janeiro, October 1974. *Revista Centroamericana de Ciencas de la Salud* 10, May-August 1978, pp. 93–104. French version published as 'Histoire de la médicalisation: l'incorporation de l'hôpital dans la technologie moderne', *Hermès* 2, 1988, pp. 13–40.
162. 'Table ronde sur l'expertise psychiatrique', *Actes: Cahiers d'action juridique* 5–6,

Deleuze, 4 March 1972. Reprinted, *Le Nouvel Observateur*, 8 May 1972, pp. 68–70. Tr. 'Intellectuals and Power', *Language, Counter-Memory, Practice*, pp. 205–17.

125. 'Table Ronde', *Esprit* 413, April-May 1972, pp. 678–703. Collective discussion on social work.
126. 'Texte de l'intervention de Michel Foucault à la conférence de presse de Jean Carpentier le 29 juin, 1972', *Psychiatrie aujourd'hui* 10, September 1972, pp. 15–16.
127. 'Gaston Bachelard, le philosophe et son ombre: piéger sa propre culture', *Le Figaro*, 30 September 1972, p. 16.
128. 'Un Dibattito Foucault-Petri', *Bimestre* 2–23, September-December 1972, pp. 1–4. Debate moderated by Michele Dzieduszycki. Tr. Jared Becker and James Cascaito, 'An Historian of Culture', *Foucault Live*, pp. 73–88.
129. 'Médecine et luttes de classes: Michel Foucault et le Groupe d'Information Santé', *Le Nef*, October-December 1972, pp. 67–73.
130. 'Comité Vérité-Justice: 1,500 Grenoblois accusent', *Vérité: Rhône-Alpes* 3, December 1972.
131. 'Une Giclée de sang ou un incendie', *La Cause du peuple-J'Accuse* 33, 1 December 1972.
132. 'Les Deux Morts de Pompidou', *Le Nouvel Observateur* 421, 4 December 1972, pp. 56–57. Extracts reprinted as 'Deux Calculs', *Le Monde*, 6 December 1972, p. 20. Tr., abridged, Paul Auster, 'The Guillotine Lives', *New York Times*, 8 April 1973, section 4, p. 15.
133. 'Réponse', *Le Nouvel Observateur* 422, p. 63. Reply to comments by Aimé Paistre.
134. 'Histoire des systèmes de pensée', *Annuaire du Collège de France* 72, 1972, pp. 283–86. Reprinted as 'Théories et institutions pénales', *Résumé des cours*, pp. 17–25.
135. 'Préface' to Serge Livrozet, *De la Prison à la révolte*, Mercure de France, 1973, pp. 7–14.
136. 'Présentation', *Moi, Pierre Rivière, ayant égorgé ma mère, ma soeur et mon frère ... Un Cas de parricide au XIX siècle présenté par Michel Foucault*, Gallimard/Julliard, 1973, pp. 9–15. Abbreviated version, with excerpts from Rivière's memoir, published as 'Un Crime fait pour être raconté', *Le Nouvel Observateur* 464, 1 October 1973, pp. 80–112. Tr. Frank Jellinek, 'Foreword', *I, Pierre Rivière, Having Slaughtered my Mother, my Sister and my Brother ...*, New York; Pantheon, 1975, pp. vii–xiv.
137. 'Les Meurtres qu'on raconte', in *Moi, Pierre Rivière*, pp. 265–75. Tr. 'Tales of Murder', *I, Pierre Rivière*, pp. 199–212.
138. 'Pour une Chronique de la mémoire ouvrière', *Libération* 22 February 1973, p. 6.
139. 'En Guise de conclusion', *Le Nouvel Observateur* 435, 13 March 1973, p. 92.
140. 'La Force de fuir', *Derrière le miroir* 202, March 1973, pp. 1–8. On Paul Rebeyrolle.
141. 'Power and Norm: Notes', notes from lecture at the Collège de France, 28 March 1973. Tr. W. Suchting, *Power Truth, Strategy*, pp. 59–66.
142. 'L'Intellectuel sert à rassembler les idées ... mais son savoir est partiel par rapport au savoir ouvrier', *Libération* 26 May 1973, pp. 2–3. Conversation with a worker known only as 'José'.

Claude Mauriac and Deni Perrier-Daville', *Le Nouvel Observateur*, 5 July 1971, p. 15.
108. Je perçois l'intolérable', *Journal de Génève*, (Samedi littéraire, Cahier 135), 24 July 1971, p. 13.
109. 'Lettre', *La Pensée* 159, September-October 1971, pp. 141–44.
110. 'Lettre ouverte à Monsieur le Ministre de l'Intérieur', *La Cause du peuple-J'Accuse* 10. 15 October 1971, p. 12.
111. 'Human Nature: Justice versus Power', dialogue with Noam Chomsky, televised in November 1971 by Dutch Broadcasting Company, in Fons Elders, ed., *Reflexive Water. The Basic Concerns of Mankind*, London: Souvenir Press, 1974, pp. 134–97.
112. 'Par delà le bien et le mal', *Actuel* 14, November 1971, pp. 42–47. Interview with M.-A. Burnier and P. Graine. Republished with slight modifications as 'Entretien' in *C'Est Demain la veille*', Seuil 1973, pp. 19–43. Tr. 'Revolutionary Action: "Until Now"', *Language, Counter-Memory, Practice*, pp. 218–33.
113. 'Monstrosities in Criticism', tr. Robert J. Matthews, *Diacritics*, vol 1, no. 1, Fall 1971, p. 59.
114. 'Foucault Responds 2', *Diacritics*, vol. 1, no 2., Winter 1971, p. 59.
115. 'Des Intellectuels aux travailleurs arabes', *La Cause du peuple-J'Accuse*, 14, 13 December 1971.
116. 'Le Discours de Toul', *Le Nouvel Observateur* 372, 27 December 1971, p. 15.
117. 'Histoire des systèmes de pensée', Summary of 1971 lectures at the Collège de France. *Annuaire du Collège de France*, 1971. Republished as 'La Volonté de savoir', *Résumé des cours, 1970–1982*, Julliard, 1989, pp. 9–16. Tr. 'History of Systems of Thought', *Language, Counter-Memory, Practice*, pp. 199–204.
118. *Naissance de la clinique. Une Archéologie du regard médical*, revised edn., Presses Universitaires de France, 1972.
119. 'Préface' to new edn. of *Histoire de la folie*, Gallimard, 1972, pp. 7–9.
120. 'Die grosse Einsperrung', *Tages Anzeiger Magazin* 12, 25 March 1972, pp. 15, 17, 20, 37. Interview with Niklaus Meienberg.
121. 'Michel Foucault on Attica: An Interview', with John K. Simon, April 1972. *Telos* 19, Spring 1974, pp. 154–61. Republished as 'Rituals of Exclusion', *Foucault Live*, pp. 63–72.
122. 'Cérémonie, théâtre et politique au XVII siècle', lecture at the University of Minnesota, 7 April 1972. Summarized in English by Stephen Davidson, *Acta. Proceedings of the Fourth Annual Conference on XVIIth Century French Literature*, Minneapolis: Graduate School of the University of Minnesota vol. 1, pp. 22–23
123. 'Sur la Justice populaire: Débat avec les maos', *Les Temps Modernes* 310 *bis (hors série)*, May 1972, pp. 335–66. Dialogue with Philippe Gavi and Pierre Victor. Tr. John Mepham, 'On Popular Justice: A Discussion with Maoists', in Colin Gordon, ed., *Power/Knowledge: Selected Interviews and Other Writings, 1972–1977*, New York: Pantheon, 1980, pp. 1–36.
124. 'Les Intellectuels et le pouvoir', *L'Arc* 49, 1972, pp. 3–10. Discussion with Gilles

*logique*, Tchou, 1970. Reprinted as *Sept Propos sur le septième ange*, Montpellier: Fata Morgana, 1986.
90. 'Le Piège de Vincennes', *Le Nouvel Observateur* 274, 9 February 1970, pp. 33–35. Interview with Patrick Loriot.
91. 'Il y aura scandale, mais ...', *Le Nouvel Observateur* 304, 7 September 1970, p. 40. On Pierre Guyotat. Tr. Edouard Roditi, 'Open Letter to Pierre Guyotat', *Paris Exiles* 2, 1985, p. 25.
92. 'Croître et multiplier', *Le Monde* 15 November 1970, p. 13. On François Jacob, *La Logique du vivant*.
93. 'Theatrum philosophicum', *Critique* 282, November 1970, pp. 165–96. On Gilles Deleuze, *Différence et répétition* and *Logique du sens*. Tr. 'Theatrum philosophicum', *Language, Counter-Memory, Practice*, pp. 165–96.
94. 'Foreword' to the English-language edition of *The Order of Things*, pp. ix–xiv.
95. 'Entravista com Michel Foucault' in Sergio Paulo Rouanet, ed., *O Homen e o discorso: A Arqueologia de Michel Foucault*, Rio de Janeiro: Tempo Brasiliero, 1971, pp. 17–42. Interview with Sergio Paolo Rouanet and José Guilhermo Merquior.
96. 'Nietzsche, la généalogie, l'histoire' in *Homage à Jean Hyppolite*, Presses Universitaires de France, 1971, pp. 145–72. Tr. 'Nietzsche, Genealogy, History', *Language, Counter-Memory, Practice*, pp. 139–64.
97. 'A Conversation with Michel Foucault', *Partisan Review*, vol 38, no. 2, 1971, pp. 192–201. Interview with John K. Simon.
98. 'Mon corps, ce papier, ce feu', *Paideia*, September 1971. Reprinted as appendix to 1972 edition of *Histoire de la folie*. Tr. Geoff Bennington, 'My Body, this Paper, this Fire', *Oxford Literary Review* vol IV, no 1, Autumn 1979, pp. 5–28.
99. 'Enquête sur les prisons: brisons les barres du silence', *Politique Hebdo* 24, 18 March 1971, pp. 4–6. Interview with Foucault and Pierre Vidal-Naquet, conducted by C. Angeli.
100. 'Creation d'un Groupe d'Information sur les Prisons', *Esprit*, 401, March 1971, pp. 531–32. Cosigned by Jean-Marie Domenach and Pierre Vidal-Naquet.
101. 'Introduction', Groupe d'Information sur les Prisons, *Enquête dans vingt prisons*, Editions Champ libre, 1971, pp. 3–5.
102. 'Folie et civilisation', lecture at the Club Tahar Hadid, Tunis, 23 April 1971, extracts published *La Presse de Tunis*, 10 April 1987
103. 'La Prison partout', *Combat*, 5 May 1971, p. 1.
104. 'L'Article 15', *La Cause du peuple-J'Accuse. No. spécial. Flics: l'affaire Jaubert*, 3 June 1971, p. 6.
105. 'Declaration à la conférence de presse d' Alain Jaubert', *La Cause du peuple-J'Accuse*, 3 June 1971.
106. *Rapports de la Commission d'information sur l'affaire Jaubert présentés à la presse*, 21 June 1971.
107. 'Questions à Marcellin', open letter signed by Foucault, Gilles Deleuze, Denis Langlos,

Tr. (abridged; no translator identified), 'On the Archaeology of the Sciences' *Theoretical Practice* 3–4, Autumn 1971, pp. 108–27.
73. *L'Archéologie du savoir*, Gallimard, 1969. Tr. Alan Sheridan, *The Archaeology of Knowledge*, London: Tavistock, New York: Pantheon 1972.
74. *Titres et travaux de Michel Foucault*, privately printed, undated (1969).
75. 'Médecins, juges et sorciers au XVII siècle, *Médecine de France* 200, 1969, pp. 121–28.
76. 'Maxime Defert', *Les Lettres françaises* 8–14 January 1969, p. 28.
77. 'Jean Hyppolite (1907–1968)', speech at the memorial gathering for Jean Hyppolite held at ENS on 19 January 1969, *Revue de métaphysique et de morale* vol. 74, no. 2, April-June 1969, pp. 131–36.
78. 'Qu'est-ce qu'un auteur?', lecture delivered to the Société Française de Philosophie on 22 February 1969, *Bulletin de la Société Française de Philosophie* 63, July-September 1969, pp. 73–104. Tr. Josué V. Harari, 'What is an Author?' in Paul Rabinow, ed., *The Foucault Reader*, Harmondsworth: Penguin, 1986, pp. 101–20. Omits the discussion that followed the lecture.
79. 'Ariane s'est pendue', *Le Nouvel Observateur* 229, 31 March 1969, pp. 36–37. On Gilles Deleuze, *Différence et répétition*.
80. 'Precision', *Le Nouvel Observateur* 299, 31 March 1969, p. 39.
81. 'La Naissance du monde', *Le Monde*, 3 May 1969, p. viii. Interview with Jean-Michel Palmier. Tr. John Johnston, 'The Birth of a World', *Foucault Live*, pp. 57–62.
82. 'Michel Foucault explique son dernier livre', *Magazine littéraire* 28, April-May 1969, pp. 23–25. Interview with Jean-Jacques Brochier. Tr. John Johnston, 'The Archaeology of Knowledge', *Foucault Live*, pp. 45–52.
83. 'La Situation de Cuvier dans l'histoire de la biologie', paper read to the 'Journées Cuvier' conference held on 30–31 May 1969, *Thalès: Revue d'histoire des sciences et de leurs applications* vol. XXIII, no 1, January-March 1970, pp. 63–92. Tr. Felicity Edholm, 'Cuvier's Position in the History of Biology', *Critique of Anthropology* vol IV, no. 13–14, Summer 1979, pp. 125–30.
84. Letter to Pierre Klossowski, 3 July 1969, in *Cahiers pour un temps: Pierre Klossowski*, Centre Georges Pompidou, 1985, pp. 85–88.
85. 'Folie, littérature et société', *Bugei* 12, 1970.
86. *L'Ordre du discours*, Gallimard 1971. Inaugural lecture at the Collège de France, 2 December 1970. Tr. Rupert Swyers, 'Orders of Discourse', *Social Sciences Information*, April 1971. Republished as 'The Discourse on Language', appendix to the US Edition of *The Archaeology of Knowledge*, pp. 215–37.
87. Letter to Pierre Klossowski, Winter 1970–71, *Cahiers pour un temps: Pierre Klossowski*, pp. 89–90.
88. 'Présentation', Georges Bataille, *Oeuvres complètes. Vol 1. Premiers Ecrits 1922–1940*, Gallimard 1970, pp. 5–6.
89. 'Sept Propos sur le septième ange', preface to Jean-Pierre Brisset, *La Grammaire*

tracts reprinted *La Presse de Tunis*, 10 April 1987.

58. 'La Philosophic structuraliste permet de diagnostiquer ce qu'est aujourd'hui', *La Presse de Tunis* 12 April 1967, p. 3. Interview with Gérard Fellous.
59. 'Introduction générale', Friedrich Nietzsche, *Ouevres philosophiques. Vol. V. Le Gai Savoir*, Translated by Pierre Klossowski, Gallimard, 1967, pp. i–iv. With Gilles Deleuze.
60. '*La Volonté de puissance*, texte capital mais incertain, va disparaître', *Le Monde* 24 May 1967, p. vii. Interview with Jacqueline Piatier.
61. 'Deuxième Entretien: sur les façons d'écrire l'histoire', *Les Lettres françaises*, 15 June 1967, pp. 6–9. Interview with Raymond Bellour, reprinted in Bellour's *Le Livre des autres*, Editions de l'Herne, 1971, 189–207. Tr. John Johnston, 'The Discourse of History', *Foucault Live*, pp. 11–34.
62. 'Che cos'è lei Professore Foucault?' *La Fiera letteraria* 39, 28 September 1967, pp. 11–15. Interview with Paolo Caruso, reprinted in Caruso's *Conversazione con Lévi-Strauss, Foucault, Lacan*, Milan: Mursia, 1969, pp. 91–131.
63. 'Préface', Antoine Arnaud and Pierre Nicolle, *Grammaire générate et raisonée*, Paulet, 1967, pp. iii–xxvii. Extract published as 'La Grammaire générale de Port-Royal', *Langages* 7, September 1967, pp. 7–15.
64. 'Les Mots et les images' *Le Nouvel Observateur* 154,25 October 1967, pp. 49–50. On Irwin Panofsky's *Essais d'iconologie* and *Architecture gothique et pensée scolastique*.
65. 'Ceci n'est pas une pipe', *Cahiers du chemin*, 2, January 1968, pp. 79–105. On René Magritte. Expanded version published as *Ceci n'est pas une pipe*, Montpellier: Fata Morgana, 1973. Tr. James Harkness, *This Is Not a Pipe*, Berkeley: University of California Press, 1982.
66. 'En Intervju med Michel Foucault', *Bonniers Litteraria Magazin*, March 1968, pp. 203–11. Interview with Yngve Lindung.
67. 'Foucault répond à Sartre', *La Quinzaine littéraire* 46, 1–15 March 1968, pp. 20–22. Transcript of radio interview with Jean-Pierre El Kabbach. Tr. John Johnston, 'Foucault Responds to Sartre', *Foucault Live*, pp. 35–44.
68. 'Une Mise au point de Michel Foucault', *La Quinzaine littéraire* 47, 15–31 March 1968, p. 21.
69. 'Linguistique et sciences sociales', paper read to a conference held in Tunis in March 1968, *Revue tunisienne de sciences sociales* 19, December 1969, pp. 248–55.
70. 'Réponse à une question', *Esprit* 371, May 1968, pp. 850–74. Tr. Anthony Nazzaro, 'History, Discourse, Discontinuity', *Salmagundi* 20, Summer-Fall 1972, pp. 225–48. Revised tr. Colin Gordon, 'Politics and the Study of Discourse', *Ideology and Consciousness* 3, Spring 1978, 7–26; reprinted with further revisions, Graham Burchell, Colin Gordon and Peter Miller, eds., *The Foucault Effect: Studies in Governmentality*, Hemel Hemsptead: Harvester, 1991, pp. 53–72.
71. 'Lettre à Jacques Proust', *La Pensée* 139, May-June 1968, pp. 114–19.
72. 'Réponse au Cercle d'épistémologie', *Cahiers pour l'analyse* 9, Summer 1968, pp. 9–40.

World', *Diogenes* 53, Spring 1963, pp. 17–37.

41. 'Les Suivantes', *Mercure de France* 1221–22, July-August 1965, pp. 366–84. A version of the first chapter of *Les Mots et les choses.*
42. *Les Mots et les choses: une archéologie ds sciences humaines*, Gallimard, 1966. Tr., no translator identified (Alan Sheridan), *The Order of Things: An Archaeology of the Human Sciences*, London: Tavistock, New York: Pantheon, 1971.
43. 'L'Arrière-fable', *L'Arc* 29, 1966, pp. 5–12. On Jules Verne.
44. 'Entretien: Michel Foucault, *Les Mots et les choses', Les Lettres françaises* 31 March 1966, pp. 3–4. Interview with Raymond Bellour, reprinted in Bellour's *Le Livre des autres*, Editions de l'Herne, 1971, pp. 135–44. Tr. John Johnston, 'The Order of Things', Sylvère Lotringer, ed., *Foucault Live*, New York: Semiotext(e), 1989, pp. 1–10.
45. 'A la Recherche du present perdu', *L'Express* 775, 25 April – 1 May 1966, pp. 114–15. On Jean Thibaudeau, *Ouverture.*
46. 'Entretien', *La Quinzaine littéraire* 5, 16 May 1966, pp. 14–15. Interview with Madeleine Chapsal.
47. 'Lettre à Roger Caillois', 25 May 1966, reprinted in *Cahiers pour un temps. Homage à R. Caillois*, Centre Georges Pompidou, 1981, p. 228.
48. Letter of 4 June 1966 to René Magritte, in René Magritte, *Ecrits complets*, André Blavier, ed., Flammarion, 1972, p. 521.
49. 'L'Homme est-il mort? Un Entretien avec Michel Foucault', *Arts et loisirs* 38, 15–21 June 1966, pp. 8–9. Interview with Claude Bonnefoy.
50. 'La Pensée du dehors', *Critique* 229, June 1966, pp. 523–46. On Maurice Blanchot. Reprinted as *La Pensée du dehors*, Montpellier: Fata Morgana, 1986. Tr. Brian Massumi, 'Maurice Blanchot: The Thought from Outside' in *Foucault/Blanchot*, New York: Zone Press, 1987, pp. 7–60.
51. 'Une Histoire restée muette', *La Quinzaine littéraire* 8, 1 July 1966. On Ernst Cassirer, *La Philosophie des lumières.*
52. 'Michel Foucault et Gilles Deleuze veulent rendre à Nietzsche son vrai visage', *Le Figaro littéraire*, 15 Septembre 1966, p. 7. Interview with Claude Jannoud.
53. 'Qu'est-ce qu'un philosophe?', *Connaissance des hommes* 22, Autumn 1966. Interview with Marie-Geneviève Foy.
54. 'C'était un nageur entre deux mots', *Arts-Loisirs* 54, 5–11 October 1966, pp. 8–9. Interview with Claude Bonnefoy on André Breton. 'Message ou bruit?', *Le Concours médical* 22 October 1966, pp. 685–86.
55. 'Un archéologue des idées: Michel Foucault', *Syntheses* 245, October 1966, pp. 45–49. Interview with Jean-Michel Minon.
56. 'Des Espaces autres', lecture given in Paris on 14 March 1967. *Architecture-Mouvement-Continuité* 5, October 1986, pp. 46–49. Tr. Jay Miskowiec, 'Of Other Spaces', *Diacritics*, vol. 16, no 1, Spring 1986, pp. 22–27.
57. 'Le Structuralisme et l'analyse littéraire', lecture at the Club Tahar Hadad, Tunis, 4 February 1967, *Mission culturelle française information*, 10 April-10 May 1978. Ex-

23. 'Le Langage à l'infini', *Tel Quel* 15, Autumn 1963, pp. 931–45. Tr. 'Language to Infinity', *Language, Counter-Memory, Practice*, pp. 53–67.
24. 'L'Eau et la folie', *Médecine et hygiène* 613, 23 October 1963, pp. 901–906.
25. 'Afterword to Gustave Flaubert, tr. Annaliese Botond, *Die Versuchung des Heiligen Antonius*, Frankfurt: Insel, 1964, pp. 217–251. French version, 'Un "Fantastique" de bibliothèque', *Cahiers Renaud-Barrault* 59, March 1967, pp. 7–30. Reprinted under the title 'La Bibliothèque fantastique' as preface to Flaubert, *La Tentation de Saint Antoine*, Livre de poche, 1971, pp. 7–33; reprinted, Tzvetan Todorov et al., *Travail de Flaubert*, Seuil, 1983, pp. 103–22.
26. 'Guetter le jour qui vient' *La Nouvelle Revue Française* 130, October 1963, pp. 709–16. On Roger Laporte, *La Veille*.
27. 'Distance, origine, aspect', *Critique* 198, November 1963, pp. 931–45. on Philippe Sollers, *L'Intermédiaire*, M. Pleynet, *Paysages en deux, J.L.* Baudry, *Les Images* and *Tel Quel* nos. 1–14.
28. 'Un Grand Roman de la terreur', *France-Observateur*, 12 December 1963, p. 14. Reprinted, Jean-Edern Hallier, *Chaque Matin qui se lève est une leçon de courage*, Editions Libres, 1978, pp. 40–42. On Edern's *Aventures d'une jeune fille*.
29. 'Langage et littérature', typescript of lecture, Saint-Louis, Belgium, 1964.
30. 'La Prose d'Actéon', *La Nouvelle Revue Française* 135, March 1964, pp. 444–59. On Pierre Klossowski.
31. 'Le Langage de l'espace', *Critique*, 203, April 1964, pp. 378–82.
32. 'La Folie, l'absence d'une oeuvre', *La Table ronde* 196, May 1964, pp. 11–21. Reprinted as an appendix to the 1972 edition of *Histoire de la folie*.
33. 'Nietzsche, Freud, Marx', *Cahiers de Royaumont 6: Nietzsche*, Minuit, 1967, pp. 183–207 (The conference at which this paper was delivered took place in July 1964). Tr. Jon Anderson and Gary Hentzi, 'Nietzsche, Freud, Marx', *Critical Texts*, vol. 11, no. 2, Winter 1986, pp. 1–5.
34. 'Pourquoi réédite-t-on l'oeuvre de Raymond Roussel? Un Précurseur de notre littérature moderne', *Le Monde* 22 August 1964, p. 9.
35. 'Les Mots qui saignent', *L'Express* 22 August 1964, pp. 21–22. On Pierre Klossowski's translation of Virgil's *Aeneid*.
36. 'Le Mallarmé de J.P. Richard', *Annales*, vol 19, no 5, September-October 1964, pp. 996–1004. On Richard's *L'Univers imaginaire de Mallarmé*.
37. 'L'Obligation d'écrire', *Arts*, 980, 11–17 November 1964, p. 3. On Gèrard de Nerval.
38. 'Philosophie et psychologie', discussion with Alain Badiou, *Dossiers pédagogiques de la radio-télévision scolaire* 10, 15–27 February 1965, pp. 61–67.
39. 'Philosophie et vérité', discussion with Jean Hyppolite, Georges Canguilhem, Paul Ricoeur, D. Dreyfus and Alain Badiou, *Dossiers pédagogiques de la radio-télévision scolaire*, 27 March 1965, pp. 1–11.
40. 'La Prose du monde', *Diogène* 53, January-March 1966, pp. 20–41. An abbreviated version of Chapter 2 of *Les Mots et les choses*. Tr. Victor Velen, 'The Prose of the

9. Review of Alexandre Koyré, *La Révolution astronomique: Copernic, Kepler, Borelli, La Nouvelle Revue Française* 108, December 1961, pp. 1123–24.
10. *Maladie mentale et psychologie*, Presses Universitaires de France, 1962, 1966. A heavily rewritten version of *Maladie mentale et personnalité*. Tr. Alan Sheridan, *Mental Illness and Psychology*, New York: Harper and Row, 1976. Republished, Berkeley: University of California Press, with a foreword by Hubert Dreyfus, 1987.
11. 'Introduction' to Jean-Jacques Rousseau, *Rousseau juge de Jean-Jacques: Dialogues*, Armand Colin, 1962, pp. vii–xxiv.
12. 'Le "Non" du père', *Critique* 178, March 1962, pp. 195–209. Review of Jean Laplanche, *Hölderlin et la question du père*. Tr. 'The Father's "No"', in *Language, Counter-Memory, Practice: Selected Essays and Interviews*, Edited by Donald Bouchard. Translated by Donald Bouchard and Sherry Simon, Ithaca: Cornell University Press, 1977, pp. 68–86.
13. 'Les Déviations religieuses et le savoir médical', in Jacques Le Goff, ed., *Hérésies et sociétés dans l'Europe occidentale, 11–1–8 siècles*, Mouton, 1968, pp. 19–29.
14. 'Le Cycle des grenouilles', *La Nouvelle Revue française* 114, June 1962, pp. 1159–60. Introduction to texts by Jean-Pierre Brisset.
15. 'Un Si Cruel Savoir', *Critique* 182, July 1962, pp. 597–611. On Claude Crébillon, *Les Egarements du coeur et de l'esprit* and J.A. Reveroni de Saint-Cyr, *Pauliska ou la perversité moderne*.
16. 'Dire et voir chez Raymond Roussel', *Lettre ouverte* 4, Summer 1962, pp. 38–51. Reprinted in a modified version as the first chapter of *Raymond Roussel*.
17. Translation into French of Leo Spitzer, 'Linguistics and Literary History' as 'Art du langage et linguistique', in Spitzer, *Etudes de style*, Gallimard, 1962, pp. 45–78.
18. *Naissance de la clinique : Une Archéologie du regard médical*, Presses Universitaires de France, 1963. Revised edition published under the same title, 1972. Tr. Alan Sheridan Smith, *The Birth of the Clinic: An Archaeology of Medical Perception*, London: Tavistock, New York: Pantheon, 1973. The translation is, with some interpolations from the first edition, of the 1972 edition.
19. *Raymond Roussel*, Gallimard, 1963. Tr. Charles Ruas, *Death and the Labyrinth : The World of Raymond Roussel*, with an introduction by John Ashbery, New York: Doubleday, 1986; London: Athlone Press, 1987.
20. 'Wächter über die Nacht der Menschen' in Hans Ludwig Spegg. ed. *Unterwegs mit Rolf Italiaander: Begegnungen, Betrachtungern, Bibliographie*, Hamburg: Freie Akademie der Kunst, 1963, pp. 46–49. 'Préface à la transgression', *Critique* 195–96, August-September 1963, pp. 751–69. Tr. 'A Preface to Transgression' in *Language, Counter-Memory, Practice*, pp. 29–52.
21. 'Débat sur le roman', *Tel Quel* 17, Spring 1964, pp. 15–24 (transcript of a discussion held at Cérisy La Salle in September 1963).
22. 'Débat sur la Poésie', *Tel Quel* 17, Spring 1964, pp. 69–82 (transcript of a discussion in which Foucault participated, Cérisy La Salle, September 1963).

# 書目彙整：傅柯的著作

除非有另外注明，否則出版地皆為巴黎。標明unpublished的皆存放於巴黎的索爾舒爾圖書館。所有條目盡可能按照書寫日期先後進行排序，而非按照出版日期排序。


1. *Maladie mentale et personnalité*, Presses Universitaires de France, 1954.
2. 'Introduction' to Ludwig Binswanger, *Le Rêve et l'existence*, tr. Jacqueline Verdeaux, Desclée de Brouwer 1954, pp. 9–128. Tr. Forest Williams, 'Dream, Imagination and Existence', *Review of Existential Psychiatry*, vol. XIX, no. 1, 1984–85, pp. 29–78.
3. 'La Recherche scientifique et la psychologie', in Jean-Edouard Morère, ed., *Des Chercheurs français s'interrogent*, Presses Universitaires de France, 1957, pp, 171–201.
4. 'La Psychologie de 1850 à 1950', in A. Weber and D. Huisman, eds., *Histoire de la philosophie européenne. Tome 2. Tableau de la philosophie contemporaine*, Fischbacher, 1957, pp. 591–606. Republished, *Revue internationale de philosophie*, Vol. 44, no. 173, 2/1990, pp. 159–76.
5. Translation, with Daniel Rocher, of *Le Cycle de la structure (Der Gestaltkreis)*, Desclée de Brouwer, 1958.
6. *Thèse complémentaire* for *Doctorat ès lettres*, 1961: introduction to and translation of Immanuel Kant, *Anthropologie in pragmatischer Hinsicht* (two volumes). Second volume published as *Anthropologie du point de vue pragmatique*, Vrin, 1964.
7. *Folie et déraison. Histoire de la folie à l'âge classique*, Plon, 1961. Abridged version published as *Histoire de la folie*, 10/18, Union Générale de l'Edition, 1964. Reprinted in complete form as *Histoire de la folie à l'âge classique*, Gallimard, 1972 with a new preface and two appendices: 'La Folie, l'absence d'oeuvre' (*La Table ronde*, May 1964) and 'Mon Corps, ce papier, ce feu' (*Paideia*, September 1971). Reprinted in Gallimard's 'Tel' collection, 1978, without the appendices. Tr. Richard Howard, *Madness and Civilization. A History of Insanity in the Age of Reason.*, New York: Pantheon, 1965, introduction by José Barchilon; London: Tavistock, 1967, Introduction by David Cooper. This is a translation of the 1964 abridged edition, with some additions from the original version. Chapter 4 subsequently translated by Anthony Pugh as 'Experiences of Madness', *History of the Human Sciences*, vol. 4, no. 1, February 1991, pp. 1–25.
8. 'La Folie n'existe que dans une société' (interview with Jean-Paul Weber), *Le Monde*, 22 July 1961, p. 9.

Stoekl, Allan, ed., *On Bataille: Yale French Studies*, 78, 1990.
Stone, Lawrence, 'Madness', *New York Review of Books*, 16 December 1982.
Terray, Emmanuel, 'Nous n'irons pas voter', *Le Monde*, 12 January 1969, p. 10.
Théret, André, *Parole d'ouvrier*, Grasset, 1978.
Tiles, Mary, *Bachelard: Science and Objectivity*, Cambridge University Press, 1984.
Todd, Emmanuel, 'Ce que révèlent les lettres de cachet', *Le Monde*, 5 November 1982.
Turkle, Sherry, *Psychoanalytic Politics: Jacques Lacan and Freud's French Revolution*, London: Barnet Books in Association with André Deutsch, 1979.
Veyne, Paul, *Comment on écrit l'histoire*, Points, 1978.
——'Témoignage hétérosexuel d'un historien sur l'homosexualité', *Actes du Congrès international: Le Regard des autres*, Arcadie, 1979.
——'Le Dernier Foucault et sa morale', *Critique* 471–72, August-September 1986, pp. 933–41.
Vidal-Naquet, Pierre, *La Torture dans la République*, Maspero, 1972.
——*Face à la raison d'état. Un Historien dans la guerre d'Algérie*, La Découverte, 1990.
Voeltzel, Thierry, *Vingt ans et après*, Grasset, 1978.
Walesa, Lech, *A Path of Hope: An Autobiography*, London: Pan, 1988.
Watney, Simon, *Policing Desire: Pornography, AIDS and the Media*, London: Comedia.
Weil, Simone, *La Condition ouvrière*, Gallimard, 1951.
Weit, John de, 'The Charming Passivity of Guy Hocquenhem', *Gay Left* 9, 1979, pp. 16–19.
White, Edmund, *States of Desire: Travels in Gay America*, London: Picador, 1986.
Wolton, Dominique, 'Qui veut savoir?', *Esprit* 7–8, July–August 1977, pp. 37–47.
Zimmer, Christian, 'Dans le combat gauchiste', *Le Monde*, 17 April 1980, p.17.

Sawicki, Jana, *Disciplining Foucault: Feminism, Power and the Body*, London: Routledge, 1991.

Schaub, Uta Liebman, 'Foucault, Alternative Presses and Alternative Ideology in West Germany', *German Studies Review*, vol. 12, no. 1, February 1989, pp. 139–53.

Scianna, Ferdinando, 'Il Carcere visto da un filosofo francese', *L'Europeo*, 3 April 1975, pp. 63–65.

Scull, Andrew, 'Foucault's History of Madness', *History of the Human Sciences*, vol. 3, no. 1, February 1990, pp. 57–68.

Seale, Patrick and McConville, Maureen, *French Revolution 1968*, Harmondsworth: Penguin in association with William Heinemann, 1968.

Searle, John, *Speech Acts*, Cambridge University Press, 1972.

Schérer, René and Hocquenhem, Guy, *Co-Ire. Album systématique de l'enfance, Recherches 22*, 1977 (2nd. edn).

Serres, Michel, 'Géométrie de la folie', *Mercure de France*, August 1962, pp. 682–96, September 1962, pp. 62–81.

Sery, Patrick, 'De Quoi meurt un prisonnier?', *Le Nouvel Observateur*, 30 October 1972, pp. 50–52.

Sheridan, Alan, *Michel Foucault: The Will to Truth*, London: Tavistock, 1980.

——'Diary', *London Review of Books*, 19 July–1 August 1984, p. 21.

Shilts, Randy, *And the Band Played On*, Harmondsworth: Penguin, 1988.

Shortland, Mike, 'Introduction to Georges Canguilhem' *Radical Philosophy* 29, Autumn 1981.

Signoret, Simone, *La Nostalgie n'est plus ce qu'elle était*, Points, 1978.

Sirinelli, Jean-François, 'La Khâgne', in Pierre Nora, ed., *Les Lieux de mémoire. II. La Nation*, Gallimard 1986, vol. 3, pp. 589–624.

——'Les Normaliens de la rue d'Ulm après 1945: une génération communiste?', *Revue d'histoire du monde moderne*, vol. 32, October–December 1986, pp. 569–88.

——*Intellectuels et passions françaises. Manifestes et petitions au XX siècle*, Fayard, 1990.

Sluga, Hans, 'Foucault à Berkeley', *Critique* 471–72, August–September 1986, pp. 840–57.

Solat, Michèle, 'Les Féministes et le viol', *Le Monde*, 18, 19 and 20 October 1977.

Sollers, Philippe, 'Logicus Solus', *Tel Quel* 14, Summer 1963, pp. 46–80.

Soper, Kate, *Humanism and Anti-Humanism*, London: Hutchinson, 1986.

Sorin, Raphaël, 'Le Pendule de Foucault, ou le critique dans le labyrinthe', *Bizarre* 34–35, 1964, pp. 75–76.

Steiner, George, 'Power Play', *New Yorker*, 17 March 1986, pp. 108–109.

Stéphane, Roger, *Portrait de l'aventurier*, Le Sagittaire, 1950.

*Recherches* 13, December 1973, *Les Equipements du pouvoir.*
Remy, Jacqueline, 'Noël au pain sec', *Le Nouvel Observateur*, 6 December 1971, pp. 50–51.
*Rencontre internationale. Michel Foucault philosophe*, Seuil, 1989.
Revault d'Allonnes, Olivier, 'Michel Foucault: les mots contre les choses', in *Structuralisme et marxisme*, Union générale des editions, 10/18, 1970, pp. 13–38.
Revel, Jacques, 'Foucault et les historiens', *Magazine littéraire* 101, June 1975, pp. 10–12.
Righini, Mariella, 'Les Nouveaux Passe-murailles', *Le Nouvel Observateur*, 22 February 1971, pp. 44–45.
Robbe-Grillet, Alain, 'Enigmes et transpárence chez Raymond Roussel', *Critique* 199, December 1963, pp. 1027–33.
Romano, Carlin, 'Michel Foucault's New Clothes', *Village Voice*, 29 April–5 May 1981, pp. 1, 40–43.
Rodinson, Maxime, *Cult, Ghetto, and State*, tr. Jon Rothschild, London: Al Saqi Books, 1983.
Roudinesco, Elisabeth, *La Bataille de cent ans. Histoire de la psychanalyse en France. Volume 1: 1885–1939*, Ramsay, 1982.
——*Jacques Lacan & Co. A History of Psychoanalysis in France 1925–1985*, tr. Jeffrey Mehlman, London: Free Association Books, 1990.
Roussel, Raymond, *Impressions d'Afrique*, Pauvert, 1963.
——*Locus Solus*, Pauvert, 1963.
——*Comment j'ai écrit certains de mes livres*, Pauvert, 1963.
Rousset, David, *L'Univers concentrationnaire*, Editions du pavois, 1946.
Roustang, François, 'La Visibilité est un piège', *Les Temps Modernes* 356, March 1976, pp. 1567–79.
Saïd, Edward, 'Michel Foucault', *Raritan* vol. 4, no. 2, 1984, pp. 1.11.
Sales, Claude, 'Les "Nouveaux Philosophes": la révolte contre Marx', *Le Point*, 4 July 1977, pp. 33–37.
Samuelson, F.M. *Il Etait une fois 'Libération', Seuil, 1979.*
Sartre, Jean-Paul, *Esquisse pour une théorie des émotions*, Hermann, 1938.
——*L'lmaginaire. Psychologie phénoménologique de l'imagination*, Gallimard, 1940.
——*L'Etre et le néant*, Gallimard, 1943.
——*Critique de la raison dialectique*, Gallimard, 1960.
——'Jean-Paul Sartre répond', *L'Arc* 30, October 1966, pp. 87–96.
——*Situations VIII*. Gallimard, 1972.
——'Le Nouveau Racisme', *Le Nouvel Observateur*, 18 December 1972, p. 39.
——Gavi, Philippe and Victor, Pierre, *On a raison de se révolter*, Gallimard, 1974.

Perrot, Michelle, *Les Ouvriers en grève*, Mouton/CNRS, 1974.
——'Délinquance et système pénitentiaire en France au XIXe siècle', *Annales ESC*, vol. 30, no. 1, January-February 1975, pp. 67–91.
——'L'Impossible Prison' in Perrot, *L'Impossible Prison: Recherches sur le système pénitentiaire au XIXe siècle*, Seuil 1980, pp. 59–63.
——'1848. Révolution et prisons', pp. 277–312.
——'La Leçon des ténèbres. Michel Foucault et la prison', *Actes: Cahiers d'action juridique* 54, Summer 1986, pp. 74–79.
Peter, Jean-Pierre, 'Entendre Pierre Rivière', *Le Débat* 66, September-October 1991, pp. 123–33.
Petitjean, Gèrard, 'Les Grands Prêtres de l'université française', *Le Nouvel Observateur* 7 April 1975, pp. 52–57.
*Pierre Klossowksi*, Editions La Difference/Centre National des Arts Plastiques, 1990.
Piquemal, Jacques, 'G. Canguilhem, professeur de terminale (1937–1938). Un Essai de témoignage', *Revue de métaphysique et de morale* 90 èannée, no. 1, January-March 1985, pp. 63–83.
Plant, Sadie, *The Most Radical Gesture. The Situationist International in a Postmodern Age*, London: Routledge, 1992.
Plaza, Monique, 'Our Costs and their Benefits' tr. Wendy Harrison, *m/f* 4, 1980, pp. 28–40.
Pogliano, Claudio, 'Foucault, con interpred', *Belfagor* vol. 40, 1985, pp. 147–78.
Politzer, Georges, *Critique des fondements de la psychologie*, Rieder, 1928.
Porter, Roy, *Mind-Forg'd Manacles: A History of Madness in England from the Restoration to the Regency*, London: Athlone Press, 1987.
Posner, Charles, ed., *Reflections on the Revolution in France: 1968*, Harmondsworth: Penguin, 1970.
*Présence de Guy Hocquenhem. Cahiers de l'imaginaire* 7, 1992.
*Primero Congresso del Partido communista de España (marxista-leninista): Informe del Comité Central*, Madrid: Ediciones Vanguardia Obrera, n.d.
*Procès de Draguignon*, Monaco: Edition du Rocher, 1975.
'Quelques souvenirs de Pierre Boulez. Propos recueillis par Alain Jaubert', *Critique* 471–72, August-September 1986, pp. 745–46.
Rabinow, Paul and Gandal, Keith, 'Foucault and the Prison: An Interview with Gilles Deleuze', *History of the Present* 2, Spring 1986, pp. 1–2, 20–21.
Rajchman, John, *Michel Foucault: The Freedom of Philosophy*, New York: Columbia University Press, 1955.
Rambali, Paul, 'Minister of Mercy', *Weekend Guardian*, 1–2 June 1991, pp. 14–15.

Michel Foucault', in B. C. Malament, ed., *After the Reformation: Essays in Honour of J. H. Hester*, Philadelphia: University of Pennsylvania Press, 1980, pp. 247–65.

Miller Jacques-Alain, 'Action de la structure', *Cahiers pour l'analyse* 9, Summer 1968, pp. 93–105.

Molho, Danièle, 'M. Pigot achète un fusil', *L'Express*, 15 November 1971, p. 19.

——'Toul: l'école du désespoir', *L'Express*, 27 December 1971, pp. 12–15.

Mossuz-Lavau, Janine, *Les Lois de l'amour. Les Politiques de la sexualité en France 1950–1990*, Payot, 1991.

Némo, Philippe, *L'Homme structural*, Grasset, 1975.

Nietzsche, Friedrich, *The Gay Science*, tr. Walter Kaufmann, New York: Vintage Books, 1974.

——*Untimely Meditations*, tr. R.J. Hollingdale, Cambridge University Press, 1983.

——*Twilight of the Idols*, tr. R.J. Hollingdale, Harmondsworth: Penguin, 1968.

——*The Birth of Tragedy* and *The Genealogy of Morals*, tr. Francis Goffing, New York: Doubleday, 1956.

——*Thus Spoke Zarathustra*, tr. R.J. Hollingdale, Harmondsworth: Penguin, 1961.

——*Daybreak*, tr. R.J. Hollingdale, Cambridge University Press, 1982.

——*Beyond Good and Evil*, tr. R.J. Hollingdale, Harmondsworth: Penguin, 1990.

Nora, Pierre, 'Que peuvent les intellectuels?', *Le Débat* 1, May 1980, pp. 3–19.

——'Il avait un besoin formidable d'etre aimé', *L'Evénément du jeudi* 18–24 September 1986, pp. 82–83.

'Nouveau Regard sur l'histoire de la folie: entretien avec Marcel Gacuhet et Gladys Swain', *Esprit* 11, November 1983, pp. 77–86.

Ozouf, Mona, *L'Ecole, l'église et la république*, Armand Colin, 1964.

Pail, Gilles, 'Daniel Defert: "Plus on est honteux, plus on avoue",', *Libération* 31 October-1 November 1978, p. 27.

Parain, Brice, *Recherches sur la nature et les fonctions du langage*, Gallimard, 1942.

——*Essai sur le logos platonicien*, Gallimard, 1942.

——'Michel Foucault: l'Archéologie du savoir', *Nouvelle Revue Française*, November 1969, pp. 726–33.

Pascal, Blaise, *Pensées*, tr. A.J. Krailsheimer, Harmondsworth: Penguin, 1966.

Pasqualini, J., *Prisonnier de Mao*, Gallimard, 1975.

Paul-Boncour, François, 'Le Fer rouge', *Le Nouvel Observateur*, 19 June 1972, pp. 44–45.

Pelletier, Robert and Ravat, Serge, *Le Mouvement des soldats*, Maspero, 1976.

Pelorson, Marc, 'Michel Foucault et l'Espagne', *La Pensée* 152, July–August 1970, pp. 88–89.

Perrault, Gilles, *Le Pull-over rouge*, Ramsay, 1978.

——*Psychologie*, Hatier, 1913.
——*Leçons de philosophie*, Hatier 1918.
Malraux, André, *La Tentation de l'Occident*, Livre de poche, 1976.
Manceaux, Michèle, *Les Maos en France*, Gallimard, 1972.
——and Chapsal, Madeleine, *Les Professeurs, pour quoi faire?*, Seuil, 1970.
Mandrou, Robert, 'Trois Clefs pour comprendre la folie à l'âge classique', *Annales ESC*, 17 année, no. 4, July-August 1962, pp. 761–71.
Manent, Pierre, 'Lire Michel Foucault', *Commentaire* 7, Autumn 1979, pp. 369–75.
Mannoni, Maude, *Le Psychiatre, son 'fou' et la psychanalyse*, Seuil, 1970.
Marcus, Steven, *The Other Victorians. A Study of Pornography and Sexuality in Mid-Nineteenth-Century England*, London: Weidenfeld and Nicolson, 1966.
Marietti, Angèle Kremer, *Michel Foucault: Archéologie et généalogie*, Livre de poche, 1985.
Maspero, François, *Le Figuier*, Seuil, 1988.
Mauriac, Claude, *Malraux ou le mal du héros*, Grasset, 1946.
——'Il ne faut pas tuer l'espérance', *Le Monde*, 17 July 1977, p. 1.
——*Le Temps immobile 2. Les Espaces imaginaires*, Livre de poche, 1985.
——*Le Temps immobile 3. Et comme l'espérance est violente*, Livre de poche, 1986.
——*Le Temps immobile 6. Le Rire des pères dans les yeux des enfants*, Livre de poche, 1989.
——*Le Temps immobile 7. Signes, rencontres et rendez-vous*, Grasset, 1983.
——*Le Temps immobile 9. Mauriac et fils*, Grasset, 1986.
——*Le Temps immobile 10. L'Oncle Marcel*, Grasset, 1988.
——*Une Certaine Rage*, Robert Laffont, 1977.
——*Le Temps accompli*, Grasset, 1991.
Mauriac, François, 'Bloc-notes', *Le Figaro*, 15 September 1966.
Mauroy, Pierre, *A Gauche*, Marabout, 1986.
Megill, Alan, 'The Reception of Foucault by Historians', *Journal of the History of Ideas*, vol. 48, 1987, pp. 117–41.
Merleau-Ponty, Maurice, *Sens et non-sens*, Nagel, 1948.
——'Merleau-Ponty à la Sorbonne. Résumé des cours établi par des étudiants et approuvé par lui-même', *Bulletin de psychologie*, vol. 17, nos. 3–6, 1964.
Merquior, J. G., *Foucault*, London: Fontana, 1985.
Meyer, Philippe, 'La Correction paternelle, ou l'état, domicile de la famille', *Critique* 343, December 1975, pp. 1266–76.
——*L'Enfant et la raison d'etat*, Seuil, 1977.
——'Michel Foucault (1926–1984)', *Commentaire* vol. 13, no. 27, Autumn 1984, pp. 506–508. *Michel Foucault: Une Histoire de la vérité*, Syros, 1985.
Midelfort, H. C. E., 'Madness and Civilization in Early Modern Europe: A Reappraisal of

1990, p. 6.
Leiris, Michel, 'Documents sur Raymond Roussel', *Nouvelle Revue Française* 259, April 1935.
——'Conception et réalité chez Raymond Roussel', *Critique* 89, October 1954.
——*Biffures*, Gallimard, 1948.
——*Fourbis*, Gallimard, 1955.
——*Fibrilles*, Gallimard, 1966.
——*Frêle Bruit*, Gallimard, 1976.
Lenin V.I. 'What Is To Be Done?', *Selected Works*, Moscow: Progress Publishers, 1970, vol. 3, pp. 119–272.
Léonard, Jacques, 'L'Historien et le philosophe', in Michelle Perrot, ed., *L'Impossible Prison*, Seuil, 1980, pp. 9–28.
Le Roy Ladurie, Emmanuel, 'Bocage au sang', *Le Monde*, 18 October 1973, pp. 19, 25.
——'L'Offensive anti-sexe du dix-neuvième siècle', *Le Monde*, 27 October 1978, p. 24.
——*Paris-Montpellier, PC-PSU. 1945–1963*, Gallimard, 1982.
Lévy, Bernard-Henri, 'Le Système Foucault', *Magazine littéraire* 101, June 1975, pp. 7–9.
——*La Barbarie à visage humain*, Grasset, 1977.
——*Les Aventures de la liberié*, Grasset, 1991.
*Liberie, liberiés. Réflexions du Comité pour une charte de liberiés animé par Robert Badinter*, Gallimard, 1976.
Linhart, Robert, *L'Etabli*, Minuit, 1978.
Littleton, C. Scott, *The New Comparative Mythology. An Anthropological Assessment of the Theories of Georges Dumézil*, Berkeley: University of California Press, 1968.
Livrozet, Serge, *De La Prison à la révolte*, Mercure de France, 1973, 1986.
Lyotard, Jean-François, *Economie libidinale*, Minuit, 1972.
MacDonald, Oliver, 'The Polish Vortex: Solidarity and Socialism', *New Left Review* 139, May-June 1983, pp. 5–48.
Macey, David, *Lacan in Contexts*, London: Verso, 1988.
Macherey, Pierre, 'Aux Sources de *l'Histoire de la folie*: une rectification et ses limites', *Critique* 471–72, August-September 1986, pp. 753–74.
*A Quoi pense la littérature?*, Presses Universitaires de France, 1990.
*Magazine littéraire* 293, November 1991, special issue on 'Hegel and *The Phenomenology of Mind*.
Maher, Winifred Barbara and Maher, Brendan, 'The Ship of Fools: *Stultifera Navis* or *Ignis Fatuus?*', *American Psychologist*, July 1982, pp. 756–61.
Malapert, Paulin, *Les Eléments du caractère et leurs lois de combinaison*, Alcan, 1906.
——*De Spinoza politica*, Alcan 1907.

Kriegel, Annie, *Aux Origins du communisme français*, Paris: Mouton, 1964. Two vols.
Kristeva, Julia, *La Révolution du langage poétique*, Seuil, 1974.
Lacan, Jacques, *Le Séminaire. Livre XVII: L'Envers de la psychanalyse*, Seuil, 1991.
Lacouture, Jean, 'Au Collège de France: Le Cours inaugural de M. Michel Foucault', *Le Monde*, 4 December 1970, p. 8.
——*Malraux: Une Vie dans le siècle*, Points, 1976.
Lacroix, Jean, 'La Signification de la folie', *Le Monde*, 8 December 1961, p. 8.
——'Fin de l'humanisme?', *Le Monde*, 9 June 1966, p. 13.
——*Panorama de la philosophie française contemporaine*, Presses Universitaires de France.
Lagache, Daniel, *L'Unité de la psychologie*, Presses Universitaires de France, 1949.
Lagrange, Jacques, '*La Volonté de savoir* de Michel Foucault ou une généalogie du sexe', *Psychanalyse à l'université*, vol. 2, no. 7, June 1977, pp. 541–53.
——'Versions de la psychanalyse dans le texte de Foucault', *Psychanalyse a l'université*, vol. 12, no. 45, 1987, pp. 99–120, vol. 12., no. 46, 1987, pp. 259–80.
Laing, R. D., *The Divided Self*, London: Tavistock, 1959.
——'The Invention of Madness', *New Statesman*, 16 June 1963, p. 843.
——and Cooper, David, *Reason and Violence*, London: Tavistock, 1964.
Lapassade, Georges, *Le Bordel andalou*, L'Herne, 1971.
——*Essai sur la transe*, Editions universitaires, 1976.
——*Joyeux tropiques*, Stock, 1978.
Laplanche, J. and Pontalis, J.B., *The Language of Psychoanalysis*, tr. Donald Nicholson-Smith, London: Hogarth Press and Institute of Psychoanalysis, 1973.
Lardreau, Guy and Jambet, Christian, *L'Ange*, Grasset, 1976.
Leach, Edmund, 'Imprisoned by Madmen', *Listener* 8 June 1967, pp. 752–53.
Le Bitoux, Jean, 'Grandeur et décadence de la presse homosexuelle', *Masques* 25–26, May 1985, pp. 75–81.
Le Bon, Sylvie, 'Un Positiviste désesperé, *Les Temps modernes* 248, January 1967, pp. 1299–1319.
Lecercle, Jean-Jacques, *Philosophy Through the Looking Glass*, London: Hutchinson, 1985.
——*The Violence of Language*, London: Routledge, 1990.
Lecomte, M., 'Signes kafkéens chez Roussel et Jules Vernes, signes verniens chez Roussel', *Syntheses* vol. 18, no. 207, 1963, pp. 95–98.
Lecourt, Dominique, *Pour une Critique de l'épistémologie*, Maspero, 1972.
——*Lysenko: Histoire réelle d'une science prolétarienne*, Maspero, 1976.
Lefort, Gèrard, 'Au Collège de France: unjudoka de l'intellect', *Libération* 26 June 1984, p. 6.
Le Guilledoux, Dominique, 'La Libération de Roger Knobelspiess', *Le Monde*, 16 August

'Justice telle qu'on la rend', *Esprit*, October 1971, pp. 524–55.
Kanters, Robert, 'Tu causes, tu causes, est-ce tout ce que tu sais faire?', *Figaro littéraire*, 23 June 1966, p. 5.
——'Crimes et châtiments', *Figaro littéraire* 22 February 1975, p. 17.
Kantorowicz, Ernst, *The King's Two Bodies: A Study in Medieval Political Theology*, New Jersey; Princeton University Press, 1957.
Karenty, Serge, 'La Médecine en question', *Magazine littéraire* 112–13, May 1976, pp. 38–41.
Karol, K.S., 'La Tragédie de Louis Althusser', *Le Nouvel Observateur*, 24 November 1980, pp. 26–27.
Kaupp, Katia D., 'L'Assassinat de Jillali', *Le Nouvel Observateur*, 15 December 1971, pp. 42–43
——'Le "Malentendu" de Toul', *Le Nouvel Observateur*, 20 December 1971, p. 27.
Kellner, Douglas, *Jean Baudrillard; From Marxism to Postmodernism and Beyond*, Cambridge: Polity, 1989.
Kermode, Frank, 'Crisis Critic', *New York Review of Books*, 17 May 1973, pp. 37–39.
Klossowski, Pierre, *La Vocation suspendue*, Gallimard, 1949.
——*Sade mon prochain*, Minuit, 1954, 1957.
——*Le Bain de Diane*, Jean-Jacques Pauvert, 1956.
——*Un Si Funeste Désir*, Gallimard, 1963.
——*Les Lois de l'hospitalité*, Gallimard, 1965.
——*Le Baphomet*, Mercure de France, 1965.
——*Nietzsche et le cercle vicieux*, Mercure de France, 1969.
——*La Monnaie vivante*, Eric Losfield, 1970.
——'Digression à partir d'un portrait apocryphe', *L'Arc* 49, 1990 (new edn.), pp. 11–22.
Knapp, Wilfrid, *Tunisia*, London: Thames and Hudson, 1970.
Knobelspiess, Roger, *QHS: Quartier de Haute Sécurité*, Stock, 1980.
Kojève, Alexandre, *Introduction à la lecture de Hegel*, Gallimard, 1947.
Kouchner, Bernard, 'Prisons: les petits matons blêmes', *Actuel* 9, June 1971, pp. 41–43.
——'Un Vrai samuraï, in *Michel Foucault: Une Histoire de la vérité*, Syros, 1985, pp. 85–89.
——*L'Ile de lumière*, Presses pocket, 1989.
Koyré, Alexandre, *From The Closed World to the Infinite Universe*, Baltimore: Johns Hopkins University Press, 1957
*Etudes d'histoire de la pensée philosophique*, Armand Colin, 1961.
Kramer, Larry, *Reports from the Holocaust. The Making of an AIDS Activist*, Harmondsworth: Penguin, 1990.

Heppenstall, Rayner, *Raymond Roussel*, London: Calder and Boyers, 1966.
Hocquenhem, Guy, *Le Désir homosexuel*, Editions universitaires, 1972.
——'La Révolution des homosexuels', *Le Nouvel Observateur*, 10 January 1972, pp. 32–35.
——'Homosexuals, Children and Violence' tr. Simon Watney, *Gay Left*, Summer 1978, pp. 14–15.
——*Les Petits Garçons*, Albin Michel, 1983.
Hollier, Denis, *Le Collège de sociologie*, Gallimard, collection 'Idées', 1974.
Holroyd, Michael, *Bernard Shaw. Vol 1. 1856–1898: The Search for Love*, Harmondsworth: Penguin, 1990.
*Hommage à Jean Hyppolite*, Presses Universitaires de France, 1971.
Hopkins, J. W. 'Jean Barraqué', *Musical Times*, November 1966, pp. 952–55.
Horvitz, Philip, 'Don't Cry for Me, Academia', *Jimmy and Lucy's House of 'K'*, 2, August 1984, pp. 78–80.
Howard, Michael, 'The Story of Unreason', *Times Literary Supplement*, 6 October 1961, pp. 653–54.
Hoy, David Couzens, ed., *Foucault: A Critical Reader*, Oxford, Blackwell, 1986.
Huisman, Denis, 'Note sur l'article de Michel Foucault', *Revue Internationale de philosophie*, vol. 44, no 73, 2/1990, pp. 177–78.
Hyppolite, Jean, *Génèse et structure de 'La Phénoménologie de l'esprit'*, Presses Universitaires de France, 1948.
——*Figures de la pensée philosophique*, Presses Universitaires de France, 1971.
Ignatieff. Michael, 'At the Feet of the Father', *Times Literary Supplement*, 22 April 1983.
Jacob, François, *The Logic of Living Systems: A History of Heredity*, tr. Betty E. Spillmann, London: Allen Lane, 1973.
Jambet, Christian, 'L'Unité de la pensée: une interrogation sur les pouvoirs', *Le Monde*, 21 February 1975, p. 17.
Jarry, Alfred, *The Supermale*, tr. Barbara Wright, London: Cape Editions, 1968.
Joecker, Jean-Pierre and Sanzio, Alain, 'Rencontre avec Jean-Paul Aron', *Masques* 21, Spring 1984, pp. 7–17.
Johnson, Douglas, 'Althusser's Fate', *London Review of Books*, 16 April–6 May 1981, 13–15.
Joravsky, David, *Russian Psychology: A Critical History*, Oxford: Blackwell, 1989.
Josselin, Jean-François, 'Le Continent noir', *Le Nouvel Observateur*, 7 September 1970, pp. 40–41.
'Journées de I'Evolution Psychiatrique', *Evolution psychiatrique*, tôme 36, fasc. 2, April-June 1971, pp. 223–97.

——'*Histoire de la folie*: An Unknown Book by Michel Foucault', *History of the Human Sciences*, vol. 3, no. 1, February 1990, pp. 3–26.
——'Governmental Rationality: An Introduction' in Graham Burchell, Colin Gordon and Peter Miller, eds., *The Foucault Effect: Studies in Governmentality*, Hemel Hempstead: Harvester, 1991, pp. 1–52.
Greimas, A.J. *Sémantique structural*, Larousse, 1966.
——*Du Sens*, Seuil, 1970.
Guetta, Bernard, 'Le Salut à Brejnev', *Le Nouvel Observateur*, 27 June 1977, p. 31.
——'Une Journée en Haute Sécurité', *Le Nouvel Observateur*, 3 April 1978, pp. 84 ff.
Guattari, Félix, *Molecular Révolution: Psychiatry and Politics*, tr. Rosemary Sheed, Harmondsworth: Penguin, 1984.
Guibert, Hervé, *Mauve le vierge*, Gallimard, 1986.
——*A l'Ami qui ne m'a pas sauvé la vie*, Gallimard, 1990.
Gutting, Gary, *Michel Foucault's Archaeology of Scientific Reason*, Cambridge University Press, 1989.
Guyotat, Pierre, *Tombeau pour cinq cent mille soldats*, Gallimard, 1967.
——*Eden, Eden, Eden*, Gallimard, 1970.
Habart, Michel, 'Hermann Broch et les rançons de la création poétique', *Critique* 83, April 1954, pp. 310–22.
Habermas, Jürgen, 'Modernity versus Post-Modernity', *New German Critique* 22, Winter 1981, pp. 3–14.
——*The Philosophical Discourse of Modernity*, tr. Frederick G. Lawrence, Cambridge: Polity, 1987.
Hackmann, William R., 'The Foucault Conference', *Telos* 51, Spring 1982, pp. 191–96.
Hafsia, Jelila, *Visages et rencontres*, Tunis, 1981.
Hallier, Jean-Edern, 'Cette tête remarquable ne comprenait pas l'avenir', *Figaro Magazine*, 30 June-6 July 1984, pp. 76–77.
——*Chaque Matin qui se lève est une aventure*, Editions libres, 1978.
Hamon, Hervé and Rotman, Patrick, *Les Porteurs de valise*, Albin Michel, 1979.
——*La Deuxième Gauche: Histoire intellectuelle et politique de la CFDT*, Ramsay, 1982.
——*Génération I: Les Années de rêve*, Seuil, 1987.
——*Génération II: Les Années de poudre*, Seuil, 1988.
Hanson, Anne Coffin, *Manet and the Modern Tradition*, New Haven and London: Yale University Press, 1979.
Hayman, Ronald, *Artaud and After*, Oxford University Press, 1977.
——*Writing Against: A Biography of Sartre*, London: Weidenfeld & Nicolson, 1986.
Heath, Stephen, *The Nouveau Roman*, London: Elek, 1972.

——'La Prison selon Michel Foucault', *L'Express*, 24 February-2 March 1975, pp. 65–66.
——'Les Intellectuels, la politique et la modernité', *Le Monde*, 26 July 1983, p. 7.
Gandal, Keith, 'Michel Foucault: Intellectual Work and Politics', *Telos* 67, Spring 1986, pp. 121–35.
——and Kotkin, Stephen, 'Foucault in Berkeley', *History of the Present*, February 1985, pp. 6, 15
——'Governing Work and Social Life in the USA and the USSR', ibid, pp. 4–5, 7–14.
Garaudy, Roger, *De l'Anathème au dialogue*, Editions sociales, 1965.
*Garde-fous, arrêtez de vous serrer les coudes*, Maspero, 1975.
Garrigou-Lagrange, Madeleine, 'Le Prisonnier est aussi un homme', *Témoignage chrétien*, 16 December 1971, p. 12.
Gascar, Pierre, *Portraits et souvenirs*, Gallimard, 1991.
Gauchet, Marcel, 'De l'Inexistentialisme', *Le Débat* 1, May 1980, pp. 100–103.
——and Swain, Gladys, *La Pratique de l'esprit humain; l'institution asilaire et la révolution démocratique*, Gallimard, 1980.
Gaudemar, Antoine de, 'La Vie SIDA: Le Nouveau Roman d'Hervé Guibert, *Libération* 1 March 1990, pp. 19–21
Gavi, Philippe, 'Bruay-en-Artois: seul un bourgeois aurait pu faire ça?', *Les Temps modernes* 132–313, July–August 1972, pp. 155–260.
Geertz, Clifford, 'Stir Crazy', *New York Review of Books*, 26 January 1978.
Geismar, Alin, July, Serge and Morance, E., *Vers la guerre civile*, Editions premières, 1969.
Genet, Jean, 'Violence et brutalité', *Le Monde*, 2 September 1977, pp. 1, 2.
——*Un Captif amoureux*, Gallimard, 1986.
Gide, André, *Ne Jugez Pas*, Gallimard, 1930.
GIP, *Enquête dans 20 prisons*, Editions Champ libre, 1971.
——*Enquête dans une prison-modèle: Fleury-Mérogis*, Editions Champ libre, 1971.
——*L'Assassinat de George Jackson*, Gallimard, 1972.
——*Suicides de prison*, Gallimard, 1972.
Glucksmann, André, 'Fascismes: l'ancien et le nouveau', *Les Temps modernes* 310bis, 1972, pp. 266–34.
——*La Cuisinière et le mangeur d'hommes*, Points, 1977.
——*Les Maîtres penseurs*, Grasset, 1977.
Gnesotto, Nicole, '*Le Nouvel Observateur*: l'histoire déraillée', *Esprit* 1, January 1980, pp. 64–69.
Goldman, Pierre, *Souvenirs obscurs d'un Juif polonais né en France*, Points, 1977.
Gordon, Colin, 'The Normal and the Pathological: A Note on Georges Canguilhem', *I&C* 7, Autumn 1980, pp. 33–36.

Fano, Michel, 'Autour de la musique', *Le Débat* 41, September-November 1986, pp. 137–39.

Farge Arlette, *Le Vol d'aliments à Paris au XVIIe siècle*, Plon, 1974.

——*Vivre dans la rue à Paris au XVIIe siècle*, Gallimard/Julliard, collection 'Archives', 1979.

——'Travailler avec Michel Foucault', *Le Débat* 41, September-November 1986, pp. 164–67.

——'Face à l'histoire', *Magazine littéraire* 207, May 1984, pp. 40–42.

——*La Vie fragile: Violence, pouvoirs et solidarités à Paris au XVIIIe siècle*, Hachette, 1986.

——*Le Goût de l'archive*, Seuil 1989.

Fauchereau, Serge, 'Cummings', *Critique* 218, December 1964.

Favret-Saada, Jeanne, *Les Mots, les morts, les sorts*, Gallimard, 1977.

Fernandez, Dominique, *L'Etoile rose*, Grasset, 1978.

Fernandez-Zoila, Adolfo, 'La Machine à fabriquer des délinquants', *La Quinzaine littéraire* 16–31 March 1975, pp. 3–4.

Ferro, Marc, 'Au Croisement de l'histoire et du crime', *La Quinzaine littéraire*, 1–15 December 1973, pp. 25–26.

Ferry, Jean, *Une Etude sur Raymond Roussel*, Arcanes, 1953.

FHAR, *Rapport contre la normalité*, Editions Champ libre, 1971.

Fitzgerald, Mike, *Prisoners in Revolt*, Harmondsworth, Penguin, 1977.

Forrester, John, 'Foucault and Psychoanalysis', in *Ideas from France: The Legacy of French Theory*, London: ICA, 1985, pp. 24–25.

——*The Seductions of Psychoanalysis: Freud, Lacan and Derrida*, Cambridge University Press, 1990.

'Foucault à Uppsala. Propos recueillis par Jean Piel', *Critique* 471–72, August–September 1986, pp. 748–52.

Frank, Manfred, 'Pourquoi la philosophie française plaît aux Allemands', *Le Monde dimanche*, 24 October 1982, pp. xv–xvi.

Frappat, Bruno, 'Les Homosexuels par eux-mêmes', *Le Monde*, 19–20 August 1973, p. 14.

Freeman, Hugh, 'Anti-Psychiatry through History', *New Society* 4 May 1967, pp. 665–66.

Friedrich, Otto, 'France's Philosopher of Power', *Time*, 6 November 1981, pp. 147–48.

Frybes, Marcin, 'Rencontre ou malentendu autour de Solidarnosc?', *CFDT aujourd'hui* 100, March 1991, pp. 103–10.

Gabey, Emmanuel, 'Après l'assassinat de Mohammed Diab', *Témoignage chrétien*, 21 December 1972, p. 10.

Gaede, Edouard, 'Nietzsche et la littérature', in *Nietzsche: Cahiers de Royaumont*, Minuit, 1967, pp. 141–52.

Gallo, Max, 'Histoire d'une folie', *L'Express*, 15–21 October 1973, pp. 59–60.

——*Mythe et épopée. Vol. 1. L'Idéologie des trois fonctions dans les épopées des peuples indo-européens*, Gallimard, 1968.
——*Mythe et épopée. Vol 2. Types épiques indo-européens: un héros, un sorcier un roi*, Gallimard 1971.
——*Mythe et épopée. Vol 3. Histoires romaines*, Gallimard, 1973.
——'Un Homme heureux', *Le Nouvel Observateur*, 29 June 1984.
——*Entretiens avec Didier Eribon*, Folio, 1987.
During, Simon, *Foucault and Literature: Towards A Genealogy of Writing*, London: Routledge, 1992.
Duverger, Maurice, 'Le Pouvoir et le prison. Michel Foucault contesté par des historiens', *Le Monde* 4 July 1980, pp. 15, 21.
Duvert, Tony, *Récidive*, Minuit, 1967.
——*Paysage de fantaisie*, Minuit, 1973.
Duvignaud, Jean, 'Ce Qui parile en nous, pour nous, mais sans nous', *Le Nouvel Observateur* 21 April 1969, pp. 42–43.
Elek, Christian, *Le Casier judiciaire*, Presses Universitaires de France, 1988.
Elliott, Gregory, *Althusser: The Detour of Theory*, London: Verso, 1987.
Emmanuelli, Xavier, 'Un Bateau pour Saint-Germain-des-Près', *Quotidien du médecin*, 4 December 1978.
Enthoven, Jean-Paul, 'Crimes et châtiments', *Le Nouvel Observateur* 3 March 1975, pp. 58–59.
'Entretiens sur Foucault', *La Pensée* 137, February 1978, pp. 3–37.
*Entretemps. Numéro spécial: Jean Barraqué*, 1987.
Eribon, Didier, 'Pierre Bourdieu: la grande illusion des intellectuels', *Le Monde dimanche* 4 May 1980, p. 1.
——*Michel Foucault (1926–1984)*, Flammarion, 1989.
——*Michel Foucault (1926–1984)* revised edn., Flammarion, Collection 'Champs', 1991.
*Etats-généraux de la philosophie (16–17 juin 1979)*, Flammarion, 1979.
Ewald, François, 'Anatomie et corps politiques', *Critique* 343, December 1975, pp. 1228–65.
——'Droit: systèmes et stratégies, *Le Débat* 41, September-November 1986, pp. 63–69.
——'Michelle Perrot. Une Histoire de femmes', *Magazine littéraire* 286, March 1991, pp. 98–102.
——and Farge, Arlette and Perrot, Michelle, 'Une Pratique de la vérité' *Michel Foucault: Une Histoire de la vérité*, Syros, 1985, pp. 9–18.
——and Macherey, Pierre, 'Actualité de Michel Foucault', *L'Ane* 40, October-December 1989.

——'Ce Que les prisonniers attendent de nous', *Le Nouvel Observateur*, 31 January 1972, p. 24.

——'Gilles Deleuze contre les nouveaux philosophes', *Le Monde*, 19–20 June 1977, p. 16.

——*Foucault*, Minuit, 1986.

——*Pourparleurs*, Minuit, 1990.

——and Guattari, Félix, *Anti-Oedipe*, Minuit, 1972.

Derbyshire, Philip, 'Odds and Sods', *Gay Left* 7, Winter 1978–79, pp. 18–19.

Derogy, Jacques, 'Ratissage Sélectif sur les grands boulevards,' *L'Express*, 25–31 December 1975 p. 21.

Derrida, Jacques, *L'Ecriture et la différence*, Seuil, 1967.

'Les Détenus parlent', *Esprit* Vol. 39, no. 6 June 1971, pp. 1282–93

Descombes, Vincent, *Modern French Philosophy*, tr. L. Scott-Fox and J.M, Harding, Cambridge University Press, 1980.

Dews, Peter, 'The *Nouvelle Philosphie* and Foucault', *Economy and Society*, vol. 8, no. 2, May 1979, pp. 127–71.

——'The "New Philosophers" and the End of Leftism', *Radical Philosophy* 24, Spring 1980, pp. 2–11.

——*Logics of Disintegration: Post-Structuralist Thought and the Claims of Critical Theory*, London: Verso, 1987.

Diamond, Irene and Quinby, eds., *Feminism and Foucault*, Boston: Northeastern University Press, 1988.

Dispot, Laurent, 'Une Soirée chez Michel Foucault, *Masques* 25–26, May 1985, pp. 163–67.

Dollé, Jean-Paul, *Haine de la pensée*, Editions Hallier, 1976.

Domenach, Jean-Marie, 'Le Système et la personne' *Esprit* 5, May 1967, pp. 771–80.

——'Une Nouvelle Passion', *Esprit*; 7–8, July–August 1966, pp. 77–78.

——'Le Sang et la honte', *Le Monde*, 25 December 1971, p. 1.

——'Les Détenus hors la loi' *Esprit* Vol. 40, No. 2 February 1972, pp. 163–70.

Doray, Bernard, *From Taylorism to Fordism: A Rational Madness*, tr. David Macey, London: Free Association Books, 1988.

Dreyfus, Hubert L. and Rabinow, Paul, *Michel Foucault: Beyond Structuralism and Hermeneutics*, Hemel Hempstead, Harvester, 1982.

Droit, Roger-Pol, '*Le Pouvoir et le sexe*', *Le Monde* 16 February 1977, pp. 1, 18.

——Foucault, passe-frontières de la philosophie, *Le Monde*, 6 September 1986, p. 12.

Duby, Georges, *Les Trois Ordres, ou l'imaginaire de la société*, Gallimard, 1978.

Dumézil, Georges, *Le Festin de l'immortalité: Etude de la mythologie comparée*, Annales du Musée Guimet, 1924.

pp. 8–13.
——'Contrepoints poétiques', *Critique* 471–72, August-September 1986, pp. 775–87.
Contat, Michel and Rybalka, Michel, *Les Ecrits de Sartre*, Gallimard, 1970.
Cooper, David, 'Who's Mad Anyway', *New Statesman*, 16 June 1967, p. 844.
——ed. *The Dialectics of Libération*, Harmondsworth: Penguin, 1968.
Corvez, Maurice, 'Le Structuralisme de Michel Foucault', *Revue thomiste* 68, 1968, pp. 101–24.
Dagognet, François, 'Archéologie ou histoire de la médecine', *Critique* 216, May 1965, pp. 436–47.
Daniel, Jean, 'Quinze Jours en image', *Le Nouvel Observateur* 29 September 1975, p. 28.
——*L'Ere des ruptures*, Livre de poche, 1980.
——'Le Prince et les scribes', *Le Nouvel Observateur*, 19 August 1983, pp. 18–19.
——'Le Flux des souvenirs' in *Michel Foucault un histoire de la vérité*, Syros, 1985, pp. 57–60.
——'La Passion de Michel Foucault', *Le Nouvel Observateur* 24 June 1984.
——*La Blessure*, Grasset, 1992.
Dardigna, Anne-Marie, *Les Châteaux d'Eros, ou l'infortune du sexe des femmes*, Maspero, 1980.
Debray, Régis, *Prison Writings*, tr. Rosemary Sheed, London: Allen Lane, 1973.
——*Les Rendez-vous manqués (pour Pierre Goldman)*, Seuil, 1975.
——*Contribution aux discours et cérémonies du dixième anniversaire*, Maspero, 1978.
——*L'Espérance au purgatoire*, Alain Moreau, 1980.
——*Teachers, Writers, Celebrities: The Intellectuals of Modern France*, tr. David Macey, London: Verso, 1981.
'Déclaration à la presse et aux pouvoirs publics émanant des prisonniers de la Maison Centrale de Melun', *Politique Hebdo*, 20 January 1972, pp. 10–11.
Defert, Daniel, 'Lettre à Claude Lanzmann', *Les Temps modernes*, 531–33, October–December 1990, pp. 1201–06.
——and Donzelot, Jacques, 'La Charnière des prisons', *Magazine littéraire* 112–13, May 1976, PP. 33–35.
Delay, Jean, *La Jeunesse d'André Gide*, Gallimard, 1956, 1957. Two vols.
Deleuze, Gilles, *David Hume, sa vie, son oeuvre*, Presses Universitaires de France, 1952.
——*Empirisme et subjectivité*, Presses Universitaires de France, 1953.
——*Instincts et institutions*, Hachette, 1953.
——*Nietzsche et la philosophie*, Presses Universitaires de France, 1962.
——*Le Bergsonisme*, Presses Universitaires de France, 1966.
——'L'Homme, une existence douteuse', *Le Nouvel Observateur* 1 June 1966, pp. 32–34.

pp. 41–51.
——'The Two Readings of *Histoire de la folie* in France', *History of the Human Sciences*, vol. 3, no 1, February 1990, pp. 27–30.
Cavaillès, Jean, *Sur la Logique et la théorie de la science*, Vrin, 1987.
Caviglioli, François, 'Le Plongeon de Knobelspiess', *Le Nouvel Observateur* 10 June 1983, P. 24.
Cercle d'Epistémologie, 'A Michel Foucault', *Cahiers pour l'analyse* 9, Summer 1968, pp. 5–8.
——'Nouvelles Questions', ibid., pp. 41–44.
Certeau, Michel de, *Heterologies: Discourse on the Other*, tr. Brian Massumi, Manchester University Press, 1986.
Chapsal, Madeleine, 'La Plus Grande Révolution depuis l'existentialisme', *L'Express* 23–29 May 1966, pp. 19–121.
Char, René, *Fureur et mystère*, Gallimard, Collection 'Poésie', 1967.
Charle, Christophe, 'Le Collège de France' in Pierre Nora, ed., *Les Lieux de mémoire. II. La Nation*, Gallimard 1986, vol 3., pp. 389–424.
——*Naissance des intellectuels 1880–1900*, Minuit, 1990.
Châtelet, François, 'L'Homme, ce narcisse incertain', *La Quinzaine Littéraire*, 1 April 1966, pp. 19–20.
——'Foucault précise sa méthode', *La Quinzaine littéraire*, 1 October 1968, p. 28.
——'L'Archéologie du Savoir' *La Quinzaine littéraire*, 1 March 1969, pp. 3–4.
Cixous, Hélène, *Le Prénom de Dieu*, Grasset, 1967.
——*L'Exil de James Joyce ou l'art du remplacement*, Grasset, 1968.
——*Dedans*, Grasset, 1969.
——'Cela n'a pas de nom, ce qui se passait', *Le Débat* 41, September-November 1986, pp. 153–58.
Clark, Michael, *Michel Foucault: An Annotated Bibliography*, New York: Garland, 1983.
Clavel, Maurice, *Ce Que je crois*, Grasset, 1975.
——'"Vous direz trois rosaires"', *Le Nouvel Observateur* 27 February 1976, p. 55.
——and Sollers, Philippe, *Délivrance*, Seuil, 1977.
Clément, Catherine and Pingaud, Bernard, 'Raison de plus', *L'Arc* 70, 1977, pp. 1–2.
Cobler, Sebastian, *Law, Order and Politics in West Germany*, tr. Francis McDonagh, Harmondsworth: Penguin, 1978.
Cohen, Ed, 'Foucauldian Necrologies: "Gay" Politics, Politically Gay?', *Textual Practice*, vol. 2, no. 1, Spring 1988, pp. 87–99.
Cohen-Solal, Annie, *Sartre 1905–1980*, Folio, 1985.
Colombel, Jeannette, 'Les Mots de Foucault et les choses', *La Nouvelle Critique*, May 1967,

Broch, Hermann, *The Death of Virgil*, tr. Jean Starr Untermeyer, New York: Pantheon, 1945.

Brosse, Jacques, 'L'Etude du langage va-t-elle libérer un homme nouveau?', *Arts et loisirs* 35, 24–31 May 1966, pp. 8–9

Broyelle, Claudie, Broyelle, Jacques and Tschirart, Evelyne, *Deuxième Retour de Chine*, Seuil, 1977.

Broyelle, Claudie and Broyelle, Jacques, 'A Quoi rêvent les philosophes?', *Le Matin* 24 March 1979, p. 13.

Brownmiller, Susan, *Against Our Will*, Harmondsworth: Penguin, 1976.

Bruckner, Pascal and Finkielkraut, Alain, *Le Nouveau Désordre amoureux*, Seuil, 1977.

Bülow, Catherine von, 'l'Art de dire vrai', *Magazine littéraire* 207, May 1984, p. 34.

——'Contredire est un devoir', *Le Débat* 41, September-November 1986, pp. 168–78.

——and Ali, Fazia ben, *La Goutte d'Or, ou le mal des racines*, Stock, 1974.

Bureau, Jacques, '*Libération* devant la révolution inattendue', *Esprit* 1, January 1980, pp. 56–58.

Burgelin, Pierre, 'L'Archéologie deu savoir' *Esprit*, May 1967, pp. 843–860.

Burguière, André, 'La Preuve par l'aveu', *Le Nouvel Observateur*, 31 January 1977, pp. 64–66.

Burin des Roziers, Etienne, 'Une Rencontre à Varsovie', *Le Débat* 41, September–November 1986, pp. 132–36.

Burke, Peter, *The French Historical Revoltution. The 'Annales' School 1929–89*, Cambridge: Polity, 1990.

Butler, Judith P. *Subjects of Desire: Hegelian Reflections in Twentieth-Century France*, New York: Columbia University Press, 1987.

Calvet, Louis-Jean, *Roland Barthes*, Flammarion, 1990.

Canguilhem, Georges, 'Hegel en France', *Revue d'histoire et de philosophie religieuses* 4, 1948–49, pp. 282–97.

——'Mort de l'homme ou épuisement du cogito?', *Critique* 242, July 1967, pp. 599–618.

——'Les Machines à guérir', *Le Monde*, 6 April 1977, p. 16.

——*Le Normal et le pathologique*, Presses Universitaires de France, Collection Quadrige, 1984.

——'Sur *l'Histoire de la folie* en tant qu'événement', *Le Débat* 41, September–November 1986, pp. 37–40.

——*La Connaissance de la vie*, Vrin, 1989.

——*Idéologie et rationalité dans l'histoire des sciences de la vie*, Vrin, 1988.

——*Etudes d'Histoire et de philosophie des sciences*, Vrin, 1989.

Castel, Robert, 'Les Aventures de la pratique', *Le Débat* 41, September-November 1986,

——and Rasmussen, David, eds., *The Final Foucault*, Cambridge, Massachusets: MIT Press, 1988.

Bettati, Mario and Kouchner, Bernard, *Le Devoir d'ingérence*, Denoël, 1987.

Biancotti, Hector, 'Le Dernier Encyclopédiste: Roger Caillois', *Le Nouvel Observateur* 4 November 1974, pp. 72–73.

Binswanger, Ludwig, *Being in the World: Selcted Papers of Ludwig Binswanger. Translated and with a Critical Introduction to his Existential Psychoanalysis by Jacob Needleman*, London: Souvenir Press, 1975.

Blanchot, Maurice, *Le Très-Haut*, Gallimard, 1948.

——*L'Arrêt de mort*, Gallimard, 1948.

——*Lautréamont et Sade*, Minuit, 1949.

——'L'Oubli, la déraison', *Nouvelle Revue Française* 106, October 1961, pp. 676–86.

——*Michel Foucault tel que je l'imagine*, Montpellier: Fata Morgana, 1986.

——*Le Livre à venir*, Folio, 1986.

——*L'Espace littéraire*, Folio, 1988.

Boggio, Philippe, 'Le Silence des intellectuels de gauche. 1. Victoire à contretemps', *Le Monde*, 27 July 1983, pp. 1, 10.

——'Le Silence des intellectuels de gauche. 2. Les Chemins de traverse', *Le Monde* 28 July 1983, p. 6.

——'Trop lourd', *Le Monde*, 19 November 1990, p. 16.

Bogue, Ronald, *Deleuze and Guattari*, London: Routledge, 1989.

Bourdieu, Pierre, 'Non chiedetemi chi sono. Un profilo di Michel Foucault', *l'Indice* 1, October 1984, pp. 4–50.

——'Aspirant philosophe. Un Point de vue sur le champ universitaire des années 50', in *Les Enjeux philosophiques des années 50*, Centre George Pompidou, 1989, pp. 15–24.

——and Passeron, Jean-Claude, *Les Héritiers: Les Etudiants et la culture*, Minuit, 1964.

Borges, Jorge Luis, *Fictions*, tr. Anthony Kerrigan, London: Weidenfeld and Nicolson, 1962.

——*Obras Completas*, Buenos Aires: Emecé, 1974.

Boutang, Yann Moulier, *Louis Althusser: Une Biographie. Tôme 1. La Formation du mythe (1918–1956)*, Grasset, 1992.

Boyers, Robert and Orill, Robert, eds., *Laing and Anti-Psychiatry*, Harmondsworth: Penguin, 1972.

Boyne, Roy, *Foucault and Derrida: The Other Side of Reason*, London Unwin Hyman, 1990.

Breton, André, *Anthologie de l'humour noir*, Livre de poche, 1970.

Brisset, Jean-Pierre, *La Grammaire logique*, Angers, 1878.

——*La Science de dieu*, Angers, 1900.

——'Fallait-il trois balles pour stopper un homme orné d'un chaise?' *Le Nouvel Observateur* 11 December 1972, p 58

Baddonel, Dr., 'Le Centre National d'Orientation de Fresnes', *Esprit*, April 1955, pp. 585–92.

Badinter, Robert, *L'Exécution*, Grasset, 1973.

——'Au Nom des mots', in *Michel Foucault: Une Histoire de la vérité*, Syros, 1985, pp. 73–75.

Badiou, Alain, *Almagestes*, Seuil, 1964.

Barbedette, Gilles, 'Pierre Guyotat par qui le scandale arrive', *Le Monde dimanche*, 21 March 1982, pp. 1, 18.

Barou, Jean-Pierre, 'Il aurait pu aussi bien m'arriver tout autre chose", *Libération* 26 June 1984, p. 4.

Barraqué, Jean, *Debussy*, Seuil, 1962.

Barthes, Roland, *Le Degré zéro de l'écriture*, Seuil, 1953.

——*Michelet par lui-même*, Seuil, 1954.

——*Mythologies*, Seuil, 1957.

——'La Métaphore de l'oeil', *Critique* 195–96, August–September 1963, pp. 770–77.

——*Essais critiques*, Seuil, 1964.

Bataille, Georges, *Oeuvres complètes*, vol. 1, Gallimard 1970.

——*Visions of Excess: Selected Writings 1927–1939*, ed. Allan Stoekl, University of Minneapolis Press, 1985.

Baudrillard, Jean, *Oublier Foucault*, Galilée, 1977.

——*Cool Memories*, Galilée, 1987.

Beaufret, Jean, 'M. Heidegger et le problème de l'existence, *Fontaine* 63, November 1947.

Beauvoir, Simone de, 'Simone de Beauvoir présente *Les Belles Images*', *Le Monde*, 23 December 1966, p. 1.

——*Les Belles Images*, Folio, 1976.

——*La Cérémonie des adieux*, Gallimard, 1981.

Beckett, Samuel, *L'Innommable*, Minuit, 1953.

Beigbeder, Marc, 'En Suivant le cours de Foucault', *Esprit*, vol 35., no. 7, June 1967, pp. 1066–69.

Bel, Monique, *Maurice Clavel*, Bayard Editions, 1992.

Belaval, Yvon, *L'Esthétique sans paradoxe de Diderot*, Gallimard, 1950.

Benoist, Jean-Marie, *La Révolution structurale*, Grasset, 1975.

Bernal, Olga, *Robbe-Grillet, Le Roman de l'absence*, Gallimard, 1964.

Bernauer, James W., *Michel Foucault's Force of Flight: Towards an Ethics for Thought*, Atlantic Highlands, New Jersey: Humanities Press International, 1990.

January 1967, pp. 1272–98.
Andrade, Béatrix, 'Un Weekend à la Goutte d'Or', *L'Express*, 6–12 December 1971, p. 42.
Angeli, Claude, 'Les Nouveaux Clandestins', *Le Nouvel Observateur*, 1 June 1970, p. 18.
Anzieu, Didier, 'La Psychanalyse au service de la psychologie', *Nouvelle Revue de psychanalyse* 20, Autumn 1979, pp. 59–76.
——*A Skin for Thought. Interviews with Gilbert Tarrah*, tr. Daphne Nash Briggs, London: Karnac, 1990.
Ariès, Philippe, *L'Enfant et la vie familiale sous l'Ancien Régime*, Plon, 1960.
——*Essais sur l'histoire de la mort en Occident du moyen âge à nos jours*, Seuil, 1975.
——'La Singulière Histoire de Philippe Ariès', *Le Nouvel Observateur*, 20 February 1978, p. 80 ff.
——*Un Historien du dimanche*, Seuil, 1980.
——'Le Souci de la vérité', *Le Nouvel Observateur*, 17 February 1984, pp. 56–57.
——*Images of Man and Death*, tr. Janet Lloyd, Cambridge, Massachusetts: Harvard University Press, 1985.
Arnal, Frank, '*Gai Pied hebdo*, à l'origine de l'émergence de la visibilité homosexuelle', *Masques* 25–26, May 19–5, pp. 83–85.
Arnaud, Alain, *Pierre Klossowski*, Seuil, 1990.
Aron, Jean-Paul, *Le Mangeur au XIX siècle*, Robert Laffont, 1973.
——*Les Modernes*, Folio, 1984.
——'Mon SIDA', *Le Nouvel Observateur*, 30 October 1987, p. 102 ff.
——and Kempf, Roger, *Le Pénis et la démoralisation de l'Occident*, Grasset, 1978.
Aron, Raymond, *Mémoires*, Julliard, 1983.
Artaud, Antonin, '*L'Ombilic des limbes*', *suivi de 'La Pèse-nerfs' et autres textes*, Gallimard, Collection 'Poésies', 1968.
——*Oeuvres complètes*, vol. 13, Gallimard, 1974.
Ascherson, Neal, *The Polish August*, Harmondsworth, Penguin, 1981.
Assouline, Pierre, *Gaston Gallimard*, Points, 1985.
Aubral, François and Delcourt, Xavier, *Contre la nouvelle philosophie*, Gallimard, collection 'Idées', 1977.
Austin, J.L., *How To Do Things with Words*, Oxford University Press, 1962.
Bachelard, Gaston, *L'Air et les songes. Essai sur l'imagination du mouvement*, Librairie José Corti, 1942.
Backmann, René, 'Quatre Questions sur l'affaire Jaubert', *Le Nouvel Observateur*, 14 June 1971, p. 27. 'Le Procès des tribunaux populaires', *Le Nouvel Observateur*, 5 July 1971, p. 18.
——'Le Bal des nervis', *Le Nouvel Observateur*, 24 July 1972, pp. 15–16.

# 其他參考著作


Adereth, M., *The French Communist Party: A Critical History (1920–1084)*, Manchester University Press, 1984.

Agulhon, Maurice, *La Vie sociale en Provence intérieure au lendemain de la Révolution*, Clavreuil, 1971.

——*Les Quarante-huitards*, Gallimard, 1975.

——*Marianne au combat*, Flammarion, 1979.

——'Présentation', in Michelle Perrot, ed., *L'Impossible Prison. Recherches sur le système pénitentiaire au XIX siècle*, Seuil, 1980, pp. 5–6.

——'Postface', ibid., pp. 313–16.

Allier, Irène, 'Knobelspiess: un procès en trompe l'oeil', *Le Nouvel Observateur*, 31 October 1981, p. 83.

—— *Terras Hotel*, Gallimard 1984.

——'La Reconnaissance d'un écrivain', *Le Débat* 41, September–November 1986, pp. 159–63.

Almira, Jacques, *Le Voyage à Naucratis*, Gallimard, 1975.

Althusser, Louis, *Montesquieu: La Politique et l'histoire*, Presses Universitaires de France, 1959.

——*For Marx*, tr. Ben Brewster, London: New Left Books, 1969.

——*Lenin and Philosophy, and Other Essays*, tr. Ben Brewster, London: New Left Books, 1971.

——*Philosophy and the Spontaneous Philosophy of the Scientists, and Other Essays*, Gregory Elliott, ed., London: Verso, 1990.

——*'L'Avenir dure longtemps', suivi de 'Les Faits': Autobiographies*, Stock/IMEC, 1992.

——et al., *Lire Le Capital*, Maspero, 1965, two vols.

Amer, Henry, 'Michel Foucault: Histoire de la folie à l'âge classique', *Nouvelle Revue Française*, September 1961, pp. 530–31.

Amin, Samir, *The Maghreb in the Modern World*, tr. Michael Perl, Harmondsworth: Penguin, 1970.

Amiot, Michel, 'Le Relativisme culturaliste de Michel Foucault', *Les Temps Modernes* 248,

Summit

春山之巔　O21
# 傅柯的多重人生
The Lives of Michel Foucault

作　　者　大衛・梅西 David Macey
譯　　者　陳信宏
總 編 輯　莊瑞琳
責任編輯　吳崢鴻
行銷企畫　甘彩蓉
業　　務　尹子麟
封面設計　廖韡
內文排版　藍天圖物宣字社
出　　版　春山出版有限公司
　　　　　地址：11670 台北市文山區羅斯福路六段297號10樓
　　　　　電話：02-29318171
　　　　　傳真：02-86638233
法律顧問　鵬耀法律事務所戴智權律師
總 經 銷　時報文化出版企業股份有限公司
　　　　　地址：33343 桃園市龜山區萬壽路二段351號
　　　　　電話：02-23066842
製　　版　瑞豐電腦製版印刷股份有限公司
印　　刷　搖籃本文化事業有限公司
初版一刷　2023年8月

定　　價　980元
I S B N　978-626-7236-32-1（紙本）
　　　　　978-626-7236-34-5（PDF）
　　　　　978-6267-236-33-8（EPUB）


填寫本書線上回函



春山
Email　SpringHillPublishing@gmail.com
Facebook　www.facebook.com/springhillpublishing/

國家圖書館出版品預行編目資料

傅柯的多重人生／大衛・梅西（David Macey）著；陳信宏譯. -- 初版. -- 臺北市：春山出版有限公司, 2023.08, 816面；14.8×21公分. --（春山之巔；21）
譯自：The lives of Michel Foucault
ISBN 978-626-7236-32-1（平裝）
1. CST：傅柯（Foucault, Michel, 1926-1984）　2. CST：學術思想　3. CST：傳記

146.79　　112007577

World as a Perspective

世界作為一種視野